suhrkamp taschenbuch
wissenschaft 234

Rolf-Peter Horstmann, Jahrgang 1940, studierte Philosophie, Geschichte und Griechisch in Tübingen, Wien, Berlin und Heidelberg und promovierte 1968 über Hegels Subjektivitätstheorie. 1968–1973 war er wissenschaftlicher Mitarbeiter am Hegel-Archiv der Ruhr-Universität Bochum. Seit 1973 ist er wissenschaftlicher Assistent an der Universität Bielefeld. Er ist Herausgeber der Bände 7 und 8 der historisch-kritischen Hegel-Ausgabe (Meiner Verlag 1971 und 1976) und Verfasser zahlreicher Aufsätze zu Themen, die im Zusammenhang mit Kant und dem deutschen Idealismus diskutiert werden, und zu erkenntnistheoretischen Problemen.

»Dialektik« ist die Bezeichnung eines der wirkungsmächtigsten und zugleich unklarsten Theoriekomplexe in der Geschichte der Philosophie. Ist »Dialektik« eine Methode, die wissenschaftliche Organisation empirischen oder begrifflichen »Materials«? Oder ist sie eine Ontologie, die Widerspiegelung der (theologischen? gesellschaftlichen? psychologischen?) Entwicklungsgesetze des Wirklichen selbst? Ist ihr Geltungsbereich eingeschränkt auf einen bestimmten (erkenntnistheoretischen/realwissenschaftlichen) materialen Bereich, oder ist sie eine Theorie mit universalem Erklärungsanspruch, der auch noch beispielsweise den Bereich der Natur umfaßt? Ist Dialektik überhaupt eine Wissenschaft?

Die Antworten auf all diese Fragen sind nach wie vor kontrovers. Der Seminarband versucht die dahinterstehenden Probleme zu präzisieren und – soweit es heute möglich ist – einer Lösung näher zu bringen, und zwar anhand der nach wie vor einzigen bis ins Detail ausgearbeiteten dialektischen Theorie: der Hegelschen Philosophie. Die Auswahl konzentriert sich auf drei thematische Schwerpunkte: 1) Dialektische Methode und (Hegelsche) Logik, 2) Zentrale Probleme der Dialektik – die Theorie des Anfangs, der Negation und des Widerspruchs, 3) Die phänomenalen und materialen Grundlagen der Hegelschen Dialektik. Neben Originalbeiträgen von namhaften in- und ausländischen Hegel-Kennern sind in den Band vor allem Arbeiten von Autoren aufgenommen, die von sehr verschiedenen Positionen aus zur Klärung dieser Themen beigetragen haben.

Seminar: Dialektik in der Philosophie Hegels

Herausgegeben und eingeleitet von
Rolf-Peter Horstmann

Suhrkamp

suhrkamp taschenbuch wissenschaft 234
Erste Auflage 1978

Druck: Nomos, Baden-Baden.
Printed in Germany.
Umschlag nach Entwürfen von
Willy Fleckhaus und Rolf Staudt.

CIP-Kurztitelaufnahme der Deutschen Bibliothek
Seminar Dialektik in der Philosophie Hegels / hrsg. u. eingel. von Rolf-Peter Horstmann. – 1. Aufl. – Frankfurt am Main : Suhrkamp, 1978. (Suhrkamp-Taschenbücher Wissenschaft ; 234)
ISBN 3-518-07834-8
NE: Horstmann, Rolf-Peter [Hrsg.]

Inhalt

Vorwort

Die spätestens seit Hegels Tod geführte Diskussion über Sinn oder Unsinn, Aufgabe und Absicht der Dialektik hat nicht nur als Gegenstand philosophie-interner Untersuchungen immer größere Bedeutung gewonnen. Sie ist zugleich immer mehr zum ausgezeichneten Ort der Auseinandersetzung darüber geworden, welche methodischen Verfahren der Erklärung natürlicher und gesellschaftlicher Zusammenhänge als »wissenschaftlich« bezeichnet werden können und welche nicht. Diese noch längst nicht abgeschlossene Diskussion ist nicht zuletzt deshalb mit erstaunlicher Ausdauer und bemerkenswerter Härte von kompetenter und inkompetenter Seite betrieben worden, weil über das, was zugleich als Gegenstand und Motor des Streites betrachtet wird, nämlich die Dialektik in ihrer durch Hegel präsentierten Form, eine verwirrende Mannigfaltigkeit äußerst unklarer Meinungen im Spiele war und ist. Diese Sachlage läßt es sowohl wünschenswert als auch geboten erscheinen, die neueren Bemühungen um eine Klärung des Hegelschen Konzeptes von Dialektik zum Zwecke der sachlichen Fundierung der mit diesem Konzept verbundenen Diskussion gesammelt vorzustellen.

Daß ein solches Unternehmen notwendigerweise nur den Charakter einer Auswahl haben kann, versteht sich bei der immensen Anzahl von Publikationen über Hegels Philosophie von selbst. Viele verdienstvolle Arbeiten mußten unberücksichtigt bleiben, nicht zuletzt deshalb, weil es galt, möglichst verschiedenartige Positionen zu Wort kommen zu lassen. Die Bibliographie mag auf hier Fehlendes verweisen. Zur Erleichterung des kritischen Umgangs mit den hier zusammengestellten Arbeiten wurden bei allen Beiträgen, in denen die Werke Hegels nicht nach der im Suhrkamp-Verlag erschienenen Theorie-Werkausgabe der Werke Hegels zitiert worden sind, die anfallenden Hegel-Zitate – soweit sie sich auf Hegel-Texte beziehen, die in der Werkausgabe enthalten sind – nach Band- und Seitenzahl der Suhrkamp-Ausgabe zusätzlich nachgewiesen. Diese Angaben sind entweder durch Schrägstrich oder durch Klammern als Hinzufügungen kenntlich gemacht worden.

Zu danken habe ich vor allen Herrn Professor Dr. Dieter Henrich für die freundliche und kritische Aufmerksamkeit, mit der er die Konzeption dieses Bandes verfolgte. Professor Dr. Hans-Friedrich Fulda sowie Dr. Manfred Baum und Dr. Michael Wolff danke ich für die hilfreiche Anteilnahme an der Planung dieser Sammlung und für manche Anregung. Verpflichtet bin ich natürlich den Autoren, die zu diesem Band beigetragen haben, insbesondere denen, die entweder ihre Beiträge eigens für diesen Band verfaßt oder bereits gedruckt vorliegende Arbeiten für diesen Band zum Teil beträchtlich überarbeitet haben. Herrn Friedhelm Herborth vom Suhrkamp Verlag danke ich für sein verständnisvolles Entgegenkommen. Für Hilfe bei redaktionellen Arbeiten und dem Lesen der Korrekturen schließlich sei Regina Schaps sowie Bernhard Thöle und Henning Vierck besonders gedankt.

Bielefeld, Oktober 1977 Rolf-Peter Horstmann

Rolf-P. Horstmann
Einleitung: Schwierigkeiten und Voraussetzungen der dialektischen Philosophie Hegels

Als Hegel im November 1831, der Cholera erlegen, zu Grabe getragen wurde, rief der Hofrat Förster in seiner Grabrede den trauernden Freunden und Schülern des Verewigten zu: »Seine Lehre zu bewahren, zu verkünden, zu befestigen, sey fortan unser Beruf. Zwar wird kein Petrus aufstehen, welcher die Anmaßung hätte, sich seinen Statthalter zu nennen, aber sein Reich, das Reich des Gedankens, wird sich fort und fort nicht ohne Anfechtung, aber ohne Widerstand ausbreiten; den erledigten Thron Alexanders wird kein Nachfolger besteigen, Satrapen werden sich in die verwaisten Provinzen theilen, aber wie damals die Griechische Bildung, so wird diese Deutsche Wissenschaft, wie Hegel sie in mancher durchwachten Nacht, bei stiller Lampe ersann und schuf, welterobernd in dem Gebiete der Geister werden.«[1]

Dieses von Förster beschworene, bei stiller Lampe ersonnene Reich des Geistes war in der Tat beeindruckend, bestand es doch aus einem in einer beachtlichen Anzahl von Werken ausgebreiteten System, das sich vor allem dadurch auszeichnete, daß es aufgrund einer ihm eigentümlichen Methode von seinem Schöpfer und dessen Schule nicht nur als allen anderen (philosophischen) Systemen überlegen vorgestellt, sondern als das einzige *wissenschaftliche* System der Philosophie behauptet wurde. Diese im allgemeinen mit dem Namen »Dialektik« gekennzeichnete Methode brachte tatsächlich erstaunliche Ergebnisse zustande – wenigstens in den Händen ihres Schöpfers. Denn mochte man auch dem erwähnten, mit dem System verknüpften wissenschaftlichen Exklusivitätsanspruch eher ablehnend gegenüberstehen, so war man zunächst doch bereit zuzugeben, daß sowohl die Logik als auch die anderen Teile des Systems, also die Naturphilosophie und die Philosophie des Geistes, ebenso wesentliche wie originelle Einsichten in bezug auf die jeweils entwickelten Inhalte enthielten. Die Plausibilität solcher Einsichten war meistens eng gebunden an die spezifisch Hegelsche Art ihrer Erzeugung und Darstellung, so daß dieser Zusammenhang zwischen Art der Darstellung und Plausibilität der Einsicht durchaus als Hinweis auf bzw. Indiz für die Fruchtbarkeit der die Darstellung leitenden dialektischen Methode betrachtet werden konnte und betrachtet wurde. Als bekannteste und unangefochtenste Beispiele der erkenntniskonstituierenden Funktion dieser Methode mögen die Herr-Knecht-Theorie der »Phänomenologie des Geistes«, die Einleitung der »Grundlinien der Philosophie des Rechts« und das erste Kapitel der »Ästhetik« genannt werden.

Zugleich war es aber eben diese in gewissem Sinne offensichtlich sehr fruchtbare dialektische Methode, die das philosophisch Anstößigste an Hegels Unternehmen darstellte; und dies hauptsächlich aus zwei Gründen. Zum einen nämlich gaben die vor allem in Einleitungen und Vorreden verstreuten Äußerungen Hegels Anlaß, sich über die mit der dialektischen Methode verknüpften Ansprüche zu streiten. Diese Ansprüche lassen sich in die Thesen zusammenfassen, (1) daß nur die dialektische Methode in der Lage sei, das Wahre angemessen auszudrücken,[2] und (2) daß sie allein die wahrhafte Methode einer Philosophie sei, die als Wissenschaft sich ausweisen kann.[3] Solche Behauptungen konnten, schon für sich betrachtet, provozierend wirken. Die auf sie sich beziehenden Auseinandersetzungen wurden aber noch insofern verschärft, als die breite öffentliche Wirkung der Hegelschen Philosophie den Gegnern seiner Thesen die kritische Zurückweisung derselben um so dringender erscheinen ließ. Diese im allgemeinen sehr polemische Zurückweisung veranlaßte dann wiederum die Schule Hegels, die Lehre des Meisters gerade in bezug auf ihre methodischen Errungenschaften sehr bestimmt zu verteidigen. Es war für diese gesamte Diskussion nicht gerade vorteilhaft, daß auch die sich am deutlichsten als Schüler Hegels exponierenden Verteidiger seiner Philosophie und der dialektischen Methode häufig stark voneinander abweichende Versionen über Beschaffenheit, Funktion und Leistung dieser Methode anboten. Das beste historische Beispiel einer durch Äußerungen Hegels provozierten und durch die Verteidigungsbemühungen seiner Schüler bzw. Anhänger verschärften Diskussion über den wissenschaftlichen Wert der dialektischen Methode stellt wohl immer noch die von ungefähr 1840 bis 1870, also über 30 Jahre dauernde Auseinandersetzung zwischen den Hegelianern Gabler,

Rosenkranz und Michelet und den verschiedene anti-Hegelsche Standpunkte repräsentierenden Gegnern Trendelenburg, Haym und E. von Hartmann dar.[4]

Als ein wichtiger Grund für die äußerst zwiespältige Aufnahme, die den Hegelschen Überlegungen zur Methode seiner Philosophie zuteil geworden ist, können daher die mit dieser Methode verbundenen Ansprüche angesehen werden. Als der zweite und langfristig gewichtigere Grund ist der Umstand anzuführen, daß man sehr schnell die größten Schwierigkeiten bei dem Versuch der klärenden Bestimmung dessen bekam, worin denn das »Dialektik« genannte Verfahren überhaupt bestehe. Man konnte sich nämlich nicht mit mehr oder weniger unbestimmten Beschreibungen zufriedengeben wie etwa der, daß die dialektische Methode die Bewegung der Sache selbst darstelle, denn eine solche Beschreibung war selbst der Erläuterung extrem bedürftig. Aus dem gleichen Grunde konnte man auch die zur Kennzeichnung dieser Methode zum Teil sogar von Hegel selbst in die Diskussion gebrachten methodologischen Grundsätze – wie etwa das Schema der Triplizität oder das Postulat der Einheit von Gegensätzen – nicht als zureichende Beiträge zur Erhellung der Dunkelheiten dieser Methode betrachten, vor allem dann nicht, wenn man an von Inhalten isolierten Erläuterungen der Methode – aus Gründen, die gemäß der Hegelschen Theorie in der Natur der Methode selbst liegen sollten – nicht interessiert war. Versuchte man jedoch, sich die eigentümliche Verfahrensweise dialektischen Philosophierens durch die Betrachtung der Entwicklung bestimmter Gedankengänge im Hegelschen Werk selbst deutlich zu machen, sah man sich unvermeidlich in eine geradezu entmutigende Anzahl von Unklarheiten, vermeintlichen Ungereimtheiten und Mehrdeutigkeiten verwickelt. Diese führten nicht nur dazu, daß man schlechterdings kein gesichertes Verständnis dieser Methode in Anspruch nehmen konnte, sondern brachten auch recht widersprüchliche Einschätzungen und Bewertungen der dialektischen Methode hervor. Die Einschätzungen reichten von der Behauptung, die dialektische Methode würde am angemessensten als nicht einmal besonders anspruchsvoller Taschenspielertrick verstanden,[5] bis zu der Überzeugung, daß eben diese Methode die Grundlage für die Möglichkeit der vernünftigen wissenschaftlichen Aneignung der Wirklichkeit in ihrer Totalität darstelle.[6]

Diese beiden in groben Umrissen angedeuteten Gründe für die umstrittene Rolle, die die dialektische Methode Hegels im Ensemble der verschiedenen Methoden der Philosophie spielt, gelten nicht nur für die Diskussionen des 19. Jahrhunderts. Sie nehmen auch heute noch einen zentralen Platz unter den im übrigen recht verschiedenartigen Motiven für eine kritische Auseinandersetzung mit Fragen der Methode der Hegelschen Philosophie ein. Und ebenso wie die Frage nach der möglichen Rechtfertigung der Ansprüche, die mit der Leistungsfähigkeit dieser Methode verbunden sind, und die nach der dieser Methode adäquaten Interpretation selbst, haben sich auch verhältnismäßig früh ganz bestimmte systematische Zusammenhänge als für die Diskussion dieser Fragen besonders zentrale Gebiete herauskristallisiert und durchgesetzt – Zusammenhänge, denen auch heute noch eine paradigmatische Funktion in dieser Diskussion zuerkannt wird.

Die meisten der Gebiete, auf die sich im Diskussionsprozeß um die methodischen Aspekte der Hegelschen Philosophie die Aufmerksamkeit konzentriert hat, sind sehr direkt mit der von Hegel als Logik deklarierten Disziplin verbunden, und dies nicht ohne Grund. Denn fast immer dann, wenn Hegel sich zu Fragen der Methode in dem Sinne äußert, daß er auf den systematischen Ort ihrer Erörterung verweist, bezieht er sich auf die Logik als den zur Exposition der Methode allein geeigneten Systemteil.[7] Dies hängt natürlich eng zusammen mit der Aufgabe, die Hegel im Rahmen seines Systems der Logik zuweist. Die Logik sollte – als derjenige Teil des Systems, der die rein begriffliche Grundlage der philosophischen Wissenschaft entfaltet – die nach bestimmten Regeln ablaufende Entwicklung der Grundbestimmungen allen Seins und allen Denkens darstellen. Diese Entwicklungsregeln müssen verstanden werden als die methodische Form, durch die allein die Möglichkeit einer systematischen Ordnung in der Entwicklung der Grundbestimmungen gewährleistet werden kann. Die methodische Form mußte jedoch selbst erst gegen den Vorwurf der Unausgewiesenheit gesichert werden. Die Sicherung gegen diesen Vorwurf – und das heißt: der Nachweis ihrer Fähigkeit, eine systematische Ordnung zu produzieren – konnte nun im Rahmen des Hegelschen Systems nur von der Disziplin übernommen werden, deren systematische Funktion eben die geordnete Entwicklung von Grundbestimmungen ist. Und diese Disziplin ist, wie gesagt, die Logik gewesen. Diese hier nur sehr verkürzt dargestellte ausgezeichnete Beziehung, die sich zwischen dialektischer Methode und der von Hegel als »Logik« bezeichneten Disziplin herstellen läßt, hat – zusammen mit den bestehenden Unklarheiten über das, was mit »Dialektik« und »Logik« von Hegel überhaupt gemeint ist – zu einer beträchtlichen Menge von Mißverständnissen Anlaß gegeben. Der gängigste Ausdruck solcher Mißverständnisse sind (häufig kritische) Fragestellungen nach Zusammenhängen oder Gegensätzen, die es bei näherem Hinsehen aus guten Gründen bei Hegel gar nicht gibt.[8]

Doch auch ohne die angedeuteten Mißverständnisse hat es genügend Schwierigkeiten gegeben bei dem Versuch, die Logik als die die dialektische Methode exponierende und in ihrer Leistung rechtfertigende Disziplin zu betrachten. Denn die Art der Rechtfertigung der der dialektischen Methode zugemuteten Leistung ist im Rahmen der Logik undeutlich und mit Folgeproblemen behaftet. Undeutlich ist sie deshalb, weil nicht genau auszumachen ist, ob sie als explizite oder ob sie als implizite Rechtfertigung betrachtet werden sollte, und die Folgeprobleme bestehen hauptsächlich darin, daß man, welche der beiden Positionen man in bezug auf die Frage der Rechtfertigung der Methode im Rahmen der Logik auch einnehmen mochte, in jedem Falle zu sehr exponierten Annahmen über den Zusammenhang von Dialektik und Logik gezwungen war. Vertrat man die These von der impliziten Rechtfertigung, d.h. die These, daß die dialektische Methode, in der durch ihren Gebrauch bereits bestimmten Entwicklung der logischen Begriffsbestimmungen selbst ihre Rechtfertigung findet, so sah man sich dem naheliegenden Folgeproblem ausgesetzt, daß nicht mehr genau anzugeben war, warum denn gerade die Logik den ausgezeichneten Ort der Rechtfertigung der Leistung der dialektischen Methode abgeben sollte. Denn auch andere Teile des Systems rechtfertigen die systematische Ordnungsleistung dieser Methode einfach dadurch, daß in ihnen gewisse Begriffe (z.B. »Natur« oder »Geist«) durch die systematische Entwicklung ihrer Bestimmungen vollständig und geordnet entfaltet werden. Was konnte also gerade die Logik gegenüber der Philosophie der Natur oder der Geistesphilosophie ausgerechnet bei der Demonstration der Leistungen der dialektischen Methode auszeichnen, wenn der Nachweis ihrer Leistungsfähigkeit in nichts anderem als ihrer erfolgreichen Anwendung bestehen sollte? Wollte man dennoch an der durch Hegel nahegelegten ausgezeichneten Rolle der Logik im Zusammenhang der Exposition der dialektischen Methode festhalten, sah man sich zu sehr schwer auszuweisenden Annahmen über eine eigentümliche Dignität des Logischen genötigt, zu Annahmen also, deren Sinn mindestens ebenso schwer deutlich zu machen war wie das, was durch sie erklärt werden sollte. Zog man es jedoch vor – z. B. aufgrund einer derartigen Überlegung –, die These von der expliziten Rechtfertigung zu vertreten, war man also der Meinung, daß die im letzten Kapitel der »Wissenschaft der Logik« vorgestellte Theorie über Funktion und Leistung der dialektischen Methode als eine im Nachhinein bereitgestellte Erklärung dieser Methode zu betrachten sei, die zugleich Auskunft über die Art der Notwendigkeit ihres Gebrauchs gibt und insofern ihre Rechtfertigung liefert, so mußte man sich zum Beispiel mit der Frage auseinandersetzen, ob denn diese Erklärung mehr bzw. etwas anderes ist als eine Beschreibung dessen, was faktisch im Rahmen der Logik betrieben worden ist, ob sie also mehr ist als eine Beschreibung des Verfahrens der Herleitung bestimmter Begriffe auf eine durch gewisse Kriterien zu charakterisierende Weise.[9] Wäre die explizite Rechtfertigung zu reduzieren auf eine solche Beschreibung, so würde sie den Anspruch, Rechtfertigung der dialektischen Methode zu sein, in gar keiner Weise einlösen können. Denn der explizite Nachweis der systematischen Ordnungsleistung der dialektischen Methode – und mehr soll hier »Rechtfertigung« nicht bedeuten – kann weder durch Rekurs auf das Faktum einer systematisch geordneten Abfolge von Bestimmungen geleistet werden, und dies schon deshalb nicht, weil der explizite Nachweis dann von der impliziten Rechtfertigung ununterscheidbar wäre, noch kann er in der Angabe irgendwelcher die Methode nur kennzeichnender Begriffe und deren Zusammenhang bestehen, da dies höchstens zur Beschreibung, nicht aber zur Rechtfertigung der Leistungsansprüche der Methode zureichend ist. Es genügt also nicht, Begriffe wie »Unmittelbarkeit«, »bestimmte Negation« und »Vermittlung« – um nur einige Begriffe, die im Methodenkapitel der »Wissenschaft der Logik« eine gewichtige Rolle spielen, zu nennen – in bezug auf ihre Bedeutung und auf ihren Zusammenhang untereinander zu erläutern, wenn es darum geht, die Berechtigung der mit der dialektischen Methode verbundenen Ansprüche zu beurteilen.[10]

Bei dem Versuch, zu einem Verständnis der dialektischen Methode zu gelangen, wurde vor allem deshalb auf die von Hegel als Logik bezeichnete Disziplin zurückgegangen, weil sie, wie angedeutet, in ausgezeichneter Weise Aufschluß über diese Methode geben können sollte. Dieser Rückgang auf die Logik hat zur Folge gehabt, daß Fragen, die sich im Zusammenhang der Erörterung der Methode stellten, als Fragen diskutiert worden sind, die sich durch eine genaue Auslegung der jeweils einschlägigen Passagen der »Wissenschaft der Logik« entscheiden lassen. In diesem Zusammenhang sind vor allem drei Themen, die prima facie viel mehr mit Deutungsproblemen der Logik zu tun haben als mit Fragen der Methode, zu einem permanenten Diskussionsgegenstand geworden. Das prominenteste dieser Themen ist zweifellos der Anfang der Hegelschen Logik geworden, genauer: die Frage, wie dieser Anfang – und das heißt die ihn kennzeichnenden Kategorien und ihre Verbindung – zu verstehen sei. Daß gerade der Anfang der Hegelschen Logik mit seiner Theorie über den Zusammenhang der Bestimmungen »Sein«, »Nichts« und »Werden« und der Behauptung der Identität von Sein und Nichts sich sehr schnell besonderer Aufmerksamkeit erfreute, hat mannigfaltige und äußerst verschiedenartige Gründe.[11] Einige dieser Gründe sind bereits zu Hegels Lebzeiten sehr deutlich vor allem von seinem Jugendfreund und ehemaligen philosophischen Weggefährten Schelling formuliert worden.[12] Sicher ist auch – was ebenfalls durch den Verweis auf Schelling bezeugt werden kann –, daß das Interesse gerade am Anfang der Hegelschen Logik sehr stark geleitet war durch das bisweilen undeutliche Bewußtsein, daß die diesen Anfang ausmachenden Überlegungen am ehesten geeignet sind, die ambitiöse Haltlosigkeit des Hegelschen Unternehmens zu demonstrieren. So sagte zum Beispiel Schelling im Zusammenhang seiner kritischen Diskussion der Hegelschen Thesen zu Sein, Nichts und Werden: »Man kann diesen Sätzen eigentlich nicht widersprechen, oder sie etwa für falsch erklären; denn vielmehr sind es Sätze, an denen man gar nichts hat. Es ist, wie wenn man Wasser in der hohlen Hand tragen wollte, wovon man auch nichts hat. Die bloße Arbeit, etwas festzuhalten, das sich nicht festhalten läßt, weil es nichts *ist,* gilt hier statt des Philosophierens. Man kann dasselbe von der ganzen Hegelschen Philosophie sagen. Man sollte eigentlich gar nicht von ihr sprechen, weil ihr Eigenthümliches in vielen Fällen eben in solchen unfertigen Gedanken besteht, die nicht einmal so weit sich festhalten lassen, daß ein Urtheil darüber möglich wäre.«[13] Wenn aber, um an Schellings Überlegung anzuknüpfen, schon die ersten begrifflichen Grundbestimmungen des Systems ohne jeden sachlichen Gehalt sind, wie kann dann der Übergang von einer Grundbestimmung zur anderen als ein methodischer Vorgang betrachtet werden, von dem gesagt wird, daß er in irgendeinem Sinne von der Sache selbst gefordert sei? Wie kann – so wurde seit und mit Schelling gefragt – Hegel für diesen Anfang das in Anspruch nehmen, was allein schon von seinen methodischen Vorstellungen her unverzichtbar zu sein scheint, nämlich die Idee der ontologischen Funktion der Begriffe bzw. die These von dem Zusammenhang von Sache und Methode? Neben der seit Schellings Zeit oft monierten sachlichen Implausibilität des Anfangs der Hegelschen Logik hat daher auch der methodische Aspekt dieses Stückes Hegelscher Systematik einiges zur allgemeinen Beachtung der Anfangsproblematik beigetragen.

Außer dem Problem des Anfangs der Logik sind – ebenfalls hauptsächlich im Zusammenhang mit der Logik – zwei weitere Themen immer wieder ausführlich diskutiert worden, die von entscheidender Bedeutung für ein Verständnis der dialektischen Methode sind. Es handelt sich bei diesen Themen um Hegels Theorie der Negation und seine Auffassung von Funktion und Bedeutung des Widerspruchs. Was die Theorie der Negation betrifft, so hat Hegel auf deren Gewicht für die Diskussion von Fragen der Methode selber hingewiesen. So schreibt er zum Beispiel in der Einleitung zur »Wissenschaft der Logik«: »Das einzige, *um den wissenschaftlichen Fortgang zu gewinnen*, . . . ist die Erkenntnis des logischen Satzes, daß das Negative ebensosehr positiv ist, oder daß das sich Widersprechende sich nicht in Null, in das abstrakte Nichts auflöst, sondern wesentlich nur in die Negation seines *besondern* Inhalts, oder daß eine solche Negation nicht alle Negation, sondern die *Negation der bestimmten Sache*, die sich auflöst, somit bestimmte Negation ist, daß also im Resultat wesentlich das enthalten ist, woraus es resultiert.«[14] Die in dieser thetisch gehaltenen Formulierung verborgenen Schwierigkeiten, die allen Interpreten die in dem Zitat angedeutete Auffassung von der eigentümlichen Rolle der Negation bereitet hat, kamen erst bei der näheren Betrachtung des ausgeführten Ablaufs der jeweiligen Begriffsentwicklungen im Rahmen der Logik voll zum Tragen. So führt schon von jeher die harmlose Überlegung zu erheblicher Irritation, daß je nachdem, welchen kategorialen Status man der Negation bzw. dem Negativen zuschreibt, man zu ganz verschiedenen Interpretationen gezwungen ist bezüglich der Möglichkeiten, die der Negation bzw. dem Negativen zugeschrieben werden können, um die ihnen zugemutete methodische Funktion wahrzunehmen. Betrachtet man nämlich die Negation bzw. das Negative als logische Kategorien, so ist man zu sehr spekulativ erscheinenden Annahmen über den Zusammenhang von Logik und physischer sowie psychischer und sozialer Wirklichkeit genötigt, wenn man der von Hegel der Negation bzw. dem Negativen zugeschriebenen methodischen Funktion auch nur eine minimale Plausibilität zugestehen will. Denn man verpflichtet sich bei einer solchen Betrachtung der Negation zu Behauptungen z. B. über die logische Verfassung der Wirklichkeit, die entweder direkt zu einem theoretisch unbefriedigenden naiven Idealismus führen oder aber nach einem sehr anspruchsvollen metaphysischen Hintergrund verlangen, um diskutabel zu erscheinen. Betrachtet man aber Negation und Negatives als ontologische Kategorien in dem Sinne, in dem man von etwas Realem als der Negation eines anderen sprechen oder etwas als das (existierende) Negative bezeichnen kann – und der Möglichkeit einer solchen ontologischen Deutung wollte Hegel sich auf keinen Fall verschließen –, so ergeben sich beachtliche Schwierigkeiten bei dem Versuch, überhaupt zu verstehen, welche Eigenschaften dieses ontologisierte Negative eigentlich haben müßte, um als Entität betrachtet werden zu können. Die Verlegenheit, in die man geriet, wenn man einerseits in den von Hegel andeutungsweise gezogenen Linien so etwas wie Negativität bzw. Negation zu denken versuchte, andererseits aber mit den von Hegel angebotenen begrifflichen und gedanklichen Mitteln durchaus nicht in der Lage war, diese Aufgabe zu bewältigen, – diese Verlegenheit führte zu verschiedenen und zum Teil recht hilflosen Reaktionen. Für Hegel-Gegner war das Konstatieren der Unvermeidlichkeit einer solchen Verlegenheit im allgemeinen schon Grund genug, aus dieser Verlegenheit sogleich auf die Unsinnigkeit des Hegelschen Unternehmens zu schließen.[15] Für die kritischen Hegel-Apologeten war diese Verlegenheit des öfteren Anlaß, sich entweder auf ihre Diskussion erst gar nicht ausführlich einzulassen oder aber sie dadurch zu unterlaufen, daß man die Bedeutung der Negation für Hegels systematisches Programm herunterzuspielen versuchte.[16] Beide Strategien haben sich nicht als vorteilhaft für die Klärung der Hegelschen Theorie der Negation erwiesen.

Vor ähnliche Schwierigkeiten sieht sich bis heute die Diskussion des dritten angeführten Themenkomplexes gestellt, der die Funktion und Bedeutung des Widerspruchs betrifft. Denn auch hier herrscht Übereinstimmung gerade nur so weit, daß man die methodische Relevanz der Kategorie des Widerspruchs für unbestreitbar hält, was verhältnismäßig einfach an bestimmten Passagen der »Wissenschaft der Logik« ausgewiesen werden kann.[17] Doch damit endet die allgemeine Übereinstimmung auch schon, und es beginnt der Bereich, in dem die Rede von Übereinstimmung nur noch in bezug auf eine bestimmte Gruppe von Kritikern Hegels sinnvoll zu sein scheint. Die auf diese Gruppe beschränkte Übereinstimmung besteht darin, daß die Hegelschen Thesen zum Widerspruch, d. h. vor allem die von ihm behauptete (reale) Existenz und die Notwendigkeit von Widersprüchen, fatale Konsequenzen für seine wissenschaftlichen Ansprüche haben. Für diese Überzeugung haben sich zwei unterschiedliche Begründungen durchgesetzt. Die eine geht davon aus, daß Hegels Insistieren auf der (realen) Existenz von Widersprüchen zeige, daß er – so eine Formulierung neueren Datums – »die Verstörung nicht teilt, die Wissenschaftler und Philosophen bis dahin befiel, wenn sie sich Widersprüchen gegenüberfanden, die sie nicht auflösen vermochten.«[18] Widersprüche aber als existierend, d. h. als reale Entitäten in Kauf zu nehmen bzw. auf ihrem Vorhandensein zu insistieren, kann nur bedeuten: man verwechselt eine Kategorie, die ausschließlich im Zusammenhang einer bestimmten Art der sprachlichen Erfassung der Wirklichkeit eine wohldefinierte Rolle spielt, mit einem in Zeit und Raum anzutreffenden Gegenstand bzw. Ereignis; man macht also den gleichen Fehler, den der begeht, der aufgrund der Tatsache, daß es Schachregeln gibt, meint, sie an irgendeinem Ort dieser Welt antreffen zu können.[19] Wenn dem aber so ist, dann beruht die ganze Diskussion über Funktion und Bedeutung des Widerspruchs auf einer falschen Verwendung des Ausdrucks »Widerspruch« und ist insofern müßig. Im Falle Hegels hat dieser Fehler aber dann auch noch das unangenehme Ergebnis, daß durch ihn eine der methodologischen Grundlagen des Systems destruiert wird. Die andere

Begründung für die Ablehnung der Hegelschen Überlegungen zum Widerspruch geht davon aus, daß Hegels These von der Notwendigkeit von Widersprüchen direkt gegen den sogenannten Satz vom Widerspruch gerichtet ist, also gegen den logischen Begriff des Widerspruchs geht. Die Gültigkeit des Satzes vom Widerspruch zu bestreiten aber heißt, einem Konzept von wissenschaftlicher Theorie das Wort zu reden, in deren Rahmen alles Beliebige abgeleitet bzw. bewiesen werden kann, so daß eine solche Theorie vollständig ohne jeden Erklärungs- bzw. Informationswert ist.[20] Wenn Hegel also Widersprüche für notwendig und demnach unvermeidbar hält und insofern die Gültigkeit des Satzes vom Widerspruch bestreitet, dann liefert er seine eigene Theorie offensichtlich der Irrationalität und Unwissenschaftlichkeit aus. Mit derartigen Überlegungen, die bei einer beträchtlichen Anzahl von Kritikern einer dialektischen Philosophie Hegelscher Provenienz vom Fach den Charakter eines nicht mehr der Revision zugänglichen Vorurteils haben, tat sich der Hegel wenigstens prinzipiell wohlwollende Teil der Forschung traditionsgemäß besonders schwer; denn sie erweckten den unbehaglichen Eindruck, als ob es vollkommen gleichgültig sei, welche der angebotenen Interpretationen des Sinnes der Hegelschen Rede vom Widerspruch man wähle, da jede mit angebbaren und unauflöslichen Schwierigkeiten behaftet sei. Solch einen resignativen Standpunkt zu beziehen, hatte aber die Konsequenz, daß man wegen der engen Verbindung zwischen dialektischer Methode und der Hegelschen Auffassung vom Widerspruch die Möglichkeit einer dialektischen Philosophie als eines wissenschaftlichen Unternehmens nicht länger vertreten konnte. Wollte man jedoch daran festhalten, daß dialektische Philosophie als Wissenschaft möglich sei, so galt es, sich verstärkt der Aufklärung der auch durch die sehr hohe Komplexität des Hegelschen Systems bedingten Unklarheit über Funktion und Bedeutung des Widerspruchs zu widmen.

Die bisher angeführten Gesichtspunkte, die eine Auseinandersetzung mit Themen wie der Beziehung zwischen dialektischer Methode und Logik, dem Anfangsproblem sowie der Theorie der Negation und des Widerspruchs verständlich machen sollten, lassen sich in einen sehr direkten Zusammenhang bringen mit der fast beliebig großen Anzahl von Schwierigkeiten, in die der Versuch der Klärung dessen führt, (1) was denn als auszeichnende

Eigentümlichkeit der dialektischen Methode angegeben werden kann und (2) was von Hegel selbst an Mitteln zur Bewältigung des Punktes (1) an die Hand gegeben worden ist. Die Angabe derartiger Gesichtspunkte deckt aber nur *eine* unter verschiedenen möglichen Weisen des Zugangs ab, die – mit dem Ziel der Erhellung des methodischen Ansatzes Hegels – sich mit dessen Theoremen beschäftigen. Denn neben den Untersuchungen, die sich primär an Problemen und Verständnisschwierigkeiten orientieren, welche mit Hegelschen Überlegungen in so überreichem Maße verbunden sind, ist ein erheblicher Teil der Anstrengungen der Hegelforschung in den Versuch der Aufklärung der Motive eingegangen, die Grundlagen für die Hegelsche Theorie und deren methodische Verfassung darstellen könnten.[21] Hat die zuerst genannte Forschungsrichtung vor allem das Ziel, den methodisch-philosophischen Ansatz Hegels auch unter sich ändernden wissenschaftsimmanenten Bedingungen[22] als einen rationalen auszuweisen, so ist die zweite angedeutete Forschungsrichtung mehr durch das Interesse gekennzeichnet, diesen Ansatz aufgrund der Analyse der im weitesten Sinne phänomenalen Basis des Hegelschen Unternehmens in den Griff zu bekommen. In dem zuletzt genannten Forschungszusammenhang haben sich in der neueren Diskussion hauptsächlich vier Gesichtspunkte als die zentralen durchgesetzt. Sie konzentrieren sich vor allem um die Aufklärung der Motive und Voraussetzungen, die offensichtlich und gemäß dem Hegelschen Selbstverständnis eine hervorragende Rolle bei der Konzeption dieser Philosophie gespielt haben und für die Art ihrer Organisation sehr einflußreich waren. Es sind dies die mit (1) theologischen, (2) politisch-ökonomischen, (3) psychologischen und (4) erkenntnistheoretischen bzw. metaphysischen Überzeugungen im Zusammenhang stehenden materialen Grundlagen dieser Philosophie.

Was den »theologischen Hintergrund«[23] betrifft, so ist es offenbar nicht schwer, sich darüber zu verständigen, daß er eine beträchtliche Rolle bei der Integration bestimmter Elemente in Hegels philosophische Konzeption spielt, die auch für die methodische Verfassung dieser Philosophie wesentlich sind. Die Verständigung darüber scheint schon aufgrund der »theologischen Jugend« Hegels, also aufgrund seiner Ausbildung zum Pfarrer im Tübinger Stift, wie auch aufgrund seiner sehr exponierten Thesen über die theologischen Komponenten der Philosophie, die er in fast allen seinen Schriften zum Ausdruck bringt, nahezuliegen. Viel schwerer fällt aber die Verständigung darüber, welches diese Elemente sind und wie ihre Funktion beurteilt werden muß. Denn je nachdem, welche Elemente man als dem theologischen Erbe verpflichtet in Anschlag bringt, öffnet man verschiedene Möglichkeiten zu einer religionskritisch motivierten Abwehr bestimmter Grundzüge dieser Philosophie. Es hat daher neben den Untersuchungen, die theologische Anteile als für den Hegelschen Ansatz konstitutiv ansehen, auch nicht an Versuchen gefehlt, gerade *die* Elemente der Hegelschen Philosophie von dem Verdacht einer theologischen Beeinflussung freizuhalten, die zur Kennzeichnung der Eigentümlichkeit dieses Ansatzes als wesentlich erachtet werden.[24] Doch abgesehen davon, daß solche Versuche zu handfesten Schwierigkeiten bei der Interpretation sehr zentraler Passagen des Hegelschen Oeuvres führten, haben sich auch andere Gründe gegen derartige Absichten geltend machen lassen. Von diesen sei hier nur der Grund erwähnt, der am offensichtlichsten mit der Methodenfrage zusammenhängt: Ohne die Annahme eines theologischen Hintergrundes hat man eigentlich bisher gar keinen einigermaßen einleuchtenden Zugang zu Hegels Theorie des absoluten Geistes finden können.[25] Von dieser Theorie mag man sachlich halten, was man will. Man darf aber nicht übersehen, daß diese Theorie von großer systematischer Bedeutung für Hegels Philosophie ist. Denn Hegel bestimmt bekanntlich als Aufgabe der Philosophie die begriffliche Explikation des absoluten Geistes.[26] Und diese Aufgabe soll die Philosophie nur mit den von der Struktur der Sache selbst her geforderten methodischen Mitteln leisten können. Die Einsicht in die Methode ist insofern gebunden an die Möglichkeit eines Zugangs zu der Sache, deren gelungene adäquate Explikation die implizite Rechtfertigung der Methode darstellt. Insofern mag die Annahme einer theologischen Fundierung des Hegelschen Systems auf Wege führen, die für die Explikation und Bewertung der Hegelschen Ansprüche weitaus fruchtbarer sind als die Strategien, die aus unterschiedlichen Intentionen auf einer theologiefreien Version Hegelscher Philosophie und Dialektik bestehen. Damit soll nicht gesagt sein, Hegels Lehre vom absoluten Geist oder irgendein anderes Kernstück seiner systematischen Konzeption könne nur durch die Konstruktion eines theologischen Hintergrundes verständlich gemacht werden, sondern nur hervorgehoben werden, daß es Gründe zu der Vermutung gibt, daß für Hegel theologische Motive bei der Formulierung einer solchen Theorie eine beträchtliche Rolle gespielt haben.

Welches genau der Anteil ist, den Hegels sehr intensive Studien und Überlegungen zur praktischen Philosophie an seinen methodisch-philosophischen Überzeugungen haben, ist bisher ebenfalls umstritten. Verfolgt man ein wenig die Entwicklungsgeschichte der Hegelschen Philosophie, so wird aber deutlich, daß wichtige Teile dieser Philosophie auch als Versuche gesehen werden müssen, bestimmte Schwierigkeiten in den Griff zu bekommen, die sich durch die Aneignung von Positionen der klassischen praktischen Philosophie einerseits und die Auseinandersetzung mit der modernen politischen Ökonomie andererseits für Hegel ergeben haben. Die Folge seiner gründlichen Beschäftigung mit der klassischen praktischen Philosophie, die für ihn vor allem in der Aristotelischen Ethik und Politik ihren authentischen Ausdruck fand, war die Formulierung einer Position, die sich weitgehend am Modell einer – um Elemente der Spinozistischen Substanzmetaphysik bereicherten – antiken Theorie der Sittlichkeit orientierte.[27] Das Ergebnis seiner Beschäftigung mit den Autoren der modernen politischen Ökonomie – wie Smith und Steuart – war die Einsicht in die Bedingungen, unter denen allein sich das »moderne« politische, ökonomische und soziale Leben abspielen kann aufgrund der typisch neuzeitlichen Arbeitsformen und der partikularisierten Interessenzusammenhänge, deren Partikularisierung ebenfalls eng mit der spezifisch neuzeitlichen Entwicklung der Produktionsmechanismen verbunden war.[28] Die Spannung, in die diese Einsicht mit jener Aristotelisch-Spinozistischen Position geriet, ist nun unbestreitbar ein sehr starker Motor bei der Entwicklung seines spezifischen Konzeptes von Philosophie sowohl inhaltlich als auch methodisch gewesen. Diese Tatsache macht verständlich, daß einige sehr einflußreiche Interpreten die methodische Verfassung der ganzen Hegelschen Philosophie voll aus der Betrachtung der Aneignung dieses politisch-praktischen Bereichs aufschlüsseln zu können meinten.[29] Diese Versuche waren mannigfaltigen Vorwürfen und Einwänden ausgesetzt. Sie haben aber auch dazu beigetragen, daß man hinter die Einsicht nicht mehr zurückgehen kann, daß eine große Anzahl der Kategorien, die nicht nur für die politische Philosophie Hegels, sondern für seine philosophische Gesamtkonzeption und die von ihr nicht zu trennende Methode von grundlegender Bedeutung sind, von ihm zuerst im Zusammenhang einer Theorie der Sittlichkeit, also einer praktischen Philosophie, als theoretische Begriffe entwickelt worden sind. Als Beispiele seien zum einen Begriffe bzw. Begriffspaare genannt wie »Endlichkeit – Unendlichkeit«, »Einheit – Vielheit« und »Verhältnis«: Kategorien, die sich sehr schnell als zentrale Bestandteile des von Hegel immer wieder benutzten deskriptiven Vokabulars zur Analyse dialektischer Zusammenhänge und Verfahrensweisen durchgesetzt haben; zum anderen sei verwiesen auf Begriffe wie »Arbeit« oder »Geist«, die – obwohl genuin dem Bereich der politisch-praktischen Theorie zugehörig – nach Hegelscher Auffassung auf Sachverhalte hindeuten, denen in den verschiedensten Bereichen Modellcharakter zugeschrieben wird.

Ähnliches gilt für gewisse im weitesten Sinne psychologische Phänomene und Theoreme. Gerade in neuerer Zeit ist sehr deutlich geworden, daß die mit den Begriffen »Bewußtsein« bzw. »Selbstbewußtsein« zu umschreibenden Phänomen- bzw. Problembereiche für den philosophischen Ansatz Hegels äußerst wichtig waren.[30] Dies ist deshalb nicht verwunderlich, weil durch diese Begriffe ein Bereich bezeichnet wird, dessen Untersuchung im Zusammenhang und in der Nachfolge der Kantischen Philosophie zu einer der zentralen philosophischen Aufgaben gerade der im engeren Sinne idealistischen Theorien des ausgehenden 18. und des beginnenden 19. Jahrhunderts geworden war. Gemeint sind die Theorien, die von Reinhold, Fichte, Schelling und in deren Umkreis entwickelt und vertreten worden sind. In all diesen Theorien spielen Begriffe wie »Ich«, »Bewußtsein« und »Selbstbewußtsein« in dem Sinne eine ausgezeichnete Rolle, daß den mit diesen Begriffen gemeinten sehr komplexen Sachverhalten eine – wenn auch jeweils verschieden ausgewiesene – Begründungsfunktion für die inhaltlichen Lehrstücke dieser Theorien zugemutet wird. Obwohl Hegel seine philosophische Laufbahn mit einer sehr scharfen kritischen Auseinandersetzung mit den genannten Autoren beginnt – einer Auseinandersetzung, die sich vor allem auf das diesen Theorien eigentümliche Konzept von Ich, Bewußtsein und Selbstbewußtsein konzentriert –, hat er zu keiner Zeit von der Überzeugung abgelassen, daß Bewußtseinsphänomene, wie zum Beispiel das Phänomen des Selbstbewußtseins, in ausgezeichneter Weise für die Deutung von Strukturen in Anspruch genommen werden können, die für die Verfassung nicht nur der psychischen, sondern auch der physischen Wirklichkeit (Natur) kennzeichnend sind. Ist Hegel also mit der Integration der Bewußtseinsproblematik in seine philosophischen Bemühungen einerseits ganz direkt mit der philosophischen Diskussion seiner Zeit verbunden, so unterscheidet er sich andererseits auch gerade von ihr durch die ihm spezifische Art der Aufnahme der Bewußtseinsproblematik. Denn sehr im Gegensatz zu dieser Tradition ist für Hegel das Bewußtsein – bzw. bestimmte Formen desselben wie z. B. das Selbstbewußtsein – vor allem deshalb interessant, weil es seiner Meinung nach als relativ konkretes Modell der eigentlich zentralen logischen Grundstruktur – das, was Hegel im allgemeinen »Begriff« nennt – betrachtet werden kann. Dieses hier angedeutete logische Interesse an im weitesten Sinne psychologischen Sachverhalten, das ihm schon zu Lebzeiten massive Kritik einbrachte,[31] zeigt sehr deutlich, daß es nicht zuletzt Vorgaben aus philosophisch-psychologischen Zusammenhängen waren, die einen beträchtlichen Einfluß auf Programm und Gestalt dieser dialektischen Philosophie gehabt haben.

Theologische, politisch-praktische und psychologische Hintergründe der Hegelschen Version einer dialektischen Philosophie sind aber selbst erst voll für die Deutung und Bewertung dieser Philosophie fruchtbar zu machen, wenn man sich über die erkenntnistheoretischen Voraussetzungen eines solchen Unternehmens verständigt hat. Die Klärung dieser erkenntnistheoretischen Sachverhalte ist im allgemeinen unter der Voraussetzung betrieben worden, daß ein großer Teil dieser Sachverhalte von Hegel selbst nicht explizit gemacht worden ist, sondern implizit seinen Behauptungen, Argumentationen und Beweisen zugrundeliegt. Die Folge dieser Voraussetzung war, daß man aufgrund häufig recht allgemeiner Annahmen über ausgezeichnete Merkmale des Hegelschen Systems zu sehr exponierten Thesen über die einem solchen System zugrundeliegenden erkenntnistheoretischen Behauptungen kam. Die Kritik dieser auf solche Weise erschlossenen erkenntnistheoretischen Voraussetzungen führte dann häufig zu der Ablehnung des ganzen Hegelschen Systems. Zur Verdeutlichung dieses hauptsächlich an kritischen Konsequenzen interessierten Ansatzes und des Einflusses, den derartige Untersuchungen über die erkenntnistheoretischen Grundlagen der dialektischen Philosophie auf die Bewertung dieser Philosophie haben können, mag kurz auf die am weitesten in diese Richtung gehenden Versuche hingewiesen werden, die im Zusammenhang einer Auseinandersetzung entwickelt worden sind, die sich um die Jahrhundertwende in England zwischen den englischen Hegelianern (McTaggert, Joachim, Bosanquet) und den Begründern der sprachanalytischen Philosophie (Russell, Moore) abgespielt hat.[32] Im Zusammenhang der Diskussion der erkenntnistheoretischen Voraussetzungen sogenannter »monistischer« Theorien beanspruchten die Gegner derartiger Positionen zum Beispiel zeigen zu können, daß monistische Theorien nur unter Voraussetzung einer Kohärenztheorie der Wahrheit zu vertreten seien (Russell)[33] und daß sie zur Annahme interner Relationen verpflichteten (Moore).[34] Im gegenwärtigen Zusammenhang ist es relativ unwichtig, was nun genau mit der Annahme interner Relationen und der Kohärenztheorie der Wahrheit gemeint ist und was mit diesen Annahmen auf dem Spiele steht. Es genügt der Hinweis, daß man aufgrund des Nachweises derartiger erkenntnistheoretischer Voraussetzungen monistische Theorien für unsinnig erklärte und daß sowohl für Russell als auch für Moore das Hegelsche System ein sehr exponiertes Beispiel einer monistischen Theorie darstellte. Was an diesem historischen Beispiel gesehen werden kann, ist, daß die Rekonstruktion erkenntnistheoretischer Voraussetzungen von großer Bedeutung für die Möglichkeit der kritischen Beurteilung einer Philosophie ist und daß die jeweiligen Voraussetzungen die Bedingungen der Durchsetzbarkeit einer Philosophie entscheidend bestimmen.[35] Es versteht sich von selbst, daß derartige Rekonstruktionen nicht nur der Ablehnung bestimmter Positionen dienen können, sondern ebensosehr zur Aufklärung des rationalen Gehalts einer Philosophie beizutragen vermögen.

Die hier vorgetragenen einleitenden Bemerkungen können Anlaß zu zwei Vermutungen geben, auf die abschließend hingewiesen werden soll. Die erste ist kritischer Natur und betrifft bestimmte gegenwärtige Strategien der Aneignung der Philosophie Hegels. Sie geht dahin, daß nur über eine Klärung der *Grundlagen* und *Voraussetzungen* der logisch-metaphysischen Verfassung dieser Philosophie das seit langem erstrebte Ziel des angemessenen Verständnisses einer dialektischen Theorie in Reichweite kommen wird, daß es aber nicht erreicht werden kann durch die Analyse der *Ergebnisse* einer solchen Philosophie, weder der realphilosophischen noch der spekulativen. – Die zweite Vermutung geht aus von der dieser Philosophie eigenen Resistenz gegen alle möglichen Arten des erläuternden Zugriffs. Sie geht dahin, daß die uns vertrauten und durch unsere Sprache vorgegebenen kategorialen Raster ungeeignet sind zur Freilegung der in die Dialektik eingegangenen Anweisungen zur Erfassung der Wirklichkeit. Mit dieser Vermutung ist nichts gegen die Dialektik gesagt; wohl aber wäre die Aufgabe, sie zu verstehen, anders als bisher üblich anzugehen.

Daß die in diesem Band gesammelten Aufsätze die in den vorangegangenen Bemerkungen angedeuteten Sachfragen und Forschungsschwerpunkte nicht erschöpfend vorstellen, versteht sich bei der immens großen Anzahl von Publikationen zu fast allen Aspekten der Hegelschen Philosophie von selbst. Diese Beiträge sollen auch eher als Exempel für zum Teil sehr verschiedene Ansätze der Diskussion dieser Sachfragen verstanden werden, deren gemeinsamer, wenn auch bisweilen verborgener Mittelpunkt das Problem der Dialektik ist. So soll die erste Gruppe von Arbeiten, die unter dem Titel »Zur dialektischen Methode« zusammengefaßt worden sind, auf jeweils verschiedene Weise Aufschluß über die dialektische Methode und die Form ihrer logischen Präsentation geben und die zweite Gruppe von Arbeiten den Stand und unterschiedliche Gesichtspunkte der Diskussion über den Anfang der »Logik« und die Hegelsche Theorie der Negation bzw. des Widerspruchs deutlich machen. Die unter dem Titel »Zu den materialen Aspekten Hegelscher Dialektik« gesammelten Arbeiten sind in erster Linie als Beispiele von Untersuchungen zu den theologischen (Colletti), politisch-praktischen (Lypp, Erdei), psychologischen (Cramer) und erkenntnistheoretischen (Theunissen) Hintergründen der Hegelschen Dialektik anzusehen. Die mit diesen Aufsätzen dokumentierten Zugangsweisen decken ein sehr breites Spektrum ab, das von marxistischen Positionen verpflichteten Deutungen (Ruben, Erdei, Colletti) bis hin zu sehr stark sprachanalytisch orientierten Beiträgen (Guyer, Fulda) reicht. Sie sind für diesen Band auch unter dem Gesichtspunkt ausgewählt worden, daß sie vielleicht in der Lage sind, die der Diskussion immer noch bedürftigen und insofern tradierenswerten Aspekte der dialektischen Philosophie

Hegels gerade durch die kritische Auseinandersetzung mit ihr und ihren Schwächen besonders deutlich zu machen.

Anmerkungen

1 Karl Rosenkranz, *Georg Wilhelm Friedrich Hegel's Leben,* Berlin 1844. S. 565.

2 G. W. F. Hegel, *Phänomenologie des Geistes,* hrsg. von J. Hoffmeister, Hamburg 1952^{6}, S. 39f. (3,46f.). Angaben in Klammern wie in diesem Falle beziehen sich auf Band- und Seitenzahl der im Suhrkamp Verlag erschienenen Theorie Werkausgabe: G. W. F. Hegel, *Werke in zwanzig Bänden.*

3 G. W. F. Hegel, *Wissenschaft der Logik,* Erster Teil, hrsg. von G. Lasson, Hamburg 1951, S. 35 (5,49); G. W. F. Hegel, *Grundlinien der Philosophie des Rechts,* hrsg. von J. Hoffmeister, Hamburg 1955^{4}, S. 4f. (7,12f.).

4 Die wichtigsten Dokumente jener Auseinandersetzung sind: A. Trendelenburg, *Logische Untersuchungen,* Bd. 1, Berlin 1840; R. Haym, *Hegel und seine Zeit,* Berlin 1857; K. Rosenkranz, *Apologie Hegels gegen Dr. R. Haym,* Berlin 1858; E. v. Hartmann, *Die dialektische Methode,* Berlin 1868; C. L. Michelet, *Hegel, der unwiderlegte Weltphilosoph. Eine Jubelschrift,* Leipzig 1870; K. Rosenkranz, *Hegel als deutscher Nationalphilosoph,* Leipzig 1870.

5 So schon A. Schopenhauer, *Die Welt als Wille und Vorstellung,* Bd. 1 (In: Sämtliche Werke, hrsg. von W. Frhr. von Löhneysen, Bd. 1, Darmstadt 1974) S. 17f.

6 So zum Beispiel: K. Marx im Nachwort zur zweiten Auflage des *Kapital* (Marx-Engels Werke, Bd. 23, S. 27) und F. Engels in seinem *Anti-Dühring* (Marx-Engels Werke, Bd. 20, S. 22f.).

7 Diese Bemerkung gilt in dieser Form allerdings nicht für die sogenannten Jenaer Systementwürfe, d. h. für die vor der *Phänomenologie des Geistes* abgefaßten Schriften. Ansonsten vgl. z. B. *Phänomenologie des Geistes,* a. a. O., S. 40 (3,47); *Wissenschaft der Logik,* Bd. 1, a. a. O., S. 35 (5,49); *Grundlinien der Philosophie des Rechts,* a. a. O., § 2 und § 7 (7,32 u. 55); *Enzyklopädie der philosophischen Wissenschaften im Grundrisse,* hrsg. von F. Nicolin und O. Pöggeler, Hamburg 1959, § 11 (8,55).

8 Das wohl bekannteste Beispiel einer solchen kritischen Fragestellung ist die nach dem Zusammenhang zwischen Dialektik und *formaler* Logik. Diese Fragestellung ist wenigstens dann als Ergebnis eines Mißverständnisses zu betrachten, wenn sie von der Voraussetzung ausgeht, daß Dialektik und formale Logik zwei konkurrierende Verfahren wissenschaftlichen Argumentierens zum Gegenstand haben.

9 Dieser Frage scheint bisher merkwürdigerweise noch niemand nachgegangen zu sein.

10 Andererseits kann es daher aber auch nicht gelingen, aufgrund der (flüchtigen) Betrachtung einiger im allgemeinen nicht einmal authentischer Beschreibungen (These – Antithese – Synthese) der dialektischen Methode und einiger in die dialektische Philosophie eingegangener zentraler Begriffe (z. B. »Widerspruch«) diese Methode als wissenschaftlich ungeeignet zu Fall zu bringen. Als das mit Abstand bekannteste Beispiel eines solchen Versuches s. K. R. Popper: Was ist Dialektik?, in: E. Topitsch (Hrsg.), *Logik der Sozialwissenschaften*, Köln 1965, S. 262ff.

11 Vgl. dazu: D. Henrich, Anfang und Methode der Logik, in: Ders., *Hegel im Kontext*, Frankfurt 1971, S. 73ff.

12 F. W. J. Schelling, Zur Geschichte der neueren Philosophie (1827), in: *Schellings Werke*, hrsg. von M. Schröter, 5. Hauptband, München 1927, S. 196ff.

13 A. a. O., S. 205.

14 *Wissenschaft der Logik*, Bd. 1, a. a. O., S. 35f. (5,49f.); vgl. auch: *Wissenschaft der Logik*, Bd. 2, a. a. O., S. 490ff. (6,556ff.); *Phänomenologie des Geistes*, a. a. O., S. 49 (3,56f.).

15 Vgl. A. Trendelenburg, *Logische Untersuchungen*, Bd. 1, a. a. O., S. 36–57; und neuerdings auch W. Becker, *Idealistische und materialistische Dialektik. Das Verhältnis von »Herrschaft und Knechtschaft« bei Hegel und Marx*, Stuttgart 1970, S. 73.

16 So zum Beispiel J. McTaggert, *Studies in the Hegelian Dialectic*, Chap. 4.

17 Vor allem: *Wissenschaft der Logik*, Bd. 2, a. a. O., S. 493ff. (6,559ff.); vgl. auch: *Wissenschaft der Logik*, Bd. 1, a. a. O., S. 38 (5,52).

18 G. Patzig, Hegels Dialektik und Lukasiewiczs dreiwertige Logik, in: R. v. Thadden / G. v. Pistohlkors / H. Weiss (Hrsg.), *Das Vergangene und die Geschichte. Festschrift für R. Wittram zum 70. Geburtstag*, Göttingen 1973, S. 446.

19 Dieses hier angedeutete Argument, das von der Annahme der (realen) Existenz von Widersprüchen ausgeht und sie in Schwierigkeiten führt, ist eine neuere Variante eines zunächst von E. v. Hartmann, *Über die dialektische Methode*, a. a. O., S. 72ff. wortreich entwickelten Gedankengangs. Hartmann sah vollkommen korrekt, daß »die von Hegel behauptete Existenz der Widersprüche . . . der Dialektik und Vernunft erst als Voraussetzung ihres Auftretens dienen soll« (75), und er ging deshalb daran zu zeigen, daß die von Hegel als Widersprüche bezeichneten Phänomene in Wahrheit gar keine Widersprüche sind, sondern höchstens Fälle von Verschiedenheit bzw. Gegensätze darstellen. Sein Fazit: Es gibt keine Widersprüche, also auch keine Dialektik.

20 Vgl. K. R. Popper, Was ist Dialektik? a. a. O.

21 Ein dritter, in diesem Band nicht berücksichtigter Block von Arbeiten versucht die Aufklärung der dialektischen Methode durch ein Verfahren zu betreiben, das man als »externe Rekonstruktion« bezeichnen könnte. Im allgemeinen bestehen solche externen Rekonstruktionsversuche in einer (Teil-)Formalisierung bestimmter Hegelscher Gedankengänge bzw. Annahmen und haben – je nach Standpunkt des Autors – das Ziel zu zeigen, entweder daß die Hegelsche Dialektik mit den formalen Mitteln der neueren Logik durchaus »exakt« zu fassen ist, oder aber daß dies gerade nicht möglich ist. Die frühesten Versuche in dieser Richtung stammen von G. Günther; als neuere Arbeiten sind Untersuchungen von Seebohm, Kosok und Dubarle zu nennen.

22 Dazu gehören zum Beispiel sich ändernde Anforderungen an die Wissenschaftssprache, der Versuch der Durchsetzung schärferer Rationalitätskriterien und die sich wandelnde Einschätzung des Wertes bestimmter Beweisverfahren.

23 M. Theunissen, *Hegels Lehre vom absoluten Geist als theologisch-politischer Traktat*, Berlin 1970, S. 211, Anm.

24 Die hier angedeuteten, in sehr verschiedene Richtungen laufenden Auseinandersetzungen und die theologischen Anteile in Hegels Philosophie lassen sich sehr gut mit den Werken der Exponenten von drei dieser Richtungen verdeutlichen, nämlich: G. Lukács, *Der junge Hegel*, Berlin 1954; K. Löwith, *Zur Kritik der christlichen Überlieferung*, Stuttgart 1966; M. Theunissen, *Hegels Lehre vom absoluten Geist als theologisch-politischer Traktat*, a. a. O.

25 Sieht man von den frühen und wenig folgenreichen Ansätzen von C. H. Weisse ab, der über die in der Hegelschen Ästhetik dargelegten Sachverhalte die Theorie des absoluten Geistes aufzuschließen versucht hat. (C. H. Weisse, Rezension von Hegels Ästhetik, in: *Hallische Jahrbücher für deutsche Wissenschaft und Kunst*, 1838, S. 1673–1675 und 1681–1720. Vgl. auch C. H. Weisse, *System der Ästhetik als Wissenschaft des Schönen*, 2 Teile, Leipzig 1830.) Daß dieser Ansatz über die Ästhetik so gar nicht wieder aufgenommen, sondern fast ganz von theologisch-religionsphilosophischen Deutungen verdrängt worden ist, verwundert besonders deshalb, weil Hegel selbst sich immer sehr große Mühe gegeben hat, auf die strukturellen Gemeinsamkeiten von Kunst und Religion hinzuweisen. Wie eng Hegel diese Verbindung sah, ist schon daran zu ermessen, daß er sowohl Kunst als auch Religion als Teile der Theorie des absoluten Geistes entwickelt hat.

26 *Enzyklopädie der philosophischen Wissenschaften im Grundrisse*, a. a. O., § 553 ff. (10,366 ff.).

27 Vgl. K. H. Ilting, Hegels Auseinandersetzung mit der Aristotelischen Politik, in: *Philosophisches Jahrbuch* 71 (1963/64), S. 38–58.

28 Vgl. M. Riedel, Die Rezeption der Nationalökonomie, in: Ders., *Studien zu Hegels Rechtsphilosophie,* Frankfurt 1969, S. 75ff.

29 Besonders deutlich bei G. Lukács, *Der junge Hegel,* a.a.O., S. 643: »Wie unvollkommen und widerspruchsvoll diese (ökonomischen; R. P. H.) Anschauungen Hegels auch gewesen sein mögen . . ., so ist es sicher kein Zufall, daß der Vollender der idealistischen Dialektik der *einzige* Philosoph dieser Periode war, der sich *ernsthaft* mit der ökonomischen Struktur der kapitalistischen Gesellschaft auseinanderzusetzen versuchte. Vielmehr ist jene *spezifische* Form der Dialektik, die Hegel entwickelt hat, aus dieser Auseinandersetzung mit den Problemen der kapitalistischen Gesellschaft, mit den Problemen der Ökonomie herausgewachsen.« Über die Bedeutung der praktischen Philosophie für Hegels gesamte Theorie vgl. auch: J. Ritter, *Hegel und die Französische Revolution,* Frankfurt 1965.

30 Vor allem durch die Arbeiten von D. Henrich und die von ihm stark beeinflußten Beiträge z. B. von K. Düsing und K. Cramer.

31 So wurde von Schelling bereits 1827 klar gesagt, daß das Gebrechen der Hegelschen Philosophie eben darin liege, daß er alle realen Inhalte logifiziert habe. Vgl.: F. W. J. Schelling, *Zur Geschichte der neueren Philosophie,* a.a.O., S. 196ff.

32 Genauer gesagt, handelt es sich um eine Debatte zwischen Vertretern sogenannter »monistischer« Positionen und Philosophen, deren hauptsächliche Gemeinsamkeit in der Ablehnung monistischer Positionen bestand. Die Gruppe der Hegelianer bildete jedoch nur einen Teil der Gruppe der Monisten, deren wohl prominentester, sich nicht als Hegelianer verstehender Exponent F. H. Bradley war. Daß sowohl Russell als auch Moore zu jener Zeit ihren philosophischen Gegner hauptsächlich in monistischen Theoremen sahen, ist, nebenbei bemerkt, noch kein Indiz für weitergehende kritische Gemeinsamkeit.

33 Vgl. B. Russell, *The Monistic Theory of Truth,* in: Ders., *Philosophical Essays,* London 1966, S. 133ff.; s. auch: B. Russell, *An Enquiry into Meaning and Truth,* London 1966[7], S. 123f.

34 Angedeutet bereits in der Kritik an Bradleys »organischer Einheit« in: G. E. Moore, *The Refutation of Idealism* (1903), S. 14ff.; ausgeführt in: G. E. Moore, *External and Internal Relations* (1919/20), S. 276ff. (Beide Arbeiten zitiert nach G. E. Moore, *Philosophical Studies.* London 1970.).

35 So hatte zum Beispiel die erwähnte Diskussion monistischer Positionen einen beträchtlichen Anteil am Schicksal der Hegelschen Philosophie in der anglo-amerikanischen Diskussion des 20. Jahrhunderts. Die fast vollständige Verdrängung monistischer und das heißt auch hegelianischer Positionen ist nämlich auch als Folge der Kritik an ihren erkenntnistheoretischen Voraussetzungen zu betrachten.

Erster Teil
Zur dialektischen Methode

Hans Friedrich Fulda

Unzulängliche Bemerkungen zur Dialektik

Mit der Enthüllung des Berliner Hegel-Denkmals feierte 1871 die Philosophische Gesellschaft den 100. Geburtstag Hegels – durch den Krieg um ein Jahr verzögert. Vom Rest des zur Feier gesammelten Geldes wurde später eine Prämie auf die beste Darstellung der Hegelschen Dialektik ausgesetzt. Welchem besseren Zweck hätten diese Mittel auch zugeführt werden können? Aber es dauerte fünfeinhalb Jahre, bis schließlich drei Arbeiten eingegangen waren. Keine davon schien zunächst den Preis zu verdienen. Nach einigem Hin und Her, das zu beschreiben Sache eines Karikaturisten der Dialektik wäre, wurde schließlich eine Arbeit prämiert, die heute wohl zu Recht vergessen ist. Michelet, der als einziger unter den Jury-Mitgliedern noch ein positives Verhältnis zur Dialektik hatte, protestierte gegen die Entscheidung. Er veröffentlichte ein Sondervotum und trat aus der von ihm mitbegründeten Gesellschaft aus.[1] Blickt man heute, 100 Jahre später, auf die Hegelsche Philosophie zurück, so wird man es immer noch unter der Voraussetzung tun, daß dem Thema Dialektik eine ausgezeichnete Bedeutung für die Auseinandersetzung mit Hegel zukommt. Aber man wird nun wohl niemandem mehr zu nahe treten, wenn man behauptet, daß die Auseinandersetzung mit Hegels Dialektik noch zu keinem befriedigenden Ergebnis geführt hat.

Ist Hegels Dialektik »Begriffsmystik«?[2] Ist sie zu verurteilen vor dem Forum der formalen Logik, weil sie das Widerspruchsfreiheitsprinzip preisgibt und den haarsträubenden Versuch macht, den Widerspruch zu ontologisieren?[3] Ist sie zu verurteilen, weil sie eine apriorische Struktur voraussetzt, deren Behauptung sich der Verwischung des Unterschieds zwischen konträrem und kontradiktorischem Gegensatz verdankt; ist sie also nicht nur logisch unhaltbar, sondern auch etwas, das gemessen an seinem eigenen Anspruch Mitleid verdient?[4] Oder ist sie vielmehr umgekehrt ernst zu nehmen als der paradoxe Versuch, innerhalb eines semantisch geschlossenen Systems durch planmäßiges »Falschmachen« zur Thematisierung dessen zu gelangen, worauf es in der Philosophie ankommt?[5] Oder ist sie immer noch zu verteidigen als Methode der Begründung einer idealistischen Ontologie?[6] Die Bejahungen dieser Fragen bilden einige der Aktiv- und Passivposten,[7] die man im Rückblick auf das Hegeljahr 1970 bilanzieren könnte. So entgegengesetzt die Antworten sind, – sie sind jeweils einseitig entschieden. Sie fordern Verzicht auf die dialektische Logik oder aber die Annahme ihres Ganzen. Noch immer erzeugt Hegels Dialektik vor allem Freunde und Feinde, Apologeten und Verächter. Man kann sich jedoch leicht davon überzeugen, daß unserer Situation dieses unbedingte Für und Wider nicht mehr ebenso angemessen ist wie der Philosophie vor 100 Jahren. Es genügt hier, die Vielfalt der Ansätze zur Kenntnis zu nehmen, von denen aus derzeit über Dialektik nachgedacht wird. Wir müssen uns daher Croces Forderung, das noch Gegenwärtige von dem zur bloßen Historie Gewordenen zu scheiden,[8] zu eigen machen, – obwohl Selbstbehauptungen des Lebens, die sich der Todeserklärungen philosophischer Ideen bedienen, allemal eine fatale Sache sind.

Um persönliche Partikularität so wenig als möglich ins Spiel kommen zu lassen, will ich meine Bemerkungen an den wichtigsten Positionen orientieren, von denen aus heute eine Beziehung zum Thema Dialektik besteht. Es sind, soweit ich sehe, vor allem vier Gruppen von Positionen. Jede von ihnen stellt mindestens eine der anderen in Frage.

1. Die marxistischen Positionen im weitesten Sinn.[9] Sie haben die engste historische Beziehung zu Hegels Dialektik, sind aber zugleich von ihr getrennt durch Vernachlässigung oder Preisgabe der dialektischen Logik. Gegenüber denjenigen, die die Dialektik von der Logik aus kritisieren, verhalten sie sich daher ziemlich hilflos.

2. Die ontologische und transzendentalphilosophische Diskussion und Verteidigung der Dialektik.[10] Sie steht bei den Vertretern der ersten Gruppe von Positionen im Verdacht unkritischer Metaphysik und/oder gesellschaftlicher Irrelevanz. Was z. B. liegt schon an der Idee einer philosophischen Letztbegründung, – bediene diese sich nun dialektischer Mittel oder nicht?

3. Man kann dem Verdacht der gesellschaftlichen Irrelevanz und einer Abstraktion, die in leerem Gerede endigt, zu entgehen versuchen, indem man den Anspruch mindert und die Diskussion der Dialektik wieder in den Zusammenhang der rhetorischen Tradition zurückbringt.[11] Dann wird man immerhin einen Bei-

trag zur Disziplinierung argumentativen Redens leisten. Das ist die dritte Position, die insbesondere von den Vertretern der »Neuen Rhetorik«[12] bezogen wird. Ob sie dem Einwand von seiten der ersten Gruppe von Positionen entgeht, ist freilich noch die Frage. Macht nicht die Geschichte der an Aristoteles anknüpfenden Dialektik jeden Versuch suspekt, um das Problem des dialektischen Widerspruchs herumzukommen? Besitzt dieses Problem nicht fürs theoretische Erkennen ebenso wie für die praktische Orientierung Schlüsselfunktion?

4. Von der anderen Seite kommt der Rückgriff auf die topische Dialektik in den Verdacht einer Gruppe derjenigen Positionen, deren Vertreter hauptsächlich an der Wissenschaft interessiert sind. Wenn schon Dialektik vernünftiger Argumentation, – sollte sie Vernunft dann nicht vor allem in die Wissenschaften bringen?[13] Hat also Dialektik ihre Funktion nicht primär darin, die formale Logik und die allgemeine Wissenschaftstheorie durch dialogische Einführung und normative Genese ihrer Spielregeln zu fundieren? Oder darin, allgemeine theoretische Perspektiven auf Widersprüche abzutasten?[14] Die positive Antwort auf diese Fragen charakterisiert eine vierte Gruppe. Aber möchte man gegen sie nicht einwenden: der Sache nach stehen wir mit der Zugrundelegung einer vage kantianisierenden Ethik wieder am Ausgang jener Entwicklung, die Hegel durchlaufen hat? Sollte die Dialektik denn nicht zu mehr verhelfen als zur Fundierung dessen, was man außerhalb der Philosophie längst hervorragend beherrscht; sollte Dialektik nicht auch mehr als der Versuch sein, allgemeine Ideen, die Gott weiß woher gekommen sein mögen, an ihren Früchten zu erkennen?

Ich stelle keine dieser Fragen bloß rhetorisch. Sie scheinen mir die Verlegenheit zum Ausdruck zu bringen, in der wir uns gegenüber dem Thema Dialektik befinden. Es ist eine Verlegenheit, die ich teile. Entsprechend unzulänglich werden meine Bemerkungen sein.

Noch ein Wort zur Voraussetzung, unter der ich mich der Hegelschen Dialektik zuwende: »Dyalectica est ars artium et scientia scientiarum, ad omnium aliarum scientiarum methodorum principia viam habens.«[15] Sieht man davon ab, was unter »dyalectica« zu verstehen ist, so kann dieser Satz den Anspruch Hegels vorzüglich charakterisieren. Die Reduktion dieses Anspruches ist heute eine allseits anerkannte Selbstverständlichkeit. Ich möchte von ihr ausgehen. Hegels Dialektik verbindet sich mit dem Programm einer dialektischen Philosophie, die methodisch zur Wissenschaft aller Wissenschaften auszubilden wäre. Dieses Programm hat soweit wir sehen keine Realisierungschancen. Darum wäre es auch nicht sinnvoll, Hegels Dialektik an ihrem eigenen Anspruch zu messen und, wie beispielsweise Marx es tat,[16] von ihm aus zu kritisieren. Man sollte ferner Hegels Dialektik nicht so sehr von ihren Ergebnissen als von ihren Motiven aus diskutieren. Ich will versuchen, dies in fünf Hinsichten zu tun.

I. Die Selbstreproduktion der Vernunft

Eine der grundlegenden Ideen, die Hegel zur Dialektik geführt haben, ist ohne Zweifel die in der Einleitung zur *Verfassungsschrift* ausgesprochene, daß zwei in unserer Welt getrennte Seiten ein Streben nach gegenseitiger Annäherung enthalten: einerseits der immer krasser werdende Widerspruch zwischen dem Unbekannten, das die Menschen bewußtlos suchen, und dem Leben, das ihnen angeboten wird und das sie zu dem ihrigen gemacht haben; und andererseits die Sehnsucht nach Leben unter denjenigen, die reflektieren und dabei, wie Hegel sagt, die Natur zur Idee in sich hervorgearbeitet haben.[17] Für die eine der beiden Seiten, die Philosophie, erwächst aus diesem Bedürfnis die – später formulierte – Aufgabe, durch Selbstreproduktion der Vernunft[18] die inneren Bedingungen sich verwirklichender Freiheit zu realisieren. Wenn irgend etwas an Hegels Dialektik festgehalten zu werden verdient, so sollte es jedenfalls dieses in sie eingegangene Motiv sein. Man müßte wohl auch verlangen, daß die Philosophie im ganzen und in jedem ihrer Teile dialektisch zu sein hat, wäre Dialektik nichts anderes als dies.

Aber Hegel hat es bei der angedeuteten allgemeinen Bestimmung der Philosophie nicht bewenden lassen. Wahrscheinlich hat er in ihrem Zusammenhang zunächst noch gar nicht von Dialektik gesprochen. Sein Ausdruck für die Erkenntnis des Absoluten, in der sich die Vernunft reproduziert, lautete *Spekulation*.[19] Daß auch der Ausdruck »Dialektik« in Hegels systematischem Vokabular bald eine wichtige Rolle spielt, läßt sich erst am Aufsatz *Über die wissenschaftlichen Behandlungsarten des Naturrechts* belegen.[20] Die dortige Verwendung ist im Licht des von Rosenkranz wiedergegebenen Programms der ersten Hegelschen *Vorlesung über Logik und Metaphysik* (1801/2 oder 1802/3) zu interpretieren.[21] Danach scheint es der letzte Teil der damaligen Logik gewesen zu sein, den Hegel auch Dialektik nannte. Diese Logik war noch als Vorbereitung zur Spekulation konzipiert, und ihr letzter Teil sollte lediglich dazu dienen, das *Aufheben* des endlichen Erkennens durch die Vernunft aufzuzeigen und eine *negative* Erkenntnis der Vernunft zu vermitteln. Demgemäß spricht Hegel auch später noch, wenn er das logische seiner Form nach charakterisiert, von dessen dialektischer *oder* negativ-vernünftiger Seite.[22] Keineswegs aber war Dialektik damals schon ein Element im Methodenbegriff des positiven spekulativen Erkennens selbst. Erst 1805 scheint es dahin gekommen zu sein; zu einem Zeitpunkt also, in dem System und Methode der Philosophie für Hegel bereits sehr konkrete Gestalt angenommen hatten. Selbst das Programm, daß der Widerspruch »regula veri, non contradictio [regula] falsi« sei, ist ja mindestens vier Jahre älter.[23] Wahrlich ein ziemlich paradoxer Sachverhalt angesichts der Tatsache, daß der Begriff ›Dialektik‹ als Erkennungszeichen gilt, an dem sich Hegelianer und Antihegelianer scheiden, seit Hegels Philosophie öffentlich diskutiert wird.

Das Paradoxon ist aufschlußreich. Sofern man Rosenkranz Glauben schenken kann, hat Hegel den Begriff ›Dialektik‹ zur Abhebung seiner eigenen spekulativen Methodik erstmals im Zusammenhang mit der Kritik an Schelling gebraucht. Was Schelling im Unterschied zu Plato fehle, sei die begriffene Notwendigkeit des Aufhebens der Gegensätze. Die Einsicht in diese Notwendigkeit komme nur zustande, wenn mit der Aufhebung nicht angefangen wird.[24] Dialektik als philosophisches Methodenprogramm hat also bei Hegel ihren Sinn nicht schon in der Idee einer Selbstreproduktion der Vernunft. Sie hat ihn auch noch nicht in der Idee einer eigens den Namen »Dialektik« tragenden, vorbereitenden Disziplin. Sie hat ihn vielmehr erst in der Einsicht, daß die Selbstreproduktion der Vernunft sich nicht auf ein Unmittelbares, nicht auf eine intellektuelle Anschauung berufen darf und daß das Dialektische darum zu einem Moment jedes methodisch geregelten Schrittes innerhalb der spekulativen Erkenntnis gemacht werden muß. Diese Einsicht ist auch heute noch relevant.

Die ursprünglich mit ihr verbundene Kritik an Schelling hat in der vom Marxismus ausgehenden Gesellschaftstheorie einen neuen Adressaten gefunden, und man kann verstehen, warum. Die marxistische Rede vom dialektischen Gesetz,[25] die aus dem Verzicht auf die spekulative Logik hervorging, läßt sich unter Hinweis auf die Erkenntnisse der positiven Wissenschaften nicht überzeugend verteidigen. Bleibt gleichwohl das Interesse an Dialektik erhalten – und dazu legitimiert das oben an erster Stelle genannte Motiv –, dann muß man als Gegeninstanz gegen die Behauptung einer Wirklichkeit, die sich den wissenschaftlichen Begriffen und Gesetzmäßigkeiten anstandslos fügt, eine andere Erkenntnisquelle aufbieten, die uns der Widersprüchlichkeit der Wirklichkeit versichern soll. Welche Erkenntnisquelle aber könnte dies sein außer der unreglementierten, dem wissenschaftlichen Begreifen gegenüber unmittelbaren Erfahrung? Diesen Weg sind sowohl Sartre[26] wie Adorno[27] gegangen. Husserls antispekulativer, phänomenologischer Immediatismus wies ihnen dabei die Richtung.

Damit ist am Punkt der Verankerung der Dialektik, also an der in unserem Zusammenhang entscheidenden Stelle, die dialektische Philosophie wieder auf den Appell an Unmittelbarkeit verfallen, gegen den Hegel das Programm einer philosophischen Dialektik seinerzeit gerade konzipiert hatte. Folgerichtig bleibt unter diesen Umständen auch nur die Alternative zwischen einer Theorie, die man nicht nur wegen ihres Gegenstands, sondern die man ihrer Manier halber »ästhetische Theorie«[28] nennen muß, und andererseits einer Strapazierung der dialektischen Erfahrung zum Medium apodiktischer Wirklichkeitserkenntnis.[29] Hegel hat diejenigen verspottet, die aus dem Schreine des inneren Anschauens täglich Neues auftischen,[30] und er hat Schellings intellektuelle Anschauung nachsichtig eine Sache für philosophische Sonntagskinder genannt.[31] Man sollte gegenüber Adorno und Sartre wohl beides, Spott und Nachsicht, vermeiden. Aber man sollte sich auch nicht täuschen lassen. Der Verzicht auf eine dialektische Logik der philosophischen Grundbegriffe ist um den Preis der Dialektik selber erkauft. Die Quittung dafür ist die Wehrlosigkeit der Dialektiker gegenüber der Kritik von seiten der formalen Logik[32] und der allgemeinen Wissenschaftstheorie.[33]

II. Zur Frage des ontologischen Anspruchs einer dialektischen Logik

Hegel hat behauptet, die spekulative Logik enthalte den Gedanken, insofern er ebensosehr die Sache an sich selbst ist, oder die Sache an sich selbst, insofern sie ebensosehr der reine Gedanke ist.[34] Mit der Berechtigung der Forderung nach einer dialektischen Logik ist der Wahrheitsanspruch dieser Behauptung noch nicht ausgemacht. Hegels Gründe für die Behauptung waren, daß eine spekulative Philosophie, die der Aufgabe der Selbstreproduktion der Vernunft Genüge tut, den Gegensatz des Bewußtseins hinter sich gelassen haben muß; und daß die *Phänomenologie des Geistes* dem auf dem Standpunkt des Bewußtseins philosophierenden Denken die Möglichkeit und Notwendigkeit dieser Selbstüberwindung aufgezeigt habe. Als das gewichtigste inhaltliche Argument innerhalb dieses Nachweises diente die Aufdekkung eines inneren Zusammenhangs von Ethik und Ontologie. Der schönen Seele kann zur Einsicht gebracht werden, daß sie sich selbst aufgeben und handeln muß und daß sie sich dabei als Moment einer Wirklichkeit gewinnt, die nicht mehr einer Seite des Gegensatzes von Subjektivität und Objektivität zuzuschlagen ist.[35]

Mit der Idee einer Behandlung der Logik, die sich von der Thematisierung unserer Subjektivität gelöst hat, ist Hegel für den besonderen Fall seiner spekulativen Logik der modernen Entwicklung vorausgeeilt. Diese Entwicklung hat ja auf andere Weise und zwar für die formale und die philosophische Logik ganz im allgemeinen zum selben Resultat geführt. Ich sehe nicht, was uns erlauben würde, gegen diese Entwicklung Einspruch zu erheben. Aber, wie immer man sich vom Ergebnis überzeugen läßt – sei's durch Hegels Versuch einer universalen Bewußtseinskritik oder durch andere, von der analytischen Philosophie aus entwickelte Argumente: in keinem Fall reichen die Argumente aus, um die Termini, mit denen sich die dialektische Logik befaßt, als Ausdrücke von Gedanken zu erkennen, die ebensosehr die Sachen an sich selbst sind. Es ist Hegels Verdienst, von der neuzeitlichen Philosophie der Subjektivität und ihrer Kritik aus wieder entdeckt zu haben, daß sich Bedeutungen und Bedeutungszusammenhänge fundamentaler Ausdrücke systematisieren lassen, ohne daß dabei auf Subjektivität und auf den fürs Bewußtsein charakteristischen Gegensatz von subjektiver Leistung und intentionalem Gegenstand Bezug genommen wird. Im Licht der gegenwärtigen Bedeutungstheorie scheint immerhin einiges dafür zu sprechen, daß es sich so verhält.

Die Bedeutungen der Ausdrücke, um die es dabei geht, haben sich in der Geschichte unserer Sprache, sowohl innerhalb wie außerhalb der Philosophie und der Wissenschaften, herausgebildet. Sollen die Ausdrücke nicht bloß in ihrem gewohnten Gebrauchszusammenhang analysiert werden; soll vielmehr die erst potentielle Vernünftigkeit ihres Gebrauchs freigesetzt werden, so ist damit noch nicht gesagt, daß ein von dieser Idee aus entworfenes »System der reinen Vernunft«[36] die Wahrheit über das Seiende an und für sich selbst darstellen würde. Hegels Behauptung, daß es so sei, schwebt jedenfalls so lange in der Luft, als keine Verständigung darüber erzielt ist, was reine Gedanken als solche sind. Es kann keine Rede davon sein, daß Hegels phänomenologische Bewußtseinskritik darüber verständigt hätte.

Die Bewußtseinskritik hat nach Hegels Programm das moralische Bewußtsein in einem sittlichen Bewußtsein aufgehoben, das sich als Teil eines Wirklichen weiß, von dem es übergriffen wird; und sie hat das religiöse Bewußtsein dazu gebracht, die Voraussetzung aufzugeben, daß dieses Wirkliche in Formen des Vorstellens und der Gegenständlichkeit zu erfassen ist. Aber auch ein sittliches Bewußtsein, das sich mit dieser Einsicht an spekulativlogische Untersuchungen macht, würde sein neu gewonnenes Wirklichkeitsverständnis sogleich wieder mit einem Dogma verbinden, wenn es die ihm nun gestellte Aufgabe mit dem Anspruch wahrnähme zu wissen, daß die zu untersuchenden Bedeutungen mehr als solche, daß sie zugleich Wirkliches, ja alle Wirklichkeit sind. Es mag sein, daß wir nicht über Wirklichkeit reden können, ohne daß die fundamentalen Termini, mit denen sich die dialektische Logik beschäftigt, Bedeutung haben. Aber das impliziert nicht, daß diese Bedeutungen mit Wirklichem gleichzusetzen sind, wenn mit dem Wirklichen all dasjenige gemeint sein soll, wovon man wahrheitsgemäß sagen kann, daß es das gibt. Ja, es ist sogar noch offen, ob die Ausdrücke, deren Bedeutung es auf dialektische Weise zu untersuchen gilt, überhaupt etwas vertreten, was zur Wirklichkeit in diesem Sinne gehört. Selbst wenn dialektische Logik als Wissenschaft aller Wissenschaften gelten dürfte, hätte ein zur Spekulation übergehendes sittliches Individuum keinen zureichenden Grund für diese Auffassung.

Die Frage, was es gibt, wird wie mir scheint von den Gründen der Entscheidung über Sinn oder Unsinn einer dialektischen Logik gar nicht berührt. Müßte man einen Realismus dialektischer Universalien verneinen, so wäre damit allerdings nicht gegen die Behauptung entschieden, daß über die Wirklichkeit in Allgemein-Ausdrücken zu reden ist, deren Bedeutungen dialektisch sind. Es wäre nicht einmal definitiv gegen die Behauptung entschieden, daß die Wirklichkeit selber dialektisch, also z. B. widersprechend ist. Mindestens ebensowenig aber impliziert die These, daß es dialektische Bedeutungen gibt, die Aussage, daß die Dinge oder gar alle Dinge widersprechend sind.[37]

Hegel ist also nicht gegen den Vorwurf zu rechtfertigen, sprachliche Kategorien mit unzulänglichen Gründen auf die Wirklichkeit projiziert zu haben.[38] Gegen affirmative ontologische Deutungen der dialektischen Logik ist daher Mißtrauen am Platz. Durch Hegels Argumente allein jedenfalls sind sie nicht ausreichend gestützt. Ich sehe vom Programm einer dialektischen Logik her auch keine Möglichkeit, etwas über die Berechtigung ontologischer Commitments auszumachen. Wenn um des Motivs willen, das von den Gesellschaftskritikern mit soviel Suggestion und Überzeugungskraft geltend gemacht wird, die dialektische Logik heute eine Aufgabe hat, so dürfte diese Aufgabe vorläufig nur im Rahmen einer allgemeinen Bedeutungstheorie wahrnehmbar sein. Es ist dann natürlich auch unsinnig, unter Bezugnahme auf Lenin zu behaupten, Hegels Logik sei die »Lehre von den Entwicklungsgesetzen aller materiellen, natürlichen und geistigen Dinge, d. h. der Entwicklung des gesamten konkreten Inhalts der Welt und ihrer Erkenntnis«.[39]

III. Das Erfordernis des rückläufigen Begründungsverfahrens

Die Argumente gegen eine ontologische Deutung der Dialektik sollten nicht mit Einwänden gegen die dialektische Suche nach einem sich zum Ganzen schließenden, rückläufigen Begründungsgang verwechselt werden. Adorno tendierte dazu, beide Richtungen der Kritik unter der Devise einer Zurückweisung des identitäts-philosophischen Anspruchs miteinander gleichzusetzen.[40] Doch die Idee der rückläufigen Begründung ist von der Behauptung einer dialektischen Ontologie ebenso unabhängig wie von der Grundthese der Identitätsphilosophie. Sie war in groben Umrissen Hegel auch schon vor seiner Annäherung an die Identitätsphilosophie zu eigen.[41] In Hegels Entwicklung zur Dialektik stellte sie das erste Stadium dar, das der Entdeckung der Funktion des Widerspruchs noch vorhergeht.

Adornos Argumente gegen diese Idee sind ideologiekritisch. Angesichts des Zwangscharakters der gesellschaftlichen Totalität mögen sie gegen den Ausschließlichkeitsanspruch des dialektischen Systems ihre Berechtigung haben. Aber dieser Anspruch ist gegenüber der Idee rückläufiger Begründung akzidentell. Andererseits ist die Idee eines solchen Begründungsganges für die Dialektik essentiell. Die dialektische Logik soll nicht nur die Gebrauchsbedeutungen vorhandener Ausdrücke analysieren. Sie soll diese Bedeutungen korrigieren und damit die Mittel für neue propositionale Gehalte bereitstellen. Aber diese Korrekturen sollen nicht nur nach Gutdünken erfolgen und nicht einfach nach dem zum Anarchismus tendierenden Gesetz größtmöglicher Konkurrenz, sondern nach einem argumentativen Verfahren. Am Beginn der Anwendung dieses Verfahrens stehen aber die durch den Verstand getrennten, einseitigen und korrekturbedürftigen Bestimmungen, in die es gerade Vernunft erst zu bringen gilt. Die Argumentation, soll sie vernünftig sein, kann daher nur rückläufig verfahren. Sie muß auf ihre Regeln im Gang des Verfahrens allererst hinführen, anstatt sie vorweg vor der Anwendung des Verfahrens etablieren zu wollen. Diese Form des Gedankengangs ist also bereits konstitutiv für das eingangs erwähnte, zur Dialektik treibende Motiv. Gibt man sie auf, so begibt man sich auch der Berechtigung, von Dialektik in einem auf Hegels Philosophiebegriff Bezug nehmenden Sinne zu reden.

Damit ist nicht gesagt, daß man Hegels undifferenzierte Rede von immamenter logischer Notwendigkeit verteidigen müßte. Im System der Regeln vernünftigen Redens, in dem wir uns befinden und dessen Grundbegriffe die Dialektik zu untersuchen hat, mag es viele und vielerlei Möglichkeiten zu solchen sich selbst stützenden, nach der Figur des Kreises verlaufenden Argumentationen geben. Ob mehrere solcher Kreise wieder in einen umfassenderen Argumentationsgang integrierbar sind, ist von Fall zu Fall zu prüfen. Philosophisch wäre auch das Eingeständnis, daß die Rückführung gewisser Begriffsgegensätze auf eine vernünftige Einheit in einem bestimmten Fall nicht gelingt. Eine dialektische Logik als philosophische Disziplin ohne ontologische Vorentscheidungen enthält keine Garantie für ein solches Gelingen. Der Zweck, von dem aus die konzipiert wurde, stellt ihr allerdings die Aufgabe, rückläufig ihre Abschlüsse und einen Abschluß dieser Abschlüsse zu suchen. Aber die Stringenz der Argumente, deren sie sich dabei bedienen kann, mag von sehr unterschiedlichem Grad sein. Tatsächlich ist sie es auch bei Hegel. Selbst Hegels eigenem Verständnis zufolge enthält der streng immanente Fortgang einen heuristischen Zug.[42] Sobald man dazu übergeht, gewisse Gedankengänge im Detail zu verfolgen, muß man über dieses Eingeständnis weit hinausgehen und anerkennen, daß das Verfahren keineswegs die Stringenz besitzt, um zu den konkludenten Schritten keine Alternativen diskutabel erscheinen zu lassen. Aber daraus einen grundsätzlichen Einwand gegen die Möglichkeit einer dialektischen Logik zu machen, hieße den Begriff vernünftiger Argumentation auf deduktive Beweisgänge einschränken. Will man weiter gefaßte Begriffe von Argumentation und Beweis erarbeiten, als diejenigen es sind, die sich in der formalen deduktiven Logik formulieren lassen,[43] so sollte man sich damit begnügen, die apodiktische Attitude zu kritisieren, die Hegels dialektischen Argumentationen anhaftet.

Eine andere Frage ist, ob die rückläufigen Begründungsverfahren nicht allemal formallogische Zirkel im Beweis involvieren. Wäre das der Fall, so käme die Dialektik schon an einem ganz anderen Punkt als demjenigen des Widerspruchsproblems mit der formalen Logik in Konflikt. Es scheint sich aber zeigen zu lassen, daß es sich so nicht verhalten muß.[44]

IV. Der dialektische Fortgang als Bedeutungsmodifikation

Was eine Folge von Ausdrücken dialektisch macht, ist natürlich nicht bereits dies, daß die Ausdrücke einer rückläufigen Begründung dienen. Charakteristisch für die Dialektik ist erst die Verbindung des Gedankens rückläufiger Begründung mit der Idee der wechselseitigen Destruktion von prädikativen Bestimmungen, die entgegengesetzten Begriffen zukommen. Auf eine kurze Formel gebracht könnte man die Dialektik kennzeichnen als Kombination sich selbst stützender und sich selbst widerlegender Argumente.[45] Die zulängliche Aufklärung der Möglichkeiten und Grenzen dieser Kombination wäre wohl wichtigste Voraussetzung für eine gerechte Beurteilung der Hegelschen Dialektik. Ich bin dazu nicht imstande. Ein unerläßlicher, vorbereitender Schritt in Richtung auf dieses Ziel ist jedoch die Erkenntnis, daß der dialektische Fortgang auch den Charakter einer Bedeutungsmodifikation hat. Dieser vorbereitende Schritt macht eine gewisse Korrektur an Hegels Selbstverständnis unvermeidlich. Er impliziert darüber hinaus eine weitere prinzipielle Einschränkung des dialektischen Beweisanspruchs.

1. Wie gelangt der Dialektiker zu den Einteilungen seiner Begriffe? Es leuchtet wohl ein, daß die dialektische Logik kein Definitionssystem ist. Sie ist es weder im Sinn eines logischen Aufbaus von Begriffen auf Ähnlichkeitsklassen außersprachlicher Gegebenheiten;[46] noch im Sinn der methodischen Einführung ihrer Termini mit Hilfe solcher sprachlicher Mittel, wie sie für den Common Sense am selbstverständlichsten sind.[47] Das erstere Verfahren hätte Hegel als Unmittelbarkeitsphilosophie kritisiert, das zweite als Dogmatismus des gesunden Menschenverstandes abgetan. Auch im letzteren steckt eine gewisse Berechtigung. Nur hat Hegel leider zu wenig beachtet, was es damit auf sich hat, daß er selbst die Termini, mit denen er arbeitet, zum größten Teil aus der gemeinsamen Sprache aufnimmt.[48] Das macht auch umgekehrt die sprachanalytische Kritik an Hegels Verfahren legitim.

Die Termini der dialektischen Logik sind irreduzibel. Sie können nicht durch definitorische Verfahren ineinander überführt und eliminiert werden. Vielleicht möchte man sagen, die Festlegung ihrer Bedeutungen erfolge durch »implizite Definition«. Aber abgesehen von der Problematik der Theorie impliziter Definition: so verstanden müßte man die impliziten Definitionen als ebenso umfangreich betrachten wie die ganze dialektische Exposition. Sie müßten die Konjunktion über die gesamte Menge der Behauptungen oder propositionalen Gehalte der dialektischen Exposition sein. Sofern in die dialektische Exposition Argumentationen eingehen, ist dies eine unhaltbare Auffassung. Die Termini der Dialektik sind also auch nicht gleich eingangs implizit definiert. Sie *werden* im Verlauf der Untersuchungen definiert. Wie ist das zu verstehen?

Betrachten wir zunächst einmal den Anfang irgendeiner Aufeinanderfolge von Schritten, die sich Hegel durch sein Verfahren methodisch geregelt denkt. Ein solcher Anfang hat Hegels Beschreibung zufolge die Form abstrakter Allgemeinheit.[49] Fragen wir nun, indem wir die Einteilung der *Wissenschaft der Logik* aufschlagen, in bezug auf irgendein Beispiel des Beginns einer neuen Schrittfolge: Welcher Term ist derjenige, dessen Bedeutung angeblich die Form abstrakter Allgemeinheit hat? Nehmen wir als Beispiel den Anfang der ganzen Logik. Er ist bekanntlich das reine Sein. Aber welches? Die Einteilung gibt uns mehrere Möglichkeiten: »Sein« als Term für das erste Buch der Logik; als Term für das erste Kapitel und als Term für den ersten Schritt im ersten Kapitel. Die Termini sind einander untergeordnet und zwischen ihnen findet sich noch ein weiterer, der Term »Bestimmtheit«. Man wird nicht behaupten wollen, all diese Termini seien gleichbedeutend.

Sind sie aber alle gleich eingangs durcheinander bestimmt? Diese Auffassung liegt in der Konsequenz der Ansicht McTaggarts. Um Hegels Gedankengang folgen zu können, meint er, müsse man sich stets der »kategorialen« Stufe bewußt sein, auf der man sich befindet.[50] Aber Hegel schärft ausdrücklich ein, daß seine Einteilung aus der Übersicht über das Ganze geschöpft ist und für den Fortgang nicht in Anspruch genommen werden darf. Wie könnte auch der untergeordnetste Begriff ›Sein‹ als seiner Form nach abstrakt allgemein gelten, wenn er die ihm übergeordneten Begriffe in sich enthielte? Die Begriffe, mit denen die dialektische Logik arbeitet, können also nicht vorweg durch ihre Einteilung bestimmt sein.

Von dieser simplen kritischen Überlegung aus wird auch die korrelationsphilosophische Version der Dialektik unmöglich, die W. Flach[51] entworfen hat und die in vielen vom Neukantianismus beeinflußten Hegelinterpretationen steckt. Möglichkeit und Erfolg der Bestimmungsleistung, so meint Flach,[52] hänge von der Bestimmtheit des Bestimmenden ab. Auf die Frage aber, wodurch denn das Bestimmende bestimmt sei, ergeht die Antwort: es sei bestimmt dank seiner Zugehörigkeit zum System.

Aber das System ist gerade die Menge der koordinativen und subordinativen Relationen der Termini. Es kommt durch Dialektik erst zustande. Es für den Anfang des Bestimmens schon in Anspruch zu nehmen, hieße die Dialektik überflüssig machen. Die Urteilstheorie lehrt, im Urteil werde etwas, das zu diesem Zweck gesetzt sein müsse, durch ein Prädikat bestimmt; und das Prädikat müsse, um bestimmen zu können, schon eine bestimmte Bedeutung haben. Hält man diese Auffassung für richtig, so kann man nicht die Bestimmtheit der Bedeutung des Prädikats auf dessen Zugehörigkeit zum System zurückführen, ohne ständig die Abhängigkeitsbeziehung zwischen den Voraussetzungen des Urteils umzukehren. Um bestimmen zu können, müßte (1) das Prädikat schon ein bestimmtes sein. Damit es das ist, müßte (2) das System der Prädikate schon bestimmt sein. Voraussetzung (1) scheint also von Voraussetzung (2) abhängig, nicht aber umgekehrt. Doch damit das System der Prädikate bestimmt ist, müßte (3) dasjenige schon bestimmt sein, wodurch es festgelegt wird. Nach Hegels Auffassung gehören dazu im Falle eines Systems, zu dem sich die Methode »erweitert«,[53] gerade die in der *Wissenschaft der Logik* gebrauchten Prädikate. Demnach wäre nun Voraussetzung (2) von Voraussetzung (1) abhängig, nicht aber umgekehrt. Aber wenn wir fragen, wovon denn Voraussetzung (1) abhängig sei, müssen wir uns wieder auf Voraussetzung (2) verweisen lassen.

Die Unhaltbarkeit der Auffassung, das im Fortgang Frühere sei durch das Spätere – das System der Begriffe – bestimmt, legt die entgegengesetzte Auffassung nahe: Bestimmt sei anfangs einzig die Bedeutung der Termini, deren sich die Abhandlung an der betreffenden Stelle selbst bedient – also derjenigen, die in der Einteilung später auf die unterste Ebene zu stehen kommen. Bei dieser Auffassung möchte man annehmen, das System koordinativer und subordinativer Begriffsrelationen entstehe von unten aus nach einem gleichbleibenden oder auch nach einem unter höheren Regeln selbst noch wechselnden Verfahren. Für die Formalisierung dieses Verfahrens hätte man dann nur einen geeigneten Operator ausfindig zu machen. Das ist der Weg, den A. Speiser[54] als erster eingeschlagen hat. Modernere Formalisierungsversuche[55] folgen ihm hierin, soweit ich sehe.

Aber dieser Ansatz ließe sich nur konsequent durchführen, wenn Hegel tatsächlich auf einer sich gleichbleibenden untersten Ebene beginnen und fortfahren würde. Davon wird uns nicht nur nichts gesagt, sondern Übersicht und Fortgang belehren uns immer wieder eines Besseren. Bereits zu Beginn des zweiten Kapitels müßte man sich die Frage stellen: Welcher Term ist derjenige, dessen Bedeutung sich aus der vorherigen Schrittfolge ergeben haben soll und nun wieder die Form der abstrakten Allgemeinheit hat? Der Term »Dasein als solches«, wie er dem »Werden« koordiniert ist, oder der Term »Dasein überhaupt«, welchen die Einteilung als subordinierten Term aufführt?[56] Nichts deutet an, daß die Dialektik des Werdens hierauf eine Antwort geben könnte oder auch nur sollte. Vielmehr läßt sich zeigen, daß die Differenz zwischen beiden Termini erst mit der Qualität aufbricht.

Wir können also – um zusammenzufassen – weder behaupten, die Termini, mit denen begonnen wird und die für andere Termini bestimmend werden sollen, besäßen ihre Bestimmtheit per expliziter Definition; noch können wir sagen, sie brächten ihre Bestimmtheit aus dem System mit, das sie erst aufbauen sollen; noch besitzen sie ihre Bestimmtheit als irreduzible, auf gleicher Ebene stehende, basale Bedeutungsatome.

Sofern zur Bestimmtheit der Bedeutung der Termini die koordinativen und subordinativen Relationen gehören, in denen sie später ein System bilden, d. h. zusammen zu stehen kommen, ist ihre Bedeutung anfangs nur minimal bestimmt. Das Minimum ist festgelegt durch umgangssprachliche Regeln für den Gebrauch abstrakter Termini, soweit diese Regeln nicht durch die vorausgegangene Bewußtseinskritik – insbesondere durch die Kritik an der Form des Vorstellens und an der Gegenständlichkeit – bedeutungsirrelevant gemacht worden sind. Hinsichtlich ihrer Relation zueinander sind die Termini noch unbestimmt, und zwar so lange, als Koordinations- und insbesondere Subordinationsbeziehungen offen stehen.

Hegel gebraucht dafür die Wendung, daß jeweils der Anfang einer dialektischen Schrittfolge die Form der abstrakten Allgemeinheit habe. Aber – und hier beginnt wieder meine Korrektur an Hegels Selbstverständnis – unter einem Allgemeinen, und zwar gerade einem abstrakt Allgemeinen versteht man ein solches, das nicht nur indeterminat ist im Unterschied zum Individualbegriff; sondern das, obwohl indeterminat, dennoch definit ist hinsichtlich dessen, was unter es fällt und was nicht.[57] Genau diese Bedingung jedoch trifft auf keine der Bestimmungen zu, die den Anfang einer dialektischen Schrittfolge ausmachen. Um bei unserem Beispiel zu bleiben: Es ist ja anfangs gerade unentschieden, ob wir es beim Terminus »Sein« mit einem Begriff zu tun haben, unter den die Bestimmtheit sowie dasjenige Sein fällt, welches Sein, Werden und Nichts unter sich enthält, oder nur mit einer der anderen Bedeutungen des in vielfältiger Weise gebrauchten Terminus »Sein«. Charakteristisch ist für die dialektische Logik gerade dies, daß sich die behandelten Termini im Fortgang der Untersuchung erst allmählich an die ihnen zukommende systematische Stelle schieben. Man könnte diesen Vorgang in einem Brettspiel abbilden, für das die entsprechenden Regeln formulierbar sind.

Beim anfänglichen Terminus handelt es sich genau genommen nicht um ein abstrakt Allgemeines, sondern um ein *Vages.* Denn »vage« nennen wir einen Ausdruck, der hinsichtlich der Bedingungen seiner Anwendung unbestimmt ist.[58] Das aber ist, wie mir scheint, hier der Fall. Man mag wohl einen Augenblick zweifeln, ob der Ausdruck »vage« Anwendung auf spekulativ-logische Termini wie »Sein«, »Dasein als solches« usw. hat. Denn welches sollen hier die *Fälle* sein, von denen man sagen kann, der Terminus lasse sich darauf anwenden oder nicht anwenden, oder es sei unbestimmt, ob er sich darauf anwenden lasse? Die Antwort springt nicht in die Augen, wenn man bei dieser Frage an solche Fälle denkt wie bei »Brot« oder »hart«. Gewiß darf man Fälle dieser Art hier nicht erwarten. Aber von der Typik solcher Fälle ist schon verschieden genug diejenige von Fällen, an die man beispielsweise bei »Wissen« oder »Religion« zu denken hat; und doch wird niemand bestreiten, daß diese Termini vage sind. Zumindest ein minimales Charakteristikum der Fälle, um die es geht, läßt sich leicht angeben. Bei den Fällen, von denen zu fragen ist, ob der spekulativ-logische Terminus Anwendung auf sie hat, handelt es sich jedenfalls um solche, in denen *andere* spekulativ-logische Termini angewandt werden. Ob diese Termini die Anwendung zulassen, kann aber anfangs per hypothesin noch nicht für jeden denkbaren Fall ausgemacht sein.

Vielleicht läßt sich auch noch in einem weniger trivialen Sinn von Fällen sprechen, bezüglich deren auszumachen wäre, ob ein spekulativ-logischer Terminus Anwendung hat oder nicht. Diese Termini haben in der überwiegenden Zahl der Fälle einen bestimmten grammatischen Charakter. Es sind Nominalisierungen, abgeleitet von Prädikatausdrücken, Hilfsverben, propositionalen Ausdrücken und dergleichen. Solche Nominalisierungen sind nur verständlich, wenn man zuvor die primären Ausdrücke verstanden hat, von denen aus sie gebildet sind; und sie dienen in erster Linie dazu, über dasjenige zu sprechen, was allem gemeinsam ist, worauf sich die primären Ausdrücke anwenden lassen, oder über dasjenige, was allen Verwendungsweisen der »Synkategorematika« gemeinsam ist. Die Fälle sind also, grob gesprochen, Fälle der Applikabilität der primären Prädikate und der Verwendbarkeit der »Synkategorematika«. Insofern könnte man denken, die Frage, ob ein spekulativ-logischer Terminus Anwendung hat oder nicht, müßte ziemlich klar zu entscheiden sein. Aber man darf nicht vergessen, daß die Mehrzahl der Termini sich in der philosophischen Tradition von der direkten Bindung an Fälle des entsprechenden, primären Sprachgebrauchs weitgehend emanzipiert hat und daß Hegels Absicht darauf geht, sie von dieser Emanzipation ebenso wie von der Bindung an die Umgangssprache nochmals zu emanzipieren, um ihren eigenen, vernünftigen Gebrauchszusammenhang zu rekonstruieren. Auch unter diesen Umständen kann man nach wie vor sagen, die Fälle, bezüglich deren ihre Anwendung in Frage steht, seien solche des Vorkommens der entsprechenden primären Ausdrücke in semantisch korrekten Sätzen. Aber es liegt auf der Hand, daß die Bedingungen der Anwendbarkeit der spekulativ-logischen Termini bezüglich solcher Fälle äußerst unbestimmt geworden sind. Sie sind es viel zu sehr, als daß man noch in der Nachfolge Hegels über sie philosophieren möchte. Um so plausibler muß darum die Hypothese erscheinen, die spekulativ-logischen Termini seien anfangs in lasziver Weise vage; und nur zusammen mit der allmählichen Einschränkung ihrer Vagheit stelle sich durch Fixierung ihrer Beziehungen ein System solcher Termini her. Diese vorläufige Teilantwort auf unsere Ausgangsfrage nach dem Zustandekommen der Einteilung gilt insbesondere unter der Voraussetzung, innerhalb der dialektischen Logik würde jeder Terminus nur auf andere ihrer Termini angewandt. Aber es läßt sich auch ein Sinn mit ihr verbinden, wenn man, wie billig, fordert, daß das hergestellte System und bevorzugte seiner Termini extern interpretierbar sind. Hegel hat durch den Zusammenhang seiner spekulativen Logik und seiner Realphilosophie jedenfalls eine solche externe Interpretierbarkeit angestrebt.

2. Bislang ist allerdings nichts über die Art und Weise ausgemacht, in der der dialektische Gang zur Einschränkung anfänglicher Vagheit führt. Ich möchte dazu behaupten, daß es die Vagheit im *hinweisenden* Gebrauch von Ausdrücken ist, die eine wichtige Rolle spielt. Auch dies leuchtet wahrscheinlich nicht auf Anhieb ein. Wenn man den spekulativ-logischen Termini schon Vagheit zugesteht, so wird man diese zunächst ausschließlich als eine im prädikativen Gebrauch der Termini sich auswirkende verstehen wollen. Die Versuchung dazu dürfte um so größer sein, als Hegel selbst ja nicht von Termini gesprochen hat, sondern von »Denkbestimmungen«, »Begriffsmomenten«, »logischen Formen« oder einfach von »Kategorien«. Was soll dergleichen in einer nachkantischen Philosophie sein, wenn nicht Prädikat möglicher Urteile? Es kommt hinzu, daß Hegels fragwürdige Urteilstheorie Subjekt und Prädikat nur nach dem Schema zweier entgegengesetzter Subsumtionen und zweier entgegengesetzter logischer Formen unterscheidet. Es scheint also gar nichts Wesentliches unberücksichtigt zu bleiben, wenn man bloß die Vagheit von Prädikaten in Betracht zieht.

In der Tat kann auch die Vagheit von Prädikaten für sich genommen in mancherlei Hinsicht folgenreich sein. Sie kann z. B. dazu führen, daß sich ein Gegenstand nicht ein für allemal beschreiben läßt als so und so beschaffen; oder daß man ihn nicht ein für allemal im Feld verfügbarer Prädikate plazieren kann, – ihn nicht endgültig identifizieren kann *als* P_1, P_2, P_3 etc. Eignen sich zwei *antonyme* Ausdrücke,[59] die uns in einem bestimmten Fall für die Prädikation zur Verfügung stehen, beide gleichermaßen, wenn auch nicht gut, so mag das ein Anlaß sein, mehr oder weniger willkürlich das eine Mal dieses, das andere Mal jenes Prädikat zu bevorzugen. Wer wäre sich sicher, daß er niemals das Meer grün nennt, während er es unter gleichen Bedingungen schon blau genannt hat? Die Feststellung, daß wir es mit Grenzfällen einer Prädikation zu tun haben, kann dann ferner auch Anstoß sein, das Instrumentarium der Prädikation zu präzisieren. Dies wird in elementaren Fällen dadurch geschehen, daß wir nicht einfach einen neuen Terminus einführen, sondern einen *spezifischeren.* Die Einschränkung der Vagheit durch neue sprachliche Festlegungen kann hier also die typische Form der Differenzierung und Klassifikation annehmen, die Koordinations- und Subordinationsbeziehungen unter den Termini herstellt. Ehe die

Einschränkung vorgenommen wurde, kann es dagegen sein, daß unausgemacht bleibt, welcher *Sorte* ein Gegenstand ist, der mit Hilfe eines Prädikats beschrieben werden mag. Wichtig ist, daß solche Präzisierungen erfolgen können, *ohne* daß eine etwa vorhergegangene, vage Aussage zurückgenommen werden muß. In komplexeren Fällen verhält es sich sogar so, daß man präzisere Prädikatausdrücke durch vagere – über eine Korrespondenzregel für die Sätze, in denen die Ausdrücke vorkommen – *interpretiert*. Doch kann mit dem vagen Terminus die Prädikabilität anderer Termini verbunden sein, während der präzisere Terminus die Prädikation dieser Termini gerade ausschließt. Die Herstellung der Korrespondenz hat dann nicht zuletzt die Funktion, diese Verbindung aufzulösen. So wird das Feld unserer Termini durch Mängel im Prädizieren, die sich aus der Vagheit von Prädikaten ergeben, zweifellos in vielerlei Weise umgebildet. Die Umbildungen bestehen nicht nur in der Anreicherung, Differenzierung und Klassifikation, sondern auch in komplizierteren Gruppierungen und damit in der Herstellung ganz anderer Arten von Beziehungen, als diejenigen der Koordination und Subordination es sind.

Aber die Berücksichtigung all solcher im Bereich der Prädikation stattfindender Umbildungen – sie mögen durch Vagheit veranlaßt sein oder durch andere semantische Eigentümlichkeiten – erlaubt es nicht, einem fundamentalen Zug der Dialektik Hegelschen Typs gerecht zu werden. Die Einschränkung der Vagheit spekulativ-logischer Termini vollzieht sich nicht so sehr im Verlauf der Prädikation. Solange man nur diesen ins Auge faßt, vermag man nicht einmal die Art und Weise zu verstehen, in der Hegel seine Termini in die simplen Beziehungen zueinander bringt, die die Inhaltsverzeichnisse seiner Bücher angeben. Hegel geht nämlich zu den mit der Festlegung von Koordinations- und Subordinationsverhältnissen verbundenen Bedeutungsmodifikationen dadurch über, daß er zugleich Termini verwendet, die zunächst und vom Verständnis der philosophischen Tradition aus als *antonym* betrachtet werden. Es ist nicht anzunehmen, daß Mängel der Prädikation alleine hierzu motivieren. Man verdeutliche sich dies an einem Analogiefall: Wenn man eine einfarbige Feder beschreiben soll, die weder eindeutig rot noch eindeutig violett ist, und wenn man dazu weder schon über den Terminus »indigo« noch über den allgemeinen Terminus »Farbton« verfügt, so wird man vielleicht schwanken zwischen der Behauptung

»Die Feder ist rot« und der Behauptung »Die Feder ist violett« und sich dann für eines von beiden entscheiden. Oder man wird sich zur Einführung des Terminus »Farbton zwischen . . .« veranlaßt sehen und sagen: »Die Feder hat einen Farbton zwischen rot und violett«. Aber man wird nicht beides zugleich tun. Etwas Ähnliches macht jedoch Hegel immer wieder, und nicht ohne Grund.

Eine weitere Schwierigkeit bei Beschränkung auf den prädikativen Bereich besteht darin, daß Hegel uns keine Individuationskriterien für Prädikate als »Begriffsmomente« oder »Gedankenbestimmungen« gibt und daß er sie wohl auch nicht geben kann. Angenommen, es würde jemand einen Gegenstand beschreiben, um dadurch seinen »Begriff« zu verschaffen; aber im Verlauf der Beschreibung würden sich Bedeutungen von hierzu gebrauchten Termini ändern. Ist es nun ein und derselbe Begriff, der dadurch verschafft wird, oder sind es mehrere, bzw. Fragmente mehrerer? Allein aufgrund bedeutungstheoretischer Überlegungen zu Prädikaten scheint mir diese Frage unbeantwortbar. Aber zum elementaren Verständnis dialektischen Fortgangs gehört, daß in ihm von *einem* zu einem *anderen* geschritten wird. Wenn die Zusammenfassung von Prädikatausdrücken zu Begriffen dies nicht gewährleistet, so liegt es nahe, eine Art Ersatz für das fehlende Individuationskriterium im jeweiligen, vorübergehend fixierten Gegenstand der Rede zu sehen und dessen Wechsel als Indiz für die »Fortbestimmung des Begriffs« zu nehmen. Tatsächlich hat ja auch Hegel nur gegen die Annahme eines »fixen« Subjekts polemisiert und die dialektische Bewegung unter Bezugnahme auf den urteilstheoretischen Subjektbegriff beschrieben.[60] Wenn man verstehen will, wie die dialektische Bewegung den festen Boden unserer Subjekt-Prädikat-Sätze zum Schwanken bringt, darf man nicht so tun, als ob es den Boden gar nicht gäbe. Es empfiehlt sich daher, nicht so sehr die Vagheit der prädikativ verwendeten, sondern vor allem diejenige der hinweisend gebrauchten Termini zu untersuchen. Sie macht bis zu einem gewissen Grade verständlich, wie man von einem zu einem anderen fortgetrieben wird und schließlich einen dritten und vierten Ausdruck für den Gegenstand der Rede verwendet. Sie erlaubt auch eine Erklärung dafür, daß sich in diesem Fortgang Koordinations- und Subordinationsbeziehungen herstellen, während zugleich antonyme Ausdrücke verwendet werden.

Von den hinweisend gebrauchten spekulativ-logischen Termini kann man allerdings nicht ohne weiteres sagen, sie würden auf andere solche Termini angewandt. Jedenfalls ist es normalerweise nicht so. Die Frage, worauf sie denn dann angewandt werden, führt in Verlegenheit. Es liegt nahe, der Verlegenheit dadurch Herr werden zu wollen, daß man die Auskunft gibt, die Termini würden auf Begriffe angewandt oder auf Kategorien oder gar auf Bedeutungen. Ist damit nicht der Annahme, die Termini seien im hinweisenden Gebrauch vage, der Boden entzogen? Bezeichnet nicht z. B. der abstrakte singuläre Terminus »Das Wesen«, hinweisend gebraucht, die Bedeutung ›Wesen‹? Was könnte eindeutiger bezeichnet werden als die Bedeutung eines Ausdrucks durch dessen hinweisenden Gebrauch? Die Antwort hierauf ist leicht. Mit der Frage wird vorausgesetzt, daß die Namentheorie der Bedeutung einen Kredit besitzt, den sie längst eingebüßt hat und den sie für spekulative Termini am allerwenigsten verdient. Wenn es nicht in jeder Hinsicht falsch ist, daß man mit Hilfe spekulativ-logischer Termini von Begriffsmomenten spricht und daß diese Bedeutungen sind, so sind jedenfalls nicht die Bedeutungen der hinweisend gebrauchten Termini diejenigen, von denen man mit Hilfe dieser Termini spricht. Es kann auch dahingestellt bleiben, ob die Bedeutungen, falls man von solchen spricht, einem eigenen Seinsbereich angehörende Entitäten sind oder nur fundamentale Funktionen bestimmter Rollen, die andere sprachliche Ausdrücke haben. Sofern Rollen etwas sind, worauf man hinweisen kann, bestünde auch für solche Funktionen Aussicht, Gegenstand eines hinweisenden Sprechakts werden zu können. Die Frage, welcher Art denn die Gegenstände des hinweisenden Gebrauchs spekulativ-logischer Termini sind, braucht daher hier nicht genauer untersucht zu werden. Es genügt anzunehmen, daß es solche Gegenstände gibt und daß jeder von ihnen einem gewissen Typ von Gegenständen angehört. Ich werde solche Typen oder ihre Züge, sofern sie durch Prädikation festgestellt wurden, *Bestimmungen* nennen. Der hinweisende Gebrauch der Termini unterliegt jedenfalls spezifischen semantischen Bedingungen. Er besteht nicht im Hervorbringen sinnloser Laute oder in einer subtilen Art, sich zu räuspern. Man sollte auch nicht annehmen, die Bedingungen seien grundsätzlich andere als die normalerweise für erfolgreiche Referenz erforderlichen.[61] Ich sehe jedenfalls keinen Grund dazu. Sofern gewisse Prädikate für Äußerungen bereits festliegen und es darum geht, durch den hinweisenden Ausdruck einen hierauf passenden Gegenstand zu identifizieren, sind dann natürlich zusätzliche Bedingungen der Referenz zu beachten. Beispielsweise sind die Definientien der Prädikate und/oder des deskriptiven Bestandteils eines hinweisenden Ausdrucks dafür relevant.

Die besondere Lage, in der man sich bei der hinweisenden Verwendung so abstrakter Termini wie der in spekulativen Untersuchungen gebräuchlichen befindet, läßt allerdings auch erwarten, daß die Hinweise sich besonderer sprachlicher Hilfsmittel zu bedienen haben. In der Tat gibt es solche. Eine Unmenge der für die Dialektik Hegelschen Typs charakteristischen Sätze hat die Form »Der/die/das (abstrakter Terminus$_1$) ist der/die/das (abstrakter Terminus$_2$)«. In Hegels Logik machen solche Sätze schätzungsweise 50% all dessen aus, was nicht bloß anmerkungsweise und beiläufig gesagt ist. Gewiß haben sie verschiedene Funktionen und dementsprechend vielfältig sind sie zu deuten. Beispielsweise ist ihr unausgesprochener Prädikat-Terminus in den seltensten Fällen »identisch«. Es gehören nicht zuletzt die spekulativen Sätze zu ihnen, für deren Prädikat unsere gewöhnliche Sprache gar keinen Ausdruck zur Verfügung hat. Es wäre aber auch unsinnig anzunehmen, alle Sätze dieser Form, die bei Hegel vorkommen, seien spekulative Sätze. Ein guter Teil von ihnen, und zwar gerade der Teil derjenigen Sätze, die die Aufgabe haben, den dialektischen Fortgang einsichtig zu machen, dient ohne Zweifel einem ähnlichen Zweck wie dem Zweck der Aufstellung von Identitätsbehauptungen mit der Funktion der Verbesserung einer Referenz. Solche Sätze sind vergleichbar mit Sätzen wie z. B.: »Der Autor von Waverley ist der Autor von Ivanhoe«. Doch im Unterschied zu diesem Satz ist der unausgesprochene Prädikat-Terminus in jenen Sätzen kein Ausdruck für eine symmetrische Relation; auch daß er Ausdruck für eine transitive Relation sei, sollte man nicht allemal unterstellen. Außerdem besitzen in jenen Sätzen die beiden Hinweise für die Festlegung des Gegenstandes der Rede nicht dasselbe Gewicht. Sie fixieren diesen nicht bloß unter verschiedenen, gleichwertigen Hinsichten, von denen offen bleibt, welche dem Zweck der Referenz besser dient. Sondern der erste hinweisende Ausdruck und nur er enthält allemal einen deskriptiven Bestandteil, der für den Begriff, den man zur Beschreibung des dem Gegenstand Wesentlichen braucht, zugleich *definitorische* Relevanz haben soll. Andererseits ist der Terminus, der für diesen Hinweis verwendet wird, *besonders vage.* Ob der in ihm enthaltene Deskriptor auf den Gegenstand überhaupt Anwendung hat, ist noch in höherem Grad unentschieden als beim zweiten hinweisenden Ausdruck. Dieser ist weniger vage – sei's als bereits weitgehend definierter, sei's als in vorhergehenden Prädikationen erprobter oder aus welchen Gründen auch immer. Er dient dazu, dem ersten zu Hilfe zu kommen und die Gefahr einer erfolglosen Referenz zu verringern. Andererseits muß er nicht zugleich definitorische Funktion übernehmen. Er kann daher einen Deskriptor enthalten, der für den Gegenstand der Rede vielleicht unwesentlich ist; ja sogar einen, der genau genommen auf den Gegenstand gar nicht zutrifft. Auch im gewöhnlichen Diskurs können wir ja beispielsweise erfolgreich hinweisend und wahrheitsgemäß sagen: »Der Mann da ist eine verkleidete Frau«.[62] Ebensogut aber kann der zweite hinweisende Ausdruck deskriptive Bestandteile enthalten, die definitorisch sind für den Begriff, mittels dessen der Gegenstand beschrieben werden soll. Für referenzverbessernde Sätze der Form »Der . . . ist der – – –« gibt es also selbst noch eine Vielzahl verschiedenartiger hinweisender Ausdrücke. Ich will im folgenden die die zweite Rolle spielenden unter ihnen *»Interpretamente«* nennen. Man könnte von ihnen im Gegensatz zu den »Ersthinweisen« auch einfach als von »Zweithinweisen« sprechen. Enthalten sie unter ihren deskriptiven Bestandteilen nur noch solche mit definitorischer Funktion, so kann man sie *Attributoren* nennen. Enthalten sie dagegen nur deskriptive Bestandteile, die vom Gegenstand der Rede gar nicht wahrheitsgemäß auszusagen sind, so mögen sie *Indikatoren* heißen. Beide, Attributoren wie Indikatoren, bilden nur die Endpunkte einer Skala, auf der es verschiedene Zwischenwerte gibt.

Betrachten wir nun typische Folgen der hinweisenden Verwendung vager Termini und fassen wir dafür den speziellen Fall ins Auge, in dem als Interpretament nur ein Indikator zur Verfügung steht. Es ist der berüchtigte Fall des Anfangs der Hegelschen Logik. Auch in diesem Fall muß der Gegenstand der Rede, auf den bereits der erste Terminus verweist, durch einen zweiten Ausdruck gedeutet werden. Einen zugleich als definiens brauchbaren Terminus kann es dafür nicht geben. Man hat sich also an den zuvor plausibel gemachten Indikator zu halten. Auch dieses

Interpretament ist vage und garantiert die erfolgreiche Referenz nicht. Zugleich ist es das einzige, das zur Verfügung steht. Ist weder der Indikator noch der erste hinweisende Ausdruck imstande, den Gegenstand der Rede eindeutig zu identifizieren, so kann es dahin kommen, daß der Gegenstand, den ja das Interpretament mit einem gewissen Vorrang festlegt, sich überraschenderweise durch einen Terminus beschreiben läßt, der nach bisherigem Bedeutungsverständnis ein Antonym zu dem im ersten hinweisenden Ausdruck enthaltenen Deskriptor ist. Das Interpretament hat aber nicht die Kraft, die Bedeutungen beider Termini miteinander zu identifizieren. Es ist ja keine Definition. Es ist auch kein Prädikat. Man kann sich also nicht mit der Auskunft helfen, es komme zwei verschiedenen Gegenständen zu, auf die durch die anderen abstrakt singulären Termini mit ihren verschiedenen Deskriptoren hingewiesen wurde. Ferner dient es auch nicht dazu, am Gegenstand der Rede verschiedene Hinsichten aufzudecken, in denen ihm sowohl das eine wie das andere der nach bisherigem Verständnis antonymen Prädikate zukommt. Andererseits aber besitzt es zusammen mit dem Ersthinweis auch nicht die Eindeutigkeit, um uns davon zu überzeugen, daß wir es tatsächlich mit einem einheitlichen Gegenstand zu tun haben und unser Verständnis der für antonym gehaltenen Termini revidieren müssen. Die Entdeckung der Aussagbarkeit des antonymen Ausdrucks führt vielmehr zunächst einmal zum Versuch, den Gegenstand der Rede zu *wechseln.* So kommt es tatsächlich zum Fortgang vom einen zum anderen.[63]

In Anlehnung an Hegels Vokabular läßt sich etwa folgendermaßen beschreiben, was vor sich ging: *Im* Vagen – genauer: *am* nicht eindeutig fixierten Gegenstand der Rede, den Hegel irreführenderweise das Allgemeine nennt – wurde eine *Bestimmung* seiner gefunden. Sie wurde in ihm *selbst* gefunden, ohne daß man Besonderheiten von Umständen, Exemplen oder Vergleichungen für diesen Vorgang verantwortlich machen könnte. Insofern war der Fortgang *immanent.*[64] Aber damit ist nicht gesagt, er sei notwendig gewesen in dem Sinne, daß es einen Operator zum Auffinden von derart Auffindbarem gäbe. Es gibt allenfalls die informelle Anweisung, nach Antonymen zu dem im ersten hinweisenden Ausdruck enthaltenen Deskriptor zu suchen. Warum man gerade nach solchen prädikativen Ausdrücken suchen soll, ist jedoch noch ein eigenes Problem. Ebenso die Frage, welche

Wahrscheinlichkeit besteht, einen nach bisherigem Verständnis antonymen Ausdruck zu finden, den man dem Gegenstand zusprechen möchte. Bestünde eine solche Wahrscheinlichkeit, so wäre sie jedenfalls nur nachträglich, innerhalb eines semantisch sehr viel reicheren Systems von Aussagen feststellbar. Gar nicht einzusehen ist, warum immer nur eine einzige neue, antonyme Bestimmung im Vagen auffindbar sein soll. Es könnten ebensogut n-Tupel von Antonymen sein, wenn man von dem bloßen Faktum absieht, daß viele Grundbegriffe der metaphysischen Tradition paarweise auftreten.[65] Daß sich die neue Bestimmung »in« dem findet, worüber geredet wird, mag Hegel dazu veranlaßt haben, vom Ersten als einem der Form nach abstrakt Allgemeinen zu sprechen. Genau genommen verhält es sich aber so, daß das Verfahren jetzt erst gebietet, ein abstrakt Allgemeines zu bilden, das weder das vage Erste, noch das neue Zweite ist, aber attributiv sowohl für den Deskriptor des Ersten als des Zweiten – freilich ohne daß vorerst für seine Anwendung ein anderes Interpretament als das bisherige in Kombination mit den beiden Termini bestünde. In direkter Verbindung mit der Verwendung antonymer Termini kommt es so zur *ersten Bedeutungsmodifikation*, die hier Präzisierung und zugleich Spezifikation ist. Das vage Erste wird differenziert in das Allgemeine und in das Erste als Besonderes dieses Allgemeinen. Es rückt seiner späteren, endgültigen Stelle im System der Begriffe einen Schritt näher. Unter das Allgemeine fällt aber auch das Andere, auf das das Erste nun bezogen ist. Vernachlässigt man die eingetretene Bedeutungsmodifikation und drückt man nicht ihr Ergebnis, sondern sie selbst in Subjekt-Prädikatsätzen aus, so ist man zu paradoxen Formulierungen gezwungen. Hegels Meinung nach liegt das daran, daß der Satz, in Form eines Urteils, nicht geschickt ist, spekulative Wahrheiten auszudrücken.[66] Mindestens ebensogut könnte man sagen, das bizarre Licht, in dem solche Sätze erscheinen, gehe von Hegels unzulänglicher Beschreibung des Vorgangs der Bedeutungsmodifikation aus.

Die bis jetzt eingetretene Bedeutungsmodifikation muß jedoch nicht die einzige sein, deren es bedarf. Ist ein abstrakt Allgemeines gebildet – ein Term für eine Klasse, deren Elemente durch das verfügbare Interpretament des ersten Terminus nicht zu unterscheiden waren, so muß nun zunächst versucht werden, die Elemente als Arten durch ein unterscheidendes Merkmal der zweiten

Bestimmung auseinander zu halten. Dazu muß das Interpretament des zweiten Terminus, der nun hinweisend gebraucht wird, erprobt werden. Der Versuch kann mißlingen – etwa weil sich das Interpretament, von dem ursprünglich ausgegangen wurde, für den zweiten Terminus nicht differenzieren läßt und die Prädikation des ersten Deskriptors sich ebenso nahelegt, wie sich zu Anfang die Prädikation seines Antonymus nahelegte; oder aber weil jede erreichbare Differenzierung auch dem Interpretament des ersten dient und alle Argumente zugunsten bestimmter Unterschiede sich selbst destruieren. Geschieht etwas dergleichen, so muß dies als Resultat ernst genommen werden. Man darf dann annehmen, daß die beiden, nur durch dasselbe Interpretament zu deutenden Gegenstände der Rede unter allen angebbaren Bedingungen zusammengehören. Das führt zu einer *neuen Bedeutungsmodifikation,* diesmal am Allgemeinen: dieses ist nicht mehr nur zu deuten durch die Kombination des ersten Interpretaments mit der ersten *oder* der zweiten Bestimmung; sondern es ist nun zu deuten durch Kombination des ersten Interpretaments mit der ersten *sowohl* als auch der zweiten Bestimmung. Hinsichtlich desjenigen aber, was *unter* das Allgemeine oder in die Sphäre des Allgemeinen fällt, kommt es nun zur Behauptung der *Einheit* der beiden zuvor wie Arten getrennten Bestimmungen. Durch diese Behauptung werden indes nicht die Bedeutungen der zuvor als antonym betrachteten Deskriptoren gleichgesetzt. Die Behauptung wird lediglich mit der Annahme verbunden, daß beide Termini Verwendung finden können als Deskriptoren in einem Ausdruck, der auf einen einzigen Gegenstand verweist. Sie können daher nicht mehr als antonym verstanden werden. Das ist die *dritte Bedeutungsmodifikation.* Sie ermöglicht es, den Wechsel des Subjekts der Rede gewissermaßen wieder rückgängig zu machen und auf den anfänglichen Gegenstand zurückzukommen – nun aber als auf einen, von dem abzugehen man nicht mehr durch den vorigen Mißerfolg der Referenz veranlaßt wird. Nun erst kann man mit Entschiedenheit sagen, die Deskriptoren des ersten und des zweiten Ersthinweises hätten Anwendung. Ihre Vagheit ist in dem fürs folgende erforderlichen Umfang eingeschränkt.

Allerdings hat diese dritte Bedeutungsmodifikation einen sonderbaren Charakter. Die beiden Termini werden in ihr gewissermaßen ihre Bedeutungsgeschichte nicht los. Sie hören nur auf, als

Antonyme verstanden zu werden, sofern sie zugleich verstanden werden als Vorgang dieses ihres Bedeutungswandels. Die Bedeutungsmodifikation ist die schwächstmögliche. Das könnte der Grund sein, weshalb Hegel unterstellt, daß man auf den anfänglichen Gegenstand auch nicht als auf einen zurückkommen kann, der sich durch bloße Kombination des ersten mit dem zweiten Ersthinweis erfolgreich identifizieren läßt. Dieser Versuch würde der Versuchung, zwei Gegenstände anzunehmen, immer wieder Vorschub leisten. Man muß also zu einem dritten Gegenstand der Rede kommen, in dessen Bestimmung diejenigen der ersten beiden Gegenstände »aufgehoben« sind. Erst wenn sich von der Einheit dieser beiden Bestimmungen, die einmal wie Arten getrennt gehalten werden, ein neues Prädikat aussagen läßt, ist die Gefahr des Rückfalls in die vorhergehenden Referenzversuche beseitigt. Der Ausdruck, mittels dessen dies geschieht, gestattet es dann, einen abstrakten singulären Terminus zu bilden, der sich hinweisend verwenden läßt und doch das Schicksal der anderen beiden Ersthinweise nicht teilt. Das neue Prädikat darf natürlich nicht irgendeines sein, um zu der geforderten identifizierenden Beschreibung zu taugen. Es muß rigorosen Bedingungen genügen, von denen ich offen lasse, ob man ihnen gerecht werden kann. Oft genug hat Hegel es dabei gewiß an der nötigen Sorgfalt fehlen lassen und Ausdrücken der metaphysischen Tradition Leistungen abgepreßt, mit denen bedenkliche Nebenfolgen verbunden waren. Aber wenn es wenigstens ein Prädikat gibt, das die hier ungenannt bleibenden Bedingungen erfüllt, so kann man behaupten, dank seiner sei die »Negation der Negation« affirmativ[67] – und sie sei es, ohne zu der aus dem ersten Ersthinweis und dem ersten Interpretament mit ihrem unausdrücklich bleibenden Prädikat gebildeten Behauptung zurückzuführen. Wenn man in diesem sehr aufklärungsbedürftigen Sinn überhaupt von Negation sprechen will, kann man nun auch sagen, die Negation der Negation habe einen Inhalt. Denn die Bedeutung, die der Deskriptor des neuen hinweisenden Ausdrucks besitzt, *enthält* die Bedeutungen der beiden ersten Deskriptoren in einer Beziehung, die durch den besonderen Charakter der zuvor aufgestellten Einheitsbehauptung näher bestimmt ist.

Die Tatsache, daß der neue Terminus durch das Vorangehende eine inhaltliche Bedeutung *erhält*, gibt nun für die Deutung des Gegenstandes durch ein weiteres Interpretament eine immanente

Anweisung. Seine »Bestimmtheit ist nicht mehr ein bloß Aufgenommenes, sondern Abgeleitetes«.[68] Gleichwohl enthalten die Zweithinweise auch weiterhin noch indikatorische Bestandteile. Der erste Schritt des Fortgangs vom neuen Anfang aus behält auch seinen heuristischen Charakter, und der Eintritt des Dialektischen beruht weiterhin auf der Tatsache, daß die Gegenstände der Rede durch den Ersthinweis und durch das Interpretament nicht eindeutig festgelegt sind. Der Fortgang behält also auch den Charakter weiterer Einschränkung von Vagheit durch Bedeutungsmodifikation. Die ganze Dialektik läßt sich als ein Verfahren solcher Einschränkungen von Vagheit charakterisieren.

Nur in einer weiteren formalen Hinsicht kann sich die neue Periode gegenüber der vorangehenden auszeichnen. Es kann sein, daß in der vorhergehenden Periode *alle* Möglichkeiten vieldeutiger Identifikation erschöpft wurden. Hegel versucht es stets dahin zu bringen, und zwar stets durch Interpretamente, die nur einen dualen Identifikationsspielraum eröffnen. Wenn sich dies bewerkstelligen läßt, so ist damit garantiert, daß das zur Präzisierung einzuführende abstrakte Allgemeine jeweils die nächsthöhere Allgemeinheit besitzt. Ich vermag nicht zu sehen, wie das Verfahren jedesmal die Erfüllung dieser Intention sichern kann.

Aber angenommen, es sei so, daß der Inhalt der Sphäre erschöpft ist. Dann kommt es zu einer *weiteren Bedeutungsmodifikation* und zwar wieder am Allgemeinen: das Allgemeine ist nun konkret Allgemeines. Seine Sphäre ist durch eine definite Mannigfaltigkeit von untergeordneten Bestimmungen und durch deren Einheit vollständig erfüllt. Auch diese Bedeutungsmodifikation kann natürlich in einem paradoxen Satz ausgesprochen werden, wie z. B. in dem Satz: »Das Wesen ist die Wirklichkeit«. Neu ist dann ferner, daß der Fortgang zur Entdeckung des nächsten Terminus, hinsichtlich dessen das für die Einheit des zuvor Getrennten entwickelte Interpretament nicht distinktiv ist, in diesem Fall eo ipso ein Hinausgehen über das erste Allgemeine ist und ein Schritt zu seiner Präzisierung durch Einführung eines höheren abstrakt Allgemeinen. Kann dagegen nicht ausgemacht werden, daß die Einheit, in der die vorhergehende Periode endigt, durch ihren Inhalt die Sphäre des ersten Allgemeinen vollständig ausfüllt, so könnte ein neuer Terminus, in bezug auf den das erreichte Interpretament nicht distinktiv ist, nur dann außerhalb der Sphäre des ersten Allgemeinen liegen, wenn sein eigenes

Interpretament, wie es sich entwickeln läßt, nicht vereinbar ist mit dem Interpretament des ersten abstrakt Allgemeinen nach dessen erster Bedeutungsmodifikation. Ich sehe nicht, wie dies beweisbar wäre.

3. Das Schema des dialektischen Fortgangs, das entworfen wurde, sollte charakteristische Bedeutungsmodifikationen namhaft machen, die zur Dialektik gehören und zugleich mit der Entstehung der Hegelschen Einteilungen verbunden sind. Es bedarf der Ergänzung, Differenzierung und Beurteilung in vielen Hinsichten. Ich kann nur noch einige Andeutungen dazu machen.

a) Führt der Fortgang über die Sphäre eines Allgemeinen hinaus, so ist zunächst unentschieden, ob das Interpretament, das nicht distinktiv ist, tatsächlich Termini gleicher Stufe nicht unterscheidet. Es kann sich im weiteren Verlauf herausstellen, daß der neue Terminus in bezug auf den das Interpretament sich als nicht distinktiv erwies, einer *tiefer* liegenden Stufe angehört.[69] Auf diese Weise ist das Feld der Bedeutungsmodifikation nicht nur nach oben, sondern auch nach unten hin offen. Der Weg hinauf kann zugleich ein Weg hinab sein, obwohl sich das dann erst später herausstellt.

b) Charakter und Funktionen des Interpretaments wurden allzu summarisch dargestellt. Um Hegels Verfahren an irgendeinem Beispiel auf die Probe stellen zu können, müßte man eine Typologie verschiedener Interpretamente entwickeln. Sie hätte vor allem die differenzierte Rolle zu untersuchen, die die indikatorischen und attributorischen Bestandteile der Interpretamente spielen. Neben ihnen wären noch andere, auf derselben Skala liegende Bestandteile zu thematisieren. Zur Funktion differenzierter Interpretamente gehört ferner auch die Hinführung auf nichtantonyme Prädikate und die Bereicherung der Interpretamente durch sie. Das oben über Vagheit prädikativ gebrauchter Ausdrücke Gesagte wäre in diesem Zusammenhang auszuwerten. Wahrscheinlich spielt in komplizierteren Gedankengängen, in denen Hegel über ganze Serien von Interpretamenten schließlich zu antonymen Termini gelangt, nicht zuletzt eine Rolle, daß sich in solchen Serien die Rangordnung unter den attributiven Bestandteilen der Interpretamente ändern kann. Es kommen Paradigmenwechsel unter diesen Bestandteilen vor, die zur Aufdeckung neuer Antonyme führen. Außer den Termini selbst können also auch ihre Zuordnungen zueinander vage sein. Diese Vagheit bleibt bestehen, auch wenn die Vagheit der Termini soweit eingeschränkt ist, wie es das obige Schema vorsah.

c) Es wurde nicht behauptet, alle für die Dialektik Hegelschen Typs charakteristischen Bedeutungsmodifikationen seien durch Vagheit provoziert. Die von der anfänglichen Vagheit hinweisend gebrauchter Termini aus verständlich werdende Herstellung der Subordinationsbeziehungen, die Hegel zu einer äußerst vieldeutigen Verwendung mancher Termini veranlaßt, läßt geradezu das Gegenteil vermuten. Eine eingehendere Beschreibung der Dialektik ist nicht ohne Diskussion der Ambiguität ihrer Termini möglich. Doch vermag ich außer der Vagheit in Verbindung mit nicht erfolgreich zustande gebrachter Referenz keine semantische Dimension zu erkennen, aus der ein Anstoß kommen könnte, immer wieder den Gegenstand der Rede so zu wechseln, wie es für Hegels Dialektik charakteristisch ist.

d) Im Vorhergehenden wurden die Ansprüche, die Hegel mit der Dialektik verbunden hat, erheblich reduziert. Das erlaubt vielleicht für ein dialektisches Verfahren der Bedeutungsmodifikation keine allzu ungünstige Prognose. Ich möchte fünf waghalsige, wenngleich bedingte Vermutungen aufstellen. Die Bedingung ist, daß das Verfahren sich mit Argumenten verbinden läßt, die zur Entscheidung über die plausibelste Zuschreibung der jeweiligen Interpretamente beitragen. Ließe sie sich sicherstellen, so könnte vielleicht

1. die Dialektik ein Instrument sein, das πολλαχῶς λέγεσθαι fundamentaler Termini, deren Bedeutung man durch einzelwissenschaftliche Forschung und ihre Methodologie nicht oder noch nicht korrigieren kann, aufzuklären, *ohne* dabei an die natürliche Sprache und die in ihr sedimentierten Irrtümer fixiert zu sein.

2. Die Dialektik wäre dann auch etwas Besseres als die »Beschwörung des spekulativen Geistes der Sprache«,[70] – etwas Besseres also als ein schon der Formulierung nach an magische Praktiken gemahnendes Unternehmen.

3. Indem Dialektik die philosophischen Grundbegriffe in einen argumentativ zu gewinnenden, und zwar immer wieder neu zu gewinnenden systematischen Kontext brächte, könnte sie im Bereich konkreterer philosophischer Themen dazu dienen, neuartige Hypothesen aufzustellen, durchzuarbeiten und gegeneinander abzuwägen. Damit ergäbe sich auch eine sinnvolle Funk-

tion für die Dialektik außerhalb der dialektischen Logik. Es ist jedoch anzunehmen, daß die Dialektik für solche konkreteren Themen nur das begriffliche Fundament freilegen könnte. Zu bestreiten ist, daß sie den ganzen Umfang philosophischer Theorienbildung ausfüllt. Dialektik muß auch abgebrochen werden können. Denn zum Zweck der Überprüfung philosophischer Hypothesen bedarf es der Anwendung deduktiver Techniken. Solche Techniken verlangen aber, daß die Bedeutungen unmodifiziert festgehalten werden.

4. Vielleicht sind Hegels einzigartige Leistungen auf dem Gebiet der Bewußtseinstheorie, der praktischen Philosophie, der Ästhetik und Religionsphilosophie daher nicht trotz, sondern gerade dank seiner verbissenen Bemühungen um eine dialektische Systematik zustande gekommen.

5. Dialektik könnte, fundamentalen Aufgaben der wissenschaftlichen Methodologie zugewandt, vielleicht einmal aus der Alternative herausführen, entweder nur das Für und Wider unserer bevorzugten kategorialen Apparate und theoretischen Perspektiven durchzuspielen[71] oder aber deren ständige Umwälzung nach den Prinzipien des Anarchismus zu propagieren.[72] Ganz analog zu Hegels politischer Philosophie ist auch Hegels Dialektik der Versuch, zwei Extreme zu vermeiden: die bornierte Fixierung ans längst Verstandene oder keine reflektierte Verständigung Lohnende und das blinde Interesse am Unverständlichen oder einfach bloß Neuen.[73]

V. Zum Widerspruch in der Dialektik

Auf dem Weg zur Erörterung des argumentativen Charakters der Dialektik fehlt noch ein weiterer vorbereitender Schritt: die Beurteilung der Struktur, Funktion und Berechtigung des Widerspruchs als einer regula veri. Ich kann diesen Schritt nur durch vier Thesen ankündigen:

1. Wie sich aus dem oben im II. Teil Ausgeführten ergibt, läßt sich der Widerspruch nicht ontologisch legitimieren. Man kann daher Hegels Behauptung, daß alle Dinge an sich selbst widersprechend[74] sind, nicht erfolgreich verteidigen, indem man – wie Sarlemijn – geltend macht, diese Behauptung widerspreche dem Prinzip der logischen Widerspruchsfreiheit nicht, da der formal-

logische und der dialektische Widerspruch nicht demselben Bereich angehörig seien.[75] Von Widerspruch kann man nur reden als von etwas, das in einer interpretierten Sprache vorkommt.

2. Solange unsere Termini und ihre Interpretamente vage sind, können formal einander widersprechende Sätze im dialektischen Fortgang immer wieder auftreten. Ihr Vorkommen ist als Anweisung zu lesen, die Vagheit durch Bedeutungsmodifikation zu beseitigen. Was Hegel legitimerweise fordern kann, ist nur, daß man sich dazu nicht irgendwelcher Hinsichten bediene, sondern prüfen sollte, welche Hinsichten am Platze sind und ob es tatsächlich relevante Hinsichten gibt.

3. Anstoß zur Bedeutungsmodifikation geben bei Hegel aber keineswegs nur formale Widersprüche. Hegels frühe Verwendungen des Ausdrucks »Widerspruch«[76] und seine terminologische Fassung der Kategorie ›Widerspruch‹[77] zeigen, daß das Paradigma für Hegels Auffassung vom Widerspruch nicht die formallogische Unvereinbarkeit von Sätzen ist, sondern die Unhaltbarkeit einer mit ihren eigenen Normen in Konflikt stehenden Einrichtung. Von diesem Paradigma aus müßte man interpretieren, was in der Entwicklung des Interpretaments des jeweils zweiten Terminus vor sich geht.

4. Eine genaue Differenzierung der Bedeutungen von »Widerspruch«, die unerläßlich ist, würde zeigen, was an dem im vieldeutigen Sinn Widersprechenden hegelisch aufzuheben ist, indem man aufdeckt, daß gewisse Behauptungen oder Termini nur *scheinbar* miteinander unverträglich waren, und was im Unterschied dazu allein durch Beseitigung des Widerspruchs konsistent zu machen ist.

Anmerkungen

1 Vgl. C. L. Michelet, G. H. Haring, *Historisch-kritische Darstellung der dialektischen Methode Hegels nebst dem gutachtlichen Berichte über die der Philosophischen Gesellschaft zu Berlin eingereichten Bewerbungsschriften und einer Geschichte dieser Preisbewerbung,* Leipzig 1888, S. XIf.; 156ff.

2 Vgl. Willy Hochkeppel, Dialektik als Mystik. In: G. K. Kaltenbrunner (Hrsg.), *Hegel und die Folgen,* Freiburg 1970, S. 69ff.

3 So G. Patzig in einem Rundfunkvortrag 1970 über: Angriffe auf die Grundlagen der klassischen Logik.

4 Vgl. W. Becker, *Hegels Begriff der Dialektik und das Prinzip des Idealismus,* Stuttgart 1969, S. 8.

5 Vgl. A. Kulenkampff, *Antinomie und Dialektik. Zur Funktion des Widerspruchs in der Philosophie,* Stuttgart 1970, S. 66f.

6 Vgl. A. Sarlemijn, *Hegelsche Dialektik,* Berlin 1971, S. 81ff., 183f.

7 Unberücksichtigt geblieben sind insbesondere alle Vorträge, die sich auf den verschiedenen Hegel-Kongressen mit der Dialektik befaßt haben. Nach den Kongreß-Programmen zu urteilen, läßt vor allem die Publikation des Boston Symposium on Hegel and the Sciences interessante Beiträge erwarten.

8 B. Croce, *Lebendiges und Totes in Hegels Philosophie,* Deutsche, vom Verfasser vermehrte Übersetzung von K. Büchler, Heidelberg 1909, S. 72ff.

9 Interessanter als die orthodoxen Publikationen zur materialistischen Dialektik – wie z. B. G. Stiehler, *Der dialektische Widerspruch,* Berlin 1967^2 – sind allerdings: Th. W. Adorno, *Negative Dialektik,* Frankfurt 1966; J. P. Sartre, *Critique de la Raison Dialectique. Tome I. Théorie des Ensembles Pratiques,* Paris 1960. Deutsche Übersetzung Hamburg 1967; L. Althusser, *Für Marx,* Deutsche Übersetzung Frankfurt 1968.

10 z. B. E. Coreth, *Das dialektische Sein in Hegels Logik,* Wien 1952; B. Lakebrink, *Hegels dialektische Ontologie und die thomistische Analektik,* Köln 1955; ders., *Die europäische Idee der Freiheit. Erster Teil. Hegels Logik und die Tradition der Selbstbestimmung,* Leiden 1968. – W. Flach, *Negation und Andersheit. Ein Beitrag zur Problematik der Letztimplikation,* München 1959; ders., Hegels dialektische Methode. In: *Hegel-Studien. Beiheft 1,* Bonn 1964, S. 55–64; E. Heintel, *Die beiden Labyrinthe der Philosophie. Band I,* Wien 1968, § 12.

11 Vgl. O. Pöggelers instruktiven Aufsatz über Dialektik und Topik, in: *Hermeneutik und Dialektik,* Tübingen 1970, Band II, S. 273–310.

12 Insbesondere Ch. Perelman et L. Olbrechts-Tyteca, *Rhétorique et Philosophie,* Paris 1952; dieselben, *La Nouvelle Rhétorique. Traité de l'Argumentation,* Paris 1958.

13 Vgl. P. Lorenzen, Szientifismus versus Dialektik, in: *Hermeneutik und Dialektik,* I, S. 57ff.

14 Vgl. H. Albert, *Traktat über kritische Vernunft,* Tübingen 1968, S. 41ff.

15 Nicolaus Dorbellus, *Expositio super texta Petri Hispani, Super libro Perihermenias,* Venedig 1500. Zitiert nach Ch. S. Peirce, *Collected Papers 7,* 59.

16 K. Marx, Kritik des Hegelschen Staatsrechts (§§ 261–313), in: *Frühe*

Schriften, Bd. I, H. J. Lieber und P. Furth (Hrsg.), Darmstadt 1962, S. 266ff.

17 *Politische Schriften*, J. Habermas (Hrsg.), Frankfurt 1966, S. 16.

18 Differenz des Fichteschen und Schellingschen Systems. In: *Jenaer Kritische Schriften*, hrsg. v. H. Buchner und O. Pöggeler, Hamburg 1968, S. 14 (2,22).

19 Vgl. dazu K. Düsing, Spekulation und Reflexion. Zur Zusammenarbeit Schellings und Hegels in Jena. In: *Hegel-Studien Band 5*, Bonn 1969, S. 95ff.

20 *Jenaer Kritische Schriften*, S. 446 (2,476).

21 K. Rosenkranz, *Hegels Leben*, Berlin 1844, S. 190f.; vgl. H. Kimmerle, Die von Rosenkranz überlieferten Texte Hegels aus der Jenaer Zeit. Eine Untersuchung ihres Quellenwerts. In: *Hegel-Studien 5*, Bonn 1969, S. 83ff.

22 Z.B. *Encyclopädie der philosophischen Wissenschaften*, Berlin 1827, § 79 (8,168).

23 Vgl. K. Rosenkranz, *Hegels Leben*, S. 156f.

24 A.a.O., S. 201; vgl. Hegel, *Sämtliche Werke*, hrsg. v. H. Glockner, Band 19, Stuttgart 1959, S. 667 (20,439f.).

25 Vgl. F. Engels, Herrn Eugen Dührings Umwälzung der Wissenschaft. In: K. Marx/F. Engels, *Werke Band 20*, Berlin 1962, S. 11 et passim.

26 *Critique de la Raison dialectique. T. I*, Paris 1960, S. 129ff.

27 *Negative Dialektik*, a.a.O., S. 152–154; vgl. ders., in: *Der Positivismusstreit in der deutschen Soziologie*, Einleitung, Neuwied 1970², S. 16.

28 Ders., *Gesammelte Werke. Band 7*, hrsg. v. G. Adorno und R. Tiedemann, Frankfurt 1970.

29 Sartre, a.a.O.

30 *Phänomenologie des Geistes*, hrsg. v. J. Hoffmeister, Hamburg 1952, S. 47 (3,55).

31 *Sämtliche Werke*, hrsg. v. H. Glockner, Band 19, S. 655 (20,428).

32 Wenn es auch in unserem Jahrhundert nötig war, den Dialektikern in dieser Hinsicht ihre Unterlegenheit zu bescheinigen, so ist das mittlerweile exemplarisch geschehen durch die Diskussion, die nach dem Krieg zwischen den dialektischen Materialisten und den polnischen Logikern stattfand. Vgl. dazu das instruktive Buch von Z. A. Jordan, *Philosophy and Ideology. The Development of Philosophy and Marxism-Leninism in Poland since the Second World War*, Dordrecht 1963, Part. IV.

33 Man suche und prüfe die methodologischen Argumente derjenigen Partei, die im »Positivismusstreit« die Sache der Dialektik vertrat. Sofern man nur anerkennt, daß methodologische Einwände nicht ausschließlich durch Ideologiekritik entkräftet werden können, dürfte das Ergebnis eindeutig ausfallen.

34 *Wissenschaft der Logik,* hrsg. v. G. Lasson, Leipzig 1948, Band I, S. 30 (5,43).
35 *Phänomenologie des Geistes,* S. 554ff. (3,580ff.).
36 *Wissenschaft der Logik,* Band II, S. 58 (6,74f.).
37 A. a. O.
38 Diesen Vorwurf hat beispielsweise G. Patzig in seinem Rundfunkvortrag erhoben.
39 W. I. Lenin, *Aus dem Philosophischen Nachlaß,* Berlin 1961[4], S. 9.
40 *Der Positivismusstreit,* S. 16; *Negative Dialektik,* S. 156; vgl. aber auch S. 158.
41 Die πλήρωμα-Theorie in den Jugendschriften wurde noch auf dem Boden der Kantischen Lehre vom Faktum der Vernunft entwickelt.
42 *Wissenschaft der Logik,* Band II, S. 491 (6,527).
43 Das ist heute die erklärte Absicht von Ch. Perelman. In anderer Weise ist es auch die Absicht von Peirce gewesen. Vgl. z. B. a. a. O., 2,773ff.; 2,461ff. Wenn die Philosophie sich nicht darum drücken will, die für sie charakteristischen Argumentationstypen zu diskutieren und auf ihre Tragfähigkeit hin zu prüfen, wird sie solchen Intentionen Interesse entgegenbringen müssen.
44 Vgl. dazu die Diskussion über sich selbst stützende Argumente: R. B. Braithwaite, *Scientific Explanation,* Cambridge 1953, Ch. 8; M. Black, Inductive Support of Inductive Rules, in: *Problems of Analysis,* Ithaca, N. Y. 1954; ders., Self-supporting Inductive Arguments, in: *Models and Metaphors,* Ithaca, N. Y. 1962; P. Achinstein, The Circularity of a Self-supporting Argument, in: *Analysis 22* (1962), p. 138–141; sowie Black und Achinstein in *Analysis 23.* In der Diskussion geht es um die Rechtfertigung induktiver Schlußfolgerungen. Doch wenn sie in diesem Fall mittels sich selbst stützender Argumente gelingt, so besteht Aussicht auf ein ähnliches Rechtfertigungsverfahren auch für andere Formen ampliativen Schließens.
45 Zur Diskussion sich selbst widerlegender Argumente vgl.: J. A. Passmore, *Philosophical Reasoning,* London 1961, Ch. 4; J. L. Mackie, Self-Refutation. A Formal Analysis, in: *The Philosophical Quarterly 14* (1964), p. 193–203.
46 Vgl. R. Carnap, *Der logische Aufbau der Welt,* Hamburg 1961[2], §§ 111ff.
47 Vgl. Paul Lorenzen, *Methodisches Denken,* Frankfurt 1968, S. 29ff.
48 Eine Darstellung der Ansichten, die Hegel hierzu entwickelt hat, gibt Th. Bodamer in § 13 seines Buches über *Hegels Deutung der Sprache,* Hamburg 1969.
49 *Wissenschaft der Logik,* Band II, S. 488 (6,553).
50 *A Commentary on Hegels Logic,* Cambridge 1910, p. 4, 12, 14.
51 *Hegels dialektische Methode,* a. a. O.
52 A. a. O., S. 61.

53 *Wissenschaft der Logik,* Band II, S. 500 (6,567).

54 A. Speiser, *Elemente der Philosophie und der Mathematik. Eine Anleitung zum inhaltlichen Denken,* Basel 1952.

55 Vgl. M. Kosok, The Formalization of Hegels Dialectical Logic, in: *International Philosophical Quarterly* 6 (1966), p. 596–631; Y. Gauthier, Logique hégélienne et Formalisation, in: *Dialogue* 6 (1967), p. 151–165.

56 *Wissenschaft der Logik,* Band I, S. VI, 96 (5,116).

57 Ich bediene mich dieser Termini in der Bedeutung, in der Peirce sie gebrauchte; vgl. a. a. O., 5,447, 449. Die Einteilung entspricht folgendem Schema:

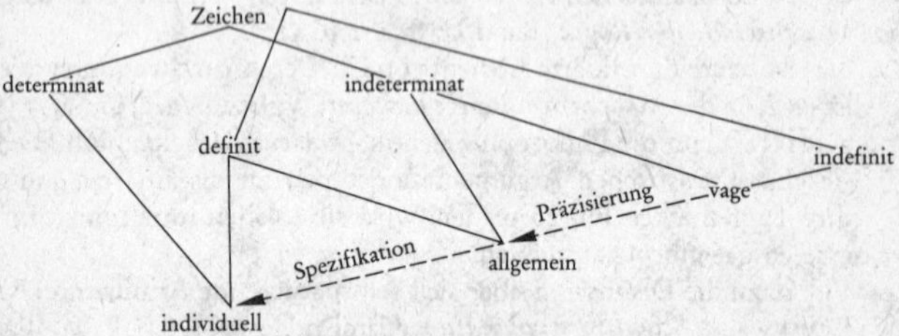

58 Vgl. z. B. M. Black, *Critical Thinking,* New York 1952, p. 185; W. P. Alston, *Philosophy of Language,* Englewood Cliffs 1964, p. 84ff.

59 Vgl. zum Begriff der Antonymie J. J. Katz, *Philosophie der Sprache,* Frankfurt 1969, S. 178ff.

60 *Phänomenologie des Geistes,* S. 49ff. (3,56ff.); *Wissenschaft der Logik,* Band II, S. 494 (6,560f.).

61 Zur Theorie der Referenz vgl. J. R. Searle, Speech Acts. Cambridge 1970, pp. 81ff. (deutsch: *Sprechakte,* Frankfurt 1971).

62 Vgl. Searle, a. a. O., p. 89.

63 Man kann also nicht sagen, Hegels Verfahren beginne stets mit polar entgegengesetzten Bestimmungen. Andererseits hat Hegel den Ausdruck »Dialektik« nicht für die Methode der Fortbestimmung im ganzen gebraucht, sondern für ihre nun einsetzende Phase, in der zur ersten Bestimmung eine weitere getreten ist, die durch dasselbe Interpretament identifiziert wird. Insofern allerdings gilt, daß die Dialektik stets mit Paarbestimmungen beginnt. Vgl. *Phänomenologie des Geistes,* S. 53, 156 (3,61,164); *Nürnberger Schriften,* hrsg. v. J. Hoffmeister, Leipzig 1938, S. 32, 238, 258, 281, 444.

64 Vgl. *Wissenschaft der Logik,* Band II, S. 491 (6,556).

65 Allerdings leuchtet ein, daß vornehmlich die reflektierten Paarbestimmungen der vernünftigen Rekonstruktion bedürfen. Zur Tatsache, daß die Terminologie der Metaphysik außerordentlich reich an Ausdrücken für polare Gegensätze ist, vgl. Ch. Perelman, *Traité de l'Ar-*

gumentation, p. 550 ss.; vgl. auch C. K. Grant, Polar Concepts and Metaphysical Arguments. In: *Proceedings of the Aristotelian Society* 1956.

66 *Wissenschaft der Logik,* Band I, S. 76 (5,98); Band II, S. 495 (6,561).

67 Hegel betrachtet dies als eine ganz *einfache* Einsicht. Vgl. *Wissenschaft der Logik,* Band I, S. 36 (5,49).

68 A. a. O., Band II, S. 500 (6,566).

69 Wenn ich recht sehe, verhält es sich bei Hegel so z. B. mit dem Dasein, das aus dem Werden hervorgeht, sich aber »als solches« erst retrospektiv von der Dualität »Etwas und ein Anderes« aus ergibt.

70 So H. G. Gadamer in »Hegel und die antike Dialektik«, *Hegel-Studien Band 1,* Bonn 1961, S. 197.

71 Vgl. H. Albert, a. a. O., S. 47 ff.

72 Vgl. P. Feyerabend, Against Method: An Outline of an anarchistic theory of knowledge, in: *Minnesota Studies in the Philosophy of Science,* ed. F. Feigl & G. Maxwell, Vol. IV (1970), bes. 21–36 (deutsch: *Wider den Methodenzwang,* Frankfurt 1976).

73 Zur analogen Charakterisierung der politischen Philosophie Hegels vgl. vom Verf., *Das Recht der Philosophie in Hegels Philosophie des Rechts,* Frankfurt 1968, S. 43 f.

74 *Wissenschaft der Logik,* Band II, S. 58 (6,74).

75 A. a. O., S. 183 (6,216).

76 Vgl. *Hegels theologische Jugendschriften,* hrsg. v. H. Nohl, Tübingen 1907, S. 278, 282, 284.

77 *Wissenschaft der Logik,* Band II, S. 49 ff. (6,65 ff.).

Peter Ruben
Von der »Wissenschaft der Logik« und dem Verhältnis der Dialektik zur Logik[1]

Es gibt kaum ein zweites Entwicklungsprodukt der klassischen bürgerlichen Philosophie,[2] über das bereits zum Verständnis der in ihm gebrauchten sprachlichen Formulierungen derartige Klagen erhoben worden sind und noch immer erhoben werden, wie das hinsichtlich der Hegelschen »Wissenschaft der Logik« der Fall ist. Sie war eben publiziert worden, als schon von Ungereimtheiten und Unmöglichkeiten in ihrer Darstellung geredet wurde. Vielen schien in ihr überhaupt eine höchst dunkle und unbegreifliche Art des Denkens manifestiert zu sein. Und dieser Zustand hält nach wie vor an. Sir Charles, die gefeierte Autorität der »offenen Gesellschaft«, verleiht seinem Kummer über die positive Rezeption Hegels durch den Marxismus den klagenden Ausdruck: »Es ist betrüblich, aber aufschlußreich, festzustellen, wie der orthodoxe Marxismus heute offiziell das Studium von Hegels *Logik* als Grundlage für das Studium der wissenschaftlichen Methodologie empfiehlt – eines Buches also, das nicht nur veraltet, sondern typisch ist für vorwissenschaftliches und sogar vorlogisches Denken. Diese Empfehlung ist übler, als die Empfehlung von Archimedes' Mechanik als Grundlage für den modernen Maschinenbau.«[3]

Solche »betrübliche, aber aufschlußreiche« Feststellung kann unmittelbar bestätigt werden, wenn wir Lenins berühmten Aphorismus bedenken: »Man kann das ›Kapital‹ von Marx und besonders das I. Kapitel nicht vollständig begreifen, ohne die *ganze* Logik von Hegel durchstudiert und begriffen zu haben. Folglich hat nach einem halben Jahrhundert nicht ein Marxist Marx begriffen!!«[4] Über die Hegelsche »Logik« selbst faßt Lenin zusammen: »Fazit und Resümee, das letzte Wort und der Kern der Hegelschen Logik ist die *dialektische Methode* – das ist äußerst bemerkenswert. Und noch eins: In diesem *idealistischsten* Werk Hegels ist *am wenigsten* Idealismus, *am meisten* Materialismus. ›Widersprechend‹, aber Tatsache!«[5] Über das »Fazit und Resümee« der Hegelschen »Logik« bemerkt Marx: »Hegels Dialektik ist die Grundform aller Dialektik, aber nur *nach* Abstreifung ihrer mystischen Form, und dies gerade unterscheidet meine Methode.«[6]

Was ist der Grund dafür, daß der »orthodoxe Marxismus« (und seine orthodoxesten Vertreter haben wir zitiert) die »Wissenschaft der Logik« als Darstellung der »Grundform aller Dialektik« akzeptiert und verteidigt?

Marx hat ihn mit Bezug auf sein Urteil über Hegels »Phänomenologie« unmißverständlich angegeben: »Das Große an der Hegelschen *›Phänomenologie‹* und ihrem Endresultate – der Dialektik der Negativität als dem bewegenden und erzeugenden Prinzip – ist . . ., daß Hegel die Selbsterzeugung des Menschen als einen Prozeß faßt, die Vergegenständlichung als Entgegenständlichung, als Entäußerung und als Aufhebung dieser Entäußerung; daß er also das Wesen der *Arbeit* faßt und den gegenständlichen Menschen, wahren, weil wirklichen Menschen, als Resultat seiner *eignen Arbeit* begreift.«[7] In der »Wissenschaft der Logik« handelt es sich darum, daß dieser Grundgedanke der »Phänomenologie«, daß die Arbeit die Selbsterzeugung des Menschen ist, als ein genetisches theoretisches System vorgestellt wird, das alle Realisationsformen der Arbeit als universelle Bestimmungen beliebiger Produktionen angibt. Das reale Modell der menschlichen Arbeit wird in der »Wissenschaft der Logik« als die Voraussetzung unterstellt, an welcher die Gesetze jeglicher Produktion zum philosophischen Bewußtsein zu bringen sind.

Und weil nun die Intention des »orthodoxen Marxismus« keine andere ist als die, die Emanzipation der modernen Arbeiterklasse praktisch zu führen und theoretisch auf den Begriff zu bringen, so versteht es sich, daß er einer Philosophie die höchste Aufmerksamkeit widmen muß, die der Sache nach nichts anderes liefert als die Theorie von der Arbeit als der Selbsterzeugung des Menschen. Die von Sir Charles mit Betrübnis festgestellte Tatsache, daß der Marxismus Hegels »Logik« wärmstens dem aufmerksamen Studium empfiehlt, ist nichts anderes als der Ausdruck des Interesses der Philosophie der *Arbeiter*, die wesentliche Natur der *Arbeit* wissenschaftlich zu begreifen.

Es versteht sich, daß unsere bisher getroffenen Feststellungen auf einer unterstellten Interpretation der Hegelschen Philosophie basieren, welche einer fleißigen Hegel-Philologie und -Exegese problematisch scheinen mag. Allein, jede Unternehmung dieser

Art wissenschaftlichen Fleißes, welche so oder so doch auf eine Interpretation abzielt, kommt um die Feststellung nicht herum, daß ihr Erfolg vom vorausgesetzten Begriff abhängt. Wer wahrnehmen will (ist eine Lehre Hegels), muß den Begriff schon mitbringen! Man kann seine Begriffe nicht aus vorausgesetzter Begriffslosigkeit begründen. Es ist daher in solchen Zusammenhängen einzig die Forderung zu stellen, den als bekannt unterstellten Begriff auch deutlich zum Ausdruck zu bringen, so daß jeder weiß, woran er ist. Nicht die bei der Untersuchung der Philosophie eines bestimmten Theoretikers mitgebrachte Annahme (das gesetzte Vor-Urteil) ist von Übel, sondern die Suggestion der eingebildeten Vorurteilslosigkeit.

Unsere Annahme für die nachfolgenden Überlegungen also lautet: Hegels Philosophie liefert die Theorie der konkreten Arbeit in mystischer Form!

Zur Rechtfertigung dieser Annahme sei folgendes bemerkt:

(1) Angesichts des Stands der internationalen Hegel-Rezeption darf man behaupten, daß das Verständnis Hegels erst wirklich gelungen sein wird, wenn seine Philosophie *systematisch* aufgehoben worden ist. O. Pöggelers Frage: »Sollen wir Hegels Werk nicht tunlichst so ausbeuten, wie man im Mittelalter antike Bauwerke . . . als Steinbrüche nahm, die das Material für die eigenen Bauten herzugeben hatten?«,[8] hat nur Sinn für ein mittelalterliches Publikum, hat also einen barbarischen Sinn, der in der Gegenwart mit ihrem praktischen Problem der Ausbildung der universellen menschlichen Gattung einfach Widersinn ist. Die systematische Aufhebung des Hegelschen Werks, der ideelle Reflex der systematischen Aufhebung der bürgerlichen Gesellschaft, kann aber nur unter Voraussetzung eines neuen Systems erfolgen, in dem Hegels Werk erkannt und damit wiedererkennbar ist. Die »Versöhnung« Hegels mit dem Gemeinsinn (der common sense ist in Wahrheit der Privatsinn auf der Grundlage des Privateigentums) ist realisierbar, wenn es sich um den Gemeinsinn der universell assoziierten Produzenten handelt. Auf diesem Standpunkt zu denken, ist die Annahme, die wir zur Deutung der Philosophie Hegels voraussetzen.

(2) »Die Arbeit, welche Hegel allein kennt und anerkennt, ist die *abstrakt geistige*.«[9] Hegel sagt selbst: »Wenn es aber richtig ist (und es wird wohl richtig sein), daß der *Mensch* durchs Denken sich vom *Tiere* unterscheidet, so ist alles Menschliche dadurch

und allein dadurch menschlich, daß es durch das Denken bewirkt wird.«[10] Damit ist ausgesprochen, daß die konkrete Arbeit für Hegel ausschließlich in der Art des Denkens gegenständlich ist. Oder: in Hegels Philosophie wird die *Gattung* der Arbeit auf *eine* ihrer *Arten,* eben das Denken, reduziert. Mit Bezug auf Hegels Vorgänger ist dies selbstverständlich ein enormer Fortschritt. Niemals zuvor ist das Denken als *Arbeit* aufgefaßt worden! Es ist dies auch jener Umstand, der Hegels Werk für den Zugriff durch die analytische Wissenschaftstheorie abschließt, da in dieser das Denken wesentlich als Kalkulation vorausgesetzter Werte unterstellt wird, d. h. nicht als Produktion, sondern als deren Buchhaltung. (Die entsprechenden Ideologen haben denn auch das berühmte Verhältnis des Buchhalters zum Weltgeiste, wenn sie überhaupt ein Verhältnis zu Hegel artikulieren.)

(3) Unabhängig von der Frage nach dem Entwicklungsgang des Hegelschen Denkens selbst kann man feststellen, daß es bei allen Wandlungen im einzelnen durch eine feste Grundorientierung über die Natur des philosophischen Denkens charakterisiert ist. Ich zitiere aus der Differenzschrift: »Wenn die Macht der Vereinigung aus dem Leben der Menschen verschwindet und die Gegensätze . . . Selbständigkeit gewinnen, entsteht das Bedürfnis der Philosophie. Es ist . . . der notwendige Versuch, die Entgegensetzung . . . aufzuheben und das Gewordensein der . . . Welt als ein Werden, ihr Sein als Produkte als ein Produzieren zu begreifen. In der unendlichen Tätigkeit des . . . Produzierens hat die Vernunft das, was getrennt war, vereinigt . . .«[11] Dieser Grundgedanke bleibt invariant im Entwicklungsgang des Hegelschen Denkens erhalten und liefert daher eine sichere Stütze für die Hegel-Rezeption. Mit Bezug auf die Voraussetzung, daß Hegel das Denken (nach ihm also das menschliche Wesen) als Arbeit auffaßt, bedeutet dieser Grundgedanke, daß die (vom Verstand) fixierte Entgegensetzung von Subjekt und Objekt (d. h. vom Produzenten und vom Produktionsgegenstand) in der *konkreten* Arbeit aufgehoben ist. Denn sie ist in der Tat die prozessierende Einheit des Subjekts und Objekts! Der Ackerbau ist konkrete Arbeit als Zusammenwirken des Bauern und seines Ackers; trennt man beide, so hat man keinen wirklichen (konkreten) Ackerbau, sondern höchstens die *Fähigkeit* des Bauern, seinen Acker zu bearbeiten, d. h. die *Möglichkeit* der Arbeit, die abstrakte Arbeit.

(4) Der Schritt in die Mystik wird von Hegel durch den seit Fichte in der klassischen deutschen Philosophie geltenden Grundsatz realisiert, die konkrete Arbeit als jenes merkwürdige Subjekt zu deuten, welches sich im Arbeiter und seinem Gegenstand »setzt«. Nicht der Arbeiter und sein Gegenstand sind die genetische Voraussetzung für die Realisierung der konkreten Arbeit, sondern umgekehrt diese realisiert sich, indem sie den Arbeiter wie seinen Gegenstand schafft! Sie existiert also an sich und ent-schließt sich zum Produzenten und seinem Gegenstand, womit die Entzweiung erzeugt ist. Damit ist also nicht eigentlich die konkrete Arbeit das »Absolute«, sondern quasi ihre Hülle oder Form, d. h. sie ohne ihr Subjekt und Objekt in sinnlicher Gegenständlichkeit, etwas ganz und gar Unvorstellbares, in der Tat ein mystisches Nichts!

Es ist zu notieren, daß wir hier den Gegensatz zur gewöhnlichen metaphysischen Verkehrung (die die Gegenstände vergötzt) haben: Statt des *Dinges,* welches konkret natürlich immer nur mit seinem Verhalten besteht, verabsolutiert die Mystik das *Verhalten,* macht also dieses zum handelnden Subjekt und erklärt den wirklichen Träger der Handlung als »Entäußerung« eben des Handelns. Hegel hat diese Verkehrung hübsch formuliert: »Wir *sind,* und ein Gedanke ist ein Moment in uns, aber *wir haben* nicht Vernunft, sondern die Vernunft hat uns.«[12]

(5) Aus der mystischen Verkehrung des Zusammenhangs der Tat mit dem Tätigen und dem Betätigten erwachsen alle Abstrusitäten der Hegelschen Konstruktion. Zugleich ist sie die Basis »des *falschen* Positivismus Hegels oder seines nur *scheinbaren* Kritizismus«.[13] Denn indem die Entzweiung des Subjekts mit dem Objekt als die *Erscheinung* jener Mystifikation der konkreten Arbeit, jenes Schein*wesens,* erklärt wird, kann die Aufhebung derselben nur die Reproduktion dieses Scheinwesens bedeuten, also die Anerkennung der real bestehenden Entzweiung. Diese aber ist nun nichts anderes als die tatsächliche Trennung des Objekts vom Subjekt, d. h. die *Enteignung des Gemeinwesens,* die das Drama der ursprünglichen Akkumulation und vornehmlich des 18. Jahrhunderts ist, in dem die Verwandlung des Gemeindelands in privates Grundeigentum im großen Stil betrieben wird (das berüchtigte Bauernlegen). Durch diese wirkliche Entzweiung wird das Gemeinwesen idealisiert, besteht nurmehr im gesellschaftlichen Arbeits*vermögen,* von dem die Arbeiter

allein subjektive Anteile, die Kapitalisten aber überdies auch die objektiven besitzen, also die in den Arbeitsmitteln vergegenständlichte Arbeitsfähigkeit. Dies Vermögen hat die Metaphysik des 17. Jahrhunderts unter dem Namen »Substanz« vorgestellt; und Hegel, der die Substanz ebensosehr als Subjekt verstehen will (d. h. das Vermögen als effektiv agierend), fingiert sie als Mystifikation der konkreten Arbeit, als Scheinwesen. Dies ist deshalb der Fall, weil er die Enteignung des Gemeinwesens in der Realität nicht betrachtet und sie daher nicht als Erzeugung des Privatwesens, des Privateigentums, erkennt, worin die Trennung des Objekts vom Subjekt nunmehr als die Trennung der eigentumslosen Arbeiter von den nichtarbeitenden Eigentümern auftritt.

Es versteht sich, daß die mystische Deutung der konkreten Arbeit, da sie die vom Materialismus erkannte Unabhängigkeit der unbearbeiteten Natur vom Arbeiter negiert, also den Arbeitsgegenstand im Sinne der Religion als geschaffen deutet, nicht imstande ist, den *Lohn*arbeiter vom *Privat*arbeiter zu unterscheiden. Im konkreten Ackerbau z. B. ist phänomenologisch nicht entscheidbar, ob der Produzent Tagelöhner oder Grundeigentümer ist! Diejenige Theorie also, die den Acker als eine Setzung des Ackerbaus behauptet, muß daher das Verhältnis der Lohnarbeit in der Praxis als die »notwendige Entzweiung« akzeptieren, also positivistisch als »das Gegebene« unterstellen. Der Unterschied zwischen dem Lohn- und dem Privatarbeiter wird jenseits der konkreten Arbeit, nämlich im Verhältnis erstens zu ihrem *Gegenstand* und letztens zu ihrem *Produkt* wahrnehmbar: Empfängt der Produzent seinen Gegenstand aus fremden Händen (in Wahrheit: wird er an den Gegenstand gebracht) und hat er in der Bewertung, der *Beurteilung* des Produkts hinsichtlich seines Daseins als vergegenständlichtes Gattungsvermögen keinerlei Funktion, so ist er Lohnarbeiter! Da für Hegel die Lage vor und nach der konkreten Arbeit »reiner Schein« ist, so bleibt er außerstande, den wirklichen Zusammenhang zu durchschauen. »Bei Hegel ist die Negation der Negation daher nicht die Bestätigung des wahren Wesens, . . ., sondern die Bestätigung des Scheinwesens . . .«[14]

(6) Ungeachtet der Mystifikation der konkreten Arbeit durch Hegel bleibt festzuhalten: Wenn es richtig ist, daß seine Philosophie die Theorie des autonom handelnden Gattungsvermögens ist, so muß man als Bezugspunkt der Hegel-Interpretation die wirkliche Produktion im Auge behalten. Diese ist natürlich nicht

Lukács' »teleologische Setzung«,[15] sondern der naturhistorische Prozeß, in dem eine spezielle biologische Art ihre vorgegebene (*nicht* gesetzte) natürliche Umwelt mit *Werkzeugen* so umbildet, daß sie die Produkte im Interesse ihrer physischen Reproduktion konsumieren kann; *Arbeit ist werkzeugvermittelte Gattungstätigkeit.* Als solche bringt sie mit dem Gebrauch der Werkzeuge wie des produzierten Eigentums überhaupt (des wirklich *gesetzten* Objekts) auch das empirische und das reine Wissen hervor.

1. Die »Wissenschaft der Logik« im philosophischen System Hegels

Der Standort der »Wissenschaft der Logik« (im weiteren: WdL) im Hegelschen System wird bereits durch die zeitliche Folge der vom Philosophen selbst vorgenommenen Publikationen angezeigt: 1807 erscheint die »Phänomenologie des Geistes«, in der die Darstellung der *Erfahrungen* unternommen wird, welche das menschliche Bewußtsein in seiner *geschichtlichen* Entwicklung *über sich selbst* zu gewinnen vermag. Diese durchaus empirisch zu verstehende Erfahrung bildet die fundamentale Bedingung, unter der die WdL eine klare Funktion im System Hegels erhält. Sie, die 1812 als »objektive Logik« und 1816 als »subjektive Logik« dem Publikum vorgelegt wird, ist die philosophische Verallgemeinerung der »Phänomenologie«, daher an diese gebunden: »Der Begriff der reinen Wissenschaft und seine Deduktion wird . . . insofern vorausgesetzt, als die Phänomenologie des Geistes nichts anderes als die Deduktion desselben ist.«[16] Indem die »Phänomenologie«, vom sinnlichen Bewußtsein anhebend, die Aufhebung des Gegensatzes zwischen dem wissenden Subjekt und dem gewußten Objekt als ihr Resultat vorweist, so liefert sie mit diesem Produkt der WdL ihren Gegenstand, das *reine Denken.* Die Wissenschaft desselben ist die WdL.

In diesem Zusammenhang hat man zu beachten, daß die Wörter »Bewußtsein« und »Denken« Zeichen für unterschiedliche Fixierungen in der Terminologie Hegels sind: »Bewußtsein« heißt das *Verhältnis* des erkennenden Subjekts zum zu erkennenden Objekt, insofern beide als unterschieden und in der Entzweiung gegeneinander bestehen. »Denken« heißt das Tun, das Produzieren des Geistes, worin der Gegensatz des Bewußtseins verschwunden ist. Insbesondere ist der Gedanke, das Produkt des Denkens, nach Hegel ein Gegenstand, dessen Inhalt weder dem Gefühl noch der Anschauung angehört, d. h. ein nicht-empirisches Produkt.

Hegel ist sich über die philosophisch völlig neue Vorgehensweise, die er in Angriff nimmt, recht klar: »Das Reich des Gedankens philosophisch, d. i. in seiner eigenen immanenten Tätigkeit, oder was dasselbe ist, in seiner notwendigen Entwicklung darzustellen, mußte deswegen ein neues Unternehmen sein und dabei von vorne angefangen werden; . . .«[17] Kein Philosoph vor ihm hatte die Philosophie anders denn als zeitliche Folge *verschieden*artiger Auffassungen betrachtet; er erkannte in ihr eine notwendige Entwicklung. »Was die andern Philosophen taten . . ., das *weiß* Hegel als das *Tun* der Philosophie. Darum ist seine Wissenschaft absolut.«[18] Und dieses »Tun der Philosophie« unter der Voraussetzung der Aufhebung des Gegensatzes zwischen Subjekt und Objekt, d. h. beider Verwandlung in reine Formen des reinen Tuns, das ist es, was in der WdL in den Gesetzen seiner Selbstentwicklung dargestellt werden soll.

Hegel weiß, daß die Kenntnisnahme seiner WdL unabhängig von der Kenntnis der anderen Wissenschaften einen Lernstoff vorführt, »woran Umfang, Tiefe und weitere Bedeutung anfangs vermißt wird. Erst aus der tiefern Kenntnis der andern Wissenschaften erhebt sich für den subjektiven Geist das Logische als . . . das den Reichtum des Besondern in sich fassende Allgemeine; – wie derselbe Sittenspruch in dem Munde des Jünglings, der ihn ganz richtig versteht, nicht die Bedeutung und den Umfang besitzt, welchen er im Geiste eines lebenserfahrenen Mannes hat, . . . So erhält das Logische erst dadurch die Schätzung seines Werts, wenn es zum Resultate der Erfahrung der Wissenschaften geworden ist; es stellt sich daraus als die allgemeine Wahrheit, nicht als eine *besondere* Kenntnis *neben* anderem Stoffe . . ., sondern als das Wesen alles dieses sonstigen Inhalts dem Geiste dar.«[19] Wohlgemerkt ist dieses Wesen nicht als abstrakte Bestimmung, sondern als konkretes Tun zu verstehen, nicht als *Ding*, sondern als *Tat* (wenn auch mit der Mystifikation, daß sie sich in der Erscheinung als Gegensatz des dinglichen Subjekts und Objekts *setzt*).

In diesem Umstand liegt nun der wesentliche Unterschied zur gewöhnlichen formalen Logik beschlossen. Auch sie ist Lehre vom reinen Denken, aber so, daß sie in ihrer klassischen Version dasselbe als gesetzlich bestimmtes System von Denk*produkten* vorführt und in ihrer konstruktiven Version als Regelsystem zur *Erzeugung* solcher Produkte. Der Produktionsvorgang per se kommt in der formalen Logik nicht zur Sprache. Diese setzt daher den Gegensatz des Subjekts und Objekts voraus und muß mithin entweder das (gesetzte) Objekt unter das Subjekt subsumieren – konstruktive Logik – oder das (setzende) Subjekt unter das Objekt – deskriptive (sog. klassische) Logik. Mit anderen Worten: die formale Logik reflektiert das reine Denken entweder als regelbestimmte *Fähigkeit* oder als *vergegenständlicht* in der Gestalt folgerichtig geordneter Urteilssysteme (Theorien). »In dem Zustande, in dem sie sich befindet«, sagt Hegel, hat sie »ungefähr die Form einer Erfahrungswissenschaft.«[20] Und über ihren Inhalt heißt es weiter: »Dadurch, daß bei den Urteilen und Schlüssen die Operationen vornehmlich auf das Quantitative der Bestimmungen zurückgeführt und gegründet werden, beruht alles auf einem äußerlichen Unterschiede, auf bloßer Vergleichung, wird ein . . . begriffloses Kalkulieren . . . Man hat daher nicht mit Unrecht dieses Denken dem Rechnen und das Rechnen wieder diesem Denken gleichgesetzt.«[21] Die moderne algebraische Behandlung der Logik demonstriert, in welchem Sinne Hegels Urteil Geltung hat.[22]

Es sei hier eine Bemerkung über den Gebrauch des Terminus »Logik« angeschlossen, die überflüssige Zweideutigkeiten verhindern mag: Abgesehen von der sehr schwankenden Verwendung dieses Wortes in der Umgangssprache wie auch in den Redeweisen der wissenschaftstheoretischen Kompendien können wir nach dem gegenwärtigen Stand der theoretischen Logik wohl sagen, daß ihre Objekte singuläre und generelle Urteile, ihre Operationen die bekannten sog. aussagenlogischen und quantorenlogischen Verknüpfungen sind.[23] Ihre eigentliche Leistung besteht dann darin, unter allen möglichen Urteilsverknüpfungen die notwendig wahren auszusondern, d. h. solche (formal logischen) Urteile anzugeben, deren Prädikat das der logischen Implikation oder der logischen Äquivalenz ist. Wenn man diese deskriptive Sicht nicht liebt, so kann man auch sagen: Die eigentliche Leistung der theoretischen Logik besteht darin, unter den möglichen Urteilsverknüpfungen diejenigen auszusondern, die sich gegen jeden Angriff verteidigen lassen. Mit diesem Umstand entschließen wir uns, den Terminus »Logik« so zu verwenden, daß er synonym zu »formale Logik«, »mathematische Logik«, »symbolische Logik«, evtl. »Logistik« gilt und die Theorien der Aussagenlogik einerseits und der Quantorenlogik andererseits bezeichnet. Es versteht sich, daß dieser Vorschlag eine rigorose Einschränkung einschließt. Mir scheint aber der Vorteil dieser (versuchsweisen) Einschränkung darin zu liegen, daß man von vornherein jene verschwommenen Bedeutungen von »Logik« nicht bei der Diskussion des Zusammenhangs der WdL mit der so bestimmten Logik in Betracht ziehen muß. – Logik heiße also künftig das, was man mittels der aussagenlogischen Junktoren und der quantorenlogischen Operatoren an Urteilen anstellen kann.

Insbesondere betrachten wir die Identität a = a (gelesen: »Der vom Subjekt »a« bezeichnete Gegenstand ist dem vom Objekt »a« bezeichneten Gegenstande gleichwertig«) *nicht* als eine logische Eigenschaft! Eine sog. »Logik mit Identität« ist damit keine reine Logik mehr, sondern bereits die Verbindung derselben mit einer Theorie über *außerlogische Werte* (das Objekt »a« bezeichnet im analytischen Satz »a = a« einen Wert bestimmter Art bzw. – physikalisch ausgedrückt – eine Größe gewisser Größenart). Außerlogische Werte werden in der objektiven Realität durch Messung bestimmt. Durch Abstraktion von der Verschiedenheit der Arten gegebener Größen erzeugen wir mathematische Werte. Demgemäß ist die sog. »Logik mit Identität« bereits eine mathematische Theorie, die Identität im obigen Ausdruck eine *mathematische* Eigenschaft. Logische Werte sind Abstrakta von Urteilen, d.h. Denkprodukten. Auf dem Standpunkt der deskriptiven Logik, auf dem wir die Existenz der logischen Werte voraussetzen, können wir natürlich für die gewöhnlichen beiden Werte w (wahr) und f (falsch) die *logische* Identität (w = w; f = f) erklären. Sie unterscheidet sich in ihrer *Form* nicht von der mathematischen, wohl aber in ihrem Inhalt: logische Werte sind eben keine arithmetischen, analytischen oder physikalischen Werte! Die Form wird durch die beiden Grundsätze (1) $v_0 = v_0$; (2) $v_1 = v_0 \wedge v_2 = v_0 \Rightarrow v_1 = v_2$[24] ausgedrückt. Der Inhalt wird durch die Wertart v qualitativ und durch die Werte v_i quantitativ vorgestellt.

Mit dieser Festlegung des Begriffs der Logik wollen wir (ebenfalls versuchsweise) auf die Verwendung des Terminus »dialektische Logik« verzichten, sofern mit diesem die Existenz einer Disziplin suggeriert werden soll, die quasi eine Art »höherer Logik« als *verständige* Verallgemeinerung der gewöhnlichen sein soll. Es ist klar, daß die Verwendung eines solchen Terminus' stets die Hegelsche WdL als Bezugspunkt unterstellt. Aber die in dieser vorgelegte Theorie ist unter keinen Umständen als verständige Generalisation der gewöhnlichen Logik zu verstehen. Sie ist nicht eine Theorie der Folgerichtigkeit formalen Schließens, sondern *Entwicklungs*theorie des reinen Denkens. Als solche ist sie wesentlich *dialektisch* und zwar in einem speziellen Sinne: Sie nimmt den Widerspruch, den die Logik als Standard des Werts der Falschheit (des logischen Nichts!) verwendet, als das fundierende Entwicklungsprinzip, und die Entwicklung als effektiv historisches Phänomen! Sie interessiert sich also nicht für die Folgerichtigkeit des *Bestehenden,* sondern für den Fortschritt des Bestehenden zu einer nächsten historischen Gestalt, welche ihrerseits als Negation eben jenes Bestehenden verstanden wird. »Das Einzige, *um den wissenschaftlichen Fortgang zu gewinnen,* . . ., ist die Erkenntnis des logischen Satzes, daß das Negative ebensosehr positiv ist, oder daß das sich Widersprechende sich nicht in Null, in das abstrakte Nichts auflöst, sondern wesentlich nur in die Negation seines *besondern* Inhalts, . . . Indem das Resultierende, die Negation, *bestimmte* Negation ist, hat sie einen *Inhalt.* Sie ist ein neuer Begriff, . . .«[25] Genau damit aber setzt die WdL einen *besonderen* Anfang voraus, nämlich das reine Denken, das nach jener »Erkenntnis des logischen Satzes, daß das Negative ebensosehr positiv ist« zu entwickeln ist.

Da nun die Logik im hier erklärten Sinn Negation und Position als *wertbildende* Operationen strikt als einander entgegengesetzt unterstellen muß, mithin der Ausdruck »das Negative ist ebensosehr positiv« schlechthin nur als Zeichen einer Kontradiktion gelten kann, so empfiehlt es sich, diesen Ausdruck als Feststellung der Dialektik zu reklamieren, der *nicht* in die Sprache der Logik übersetzbar ist. Damit wird auch angenommen, daß die WdL keine *logische* Theorie, sondern den (mystifizierenden) Versuch liefert, eine *theoretische Dialektik* vorzustellen. Es ist dann insbesondere im Rahmen der dialektischen Theorie zu erklären, was jener Ausdruck eigentlich besagt.

Es ist zu bemerken, daß Hegel den Unterschied zwischen seiner WdL und der gewöhnlichen formalen Logik genau sieht: Indem der Begriff der formalen Logik auf Kant zurückgeht (bemerkenswerterweise also nicht früher in der Geschichte des Denkens auftritt), kann Hegel sagen: »Das, was hier *objektive* Logik genannt worden, würde zum Teil dem entsprechen, was bei ihm die *transzendentale Logik* ist.«[26] Da aber Kants transzendentale Logik die Denkbestimmungen (Kategorien) nicht an sich selbst, sondern relativ auf das Erkenntnissubjekt betrachtet hat, so ist die »objektive Logik« vielmehr als »die wahrhafte Kritik« der vormaligen Metaphysik zu betrachten, tritt also an ihre Stelle. Es versteht sich, daß die gewöhnliche theoretische Logik einen solchen Anspruch nicht erhebt.

Betrachten wir die Metaphysik als eine Denkweise, welche die Bewegung nicht als Daseinsweise der Materie versteht, sondern als äußerlich aufgeprägten Zustand der letzteren, so liefert die WdL den Versuch, mit dem Ersatz der Metaphysik durch die Dialektik eine neue *Bewegungsauffassung der Philosophie* zu begründen. Sie ist damit im Gegensatz zur Logik eine inhaltlich bestimmte Wissenschaft. Deshalb ist der Vorschlag, die Termini »Logik« und »Dialektik« zunächst – und vor allem im Interesse der Klärung des Inhalts der WdL – in Unterschiedenheit voneinander zu verwenden, wohl akzeptabel. Die Dialektik ist keine spezielle Logik, auch keine »höhere«, und umgekehrt ist die Logik keine Dialektik, auch kein Ausdrucksmittel derselben. Vielmehr realisieren beide Disziplinen gegeneinander selbst ein dialektisch bestimmtes Verhältnis. Die dialektische Einheit der Dialektik und der Logik ist allein vom Standpunkt der Dialektik zu erfassen; sie ist eine philosophische Erkenntnis – und muß noch erarbeitet werden.

Die WdL bildet nun für alle systematischen Arbeiten Hegels – mit Ausnahme der »Phänomenologie« – die theoretische Voraussetzung, und zwar in einem solchen Maße, daß Hegel empirische Sachverhalte (d. h. vermittels materieller Aktion feststellbare, spezielle Eigenschaften oder Beziehungen von Sachen) lediglich als Demonstrationsfälle für die WdL behandelt. So ist etwa die objektive Dialektik der Natur (die in der Evolution der Natur in Erscheinung tritt) für Hegel nicht die Basis der WdL, sondern umgekehrt letztere die Basis jener. Die Natur wird so zur »Anmerkung« der Hegelschen »Logik«. Zu beachten bleibt hinsichtlich der Philosophie Hegels jedoch stets, daß die WdL – für die subjektive Auffassung – durch die »Phänomenologie« determiniert wird; sie ist keine Anmerkung zur »Logik«, sondern deren fundierende Voraussetzung.

2. Die wissenschaftstheoretische Grundlage der »Logik«

Nach eingehender Diskussion des Problems des Anfangs der wissenschaftlichen Darstellung der WdL gelangt Hegel zu der Auffassung, dieser Anfang könne nur durch das sogenannte »Sein« gegeben werden: »Es liegt . . . in der *Natur des Anfangs selbst,* daß er das Sein sei und sonst nichts.«[27] Da die »Phänomenologie« mit der Darstellung des (empirischen) geschichtlichen Werdens des menschlichen Bewußtseins zum reinen Wissen das Resultat liefert, daß mit der Existenz dieses reinen Wissens ein historisches Produkt gegeben ist, da weiter in der WdL ein allgemeines Interesse verfolgt wird, so wird die von der »Phänomenologie« gelieferte Voraussetzung für die WdL so »gesetzt«, daß nur noch vom »reinen Sein« die Rede ist. Es wird in der WdL Objekt der dialektischen Entwicklung.

Diese charakteristische Wahl des Anfangs der WdL ist nun nicht nur insofern durch die »Phänomenologie« determiniert, insofern diese vom geschichtlichen Gewordensein des reinen Wissens und damit von der Realität des Gegenstands der WdL überzeugt, sondern auch insofern, als Hegel in der »Phänomenologie« über die wissenschaftstheoretische Natur der elementaren Satzbildung eine folgenschwere Entdeckung macht. Sie bildet den methodologischen Ausgangspunkt für die theoretische Konstruktion der Dialektik in der WdL. Man muß sie daher genau studieren, um das Anliegen der WdL richtig zu erfassen.

Die einfachsten Sätze, die wir angesichts materieller Sachverhalte bilden, sind von der Art: »dies ist ein Baum«, »dies ist ein Haus«, usw. Zu solchen elementaren Prädikationen besteht die Meinung des gesunden Menschenverstands, sie reflektierten unmittelbar das, was uns die Sinne mitteilten, und hätten daher als positive Urteile die Eigenschaft der sog. »unmittelbaren Gewißheit«, welche der Verstand mit der Wahrheitseigenschaft identifiziert. Mit der Vorstellung von der sinnlichen Gewißheit huldigt das (unentwickelte) Bewußtsein der Auffassung, daß materielle Sachverhalte unabhängig von irgendwelchen Kommunikationssystemen (z. B. menschlicher Gesellschaften) »an sich«

Träger von Informationen seien, wobei uns letztere vermittels der Empfindung übereignet würden. So ist die Sinnesempfindung scheinbar eine Transformation, worin das, was das Prädikativ (»ein Baum«, »ein Haus«) anzeigt, quasi als Transformationsinvariante vom Empfundenen angeeignet wird.

Hegel entdeckt nun in der »Phänomenologie«, daß das Sprechen »die göttliche Natur« habe, jene Meinung »unmittelbar zu verkehren, zu etwas anderem zu machen und so sie gar nicht *zum Worte kommen* zu lassen«.[28] In der Sprache, dem Ausdrucksmittel des Bewußtseins, kommt die Empfindung nicht zum Zuge, sondern wird vielmehr aufgehoben! Wenn es nämlich richtig ist, daß sich *Wissen* in *Sprache* darstellt, haben wir das elementare Urteil der sinnlichen Gewißheit – Hegel nimmt es generell in der Form »dies ist p« (mit p als Symbol eines beliebigen, aber fest vorgegebenen Prädikativs) – hinsichtlich der Frage zu prüfen, welches Wissen sich in ihm denn erweist. Die natürliche (genauer gesagt: die metaphysische) Einstellung meint, das mit solchen Sätzen ausgedrückte Urteil sei auf Grund der gegebenen Empfindung »unmittelbar gewiß« oder »wahr«. Diese Meinung der sinnlichen Gewißheit kann nur gerechtfertigt sein, wenn das Empfundene eine definite Wahrheitsinstanz ist, d. h. ein fester, unveränderlicher Gegenstand bestimmter Art. Hegel demonstriert nun, daß das wirklich Empfundene genau diese Bestimmtheit nicht besitzt. Wer versuchen wollte, die Meinung der sinnlichen Gewißheit als effektives Wissen zu demonstrieren, müßte »das sinnliche Diese« in einem nicht endenden Vorgang der Satzbildung (erweiterter Elementarsatz mit einer nicht endlichen Folge von Prädikaten) aussprechen; »die seine Beschreibung angefangen, könnten sie nicht vollenden, sondern müßten sie andern überlassen, welche von einem Dinge zu sprechen, das nicht *ist*, zuletzt selbst eingestehen würden.«[29] Das Empfundene ist gar kein festes Ding gewisser Art, d. h. keine Wahrheitsinstanz, sondern ein Prozeß, an dem das sinnliche (empfindende) Bewußtsein allein und nur »die Sache *ist*« als es effektives Wissen gewinnt (dadurch wirklich *Bewußtsein* werdend); »und dieses reine *Sein* oder diese einfache Unmittelbarkeit macht« seine »*Wahrheit* aus.«[30]

Symbolisieren wir die (grammatischen) Elementarsätze der Umgangssprache durch S/P (mit S als Zeichen des Satzsubjekts und P als Zeichen des Prädikats, wenn es durch ein Vollverb vermittelt wird) und durch S/ε p (wenn das Prädikat selbst in die sog. Kopula »ist« und das Prädikativ bzw. die Prädikatergänzung gegliedert ist), so können wir feststellen: Hegel findet an prädikativ-verbalen Ausdrücken S/ε p, die dem sinnlichen Bewußtsein in seiner Urteilsbildung zugrunde liegen, daß sie an reinem Wissen allein »das Sein« besagen und sonst nichts. Dies gilt ihm deshalb, weil in beliebigen Ausdrücken dieser Art (und andere gebraucht das sinnliche Bewußtsein nicht!) allein die Kopula »ist« das konstante Zeichen zu sein scheint. Was daher das Bewußtsein auf der Basis der Empfindung aussagt, ist das Wissen des Seins. Will es sein »sinnliches Dieses« als tatsächliche Wahrheitsinstanz gegen den dialektischen Skeptiker *zeigen*, so ist dies Tun sein eigener Tod; es verwandelt sich darin in *wahrnehmendes* Bewußtsein! In solcher Verwandlung macht es das Empfundene – in der Sprache Hegels – zum Ding mit seinen Eigenschaften, d. h. *setzt* das Objekt der Wahrnehmung und bildet sich darin selbst um eine Gestalt seiner Geschichte weiter.

Halten wir fest: Die für die Konstruktion der WdL wichtige Entdeckung Hegels in der »Phänomenologie« ergibt sich aus der Konfrontation des sprachlichen Ausdrucks des sinnlichen Bewußtseins, »dies/ist p«, mit der Realität des Empfindens (oder Fühlens) bei unterstellter Voraussetzung der Sprache als Wirklichkeit des Bewußtseins: »Als ein Allgemeines *sprechen* wir auch das Sinnliche *aus;* was wir sagen, ist: *Dieses,* d. h. das *allgemeine Diese,* oder: *es ist,* d. h. das *Sein überhaupt.* Wir *stellen* uns dabei freilich nicht das allgemeine Diese oder das Sein überhaupt *vor,* aber wir *sprechen* das Allgemeine *aus;* oder wir sprechen schlechthin nicht, wie wir es in dieser sinnlichen Gewißheit *meinen.* Die Sprache aber ist, wie wir sehen, das Wahrhaftere; in ihr widerlegen wir selbst unmittelbar unsere *Meinung,* und da das Allgemeine das Wahre der sinnlichen Gewißheit ist und die Sprache nur dieses Wahre ausdrückt, so ist es gar nicht möglich, daß wir ein sinnliches Sein, das wir *meinen,* je sagen können.«[31] Als nicht vorgestelltes, aber in jedem Ausdruck »dies/ist p« ausgesprochenes ist das Sein – nach Hegel – die erste *Denkbestimmung,* der erste *Gedanke* des reinen Wissens. Mit ihm beginnt die WdL.

Wir können an dieser Stelle keine eingehendere Diskussion der Entdeckung in der »Phänomenologie« vornehmen, müssen aber folgende Feststellungen treffen: (1) Hegel stellt richtig die Illusion des common sense fest, mit der Empfindung »sinnliche Gewißheiten« (sense data) zu besitzen. Empfindungen sind als solche kein Wissen, sondern werden dazu, wenn sie zu Wahrnehmungen aufgehoben werden. Dazu sind Sachverhalte aus der Umwelt auszusondern, *anzueignen* und – in der Kommunikationsgemeinschaft – vorzustellen. Ein angeeigneter Sachverhalt ist aber per definitionem nicht mehr das, was ein nicht angeeigneter Sachverhalt ist; und *letzterer* ist das Objekt im Verhältnis der Empfindung!

(2) Hegel stellt richtig fest, daß der sprachliche Ausdruck der sinnlichen Gewißheit niemals eine sinnliche Einzelheit angibt. Selbst das Prädikativ wird als Zeichen für *Arten* von Eigenschaften verwendet, von »dies« und »ist« (ersteres Wort als Subjekt ist allgemeines Gegenstandszeichen, letzteres als Prädikat ist Zeichen der Gattung aller Eigenschaften, substantiviert in der Tat »das Sein« genannt) gar nicht zu reden.

(3) Problematisch ist die Deutung Hegels, wonach Ausdrücke der Form »dies/ist p« *unmittelbar* nur das Wissen des Seins wiedergeben. Und dies aus folgendem Grund: Wenn wir den grammatischen Umstand beachten, daß der Terminus »das Sein« sprachlich durch den Übergang vom prädikativ-verbalen Ausdruck S/ε p zum attributiv-substantivischen Ausdruck »das p-Sein von S« vermittelt gebildet wird, also ein Prädikatterminus[32] ist, so müssen wir ihn als Zeichen der dinglich vorgestellten Eigenschaftsgattung verstehen. Akzeptieren wir nun die ontologische Voraussetzung, daß Prädikate schlechthin Verhaltensarten von Gegenständen bezeichnen (Subjekte gerade Gegenstände), so meint der Terminus »das Sein« das Verhalten oder das Tun des vom Subjekt bezeichneten Gegenstands – und zwar dieses unter dem Gesichtspunkt seiner Reproduktion oder Erhaltung! Mit dem genannten grammatischen Übergang kann man aber vom Ausdruck »S/ε p« auch zum Subjektterminus »das p-seiende Dieses« bzw. »der p-seiende Gegenstand« übergehen. Und es versteht sich, daß die Zeichen »das p-Sein dieses Gegenstands« und »dieser p-seiende Gegenstand« nicht dasselbe bezeichnen! Jeder Prädikatterminus bezeichnet *eine Verhaltensart* einer Sache (eines Gegenstands); jeder Subjektterminus bezeichnet *einen Gegenstand* (eine Sache) bestimmter Verhaltensart (Eigenschaft); Sachen und Verhaltensweisen aber sind die unterschiedenen Momente von Sachverhalten und nicht analytisch identisch!

Genau diese Identifikation wird aber von Hegel unternommen, wenn er das Sein zum einzigen Gedanken der sinnlichen Gewißheit erhebt! Damit bleibt durchweg zweideutig, was bei Hegel »das Sein« eigentlich meint, ein Verhalten oder einen Gegenstand.[33]

(4) Wenn wir Hegels Argumentation an der Sprache akzeptieren, aber konsequent machen, so sieht man unmittelbar, daß der Ausdruck der sinnlichen Gewißheit eben »dies/ist« lautet und nicht – wie Hegel »sieht« – »dies« *oder* »ist«. Damit aber ist der Ausgangspunkt einer gravierenden Schwäche des Hegelschen Räsonnements angezeigt: Statt den Elementar*satz* der Sprache zum Grund seines Denkens zu machen, unterstellt der Philosoph fortlaufend den substantivischen Ausdruck (den *Terminus*) als den Grund des Denkens. So kommt zustande, daß Hegel nicht in Sätzen, sondern in Wörtern operiert, denen der Sache nach doch Sätze zugrunde liegen.

(5) Der Hegelsche Schluß aus der Prüfung der sinnlichen Gewißheit, daß das sinnliche Diese nur Schein sei, basiert auf der unterstellten idealistischen Voraussetzung der Identität von Wahrheit und Wirklichkeit. Hegel hat ganz recht, wenn er sagt: »Der Idealismus der Philosophie besteht in nichts Anderem als darin, das Endliche nicht als ein wahrhaft Seiendes anzuerkennen«;[34] aber diese Nichtanerkennung verwandelt doch darum nicht das Endliche (d. h. die seienden Gegenstände) in Nichtsein! Mit anderen Worten: das Objekt der Empfindung, wenngleich es keine Wahrheitsinstanz ist, ist doch nichtsdestoweniger die notwendige Bedingung der Existenz der Empfindung – und damit auch der Möglichkeit der Kritik der sinnlichen Gewißheit. Hegel bestätigt dies bewußtlos, indem er dieselbe sinnliche Empfindung, die er relativ zum *materiellen Objekt* als bedeutungslos für die Geburt des Wissens ansieht, mit Bezug auf die *sprachlichen Ausdrücke* des sinnlichen Bewußtseins wesentlich bemüht. Wir sollen – nach ihm – nämlich an der Sprache etwas *sehen*, d. h. mittels eines bestimmten Sinns die *Geltung* des Resultats seiner Analyse bestätigen! Der Hegelsche Kopfsprung besteht so darin, die sinnliche Gewißheit der außermenschlichen Einzeldinge auf der Basis der sinnlichen Gewißheit der elementaren Prädikation zu leugnen. Dies ist daher die Kritik der sinnlichen Gewißheit auf dem Boden derselben. Die wirkliche Kritik ist erst noch zu schreiben (und sicher kann sie an Hegel nicht vorbeigehn).

Wir müssen nun mit Bezug auf die Stellung der Kategorie des Seins in der WdL bemerken, daß ihre verständige Bedeutung in der klassischen deutschen Philosophie bereits durch Fichte vorgeprägt worden ist: Sein ist dasselbe wie Tun.[35] In dieser Bedeutung übernimmt Hegel den Terminus mit der zusätzlichen Bestimmung, das Tun als konkrete Einheit seines Subjekts und Objekts zu fassen, freilich in der mystifizierenden Deutung, in welcher Subjekt und Objekt als ideelle Momente im real vorgestellten Tun enthalten sein sollen. Man hat daher für den Anfang der WdL immer zu bedenken, daß der Terminus »Sein« reines Verhalten meint, welches mit jenen beiden Momenten zu Beginn der WdL »als das wahrhafte Sein gewußt wird«.[36] Dies reine Verhalten ist das Denken, sein Subjekt der Denkende, sein Objekt das Gedachte; die Verrücktheit des Ansatzes ist hierbei die Ununterschiedenheit des Denkens vom Gedachten, die Identifikation von Produktion und Produkt. Durch diese Verrückung, die notwendig mit der Mystifikation der konkreten Tat verbunden ist, erscheint das Sein sowohl als Tat wie als Objekt derselben. Je nachdem, welchen Standpunkt man daher zur Hegelschen Philosophie annimmt, wird man einerseits ihren Sinn, andererseits ihren Unsinn (Absurdität) hervorkehren. Letzterer ist sofort durch den Aufweis der Hegelschen Identifikation des Denkens mit dem Gedachten angebbar. Wir halten uns lieber an den Sinn.

Betrachtet man nun den eigentlichen Beginn der WdL genau, so bemerkt man, daß sie nicht mit *Sätzen*, sondern mit *Termini* anhebt: Erster Terminus: *»Sein, reines Sein«;*[37] zweiter Terminus: *»Nichts, das reine Nichts«;*[38] erster Satz: *»Das reine Sein und das reine Nichts ist also dasselbe.«* Die sonst in den Abschnitten A und B des ersten Kapitels ausgeführten Sätze liefern nähere Beschreibungen, aber keine Bestimmungen (Definitionen) der beiden Kategorien. Es wird mithin dem Leser zugemutet, substantivische Ausdrücke als Darstellungen von *Gedanken* aufzunehmen, eine Zumutung, die das wissenschaftlich ungebildete Bewußtsein unvermeidlich von sich weisen muß (Sätze und nicht Termini bieten dem natürlichen Bewußtsein Gedanken!). In seinen Vorlesungen hat Hegel diesen Umstand deutlicher charakterisiert: »Das Werden ist der erste konkrete Gedanke und damit der erste Begriff, wohingegen Sein und Nichts leere Abstraktionen sind. Sprechen wir vom Begriff des Seins, so kann derselbe nur darin bestehen, Werden zu sein . . .«[39] Damit ist im Grunde zugegeben, daß der wirkliche Anfang der WdL eben *nicht* das Sein, sondern das Werden, d. h. die *Bewegung*, ist, daß mithin die WdL philosophische Bewegungslehre ausdrückt.

Die Anerkennung des Werdens als des »ersten konkreten Gedankens« der WdL diskutiert Hegel auch als einen »Vorschlag zur Güte an diejenigen . . ., welche teils damit, daß mit dem Sein angefangen werde, . . ., sich nicht beruhigen, . . . teils überhaupt nicht anders wissen, als daß in einer Wissenschaft mit der *Voraussetzung* einer *Vorstellung* angefangen werde, – einer Vorstellung, welche hierauf *analysiert* werde, so daß nun das Ergebnis solcher Analyse den ersten bestimmten Begriff in der Wissenschaft abgebe«.[40] Als solche zuzugebende Vorstellung für die WdL empfiehlt Hegel diejenige, die wir mit dem Terminus »Anfang« benennen, so daß die Analyse anzugeben habe, was in dieser Vorstellung enthalten sei. Seine Antwort lautet: »Der Anfang ist nicht das reine Nichts, sondern ein Nichts, von dem Etwas ausgehen soll; das Sein ist also auch schon im Anfang enthalten. Der Anfang enthält also beides, Sein und Nichts; ist die Einheit von Sein und Nichts . . .«[41] Hegel überläßt es seinen Lesern zu entscheiden, »ob sie mit diesem Anfange, . . ., zufriedener sein mögen, als damit, daß das Sein zum Anfange gemacht wird«.[42] Wir meinen, daß in der Tat der analytisch gebildete Verstand in seiner Bemühung um das erkennende Begreifen, d. h. in der Bemühung, sich in Vernunft umzubilden, mit diesem Vorschlag Hegels zufriedener sein kann!

Der Grund für diese Meinung ist darin zu sehen, daß für die Lösung des Anfangsproblems in jeder Wissenschaftsdisziplin eben Gegenstände vorauszusetzen sind, die dem theoretischen Zugriff *vorgegeben* sind und seine Realisierbarkeit ermöglichen. Dieser spontan materialistische Standpunkt der Wissenschaft drückt sich einfach in der Erfahrung aus, daß man keine Physik, keine Chemie, keine Biologie, keine Ökonomie, keine Soziologie etc. *machen* kann, wenn man nicht physikalisch, chemisch, biologisch, ökonomisch, soziologisch bestimmbare Objekte *vorfindet*. Und die elementare Realisation des Vorfindens erfolgt in der Erkenntnis über die *Vor*-stellung! Für die Dialektik bedeutet dies insbesondere, daß ihr Anfang mit der Vorstellung dialektisch bestimmbarer Objekte gesetzt ist. Diese aber sind Bewegungen. Indem Hegel mit der »leeren Abstraktion« des Seins beginnt, ist der Sache nach die Unterscheidung des Werdens in seine Gegensätze des Seins und Nichts unterstellt, damit auch das Werden, die Bewegung, jedoch im theoretischen Ausdruck nicht angegeben. Vielmehr kommt zustande, daß in der WdL nun umgekehrt das Werden aus dem Sein »bewiesen«, d. h. aus dem Abstrakten das Konkrete hergeleitet werden soll. Diesen Anspruch kann Hegel nur um den Preis der Kontradiktion »das Sein ist das Nichts« einlösen! Und sie ist der Grund dafür, daß der logisch geschulte Verstand die WdL mit einigem Rechte als unverdaulich charakterisiert.

Hegel selbst ist sich über diesen wissenschaftstheoretisch entscheidenden Umstand seines Räsonnements durchaus im klaren. Sein Argument gegen die Voraussetzung der Vorstellung des Anfangs bzw. gegen die Voraussetzung des *Konkreten* für die dialektische Theorie ist wesentlich beweistheoretisch: »Die in einem Konkreten . . . enthaltene Beziehung ist eine *notwendige* nur, insofern sie nicht vorgefunden, sondern . . . hervorgebracht ist, – eine Bewegung, die das Gegenteil des analytischen Verfahrens ist, . . .«[43] Und gerade um die Darstellung der *Notwendigkeit* der im Konkreten enthaltenen Beziehung ist es Hegel zu tun, also um die Erfüllung des Beweisanspruchs der Dialektik. Was jedoch in diesem Interesse herauskommt, ist der (kontradiktorische) Versuch, die Existenz des Konkreten aus dem Abstrakten, das in der terminologischen Fixierung »Sein« als »unbestimmte Unmittelbarkeit« doch wieder *vorausgesetzt* wird, herzuleiten. M. E. ist dieser grundsätzliche beweistheoretische Mangel der WdL als Ausdruck der von Hegel angenommenen *Verkehrung* des Ordnungszusammenhangs zwischen dem Konkreten und Abstrakten anzusehen. In Wahrheit steht die Sache so, daß das Konkrete die hinreichende, aber nicht notwendige Bedingung des Abstrakten ist. Demnach kann nicht das Konkrete aus dem Abstrakten, sondern allein das Abstrakte aus dem Konkreten abgeleitet werden! Hegels Nachweis des Werdens aus dem Sein läuft daher auf den Versuch hinaus, die Existenz der Bewegung zu beweisen. Das beweistheoretische Problem der Dialektik verwandelt sich darin unter der Hand in den Lösungsversuch, das dialektische Objekt, eben das Konkrete, als ein Produkt des reinen Denkens zu zeigen. Dies ist idealistisch zwar durchaus konsequent, materialistisch jedoch inakzeptabel: Die materielle Bewegung wird vom reinen Denken *nicht* bewiesen, sondern als philosophischer Gegenstand der Dialektik *vorausgesetzt*. Man liefert wahrhaft keine Theorie des Konkreten, wenn man das Konkrete nicht als Anfangsgegenstand schon unterstellt!

Es ist einleuchtend, daß mit dieser Beurteilung der wissenschaftstheoretischen Basis der WdL die Natur der Beweisleistung der Dialektik nach wie vor zur Debatte steht. Es ist weiter klar, daß sie nur begriffen werden kann, wenn wir alle Gestalten des wissenschaftlichen Beweisens philosophisch untersuchen. Die mathematische Beweistheorie (Metamathematik) wird hier gewiß gute Dienste tun, aber ebenso gewiß nicht als Theorie des wissenschaftlichen Beweises überhaupt unterstellt werden können. Schon der einfache empirische Beweis durch Aufweisen des Sachverhalts für einen behaupteten Satz liegt außerhalb des Zugriffs der Metamathematik. Es ist hier als Programm für künftige Forschung zu notieren, daß Hegels Annahme über die Darstellung der Notwendigkeit der im Konkreten enthaltenen Beziehung »durch die eigene Bewegung der Momente, in diese Einheit zurückzugehen«,[44] hinsichtlich ihres vernünftigen Sinns noch erfaßt werden muß. Es versteht sich, daß solches Programm nicht durch punktuellen Genuß von Fragmenten der WdL realisiert werden kann, sondern – wie schon bemerkt – deren systematische Aufhebung fordert. Diese wiederum ist nur denkbar im Rahmen einer allgemeinen Voraussetzung über Gegenstand und Sinn der Dialektik, welche *außerhalb* des Standpunkts der Philosophie Hegels anzunehmen ist. Die hier unterstellte haben wir anfangs unserer Darstellung charakterisiert.

3. Der materialistische Begriff der dialektischen Negation

Indem wir festgestellt haben, daß Hegels wissenschaftstheoretischer Kniefall in der Verkehrung des Zusammenhangs des Konkreten mit dem Abstrakten besteht (eine aus dem bürgerlichen Wertfetischismus einfach erklärbare Situation), nehmen wir auch an, daß die methodischen Mittel der in der WdL versuchten theoretischen Dialektik für die materialistische Rekonstruktion durchweg überprüft werden müssen. Da Hegel uns erklärt, »die Erkenntnis des logischen Satzes, daß das Negative ebensosehr positiv ist«, sei das »Einzige, um den wissenschaftlichen Fortgang zu gewinnen«, so haben wir uns zunächst um den Begriff dieser dialektischen Negation zu bemühen. Wie kann »das Negative ebensosehr positiv« sein, was ist unter der »Dialektik der Negativität als dem bewegenden und erzeugenden Prinzip« (Marx) zu verstehen?

Ehe wir die gestellte Frage beantworten, wird es nützlich sein zu rekapitulieren, was in der formalen Logik unter dem Begriff der Negation verstanden wird: In dieser Disziplin tritt die Negation als ein urteilsbildender Operator auf, der definiert werden kann, wenn man den Begriff der Kontradiktion besitzt. Unter einer Kontradiktion (kurz: Kt) wollen wir eine Gleichwertigkeitsbehauptung über voraussetzungsgemäß verschiedene Werte oder eine Ungleichwertigkeitsbehauptung über voraussetzungsgemäß gleiche Werte verstehen. Z.B. sind »1 = 2«, »2 ≠ 2« arithmetische Kontradiktionen, »5 g = 7 g«, »3 m ≠ 3 m« sind physikalische Kontradiktionen. Der Kontradiktionsbegriff wird genetisch mit der Wertbildung gewonnen. (Historisch geht er auf die vorsokratische Philosophie und voreuklidische Mathematik zurück und zwar im Zusammenhang mit der Ontologie Parmenides' und dem Nachweis der Irrationalität im Verhältnis der Längen der Seiten und Diagonalen von Quadraten.)

Das logisch Wesentliche an Kontradiktionen besteht in dem Umstand, daß sie unrealisierbare Sachverhalte ausdrücken und damit nach der klassischen Wahrheitsauffassung notwendig falsche Ausdrücke sind. Es ist wichtig zu bemerken, daß Kontradiktionen analytische Ausdrücke sind und grammatisch als Sätze auftreten, in denen über einen vom Subjekt bezeichneten Wert eine Aussage gemacht wird, welche im Prädikatverband die Gleichwertigkeit (oder ihre Negation) und ein Dativobjekt enthält, das wieder einen Wert bezeichnet. Kontradiktionen sind also keine logischen Verknüpfungen! Sie sind daher gut von logischen Widersprüchen zu unterscheiden, die logische Terme sind und Gegensätze konjunktiv verknüpfen.

Stellen wir uns nun auf den Standpunkt der konstruktiven Logik, also auf den Standpunkt derjenigen Auffassung, nach welcher von einer vorgegebenen Existenz abstrakter logischer Werte keine Rede sein kann, so können wir nach dem Vorgang von A. Heyting[45] die konstruktive logische Negation ~ für Sätze S/P durch die Definition $\sim S/P =_{df} !S/P \rightarrow Kt$ einführen (das Zeichen ! vertritt den Operator »es ist wahr, daß . . .«; das Zeichen → vertritt die logische Operation der Subjunktion). Nehmen wir umgekehrt den Standpunkt der deskriptiven (klassischen) Logik ein, also denjenigen, nach dem die logischen Werte (w, f) gerade vorausgesetzt werden können, so definieren wir: $\neg$ S/P $=_{df}$!S/P → f. Der Wert f kann eingeführt werden, wenn man die Existenz der *Klasse* aller Kontradiktionen akzeptiert und in dieser nach der Totalrelation abstrahiert (die Nichtanerkennung der Existenz von Klassen charakterisiert den konstruktiven Standpunkt; daher kann er auch nicht durch Klassifikation abstrahieren, sondern muß dies Tun als eine Redeweise deuten). Der scheinbar nebensächliche Unterschied des Auftretens einer bestimmten Kontradiktion in der Definition der konstruktiven Negation und des allgemeinen Kontradiktionswerts in der Definition der deskriptiven Negation wird sofort bedeutungsvoll für die logische Fassung der Negation der Negation. Konstruktiv gilt: !S/P ⇒ (!S/P → Kt) → Kt; deskriptiv dagegen gilt: !S/P ⇔ (!S/P → f) → f. Während also konstruktiv das positive Urteil nur hinreichende Bedingung für die Negation der Negation ist, stellt es deskriptiv ein Äquivalent derselben dar.

Betrachten wir nun die logische Negation ohne Rücksicht auf den Gegensatz von Konstruktivismus und Deskriptionismus, so sehen wir, daß sie durch die Subjunktion eines positiven Urteils unter das Kontradiktorische bestimmt ist. Da die Existenz von Kontradiktionen an die Voraussetzung analytisch bestimmter Wertsysteme gebunden ist, so kann die logische Negation mithin nur darin bestehen, mit den fraglichen Eigenschaften solcher Wertsysteme unverträgliche Urteile *auszuschließen.* Demgemäß ist die logische Negation rein negativ, nicht erzeugend. Sie reinigt quasi ein schon bestehendes System von allen Urteilen, die den Grundsätzen des Systems widersprechen. Sie ist *abstrakte* Negation, eine Negation, die die Existenz von Abstrakta schon voraussetzt!

Um nun zum Negativen zu kommen, das »ebensosehr positiv ist«, müssen wir strikt das Verständnis dafür gewinnen, was es heißt, an der Stelle von (sinnlich faßbaren bzw. *eigentums*fähigen) *Gegenständen* vielmehr *Bewegungen* (Verhaltensarten) zu theoretischen Objekten zu haben. Dieses für die Dialektik propädeutische Verständnis wird von der analytischen Wissenschaftstheorie total verschüttet, indem sie als theoretische Objekte ontologisch nie anderes als sinnlich fixierbare Gegenstände oder Gegenstandssysteme zuläßt oder überhaupt denkt. Bewegungen aber sind keine sinnlich fixierbaren Gegenstände, sondern eigentlich *Un*-Gegenstände!

Diejenige Wissenschaft nun, die die Bewegung zum ersten Mal als selbständiges theoretisches Objekt wirklich gedacht hat, ist die klassische Mechanik, also jene Disziplin, die nach landläufigen Meinungen gerade der Beelzebub der Dialektik sein soll. Als ersten Grundsatz seiner Bewegungslehre formuliert Newton: »Jeder Körper beharrt in seinem Zustande . . ., wenn er nicht durch einwirkende Kräfte gezwungen wird, seinen Zustand zu ändern.«[46] Gemäß dieses sog. Trägheitssatzes wird die Bewegung als Zustand eines Körpers (sinnlichen Gegenstands) verstanden, wobei nun der Satz die Unterscheidung von Zustands*erhaltung* und Zustands*änderung* ausdrückt und zwar so, daß die Negation der Zustandsänderung als hinreichende Bedingung für die Position der Zustandserhaltung angegeben wird. Mit der mathematischen Fassung ist die Zustandserhaltung durch $\frac{d}{dt}(m \cdot v) = 0$ darzustellen, die Zustandsänderung dagegen durch $\frac{d}{dt}(m \cdot v) \neq 0$. Wir werden den Intentionen von Newton nicht zu nahe treten, wenn wir annehmen, daß die Negation der Zustandsänderung auch als notwendige Bedingung der Position der Zustandserhaltung behauptet werden kann. Dann tritt der Trägheitssatz als logische Äquivalenz $\frac{d}{dt}(m \cdot v) = 0 \Leftrightarrow \neg \frac{d}{dt}(m \cdot v) \neq 0$ auf.

Nun ist klar, daß der durch das Urteil $\frac{d}{dt}(m \cdot v) = 0$ ausgedrückte mechanische Sachverhalt experimentell nicht wirklich faktisch hergestellt werden kann. Ebenso klar ist aber auch, daß der Ausschluß des Umwelteinflusses *näherungsweise* realisierbar ist. Das bedeutet insgesamt: Der Ausschluß der Zustandsänderung ist – verstanden als experimentelle Tat – *in einem* der Einschluß der Zustandserhaltung; er ist ein unvollendbarer Vorgang. Die Annahme seiner Vollendung ist sogar kontradiktorisch: Angenommen nämlich, wir hätten die reine Trägheitsbewegung eines Körpers, so hätten wir ebensosehr keine Bewegung dieses Körpers. Denn eben zu ihrer Existenz ist mechanisch ein zweiter Körper als Träger des Bezugssystems vorausgesetzt, in dem jener überhaupt eine Geschwindigkeit besitzt. Dieser Bezugskörper ist aber nach Annahme ebenfalls ausgeschlossen! Wir können daher mit Recht sagen: Zustands- oder Bewegungserhaltung und Zustands- bzw. Bewegungsänderung werden durch die mechanische Bewegungslehre als *Momente* (im Hegelschen Sinne) in der wirklichen Bewegung unterschieden und im logischen Ausdruck aufeinander bezogen. Man geht nicht fehl in der Annahme, daß Hegels Kategorien des Seins und des Nichts in der *Erhaltung* und *Änderung* der Bewegung (dem Werden) ihr mechanisches Pendant besitzen.

Nehmen wir Newtons Bewegungsauffassung als Musterfall für die vom Verstand geforderte Vorstellung des dialektischen Problems, so können wir folgendes sagen: (1) Die Bewegungsanalyse liefert die Vorstellung von – wie wir sagen wollen – *inneren* Gegensätzen, die terminologisch durch Gegenprädikativa (»Erhaltung«, »Änderung«) bezeichnet werden.[47] (2) Der Versuch der Trennung der Gegensätze beweist die Untrennbarkeit derselben, womit festgestellt werden kann, daß der eine nicht ohne den anderen et vice versa besteht. (3) Diese Einheit der Gegensätze hat eine logische Ausdrucksform von der Gestalt $!A \Leftrightarrow \neg \bar{A}$ (mit A als Zeichen eines analytischen Urteils), ist aber dennoch nicht als rein formal-logisches Phänomen zu deuten, weil mit der logisch gestatteten Auflösung dieser Äquivalenz der konkrete Inhalt des Ausdrucks verschwindet (nach Voraussetzung ist $!A$ getrennt von $\neg \bar{A}$ gerade nicht experimentell darstellbar!) (4) Das Auftreten der – wie wir sagen wollen – gegenaffirmativen Behauptung $\bar{A}$ im Zusammenhang mit der Bildung der Affirmation A liefert eine außerlogische Negation, die sog. »innere Negation« nach Sinowjew,[48] die Ausdruck der Unterscheidungsleistung an Konkreta sein kann.

Mit diesen Feststellungen läßt sich nun über den Begriff der dialektischen Negation bemerken: Er tritt in der Theorie der Dialektik als eine Bestimmung auf, die sich stets auf Aktionen, auf effektives Verhalten bezieht; sie ist der Begriff dieses Verhaltens! Es handelt sich nicht darum, daß die dialektische Negation eines der beiden Momente (Bewegungserhaltung bzw. -änderung) bestimmt, sondern darum, daß sie beide unter dem Gesichtspunkt ihrer Realisierung fixiert: Der *Einschluß* der Bewegungs*erhaltung ist* der *Ausschluß* der Bewegungs*änderung* wie der *Einschluß* der Bewegungs*änderung* der *Ausschluß* der Bewegungs*erhaltung ist!* In diesem Sinne ist die *Negation* eines Gegensatzes in einem Konkretum die *Erzeugung* seines Widerparts, ist also »das Negative ebensosehr positiv«. Der entscheidende Punkt in der Auffassung der dialektischen Negation ist – wenigstens nach Auffassung des Autors – die Deutung der logischen Operationen der Position und Negation als effektive Handlungen im Rahmen konkreter Verhältnisse, d. h. unter der Voraussetzung affirmativer und gegenaffirmativer Bestimmungen von Bewegungsmomenten. Damit wird natürlich der Rahmen der (formalen) Logik überschritten und überdies angenommen, daß die dialektische Negation nicht im analytischen Sinne definierbar ist (d. h. keinen festen Repräsentanten besitzt). Wenn wir mit Bezug auf den Ausdruck $!A \Leftrightarrow \neg \bar{A}$ den durch »!A« gemeinten Sachverhalt praktisch zu realisieren versuchen, so betreiben wir ebenso dialektisches Negieren wie in dem Fall, in dem wir den durch »!Ā« gemeinten Sachverhalt zu verwirklichen trachten – mit Blick auf den Ausdruck $!\bar{A} \Leftrightarrow \neg A$. Die dialektische Negation ist – kurz gesagt – eine Aktion, die die Bejahung oder Verneinung eines Gegensatzes in einem Konkretum durch die Verneinung oder Bejahung seines Widerparts hervorbringt.[49]

Wir wollen nun die Darstellung unseres methodologischen Ansatzes für die mögliche materialistische Rekonstruktion der WdL mit einer Bemerkung über die dialektische Negation der Negation abschließen. Bleiben wir bei der einfachen dialektischen Negation stehen, so verbleiben wir auch bei der Existenz des vorausgesetzten Konkretums. Es kommt im eigentlichen Sinne keine Entwicklung zustande. Damit stellt sich – in den Worten Hegels – die Frage, »wie das Werden dazu kommt, nicht bloßes Werden zu bleiben, sondern ein Resultat zu haben«.[50] Hegels Antwort ist m. E. rein mystisch: ». . . indem Sein und Nichts im Werden verschwinden . . ., so ist es hiermit selbst ein Verschwindendes, ein Feuer gleichsam, welches in sich selbst erlischt, indem es sein Material verzehrt.«[51] Aber in dieser mystischen Fassung leuchtet der materialistische Kern in der Feststellung durch, daß das Werden »sein Material verzehrt«. Nehmen wir nun an, daß dieses gegenständliche Material (wie es wohl selbstverständlich ist) nur und nur in bezug auf ein ebenso gegenständliches Subjekt gegeben ist, das es »verzehrt«, so ist deutlich, wie die dialektische Negation der Negation zu fassen ist: Wir müssen vom Standpunkt der reinen Bewegungsanalyse auf den Standpunkt der Betrachtung der Einheit von Bewegung und Materie, von Verhalten und Sache, von Tätigkeit und Tätigem übergehen! Indem wir dies tun, ist die Negation der Negation in der Dialektik als Bestimmung der Aufhebung der Bewegung selbst zu fassen. Die Aktion des Verbrauchs eines Objekts durch ein Subjekt ist Verbrauch des Verbrauchs, Verzehr des Verzehrs, allgemein eben Negation der Negation.

Mit dieser knappen Feststellung über das Wesen der dialektischen Negation der Negation ist verständlich, daß Hegel in der Tat mit einer doppelten Bestimmung der Kategorie des Seins operiert: Während das Sein in der konkreten Fassung des Werdens als *Bewegungs*moment unterstellt ist, fungiert es beim Übergang zum Dasein als allgemeiner *Gegenstands*ausdruck! Das Dasein ist im Sinne des obigen Begriffs der Negation der Negation das erste Entwicklungsresultat des Seins (das nächste ist dann das Fürsichsein). Dies ist es aber nur, weil es nicht nur als das Moment der Erhaltung in der Bewegung (dem Werden) gedacht wird, sondern zugleich auch als verständiger Inbegriff dinglich gegebener Sachen, als philosophisches Zeichen des vorgegebenen Rohstoffs, der in der Tätigkeit des Produzenten eine Qualität erhält (Dasein ist ja nach Hegel qualitatives Sein, d. h. ein Gegenstand produzierter Art).

Es zeigt sich hier wieder, daß das wissenschaftliche Verständnis der Dialektik, wie sie von Hegel erstmals systematisch entworfen worden ist, zwingend die praktische Konfrontation mit der Produktion braucht. Im Sinne der materialistischen Antwort auf die Grundfrage der Philosophie ist von vornherein klar, daß jede Theorie an objektive, materielle Verhältnisse gebunden ist, die ihrerseits die Kontrolle der wissenschaftlichen Fixierungen ermöglichen. Wer daher die Betrachtung der konkreten Arbeit, die Unterstellung der materiellen Produktion als empirische Bedingung für das Verständnis der Dialektik als ein Abgleiten in »Subjektivismus« ansieht, hat zunächst sicher nicht den Marxschen Arbeitsbegriff unterstellt und entzieht dann aber der Dialektik ihre empirische Basis, durch welche ihre theoretischen Bildungen für die wohl unabdingbare Anschauung vorgestellt werden können. Ich sehe nicht, wie ohne den Gebrauch der alltäglichen Produktionserfahrungen die theoretische Dialektik dem gesunden Menschenverstand einsichtig gemacht werden kann, wie man ohne beständigen Rückgriff auf die konkrete Arbeit den leeren Verbalismus vermeiden soll. Und genau darauf, daß der Begriff der materialistischen Dialektik *Allgemein*gut, *Wissen* also des *Gemeinsinns* wird, kommt es für die marxistisch-leninistische Philosophie der Gegenwart an.

1 Der vorliegende Beitrag stellt eine vom Autor gekürzte und stark überarbeitete Fassung des Artikels dar, der im Sammelband *Zum Hegelverständnis unserer Zeit* (hrsg. v. H. Ley, Berlin 1972) publiziert worden ist.

2 Unter dem Terminus »klassische bürgerliche Philosophie« verstehe ich den historischen Entwicklungsgang der Philosophie von Bacon und Descartes bis zu Hegel. Es ist dies jene Epoche, die durch den Sieg der niederländischen Revolution eröffnet und den der Julirevolution von 1830 abgeschlossen wird, die Epoche also der politischen Emanzipation des Kapitals.

3 K. R. Popper, Was ist Dialektik? In: *Logik der Sozialwissenschaften,* hrsg. v. E. Topitsch, 3. Aufl., Köln/Berlin 1966, S. 287f.

4 W. I. Lenin, Konspekt zur »Wissenschaft der Logik«. In: Lenin, *Werke,* Bd. 38, Berlin 1964, S. 170.

5 Ebd., S. 226.

6 K. Marx, Brief an L. Kugelmann v. 6. 3. 1868. In: K. Marx/F. Engels, *Werke* (MEW), Bd. 32, Berlin 1965, S. 538.

7 K. Marx, Ökonomisch-philosophische Manuskripte. In: MEW, Ergänzungsbd., Erster Teil, Berlin 1968, S. 574.

8 O. Pöggeler, Die Komposition der Phänomenologie des Geistes. In: *Materialien zu Hegels »Phänomenologie des Geistes«*, hrsg. v. H. F. Fulda u. D. Henrich, Frankfurt a. M. 1973, S. 372 (Erstveröffentlichung: *Hegel-Studien, Beiheft 3,* 1966).

9 K. Marx, a. a. O.

10 G. W. F. Hegel, *Enzyklopädie der philosophischen Wissenschaften* (§ 2). In: *Werke,* Bd. 8 (Suhrkamp-Werkausgabe), Frankfurt a. M. 1970, S. 41–42.

11 G. W. F. Hegel, Differenz des Fichteschen und Schellingschen Systems der Philosophie. In: *Werke,* Bd. 2 (Suhrkamp-Werkausgabe), S. 22.

12 G. W. F. Hegel, Religionslehre für die Mittel- und Oberklasse (1811 1813). In: *Werke,* Bd. 4 (Suhrkamp Werkausgabe), S. 278.

13 K. Marx, Ökonomisch-philosophische Manuskripte. In: MEW, Ergänzungsbd., Erster Teil, S. 581.

14 Ebd.

15 G. Lukács, *Zur Ontologie des gesellschaftlichen Seins. Die Arbeit,* Neuwied/Darmstadt 1973. S. 13 sagt Lukács: »Die bloße Tatsache, daß die Arbeit die Verwirklichung einer teleologischen Setzung ist, ist ein elementares Erlebnis des Alltagslebens aller Menschen, . . .« Abgesehen davon, daß mit dieser sogenannten Selbstverständlichkeit die Idee dem materiellen Sachverhalt genetisch vorgeordnet, also Idealismus schlechthin produziert wird, bleibt zu fragen: Erlebt der eigen-

tums*lose* und daher *nicht* teleologisch setzende Arbeiter sein Tun als Realisierung der Setzung und der nichtarbeitende Eigentümer, daher teleologische Setzungen vollziehende, dieselbe Realisierung? Natürlich nicht! Der Gegensatz von Arbeit und Eigentum schließt genau aus, daß der teleologisch Setzende *realisiert* und der Realisierende *teleologisch setzt*. Der eine weiß nicht, was der andere tut et vice versa. Wo also bleibt da Lukács' »elementares Erlebnis«?
Im übrigen ist natürlich die Zwecksetzung aus der genetischen Voraussetzung materieller Bedürfnisse zu erklären und die Produktion von Ideen vornehmlich aus dem *sozialen* Gebrauch der Werkzeuge.

16 G. W. F. Hegel, *Wissenschaft der Logik*, Erster Teil, hrsg. v. G. Lasson, Leipzig 1950, S. 30 (5,43).

17 Ebd., S. 9 (5,19).

18 K. Marx, Ök.-phil. Manuskr., a. a. O., S. 574–575.

19 G. W. F. Hegel, Logik I, S. 40 (5,54f.).

20 Ebd., S. 35 (5,48).

21 Ebd., S. 34 (5,47f.).

22 Vgl.: H. Rasiowa/R. Sikorski, *The Mathematics of Metamathematics*, Warszawa 1963, ³1970. H. Rasiowa, *An algebraic approach to non-classical logics*, Warszawa/Amsterdam/London 1974.

23 Unter Urteilen werden *bewertete* Sätze verstanden, also sprachliche Ausdrücke, die sich auf außersprachliche Sachverhalte beziehen. Dabei ist es die Werteigenschaft der Urteile, die für die Logik die bindende gegenständliche Voraussetzung ist. Der Satz ist die *Sinn*einheit der Sprache; das Urteil hat überdies eine *Bedeutung*, die – für das positive Urteil – der gemeinte Sachverhalt ist. Als Wertträger werden Urteile logisch verknüpft; und die Logik hat aus den Werten der Glieder einer Verknüpfung den Wert der Verknüpfung selbst zu kalkulieren. Der Übergang vom singulären zum generellen Urteil wird offenbar durch den Übergang von der Betrachtung eines Individuums zur Betrachtung seiner Gattung (der »zweiten Substanz« des Aristoteles) vermittelt. In diesem Übergang liegt eines der philosophischen Grundlagenprobleme der Logik beschlossen, auf das hier nicht weiter eingegangen werden kann.

24 Beide Grundsätze stellen die Reflexivitätseigenschaft und die Rechtskomparativität der abstrakten Gleichheit dar. Wir verzichten dabei auf den Gebrauch der Quantoren, indem wir die Werte v_0 (d. i. der Wertmaßstab oder -standard), v_1 und v_2 als beliebige, aber fest vorgegebene unterstellen.

25 G. W. F. Hegel, Logik I, S. 35–36 (5,49).

26 Ebd., S. 44–45 (5,59).

27 Ebd., S. 57 (5,72).

28 G. W. F. Hegel, Phänomenologie des Geistes, hrsg. v. J. Hoffmeister, Berlin 1964, S. 89 (3,92).

29 Ebd., S. 88 (3,92).
30 Ebd., S. 80 (3,83).
31 Ebd., S. 82 (3,85).
32 Ich übernehme die Redeweise von »Subjekt-« und »Prädikattermini« von A. Sinowjew/H. Wessel, *Logische Sprachregeln*, Berlin 1975, S. 319f. u. 380. Allerdings teile ich nicht den Standpunkt dieser Autoren, daß die grammatischen Kategorien des Subjekts und Prädikats, die doch Glieder von Sätzen bestimmen, unabhängig von Sätzen Wörter klassifizieren. Vgl.: P. Ruben, Prädikationstheorie und Widerspruchsproblem. In: *Wiss. Z. d. HU zu Berlin, Ges.-Sprachw. R.* XXV(1976)1, S. 53–63.
33 Nimmt man den in Anm. 32 genannten Standpunkt zur Prädikationstheorie an, so bedeutet der Terminus »Sein«, der darin als Prädikatterminus unterstellt ist, strikt die Gattung aller Eigenschaften, d. h. die Invariante dessen, was durch »Rotsein«, »Gutsein«, »Schwersein« etc. bezeichnet wird. Indem wir Prädikattermini ontologisch als Zeichen für Eigenschaften oder Beziehungen, für Verhaltensarten also, annehmen, bezeichnet »Sein« in der Tat das Moment der Erhaltung der Bewegung in allen Übergängen von einer Verhaltensart zur anderen. Wo man sonst »Sein« auch zur Bezeichnung des Inbegriffs von Sachen bzw. Gegenständen verwendet, empfiehlt sich besser, die Kategorie des Gegenstands zu verwenden.
Die in der ursprünglichen Fassung dieser Darstellung gegebene mengentheoretische Argumentation teilte die gewöhnliche Illusion der Analytik, ihre Ausdrucksweise auch als die der natürlichen Umgangssprache wiederzuerkennen. Tatsächlich aber ist die mengentheoretische Grundrelation ein aus Kopula und Prädikativ zusammengesetztes Prädikat (»ist Element«), das sich auf Klassen, d. h. Kollektivgegenstände (nicht »Haufen«), bezieht. Damit kann die elementare Prädikation nicht mengentheoretisch interpretiert werden.
34 G. W. F. Hegel, Logik I, S. 145 (5,172).
35 In Goethes »Im Anfang war die *Tat!*« haben wir einen weiteren Ausdruck für diesen offenbaren Grundstandpunkt der deutschen Klassik.
36 Hegel, a. a. O., S. 42 (5,57).
37 Ebd., S. 66 (5,82).
38 Ebd., S. 67 (5,83).
39 G. W. F. Hegel, Enzyklopädie der philosophischen Wissenschaften. In: *Werke*, Bd. 8 (Suhrkamp-Werkausgabe), S. 192.
40 Hegel, Logik I, S. 58 (5,73).
41 Ebd.
42 Ebd., S. 59 (5,74).
43 Ebd., S. 60 (5,75). Und auf S. 63 (5,79): »Außerdem fehlt, wenn ein Konkretes zum Anfange gemacht wird, der Beweis, dessen die Verbindung der im Konkreten enthaltenen Bestimmungen bedarf.«

44 Ebd., S. 60 (5,75).
45 A. Heyting, *Intuitionism. An introduction,* Amsterdam ²1966, S. 98.
46 Sir Isaac Newtons *Mathematische Principien der Naturlehre,* Dt. Ausg. v. J. Ph. Wolfers, Leipzig 1932 (1. Aufl.: 1872), S. 32.
47 Ich verwende hier terminologische Fixierungen aus dem schon genannten Aufsatz »Prädikationstheorie und Widerspruchsproblem« und verweise außerdem auch auf den Aufsatz »Dialektik und Analytik in der Naturforschung« in: K. F. Wessel (Hrsg.), *Struktur und Prozeß,* VEB DVW, Berlin 1977, S. 317–333.
48 Vgl.: A. A. Sinowjew, *Über mehrwertige Logik,* Berlin/Braunschweig/Basel 1968 (Dt. Ausg. v. H. Wessel übers. u. hrsg.), S. 99f.
49 In der alten Fassung dieser Darstellung wird die dialektische Negation als »Überführung« einer Bejahung in eine Verneinung vorgestellt. Darin wird wieder eine gewöhnliche Deutung der Bewegung vorausgesetzt, nämlich die, daß die Termini »Bewegung« und »Veränderung« dasselbe bedeuten. In der vorliegenden neuen Fassung wird dieser Standpunkt aufgegeben und die Bewegung als Einheit von Erhaltung und Veränderung verstanden. Damit ergibt sich ein einfacher Zusammenhang zwischen Newtons und Hegels Bewegungslehre, den zu erfassen mir für das materialistische Auffassen der WdL überaus wichtig zu sein scheint.
50 Hegel, Enzyklopädie I, a. a. O., S. 194.
51 Ebd., S. 195.

Rüdiger Bubner
Die »Sache selbst« in Hegels System

Äußeres Räsonnement

Die Philosophie Hegels hat eine Vielzahl von Formeln in Umlauf gebracht. Dialektische Terminologie ist bis in unsere Alltagssprache vorgedrungen. Die dem Aussehen nach schlichteste, dem Gehalt nach aber anspruchsvollste Formel lautet: die Sache selbst. Während Ausdrücke wie Unmittelbarkeit und Vermittlung ihre dialektische Herkunft nicht verleugnen, scheint »die Sache selbst« bar jeder Prätention und von äußerster Eingängigkeit zu sein. Was ist »die Sache selbst« bei Hegel? So selbstverständlich die Wendung klingt, in Wahrheit umschließt sie das ganze Geheimnis der Dialektik.

Wenn es sich als nötig erweist zu betonen, daß man von der Sache selbst rede, so ist dies offenbar nicht die Regel. Gleichwohl wird niemand davon ausgehen wollen, daß normalerweise die Sache selbst überhaupt absent sei. Wer redet, impliziert, daß er von etwas redet, und zuhören heißt unterstellen, daß eine Sache verhandelt werde. Die pointierte Behauptung, ohne Abstriche und Einschränkung die Sache selbst zur Sprache zu bringen, enthält folglich eine polemische Spitze gegen solche Redeweisen, in denen nur vermeintlich von etwas die Rede ist, das entgegen diesem Anschein aber als Sache gar nicht greifbar wird. Die Insistenz auf der Sache selbst ist zunächst eine Kampfansage an konkurrierende Redeweisen, die ihre Prätentionen auf Sachlichkeit nicht einzulösen vermögen.

Freilich bewegt sich das Postulat nach Authentizität der Sache seinerseits noch im Vorfeld und hat der gängigen Unterstellung von Sachlichkeit gar nichts voraus. Behauptung steht gegen Behauptung. Von der eignen, überlegenen Sachlichkeit zu überzeugen, heißt mehr zu leisten, als den naiven Glauben an eine stets gegebene problemlose intentio recta bloß in Zweifel zu ziehen. Die vorgängigen Erwägungen und Überlegungen über den rechten Zugang zur Sache sind unmittelbar kein Beitrag zur Sache. Hegel hat dafür den Ausdruck des äußeren Räsonnements geprägt. In streng systematischer Hinsicht muß das äußere

Räsonnement als eine Veranstaltung zur Aufhebung ihrer selbst verstanden werden.[1]

Das Räsonnement über Möglichkeit und Unmöglichkeit sacherschließenden Philosophierens ist zwar nicht identisch mit solchem Philosophieren, aber eine notwendige *Voraussetzung* dazu. Wäre das Räsonnement vollends sachfern, so dürfte man getrost auf es verzichten. Gänzlich beliebige Überlegungen lassen sich immer ohne Gewinn anstellen und können deshalb ebenso gut auch ohne Verlust unterbleiben. Bei näherer Betrachtung erweist sich das Verhältnis von Sache selbst und äußerem Verweis auf sie aber als durchaus nicht kontingent. Das Esoterische konstituiert sich, indem das Exoterische auf dem Wege der Selbstaufhebung darein konsequent überführt wird.

Es entsteht die Paradoxie, daß die Sache selbst im Grunde erst vor Augen tritt, indem vom äußeren Standpunkt auf sie verwiesen wird. Dann ist die Sache selbst aber nicht das, als was die externen Erläuterungen sie hinstellen, nämlich die ohne Rücksicht auf etwas anderes ganz sie selbst seiende Sache. Da die Sache selbst ihr Selbstsein erst auf Kosten des ihr äußerlichen Räsonnements gewinnt, ist sie von Anfang an auf dessen Mithilfe angewiesen, auch wenn der Beitrag zur Installierung der Sache selbst in der eigenhändigen Beseitigung jener Voraussetzungen besteht, die nicht die Sache selbst sind, ohne die aber die Sache selbst auch nie Platz greifen würde. Hegel nennt diesen Prozeß die »Anstrengung des Begriffs«.

»Worauf es . . . bei dem Studium der Wissenschaft ankommt ist, die Anstrengung des Begriffs auf sich zu nehmen. Sie erfordert die Aufmerksamkeit für ihn als solche . . . Das Räsonnieren hingegen ist die Freiheit von dem Inhalt und die Eitelkeit über ihn; ihr wird die Anstrengung zugemutet, diese Freiheit aufzugeben, und statt das willkürlich bewegende Prinzip des Inhalts zu sein, diese Freiheit in ihn zu versenken, ihn durch seine eigne Natur, das heißt durch das Selbst als das seinige sich bewegen zu lassen und diese Bewegung zu betrachten. Sich des eignen Einfallens in den immanenten Rhythmus der Begriffe zu entschlagen, in ihn nicht durch die Willkür und sonst erworbene Weisheit eingreifen, diese Enthaltsamkeit ist selbst ein wesentliches Moment der Aufmerksamkeit auf den Begriff«.[2]

Die Wissenschaft von den Begriffen – und das ist primär die Logik – kann erst anfangen, wenn das Räsonnieren zum Schweigen gebracht ist. Die äußeren Reflexionen lassen sich allerdings nicht ebenso willkürlich abstellen, wie sie auftreten. Sie müssen daher von sich aus der Entwicklung der Sache das Feld räumen. Dies geschieht nur, wenn die Reflexionen so dem immanenten Gang der Sache sich eingliedern, daß sie als notwendige Voraussetzung der Sache begriffen werden, statt an ihr in äußerem Spiel entlang zu laufen. Die Reflexionen müssen sich in ihrem Verhältnis zur Sache begreifen, das heißt sie müssen sich als deren Voraussetzung begreifen. Mit diesem Akt der Selbsterkenntnis der Reflexion beginnt die Sache. Das viel verhandelte Problem des *Anfangs* der Wissenschaft der Logik hängt unauflösbar mit der Aufhebung des äußeren Räsonnements zusammen.

Anfang und Voraussetzung

Zu den unverlierbaren Erkenntnissen, die Hegels Wissenschaft der Logik hervorgebracht hat, gehört die Ergründung der logischen Struktur der Voraussetzung.[3] Die Anwendung der Einsicht in die Voraussetzungsstruktur auf die Konstitution der Wissenschaft eröffnet die Lösung des Anfangsproblems. Die Beantwortung der Frage »womit muß der Anfang der Wissenschaft gemacht werden?« gelingt allein im Zusammenhang mit der Aufklärung darüber, warum eine solche Frage unabweisbar gestellt werden muß.[4] Es zeigt sich, daß die Ermöglichung des Anfangens mit der Sache von der Erkenntnis der systematischen Berechtigung der Frage danach unmittelbar abhängt.

Die Verbindung hat ihren Grund darin, daß das Anfangen mit der Sache selbst letztlich durch die Frage nach einer solchen Möglichkeit am nachhaltigsten behindert wird. Deshalb ist das Staunen darüber, wieso der Anfang überhaupt problematisiert wird, nicht durch den blinden Entschluß zum tätigen Anfangen vom Tisch zu wischen. Auf diese Weise kann man nie sicher sein, mit der Sache selbst zu tun zu haben, so sehr man auch vom Pathos des Beginns erfüllt sein mag. Solange das Problem als solches verdrängt, die Frage in ihrer Legitimität nicht anerkannt ist, rächt sich die Blindheit durch das Unvermögen, die Sachlichkeit eines beliebigen, dezisionistisch gesetzten Anfangs nachzuweisen. Umgekehrt wächst die Chance, der Sache selbst habhaft zu werden, mit der Bereitschaft, das Problem zu erörtern, wie mit ihr anzufangen sei, bevor mit ihr angefangen wird. Denn auf diese Weise ist der eigentliche Stein des Anstoßes aus dem Wege geräumt. Die logische Kategorie der Voraussetzung gibt dazu das geeignete Instrument an die Hand.

Bevor diese Wirkung der Kategorie auf das Dilemma im Problem des Anfangs darzutun ist, sind zwei Mißverständnisse auszuschalten. Die Bereitschaft, das Anfangsproblem als ein systematisches zu erörtern, darf nicht verwechselt werden mit dem übel beleumdeten »hypothetischen« Philosophieren, das Hegel seit den Jenenser Frühschriften an Reinhold kritisiert.[5] Die Reduktion von Philosophie auf Vorübungen im Felde bloßer Unterstellungen, die erklärtermaßen hypothetisch bleiben und nie erwiesen werden, schiebt den Vollzug der Wissenschaft auf ewig hinaus. Eine Einstellung, die das ganze Geschäft des Denkens in raffinierten vorläufigen Erwägungen sieht, besiegelt ein für allemal die Sachferne eines Spiels subjektiver Reflexionen.

Die andere Verkürzung des Anfangsproblems, die zu vermeiden ist, orientiert sich in umgekehrter Richtung, indem die Lösung des Anfangsproblems zwar nicht mit der fraglosen Macht faktischen Anfangens niedergeschlagen, aber doch in den fortlaufenden Prozeß des Anfangs und seiner Folge übersetzt wird. Die Antwort lautet hier, daß das Anfangsproblem nicht diesseits des Verhältnisses von Angang und Weiterschreiten, das heißt der bestimmten Relationen der jeweils auseinander entwickelten Begriffe Sein – Nichts – Werden etc. aufzufassen sei. Das Problem des Anfangs fällt zusammen mit der Rekonstruktion des vom Anfang ausgehenden Gangs der Bewegung der logischen Begriffe, von dem her ex post et ex negativo deutlich werde, was es mit dem Problem des Anfangs auf sich habe.[6]

Die hypothetische Version und die Rekonstruktion des Folgeverhältnisses sind insofern vergleichbar, als sie mit einem Reflexionsbegriff arbeiten, den sie unthematisiert voraussetzen. Im Falle von Reinhold liefert das Verhältnis von Hypothese und Urwahrem[7] den Schlüssel. Die These der Rekonstruktion stützt sich auf den inneren Zusammenhang eines Anfang und derjenigen Folge, wovon der Anfang Anfang ist.[8] Beide Verhältnisse sind Bestimmungen der Reflexion, die Hegel bei seinem Versuch, des Anfangsproblems Herr zu werden, mit der Kategorie der Voraussetzung zu überwinden trachtet.

Die Kategorie der Voraussetzung stellt nicht ein weiteres Reflexionsverhältnis neben andere, sondern ist die *Reflexion von Reflexionsverhältnissen.* Hegel demonstriert sein Verfahren, indem er den »Allgemeinen Begriff der Logik« aus nichts als der Reflexion von stillschweigend akzeptierten Reflexionsverhältnissen aufbaut, die man gemeinhin an die Wissenschaft der Logik heranträgt.[9] All das, wovon sonst ausgegangen wird, darf hier nicht unreflektiert übernommen werden: die Bestimmung des Gegenstandes dieser Wissenschaft gegen andere, die Trennung von Gegenstand und Methode, die Unterscheidung von Inhalt und Form, von objektiver Wahrheit und subjektiver Gewißheit. Derlei Reflexionsbestimmungen des Verstandes und des natürlichen Bewußtseins beirren die Wissenschaft, weil sie in derselben keine Geltung besitzen. Daß sie hier keine Geltung haben, erklärt sich unmittelbar aus der Fraglosigkeit ihrer Hinnahme, kraft deren sie sonst gelten. Die Ungültigkeit jener Reflexionsbestimmungen für die Wissenschaft hängt mit der Unerkanntheit ihrer als gegebener Voraussetzung zusammen. Wissenschaft soll sich jedoch dadurch auszeichnen, daß ihr keine der relevanten Konstitutionsbedingungen entgeht.

»Diese Vorurteile, in die Vernunft übergetragen, als ob in ihr dasselbe Verhältnis stattfinde . . . so sind sie die Irrtümer, deren durch alle Teile des geistigen und natürlichen Universums durchgeführte Widerlegung die Philosophie ist, oder die vielmehr, weil sie den Eingang in die Philosophie versperren, vor derselben abzulegen sind«.[10] Auffällig ist die Ambivalenz der Angabe dessen, was in der Philosophie im Gegensatz zu jenen falschen Vorurteilen vor sich geht. Müssen die Vorurteile vor der Philosophie abgelegt werden oder erfahren sie ihre Widerlegung gerade in der Philosophie? Die zweideutige Formulierung gibt zu erkennen, daß es unmöglich ist, die Wissenschaft auf dieselbe Weise zu definieren, wie es in den abgewiesenen Modellen aufgrund unreflektierter Voraussetzung geschieht. Würde »die Sache« der Philosophie bloß im Gegensatz zu jenen inadäquaten Formen bestimmt, so wäre wiederum unbemerkt von Voraussetzungen Benutzung gemacht. Man setzte eben jene Voraussetzungen voraus, um die wissenschaftliche Autonomie dagegen abzuheben. Das Vorgehen brächte die Wissenschaft jedoch um die behauptete Autonomie. Die Sache selbst kann nicht auf Kosten von etwas anderem namhaft gemacht werden. Eine Sache, die sich gewissen Voraussetzungen verdankt, wäre nie wirklich sie selbst. Mithin läßt sich die Sache selbst weder ohne Rekurs auf ihr fremde Voraussetzungen, noch dank solcher Voraussetzungen zur Sprache bringen. Zur Sache selbst gelangt nur, wer sich diesen Umstand vollkommen bewußt macht.

Das Begreifen der konstitutiven Rolle von Voraussetzungen, mit anderen Worten: die Gewahrung des Voraussetzungscharakters alles Vorausgesetzten gibt allererst den Blick in die Philosophie frei. Die Anerkennung der Unvermeidlichkeit, das Voraussetzungsproblem durchzureflektieren, ist die alles entscheidende Voraussetzung dafür, nunmehr von der Sache selbst zu reden. Die als Voraussetzung reflektierte Voraussetzung für den Beginn echter Wissenschaft ist die einzige Voraussetzung, die das Denken unbeschadet seiner Sachlichkeit machen darf, weil dies heißt: die Voraussetzung, daß man keine Voraussetzung unreflektiert hinnehmen solle, selber ausdrücklich setzen. Nichts anderes meint Hegel, wenn er den Königsweg der Wissenschaft in der absoluten *Voraussetzungslosigkeit* sieht. Nicht das radikale Abschneiden aller Voraussetzungen verwandelt sich automatisch in die Sache selbst – das glaubt allein der Dogmatismus, der bewußt die Basis nicht erkennen will, auf der er de facto steht. Ebensowenig wird dem geschäftigen Erwägen immer weiterer Bedingungen dermaleinst die Sache zum Geschenk – diese Hoffnung hegt nur eine gedankenflüchtige Reflexion, die im Interesse der Selbstbestätigung sich bloß bei ihren eignen Produkten aufhält. Die Sache selbst beginnt ihre Wirksamkeit dort, wo all die Voraussetzungen, die man ohnehin macht und immer gemacht hat, vollends in Bezug auf sie treten und als die der Sache eignen Voraussetzungen auch unter ihre Botmäßigkeit geraten. Die Wissenschaft muß, statt sich Voraussetzungen vorgeben zu lassen, das Voraussetzen restlos in eigne Regie übernehmen.

»Sophisterei ist ein Räsonnement aus einer grundlosen Voraussetzung, die man ohne Kritik und unbesonnen gelten läßt; Dialektik aber nennen wir die höhere, vernünftige Bewegung, in welche solche getrennt Scheinenden durch sich selbst, durch das, was sie sind, ineinander übergehen, die Voraussetzung sich aufhebt. Es ist die dialektische immanente Natur des Seins und Nichts selbst, daß sie ihre Einheit, das Werden, als ihre Wahrheit zeigen«.[11]

Wieso aber ist angesichts der »höheren« Bewegung der Vernunft mit so etwas wie dem Voraussetzen überhaupt noch zu rechnen? Der Umstand, daß immer weiter Voraussetzungen gemacht werden, bleibt erhalten, auch wenn die jeweils gemachten Voraussetzungen, die für Wissenschaft konstitutive Geltung haben, dem Einfluß der Wissenschaft nicht länger entzogen sind. Die Beherrschung der Voraussetzungen, die in ihrem Voraussetzungscharakter reflektiert und anerkannt werden, bestätigt jedoch das Faktum des Voraussetzens. Die unaufhebbare Gegebenheit, Voraussetzungen machen zu müssen, läßt sich nicht abschaffen, denn mit dem Akt träte auch das Ende wissenschaftlicher Betätigung ein. Das Tun der Wissenschaft und das Voraussetzen hängen zusammen. In der Unfähigkeit, ohne das Voraussetzen überhaupt auszukommen, zeigt sich das nicht hinterschreitbare Faktum der Reflexion. Es gibt Reflexion und ohne Reflexion vermag auch die Wissenschaft nicht zu denken. Dies »es gibt« kann keine wissenschaftliche Anstrengung überbieten oder aufheben, weil sie selber darauf beruht.

Das Faktum der Reflexion ist das leitende Motiv der philosophischen Bemühungen des jungen Hegel. Die Beobachtung tiefer Zerrissenheit in der historischen Lebenswelt hat zur Entdeckung der Verstandesherrschaft geführt. Die Entzweiung, die sich mit der Perfektion der allgemeinen Bewußtseinsbildung ausbreitet, geht auf das zur zweiten Natur gewordene Reflektieren zurück. Sogar in der führenden Philosophie der nachkantischen Periode besitzt die verselbständigte Reflexion prägende Wirkung. Hegels kritische Diagnose der »Reflexionsphilosophie« bereitet ein wahrhaft systematisches Philosophieren vor, das den Titel der Wissenschaft verdient, weil es sich der Aufgabe stellt, die die Zeit dem Begriff übertragen hat. Anstatt unbemerkt von der dominanten Macht des Zeitgeistes, der Fixierung auf Reflexion nämlich, abhängig zu sein, befreit sich der Begriff zu sich selber. Indem er die Reflexion beim Namen nennt und damit zugleich die vorliegende Zeitbedingtheit der Philosophie durchschaut, erreicht er erst die Ebene der Autonomie des Gedankens, wo Wissenschaft sich entfaltet.

Hegel bezeichnet eine Philosophie, die die Reflexion zu reflektieren weiß, als *spekulativ*. Auf die spekulative Methode einer

Reflexion der Reflexion setzt er die ganze wissenschaftlich-systematische Hoffnung. Zugleich wäre dies die einzige Philosophie, die »ihre Zeit in Gedanken erfaßt«. Sichtlich steht und fällt das Programm mit dem Faktum der Reflexion. Die unruhige Beweglichkeit des Verstandes, der das Entfernteste zueinander in Relation bringen kann, der Differenzen braucht, um sie zu überbrükken, der Synthesen schafft auf Kosten von Entzweiung, formt die geistige Signatur der Epoche. Es gibt jene Macht des Negativen, sie ist allpräsent und hat jedweden Inhalt bereits unter ihren Einfluß subsumiert.

Das Faktum der Reflexion bildet das Schicksal der neueren Philosophie. Sie braucht dazu gar nichts beizutragen, sie vermag auch nichts daran zu ändern. Sie hat darin die Bedingung ihres eignen Tuns zu erkennen. Erkenntnis bedeutet indes das Gegenteil von bewußtloser Unterwerfung. Die Philosophie steht unter dem Postulat, auf den Begriff zu bringen, was den Zeitgeist beherrscht. An der Reflexion selber hat sie das Mittel, deren bloße Faktizität zu brechen. Die Macht des Negativen läßt sich gegen diese selbst wenden und so kontrollieren. Die Chance der Wissenschaft beruht allein in der spekulativen Reflexion der Reflexion, die auf der Basis jenes Faktums produktive Selbststeuerung der Potenzen ermöglicht. Was auch immer eine wissenschaftliche Philosophie in ihrem Reiche leistet, es gelingt ihr nie, durchzustreichen und vergessen zu machen, daß sie vom Faktum der Reflexion ausgeht. Sie ist, was sie ist, nur dank jener Voraussetzung.[12]

Es ist die letzte Voraussetzung des Faktums der Reflexion, die zugunsten der beschworenen Autonomie der Sache selbst nicht mehr abzustreifen ist. Die Voraussetzung betrifft keinen Inhalt, kein massives Dogma, kein oberstes Prinzip und keine isolierte Verfahrensregel.[13] Die Voraussetzung besteht allein noch im ständigen Machen von Voraussetzungen oder im Voraussetzen selber. Hiervon kann Wissenschaft sich nicht mehr abstoßen, denn bereits ein solcher Versuch, Selbständigkeit gegen etwas anderes zu behaupten, wäre das Machen einer weiteren Voraussetzung. Wissenschaft ist durchzogen von der Logik des Voraussetzens. Im Voraussetzen dokumentiert sich die Tätigkeit der Reflexion und von der befreit sich Wissenschaft nimmermehr, da sie auf der reflektierten Erkenntnis und Selbststeuerung der Reflexion gründet. »Es ist ein Verkennen der Vernunft, wenn die Reflexion aus dem Wahren ausgeschlossen und nicht als positives Moment des Absoluten erfaßt wird. Sie ist es, die das Wahre zum Resultat macht, aber diesen Gegensatz gegen sein Werden ebenso aufhebt, denn dies Werden ist ebenso einfach und daher von der Form des Wahren, im Resultat sich als einfach zu zeigen, nicht verschieden; es ist vielmehr eben dies Zurückgegangensein in die Einfachheit«.[14]

Der Rekurs auf das Faktum der Reflexion legt eine Bedingtheit der Wissenschaft offen, die deren Autonomie wider Erwarten nicht abträglich ist. Die Bedingtheit kennzeichnet keine Einschränkung, weil sie nichts der Wissenschaft Fremdes hervorhebt, das ihr entzogen wäre und deshalb die Grenze ihres Geltungsbereichs markierte. Die Bedingtheit ist der Wissenschaft nicht äußerlich, sondern gerade Grundlage ihrer Tätigkeit. Es hieße eine unreflektierte Voraussetzung machen, wollte man zwischen autonome Wissenschaft und Faktum der Reflexion eine Differenz legen, die beide trennte und jeder Seite ein Sein für sich zuspräche. Eine solche fälschlich unterschobene Voraussetzung verstieße gegen das wissenschaftliche Ethos, alles Reflektieren zu reflektieren und keine gegebenen Voraussetzungen zu dulden, die nicht als die eignen erkannt wären. Die Wissenschaft hat kein vom Faktum der Reflexion streng geschiedenes Sein für sich. Sie wird erst die Wissenschaft, die sie zu sein beansprucht, indem sie in dem genannten Faktum die entscheidende und letzte Voraussetzung für sich selber akzeptiert, das heißt das zunächst ihr Vorgesetzte von sich aus aktiv voraussetzt.

Der bewußte Akt des Voraussetzens, als der sich die erforderliche Anerkennung jenes Faktums darstellt, beraubt das Faktum seiner primären Faktizität. Das Gegebene wird ein Gesetztes und also seiner die wissenschaftliche Autonomie limitierenden Stellung beraubt. Die Bedingtheit der Wissenschaft durch das Faktum der Reflexion ist dann keine Einschränkung mehr, wenn die Wissenschaft aus eignen Kräften dafür sorgt, die von außen herangetragene Reflexionsdifferenz aufzuheben, die unbemerkt vorliegt, wo die eine gegen die andere Seite gehalten wird. Die Aufhebung erfolgt, indem die Wissenschaft jene Differenz, die die einer äußeren Reflexion war, selber ausspricht. Es bleibt daher die Differenz zwischen Wissenschaft und ihrer Bedingtheit erhalten, insofern Wissenschaft die Bedingtheit als ihre eigne erkennt. Der Akt der Anerkennung der Bedingung, der das äußerlich Vorausgesetzte zum Inhalt eignen Voraussetzens macht, ist als Schritt der Selbstdifferenzierung der Wissenschaft aber gerade die Unterstreichung ihrer Autonomie. Sie vermag ihre Voraussetzungen selber zu machen und ist mithin nicht von fremd Gesetztem abhängig.

Im Prinzip ist dies *der Schritt vom äußeren Räsonnement zur Sache selbst.* Die Reflexionsdifferenz, die beide auseinander hält, von einer Fremdbestimmung in eigne Aktivität zu übersetzen, stellt den Anfang der Wissenschaft dar. Die der Sache externen Reflexionen, die auf Voraussetzungen aufmerksam machen, welche der Sache voranliegen, behindern zunächst durch ihr bloßes Auftreten den Eintritt in die wissenschaftliche Behandlung des Themas. Sobald die Klärung der Voraussetzungen von der Wissenschaft direkt in die Hand genommen wird, sind solche Überlegungen jedoch nicht mehr geeignet, den Beginn mit der Sache hintanzuhalten, sondern ein Beitrag zur wissenschaftlichen Bestimmung der Sache. Die letzte Voraussetzung, die von der Sache ablenkt, ist jene, die auf dem Unterschied äußeren Räsonnierens gegenüber der Sache selbst insistiert. Auch dies ist noch eine Fremdbestimmung der Sache, wenn man von ihr sagt, was sie selbst sei, indem man angibt, was sie jedenfalls nicht ist. Die Wissenschaft, die diesen Unterschied, statt ihn äußerlich zu fixieren, als der Sache selbst konstitutiv einräumt, bringt damit die Selbständigkeit der Sache wirklich auf die Bahn.

Diese Überführung von Außen und Innen ineinander verdeutlicht folgende Stelle aus dem Kapitel über den Anfang der Wissenschaft,[15] wo über die phänomenologische Voraussetzung im erreichten Begriff absoluten Wissens gesagt wird: »Daß nun von dieser Bestimmung des reinen Wissens aus der Anfang seiner Wissenschaft immanent bleibe, ist nichts zu tun, als das zu betrachten oder vielmehr mit Beiseitsetzung aller Reflexionen, aller Meinungen, die man sonst hat, nur aufzunehmen, *was vorhanden ist.* – Das reine Wissen, als in *diese Einheit zusammengegangen,* hat alle Beziehung auf ein Anderes und auf Vermittlung aufgehoben; es ist das Unterschiedslose; dieses Unterschiedslose hört somit selbst auf, Wissen zu sein; es ist nur *einfache Unmittelbarkeit* vorhanden. – Die einfache Unmittelbarkeit ist selbst ein Reflexionsausdruck und bezieht sich auf den Unterschied von dem Vermittelten. In ihrem wahren Ausdruck ist daher diese einfache Unmittelbarkeit das *reine Sein* . . . Hier ist das Sein das

Anfangende, als durch Vermittlung, und zwar durch sie, welche zugleich Aufheben ihrer selbst ist, entstanden dargestellt.«

Der Vorstoß zur Sache selbst fällt zusammen mit dem Abbau all solcher Reflexionsvorstellungen, die eines mit einem andern vermitteln und nur von einem reden können, indem sie ein anderes voraussetzen. Die Reflexion der Reflexion oder die Vermittlung, die sich selbst aufhebt, geht in eine Einheit zusammen. Die Einheit, die nicht mehr im Verhältnis zu etwas anderem als sie selbst Einheit ist, heißt das gänzlich Unterschiedslose oder einfache Unmittelbarkeit. Beiden Ausdrücken, die die Abwesenheit von etwas anderm benutzen müssen, um schlichteste Einfachheit überhaupt formulieren zu können, haftet in der Negation noch der Verweis auf Anderes an. Diejenige Einheit, die nicht mehr die Abwesenheit des Unterschieds, oder die Einfachheit, die nicht die Abwesenheit der Vermittlung wäre, kann nur mehr als das direkt in völliger Unbestimmtheit Vorhandene bezeichnet werden: das reine Sein. Zu diesem ersten Begriff der Logik mit dem ihre genuine Gedankenbewegung anfängt, gelangt man also durch sukzessive Selbstaufhebung aller vorgängigen Vermittlungen.[16] Die Befreiung von Voraussetzungen, die die Sache selbst in ihr Recht setzt, geschieht kraft reflektierender Einsicht in den Voraussetzungscharakter alles Vorausgesetzten. Vom Sein läßt sich plötzlich reden, indem anderen Redeweisen ihre voraussetzungsbeladene Unangemessenheit nachgewiesen ist.

Die Sache als Methode

Nachdem Verhinderung und Voraussetzung der Sache selbst ausführlich erörtert, die Bedingungen für ihre Aussage hin und her gewendet, die Konstitution ihrer wissenschaftlichen Darlegung durch Reflexion aller Prämissen vorbereitet worden sind, drängt sich die simple Frage auf, was denn die Sache selbst nun wirklich sei. Es muß doch, alles Bisherige einmal angenommen, eine Möglichkeit geben, unverblümt auszusprechen, worum es eigentlich geht. Enttäuschung würde jedenfalls eine Auskunft hervorrufen, die die berechtigte Frage negativ bescheidet. Wenn sich das Ziel nicht angeben läßt, scheinen alle Bemühungen vergeblich, es zu erreichen. Die umständlichen Vorbereitungen einer dem besonderen Thema angemessenen Rede von der Sache selbst erwiesen sich mit einem Schlage als nichtig und die prätentiöse Formel von der ›Sache selbst‹ als leere Hypertrophie der Worte.

In der Tat beschwört Hegels Reklamation, in seiner dialektischen Wissenschaft allein sei die Sache selbst am Werk, die Gefahr äußerster Enttäuschung herauf. Das Risiko des totalen Scheiterns wird bewußt eingegangen, wo allen vergleichbaren Konzeptionen Sachlichkeit abgesprochen und ausschließlich dem eignen System der ungeschmälerte Gehalt zuerkannt ist. Die Diagnose gänzlicher Sinnlosigkeit und der an Wahnsinn grenzenden Selbstüberschätzung ist dem Hegelschen Werk dann auch alsbald gestellt und seither immer wiederholt worden. Sonst divergente philosophische Schulen wußten sich einig in der Gegnerschaft gegenüber sogenannten dialektischen Taschenspielertricks, die einen Gehalt vorgaukeln, der nicht zu fassen ist.

Es gilt, der nie zu unterdrückenden Frage, was letztlich die Sache dialektischer Philosophie sei, tatsächlich Gehör zu verschaffen, auch wenn die Offenheit für die Frage nicht unbedingt die Fähigkeit einschließt, sie im Rahmen der von ihr gesetzten Erwartung zu beantworten. Zwar wäre alle Mühe vergebens, falls sich herausstellte, daß die Anstrengung des Begriffs sich im hypothetischen Erwägen und Verwerfen inadäquater Auffassungsweisen erschöpfte, ohne je zu einer ausmachbaren Sache vorzudringen. Man schleift nicht ewig Messer, wo es nichts zu schneiden gibt. Gleichzeitig ist es aber Illusion anzunehmen, nach Wegräumung aller Hindernisse und Reflexion jeder Voraussetzung bliebe nun ein wohl bestimmtes und stetiges Etwas übrig, auf das sich der Finger legen läßt. Man muß sich in aller Konsequenz vergegenwärtigen, daß eine derartige Ansicht erneut auf die Differenz von Subjekt und Objekt oder von Wissen und Gewußtem zurückgeht und deshalb den Namen der Sache selbst nicht verdient.

Wohl aber ist etwas »vorhanden«, wie Hegel sich ausdrückt, wenn der Anfang der Wissenschaft gelingt. Der Anfang bedeutet gar nichts anderes als aufzunehmen, was in unbestimmter Unmittelbarkeit vorhanden ist. Es sind auch Gründe beigebracht worden, die es einleuchtend machen, das, was am Anfang vorhanden ist, »Sein« und nicht etwa »Nichts« zu nennen.[17] Trotzdem darf keineswegs gefolgert werden, Sein und nichts sonst sei die Sache selbst. »Sein« heißt bloß die Sache, wie sie zunächst und ursprünglich sich darstellt. Die Weise, wie sie sich als unbestimmte Unmittelbarkeit darstellt, macht es unausweichlich, sie sogleich auch »Nichts« zu nennen. Dieser Schritt tritt notwendig ein, ohne daß es zu seiner Herbeiführung weiterer Annahmen bedarf. Die Notwendigkeit des Schritts von der ersten Position der Logik, dem unmittelbaren Vorhandensein oder dem Begriff »Sein« zur nächsten Position und allen folgenden Begriffen, ergibt sich gerade von der Sache selbst her. In der Notwendigkeit des Eintretens dieser Schritte liegt die Garantie, daß die Sache selbst statt beliebiger Reflexionen von außen am Werke ist. Mithin ist nicht »Sein« allein die Sache selbst, ebensowenig »Nichts« oder »Werden« oder irgendeiner der konsequent entwickelten Folgebegriffe. Ferner steht nicht zu vermuten, daß die Sache selbst sich gar jenseits dieser Begriffe findet oder irgendwann einmal später rein für sich zur Sprache kommt. Die Sache selbst ist jetzt Sein und dann Nichts usw., und sie ist auch, was dazwischen den stringenten Übergang von Sein zu Nichts usw. schafft.[18]

Dann fällt die Sache selbst aber genau betrachtet weder identisch mit einer Position des Begriffs noch mit dem Übergang zwischen Positionen zusammen. Vielmehr muß sie in der ganzen Bewegung des Begriffs wiedererkannt werden. Es wäre daher auch inkorrekt, die Sache selbst gleichzusetzen mit dem Gesamt der Logik als dem Inbegriff aller vorkommenden Begriffe und konstruierten Übergänge. Eine bloße Tautologie käme heraus, wollte man die Sache selbst mit der Summe der drei Bücher der »Wissenschaft der Logik« oder gar aller Teile der Enzyklopädie identifizieren. So gesehen entpuppte sich *die* Philosophie überhaupt als die Sache selbst, während es *in* der Philosophie doch gerade um die Sache selbst gehen soll. Derlei pauschale Deklamationen bleiben völlig leer.

Ist nun die Sache selbst in jeder Position des logischen Begriffs präsent und in allen Übergängen wirksam, dann muß die Bewegung des Begriffs als solche, die sich durch die jeweiligen Positionen und bestimmten Übergänge vollzieht, Ausdruck der Sache genannt werden. Mit andern Worten: Falls die Bewegung richtig verläuft, kann man sicher sein, mit der Sache selbst zu tun zu haben. Wen diese Formulierung immer noch enttäuscht, weil er irgendetwas Bestimmtem auf den Kopf zu sagen will, es sei die Sache selbst, der muß sich bereit finden, die *Methode* die Sache zu heißen. Die Methode, die dem klar geregelten Gang der Bewegung des Begriffs inhärent ist, bleibt allein übrig, wenn man etwas bestimmen will, ohne es fälschlich vom logischen Ablauf zu isolieren. Die Methode ist das einzige, das sich als ein etwas ansprechen läßt, und das, indem davon als etwas, nämlich als Methode, geredet wird, in keine aus der Sache selbst ausscherende Differenz äußerer Reflexion zerfällt. »Die Methode ist nichts anderes als der Bau des Ganzen in seiner reinen Wesenheit aufgestellt.«[19]

Die Methode ist die Sache selbst, die in der Bewegung des Begriffs zum Ausdruck gelangt, in der Einheit und Notwendigkeit dieser Bewegung gefaßt. Hegel weicht angesichts der Schwierigkeit, das zu verstehen, in Bilder aus: er spricht vom »sich selbst konstruierenden Weg«, vom »Kreis«, wo Anfang und Resultat sich verschlingen. Die Schwierigkeit beruht darauf, unter Vermeidung reflexiver Vermittlungen eine Einheit zu beschreiben, der nichts mehr gegenübersteht. Die Methode stellt nicht in nuce dar, was die Sache dann im ausgebreiteten Gang erst entwickelte. Die Methode *ist* der Fortgang von Voraussetzungen zu deren Aufhebung, also die Sache selbst, im Modus der Einfachheit. Wo die Sache selbst der Prozeß der Vermittlung des Getrennten ist, darf die Methode am wenigsten von der Sache getrennt erscheinen. Sie ist daher die Sache selbst, sofern diese nicht mehr im Verhältnis zu den Voraussetzungen, deren Scheinhaftigkeit darzutun die Sache erst ausmacht, bestimmt, sondern frei von jedem Verhältnis aus sich begriffen wird. Allein diejenige Philosophie erhebt sich zur Wissenschaft, die statt eine der Sache äußerliche Methode zu verwenden, das Methodische aus der Sache selbst nimmt.[20]

Hegel hat sich einer weiteren Darstellungsweise für diese Identifizierung von Sache und methodisch-wissenschaftlicher Behandlungsform bedient.[21] Er überträgt den Charakter der *Subjektivität* in die Wissenschaft als solche und behauptet vom Thema, was ursprünglich die Natur der Reflexion war. Den Fluchtpunkt bildet das metaphysische Konzept eines zu sich gekommenen Geistes, der sich als Geist weiß und selber hat.[22] Im Blick auf das bekannte Postulat, das Wahre nicht als Substanz, sondern ebenso sehr als Subjekt aufzufassen, tritt das Selbstsein, das zunächst dem philosophierenden Subjekt angehört, als das Wesen der Sache entgegen. Solange die Vollendung im Geiste noch nicht erreicht, das Erkennen noch methodisch mit dem Inhalt beschäftigt ist, sind weniger präzise Stellvertreterbegriffe wie Leben und Seele zur Hand.[23]

»Das wissenschaftliche Erkennen erfordert, sich dem Leben des Gegenstandes zu übergeben oder, was dasselbe ist, die innere Notwendigkeit desselben vor sich zu haben und auszusprechen. Sich so in seinen Gegenstand vertiefend, vergißt es jene Übersicht, welche nur die Reflexion des Wissens aus dem Inhalt in sich selbst ist. Aber in die Materie versenkt und in deren Bewegung fortgehend, kommt es in sich selbst zurück, aber nicht eher als darin, daß die Erfüllung oder der Inhalt sich in sich zurücknimmt.«[24] Der methodisch angewiesene Verzicht auf äußere Reflexion zugunsten der Selbstbewegung der Sache stellt nicht etwa das beliebige Nachdenken des Subjekts zurück, um einer an sich bereits ablaufenden Notwendigkeit Raum zu schaffen. Eine solche Differenz, in der das Erkennen sich gegenüber der Sache findet, ist ihrerseits noch reflexiv erzeugt. Die Methode verlangt vielmehr, das ganze aktive Reflexionspotential in die Sache zu werfen, um ihr so Bewegung zu verleihen. Das Nichtmehrexistieren eines Unterschieds zwischen Reflexion und Sache stellt die Absolutheit des Verfahrens unter Beweis. »Die absolute Methode verhält sich nicht als äußerliche Reflexion, sondern nimmt das Bestimmte aus ihrem Gegenstand selbst, da sie selbst dessen immanentes Prinzip und Seele ist. – Dies ist es, was Plato von dem Erkennen forderte, die Dinge an und für sich selbst zu betrachten.«[25]

Die Anspielung auf Plato[26] besitzt in dem Zusammenhang eine eigenartige Zweideutigkeit. Der Dialog, das geregelte Hin und Her sachbezogener Rede erfährt bei Plato seine Ausbildung als Methode der Erkenntnis des Wahren durch den Logos. Es ist die Täuschbarkeit unserer endlichen sprachgebundenen Erkenntnismittel, die ein strenges Verfahren der Prüfung von Hypothesen, der kritischen Erwägung von Behauptungen, der argumentativen Einlösung durch Gründe nötig macht. Die dialogische Entfaltung der Rede, der stimmige Fortgang von These zu Gegenthese entspringt der Unangemessenheit der uns verfügbaren Darstellungsformen der Wahrheit. Hegel kehrt dies Verhältnis um und macht Bewegung zur ureignen Natur der Sache selbst. Er beruft sich dabei auf Platos Definition der Seele als eines immanenten Bewegungsprinzips alles Lebendigen.[27] Die metaphysische Lehre vom Wesen der Psyche dient der Umdeutung unserer Erkenntnistätigkeit in die innere Beseeltheit des Gegenstandes. Nicht die mangelhafte Fähigkeit, das Wahre mit einem Schlage vollkommen präsent zu machen, erzwingt die rastlose Unruhe einer Folge immer neuer Versuche, es besser zu fassen. Vielmehr ist das Wahre selbst in Bewegung und nur diejenige Methode darf Geltung beanspruchen, die sich dem fügt.[28]

Die Pointe liegt darin, die unstete Beweglichkeit der Reflexion in den Gang der Sache selbst zu integrieren und dadurch einer inhaltlichen Ordnung zu unterwerfen. Methodisch darf das Vorgehen erst genannt werden, wenn die Schritte nicht der Willkür des Subjekts entstammen, sondern auf Notwendigkeit beruhen. Den Nachweis der Notwendigkeit verlegt Hegel in einen autonomen Gang der Sache. Es entsteht der Eindruck, als veranstalte nunmehr die Sache selbst die Schritte, die zuvor der Spontaneität der Reflexion entsprangen, so daß ein adäquates Verhalten des Erkennens auf ein ergebenes Mitmachen jener Schritte hinausliefe. Dieser Eindruck indes täuscht. Hegel hat, um der beanspruchten Notwendigkeit der Methode Nachdruck zu verleihen, die Autonomie der Selbstbewegung der Sache überakzentuiert. Man darf die Rede von der Lebendigkeit des Gegenstandes, der Beseeltheit des Inhalts und dem kalten Fortschreiten der Dinge höchstens metaphorisch nehmen. Andernfalls landet man bei einer Art von heraklitischem Weltbild, dessen ganze Weisheit sich in den einen Satz zusammenfaßt, daß alles fließt.

Die Bewegung methodischer Reflexion

Es sind in der Tat gar keine Gründe zu sehen, warum »die Sache« von sich aus in Bewegung befindlich gedacht werden muß. Bewegung kommt in die Sache allein, insofern die bewegliche Reflexion ihr Tun nicht länger äußerlich räsonnierend am gesetzten Thema entlang laufen läßt, sondern ihrem Objekt integriert. Darin ist wiederum eine Leistung der Reflexion zu erkennen, die die Differenz, in der sie sich ursprünglich zu ihrem Gegenstand vorfand, als eignes Produkt begreift und so das vermeintliche Entgegenstehen des Gegenstandes als Schein einer sich nicht als Reflexion begreifenden Reflexion durchschaut. Die Relativierung der anfänglichen Ansicht der Sache ist die Integration der Reflexion in die Sache. Die Integration der Reflexion oder ihre Übersetzung von Außen nach Innen hat also gar nichts Geheimnisvolles an sich. Jeder Anschein magischer Irrationalität muß von der spekulativen Methode, Hegels eignen Intentionen zufolge, fern gehalten werden. Das Verfahren einer Reflexion der Reflexion, das die Bestimmtheit und Vermittlung nicht perhorresziert, sondern ins Begreifen planmäßig aufnimmt, ist während der Jenenser kritischen Phase der Hegelschen Philosophie gerade in ausdrücklicher Opposition zu allen vagen Visionen und trüben Universalisierungen entworfen worden. Man tut dem Konstrukteur einer dialektischen Logik keine Ehre an, wenn man ihn hier nicht beim Wort nimmt.

Die »wesentliche Natur der Reflexion« hat als der »Urgrund aller Tätigkeit und Selbstbewegung« zu gelten.[29] Der Sache kommt dies Potential dadurch zugute, daß die Reflexion ihre Äußerlichkeit aufhebt. Die Äußerlichkeit verschwindet in dem Maße, in dem einer methodischen Ordnung unterliegt, was zunächst kraft subjektiver Willkür beigebracht wurde. So wie die Reflexion aufhört, bloß unser Räsonnement von außen zu sein, begibt sie sich methodisch in den Dienst der Sache. Dann werden die Gedanken, die sich anläßlich eines bestimmten Inhalts grundlos und beliebig einstellen, als notwendig legitimiert. Es ist nun nicht länger als Spiel der Assoziation zu verdächtigen, daß man beispielsweise auf den Gedanken »Nichts« kommt, wenn man »Sein« so denkt, wie es der Anfang als unbestimmt unmittelbarer verlangt, und daß man weiter »Werden« denkt, wenn man Sein und Nichts zusammen zu denken versucht usw. Der bestimmte Fortgang in wohl geregelter Reihenfolge von einem zum nächsten Gedanken gründet auf einem logischen Muß.[30]

Mithin erübrigt sich die Frage, warum gerade von diesem so und so bestimmten Gedanken zu jenem anders bestimmtem fortgeschritten wird. Die Frage kann weder außerhalb der konkreten Begriffsfolge gestellt, noch für die Gesamtheit der Reihe schlüssig beantwortet werden. Welcher Gedanke der jeweils nächste ist, muß sich vor Ort zeigen. Die konzentrierte Anstrengung, einen vorhandenen Gedanken genau und vollständig zu begreifen, ergibt erst den Zwang, etwas bestimmtes Anderes darüber hinaus neu zu denken. Der Fortgang erscheint als Resultat. Er kann daher nicht ohne Substanzverlust einer abstrakten Universalregel anheim gegeben werden. Die Forderung, die Sache selbst sprechen zu lassen, will der Entleerung zu dialektischen Formeln und Schemata entgegen wirken. Hegel selber war die Gefahr wohl bewußt, daß Dialektik allzuleicht zum Klappern jener Gebetsmühlen verkommt, die geistlose Epigonen bis heute zu drehen pflegen.

Ob die Sache selbst statt unserer subjektiven Reflexion den Fortgang abnötigt, vermag sich einzig in concreto zu bewähren. Die Nagelprobe auf die Notwendigkeit der logischen Bewegung erfolgt stets bei den einzelnen Übergängen von Begriff zu Begriff. Hier und nirgends sonst wird über die Stichhaltigkeit des Verfahrens einer methodischen, von außen nach innen gewendeten Reflexion entschieden. Die an sich berechtigte Frage, wie notwendig denn der Fortgang in Wahrheit sei, muß an die Detailprüfung weiter verwiesen werden, ohne daß damit der Frage ausgewichen werden sollte. Eine derartige Prüfung der Übergänge für alle in der Logik vorkommenden Begriffe erlaubte erst eine fundierte Antwort auf die Frage.

In Wahrheit liefe das Unternehmen darauf hinaus, die Logik als solche neu zu schreiben oder zumindest lückenlos zu rekonstruieren. Solange die Erfüllung dieser Aufgabe noch aussteht, muß man sich mit Teilrekonstruktionen von Büchern oder Kapiteln begnügen. Auch dafür liegen bislang nicht einmal genügend Bruchstücke vor, um die Aussicht des Unternehmens abschätzen zu können. Einstweilen muß man sich an wenige exemplarische Pioniertaten von Henrich, Rohs u. a. halten, denen freilich aufgrund der von Fall zu Fall wechselnden, aber stets mitschwingenden Beweisinteressen unterschiedlicher Erfolg beschieden war. Im Rahmen der hier angestellten Überlegungen sehe ich mich außerstande, der Aufgabe zu genügen.

Eine andere Merkwürdigkeit, die sich aus der vorgeschlagenen Interpretation ergibt, harrt allerdings der Aufklärung. Die Sache selbst, so war behauptet worden, kommt voran, weil die zunächst äußerlich auftretende Reflexion ihre Äußerlichkeit aufhebt und sich methodisch integriert. Daß immer wieder Reflexion sich meldet, braucht nicht zu verwundern, nachdem vom Faktum der Reflexion ausgegangen worden ist. Es besteht also keine Sorge, daß irgendwann einmal der Gang der Sache ins Stocken geriete, weil sich keine weiterführenden Überlegungen mehr melden. Insofern es aber die Reflexion immer schon gibt, ist die Garantie für unablässiges Prozedieren gestellt. Nicht gesichert ist hingegen, daß die wieder und wieder auftauchende Reflexion die Leistung ihrer Übersetzung von Außen nach Innen, das heißt ihrer methodischen Disziplinierung erbringt. Was veranlaßt denn die

Reflexion, ihre Äußerlichkeit zu verlassen und sich dem Gang der Sache selbst zu integrieren?

Für den Akt der Reflexion der Reflexion, wo das Reflektieren sein Relationen schaffendes und Differenzen setzendes Tun nicht an etwas anderem übt, sondern auf sich selber anwendet, darf keine weitere Veranlassung in Anspruch genommen werden. Jeder Anstoß dazu bliebe hoffnungslos extern, denn dasjenige, was das Reflektieren überhaupt dazu brächte, sich zu reflektieren, könnte eben deshalb in seiner Anstoßfunktion nicht mehr Reflexionsgegenstand werden. Das Reflektieren muß aus Eignem dazu kommen, Kontrolle über sich auszuüben. Das Motiv hierzu liegt unmittelbar vor, denn das kontingente Auftauchen von Reflexionsakten anhand gegebener Gegenstände, die Äußerlichkeit der Reflexion also, ist ein die freie Beweglichkeit der Gedanken hinterrücks einschränkendes Moment. So sehr das beliebige Räsonnement den Anschein der Freiheit mit sich führt, so wenig hat die Reflexion hier die Bedingungen ihrer Tätigkeit in der Hand. Sie ist sich selber gegeben, sie soll sich aber selber setzen.

Die lebendige Tätigkeit der Reflexion erfährt dadurch zuinnerst einen Abbruch, daß sie ihr Tun Umständen verdankt, die ihrem Tun unvermeidlich entgehen. Infolgedessen eignet ihr der elementare Trieb zur Autonomie, der darauf drängt, Herr über die eigne Bewegung zu sein. Das Bemühen, das die Bewegung der Reflexion auch den Gesetzen der Reflexion unterwerfen will, äußert sich im Schritt zur Spekulation als der Reflexion der Reflexion. Hierin erreicht die Reflexion die methodische Kontrolle über sich. Form und Inhalt sind nicht mehr getrennt. Behandlungsweise und Gegenstand fallen nicht länger auseinander. Das Thema selbst diktiert die Art des Procedere. Es ist nunmehr die Selbstbewegung der Sache, die sich im Prozeß verwirklicht.

Den oben angestellten Überlegungen haftete notwendig eine besondere Abstraktheit an, weil sie über die Sache selbst reden mußten, ohne in den Gang der Hegelschen Wissenschaft sich einzugliedern. Das Reden *über* die Sache erfolgt der Einteilung Hegels gemäß stets von außen. Die konkrete Durchführung ist in den Reichtum des Gehalts versenkt und folglich der leeren Betrachtung von außen überhoben. Unser Versuch, mit Hegelschen Mitteln zu sagen, was die Sache der dialektischen Philosophie sei, sträubt sich aber mit Bedacht gegen den Machtanspruch

Hegels, das unverbindliche Reden über etwas habe seine Außenansicht aufzugeben und dem wissenschaftlichen Ernst der sachlichen Auseinandersetzung zu weichen. Jede Deutung, die der These Hegels gerecht werden will, muß gegen deren Anweisung verstoßen und einen dritten Standpunkt einnehmen. Derjenige Standpunkt, der weder in die Sache integriert ist, noch ihr gleichgültig gegenübersteht, wird nötig, wenn man das bestimmte Verhältnis beider Seiten im Sinne der Äußerungen Hegels verstehen will. Das Einnehmen eines solchen dritten Standpunkts, wo dialektische Strukturen benutzt, aber nicht einfach affirmativ nachvollzogen werden, zahlt, falls es überhaupt gelingt, den Preis einer äußersten Verdünnung des Inhalts.

Daraus erklärt sich der Eindruck, dem kein Leser sich hat entziehen können, daß bei aller emphatischen Beschwörung der Sache selbst nichts Greifbares in Händen bleibt. Aus der Erfahrung mag man nun wieder eine Bestätigung für die ursprüngliche These Hegels herauslesen, kein Weg führe an der Entscheidung vorbei, die zwischen der Freiheit eines beliebigen Räsonnements und dem Anerkennen des Zwangs der Sache zu fallen hat. Der Versuch mußte unternommen werden, die Reiz- und Werbeformel dialektischer Philosophie, das Wort von der »Sache selbst«, möglichst getreu auszulegen, ohne sich zugleich mit Haut und Haaren der von dort ausgehenden Suggestion zu überliefern. Es mag sich durchaus zeigen, daß der Versuch mißlingt, mit Hegel zu philosophieren, ohne unter Aufgabe des angestammten Rechts auf philosophisches Selbstdenken ihn bloß zu imitieren. Wenn das Mißlingen eines solchen Versuchs aber ein unmittelbares Plädoyer für das von Anfang an überlegene Recht des Hegelschen Systems abgibt, dann kann einem angesichts einer solchen im Namen der Wahrheit ausgeübten Allmacht nur unheimlich werden.

Anmerkungen

1 G.W.F. Hegel, *Wissenschaft der Logik*, Erster Teil, hrsg. v. G. Lasson, Hamburg 1951, S. 64 (Theorie Werkausgabe Suhrkamp Verlag: 5,79).

2 G. W. F. Hegel, *Phänomenologie des Geistes,* hrsg. v. J. Hoffmeister, Hamburg 1952[6], S. 48 (3,56).

3 G. W. F. Hegel, *Wissenschaft der Logik.* Zweiter Teil, a. a. O., S. 15f., 503f. (6,26, 570f.).

4 Das entsprechende Kapitel ist in der 2. Ausgabe der Wissenschaft der Logik von 1831 erheblich erweitert.

5 G. W. F. Hegel, *Differenz des Fichteschen und Schellingschen Systems der Philosophie in Beziehung auf Reinholds Beiträge zur leichteren Übersicht des Zustandes der Philosophie zu Anfang des neunzehnten Jahrhunderts* (1801); vgl. auch G. W. F. Hegel, *Wissenschaft der Logik,* Erster Teil, a. a. O., S. 55 (5,69).

6 Vgl. D. Henrich, Anfang und Methode der Logik. Wieder abgedruckt in: D. Henrich, *Hegel im Kontext,* Frankfurt 1971; H. F. Fulda, Über den spekulativen Anfang. In: *Subjektivität und Metaphysik. Festschrift für Wolfgang Cramer,* hrsg. v. H. F. Fulda, R. Wiehl, Frankfurt 1966.

7 Reinhold bezieht sich hier auf Bardili; siehe dazu vom Verfasser: Problemgeschichte und systematischer Sinn der Phänomenologie Hegels, in: *Dialektik und Wissenschaft,* Frankfurt 1973.

8 Hegel selbst verbietet gerade, den Anfang gegen die Folge zu bestimmen: »So ist der Anfang der Philosophie die in allen folgenden Entwicklungen gegenwärtige und sich erhaltende Grundlage, das seinen weiteren Bestimmungen durchaus immanent Bleibende.« (*Wissenschaft der Logik,* Erster Teil, a. a. O., S. 56/5,71.

9 G. W. F. Hegel, *Wissenschaft der Logik,* Erster Teil, a. a. O., S. 23ff. (5,35ff.); vgl. bereits: Philosophische Propädeutik (*G. W. F. Hegels Werke,* Band 18, Berlin 1840, S. 95/4,166).

10 G. W. F. Hegel, *Wissenschaft der Logik,* Erster Teil, a. a. O., S. 25 (5,37f.).

11 A. a. O., S. 92 (5,111); vgl. *Wissenschaft der Logik,* Zweiter Teil, a. a. O., S. 88 (6,109).

12 S. die nur in der 1. Auflage der Logik von 1812 enthaltene Aussage: »Diese Negativität ist es, die das Einfache ist, welches als Aufheben des Andersseins in sich zurückkehrt; die abstrakte Grundlage aller philosophischen Ideen, und des spekulativen Denkens überhaupt, von der man sagen muß, daß sie erst die neuere Zeit in ihrer Wahrheit aufzufassen begonnen hat.« (77f.).

13 D. Henrichs überaus subtiler Versuch, »Hegels Grundoperation« (in: *Der Idealismus und seine Gegenwart. Festschrift für Werner Marx,* hrsg. v. U. Guzzoni, B. Rang, L. Siep, Hamburg 1976) analytisch herauszupräparieren und als einheitliche Grundlage des gesamten konstruktiven Aufbaus der »Wissenschaft der Logik« nachzuweisen, hat darin seine Schwäche, die behauptete Basis vom Gang der Sache selbst reflexiv isolieren zu müssen. Entsprechend kann auch der

Nachweis der Notwendigkeit jener Operation, die Henrich »autonome Negation« nennt, nicht gelingen. Daß er vom Hegelschen Anspruch der »Sache selbst« abweicht, ist Henrich bewußt (vgl. Formen der Negation in Hegels Logik, in: *Hegel-Jahrbuch* 1974, S. 255, in diesem Band S. 213ff.). Wieso die Grundoperation auf Autonomisierung der Negation lautet, läßt Henrich dagegen eher als paradoxen Einfall Hegels erscheinen, den es plausibel zu machen gelte. Rücksicht auf das Faktum der Reflexion vermag indes die Notwendigkeit dieses Ansatzes darzutun.

14 G. W. F. Hegel, *Phänomenologie des Geistes,* a. a. O., S. 22f. (3,25).

15 G. W. F. Hegel, *Wissenschaft der Logik,* Erster Teil, a. a. O., S. 53f. (5,68); vgl. S. 57 (5,72); *Wissenschaft der Logik,* Zweiter Teil, a. a. O., S. 488 (6,553f.).

16 Vgl. G. W. F. Hegel, *Enzyklopädie der philosophischen Wissenschaften im Grundrisse,* hrsg. v. F. Nicolin/O. Pöggeler, Hamburg 1959, § 51 Anm. (8,136).

17 Vgl. G. W. F. Hegel, *Wissenschaft der Logik,* Erster Teil, a. a. O., S. 63 (5,78f.).

18 A. a. O., S. 60 (5,75).

19 G. W. F. Hegel, *Phänomenologie des Geistes,* a. a. O., S. 40 (3,47); vgl. *Wissenschaft der Logik,* Erster Teil, a. a. O., S. 35 (5,49); *Wissenschaft der Logik,* Zweiter Teil, a. a. O., S. 503ff. (6,571ff.); *Enzyklopädie der philosophischen Wissenschaften im Grundrisse,* a. a. O., § 243 (8,392).

20 G. W. F. Hegel, *Enzyklopädie der philosophischen Wissenschaften im Grundrisse,* a. a. O., S. 3f. (8,13f.).

21 Als erster hat bekanntlich darüber Schelling Klage geführt.

22 Vgl. *Phänomenologie des Geistes,* a. a. O., S. 24 (3,29).

23 Zur Differenz von Leben, Seele und ihrer logischen Wahrheit als Geist: *Wissenschaft der Logik,* Zweiter Teil, a. a. O., S. 414f. und 435 (6,470 und 6,494).

24 *Phänomenologie des Geistes,* a. a. O., S. 45 (3,52).

25 *Wissenschaft der Logik,* Zweiter Teil, a. a. O., S. 491 (6,557), vgl. S. 485ff. (6,550ff.).

26 Von Plato her versteht H. G. Gadamer »Die Idee der Hegelschen Logik« (in: *Hegels Dialektik,* Tübingen 1971). – Vgl. die Zitierung Platos als Kronzeuge für die Bestimmung der Sache selbst gegen das Räsonnement der »Sophisterei«: *Wissenschaft der Logik,* Zweiter Teil, a. a. O., S. 88 (6,109).

27 Z. B. *Phänomenologie des Geistes,* a. a. O., S. 48 (3,56), sowie das Plato-Kapitel der *Vorlesungen über die Geschichte der Philosophie* (19,11ff.). – Vgl. insgesamt auch Gadamer: Hegel und die antike Dialektik, a. a. O.

28 W. Wieland, mit dessen Interpretation ich sonst in manchen Punkten

übereinstimme, vollzieht diese entscheidende Gleichsetzung, die Hegels Selbstverständnis zweifellos fordert, nicht nach und hält statt dessen an einer quasi-phänomenologischen Distinktion Erkenntnis – Gegenstand fest: »Die Hegelsche Logik bleibt eine vom endlichen, sich seiner Endlichkeit bewußten Geist betriebene Wissenschaft, die das Absolute zum Inhalt hat. Diese Differenz wird erst auf der letzten Stufe der logischen Entwicklung, nämlich auf der Stufe der absoluten Idee, vermittelt.« (In: Bemerkungen zum Anfang von Hegels Logik, in: *Wirklichkeit und Reflexion. Festschrift für Walter Schulz*, hrsg. v. H. Fahrenbach, Pfullingen 1973, S. 406).

29 *Wissenschaft der Logik*, Zweiter Teil, a. a. O., S. 33 (6,47).

30 Siehe hierzu auch vom Verfasser: Strukturprobleme dialektischer Logik. In: *Der Idealismus und seine Gegenwart*, a. a. O.

Hans Friedrich Fulda

Hegels Dialektik als Begriffsbewegung und Darstellungsweise

I
Zur Rechtfertigung des Themas

Ohne die Wirkung Hegels gäbe es wohl nicht mehr als ein Zehntel der bis zum heutigen Tag erschienenen Literatur über Dialektik. Aber um Hegels Auffassung von spekulativer Methode und Dialektik aus den ebenso knappen wie esoterisch formulierten Texten[1] zu erschließen, bedarf es eines erheblichen Aufwandes an gelehrter Forschung und Scharfsinn. Man wird kaum sagen können, irgend jemand habe den Lohn solchen Aufwandes bereits davongetragen. Eher kann man sich fragen, ob der voraussichtliche Gewinn solchen Aufwand lohnt. Wer sich mit dem Thema ›Dialektik‹ befaßt und geneigt ist, diese Frage nicht zu verneinen, sollte daher vorab über die Gründe Auskunft geben, die seine Einstellung gerechtfertigt erscheinen lassen. Mindestens zwei voneinander unabhängige Argumente sind dazu geeignet. Es trifft sich gut, daß man durch ihre Verbindung auch erklären kann, weshalb Hegels Dialektik als Begriffsbewegung *und* Darstellungsweise zum Thema gemacht werden sollte.

1. Warum Hegels Dialektik Interesse verdient

a) Das erste Argument zur Rechtfertigung des Themas ›Dialektik‹ geht aus von einem gewissen Verständnis dessen, was Philosophie ist und leisten sollte. Seine Voraussetzung ist, daß sich die Aufgabe der Philosophie nicht darin erschöpft, Probleme, die durch eine irrige Ansicht über sprachliche Äußerungen entstanden sind, durch Aufdeckung des wirklichen Funktionierens unserer normalen Sprache zum Verschwinden zu bringen. Es scheint mir einleuchtend, daß Philosophie zumindest *auch* ein Versuch ist – oder wenigstens sein sollte –, Voraussetzungen zu artikulieren, die wir mit unseren wichtigsten Überzeugungen zu verbinden geneigt sind. Vor allem dadurch nimmt sie die Aufgabe wahr, einen sehr allgemeinen Zusammenhang zwischen Gegenständen verschiedenartiger Meinungen herzustellen, – einen Zusammenhang, der es uns erlaubt, uns »im Denken zu orientieren«.[2] Nun paßt der epistemische Hintergrund einer Überzeugung vielfach sehr wenig mit dem Hintergrund anderer Überzeugungen zusammen. Es ist kaum anzunehmen, daß diese Spannung sich nicht auch in konkurrierenden Ansätzen und Zeugnissen philosophischer Theorie niederschlägt. Ich denke, es wäre nicht schwer, Beispiele hierfür anzuführen. Hegel war sogar der Meinung, wenn unser Denken sich auf das Geschäft einläßt, philosophische Theorien zu entwickeln, so geschehe es ihm *regelmäßig,* daß es sich in Widersprüche verwickelt.[3] Wenn die Beispiele, die sich dafür anführen ließen, halbwegs einleuchtend und repräsentativ sind, und wenn man nicht allzu strenge Maßstäbe an die Feststellung von Widersprüchen anlegt, wird man diese Meinung jedenfalls nicht als unrealistisch betrachten dürfen.

Die Tatsache, daß epistemische Hintergründe disparater Natur konkurrierende Theorien nahelegen, reicht freilich nicht aus zur Rechtfertigung der Behauptung, in der Philosophie habe man sich etwas von der Dialektik – und insbesondere der Hegelschen – zu erhoffen. Man könnte einwenden, mit konkurrierenden philosophischen Theorien verhalte es sich ähnlich wie mit konkurrierenden Theorien in den Einzelwissenschaften. Jede Konkurrenz sei zu begrüßen, ja man müsse um des Fortschritts unserer Einsicht willen alles in unseren Kräften Stehende tun, um diese Konkurrenz zu entfesseln. Die Entscheidung aber, welcher Theorie der Vorzug gebühre, könne abgesehen von der Überprüfung ihrer formalen Konsistenz nur fallen im Fortgang unserer Lebenserfahrung und im Lichte des Fortschritts wissenschaftlicher Erkenntnis. Die eine philosophische Theorie mag sich für solchen Fortschritt als fruchtbarer erweisen als eine andere; oder sie mag mit fortgeschrittener wissenschaftlicher Erkenntnis verträglicher sein. Es soll hier nicht bestritten werden, daß Hegel von der Autorität solcher Instanzen zu gering gedacht hat. Aber man sollte auch nicht verkennen, daß wir vermutlich von der Vernunft, die wir besitzen, nicht in vollem Umfang Gebrauch machen, wenn wir uns mit der Berücksichtigung solcher Instanzen begnügen. Solange wir nicht die Möglichkeit haben, unter mehreren, miteinander unvereinbaren Theorien alle außer einer zu falsifizieren, bleibt uns immer noch die Möglichkeit zu versuchen, ob wir die Grundgedanken disparater Theorien in einen systematischen

Zusammenhang zu bringen vermögen. Dabei muß dann vielleicht der Geltungsbereich einer Theorie eingeschränkt werden; oder ihre Grundbegriffe müssen so modifiziert werden, daß sich diese Einschränkung der Geltungsbereiche ergibt. Soweit es sich um philosophische Theorien handelt, scheint es mir nicht ausgemacht, daß dabei allemal die rigorosen Forderungen zu erfüllen sind, die für die Reduktion einzelwissenschaftlicher Theorien aufgestellt wurden. Freilich bestünde die weitere Aufgabe dann darin, den auf diese Weise zustande gekommenen Typ von »Hintergrunds-Theorie« näher zu charakterisieren. Ich bin dazu vorerst nicht imstande. Doch ich vermute, daß man Hegels spekulative Methode, innerhalb deren die Dialektik eine so prominente Rolle spielt, als einen Versuch betrachten kann, ein Verfahren zu solcher Systematisierung philosophischer Theorien zu entwickeln.

Allerdings darf man diese Methode dann nicht nur als eine Art organisierten Verwirrspiels[4] mit philosophischen Begriffen nehmen, sondern man muß auch zu zeigen imstande sein, wie sie der verwandelnden *Darstellung* des Stoffes konkurrierender philosophischer Theorien dient. Leider hat es uns Hegel damit alles andere als leicht gemacht. Es ist nicht zu leugnen, daß er die Leistungsfähigkeit seiner Methode weit überschätzte. In der Charakterisierung begrifflicher Zusammenhänge mögen ihm überdies folgenschwere Irrtümer unterlaufen sein. Aber befinden wir uns etwa im sicheren Besitz eines Verständnisses von Philosophie, das so bewährt ist, daß wir es uns erlauben können, Experimente philosophischer Selbstverständigung bereits deshalb schlicht zu vergessen, weil sie heute keiner mehr zu unternehmen wagt?

b) Das zweite Argument zugunsten der Beschäftigung mit Hegels Auffassung von spekulativer Methode und Dialektik ist hermeneutischer Natur. Es läßt sich sehr kurz fassen. Viele, die sich heute mit Hegel beschäftigen, tun dies wegen der zahlreichen substantiellen Gedanken, die sich bei Hegel finden. Wenn man Gründe erwägt, aus denen gerade Hegel – mehr als alle seine Zeitgenossen – solchen Reichtum an konkreten, uns heute noch interessierenden Ideen anhäufen konnte, so spricht einiges dafür, daß ihm dies nicht trotz seiner verbissenen Bemühungen um eine methodisch organisierte Systematik gelang, sondern gerade dank derselben.[5] Dann gilt aber wohl auch umgekehrt, daß man fruchtbaren Gebrauch von diesem Erbe aufgrund eines differenzierten, gegen aggressiven Unverstand gewappneten Verständnisses nur wird machen können, wenn man einen angemessenen Begriff von Hegelscher Dialektik entwickelt. Man täte also unrecht, sich bloß für die Erfahrungsgehalte der Hegelschen Philosophie zu interessieren und die methodische Seite ihrer Verarbeitung auf sich beruhen zu lassen. – Interessiert man sich hingegen nicht für die »Erfahrungsgehalte«[6] der Hegelschen Philosophie, sondern für Hegels Versuch, eine »spekulative Logik« an die Stelle der vorkantischen Metaphysik und der kantischen Vernunftkritik zu setzen, so sollte man sich eingestehen, daß man diesen Versuch und Teile seiner Ausführung nur angemessen beurteilen kann, wenn man ihn als Ganzes, sowie seine Teile interpretiert im Licht des letzten Stücks, das die »Methode« dieses Ganzen und die Dialektik als Begriffsbewegung thematisiert.

2. Warum Dialektik als Begriffsbewegung und Darstellungsweise interessiert

a) Aus dem zuletzt Gesagten ergibt sich ohne Umstände, warum man sich zunächst einmal über Hegels Dialektik als *Begriffsbewegung* ins Bild zu setzen hat, wenn man sich mit der Hegelschen Dialektik beschäftigen möchte. Denn, was immer der Ausdruck »Begriffsbewegung« besagen mag: daß das Dialektische primär eine Begriffsbewegung sei, war für Hegel ausgemacht. Doch keine dem letzten Kapitel vorangehende Partie der Hegelschen »Logik« liefert uns einen Universalschlüssel, das Dialektische als solche Begriffsbewegung zu verstehen. Nachgeordnete Teile des Hegelschen Systems aber verweisen immer wieder an entscheidenden Stellen solcher Begriffsbewegung ausdrücklich zurück auf die »Logik« (z. B. Rechtsphilosophie § 141 A). Wir können also nicht darauf verzichten, uns zu fragen, wie Hegel die dialektische Bewegung des Begriffs charakterisiert; und wir würden vergeblich hoffen, unter Umgehung dieser Frage allein aus der *praktizierten* Dialektik besser ermitteln zu können, was Hegel unter Dialektik versteht. Vielmehr muß man sich dazu auf Hegels Begriffstheorie einlassen (II,1.). Erst sie versetzt in die Perspektive, in der man verstehen kann, inwiefern Dialektik für Hegel den Charakter einer Begriffs*bewegung* hat (II,2.); und nur unter

Voraussetzung dieser Begriffstheorie lassen sich Hegels Ausführungen über Ursprung, Natur und Verlauf der Dialektik interpretieren (III).

b) Warum aber sollte man Hegels Dialektik als Begriffsbewegung *und* Darstellungsweise zum Thema machen? Um diese Frage zu beantworten, braucht man nur die beiden oben skizzierten Argumente zusammenzunehmen. Wenn wir unter Darstellungsweise die *sprachliche Gestalt* verstehen, die ein bestimmtes philosophisches Programm in seiner Ausführung annimmt, so werden wir sagen müssen: Um der Gesichtspunkte willen, denen das erste Argument Rechnung zu tragen versuchte, sollte uns Dialektik als *Darstellungsweise* interessieren. Man will wissen, auf welche Weise Texte organisiert sein und aus Sätzen und Satzverbindungen welcher Art sie bestehen müssen, wenn sich in ihnen disparate philosophische Überzeugungen oder Theoriestücke in einen bestimmten systematischen Kontext fügen sollen. Die Gesichtspunkte des zweiten Arguments dagegen führen uns auf Dialektik als *Begriffsbewegung.* Leider aber gibt uns Hegels Auffassung von dialektischer Begriffsbewegung keinen befriedigenden Aufschluß über eine ihr zugeordnete Darstellungsweise. Man erwarte also nicht, einen durch Hegel selbst gebahnten Weg zu finden, der von der Dialektik im einen Sinn zur Dialektik im anderen Sinn führt. Die Forderung, Dialektik sowohl in dem einen als auch in dem anderen Sinn zum Thema zu machen, ergibt sich gerade aus der Tatsache, daß Hegel uns die Auskunft über Dialektik als Darstellungsweise und die Auskunft über deren Verbindung mit der Dialektik als Begriffsbewegung nahezu vollständig schuldig bleibt.

Will man über beides Aufschluß erhalten, so tut man gut daran, sich über Gründe ins Bild zu setzen, die Hegel daran hinderten, eine überzeugende Theorie dialektischer Darstellung zu entwikkeln. Es wäre nämlich unbefriedigend, bloß zu behaupten, Hegel habe das Verfahren, das er so virtuos ausübte, sich und seinen Lesern nur deshalb nicht wirklich durchsichtig zu machen vermocht, weil reflektiertes methodisches Bewußtsein dem unreflektierten know how in der Regel nachfolgt. Vielmehr stand Hegel auch vor einer *systematischen* Schwierigkeit. Es gehört mit zu den Voraussetzungen einer sorgfältigen Interpretation der Hegelschen Auffassung von Dialektik, daß man sich diese Schwierigkeit vor Augen führt (II,3.).

II
Einige Interpretationsvoraussetzungen

1. Die Metaphysik des Begriffs

Hegel hat in seiner »Wissenschaft der Logik« nicht nur Grundbegriffe der rationalistischen Ontologie und Kosmologie des 18. Jahrhunderts einer spekulativen Deutung unterzogen, sondern auch die Grundbegriffe der Schullogik seiner Zeit. Er hat dabei von den letzteren die rudimentäre, ebenso primitive wie problematische Semantik entfernt, die mit ihnen verbunden war. Begriffe, Urteile, Schlüsse sind in Hegels Deutung nicht nur Leistungen unseres Erkenntnisvermögens. Aber sie sind auch nicht nur sprachliche Gebilde. Sie sind es ebensowenig wie beispielsweise Substanzen.[7] Leider ist man immer wieder versucht, darüber hinwegzusehen; Hegel selbst hat einiges zu dieser Versuchung beigetragen, indem er die mentalistische Redeweise der Philosophie seiner Zeit nicht strikt vermied, sondern auch von »objektiven Gedanken«, »reinen Gedankenbestimmungen« und »allgemeinen Denkbestimmungen« als dem Gegenstand seiner Wissenschaft der Logik sprach. Man versteht jedoch so gut wie nichts von Hegels Ausführungen über dialektische Begriffsbewegung, wenn man den Ausdruck »Begriff« in einem primär mentalistischen Sinne nimmt. Besser wäre es wohl zu sagen, der Begriff sei Gegenstand der Kennzeichnung durch den Ausdruck »der Begriff«, sofern diese Kennzeichnung mit ontologischem Anspruch erfolgt. Aber damit wäre – selbst wenn man die Rede von einem ontologischen Anspruch nicht für präzisierungsbedürftig halten müßte – natürlich noch wenig Aufschluß über Hegels Auffassung vom Begriff gegeben. Daher sind hier zunächst einmal einige Charakteristika dieser Auffassung anzuführen. Das technische und extrem fremdartige Vokabular Hegels soll vorläufig möglichst sparsam eingesetzt werden, obwohl der Verzicht auf terminologische Distinktion um den Preis einer enormen Simplifikation erkauft ist.

1. Ebenso wie in Spinozas Philosophie der Terminus »Substanz« ein singulare tantum ist, ist es auch für Hegel der Terminus »Begriff«, sofern dieser Terminus in seiner Grundbedeutung genommen wird. Es gibt also einen und nur einen Begriff, der Gegenstand des kennzeichnenden Ausdrucks »der Begriff« ist.

2. Dieser zunächst ebenso umfassende – »allgemeine« – wie einfache Gegenstand *bestimmt sich;* und zwar in der doppelten Bedeutung des »Sichbestimmens *als* . . .« und des »Sichbestimmens *zu* . . .«.[8] Dasjenige, wozu und als das der Begriff sich bestimmt, sind seine *Begriffsbestimmungen.* Indem der Begriff sich bestimmt, schafft er sich eine Sphäre seiner Realität. Sein Sichbestimmen ist daher zugleich seine *Realisierung.* Charakteristisch für den Begriff selbst im Verhältnis zu seiner Realisierung ist, daß er in ihr seine Identität behält. Er geht nicht über in ein anderes, als er selbst ist, sondern bleibt er selbst in seinen Bestimmungen. So ist vor allem das Allgemeine unverwandelt im mannigfaltigen Besonderen enthalten wie die Materie Stein in einem besonderen Stück Stein oder – noch passender – das Leben in einer besonderen Art von Lebewesen. Hegel nennt daher die Realisierung des Begriffs auch *Entwicklung* und Manifestation.

3. Aber diese Entwicklung vollzieht sich nicht allein als *Besonderung* des ursprünglich nur Allgemeinen; sondern ebenso als ursprüngliche, vom Begriff selbst ausgehende Teilung des zunächst nur Einfachen. Das Resultat dieser Teilung nennt Hegel *Urteil.*

4. Zur Realität des Begriffs gehören nicht nur Begriffsbestimmungen, von denen zu sagen ist, daß der Begriff sich *zu* ihnen bestimmt habe; sondern auch *Beschaffenheiten,* von denen dies nicht gilt. In die Sphäre der Realität fällt solches, das durch das Sichbestimmen des Begriffs nicht vollständig festgelegt ist.[9]

5. Ohne sich zu seinen Beschaffenheiten, die ihm in seiner Realität anhaften, zu bestimmen, ist der Begriff doch das *bewegende Prinzip* – die »Seele« – in *aller* Veränderung, auch in derjenigen der Beschaffenheit. Im großen ganzen muß diese Veränderung also jedenfalls der Gesetzlichkeit des Begriffs folgen.[10]

6. Der Begriff ist zugleich das *Maß* für die Beschaffenheiten, die zu seiner Realität gehören. Sofern die Beschaffenheiten ihm angemessen sind, bilden sie seine *Objektivität.*

7. Der Begriff bestimmt nicht nur sich überhaupt, sondern insbesondere bestimmt er sich zur *Übereinstimmung* mit sich in seiner Objektivität. Er macht sich selbst seiner Realität und die Realität *sich* entsprechend. Das *Maß,* das er ist, muß sich dabei erst noch entwickeln, ebenso wie die Realität. Den zu solcher Übereinstimmung mit sich gekommenen Begriff nennt Hegel die *Idee.*[11]

8. Indem der Begriff sich zu solcher Übereinstimmung bestimmt, gliedert er sich in eine *Mehrheit* von Begriffen, von denen jeder sich mindestens durch die unter Nummer 2, 3, 4, 5 und 6 genannten Charakteristika auszeichnet.

9. Im Prozeß dieser Gliederung bildet sich ein letztes Glied so zum endgültigen Subjekt des ganzen Prozesses aus, aus dem der Begriff hervorging und in dem er sich entwickelte, daß man sagen muß, der Begriff, der sich bestimmt, sei nur ein Vor-Subjekt der Entwicklung gewesen. Die Entwicklung dieses endgültigen Subjekts *aus* dem Begriff – die *»absolute Idee«* – tritt damit an die Stelle der Entwicklung des Begriffs *zur* Idee.[12]

Soviel zu einigen der wichtigsten Gedanken der Hegelschen Metaphysik des Begriffs. Es geht hier nicht darum, für oder gegen diese Metaphysik des Begriffs zu argumentieren. Um dies zu tun, müßte man erörtern, ob es eine Ontologie sub specie sittlicher Verpflichtung geben kann und welche Grundsätze eine solche Ontologie gegebenenfalls aufzustellen hätte. Das steht hier nicht zur Diskussion. Wohl aber läßt sich nun der ontologische Anspruch[13] präzisieren, der mit der Verwendung kennzeichnender Ausdrücke – oder »generischer Deskriptionen« – wie »der Begriff«, »die Substanz« verbunden ist.

Es ist durch Quine üblich geworden, ontologische Fragen als Fragen nach dem, was es gibt, aufzufassen. Orientiert man sich an dieser Auffassung, so wird man sagen müssen: Auf jeder Stufe der spekulativen Deutung, der Hegel in seiner »Logik« metaphysische Grundbegriffe der Tradition unterzieht, ist mit der Verwendung solcher Ausdrücke – in Sätzen, in denen von den Gegenständen der Ausdrücke etwas ausgesagt wird – die vorläufig selbstverständliche Voraussetzung verknüpft, daß es die betreffenden Gegenstände gibt. Keineswegs als selbstverständlich gilt hingegen das Verständnis dessen, *was* und welcher der jeweils vorausgesetzte Gegenstand eigentlich ist; und wohl auch nicht der Sinn, in dem es ihn *»gibt«*. Der ontologische Existenzanspruch ist verknüpft mit einer Explikations- und Präzisierungsforderung bezüglich der Termini, die der Kennzeichnung dessen dienen, wofür er erhoben wird. Doch liegt seine spezifisch Hegelsche Pointe noch nicht hierin. Der ontologische Anspruch ist in Hegels Sicht vor allem dadurch ausgezeichnet, daß er beim Versuch der Erfüllung der beiden anderen Forderungen ein Schicksal erleidet, das der stufenweisen Herstellung des endgültigen Subjekts entspricht, von der die Rede war. Anstatt daß im Verlauf der systematischen Untersuchung und Deutung metaphysischer Grundbegriffe der Tradition ein einzelner ontologischer Anspruch friedlich neben andere solche Ansprüche treten könnte, um schließlich einen komplexen Anspruch bezüglich der Existenz vieler selbständiger Entitäten zu ergeben, stellt sich im Versuch, die Explikations- und Präzisierungsforderung zu erfüllen, immer wieder heraus, daß die mit dem kennzeichnenden Ausdruck verbundene, selbstverständlich erhobene Existenzvoraussetzung allenfalls präzisiert und modifiziert aufrecht erhalten werden kann: sie betrifft weder ein selbständig Existierendes noch ein letztes Subjekt von Eigenschaften, die ihm zugeschrieben werden; vielleicht sogar nicht einmal etwas, das sich in einem vollen denotativen Sinn kennzeichnen läßt – abstraktes Moment, das es *an* etwas anderem ist, nämlich an dem sich bildenden endgültigen Subjekt. Der ontologische Anspruch ist daher so lange vorläufig – wenngleich selbstverständlich erhoben –, bis ein letztes Subjekt aller behaupteten, Vor-Subjekten zugeordneten Prozesse Gegenstand der Kennzeichnung geworden ist. Es ist schwer zu sagen, ob man Hegels Auffassung besser gerecht wird mit der Behauptung, am Ende der ganzen Untersuchung metaphysischer Grundbegriffe werde der ontologische Anspruch nur noch in Bezug auf einen einzigen Gegenstand – den letzten nämlich – aufrecht erhalten; oder ob behauptet werden darf, die früher erhobenen Ansprüche blieben – modifiziert und vom letzten Anspruch abhängig gemacht – am Ende bestehen.[14] Jedenfalls stehen sie nicht unverbunden nebeneinander; und gewiß haben sie auch nicht denselben Sinn wie jener letzte. Sie haben übrigens, falls sie noch bestehen, auch sicherlich nicht alle denselben Sinn wie Existenzansprüche bezüglich solcher Entitäten, von denen es – wie von Klassen oder vereinzelten Individuen – unbestimmt viele gibt.

2. *Die Perspektive des Hegelschen Dialektik-Verständnisses*

Von den Grundzügen der Metaphysik des Begriffs aus kann man ohne Schwierigkeit den Gesichtspunkt angeben, unter dem Hegel von Dialektik redet. Dialektik ist das Sichbestimmen eines Begriffs, der Idee ist; genauer *des* Begriffs, *insofern* er die absolute Idee als adäquater Begriff und letztes Subjekt der Begriffsentwicklung ist. Dieser Begriff ist die Übereinstimmung mit sich in seiner Objektivität nun in *der* Weise, daß in diesem Begriff das Übereinstimmendsein *selbst* begriffen ist. Deshalb kann Hegel auch sagen, dieser Begriff sei *sich wissender* Begriff. Aber als in dieser Weise sich wissender bleibt er ebenso nicht-mentaler Gegenstand einer Kennzeichnung wie die Substanz des Spinozisten. Man sollte, um Mißverständnisse zu vermeiden, daher besser sagen: *denjenigen* Begriff, mit dem wir es nun zu tun haben, zeichnet aus, daß nicht nur die Realität des Begriffs und *der* Begriff sich im Sollzustand befinden, sondern auch das Verhältnis des *besonderen* Begriffs, mit dem wir es hier zu tun haben, zu *dem* Begriff. Auch dieser besondere Begriff ist Sich-bestimmen. Aber sein Sichbestimmen ist keineswegs eine denkende Tätigkeit, die *wir* als endliche, sprechende Wesen ausüben oder gar die Kunst der Verrichtung solcher Tätigkeit; sondern es ist die Tätigkeit dieses ausgezeichneten Gegenstandes unserer Kennzeichnung selbst. Das zum griechischen Eigenschaftswort διαλεκτική zu ergänzende Substantiv ist daher auch nicht τέχνη – wie bei Sokrates und Plato; es sei denn, man verstehe diese τέχνη in einem Pickwickschen Sinn als das *know how* des gekennzeichneten Gegenstandes – des Begriffs – selbst. Es wäre auch irreführend, wenn wir kurzerhand das Substantiv ἐπιστήμη, Wissen, ergänzen wollten; jedenfalls ist auch dies nicht die primäre Ergänzung, die wir vorzunehmen haben. Wenn wir uns passender Termini aus dem Griechischen zur Ergänzung bedienen wollen, so müssen wir die Substantive ἀρχή, Prinzip, Ursprung, und κίνησις, Bewegung, wählen. Dialektik ist für Hegel primär ἀρχή κινήσεως, Prinzip einer bestimmten Bewegung. In Übertragung des Charakteristischen vom Bewegungs*ursprung* auf die Bewegung, die aus dem Ursprung *hervorgeht*, ist das Dialektische dann auch diese bestimmte, aus dem Ursprung hervorgehende Bewegung selbst. So formuliert Hegel etwa: »Das bewegende Prinzip des Begriffs, als die Besonderungen des Allgemeinen nicht nur auflösend, sondern auch hervorbringend, heiße ich die *Dialektik*.«[15] und: »Das Dialektische ist die Bewegung und Verwirrung jener festen Bestimmtheiten« (nämlich der sogenannten Verstandesbestimmungen, die Besonderungen des Allgemeinen sind).[16] Um was für einen Bewegungsursprung und um eine wie bestimmte Bewegung es sich hier handelt, ist zu zeigen, wenn man Hegels Dialektik als Begriffsbewegung interpretieren will.

3. Die Schwierigkeit, Dialektik als Darstellungsweise zu explizieren

Von der Metaphysik des Begriffs aus ist nun auch leicht zu sehen: Im Verhältnis zur dialektischen Bewegung des Gegenstandes einer Kennzeichnung bleibt unserem endlichen Denken und Sprechen weder die Aufgabe, diese Bewegung in Gang zu bringen, noch die Aufgabe, die Bewegung durch unsere Tätigkeit auszuführen. Dieser Bewegung haben wir gleichsam nur *zuzusehen*, ohne unsererseits eine Zutat hinzuzufügen.[17] Wir werden ihr nur gerecht, wenn wir von allen subjektiven Intentionen des Denkens und Sprechens *ablassen*.[18] Man kann im Rahmen der Hegelschen Philosophie für die Anweisung, der Bewegung des Begriffs nur zuzusehen, sehr respektable Gründe anführen. Aber es leuchtet wohl ein, daß diese Anweisung sich schlecht verträgt mit anderen Anweisungen, die dahin gehen würden, uns zu sagen, welchen der Bewegung des Begriffs entsprechenden Gebrauch wir von unserer Sprachkompetenz zu machen haben. Denn solche Anweisungen würden uns ja gerade auf selbstbezogene Intentionen bringen und auf Methode im Sinn eines subjektiven Instruments, diese Intentionen regelgeleitet zu verfolgen. Das ist die Schwierigkeit, vor der Hegel steht, wenn es um die Explikation der Weise geht, in der sich Dialektik umsetzt in charakteristische Verfahren der Rede über den sich entwickelnden Begriff und der Darstellung seiner dialektischen Bewegung. Es ist auch das Dilemma, in dem man sich mit der Charakterisierung, Interpretation und Beurteilung dialektischer *Darstellung* bei Hegel befindet. Man könnte zeigen, daß dieses Dilemma zu paradoxen Beschreibungen unserer Tätigkeit und paradoxen Anweisungen nötigt, sobald jemand darüber hinausgeht, unser angemessenes Verhältnis zur Eigentätigkeit des Gegenstandes als ein Zusehen zu fassen.

III
Grundzüge einer Interpretation

Selbst wenn man voraussetzt, daß Dialektik uns heute in besonderem Maß als Darstellungsweise interessiert, wird man Hegels Auffassung von Dialektik in der für Hegel eigentümlichen Perspektive, und damit also vor allem als Begriffsbewegung untersuchen müssen, solange es um Interpretation und nicht in erster Linie um eine Explikation unter Zwecken geht, die der Hegelschen Philosophie extern sind. Die Hauptfrage soll daher im folgenden sein: Was kann man aufgrund der Hegelschen Begriffsmetaphysik vom Ursprung und der Natur der Begriffsbewegung verstehen? Erst im Anschluß an die Antwort hierauf sollte man überlegen, ob und wie sich die dialektische Begriffsbewegung in der sprachlichen Darstellung philosophischer Stoffe auf eigentümliche Weise niederzuschlagen vermag. Erst dann also ist zu fragen, ob es typische Formen sprachlicher Äußerungen, sowie bestimmte semantische Eigenschaften oder äußerungspragmatische Leistungen einer philosophischen Sprache gibt, von denen man sagen kann, sie brächten jene Begriffsbewegung zum Ausdruck; in solchen Formen werde nicht nur *über* die Begriffsbewegung geredet, sondern in ihnen werde dem Kern philosophischer Theorien eine Bewegung angetan, die das Gegenstück zu der von Hegel behaupteten dialektischen Bewegung der Gegenstände solcher Theorien ist. Erst in diesem Zusammenhang wäre auch zu prüfen, ob das wenige an Gedanken, das Hegel hierzu entwickelt hat, einer Überprüfung standhält. Diese Fragen kommen im folgenden nur en passant zur Behandlung.

1. Zum Grundsätzlichen

Eine der wichtigsten Intentionen Hegels ist, den letzten Begriff in der Gliederungsreihe des Begriffs so zu kennzeichnen, daß dabei die besondere Weise berücksichtigt wird, auf die dieser Begriff in seiner Objektivität mit sich übereinstimmt. Durch diese Übereinstimmung nämlich zeichnet er sich aus gegenüber den anderen Gliedern der Entwicklung *des* Begriffs, die selbst Begriffe sind.[19] Hegel geht bei dieser Kennzeichnung so vor, daß er die wichtigsten Charaktere der Entwicklung des Begriffs überhaupt (der noch nicht in seiner Objektivität zur Übereinstimmung mit sich gebracht ist und daher auch subjektiver Begriff genannt wird) komplettiert durch weitere Charaktere, die sich zu jenen gegensätzlich verhalten. Dadurch soll, was jene Charaktere Einseitiges und darum Mangelhaftes an sich hatten, korrigiert werden. Aber es ist wichtig, im Auge zu behalten, daß diese Korrektur *innerhalb* des durch die Bestimmungen des Begriffs überhaupt vorgegebenen Rahmens erfolgt. Man versteht also am besten, was Hegel unternimmt, wenn man jeweils die korrigierenden Schritte und dasjenige, woran sie erfolgen, kenntlich macht. Ich will dies zu tun versuchen für die Dialektik – verstanden als Ursprung der Begriffsbewegung und als diese Bewegung selbst. An einigen, mir besonders wichtig erscheinenden Stellen werde ich innehalten und einen Seitenblick auf die *Weise* wagen, in der die von Hegel behauptete Bewegung und ihr Ursprung sich an dialektisch behandelten Stoffen *darstellen.*

2. *Der Bewegungsursprung*

a) Konzentrieren wir uns zunächst auf den *Bewegungsursprung* und erinnern wir uns an die zitierte Formulierung, das bewegende Prinzip des Begriffs, als die Besonderungen des Allgemeinen nicht nur auflösend, sondern auch hervorbringend, heiße die Dialektik.[20] Die Formulierung zeigt, daß dieser Ursprung Prinzip einer *doppelten* Bewegung sein soll: derjenigen, in der die Bestimmungen, die die Besonderungen des Allgemeinen sind, aufgelöst werden; und derjenigen, in der diese Besonderungen hervorgebracht werden. Falls der Ursprung nicht beide Bewegungen zugleich zustande bringen kann und wir der Bewegung, wie gefordert, *zusehen* wollen, müssen wir uns also *zweimal* mit ihm beschäftigen. Allerdings dürfen wir uns genau genommen erst dann zufrieden geben, wenn wir bemerken, daß es sich beide Male um ein und *denselben* Bewegungsursprung handelt.

Haben wir es mit einem Ursprung zu tun, der beide Bewegungen *zugleich* leisten kann oder nicht? Hegel spricht von *Entwicklung* des Begriffs. Das Auszeichnende einer Entwicklung besteht darin, daß das Subjekt der Entwicklung im Verlauf des Entwicklungsprozesses unter gewissen, angemessenen Beschreibungen identisch dasselbe bleibt – im Unterschied beispielsweise zu einer Verwandlung – und allenfalls von einem Vor-Subjekt zum endgültigen Subjekt wechselt; daß es ferner nicht nur als unbestimmtes Etwas numerisch identisch bleibt, wie zum Beispiel das Subjekt von Veränderung; sondern daß auch sein struktureller Kern in aller Veränderung derselbe bleibt; und daß schließlich die am Subjekt stattfindende Veränderung nicht nur äußerlich oder bloß graduell ist wie bei einem Fortschritt, sondern die ganze Struktur betrifft, ohne doch zu hindern, daß der »Begriff« als das Subjekt der Entwicklung in dieser seiner Entwicklung sich erhält. Ein konkretes Beispiel, ja das *Standard*beispiel an einem individuellen Gegenstand stattfindender Entwicklung ist die Entwicklung eines Lebewesens. Man ist geneigt, solche Entwicklung als Differenzierung – also in gewissem Sinn als Besonderung des Allgemeinen – und Integration – also, wenn man so will: als Auflösung der Besonderung – zu beschreiben. Und man wird wohl auch sagen, beides vollziehe sich in *einem;* nicht nur aus demselben Prinzip, sondern auch zugleich. Entwicklung des Begriffs verträgt sich also durchaus mit einem Entwicklungsursprung, aus dem beide gegenläufigen Entwicklungstendenzen sich zugleich realisieren. Dementsprechend bemüht sich Hegel auch, die Entwicklung des »formellen« Begriffs unter dem Doppelaspekt zunehmender Differenzierung und wachsender Durchdringung seiner selbst zu beschreiben.

Aber das ist nur die halbe Wahrheit. Um die andere Hälfte zu erfassen, sollte man sich der Hegelschen Intention erinnern: *denjenigen* Begriff zu kennzeichnen, der[21] sich nicht nur in Übereinstimmung mit seiner Objektivität befindet, sondern sich auch *als* Begriff in einer mit seiner Objektivität übereinstimmenden Weise bestimmt. Die Weise des Begriffs, sich zu entwickeln, muß darum nun durch eine besondere Berücksichtigung der Objektivität modifiziert sein. Dieser Forderung trägt Hegel sprachlich bereits dadurch Rechnung, daß er nicht mehr einfach von Begriffsentwicklung spricht, sondern von einer Begriffsentwicklung, die Begriffs*bewegung* ist. Auch von etwas, das sich bewegt – einem räumlich Bewegten etwa – mag man sagen, seine Bewegung unterliege gegenläufigen Tendenzen; zum Beispiel der Tendenz, sich von einem Punkt a zu entfernen, und der Tendenz, sich a anzunähern, sofern es nämlich eine kreisförmige Bewegung beschreibt. Aber es gibt keinen guten Sinn zu sagen, diese Tendenzen könnten sich gleichzeitig im selben Maß durchsetzen. Sofern wir es mit einer doppelten Begriffs*bewegung* zu tun haben, der wir folgen wollen, werden wir uns mit deren Ursprung also *zweimal* beschäftigen müssen. Dementsprechend sagt Hegel auch *zunächst* von demjenigen, das den *Anfang* macht, es habe *in ihm selbst* den Anfang des Fortgehens und der Entwicklung;[22] und später, *nachdem* die erste Hälfte der Entwicklung beschrieben wurde, heißt es von der in der Entwicklung nun erreichten *Phase*, sie sei »der innerste Quell aller Tätigkeit, lebendiger und geistiger Selbstbewegung, die dialektische Seele . . .«.[23]

b) Der Vergleich beider Stellen vermag noch etwas anderes zu zeigen, das für das Verständnis des Ursprungs der Begriffsbewegung wichtig ist: Nicht am Anfang, sondern erst in der zweiten Phase der Bewegung kommt voll zum Vorschein, *was* der Bewegungsursprung ist. Denn hier haben wir eine in die Realisierung des Begriffs fallende Begriffsbestimmung, die *selbst* der Ursprung der Bewegung ist. Wir dürfen daher nicht erwarten, schon am Anfang unzweideutig sagen zu können, worin der Bewegungsursprung besteht, und den Ursprung der einen Bewegung mit demjenigen der anderen identifizieren zu können. Wohl aber können wir überlegen, *warum* dasjenige, welches den Anfang macht, den Bewegungsursprung in sich enthält. Das sollten wir nun tun. Dazu ist zunächst zur Kenntnis zu nehmen, welches Moment des Begriffs dasjenige ist, das den Anfang macht; und es ist zu überlegen, was für dieses Moment charakteristisch ist gemäß der Strategie, den in Übereinstimmung mit seiner *Objektivität* sich bestimmenden Begriff zu charakterisieren. Den Grundgedanken der Metaphysik des Begriffs gemäß ist dies den Anfang Machende das *Allgemeine* und *Einfache*.[24] So auch hier: »Der Anfang hat keine andere Bestimmtheit als die, das Einfache und Allgemeine zu sein«.[25] Allerdings ist dieses Allgemeine in beiden Fällen nicht nur ein abstraktes Merkmal, das demjenigen, welches unter es fällt, gemeinsam ist. Es ist kein leeres Allgemeines, sondern es ist – das eine Mal: »das Einfache, welches ebensosehr das *Reichste in sich selbst* ist, weil es der Begriff ist«; das andere Mal: »das objektiv Allgemeine, das heißt, das *an sich* konkrete Totalität ist, aber sie noch nicht *gesetzt,* noch nicht *für sich*«.[26] Hinsichtlich der Annahme, daß das Allgemeine kein abstrahiertes Merkmal ist, stimmen die beiden Zitate überein.[27]

In beiden Zitaten kommt aber auch bereits eine Differenz zum Ausdruck, die uns auf den Bewegungsursprung führen wird. Im Allgemeinen, wie es noch *nicht objektiv* Allgemeines, sondern *ebensosehr* das Reichste in sich selbst ist, sind Unterschied und Bestimmtheit nur ein *Schein.*[28] Nicht nur ein Schein sind sie beim objektiv Allgemeinen, das *an sich* konkrete Totalität ist. Dies läßt prima vista das objektiv Allgemeine dem Ende der Entwicklung des Begriffs nahe erscheinen. Genau genommen aber zeigt sich daran gerade, was ihm noch fehlt: Wir erinnern uns, daß nach der Metaphysik des Begriffs der Begriff *Maß* seiner Beschaffenheit ist. Nun aber befindet sich das Allgemeine als objektiv Allgemeines durch sich selbst in einer Verfassung, die seinem eigenen Maßstab nicht angemessen ist. Allerdings verhält es sich hier nicht so wie bei einer beliebigen Instanz des Begriffs oder gar wie bei irgendeinem Existierenden; der Begriff ist nicht mit irgendwelchen Beschaffenheiten behaftet, wegen deren man sagen mag, es liege ein Mangel an ihm vor – wie zum Beispiel an einem Haus ohne Dach; sondern der Begriff ist nun *als* in Übereinstimmung mit seiner Objektivität befindlicher »*an ihm selbst* das Mangelhafte und mit dem *Trieb* begabt, sich weiterzuführen«.[29] Verschwunden aus dem Prozeß der adaequatio ist der Mangel nun sozusagen in den Begriff selbst eingedrungen und zu seiner eigenen Unruhe geworden. *Darum* also enthält das, was den Anfang macht und insofern ein Unmittelbares ist, den Bewegungsursprung in sich. In drastischer und sehr problematischer Verkürzung formuliert Hegel auch: »Das unmittelbar Allgemeine ist als der Begriff *an sich* die *Dialektik*, an ihm selbst seine Unmittelbarkeit und Allgemeinheit zu einem Momente herabzusetzen«. Soviel zum Bewegungsursprung, sofern er uns das erstemal beschäftigen muß.

c) Werfen wir an dieser Stelle einen kurzen Blick auf die Weise, in der sich dieser gewiß nicht unproblematische Gedanke bei der dialektischen Behandlung irgendwelcher Stoffe *darstellt.* Jedem Leser systematisch organisierter Hegelscher Texte muß auffallen, daß man zu Beginn der Darstellung eines bestimmten Themas oder Stoffes – zum Beispiel des Bewußtseins oder des Rechts – mit Ausführungen zu dem versehen wird, das für den Gegenstand der Darstellung ganz im allgemeinen charakteristisch ist. Dann aber – ohne daß eine *spezifizierende Differenz* in die allgemeine Vorstellung des zuvor behandelten Gegenstandes eingeführt würde – wird dem Leser plötzlich zugemutet, allein aufgrund des Hinweises, man habe es noch mit dem Gegenstand in seiner *Unmittelbarkeit* zu tun, einzusehen, daß der behandelte Gegenstand *zunächst* eine bestimmte *Instanz* des zuvor im allgemeinen Charakterisierten ist: zum Beispiel sinnliche Gewißheit; oder das Recht, das Personen an Sachen haben. Es ist klar und von Hegel oft betont worden, daß dieses Vorgehen mit unseren üblichen

Vorstellungen des Fortgangs vom Allgemeineren zum Besonderen unverträglich ist. Wir könnten ihm aber vielleicht wenigstens teilweise Gerechtigkeit widerfahren lassen, wenn wir die Bedingungen anzugeben vermöchten, unter denen im Verlauf eines Diskurses nicht mehr im allgemeinen über einen Gegenstand der Rede verhandelt werden sollte, sondern nur noch anhand eines Standardbereichs aus dem Bereich derjenigen Dinge, die zu diesem Gegenstand gehören. In dieser Richtung, vermute ich, müßte man Hegels merkwürdiges Theorem der Selbstherabsetzung des Allgemeinen diskutierbar machen. Eigentümlich und zu besonderen Überlegungen Anlaß gebend ist jedoch, daß bei dieser Selbstherabsetzung des Allgemeinen die Klasse der zum Gegenstand einer Rede gehörigen Dinge noch gar nicht eindeutig durch einen Ausdruck umrissen ist. Sie wird nur durch eine am Anfang exponierte begriffliche Struktur und durch einen ins Auge gefaßten Standardbereich von Phänomenen gegeben.

3. Die Bewegung vom Ersten zum Zweiten

a) Kommen wir nun zur Bewegung selbst und sehen wir vorerst von Gesichtspunkten ihrer Darstellung wieder ab. Es wurde beiläufig schon gesagt, daß die Begriffsentwicklung als Begriffs*bewegung* plausiblerweise die Eigenschaft hat, von *einem* zu einem anderen fortzugehen. Was besagt das? Was besagt es insbesondere für den Charakter der Begriffsentwicklung, mit der wir es hier zu tun haben? Zunächst einmal: Entwicklung ist ein Sichbestimmen von etwas, das hierbei *in sich* bleibt. Der abstrakte Standardfall solcher Entwicklung ist das Sichbestimmen des Allgemeinen zu seiner Besonderung. Nun aber soll den *Sonder*bedingungen einer durch Übereinstimmung mit Objektivität ausgezeichneten Entwicklung Rechnung getragen werden. Unter diesen ausgezeichneten Bedingungen muß das Allgemeine – der Begriff – sich nicht nur besondern, sondern sich als das *Negative* und/oder als das *Andere* seiner selbst setzen.[30] Der allgemeinen Metaphysik des Begriffs zufolge leistet der Begriff dies als *ursprüngliche Teilung* seiner, deren Resultat das *Urteil* im Hegelschen Sinne ist.[31] Das Urteil in diesem Sinne eines nichtmentalen Gegenstandes metaphysischer Kennzeichnung zeichnet sich durch drei grundlegende Charakteristika aus:

1. Es ist ursprüngliche Teilung – *Ur*-Teilung – eines zuvor Ungeschiedenen;

2. die Momente des geteilten Gegenstandes sind *gleichgültig* gegeneinander und jedes *für sich;*

3. die *Einheit* des Gegenstandes ist nur noch eine *äußerliche* Beziehung.

Wieder haben wir zu fragen, wie sich diese grundlegenden Charakteristika nun modifizieren. Ich kann die Antwort nur andeuten, indem ich von dem bereits vorher – am Fall des Anfangs – als spezifisch Erkannten ausgehe.

1. Dort war der Unterschied nicht mehr nur ein Schein, sondern an sich schon vorhanden. So müssen wir nun wohl sagen, daß es sich hier nicht um die allererst eintretende Teilung handelt, sondern nur um das – im Begriff – Gesetztwerden eines an sich schon geteilt *Gewesenen.* Ganz entsprechend formuliert auch Hegel: »Der Fortgang ist das gesetzte *Urteil* der Idee«.[32]

2. Im Urteil überhaupt sind die aufeinander Bezogenen verschiedene und *bleiben* es. Der *Begriff* ist nicht mehr die gesetzte Einheit der Bezogenen.[33] Hier aber sind »die Unterschiedenen« nur *»zunächst Verschiedene«.*[34] Und der Begriff bleibt »als Subjekt auch die *Einheit* dieser Verschiedenen«.[35]

3. Die äußere Beziehung ist hier nicht nur die Beziehung der Kopula, die das Wörtchen »ist« darstellt, sondern sie ist »die Notwendigkeit des Zusammenhanges und die immanente Entstehung der Unterschiede«.[36] Diese Notwendigkeit – deutlicher wäre zu sagen: Unumgänglichkeit – soll sich in der Abhandlung des Stoffes vorfinden, in dem »ein allgemeines Erstes *an und für sich betrachtet* sich als das Andere seiner selbst zeigt«.[37] Sobald es sich als solches gezeigt hat, ist die Begriffsbewegung bei einem Zweiten angelangt.

b) Ich muß es mir versagen zu erörtern, warum dieses Zweite auch als das Negative des Ersten (als des Positiven) und damit als Entgegengesetztes angesprochen wird, und komme gleich wieder zu einem Seitenblick auf die Darstellungsweise. Das Problem, das sich hier stellt, scheint mir folgendes zu sein: Kann man verstehen, daß der Fortgang eines Diskurses von einem ersten Gegenstand der Rede zu einem zweiten zwingend motiviert sein mag, *ohne* daß dieser Fortgang um eines dritten willen erfolgt? Wenn Hegels Metaphysik der Begriffsbewegung irgendeinen darstellungstheoretischen Sinn haben soll, müßten wir dazu imstande sein. Die Frage ist in der bisherigen Hegel-Literatur so gut wie nicht gestellt worden. Wo sie gestreift wurde, hat man versucht, sich ihrer mittels der Hegelschen Theorie des sogenannten spekulativen Satzes zu entledigen. Ich halte die Vernachlässigung der Frage für ebenso bedauerlich wie mir das Theorem des spekulativen Satzes unhaltbar scheint und überdies unfähig, das Problem zu lösen.[38] Hegel meint, in Sätzen der Form »Das (Soundso) ist das (und das)« sei der erste substantivische Ausdruck Subjekt und der zweite Prädikat, und im spekulativen Satz habe es eben mit dem Verhältnis dieser beiden zueinander eine besondere Bewandtnis. In Wahrheit aber ist natürlich der zweite mit dem bestimmten Artikel verbundene Ausdruck ebensowenig Prädikat des Satzes wie der erste. Beide Ausdrücke sind Kennzeichnungen, Hinweise auf den Gegenstand der Rede; sie sind durch ein wörtlich nicht angeführtes Prädikat zu ergänzen.

Die Verwendung solcher mehrfacher Referenz und die Verkettung von Sätzen mit mehrfacher Referenz sind für Hegels Sprache außerordentlich charakteristisch. In diesem Umstand scheint mir ein Ansatz gelegen zu sein für die Beantwortung der Frage, wie denn in der Darstellung der Fortgang von einem ersten Gegenstand der Rede zu einem zweiten *unaufhaltsam* gemacht werden kann.[38a] Man muß hierzu annehmen, daß die ersten und die zweiten Hinweise solcher Sätze nicht *dieselbe* referentielle Funktion haben und daß sie nicht *in gleicher* Weise deskriptorische Bestandteile enthalten, die vom Gegenstand der Rede prädikativ gebraucht werden könnten. Dann lassen sich Bedingungen denken, unter denen wir beim Versuch, den Gegenstand der Rede erfolgreich zu fixieren, unversehens und unvermeidlich zu einer Referenz gelangen, von der wir uns eingestehen müssen, daß man mit ihr einen anderen Gegenstand zu fixieren versucht. Grundbedingung dafür ist allerdings, daß die deskriptorischen Bestandteile der referentiellen Ausdrücke zu *vage* sind, um eine erfolgreiche, eindeutige Referenz zu gewährleisten. Aber gerade dies ist bei den Ausdrücken der Philosophie und insbesondere im Verhältnis zu den Gegenständen der Metaphysik besonders wahrscheinlich.

4. *Vom Zweiten bis zum Wendungspunkt*

a) Bis jetzt wurde nur vom Fortgang gesprochen, sofern er das *erste* Besondere über sich *hinaus* zu einem *zweiten* führt. Charakteristisch für Hegels Auffassung von dialektischer Begriffsbewegung ist aber nicht nur diese Etappe des Fortgangs; sondern mindestens ebenso sehr, daß das zweite eine *Bewegung in sich* ist. In dieser Bewegung bildet sich ein Gegenstand, der wesentlich *Verhältnis* ist, fort zu einem in sich selbst *Entgegengesetzten*, um schließlich nach vielen Metamorphosen wieder zu einem *Einfachen* zu werden, wie es das anfängliche, unmittelbare Allgemeine war. Auch von dieser Bewegung kann man einiges verstehen, wenn man das Verfahren fortsetzt, von dem ich mich bisher habe leiten lassen. Man muß dazu differenzieren, was Hegel zur Entwicklung des Urteils überhaupt sagt und wieder nach dem oben aufgestellten Grundsatz verfahren.

Worin diese Bewegungsphase im einzelnen besteht, kann hier allerdings nur noch summarisch angegeben werden. Vor allem das folgende Zitat ist zu interpretieren:

> »Die zweite Bestimmung . . . ist das Negative, *aber des Positiven,* und schließt dasselbe in sich. Sie ist also das *Andere* nicht als von einem, wogegen sie gleichgültig ist, . . . sondern das *Andere an sich* selbst, das *Andere eines Andern;* darum schließt sie *ihr* eigenes Anderes in sich und ist somit *als der Widerspruch die gesetzte Dialektik ihrer selbst.* . . . Die betrachtete Negativität macht nun den *Wendungspunkt* der Bewegung des Begriffes aus. Sie ist der *einfache Punkt der negativen* Beziehung auf sich . . .«[39]

Ich möchte auf dreierlei aufmerksam machen:

1. Die Phase der dialektischen Bewegung, in der Besonderungen des Allgemeinen hervorgehen,[40] findet nicht schon mit dem Fortgang vom Ersten zum Zweiten ihr Ende, sondern allererst in demjenigen, das unser Zitat als den *Wendungspunkt* in der Bewegung des Begriffs anspricht.[41] Wenn wir Hegels Darstellung derjenigen Gegenstände ins Auge fassen, die behandelt werden im jeweils zweiten Glied einer Einteilung – sei's im zweiten Teil eines ganzen Werks, im zweiten Abschnitt, im zweiten Kapitel oder in irgendeinem zweiten Unterabschnitt –, so werden wir vor allem darauf zu achten haben, wie in diesen Kontexten gezeigt wird, daß sich feste, grundlegende Unterschiede herausbilden.

2. Die Bewegung, die nach Hegels Auffassung *innerhalb* des Zweiten stattfindet, zeichnet sich gegenüber derjenigen, die vom Ersten *zum* Zweiten führte, dadurch aus, daß das Zweite – obwohl zunächst nur als einfache Bestimmung vorhanden, die auch als solche genommen werden kann – in Wahrheit und ohne daß zu einem anderen fortgegangen werden müßte, ein in sich *Geteiltes* ist und dann auch alsbald eine Beziehung zweier oder ein Verhältnis; aber nicht ein Verhältnis stets gegeneinander neutraler, gleichgültiger Relate, die in ihrer Beziehung ebenso gut nicht stehen könnten; sondern eine spannungsvolle Beziehung solcher, zu deren Wesen es gehört, einen Gegensatz zu bilden oder auszubilden.[42] Die weitere Bewegung geht nicht vom Einfachen aus, das nur *an sich* einen Unterschied in sich enthält, sondern vom Geteilten. Wenn wir der Darstellung eines zu dieser Bewegungsphase gehörenden Stoffes folgen, ist vor allem festzustellen, ob und wie sich im Fortgang der Gegensatz *verschärft.*

3. Doch Hegels wichtigste Intention geht nun bereits dahin zu zeigen, daß *in* der äußersten Zuspitzung des Gegensatzes – in dem, was Hegel Widerspruch nennt – die *einfache* Einheit wiederkehrt; und zwar erstmals – gleichsam punktuell – in einer Bestimmung, die Negativität – später genauer auch: *absolute Negativität* – genannt wird. An unserer Zitatstelle nennt Hegel sie den einfachen Punkt der negativen Beziehung auf sich. Mit diesem Punkt beginnt eine neue Phase der Bewegung im Zweiten. In ihr lösen sich die entstandenen Besonderungen wieder auf. Die Bewegung des Begriffs verläuft von hier aus also in einer Richtung, die entgegengesetzt ist derjenigen der ganzen vorangegangenen Bewegung, in der sich die Besonderungen ausgebildet haben. Von daher ist zu verstehen, daß der erwähnte Punkt »Wendungspunkt« genannt wird. Die absolute Negativität, die diesen Wendungspunkt in der Bewegung des Begriffs ausmacht, ist der »innerste Quell aller Tätigkeit«, wenn man sagen kann, die ganze bisherige Bewegung komme ebensogut von diesem ihrem Ende her wie die nun einsetzende, gegenläufige Bewegung von ihm ausgehe. Hinsichtlich der Darstellung eines Stoffes, dessen Begriff sich in dieser Bewegungsphase befindet, ist damit allerdings noch nichts gesagt. Es liegt aber nahe anzunehmen, daß die Hauptfrage in dieser Hinsicht nun sein wird, wie man – zunächst unbeschadet der Berücksichtigung des zugespitztesten Gegensatzes – eine solche Einheit wird namhaft machen können.

b) Wie kommt es zu dieser Wiederkehr des Einfachen und was ist darunter zu verstehen? Unser kurzes Zitatstück versucht die Antwort zu geben, indem es die wichtigsten Bestimmungen der Hegelschen Metaphysik wie die Stimmen in der Engführung einer musikalischen Fuge auf kleinstmöglichen Raum zusammendrängt. Hegel kombiniert hier Ausdrücke, die der Beschreibung eines wesentlichen Gegensatzes und seiner Glieder dienen – »Positives«, »Negatives« – und Ausdrücke zur Beschreibung von Bewegung – »Anderes«, »Anderes an sich« – mit einer ganz unscheinbar gewordenen Charakterisierung des zum Begriff Gehörigen: »schließt in sich«. In dieser Kombination versteht es sich für Hegel geradezu von selbst, daß das Zweite im Fortgang der Begriffsbewegung auch als *Widerspruch*[43] anzusprechen ist. Betonen möchte Hegel dagegen, daß die zweite Bestimmung als derjenige Widerspruch, um den es sich hier handelt, die gesetzte Dialektik ihrer selbst ist. Man versteht jedoch besser, was das letztere heißen soll, wenn man sich zuvor klargemacht hat, inwiefern und in welchem Sinne die zweite Bestimmung als Widerspruch bezeichnet werden kann. Anleitung hierzu geben die unmittelbar vorausgehenden Formulierungen des Zitats, wenn man sich zugleich in Erinnerung ruft, was Hegel im Zusammenhang der Abhandlung des wesentlichen Gegensatzes unter Widerspruch verstand.

Widerspruch hieß in diesem Zusammenhang die Tätigkeit von Gliedern eines polaren Gegensatzes, ihre eigene Selbständigkeit aus sich auszuschließen.[44]

Nun haben wir im Zweiten eine Bestimmung, die – als negative – der ersten, auf die sie folgt, polar entgegengesetzt ist. Aber sie ist nicht nur das Negative im *Verhältnis* zu einem inzwischen nicht mehr in Rede stehenden *Positiven,* sondern – entsprechend der Immanenz des Begriffs, in dessen Sphäre wir uns befinden – das Negative *des* Positiven. Der Terminus, der sie zum Ausdruck bringt, ist nun in einer Bedeutung zu nehmen, die so innig mit derjenigen des Terminus für seinen polaren Gegensatz verbunden ist wie in zugespitzten Formulierungen, in denen wir den einen als genitivus subjectivus des anderen gebrauchen; beispielsweise wenn wir von der Außenwelt der Innenwelt sprechen oder von der Finsternis des grellen Lichts, das jemanden in einer bestimmten Situation umgab. Angesichts einer so engen Verbindung der Referenten zweier singulärer Termini ist es nicht mehr überraschend, wenn von ihnen gesagt wird, der eine *schließe* den anderen *in sich*.[45]

Aus früher Gesagtem darf vorausgesetzt werden, daß die zweite Bestimmung auch als das Andere der ersten anzusprechen ist. Nachdem nun aber die innige Verbindung der beiden für ausgemacht gilt, ist das Andere dieses Anderen nicht mehr irgendeines aus einer unbestimmten Mannigfaltigkeit. Es ist für die zweite Bestimmung auch kein Beliebiges mehr, gegen das sie gleichgültig ist; und keines, das ihr wesensfremd wäre. Vielmehr ist die zweite Bestimmung *an sich* das Andere. Es ist wesentliche Bestimmung ihrer selbst, das Andere zu sein. Ebenso gehört nun zum Anderen ihrer wesentlich dies, Anderes zu sein. Insofern ist die zweite Bestimmung in spezifischer Weise das *Andere* eines *Anderen*. Das Andere ihrer ist ferner ein einziges, wohlbestimmtes. Sie ist daher das Andere *eines* (und nur eines) Anderen. Und dies Andere ist das *eigene* der zweiten Bestimmung. Diese schließt also *ihr* eigenes Anderes in sich.

Während die zweite Bestimmung als das Andere angesprochen wird, darf man jedoch nicht vergessen, daß es sich bei ihr um ein Negatives handelt und daß das Negative ein Glied eines wesentlichen Gegensatzes ist. Man hat es also nicht nur mit einem eigentümlich Zwiefältigen zu tun, sondern mit einem in sich Entgegengesetzten. Dieses in sich Entgegengesetzte enthält zunächst Glieder, die sich gegeneinander behaupten und einander eine gewisse Selbständigkeit gewähren.[46] Als Glieder eines solchen Gegensatzes schließen sie *einander* aus, aber nicht *sich selbst*. Doch Anderes zu sein, das heißt für Hegel auch in Bewegung sein, in der Veränderung eintritt. Da es für die zweite Bestimmung wesentlich ist, Anderes zu sein, und da es ihr eigenes Anderes ist, das sie in sich schließt, obwohl es ihr wesentlich entgegengesetzt ist, muß die Veränderung Hegels Auffassung nach auch in der Dimension des wesentlichen Gegensatzes vor sich gehen und darin bestehen, daß die Glieder dieses Gegensatzes sich ihrer Selbständigkeit berauben. Das aber ist es, was Hegel *Widerspruch* nennt: die Tätigkeit, die selbständige Glieder eines polaren Gegensatzes gegeneinander ausüben und die darin besteht, daß sie in ihrer Selbständigkeit ihre eigene Selbständigkeit aus sich ausschließen. Die Glieder ziehen sich sozusagen selbst den Boden unter den Füßen weg.

Soweit die Gründe, die Hegel bewegen anzunehmen, daß die

zweite Bestimmung als Widerspruch anzusprechen sei. Aber der Vorgang, den der Terminus »Widerspruch« hier bezeichnen soll, hat einige Pointen, durch die er sich unterscheidet von dem paradigmatischen Fall, an dem Hegel im Zusammenhang der Abhandlung des wesentlichen Gegensatzes den Widerspruch erstmals ansprach. Eine der Pointen ist: Nicht nur die Glieder des Gegensatzes üben diese destruktive Tätigkeit aus und sind so der Widerspruch; sondern in der Bewegung des Begriffs ist das Eine, in sich Entzweite nun selbst diese Tätigkeit. Nicht die Glieder sind der Widerspruch, sondern es selbst.[47] Die Tätigkeit, die es selbst ausübt, generiert sozusagen allererst den Tätigkeitstypus, der den Gliedern des Gegensatzes zugeschrieben wird; so daß man sagen kann: *Indem* es tätig ist, berauben sich die Glieder jenes Gegensatzes ihrer Selbständigkeit. Zweite Pointe: Als diese Tätigkeit, die das Eine selbst ausübt, ist der Widerspruch bereits wieder (negative) Beziehung auf sich *und* Einfaches. Das Einfache ist nicht erst Resultat der Auflösung des Widerspruchs. Man kann dieser Tätigkeit daher auch so etwas wie ein einheitliches *Subjekt* zuordnen, von dem sie ausgeht. Indem *dieses* tätig ist, üben die Glieder ihre Tätigkeit aus.

Wie aber ist es tätig? Löst es die Besonderungen des Allgemeinen nicht nur auf; bringt es sie auch hervor? Wenn die oben aus den angeführten Zitaten gewonnene Auffassung richtig ist, daß der Ursprung der Bewegung des Begriffs ein *einziger* sein soll, obwohl er nacheinander *zwei* entgegengesetzte Bewegungen zustandebringt, müßte man in Beantwortung dieser Frage verstehen können,

1) daß wir es hier und am Anfang der Bewegung mit demselben Bewegungsursprung in zwei Beschreibungen zu tun haben; und

2) daß aus diesem selben Ursprung andererseits auch die nun einsetzende Gegenbewegung zur bisherigen Bewegung hervorgeht.

Was das erste betrifft, kann man wenigstens ahnen, daß Hegel etwas derartiges gedacht hat. Mit dem neuen Subjekt sind wir erstmals auf jenes Subjekt gestoßen, im Verhältnis zu dem das bisher angesprochene Subjekt der Begriffsbewegung nur ein Vor-Subjekt war. Allerdings – so wird später noch zu zeigen sein – ist das endgültige Subjekt vorerst nur in einer Vorgestalt gegeben. Gleichwohl kann man jetzt schon sagen: Der Bewegungsursprung, den das Vor-Subjekt in sich selbst hatte, war – »in Wahrheit« – der Ursprung einer Bewegung, in der das *endgültige* Subjekt sich bis hierher entwickelt hat. Ineins damit, daß die bisherigen Entwicklungsphasen diesem neuen Subjekt zugeschrieben werden, wird dieses Subjekt nun auch als in entsprechender Weise tätig gewesen gedacht. Dies Subjekt ist nicht nur tätig, indem es die Entgegengesetzten sich ihrer Selbständigkeit berauben und sie in ihren Grund zurückgehen läßt; sondern es ist auch schon tätig *gewesen*, indem es die Entgegengesetzten zu solcher Tätigkeit hervorgehen ließ. Es ist – als der Widerspruch im *Begriff* – diese Tätigkeit gewesen, insofern es als *solcher* Widerspruch – im Unterschied zum Widerspruch des Wesens – den Gegensatz nicht erst in das Einfache als seinen Grund zurückgehen läßt,[48] sondern von Anbeginn schon dessen begrifflicher Grund war, aus dem der Gegensatz hervorgegangen ist. Den Ausdruck für die handlungstypengenerative »indem«-Relation paradox gebrauchend möchte man sagen: Indem es tätig ist als Ursprung der Aufhebung von Selbständigkeit Entgegengesetzter, ist es als Ursprung der Entstehung Unterschiedener und Entgegengesetzter tätig *gewesen*.

Es war als solcher Ursprung ferner nicht Ursprung der Bewegung eines Anderen, sondern Ursprung der Bewegung seiner *selbst;* und es ist nun als solcher Bewegungsursprung *gesetzt.* Sofern »Dialektik« soviel wie »Bewegungsursprung« bedeutet, kann man von der zweiten Bestimmung – in dieser Bewegungsphase angesprochen und auf die erste der beiden Bewegungsrichtungen abhebend – nunmehr sagen, sie sei als der Widerspruch die *gesetzte Dialektik ihrer selbst.*

c) Die Darstellungsweise, die der besprochenen Phase der Begriffsbewegung entspricht, ist in ihren Grundzügen sehr viel schwerer zu skizzieren, als dies für die Bewegung vom Ersten zum Zweiten möglich war. Auch hier, wie schon im Fall der ersten Bewegungsphase, erfolgt die Darstellung nicht dadurch, daß die Bewegung mittels geeigneter Bewegungsprädikate beschrieben wird, die von einem einheitlich fixierten Substrat ausgesagt werden. Vielmehr wird – wie zuvor – die Bewegung anhand aufeinanderfolgender Kennzeichnungen gleichsam *vorgeführt.* Aber die Frage ist nun nicht, wie dieses Vorführen von der Kennzeichnung eines ersten Gegenstandes der Rede zu derjenigen des letzten gebracht wird; sondern wie man von der Kennzeichnung des zweiten Gegenstandes in seinem anfänglichen Bewegungszustand zu weiteren Kennzeichnungen seiner gelangt, die sich nicht nur durch eine je besondere Leistung, den Gegenstand zu fixieren, unterscheiden; sondern die ihn in *aufeinanderfolgenden* Bewegungszuständen kennzeichnen. Die Mittel der Kennzeichnung, die nun eingesetzt werden, müssen also Bestandteile enthalten, die für solche aufeinanderfolgenden Zustände deskriptorisch sind; und die Verwendung derartiger Mittel muß in jedem der aufeinanderfolgenden Schritte durch das zuvor Gesagte motiviert sein. Insbesondere will man dabei wissen, wie die Darstellung von der Kennzeichnung des zweiten Gegenstandes im Zustand anfänglicher Einfachheit[49] hinübergelangt zur Kennzeichnung seiner im Zustand des Geteiltseins, in dem zwischen den Teilen eine charakteristische *Beziehung* oder ein Verhältnis besteht; und wie die Darstellung von hier aus fortgeht zur Kennzeichnung des zweiten Gegenstandes in einem Zustand, in dem gegensätzliche Deskriptoren oder Prädikate, die zunächst auf die Teilreferenten *verteilt* gebraucht wurden, sich nicht mehr ausschließlich in dieser einseitigen Zuordnung gebrauchen lassen. Vor allem auf diese Punkte hin ist darum der Darstellungsfortgang zu untersuchen.

Die Darstellung der zweiten Bewegungsphase beginnt, indem auf den neuen Gegenstand der Rede zunächst Bezug genommen wird mit Hilfe eines Ausdrucks, der in der Sprache bereits gebräuchlich ist oder durch geringfügige Abwandlung eines bereits gebräuchlichen Ausdrucks gebildet werden konnte. Auf diesen Ausdruck hatte die vorhergehende Darstellungsphase hingeführt. Selbstverständlich muß er nun zunächst einmal in einer Bedeutung genommen werden, die sich allein aus dem bestehenden Sprachgebrauch nahelegt. Da es sich um einen im Diskurs neu auftretenden, dem deskriptorischen Ausdruck für das Erste nur inhaltlich entgegengesetzten Ausdruck handelt, liegt es ferner nahe und ist es legitim, ihn zunächst als Ausdruck für eine Bestimmung zu nehmen, die ebenso *einfach* wie das Erste ist.[50] Mit dem üblichen Gebrauch dieses Ausdrucks sind jedoch – wie im Fall eines jeden Ausdrucks, zu dessen Gebrauch der darstellende Diskurs führt – auch Vorstellungen verbunden, die der Berichtigung aus dem Begriff bedürfen.[51] Man darf also nicht meinen, allein schon aufgrund sprachlicher Kompetenz habe man angemessene und ausreichende Charakteristika für den neuen

Gegenstand zur Verfügung; und ebenso wisse man auch eindeutig, wovon nun die Rede ist. Vielmehr bedarf es außer der Prädikation in wahren Aussagen über den neuen Gegenstand nun wieder verbesserter Bezugnahme auf ihn. Hegel versucht diese verbesserte Bezugnahme herzustellen, indem er Beschreibungsmittel zur Geltung bringt, die sozusagen aus der Vorgeschichte des zweiten Gegenstandes geschöpft sind. Solche Beschreibungsmittel sind zunächst nur charakterisierende Prädikate; sie werden oft an dieser Stelle auch bloß prädikativ verwendet. Aber auch so dienen sie als Prädikate nur vorläufig und sind wesentlich in der Intention auf Herstellung einer unmißverständlicheren Kennzeichnung verwendet, an die sich weitere und vermutlich auch in einem engeren Sinn allererst so zu nennende Prädikation anknüpfen kann. Da die Kennzeichnungsmittel aus der Vorgeschichte des nun zu fixierenden Gegenstandes geschöpft sind, gehören zu ihnen wesentlich die Ausdrücke, die für den ersten Gegenstand deskriptorisch sind. Insofern mag Hegel sagen, das Erste sei auch im Zweiten *enthalten.*[52] Dessen Kennzeichnung ist durch diejenige des Ersten *vermittelt.*[53] So wird zum Beispiel das Wesen hilfsweise gekennzeichnet, indem von ihm gesagt wird, es sei das vergangene Sein.[54] Um der Konfusion nicht Tür und Tor zu öffnen, darf man jedoch nicht übersehen, daß dabei der Deskriptor für das Erste über die Grenzen seines Gebrauchs in normaler und durch den bisherigen Diskurs etablierter Bedeutung hinaus strapaziert wird. Es handelt sich in solchen Wendungen also gewiß nicht um Definitionen, die den deskriptiven Gehalt einer einheitlichen Kennzeichnung des neuen Gegenstandes in eine Mannigfaltigkeit von Bedeutungselementen auseinanderlegen. Insofern *kann* auch jetzt noch der neue Gegenstand als einfache Bestimmung genommen werden.[55]

Allein, die Erlaubnis, ihn in solcher Einfachheit zu nehmen, wird nun auffällig zurückhaltend formuliert. Mag der Gegenstand durch Manöver der skizzierten Art immerhin unmißverständlicher fixiert sein als zuvor – da er bislang nur durch übergreifenden Gebrauch von Mitteln der Darstellung des vorangehenden Gegenstandes näher gekennzeichnet wurde, bleibt zumindest offen, ob Einfachheit tatsächlich seinen ersten Bewegungszustand auszeichnet; oder ob sie nur die Weise ist, wie er in der Darstellung vorläufig »vorhanden« ist. Auf jeden Fall aber bringt die vorgenommene Charakterisierung mit sich, daß der

Ansatz eines einfachen Bewegungszustandes nun alsbald aufgegeben werden muß. Die Wege, die Hegel dahin führen, sind oft windungsreich und für einzelne, in der Begriffsbewegung an zweiter Stelle stehende Darstellungsgegenstände sehr verschieden. Ihr immer wieder durchscheinendes Muster scheint mir das folgende zu sein: Die Beschreibungsmittel, deren Verwendung dem Zweck der Referenzverbesserung dient, enthalten prädikative Ausdrücke oder legen die Verwendung prädikativer Ausdrücke nahe, die sich sinnvoll nur von einem Gegenstand geteilter Referenz aussagen lassen. Dies mag der Fall sein, weil sie selbst eigentlich – d.h. explizit gesprochen – mehrstellige Prädikate sind, oder weil sie die Verwendbarkeit mehrstelliger Prädikate voraussetzen, oder aber weil sie Gegensatzbegriffe ausdrücken, deren Gegenstück nun ebenfalls von einem zum Gegenstandsbereich gehörenden Referenten aussagbar sein muß. Der »Gegenstand« befindet sich daher nun in einem Bewegungszustand, in dem nur durch mehrfache, geteilte Referenz auf ihn Bezug genommen werden kann. So ist die zweite Bestimmung »ihrer Wahrheit nach« »eine *Beziehung* oder Verhältnis«.[56]

Zugleich liegt darin noch mehr als die Nötigung, eine besondere Form referentieller Rede zu berücksichtigen. Ist diese Rede einmal expressis verbis vollzogen, so drängen sich weitere Prädikate auf, in denen die Relation zum Ausdruck gebracht wird. Hegel betrachtet solche Relationen im allgemeinen als asymmetrisch, so daß man ein Subjekt und ein Objekt der Relation unterscheiden und beide Relate in einander entgegengesetzten Richtungen durch entsprechende Relationsausdrücke charakterisieren muß. Spätestens von diesen gegensätzlichen Richtungen der Charakterisierung aus kommt es dann auch zur Charakterisierung durch gegensätzliche Prädikate oder Deskriptoren für die Referenten, die zusammen den Gegenstand der Rede ausmachen.

Der entscheidende, zur Bewegungsphase des »Widerspruchs« führende Schritt scheint nun wieder die Seite der Referenz zu betreffen. Bislang waren die Relate der Relation als gegeneinander gleichgültige, unabhängig voneinander für irgendwelche Prädikationen in Ansatz zu bringende genommen. Dies ist auch weiterhin der Fall. Aber je mehr unter der in Rede stehenden Relation die Gegensätze zwischen den Relaten pointiert werden, um so weniger plausibel ist es anzunehmen, daß die Relate derart gegeneinander gleichgültig *bleiben*. Desto nachhaltiger drängt es sich auf, den Gegenstand der Rede nicht mehr bloß als aus mehreren Referenten Zusammengesetztes zu nehmen, sondern als ein »in sich reflektiertes« Ganzes, das seine Einheit mit sich durch den Gegensatz seiner Momente hindurch herstellt. Wird in dieser Darstellungsphase ein Deskriptor für dieses Ganze verwendet – und der Ausdruck »Widerspruch« dient Hegel als solcher –, so wird ihm die Kraft zugeschrieben, zum Ausdruck zu bringen, daß die bislang gegeneinander gleichgültigen Relate sich ihrer Selbständigkeit berauben. Ineins damit kommt es nun Hegels Meinung nach auch dazu, daß der Gebrauch der gegensätzlichen Prädikatausdrücke, von denen jeder vorher nur einem der beiden Referenten zugesprochen werden konnte, sich »verwirrt«. Ich vermag nicht zu entscheiden, ob dies durch den Fortgang in der Referenz erst veranlaßt ist oder umgekehrt Veranlassung zu diesem Fortgang sein soll. Jedenfalls ergibt sich etwa folgende Situation: Ohne die mannigfachen Bedeutungen der gegensätzlichen Prädikatausdrücke klar gegeneinander abzugrenzen, möchte man mindestens einige von ihnen sowohl dem einen wie dem anderen Referenten zusprechen und ein und demselben Referenten sowohl zu- als auch absprechen. Insofern können in dieser Darstellungsphase über den Gegenstand der Rede also einander »widersprechende« Äußerungen gemacht werden. Sie legen sich sogar nahe. Da weder ihre Referenz eindeutig festliegt noch die Bedeutung der prädikativen Ausdrücke, die in ihnen Verwendung finden, kann man solche Äußerungen jedoch nicht als Aussagen der Form ›p und nicht-p‹ verstehen, aus denen sich alles folgern ließe. Sofern die elementaren Bedingungen, unter denen Konsequenzbeziehungen geltend gemacht werden können, nicht erfüllt sind, darf man vielmehr gar nichts aus ihnen folgern. Man muß sie lediglich als Durchgangsstadium zu neuer Fixierung der Bedeutung der Redebestandteile betrachten und kann auf ihre Formulierung auch verzichten, sofern sich nur die referenzielle und prädikative Verunsicherung der Rede eingestellt hat, die ihre Formulierung nahelegte.

Da die Darstellung des Zweiten die zunächst getrennten Referenten schließlich vereinigt, kann man vom Zweiten sagen, es stelle sich im Fortgang von einem seiner Bewegungszustände zum anderen als das – zwischen den Relaten der Relation, die es ist – *Vermittelnde* dar.[57] Dagegen vermag ich schlechterdings nicht zu erkennen, wie sich der im Bewegungszustand des Widerspruchs befindliche Gegenstand der Rede allemal auch als Ursprung der *ganzen* Begriffsbewegung darstellen soll. Als solcher, so scheint es, gilt er jetzt schon einzig für die abschließende spekulative Deutung jener Bewegung des Begriffs, die zuvor stattgefunden und in der Aufeinanderfolge von Gegenständen der Rede sich dargestellt hat.

5. *Vom Wendungspunkt zum Ende der Bewegung*

a) Sieht man von Fragen der Darstellungsweise wieder ab, so ist ohne besondere Schwierigkeit das zweite der oben genannten Desiderate zu erfüllen: zu verstehen, inwiefern im einfachen Punkt der Negativität auch eine Bewegung entspringt, die im Gegensinn zur bisherigen verläuft und auf Wiederherstellung von Einheit gerichtet ist. Wir sahen ja schon: In der äußersten Zuspitzung des Gegensatzes kündigt sich die Einheit mit einem neuen Tätigkeitssubjekt wieder an. Das Eine, in sich Entzweite, enthält bereits wieder ein Einfaches, wenn auch dessen Einfachheit vorerst nur punktuell und es ein Innerstes ist, solange die Voraussetzung der aufhebenden Tätigkeit noch besteht. Als Widerspruch ist dieses Innerste Ursprung einer Tätigkeit, die den Entgegengesetzten ihre Selbständigkeit raubt. Die Tätigkeit treibt die Entgegengesetzten in den Prozeß ihres Übergehens und löst die festen Grenzen auf, die sie gegeneinander haben. Das meint die Verwendung der Ausdrücke des Wortstamms ›*ander* . . .‹. Ferner: Ursprung dieser Tätigkeit, die es ist, ist es nicht nur an sich; sondern dieser Ursprung ist nun eine Bestimmung, zu der sich der Begriff entwickelt hat, indem er sich als Urteil realisierte; der Ursprung der Tätigkeit ist *gesetzt.* Und wie schon im Hinblick auf die Tätigkeit, die das neue Subjekt bisher gewesen ist, ist es auch hier Ursprung der Bewegung seiner *selbst.* Es läßt sich also auch im Hinblick auf die Auflösung der Besonderungen sagen, die zweite Bestimmung sei – als der Widerspruch – die *gesetzte Dialektik ihrer selbst.*

b) Der nun ausführlich genug interpretierte Ausdruck »die gesetzte Dialektik ihrer selbst« bezeichnet nur den Ursprung der auf Auflösung der Besonderungen gerichteten Bewegung, nicht aber deren *Verlauf.* Doch *wohin* die Bewegung führt, ist in groben Zügen nun leicht anzugeben. Die Bewegung wird darauf gerichtet sein, die Einfachheit, die zunächst nur punktuell ist, umfassend zu machen. Das Ziel wird erreicht sein, wenn die Voraussetzung jener Tätigkeit, die der Widerspruch ist, entfällt und der Widerspruch sich aufgehoben hat. Ineins damit wird der Begriff dann wieder – wie zu Beginn der ganzen Bewegung – ungeteilte Einheit sein. – Mit solchen Formulierungen ist allerdings nur die bisherige Auskunft über den Terminus a quo der neuen Bewegung durch Auskunft über deren Terminus ad quem ergänzt. Kaum hingegen ist damit etwas über den Verlauf der Bewegung gesagt, sofern er *zwischen* diesen beiden Punkten liegt. Genauere Angaben hierüber erfordern, daß man auf weitere Hegelsche Begriffsbestimmungen eingeht und die Ausdrücke für sie nach dem – in III,1. – aufgestellten Grundsatz interpretiert. Insbesondere gilt dies für die Begriffsbestimmungen ›*Schluß*‹ und ›*Vermittlung*‹. Da sie in der oben (II,1.) gegebenen, schematischen Exposition der Metaphysik des Begriffs keine Berücksichtigung fanden, können sie auch jetzt nur andeutungsweise in Betracht gezogen werden. Dementsprechend wird die letzte, dem Ende vorausgehende Phase der Begriffsbewegung sehr summarisch zur Sprache kommen müssen.

Die Begriffsbewegung, so macht Hegel nun deutlich, ist auch ein *Schluß* – in der spekulativen Bedeutung, die Hegel dem Terminus »Schluß« gibt. Zu behaupten, sie sei dies, liegt nahe; denn der Schluß im Hegelschen Sinn ist die begrifflich vermittelnde Beziehung der Momente des Urteils, in die der Begriff auseinandergetreten ist.[58] Natürlich darf die *vermittelnde* Bewegung, zu der die Begriffsbewegung nun geworden ist, sich nicht in Bestimmungen des Wesens wie ›Widerspruch‹ und ›Negatives des Negativen‹ erschöpfen. Wie die Bewegungsphase des Anfangs muß auch diejenige des Fortgangs durch Bestimmungen ausgezeichnet sein, die genuin zur Sphäre des Begriffs gehören. Der Fortgang war bereits in dieser Weise ausgezeichnet worden, indem er als *Urteil* charakterisiert worden war.[59] Nun aber, nachdem sich ergeben hat, daß das Zweite ein Vermittelndes ist, muß diesem Ergebnis auch durch Zuordnung einer der Begriffssphäre entstammenden Bestimmung Rechnung getragen werden. Hierfür steht nur die Bestimmung des Schlusses zur Verfügung. Durch sie wird die bisherige Bewegung im Zweiten[60] rückblickend auf neue Weise und vorblickend der weitere Verlauf der Begriffsbewegung näher charakterisierbar. Zugleich läßt sich über sie das Ende der vom Wendungspunkt ausgehenden Bewegung neu bestimmen. Denn die Bewegung des Schlusses führt ganz im allgemeinen dahin, daß das Subjekt sich durch die Vermittlung mit sich selbst *zusammenschließt.*[61]

Eine genauere Einsicht in den weiteren Verlauf der Begriffsbewegung gewinnt man jedoch erst, wenn man berücksichtigt, wie sich der allgemeine Charakter des Schlusses hier gemäß den Bedingungen der zwischen Subjektivität und Objektivität hergestellten Übereinstimmung spezifiziert. Diese Spezifikation betrifft zunächst einmal das Verhältnis von Urteil und Schluß.[62] Der Schluß, mit dem man es *hier* zu tun hat, ist nicht erst Ergebnis einer abgeschlossenen spekulativen Entwicklung des Urteils in der Idee; sondern bereits *im* Stadium des Urteils beginnt nun die Bewegung des Schlusses. Die Rede von den Prämissen des Schlusses, als den Momenten seiner Bewegung, ist dabei sowohl rück- wie vorblickend. Die Spezifikation betrifft sodann auch das Verhältnis der Schlußbewegung zu ihrem Ergebnis. Dies besteht im allgemeinen darin, daß der Unterschied zwischem dem Vermittelnden und dem Vermittelten, der in der Bewegung des Schlusses noch besteht, weggefallen ist.[63] Hier aber geht die Bewegung des Schlusses davon aus, daß die zweite Bestimmung – »das *Vermittelte*« – »zugleich die *vermittelnde*« ist,[64] – ebenso wie die Bewegung des Widerspruchs in der Idee nicht erst in den Grund zurückführte, sondern auch von diesem ausging.[65] Für den besonderen Charakter der Schlußbewegung, mit dem man es nun zu tun hat, ergibt sich daraus, daß das im Schluß Vermittelnde nicht erst ein Drittes ist, sondern daß das Zweite selbst schon die Vermittlerrolle übernimmt. Der Zusammenschluß, den die Schlußbewegung zum Ergebnis hat, erfolgt nicht vermittelst eines Dritten, sondern er führt auf ein Drittes, das den Charakter, Vermittlung zu sein, vom Zweiten übernimmt; und die Bewegung leistet dies in einem einzigen Schluß, – nicht erst in einem Schluß von drei Schlüssen, in denen nacheinander die Termini – Allgemeines, Besonderes und Einzelnes – ihre Stellen vertauschen. Sofern der Ausgangspunkt dieses Schlusses das Allgemeine, sein Mittleres – Vermitteltes und Vermittelndes zugleich – das *Besondere* und sein anderes Extrem – das durch Vermittlung mit sich zusammengeschlossene Subjekt – ein *Einzelnes* ist, handelt es sich auch hier um einen Schluß, der Hegels allgemeinem Schema des *bestimmten* Schlusses entspricht.[66]

Von der aufgedeckten Spezifikation aus läßt sich nun der Verlauf der ganzen Schlußbewegung als Aufeinanderfolge zweier *Prämissen* und eines *Schlußsatzes* interpretieren. Die Prämissen, die sich nur sehr inadäquat als Sätze ausdrücken lassen,[67] sind zusammengehörende, aber nacheinander wirksame Momente der Bewegung. Sie haben als solche den Charakter *aktiver Beziehungen:* Einerseits gibt es die rückblickend zu erinnernde Beziehung des anfänglichen Unmittelbaren auf sein Anderes, in das es übergegangen ist. In dieser Beziehung hat sich das Allgemeine, das am Anfang stand, nicht nur – der Bestimmung ›Urteil‹ entsprechend – *geteilt;* sondern es hat sich auch, wie man nun sagen kann, – gemäß dem Schluß, in dem sich die subjektive Idee mit der Objektivität zusammenschließt – dem Zweiten *mit-geteilt*[68]: Es hat sich dem Besonderen gegenüber sozusagen nicht verschlossen, sondern aufgeschlossen verhalten und nichts verborgen, ist aber auch in diesem erhalten geblieben.[69] – Andererseits gibt es die Relation, die das Zweite nun in sich selbst ist. Sie charakterisiert den weiteren Verlauf der Schlußbewegung: Negative Beziehung des Negativen auf sich selbst zu sein. Man möchte sie zunächst als eine Beziehung nehmen, die vom Zweiten als Besonderen ausgeht. Ihre Charakterisierung als Schlußbeziehung aber legt fest, daß man sie sich vielmehr ebenso wie die vorige als Beziehung des Extrems auf die Mitte zu denken hat[70]: als Beziehung der im Zweiten, sofern es begrifflich Vermittelndes ist, bereits bezogenen Einzelheit also, auf das Besondere, das *ihr* Besonderes ist. So ist dieses Bewegungsmoment »durch die Einzelheit bestimmt«.[71] Aber – so sind nun die Ausführungen über das endgültige Subjekt, das im Widerspruch zutage trat, zu modifizieren: Die Einzelheit ist in dieser Bewegungsphase noch nicht das durch die Vermittlung und Aufhebung der Vermittlung mit sich zusammengeschlossene, *konkrete* Subjekt, sondern erst abstraktes Substrat, – ein quasi-Subjekt der aufhebenden Tätigkeit des Widerspruchs. Sie ist eine Einzelheit, die »zunächst ausschließend und als für sich unterschieden sich auf das Andere bezieht«. Doch sie ist dies nur »zunächst«. Denn die Vermittlung, die im Zweiten stattfindet, ist keine bloß formelle, die noch unabhängig voneinander bestehende Extreme unter einer bestimmten Relation äußerlich aufeinander bezieht; sondern sie ist absolute Vermittlung, innerhalb deren die Einzelheit der negierend tätige Bewegungsfaktor – die »Subjektivität und Seele« – der Vermittlung ist. Die Tätigkeit der Einzelheit ist nicht mehr bloß – wie oben vom bereits wieder Einfachen im Widerspruch gesagt – Tätigkeit, die die Tätigkeit der Glieder des Gegensatzes, sofern diese ihre Selbständigkeit aufheben, generiert; sondern sie ist jene Tätigkeit, sofern sie auch das Sich-Aufheben des Widerspruchs selbst generiert. Als solche Tätigkeit bezieht sie sich schon nicht mehr als für sich unterschieden auf das Andere, sondern als diesem entgegengesetzt. In diesem tätigen Gegensatz ist die Einzelheit nun nicht mehr nur »das negative Moment der absoluten Vermittlung«, sondern Vermittlung durch *Aufhebung* der Vermittlung und Wiederherstellung der (ersten) Unmittelbarkeit in einem zweiten Unmittelbaren, das wieder Einfaches und Allgemeines ist.

Mit der neuen Bestimmung der Einzelheit ist die Bewegung aus der Phase, in der die zweite Prämisse bestimmend für sie war, herausgetreten in die Phase des wiederhergestellten *Begriffs.* Das Dritte ist »das Unmittelbare, aber *durch Aufhebung der Vermittlung,* das Einfache durch *Aufheben des Unterschieds,* das Positive durch Aufheben des Negativen«[72]; – all das sind Kennzeichnungen, durch die es als Produkt einer Tätigkeit ausgezeichnet wird, in der die Gegenbewegung ausgeführt ist zu jener Bewegung, die aus dem Begriff herausführte. Jene Bewegung war »das Hervortreten der *Differenz, das Urteil,* das *Bestimmen* überhaupt«.[73] Sie ist nun sozusagen wieder rückgängig gemacht, keineswegs aber ungeschehen. Denn die wieder auftretenden Kennzeichen des anfänglichen Begriffs – »Unmittelbares«, »Einfaches«, »Positives« – sind nun durch einen adversativen Zusatz ergänzt – einen Zusatz, der sie allesamt als Resultate von Vermittlungs-, Unterscheidungs-, und Negationstätigkeit charakterisiert; und zwar zuletzt als Resultate auf ganz besondere Weise ausgeführter Tätigkeiten dieser Art: als Resultate von gegenläufig zu ihrem normalen Sinn erfolgender Ausführung. Durch diese Tätigkeiten ist nun *gesetzt,* was vom Begriff *»für uns* zunächst«[74] galt: daß er »*sowohl* das an sich Allgemeine *als* das für sich seiende Negative als auch das dritte an und für sich Seiende, das *Allgemeine*« ist, »welches durch alle Momente des Schlusses hindurchgeht«. Dies ist nun gesetzt; denn die erste Prämisse hatte die Form der *Mitteilung* des Allgemeinen ans Besondere, während die zweite Prämisse die *Wiederherstellung* der einfachen Allgemeinheit in der Einzelheit zum Ergebnis hatte. Der Begriff ist damit »durch seine

Negativität mit sich selbst vermittelt, hiermit *für sich* als das *Allgemeine* und *Identische seiner Momente* gesetzt«.[75] Diesen Adäquationszustand, in dem der Begriff sich nun befindet, bezeichnet Hegel als den *Schlußsatz* zu den beiden Prämissen. Er ist *Zusammenschluß* des vom Vor-Subjekt zum endgültigen Subjekt gewordenen Subjekts mit sich und zugleich Schluß im Sinn eines *Endes* der Schlußbewegung: ein mit sich *identisches* Ganzes, das sich die Form der Unmittelbarkeit wiedergegeben hat und insofern auch wieder *Anfang* einer neuen Begriffsbewegung sein kann.[76]

c) Mustert man Hegels Ausführungen über die Bewegung, die vom Wendungspunkt zum Ende der Bewegung führt, und fragt man sich dabei, was sie – beiläufig – über die Weise zu erkennen geben, in der sich die Bewegung *darstellt*, so fällt vor allem auf, daß Hegel eine eigentümliche Unbestimmtheit hervorhebt. Es kann sowohl die Bewegungsphase der absoluten Negativität als auch das zweite Unmittelbare als Drittes gezählt werden. Ist das erste der Fall, so muß man das zweite Unmittelbare als das Vierte zählen. Dies scheint zunächst eine Bemerkung zu sein, die nicht mehr beinhaltet als den Hinweis, daß es insofern beliebig ist, wieviel Schnitte man in die kontinuierliche Bewegung legen und wieviel Phasen der Bewegung man zählen will. Berücksichtigt man jedoch, daß Hegel in seinen systematischen Werken nahezu ausschließlich triadische Einteilungen vorgenommen hat und nur äußerst selten tetradische, so liegt die Vermutung nahe, daß sich hinter der Betonung der Unbestimmtheit mehr verbirgt. Die Schnitte und Zählungen, die Hegel durch Wahl seiner Überschriften und Bezifferungen vorgenommen hat, dürften – wenn nicht durch den Fortgang in der Entwicklung des Begriffs, so zumindest durch die Sprache und die in ihr weithin schon vorgegebene philosophische Terminologie – in erheblichem Maß dem Belieben entzogen sein. Wenn überhaupt, so läßt es sich jedenfalls nur von daher rechtfertigen, daß Hegel bei seinen Einteilungen mit ganz wenigen Ausnahmen, die die Regel bestätigen, triadisch verfahren ist. Doch die Behauptung beliebiger Zählweise hat vermutlich noch einen anderen Sinn: Wenn es im Charakter der Begriffsbewegung nicht festgelegt ist, ob man die Phase des Widerspruchs oder das zweite Unmittelbare als das Dritte zählen muß, so sollte es Fälle geben, in denen – nach Ausweis der von Hegel vorgenommenen Einteilung – der Widerspruch sich als das

Dritte darstellt, und andere Fälle, in denen dies erst für das zweite Unmittelbare gilt. Das ist in der Tat der Fall, wie man sich an Hegelschen Texten, zum Beispiel der »Logik« oder der »Rechtsphilosophie«, leicht überzeugen kann. Es liegt auch eine Erklärung nahe, warum Fälle beider Art auftreten können. In der Bewegungsphase, die Widerspruch und absolute Negativität ist, ist ja – wie erwähnt – bereits wieder ein neues, wenn auch ganz »abstraktes« Substrat vorhanden. Es kann als eigener Gegenstand der Rede herausgehoben werden, wenn unsere Sprache einen Terminus enthält oder zu bilden zuläßt, der dieses Substrat in seiner Tätigkeit, die der Widerspruch ist, zu bezeichnen erlaubt. Der Beliebigkeit der Zählung entspricht also eine solchermaßen kompensierte Unbestimmtheit in der Zuordnung der Bewegungsphasen zu Gegenständen der Rede.

Hat man dies festgestellt, so fällt sogleich eine andere Unbestimmtheit auf, die sich Hegel in der Charakterisierung der Begriffsbewegung erlaubt. Sie ist sozusagen das Gegenstück zu der soeben besprochenen, die zwei Arten der Zuordnung von Bewegungsphasen und drittem Gegenstand der Rede zuläßt. In Fällen nämlich, in denen als das Dritte in der Darstellung nicht die absolute Negativität, sondern erst das Resultat ihrer vermittelnden Bewegung: das Einzelne, Konkrete, Subjekt – genommen wird, müßte dieses, um die Triadizität der Einteilung zu bewahren, nun noch *unterschieden* werden von dem mit sich Identischen, das sich die Form der *Unmittelbarkeit* wiedergegeben hat und das ein *neuer* Anfang sein kann. Denn in der Darstellung der Begriffsbewegung jedenfalls ist niemals das als Drittes gezählte zugleich das Erste einer neuen Trias von Gegenständen der Rede. Hegel hat also, indem er dies nicht als besondere Bewegungsphase hervorhob, den Schluß der Begriffsbewegung und seinen sachlichen Zusammenhang mit demjenigen, das ein neuer Anfang sein kann, zu undifferenziert charakterisiert. Er hat damit aber auch zum Ausdruck gebracht, daß es sich bei dem hier zu machenden Unterschied nicht um den zweier aufeinanderfolgender Phasen von Begriffsbewegung handelt. Gleichwohl ist hier zweierlei Sinn der Rede vom wiederhergestellten Allgemeinen zu unterscheiden: Das Allgemeine ist einerseits *konkret* Allgemeines, wie es der Schlußsatz durch die Vermittlung als in notwendige Einheit mit dem Einzelnen gesetzt enthält;[77] andererseits ist es das Allgemeine, das sich die Form der *Unmittelbarkeit* wiedergegeben hat und als solches neuer Anfang sein kann.[78] Als Gegenstück zu der den Anfang bildenden Herabsetzung des Allgemeinen könnte man den hier zu markierenden Schritt als *Heraufsetzung* ins (wieder) unmittelbare Allgemeine bezeichnen.

Bis jetzt war von Darstellung des letzten Stücks der Begriffsbewegung nur die Rede unterm Gesichtspunkt der Frage, *welches* die Gegenstände der Rede sind, in der die Begriffsbewegung dargestellt wird. Gänzlich offen ist hingegen, *wie* diese Gegenstände sich darstellen und wie sich der *Fortgang* zu ihnen darstellt. Leider ist Hegel in der Ausführung seines Systematisierungsprogramms gerade an den entsprechenden Stellen meist besonders wortkarg. In der sogenannten Realphilosophie finden sich charakteristischerweise an solchen Stellen Bemerkungen, die dem Leser bedeuten, das Nähere über einen solchen Fortgang mache sich in der Logik verständlich.[79] In der »Logik« aber – nicht auf den Fortgang, sondern auf das in ihm Erreichte bezogen – kann Hegel nicht umhin, wieder einmal schroff zu behaupten, die »Formen des Urteils«, die wir besitzen, um das Resultat der Bewegung zu charakterisieren, seien »nicht vermögend, es zu fassen«.[80] Die Formen, die Hegel erwähnt, sind: »Das Dritte *ist* Unmittelbarkeit und Vermittlung«; »*es ist die Einheit* derselben«. Das Unvermögen, von dem die Rede ist, betrifft hier die Mittel zur Charakterisierung des Resultats der Bewegung selbst, nicht die Mittel, ein derartiges Resultat an einem dialektischer Bewegung unterworfenen Stoff sprachlich zur Darstellung kommen zu lassen. Aber alles deutet darauf hin, daß Hegel bezüglich solcher Mittel vor ähnlichen Schwierigkeiten steht; denn die Wendungen, deren er sich dabei bedient, sind ganz dieselben wie die hier von ihm gerügten.

Läßt man Eigentümlichkeiten der Hegelschen Urteilstheorie aus dem Spiel, so wird man nicht sagen können, der Mangel, daß die erwähnten Wendungen das Dritte nicht als sich mit sich selbst vermittelnde Bewegung und Tätigkeit fassen, sei in der Form des Urteils begründet. Stünde ein angemessenes Bewegungsprädikat zur Verfügung, so ließe sich das Dritte als solche Bewegung ja in Formen des Urteils durchaus darstellen. Näher besehen scheint die Schwierigkeit einerseits in der Unverfügbarkeit eines solchen Prädikats und andererseits in der Tatsache zu liegen, daß an die Stelle der Verwendung eines solchen Prädikats in Bezugnahme auf einen eindeutig festgestellten Gegenstand eine ganz eigenartige Kennzeichnung dieses Gegenstandes treten muß. Sie ist gebildet durch die konjunktive Verbindung antonymer Ausdrücke oder auch durch den Ausdruck der Einheit dessen, was solche Ausdrücke normalerweise kennzeichnen helfen; aber im Unterschied zu sonstigen Ausdrucksverbindungen dieser Art wird sie nur verstanden und erfolgreich gebraucht, wenn weitere Bedingungen erfüllt sind: man muß sie als eine Kennzeichnung nehmen, in deren Gebrauch zugleich der Bedeutungswandel zum Ausdruck gebracht wird, der den terminologischen Ausdrücken der Kennzeichnung in der Phase des Widerspruchs angetan wurde und der sie zu gemeinsamer Verwendung in einer einzigen Kennzeichnung tauglich macht; und man muß diesen Bedeutungswandel als Index einer weiterhin im Gegenstand der Kennzeichnung erfolgenden Bewegung nehmen, deren die Bewegung herstellendes Subjekt dieser Gegenstand ist.

Es ist reichlich viel – und ziemlich vage –, was hier von einer Kennzeichnung des Dritten verlangt wird, die dessen eindeutigerer Feststellung dient. Vielleicht aber kann man daraus einen Hinweis auf weitere Desiderate der Darstellung des Dritten entnehmen. Wenn die deskriptorischen Ausdrücke, die zuvor vorhanden waren, sich bei der Kennzeichnung des Gegenstandes der Rede außer zur Auflösung unhaltbarer Voraussetzungen als zu wenig leistungsfähig erwiesen haben, so muß nun ein leistungsfähigerer *Nachfolgerbegriff* gefunden werden, der zur Kennzeichnung herangezogen werden kann. Die neue Konzeptualisierung, auf die man nun verwiesen wird, muß dabei mindestens die folgenden Bedingungen erfüllen:

1) Sie muß eine erfolgreiche Referenz dessen erlauben, was in der Widerspruchsphase als abstraktes Substrat zutage trat;

2) Sie muß sich sozusagen in der Richtung der Hinsicht finden, in der sich die zuvor gebrauchten Bestimmungen »verwirrt« haben;

3) Sie muß die gewandelten Bedeutungen der zuvor gebrauchten Ausdrücke zu integrieren erlauben und dazu in ihrer Struktur reicher sein als die deskriptorischen Ausdrücke, die vorher der Kennzeichnung dienten;

4) Sie muß sich von einem Gegenstand aussagen lassen, der die ersten beiden Gegenstände der Rede in der Darstellung der Bewegung des Begriffs – oder zumindest die Ursprünge dieser Gegenstände – umfaßt[81]; denn mit dem Schlußsatz sind ja nicht nur die

Entgegengesetzten *im* Zweiten vermittelt, sondern auch das Erste *und* Zweite;

5) Sie muß in einer Ersetzbarkeitsrelation zur vorhergehenden Konzeptualisierung stehen, die den Gegenstand der Rede bloß als Einheit von . . . zu charakterisieren erlaubte. Die Verwendung des Nachfolgerbegriffs in einer Kennzeichnung muß mit der mangelhaften Kennzeichnung, die zuvor allein verfügbar war, in einem Urteil doppelter Referenz zusammengebracht werden können, dessen Copula die Ersetzbarkeitsrelation zum Ausdruck bringt.[82]

Mit den geäußerten Vermutungen zur Darstellung des als Resultat der Schlußbewegung erreichten Dritten deutet sich nun auch in groben Zügen an, wie der *Fortgang* vom Wendungspunkt zum Ende der Bewegung an Stoffen, die dialektischer Bewegung unterliegen, zur Sprache kommt. Auch im Hinblick auf ihn hat sich die Darstellung ohne Zweifel vieler und sehr verschiedenartiger Mittel zu bedienen. Würde man diese Mittel im Detail aufdecken, so käme – entgegen allen gängigen Schematisierungen der Dialektik – einmal mehr zutage, daß Dialektik als Darstellungsweise ein äußerst vielgestaltiges Gebilde ist. Fern davon, hierzu imstande zu sein, möchte ich nur noch – ziemlich rhapsodistisch – auf einige Gesichtspunkte und Grundzüge der Analyse aufmerksam machen, die mir wichtig und vom bisher Gesagten aus verständlich oder zumindest aufklärbar zu sein scheinen.

1) Auch hier wieder dürfte den Fortgang eine mehrgliedrige Kette von Sätzen mit mehrfacher Kennzeichnung zur Darstellung kommen lassen. Auch hier aber bedürfte die nicht ausgedrückte, prädikative Bedeutung, die der Copula in diesen Sätzen jeweils zukommt, sorgfältiger, den Stellenwert eines jeden solchen Satzes bedenkender Interpretation.

2) Nach dem über das Dritte als Resultat Gesagten ist anzunehmen, daß der Fortgang zu ihm sich als *Konkretisierung* darstellt, und zwar in einem doppelten Sinn: im Sinn einer Bereicherung der zur Kennzeichnung des Gegenstandes der Rede dienenden Struktur der Beschreibungsmittel wie auch im Sinn einer Ausdehnung des Gegenstandsbereichs, auf den diese Mittel Anwendung finden.

3) Zugleich damit werden die Fundamente für das Verständnis der dem Gegenstand der Rede eigentümlichen Phänomene tiefer gelegt, sofern mit dem Dritten auch ein Zusammenhang begreif-

lich wird, der vom ersten Gegenstand der Rede bis zum letzten reicht. Ist der Fortgang der Darstellung bei diesem angelangt, so kann gesagt werden, welche einheitliche Struktur sich durch alles Thematisierte hindurchzieht; und unter Umständen auch, was Existenzbedingungen der vorhergegangenen Gegenstände der Rede sind.

4) Insofern versteht man dann auch, daß mit dem Fortgang zum Dritten der Wechsel von einem Vor-Subjekt, das Gegenstand der Rede ist, zu einem endgültigen Subjekt erfolgt.

5) Ungeachtet der Tatsache, daß mit der Kennzeichnung des endgültigen Bewegungssubjekts die Bewegung, die stattgefunden hat, nicht geleugnet sondern zu ihrer Beschreibbarkeit beigetragen wird, – ungeachtet auch der Tatsache, daß man die Verfügbarkeit einer solchen Kennzeichnung als Resultat des Fortdauerns der vermittelnden Bewegung zu betrachten hat, ist zu vermuten, daß mit der Einführung eines Nachfolgerbegriffs die semantische Bewegung und Verwirrung begrifflicher Bestimmungen, die für die Widerspruchsphase charakteristisch war, wieder aufhört. Wenn man die dialektische Bewegung sich als »Satzsinngleiten« dargestellt denkt, so geht man daher wohl fehl, dieses Satzsinngleiten als das Letzte und Hegels Theorie dialektischer Bewegung damit als sich selbst verbietend zu betrachten.[83]

6) Mit diesen Hinweisen zur Darstellung des vom Wendungspunkt ausgehenden Fortgangs ist bezüglich der Frage, wie sich die Einführung eines Nachfolgerbegriffs mit einer gewissen Zwangsläufigkeit nahelegt, noch sehr wenig ausgemacht.[84] Vor allem aber fehlt noch jeglicher Aufschluß hinsichtlich der Frage, wie die *Heraufsetzung* des konkret Allgemeinen ins wieder unmittelbar Allgemeine erfolgt und sich nahelegt. Ich vermute, daß die Darstellung dieser Heraufsetzung als eine Art *Paradigmenwechsel* beschrieben werden könnte. Wüßten wir Genaueres hierüber, so könnten wir vielleicht auch einen Zusammenhang zwischen der Einführung des Nachfolgerbegriffs und einem damit einhergehenden Paradigmenwechsel ausmachen.

IV
Einige Voraussetzungen und weiterführende Fragen

Die voranstehende Interpretationsskizze berücksichtigte nicht nur die wichtigsten Texte, in denen Hegel sich über Dialektik geäußert hat. Sie nahm auch – wenngleich etwas unscharf und von ferne – Stoffe in den Blick, die Hegel dialektischer Behandlung unterzogen hat; und sie versuchte daran Eigentümlichkeiten sprachlicher Darstellung der Begriffsbewegung auszumachen. Dieser Versuch ist nicht nur in seiner Ausführung sehr unvollständig geblieben; er bedarf ferner nicht nur dringend der Konkretisierung an Gegenständen, die der Ausführlichkeit der Behandlung halber, die Hegel ihnen zuteil werden ließ, als beispielhaft gelten können.[85] Vielmehr müßte er auch mit einer wesentlich eingehenderen Erörterung seiner *Voraussetzungen* verbunden werden, sowie mit einer Diskussion offener *Fragen*, die sich zu einem guten Teil an diese Voraussetzungen knüpfen. Einige solcher Voraussetzungen und Fragen sollten hier wenigstens noch benannt werden.

1. Bereits in der Annahme, daß der *Begriff* im Hegelschen Sinn dieses Ausdrucks, sowie seine Bestimmungen, Gegenstände von *Kennzeichnungen* sind, waren Voraussetzungen enthalten, die keineswegs als selbstverständlich gelten sollten. Die am weitesten reichende und am schwersten zu rechtfertigende unter ihnen ist wohl die Annahme, daß der generische Gebrauch des bestimmten Artikels in Verbindung mit Ausdrücken für abstrakte Universalien – wie zum Beispiel ›Wesen‹ – oder für Systembegriffe – wie zum Beispiel ›Recht‹ oder ›Staat‹ – ein *referentieller* Gebrauch ist. Ob man wirklich unterstellen darf, daß die so zusammengesetzten Ausdrücke Kennzeichnungen sind, die einen Referenten haben, und zwar genau einen? Was für diese Annahme spricht – und sei's auch nur unter gewissen Zusatzvoraussetzungen, die zu machen Hegel jedenfalls nahelegt –, bedürfte einer eigenen Untersuchung. Insbesondere ist hier die Frage, welches die Zusatzvoraussetzungen sind, deren es *mindestens* bedarf, wenn man dem Gedanken dialektischer Begriffsbewegung noch einen Sinn abgewinnen will.

Ich halte es nicht für ausgeschlossen, daß man – ohne deshalb schon die dialektische Behandlung philosophischer Stoffe in Bausch und Bogen verwerfen zu müssen – auf die Annahme verzichten kann, bei dem für Hegels Texte so charakteristischen Gebrauch des bestimmten Artikels handle es sich um einen referentiellen Gebrauch. Im Zusammenhang hiermit, aber doch, soweit ich sehe, von der Entscheidung dieser Frage nicht gänzlich abhängig steht eine Voraussetzung, die mir für Interpretation und Explikation Hegelscher Dialektik gleichermaßen wesentlich erscheint: daß man an den Hegelschen Texten Bestandteile der Rede, die in kennzeichnender *Form* erfolgt, von prädikativer Rede unterscheiden muß. Wichtige Züge der Art und Weise, in der die Begriffsbewegung sich an den von Hegel behandelten Stoffen darstellt, werden überhaupt erst verständlich, wenn man diesen Unterschied macht und der spezifischen Leistung eines jeden der Redebestandteile Beachtung schenkt. Daß die bisherigen Interpretationen Hegelscher Dialektik dies unterlassen haben, halte ich für ein Versäumnis, durch das unser Verständnis sehr behindert wird. Man sollte aufhören, so unbefangen von »Begriffen« und »Begriffsstrukturen« oder auch von »Methode« zu reden, wie dies in der gelehrten Hegel-Literatur der letzten Jahrzehnte geschehen ist. Bestünde der Stoff, an dem sich die Begriffsbewegung vollziehen soll, nur aus Prädikaten – denen man allenfalls noch einen universalen Individuenbereich zuzuordnen hätte –, so wäre weder der Fortgang von einem Gegenstand zum nächsten, noch der Fortgang von einer Gruppe von Prädikaten zur nächsten als systematisch geordnet zu denken – und sei's auch nur unter dem Gesichtspunkt der Auffindung eines leistungsfähigeren Potentials zur Beschreibung irgendwelcher besonderen Gegenstände. Die Kritik am Hegelschen Dialektik-Konzept könnte dann im Nachweis einer fundamentalen Unzulänglichkeit seines bloßen Ansatzes bestehen. Wenn dagegen die erwähnte Interpretationsvoraussetzung richtig ist, so ist diesem Konzept nicht derart leicht kritisch beizukommen. Natürlich aber erhebt sich dann auch die Frage, nach welchen *Kriterien* man *Fälle verschiedener* Arten kennzeichnender Rede unterscheiden und unter Gesichtspunkten der Leistungsfähigkeit *graduieren* kann.

2. Eine weitere Gruppe von Voraussetzungen, die gemacht wurden, betraf die Darstellung der Begriffs*bewegung*. Es wurde angenommen, diese Darstellung, von deren Art und Weise ich einiges auszumachen versuchte, erfolgte nicht dadurch, daß *über* die Begriffsbewegung gesprochen oder dem Begriff, sofern er sich bewegt, die ihm zukommenden Bewegungsprädikate in entsprechenden Ausdrücken *zugesprochen* werden. Ferner: daß dies letztere vielmehr nur dort geschieht, wo die dialektische Behandlung

besonderer philosophischer Stoffe aufhört und – wie am Ende der »Logik« – die Dialektik und die »Methode« – den Ausdruck im Hegelschen Sinn genommen – als Form der Selbstbewegung des Begriffs eigens zum Thema gemacht werden. Diese Annahme ist trivial. Aber sie war nur die eine Hälfte eines größeren Voraussetzungskomplexes. Dessen andere Hälfte war – global gesprochen – die Annahme, die Begriffsbewegung *drücke sich sprachlich* auf eigentümliche Weise *aus,* wenn philosophische Stoffe in dieser Bewegung befindlich dargestellt werden; und sie leistet dies unbeschadet der Hegelschen Forderung, daß die Philosophierenden der dialektischen Bewegung des Begriffs nur *zuzusehen* haben. Das machte es erforderlich, in Hegels sprachlicher Darstellung philosophischer Stoffe Eigentümlichkeiten aufzusuchen, die sich Momenten, Phasen oder charakteristischen Zügen der Begriffsbewegung zuordnen lassen und als deren sprachliche Gegenstücke zu verstehen sind. Ich habe diese Zuordnungen weitgehend intuitiv vorgenommen. Nach und nach erst wurde mir deutlich, daß dabei folgende Voraussetzungen eine wichtige Rolle spielten:

1) Die Bewegung des Begriffs stellt sich nicht so dar, daß der Begriff dabei *einziger* Gegenstand der Rede wäre und *an ihm* – wie Zustandsveränderungen – *Phasen* seiner Bewegung unterschieden würden; sondern so, daß die Phasen sich als *verselbständigte* Gegenstände der Rede darbieten, bis am Ende wieder der Begriff selbst – aber nun aus einem Vor-Subjekt zum endgültigen Subjekt der Bewegung geworden – Gegenstand der Rede ist.

2) Dem Begriff selbst und seinen zählbaren Bewegungsphasen, einschließlich der Phase des Bewegungsendes, *entsprechen besonders hervorgehobene,* voneinander unterschiedene Gegenstände der Rede. Sie decken sich weitgehend mit den von Hegel durch Überschriften und Bezifferungen markierten Gegenständen.

3) Die Bewegung, deren Charakteristika sich nicht in geeigneten Ausdrücken prädizieren lassen, wird *vorgeführt,* indem von einem besonders hervorgehobenen Gegenstand der Rede in motivierter Weise zu einem anderen Gegenstand *fortgegangen* wird – oder auch, in gewissen Phasen der Bewegung, zu einer anderen Gegebenheitsweise dieses Gegenstandes in andersartigen Kennzeichnungen.

4) Dem Fortgang von einer Bewegungsphase zur nächsten entspricht in der Darstellung exemplarisch ein Satz mit *mehrfacher*

Kennzeichnung, dessen kennzeichnende Ausdrücke deskriptorische Bestandteile enthalten und dessen *Prädikat,* das sprachlich nicht zum Ausdruck kommt, sondern sich in der Copula *versteckt,* die Begriffsbewegung in der betreffenden Phase charakterisieren müßte. Die exzessive Verwendung solcher Sätze zum Zweck der Darstellung des Fortgangs in der Begriffsbewegung ist Hegels horvorstechendstes sprachliches Mittel, das er vor allem dazu gebraucht, in der Darstellung der Bewegung die Verwendung von Ausdrücken für Bewegungsprädikate zu vermeiden. Der Gebrauch dieses Mittels bringt unmittelbar zum Ausdruck, was Hegel mit der Forderung des *Zusehens* im Sinn hat: Bei der Darstellung philosophischer Stoffe, an denen sich dialektische Bewegung vollzieht, muß man so eingestellt sein, daß sich etwas, wovon die Rede ist, in dieser Rede als ein anderes *zeigt* und daß man sich der Feststellung dieses anderen nur durch Verzicht auf die ganze Einstellung entziehen kann.

5) *Unterschiede,* durch die sich Darstellungen des Fortgangs in der einen Bewegungsphase vor Darstellungen des Fortgangs in einer anderen Bewegungsphase auszeichnen, prägen sich vor allem im verschiedenen Sinn und der je besonderen Kraft solcher Sätze mit mehrfacher Kennzeichnung aus.

In den mit »c)« bezeichneten Unterabschnitten der Ziffern III 2. bis III 5. wurde versucht, unter den genannten Voraussetzungen einige Charakteristika der Hegelschen Darstellung dialektischer Begriffsbewegung aufzudecken. Zu diesem Zweck wurden vornehmlich Explikationsmittel verwendet, die Hegels Auffassung von Sprache nicht bereitstellt. Weitgehend unberücksichtigt blieben Hegels eigene Interpretationen sprachlicher Äußerungsformen, wie zum Beispiel seine Interpretation der sprachlichen Form des Urteils und des Satzes oder wie seine Ansichten vom sprachlichen Charakter philosophischer Termini. Man sollte daraus nicht auf die Meinung schließen, daß diese Interpretationen für die Frage, was Hegelsche Dialektik sei, belanglos sind. Vielmehr bleibt die Frage, wie sich Hegels Auffassung von Sprache im Licht des Ausgeführten ausnimmt; was sie etwa zur Interpretation der Hegelschen Dialektik Erhellendes beiträgt[86] und wieviel Kritik an ihr im vorliegenden Zusammenhang unumgänglich ist.

Ähnlich steht es mit einem anderen, an der Darstellung dialektischer Begriffsbewegung ebenfalls unberücksichtigt gebliebenen

Zug. Die in den Vordergrund gerückten Darstellungsmittel, deren sich Hegel bedient, könnten vielleicht Verwendung finden, ohne daß in Verbindung mit ihnen auch solche Ausdrücke gebraucht würden, die am Ende der Hegelschen »Logik« in einer durch das Vorhergehende festgelegten Bedeutung zur Beschreibung des Charakters der Begriffsbewegung dienen. Soweit oben von Dialektik als Darstellungsweise die Rede war, blieben derartige Ausdrücke außer Betracht. Damit sollte der Versuchung begegnet werden, die Darstellung dialektischer Bewegung vornehmlich oder gar überhaupt nur in Termini der Hegelschen »Logik« zu analysieren. Aber jeder weiß, daß in Hegelschen Texten auch dort, wo der Autor nicht *über* dialektische Bewegung spricht, jene Ausdrücke vorkommen, die zur Charakterisierung der dialektischen Bewegung oder einer ihrer Phasen dienen, wie zum Beispiel die Ausdrücke »unmittelbar«, »vermittelt«, »vermittelnd«, »Beziehung«, »Widerspruch«, »Einheit von . . .«, »einfach« und viele andere. Es ist eine unabweisbare, oben offengebliebene Frage, welche *Rolle* solche Ausdrücke spielen, solange sie nicht eine Bewegung beschreiben, über die gesprochen wird; und welche *Bedeutung* diese Ausdrücke haben, solange die Bedeutung nicht für den Zweck solcher Beschreibung festgelegt ist. Ich vermute, daß man ihre Rolle im Zusammenhang mit der Funktion und den Eigenschaften jener Ausdrücke sehen muß, die ich an anderer Stelle »Indikatoren« genannt habe.[87]

3. Ein weiteres Paket von Fragen ergibt sich aus dem für die Untersuchung der Hegelschen Dialektik als Begriffsbewegung *und* Darstellungsweise leitenden Gesichtspunkt selbst. Es wurde unterstellt, daß man die Hegelsche Dialektik in beiden Hinsichten zum Thema machen und beide Teilthemen sinnvoll miteinander verbinden kann. Der Versuch, dies zu tun, der unternommen wurde, hat hoffentlich eine gewisse Plausibilität für sich. Was aber gewinnt man auf dem eingeschlagenen Weg an Aufschluß über den *Charakter* der *Verbindung* beider Aspekte der Dialektik? In welchem Sinn mag man von einem sprachlichen *Gegenstück* oder von einer semantischen und äußerungspragmatischen *Entsprechung* zu bestimmten Eigenschaften und Phasen der Begriffsbewegung sprechen? Man wird gewiß nicht annehmen dürfen, daß man anhand der für Hegels Texte charakteristischen Redeweise allein und ohne irgendwelche inhaltlichen Vorausset-

zungen zu einem befriedigenden Verständnis Hegelscher Dialektik kommen könnte. Vielmehr dürfte man nur von einem gewissen inhaltlichen Vorverständnis aus sagen können, welchen Sinn und welche Kraft Hegelsche Sätze haben, die für die Darstellung von Begriffsbewegung charakteristisch sind. Dann aber ist auch die Frage, an wieviel Voraussetzungen hinsichtlich der Hegelschen Metaphysik des Begriffs man dabei gebunden ist. Was leisten die Hegelschen Darstellungsmittel unabhängig von diesen Voraussetzungen? Gibt es eine besondere Art begrifflicher Dilemmata, mit denen man in der Philosophie zu tun hat und zu deren Auflösung dialektische Darstellungsweise beiträgt, ohne daß man sagen muß, in dieser Darstellung drücke sich so etwas wie die Hegelsche »Begriffsbewegung« aus? Das möchte man gerne wissen.

Anmerkungen

1 Wenn man sich streng an den systematischen Kontext hält und von zahlreichen, aus diesem Kontext heraustretenden Bemerkungen und Exkursen absieht, so sind es knapp 18 Seiten, auf denen Hegel über sein Verständnis von spekulativer Methode Auskunft gibt. Der Umfang des systematischen Aufschlusses über Dialektik gar läßt sich nur nach Zeilen bemessen.

2 Vgl. Kant, *Ges. Schriften* (Akademie-Ausgabe) Bd VIII, 131ff.

3 *Enzyklopädie der philosophischen Wissenschaften,* § 11 (Theorie Werkausgabe Suhrkamp Verlag: 8,54f.) – im folgenden zitiert als *Enc.*

4 Vgl. die Äußerungen W. Beckers in: R. Heede und J. Ritter (Hrsg.), *Hegel-Bilanz,* Frankfurt/M. 1973, S. 263ff.

5 Die entgegengesetzte Auffassung vertritt beispielsweise W. James, in: *A Pluralistic Universe,* 1909, Lecture III.

6 Vgl. den Titel der Arbeit Th. W. Adornos, in: ders., *Drei Studien zu Hegel,* Frankfurt [3]1976.

7 Daß sie im Unterschied zu Substanzen auch eine andere Deutung zulassen, ist damit nicht bestritten.

8 Wollte man ein uns vertrautes Phänomen ausfindig machen, das mit solchem Sichbestimmen Verwandtschaft hat, so wäre auf den menschlichen Willen zu verweisen. Allerdings müßte man, um diese Verwandtschaft zu erkennen, das Phänomen des Willens bereits in der Weise analysieren, in der dies in der Nachfolge Kants und insbesondere bei Fichte geschehen ist.

9 In diesen Zusammenhang gehört die Hegelsche Lehre von der begrifflichen Notwendigkeit des Zufälligen.

10 Ein Phänomen, dessen komplexe Struktur man als verwandt mit derjenigen der Realisierung des Begriffs betrachten kann, ist der Bereich der Selbstverwirklichung, den jemand sich dank kontinuierlicher Äußerungen seines Willens geschaffen haben mag.

11 Beispiel für eine solche ist jeder Bereich der Wirklichkeit, innerhalb dessen – im großen ganzen jedenfalls – geschieht, was geschehen soll, – vorausgesetzt, daß die Vernunft, die in der Welt ist, Macht hat, sich durchzusetzen. Als einfachstes Paradigma hierfür gilt Hegel das Leben, insofern dessen Sollzustand die Selbsterhaltung ist und diese sich im Istzustand eines Systems lebendiger Individuen vorfindet.

12 »Entwicklung« ist ein merkwürdiger Ausdruck. Wie man vom Ei sagen kann, es entwickle sich zum Huhn – oder vom Foetus, er entwickle sich zum Menschen; von einer Verbindung von Dörfern, sie entwickle sich zum Staat (vgl. Aristoteles, *Politik* 1252b 15ff.) –, so kann man (oder muß man gar?) vom Ergebnis eines solchen Entwicklungsprozesses sagen, es sei dasjenige, das sich *aus* jenem ersten entwickle, das sein Vor-Subjekt war: das Huhn aus dem Ei, der Mensch aus dem Foetus, der Staat aus der Dörferverbindung.

13 Zur Frage der Berechtigung dieses Anspruchs vgl. meine »Unzulänglichen Bemerkungen . . .« in: R. Heede und J. Ritter (Hrsg.), *Hegel-Bilanz*, a. a. O., S. 238ff. (in diesem Band S. 33ff.).

14 Das macht eine genauere Deutung der mit Hegels spekulativer Logik verbundenen ontologischen Ansprüche zu einem schwierigen Geschäft. Man kann dabei nicht umhin, von der Interpretation zur explikativen Rekonstruktion überzugehen.

15 *Rechtsphilosophie* § 31 A (7,84).

16 *Propädeutik* 444; vgl. Enc § 81 (8,172ff.) u. ö.

17 Vgl. z. B. *Rechtsphilosophie* § 31 A (7,84f.); *Phänomenologie des Geistes,* hrsg. v. J. Hoffmeister, S. 71f. (3,77).

18 Ähnlich wie der Maler des Informel, der sich in einen Zustand zu bringen versucht, in dem er aller vorgefaßten ästhetischen Konventionen ledig geworden ist; oder auch ähnlich wie nur derjenige auf die richtige Weise vollbringt, was geschehen soll, der sich von aller Selbstbezogenheit freigemacht hat und nur dem an ihn ergehenden Anspruch folgt.

19 oder: dadurch ist er *der* Begriff in diesem seinem jetzigen Entwicklungsstadium. – Genauere Unterschiede, die diesen Begriff gegenüber der Idee des Lebens und gegenüber der Idee des Erkennens und des Wollens unverwechselbar machen, muß ich hier unterschlagen.

20 *Rechtsphilosophie* § 31 A (7,84).

21 oder: das nun gebildete Subjekt der Entwicklung *des* Begriffs, das . . .

22 *Wissenschaft der Logik,* hrsg. von G. Lasson, Hamburg 1948 u. ö.

Bd. II, S. 490 (6,556). Im folgenden abgekürzt: L II. Ziffern hinter dem Komma bezeichnen den Abschnitt auf der vor dem Komma angegebenen Seite.

23 L II 496 (6,563); für den Ausdruck »Seele« muß man sich erinnern, daß bei Aristoteles die Seele Prinzip der Bewegung des Körpers ist.

24 Vgl. L II 239 (6,273): »Der Begriff . . . Zuerst ist er reiner Begriff oder die Bestimmung der Allgemeinheit.« L II 241 (6,275): »Das Allgemeine . . . ist das Einfache . . .«

25 L II 489,2 (6,554).

26 L II 489,2 (6,555).

27 Berücksichtigt man hingegen die Momente, hinsichtlich deren sie sich unterscheiden, so fällt es nicht allzu schwer, als Exemplifikationen der in ihnen angesprochenen Strukturen das Ich und korrelativ dazu die Welt in deren idealistischer Deutung zu erkennen.

28 Vgl. L II 238,1 (6,272); 243,3 (6,278).

29 L II 489,2 (6,555).

30 Die geforderte Übereinstimmung mit Objektivität macht verständlich, weshalb nun die Entwicklung des Begriffs wieder mit Mitteln charakterisiert wird, die ihre Primärbedeutung in der »Seins-« und in der »Wesenslogik« haben.

31 L II 238,2 (6,272).

32 Enc § 239 (8,391).

33 L II 264,2 (6,301 f.).

34 L II 490,3 (6,556).

35 L II 490,3 (6,556).

36 L I 37 (5,51).

37 L II 494,2 (6,561).

38 Zur Kritik an Hegels problematischer Satztheorie vgl. Ivan Soll, Sätze gegen Sätze: Ein Aspekt der Hegelschen Dialektik, *Hegel-Jahrbuch* 1974, Köln 1975, S. 39 ff.

38a Ich habe Näheres hierzu in einem Aufsatz publiziert. (Unzulängliche Bemerkungen zur Dialektik. In: R. Heede und J. Ritter, Hrsg., *Hegel-Bilanz.* Frankfurt 1973. S. 248 ff., in diesem Band S. 33 ff.) Insofern kann ich mich vielleicht an dieser Stelle legitimerweise ganz summarisch äußern.

39 L II 495 f. (6,562 f.).

40 *Rechtsphilosophie* § 31 A (7,84).

41 Man vgl. dies mit den schematischen Charakterisierungen der Dialektik als eines dreigliedrigen Fortganges von einer These über die Antithese zur Synthese!

42 Z. B. das Bewußtsein und sein Objekt; oder die moralische Subjektivität und die Objektivität einerseits der Welt, andererseits des Guten.

43 Man vergleiche dies späte und gleichsam punktuelle Auftreten des Widerspruchs – und noch dazu des Widerspruchs im Hegelschen

Sinn! – mit jenen häufigen Charakterisierungen Hegelscher Dialektik, denen gemäß dialektische Darstellung mit dem Aufdecken eines Widerspruchs beginne. (Als ein Beispiel für viele: R. Bubner, *Dialektik und Wissenschaft,* Frankfurt 1973, S. 172).

44 L II 49 (6,64).

45 Hegel gebraucht das Prädikat ›in sich schließen‹ äußerst selten; in der *Logik* außer hier, soweit ich sehe, nur anläßlich der Erwähnung des ontologischen Gottesbeweises (L II 353/6,402) und bei der Exposition der Idee des Guten (L II 478/6,542).

46 Wie z. B. mein Vorsatz und die in ihm vorausgesetzte äußere Verfassung der Welt, die zu verändern ich mir vorgesetzt habe.

47 Ähnlich läßt sich z. B. vom guten Gewissen, das ich mir mache, sagen, es sei schon das Böse, gegen das die Moralität gerichtet ist, die doch wesentlich im Gewissen besteht; als gutes Gewissen lasse die Moralität das Gewissen und das Böse, die zuvor gegeneinander selbständige waren, sich ihrer Selbständigkeit berauben.

48 Vgl. L II 52 (6,68).

49 Vgl. L II 494, Z. 16 (6,560).

50 Vgl. L II 495, 2 u. 3 (6,561 f.).

51 Vgl. *Rechtsphilosophie* § 2 Zusatz (7,30f.); ferner L I 147f. (5,174f.).

52 L II 495 (6,561). Hegel kommt an dieser Stelle auch auf die Möglichkeit zu sprechen, die Enthaltenseinsbeziehung bzw. die Einheit des Enthaltenden und Enthaltenen in einem *Satz* auszudrücken. Seine Ausführungen sind ebenso wie seine Interpretation solcher Sätze sehr unbefriedigend. Sie setzen sich fast derselben Kritik aus wie die oben erwähnte Auffassung vom spekulativen Satz.

53 Vgl. ebenda.

54 L II, 3 (6,13); näher: »das *in sich* gegangene Sein«, »das Sein als *Scheinen* in sich selbst«. Vgl. Enc. § 112 (8,231).

55 Vgl. L II 495, 3 (6,562).

56 L II 495 (6,562).

57 L II 495, 3 (6,562).

58 Enc. § 180 (8,331).

59 L II 490 (6,556); vgl. Enc. § 239 (8,391).

60 genauer: Jener Teil dieses Verlaufs, der mit der Phase beginnt, in der der Fortgang vom Ersten zum Zweiten bereits stattgefunden hat und in der es möglich ist, das Zweite als Ergebnis dieses Fortgangs, in dem das Erste enthalten ist, hilfsweise durch einen Satz zu charakterisieren, der die Enthaltenseinsbeziehung zwischen beiden zum Ausdruck bringt. Vgl. L II 497, Z. 9ff. (6,563 f.); 495, Z. 14ff (6,561).

61 Enc. § 182 (8,334).

62 Eine genauere Interpretation des Vorhergehenden hätte vermutlich zeigen können, daß eine ähnliche Spezifikation des Widerspruchs auch dessen Beziehung zum Unterschied betraf.

63 Vgl. L II 35 (6,49).
64 L II 495 (6,561).
65 und ebenso wie das Allgemeine in seiner Bedeutung als Anfang der Bewegung schon absolute Negativität war, während in der Logik der Subjektivität der Begriff sich erst als Einzelheit in die absolute Negativität reflektiert. Vgl. L II 240 (6,274).
66 Im Verhältnis zu dessen erster Realisierung, die die erste Figur des Schlusses bildet, sind hier jedoch die beiden Extreme vertauscht. Diese Abfolge der Termini kommt in der subjektivitätstheoretischen Schlußinterpretation Hegels nicht vor. Vgl. L II 311ff. (6,355ff.); Enc. § 182ff. (8,333ff.).
67 Vgl. L II 495,2 (6,561); 497,1 (6,564).
68 Vgl. L II 497, Z. 18 (6,564); 442,1 (6,501).
69 Vgl. L II 502,3 (6569f.).
70 Vgl. L II 317,2 (6,362).
71 L II 497 (6,564).
72 L II 498,2 (6,565).
73 L II 490,3 (6,556).
74 L II 499,1 (6,566).
75 Ebd.
76 L II 499,2 (6,566).
77 Vgl. dazu L II 320,1 (6,364f.); 499,1 (6,566).
78 Wenn ich recht sehe, hat sich Hegel zu diesem Unterschied genauer nur geäußert in den Bemerkungen, die in der *Phänomenologie des Geistes* am Ende der »Einleitung« »zur Methode der Ausführung« gemacht werden; hier aber geschah dies in Abhebung auf die methodische Spezifizität der Bewußtseinsdialektik.
79 Z.B. *Rechtsphilosophie* § 141 A (7,286). Zum Übergang von der Moralität in Sittlichkeit.
80 L II 499,1 (6,565).
81 wie z.B. die Sittlichkeit jedenfalls die Ursprünge des abstrakten Rechts und der Moralität umfaßt, wenn auch nicht eo ipso diese beiden – abstraktes Recht und Moralität – selbst.
82 Zum Charakter dieser Relation vgl. D. Henrich, Hegels Logik der Reflexion, in: derselbe, *Hegel im Kontext,* Frankfurt am Main 1971, S. 137ff. Ich vermute, daß der Fortgang zur Kennzeichnung des Dritten – und über dieses zur Kennzeichnung des neuen Anfangs – der paradigmatische Fall der von Henrich anhand seiner Interpretation des Reflexionskapitels in Hegels »Wesenslogik« aufgewiesenen »Bedeutungsverschiebung« ist.
83 Vgl. dagegen Hermann Schmitz, Das dialektische Wahrheitsverständnis und seine Aporie, in: *Hegelstudien. Beiheft 17.* Bonn 1978.
84 Ich nehme an, daß es hier sehr viel weniger Zwangsläufigkeit gibt, als Hegel angenommen hat.

85 Solche exemplarische Diskussion habe ich unterlassen, weil gerade in den ausführlichen Darstellungen die Überlagerung von Bewegungsphasen verschiedener Stufe ganz neue und leicht desorientierende Interpretationsprobleme aufwirft.

86 In diesen Zusammenhang gehört auch die Frage, wodurch und in welchem Sinn die Sätze mit doppelter Referenz *informativ* sind, obwohl sie kein bestimmtes Prädikat aussagen, und was es darum für Hegel so naheliegend macht, sie als Subjekt-Prädikat-Sätze zu deuten.

87 Vgl. Unzulängliche Bemerkungen . . . a. a. O. S. 253 (in diesem Band S. 33 ff.).

Zweiter Teil
Zu den Kategorien des Anfangs, zur Negation und zum Widerspruch

Charles S. Peirce/William T. Harris
Nominalismus versus Realismus*

[Harris:] Im folgenden bringen wir einige kritische Bemerkungen zu dem Standpunkt, der in unserer letzten Ausgabe bezüglich Herrn Janets Version von Hegels Lehre vom »Werden« vertreten wurde. Wir hoffen, daß diese scharfsinnigen Bemerkungen, die größtenteils in die Form von Fragen gekleidet worden sind, sorgfältig gelesen werden, insbesondere von denen, deren Meinung

* Die hier wiedergegebene Diskussion zwischen Ch. S. Peirce, dem Begründer des amerikanischen Pragmatismus, und dem amerikanischen Hegelianer W. T. Harris (später Erziehungsminister seines Landes) knüpft an eine Auseinandersetzung mit dem Buch *Essai sur dialectique dans Platon et dans Hegel* (Paris 1860) des französischen Philosophen P. Janet an, die Harris für den ersten Band der von ihm herausgegebenen Zeitschrift *The Journal of Speculative Philosophy* 1867 verfaßte und unter dem Titel »Paul Janet and Hegel« veröffentlichte. Auf diesen Artikel reagierte Peirce mit zwei eher umfänglichen Leserbriefen, die – mit Kommentaren von Harris versehen – im zweiten Band der genannten Zeitschrift 1868 unter den Titeln »Nominalism versus Realism« und »What is meant by „determined"« abgedruckt wurden. Der Absatz in dem Artikel von Harris, auf den sich Peirce am Anfang seines ersten Beitrags explizit kritisch bezieht, hat folgenden Wortlaut (Harris: »Paul Janet und Hegel«): »Sein ist das rein Einfache; als solches wird es unter der Form der Selbstbeziehung betrachtet. Doch da es vollständig unbestimmt ist und keinen Inhalt hat, ist es das reine Nichts <pure nought> oder absolute Negation. Als solches ist es die Negation durch sich selbst oder die Negation seiner selbst und daher sein eigenes Entgegengesetztes oder Sein. So also zerfällt das Einfache durch Selbstentgegensetzung in eine Dualität, die wieder einfach wird, wenn wir versuchen, sie auseinanderzuhalten oder ihr Sachhaltigkeit für sich zu geben. Wenn also Sein gesetzt wird als an und für sich, ohne Bestimmtheit, Sachhaltigkeit habend (omnis determinatio est negatio), dann wird es ein in keiner Weise von dem Nichts unterschiedenes reines Leeres, da Unterschied Bestimmtheit ist und weder Sein noch das Nichts sie besitzen. Was ist die Sachhaltigkeit des Nichts? Ein Negatives ist ein Bezogenes, und ein Negatives durch sich selbst ist ein Negatives, das auf sich selbst bezogen ist, was eine Selbstaufhebung ist. Sein und das Nichts also, objektiv gesetzt als Sachhaltigkeit habend, erweisen sich als auflösende Formen und gehen ineinander über. Sein ist ein *Aufhören*, und das Nichts ist ein *Anfangen*, und dies sind die zwei Formen des *Werdens*. Das Werden, dialektisch betrachtet, erweist sich selbst als inadäquat auf ähnliche Weise« (255).

Die Diskussion wird hier weitgehend in der gleichen Form wie in der Zeitschrift, in der sie erschien, abgedruckt, d. h. die Kommentare und Anmerkungen von Harris zu den Bemerkungen von Peirce werden in der von Harris gewählten Form des Zusammenhangs mit den Fragen von Peirce wiedergegeben. Es ist anzunehmen, daß die beiden Überschriften von Harris stammen. Eckige Klammern [. . .] kennzeichnen Hinzufügungen des Herausgebers. Ergänzungen in spitzen Klammern <. . .> geben die Originalterminologie bzw. den Originaltext wieder.

sich von unseren eigenen bisher geäußerten Ansichten unterscheidet. Es handelt sich hier unseres Erachtens um die gründlichste und bündigste Darlegung des antispekulativen Standpunkts in bezug auf die Wissenschaft vom Reinen Denken (Prima Philosophia), die wir gesehen haben. Aber gerade aus diesem Grunde möchten wir meinen, daß sie die Mängel des Formalismus, auf den sie sich stützt, nur um so sichtbarer macht. Wir haben uns bemüht, diese Fragen mit demselben Freimut, wie er den Autor beseelt, zu beantworten.

[Peirce:] An den Herausgeber des Journal of Speculative Philosophy:

Ich möchte einige Fragen stellen nach dem, was Sie in dem Absatz meinen, der mit den Worten beginnt: »Sein ist das rein Einfache« (Bd. 1, S. 255).

Zunächst will ich angeben, wieviel ich – wie ich meine – davon bereits begreife. Ich verstehe so viel, daß ›Sein‹ und ›Nichts‹, wie sie von Ihnen angewendet werden, zwei abstrakte und nicht zwei allgemeine Termini sind; daß Sein die Abstraktion ist, die den Objekten des konkreten Terminus gemeinsam und ausschließlich zugehört, dessen Umfang <extension> unbegrenzt und allumfassend und dessen Inhalt <comprehension> gleich null ist. Ich nehme an, daß Sie Nichts ebenfalls verwenden als abstrakten Terminus = Nichtsheit <nothingness>; denn andernfalls ist die Behauptung, daß Sein Nichts ist, dasselbe wie zu sagen, daß Menschheit Nicht-Mensch ist, und impliziert in keiner Weise, daß Sein sich in irgendeiner Entgegensetzung zu sich selbst befindet, da sie nur besagen würde ›Das Sein ist nicht Seiendes‹ [dt. im Original], nicht aber ›Sein ist nicht Sein‹ [dt. im Original]. Unter Nichts verstehe ich folglich den abstrakten Terminus, der einem (möglichen) konkreten Terminus entspricht, welcher das logische Gegenteil des konkreten Terminus ist, der dem ›Sein‹ entspricht. Und da das logische Gegenteil eines jeden Terminus keinen Umfang mit eben diesem Terminus gemeinsam hat, ist das *konkrete* Nichts der Terminus, der keinen Umfang besitzt. Ich nehme an, daß, wenn Sie sagen, ›Sein hat keinen Inhalt‹ und ›Sein ist vollständig unbestimmt‹, Sie lediglich meinen, daß sein entsprechendes Konkretum keinen logischen Inhalt besitzt, oder zumindest, daß das, was Sie meinen, hieraus folgt – und umgekehrt dies aus dem, was Sie meinen.

Nun komme ich zu dem, was ich nicht begreife, und ich habe einige Fragen zu stellen, die so zu formulieren ich mich bemüht habe, daß jeder sehen kann, daß der Hegelianer sie zwangsläufig beantworten muß; denn sie fragen nur nach dem, was Sie meinen: ob dies oder das; sie bitten Sie lediglich, in bezug auf Punkte, für die Sie unklare Formulierungen verwandt haben, deutlich zu werden. Sie werden aber selbst nicht als Streitfragen vorgebracht, sondern nur als Nachfragen.

1. Abstrakte Termini sind der neuzeitlichen Lehrmeinung zufolge nur eine Einrichtung, um den Sinn konkreter Termini auf eine andere Art zum Ausdruck zu bringen. Zu sagen, daß einem Objekt Weiße inhäriere, ist dasselbe wie zu sagen, daß ein Objekt weiß ist. Zu sagen, daß Weiße eine Farbe ist, ist dasselbe wie zu sagen, daß Weißes farbig ist und daß sich dies schon aus der Bedeutung der Worte ergibt.

Doch zweifellos werden Sie zugeben, daß es ein Unterschied ist, ob hundert Dollar in meiner Tasche *sind* oder *nicht sind,* und so in jedem anderen beliebigen Einzelfall. Damit geben Sie zu, daß es nichts gibt, was ist, das zugleich nicht ist. Daraus folgt, daß *das,* was *ist,* und *das,* was *nicht ist,* sich gegenseitig ausschließen und nicht im Umfang decken.

Da Sie aber nichtsdestoweniger behaupten, daß die entsprechenden Abstraktionen, Sein und Nichtsheit, absolut dasselbe seien (obwohl Sie gleichzeitig der Ansicht sind, daß es durchaus nicht so ist), wird es deutlich, daß für Sie abstrakte Termini irgendeine andere Bedeutung haben als die, die andere Logiker in ihnen entdecken. Ich möchte deshalb fragen, was Sie unter einer Abstraktion verstehen und wie Sie herausfinden wollen, was auf Abstraktionen zutrifft.

[Harris:] Wir haben hier – erstens – das, was unser Fragesteller zu begreifen glaubt, kurz wie folgt aufgeführt: (a) daß Sein und Nichts zwei abstrakte und nicht zwei allgemeine Termini sind; (b) daß Sein zu dem konkreten Terminus gehört, dessen Umfang unbegrenzt und dessen Inhalt gleich null ist; (c) daß Nichts Nichtsheit bedeutet und zu dem konkreten Terminus gehört, dessen Umfang gleich null ist. An dieser Stelle wollen wir innehalten, um auf eine entscheidende Fehlinterpretation der Bedeutung von Sein, wie wir diesen Terminus anwandten, aufmerksam zu machen. Wenn Sein die Abstraktion wäre, die dem konkreten

Terminus entspricht, »dessen Umfang unbegrenzt und dessen Inhalt gleich null ist«, dann würde Sein *Existenz* bedeuten (nicht das deutsche »Seyn«, sondern »Daseyn«, manchmal auch *Vorhandensein* genannt), d.h. es würde *bestimmtes* Sein bedeuten und nicht reines Sein. Wenn Sein in diesem Sinn verstanden wird, ist es nicht äquivalent mit dem Nichts, und es gibt kein uns bekanntes System der Philosophie, das eine solche Absurdität stützt. Daher wird hinfällig, was immer sich auf diese Annahme gründet. Aber es mag die Frage gestellt werden: »Wenn die dem allgemeinsten Prädikat von Einzeldingen entsprechende Abstraktion *Existenz* ist, durch welchen Abstraktionsprozeß gelangt man dann jenseits dieses allgemeinsten der Prädikate zu einer es transzendierenden Kategorie?« Wir antworten: durch den einfachen Prozeß der *Analyse;* versuchen wir es: in dem allgemeinsten Prädikat, welches *bestimmtes Sein* oder *Existenz* ist – denn alle Dinge im Universum sind bestimmte Seiende – haben wir eine offensichtliche Doppeltheit (eine zusammengesetzte Natur), die eine weitere Analyse in reines Sein und Bestimmtheit zuläßt. Nun entspricht reines Sein, wenn man es losgelöst von jeder Bestimmtheit betrachtet, nicht irgendeinem konkreten Terminus, weil *Bestimmtheit*, die allein eine solche Entsprechung möglich macht, durch die Analyse von ihm getrennt worden ist.

Was den Punkt (c) betrifft, so genügt es zu sagen, daß wir an der betreffenden Stelle nicht den Terminus Nichts <»Nothing«>, sondern den Terminus »das Nichts« <»Nought«> für Nichtsheit verwandt haben, um den Doppelsinn des Terminus Nichts zu umgehen: die Verwirrung nämlich, die dadurch entsteht, daß er sowohl im Sinne von »kein Ding« als auch im Sinne des rein Leeren verstanden wird. Wenn wir »bestimmtes Sein« analysieren, haben wir zwei Faktoren: der eine reduziert sich auf reines Sein, welches das rein Leere ist, während der andere sich reduziert auf reine Negation, die ebenfalls das rein Leere ist. Bestimmtheit ist Negation, und wenn Bestimmtheit isoliert wird, hat sie kein Substrat, während auf der anderen Seite jedes Substrat oder Substrat überhaupt, wenn es von Bestimmtheit isoliert ist, reine Leere wird.

Daher scheint uns der Prozeß der Analyse, der die Reflexion in Gang bringt, nicht aufzuhören, bevor er zu dem rein Einfachen gelangt, das der Wendepunkt ist, an dem die Analyse zur Synthese wird. Wir wollen uns überlegen, wie diese Synthese sich selbst manifestiert: unsere höchste Abstraktion, das rein Einfache, hat zwei Formen: reines Sein und reine Negation; sie kommen darin überein, daß beide das rein Leere sind. Keines von beiden kann bestimmt sein, und darum kann keines von beiden dem anderen gegenüber einen Unterschied besitzen. Analytisches Denken, das das Konkrete zerlegt und nie von dem Verbindungsglied Notiz nimmt, muß immer bei dem abstrakten Einfachen als dem Endergebnis seines dualisierenden Prozesses ankommen. Aber an diesem Punkt angekommen, sieht es sich genötigt, über das *tertium quid,* das entstandene Universale, nachzudenken, das es außer acht gelassen hat. Denn es ist bei dem angekommen, das ein Widerspruch in sich ist. Das rein Einfache denkend zu erfassen, heißt, es aufzuheben; denn indem wir es denkend erfassen, begreifen wir es als die Negation des Bestimmten, und indem wir das tun, setzen wir es entgegen und bestimmen es dadurch. Außerdem würde es, objektiv betrachtet, denselben Widerspruch enthalten, da sein Unterschied von existierenden Dingen es ebenfalls bestimmt. Darum ist *das Einfache,* das der Endpunkt der Analyse ist, nur ein Punkt, an dem Synthese beginnt, und insofern ein *Moment* eines Prozesses der Selbstabstoßung oder selbstbezogener Negation. Solange Analyse darauf beharrt, die hier involvierte Vermittlung zu ignorieren, kann sie dies rein Unmittelbare als *Letztes* hinstellen. Aber sobald sie es als das aufnimmt, was es in Wahrheit ist, ermöglicht sie seiner Vermittlung, in Erscheinung zu treten, und wir erfahren das synthetische Ergebnis, das in seiner abstraktesten Form »das Werden« ist. Dies werden wir auch auf eine andere Weise der Überlegung herausfinden: Unterscheidung und Verschiedenheit sind Formen der Vermittlung; das Einfache ist die Grenze, bei der Vermittlung beginnt; sie (die Vermittlung) hebt durch ihren Beginn diese Grenze auf; aber alle vermittelten Etwas enthalten ebenfalls das Einfache als das grundlegende Element, welches der Bestimmtheit ausgesetzt ist. Folglich können wir das Einfache nicht gänzlich leugnen, und wir können es nicht affirmativ durch es selbst setzen; kaum wird es durch Analyse erreicht, so geht es schon in Synthese über. Wir sehen die Richtigkeit dieser Lehre außerdem dadurch bestätigt, daß wir die beiden Faktoren unserer Analyse in ihrer reflektierten Form, d. h. in ihrer Vermittlung verstehen: Sein, als das Substrat, ist die Form der Identität oder Selbstbeziehung, die, wenn isoliert, leere Selbstbeziehung wird oder Selbstbeziehung, in der die

Negativität der Beziehung ausgelassen worden ist; dies ergibt eine Form, welche in ein Leeres zusammenfällt. Bestimmtheit, als der andere Faktor, ist die Beziehung auf ein Jenseits oder das, was wir das eigentlich Relative nennen; sie ist das selbsttranszendierende Element, und wenn sie so isoliert wird, daß ihre Beziehung in ihr selbst bleibt, fällt sie in die Form des Selbstbezogenen, welche die des Substrats ist, oder in die Form des Seins, und dies alles fällt noch weiter in das Leere zusammen, wenn wir an unserer Forderung nach dem Einfachen festhalten; dieses Leere (oder »Hunger« [dt. im Original], wie Böhme es nannte) ist die gleiche Relativität wie die, welche, wie wir feststellten, die isolierte Bestimmtheit ist, und so können wir diese Abstraktionen immer im Kreise verfolgen, bis wir entdecken, daß sie organische Stufen *eines Prozesses* sind. Dann haben wir unsere Synthese entdeckt und solche Abstraktionen hinter uns gelassen.

Wir geben nicht vor, für »Hegelianer« zu reden; wir wüßten nicht, daß sie unseren Standpunkt billigen. Wir äußern dies lediglich als unsere eigene Ansicht.

Die erste Frage, die unser Fragesteller vorbringt, enthält folgende Punkte:

(a) Abstrakte Termini sind Einrichtungen, um den Sinn konkreter Termini zum Ausdruck zu bringen.

(b) Wenn zugegeben wird, daß es ein Unterschied ist, ob hundert Dollar in jemandes Tasche sind oder nicht sind (d. h. daß die Existenz von hundert Dollar in jemandes Tasche einen Unterschied in seinem Vermögen macht), so folgt daraus, daß das, was ist, und das, was nicht ist, sich gegenseitig ausschließen und nicht im Umfang decken.

(c) Die Behauptung der Identität von Sein und Nichts (das Nichts?) und ihre gleichzeitige Verneinung zeigen an, daß abstrakten Termini irgendein anderer Sinn unterlegt wird als der, den er in Ihnen entdeckt.

Bezüglich des ersten Punktes (a) sind wir bereit zu sagen, daß wir nicht eine solche Lehre vertreten und gleichzeitig irgendeinen Anspruch darauf erheben könnten, spekulative Philosophen zu sein. Wir könnten sie aber auch nicht konsistent vertreten und uns der Klasse der Denker anschließen, die den Standpunkt der Reflexion teilen – wie z. B. die Positivisten, die Kantianer, die Hamiltonianer etc. etc. – und darin übereinstimmen, daß wir nur Phänomene kennen, und deshalb auch darin, daß die unmittelbare Welt an sich unwahr ist und nur durch Vermittlung besteht. Denn es ist offensichtlich, daß die von unserem Frager verkündete Lehre impliziert, daß sowohl allgemeine Termini als auch abstrakte Termini nur *»flatus vocis«* sind – kurz, daß das Universum aus einzelnen Dingen zusammengesetzt ist und daß diese an sich sachhaltig und wahr sind. Im Gegensatz dazu müssen wir daran festhalten, daß wahre Gegebenheiten sich selbst bestimmende Ganzheiten sein müssen und nicht bloß *Dinge*, denn diese sind immer abhängige Etwas und sind von ihrem wahren Selbst getrennt. (Siehe Kapitel VIII unserer Einführung in die Philosophie und auch Kapitel X über *Das Universale.*) Das Bleibende in dem Prozeß des Entstehens und Vergehens, dem Dinge immer unterliegen, ist das Übergeordnete; das Übergeordnete ist der ganze Inhalt, die wahre Gegebenheit oder das Universale, und seine Identität bleibt immer erhalten, während das bloße »Ding«, das nicht in sich abgeschlossen ist, seine Identität beständig verliert. Der Verlust der Identität des *Dinges* ist genau der Prozeß, der die Identität des Ganzen manifestiert. Eine solche Lehre, wie sie die formale Logik voraussetzt, vorauszusetzen, bedeutet daher, die Lehre von der Unmittelbarkeit als die einzig wahre auszugeben.

Das »hundert Dollar«-Beispiel bezieht sich nicht auf die Diskussion, und zwar aus dem Grunde, weil die Frage nicht die der Identität von *Existenz* und *Nichtexistenz* ist, sondern die von dem *reinen Sein* und dem *Nichts*, wie schon früher erklärt wurde.

[Peirce:] 2. Sie sagen, im wesentlichen,

Sein hat keine Bestimmtheit;
also: es ist Nichts.

Nun ist es aber mit Sicherheit so, daß die gegenteilige Schlußfolgerung aus dieser Prämisse zu ziehen ist, nämlich die, daß es nicht Nichtsheit ist. Ich vermute, daß Sie eine Ihrer Prämissen unterschlagen haben und daß Sie folgendermaßen zu argumentieren beabsichtigten:

Unbestimmtheit in bezug auf irgendein Merkmal
ist die Negation dieses Merkmals;
Sein ist unbestimmt in Bezug auf jedes Merkmal;
also: Sein ist die Negation eines jeden Merkmals.

Kurz, Sie scheinen implizit zu sagen, daß von einem Merkmal abzusehen bedeute, es zu verneinen. Soll Ihr Argument auf diese Weise ergänzt werden oder wie sonst?

3. Dies legt eine andere Frage nahe. Sie sagen, daß Nichts keine Bestimmtheit habe. Hieraus würde klarerweise nicht folgen, daß Sein nichts ist, sondern nur, daß Nichts seiend ist oder vielmehr, daß jedes Nicht-Seiende ein Seiendes ist, wodurch *nicht-seiende* [dt. im Original] auf eine Absurdität reduziert wird. Das wäre nichts Neues (denn Albertus Magnus zitiert dafür Avicenna) und meiner Meinung nach vollkommen wahr. *Non-ens* oder »das Nicht-Seiende« ist ein Ausdruck, der einen Selbstwiderspruch enthält. Doch obwohl ich also keine ungeheuerlichen Konsequenzen daraus erwachsen sehe, wenn man sagt, daß Nichts keine Bestimmtheit hat, sehe ich überhaupt keinen Beweis dafür, daß dem so ist. Man könnte allerdings sagen, daß die Dinge, die nicht sind, keine gemeinsamen Merkmale haben und daß deshalb das, *was nicht ist,* keinen logischen Inhalt und kein Sein hat – nicht aber, daß es keine Bestimmtheit hat. Ich möchte also fragen: Haben Sie bewiesen, daß Nichts keine Bestimmtheit hat? Denken Sie nicht, ich sei bestrebt, Sie in einen Widerspruch hineinzutreiben; denn soweit ich weiß, bekennen Hegelianer sich dazu, sich selbst zu widersprechen. Ich möchte mich nur vergewissern, ob sie eine ähnliche Mißachtung für jene logischen Maximen haben, die sich auf Mehrdeutigkeiten beziehen.

4. Sie sagen, im wesentlichen,

Unterschied ist Bestimmtheit;
Sein hat keine Bestimmtheit;
also: Sein unterscheidet sich nicht von Nichts;
also: Sein ist Nichts.

Es ist unbestreitbar, daß Unterschied von irgend etwas Bestimmtheit in Beziehung darauf ist, ob etwas das betreffende Ding ist oder nicht ist. Ein Affe ist dadurch, daß er sich von einem Menschen unterscheidet, in Beziehung auf Menschheit (negativ) bestimmt. Unterschied in irgendeiner Beziehung ist also Bestimmtheit in dieser Beziehung. Ich nehme an, daß es das ist, was Sie sagen wollen. Nun lassen Sie uns eine Parallele zu dem obigen Argument anbringen:

Unterschied in irgendeiner Beziehung ist Bestimmtheit in dieser Beziehung;

Tierheit im allgemeinen ist nicht bestimmt in Beziehung auf Menschheit;
also: Tierheit im allgemeinen unterscheidet sich nicht von Menschheit;
also: Tierheit im allgemeinen ist Menschheit.

Das ist ganz offensichtlich sophistisch. Denn wenn man sagt, daß eine Abstraktion im allgemeinen unbestimmt ist, so hat das zwei verschiedene Aussagebedeutungen, von denen die eine das Resultat einer genauen Analyse der Sprache ist, während die andere auf dem gewöhnlichen Sprachgebrauch beruht. Zu sagen, daß eine Abstraktion unbestimmt ist, würde – genau genommen – bedeuten, daß es sich um diese oder jene Abstraktion handeln kann, d. h. daß das abstrakte Wort, durch das sie ausgedrückt wird, irgendeine von einer Vielzahl von Bedeutungen haben kann. Gewöhnlich wird jedoch dieser Satz so verstanden, daß das Objekt des entsprechenden konkreten Terminus unbestimmt ist, so daß von einem bestimmten Paar sich gegenseitig widersprechender Prädikate keines von beiden *in jedem Fall* auf dieses Konkretum zutrifft <*universally* true of that concrete>. Nun ist es aber in dem letztgenannten Sinne richtig zu sagen, daß Tierheit in Beziehung auf Menschheit unbestimmt oder daß Seiendes überhaupt nicht bestimmt ist, das heißt, daß nicht jedes Tier ein Mensch ist und nicht jedes Tier nicht ein Mensch ist und (im zweiten Falle) daß es kein Prädikat gibt, das wahrheitsgemäß von allen Seienden behauptet oder verneint werden kann. Denn in dem anderen Sinne müßten wir uns zu der Behauptung verpflichten, daß die Abstraktionen selbst vage seien und daß Seiendes, zum Beispiel, keine präzise Bedeutung habe. In dem einzig richtigen Sinne lautet die Prämisse daher in dem einen Fall einfach »Tier ist unbestimmt« und in dem anderen »*Ens* (*seiende* [dt. im Original]) ist unbestimmt«, woraus in dem ersten Falle folgt »Nicht jedes Tier unterscheidet sich von einem Menschen« und in dem zweiten »Nicht jedes Seiende unterscheidet sich von einem Nichts«. Dies letztere läuft lediglich darauf hinaus zu sagen, daß es nichts gibt, wovon sich jedes Seiende unterscheidet, oder daß ein Nichts eine Absurdität ist. Diese korrekten Schlußfolgerungen beinhalten nicht im mindesten, Tierheit sei Menschheit oder Sein sei Nichtsheit. Um zu letzteren Schlußfolgerungen zu gelangen, wäre es (zuerst) erforderlich, die Prämissen in dem anderen und falschen Sinne zu verwenden; aber selbst dann wäre alles, was sich legitimerweise daraus ableiten ließe, folgendes: »Menschheit ist *in gewissem Sinne* Tierheit« und »Sein ist *in gewissem Sinne* Nichts«. Erst durch einen zweiten Fehlschluß könnte gefolgert werden, daß Tierheit im intendierten Sinne Menschheit ist oder daß Sein im intendierten Sinne Menschheit ist oder daß Sein im intendierten Sinne Nichts ist. Ich möchte nun fragen, ob Sie versehentlich in diese Unklarheiten hineingerieten oder worin – falls das nicht der Fall sein sollte – die Stärke Ihrer Argumentation liegt?

[Harris:] Der zweite Punkt, auf den zu antworten wir gebeten werden, ist mit dem dritten und dem vierten verknüpft, die uns den folgenden Syllogismus zur Last legen:

Unterschied ist Bestimmtheit; Sein hat keine Bestimmtheit; *also:* Sein unterscheidet sich nicht von Nichts; *also:* Sein ist Nichts.

Das wird dann parallelisiert mit einem Syllogismus, in dem Tierheit und Menschheit vermengt werden; Veranlassung dazu ist folgendes Mißverständnis: In dem hier kritisierten Artikel sagten wir (Bd. 1 des vorliegenden Journals, S. 255): »Wenn also Sein gesetzt wird als an und für sich, ohne Bestimmtheit, Gültigkeit habend, dann wird es ein in keiner Weise von dem Nichts unterschiedenes reines Leeres, da Unterschied Bestimmtheit ist und (N. B.) weder Sein noch das Nichts sie besitzen.« Als Grund für ihre Identität wird der Mangel an Bestimmtheiten sowohl in dem Nichts als auch im Sein angegeben.

Aber Bestimmtheit kann sowohl quantitativ als auch qualitativ sein, und in ersterer Hinsicht ist Tierheit von Menschheit unterschieden; denn einen größeren Umfang und einen geringeren Inhalt zu haben, unterscheidet zweifellos einen Begriff vom anderen. Zwei ist unterschieden von Drei, obwohl in letzterem enthalten. Darum ist es nicht ganz korrekt zu sagen, daß »Tierheit im allgemeinen nicht bestimmt in Beziehung auf Menschheit« ist. Wenn es korrekt wäre, dann hätte außerdem die Umkehrung »Menschheit ist in Beziehung auf Tierheit nicht bestimmt« wahr zu sein, wenn ein Parallelfall zu demjenigen gebildet werden soll, in dem Sein für identisch mit Nichts erklärt ist, weil keins von beiden in irgendeiner Beziehung bestimmt ist. Wären weder Tierheit noch Menschheit in Beziehung auf das jeweils andere bestimmt, müßten sie natürlich identisch sein.

Aus diesen Gründen können wir nicht anerkennen, daß wir »versehentlich in diese Unklarheiten hineingerieten« oder daß wir überhaupt in sie hineingerieten.

Wir können auch nicht die Grundlage für die Behauptung sehen, »daß Hegelianer sich dazu bekennen, sich selbst zu widersprechen«. Denn sie sind der Ansicht, daß endliche Dinge sich selbst widersprechen, daß aber das Ganze sich in seiner Negation erhält. Sie würden daher jeden, der seinen Glauben auf das Unmittelbare setzt, als jemanden ansehen, der sich selbst widerspricht, dagegen den Philosophen, der nur an der absoluten Vermittlung festhält, als jemanden, der dem Selbstwiderspruch dadurch entgeht, daß er nicht versucht, Widerspruchslosigkeit als das oberste Prinzip der Dinge aufzustellen. Hegelianer mögen dies auffassen, wie es ihnen beliebt – wir sind der Meinung, daß das Prinzip der Identität abstrakt und nur eine Seite des wahren Prinzips ist. Wenn wir das wahre Prinzip des Universums erfassen wollten, müßten wir fähig sein, Identität und Widerspruch in einem zu begreifen und damit beide zu annullieren. Wer Selbstbestimmtheit erfaßt, muß hierzu fähig sein. Das Selbst negiert sich selbst, und doch: weil es das Selbst ist, das dies tut, ist die Tat *affirmativ,* und daher ist Identität das Ergebnis. »Das Selbst sagt zu sich selbst: ›So weit sollst du gehen und nicht weiter‹; seine Antwort ist: ›Ich bin schon da, mich selbst begrenzend.‹« »Wenn man mich fliegt, bin ich die Flügel«, sagt Brahma, und jedes wahrhaft Unendliche schließt diese Negation ein, welche gleichzeitig Negation der Negation oder Affirmation ist.

Deshalb erscheint es uns unangebracht, denen Selbstwiderspruch anzulasten, die ihn lediglich für endliche Dinge behaupten.

[Peirce:] 5. Schließlich möchte ich fragen, ob die Maximen der gewöhnlichen Logik, die sich auf Widersprüche beziehen, Ihrer Meinung nach selbst einer prima facie-Wahrscheinlichkeit zu ihren Gunsten ermangeln? Ob die Beweislast bei den Hegelianern liegt oder nicht, wenn es gilt zu zeigen, daß die Annahme ihrer Falschheit auf festeren Füßen steht als die Annahme ihrer Wahrheit? Denn beim augenblicklichen Stand der Sache erscheint es mir wahrscheinlicher, daß sich in der Hegelianischen Argumentation subtile Fehlschlüsse versteckt halten, als daß solche Fehlschlüsse in allem anderen Denken verborgen liegen.

[Harris:] In Beantwortung dieser fünften Frage wollen wir feststellen, daß wir die Maximen der formalen Logik für prima facie wahr halten, denn die prime facie-Betrachtungsweise verleiht der Unmittelbarkeitsstufe <immediate phase> der Dinge immer Gültigkeit. Aber Reflexion entdeckt die Unzulänglichkeit von abstrakter Identität und Differenz und kommt ihr mit vielfältigen salvatorischen Klauseln zu Hilfe. Auch das spekulative Verständnis hält – wie die Reflexion – daran fest, daß Vermittlung zu Dingen gehört, erkennt aber überdies, daß alle Vermittlung zirkulär ist und daß folglich Selbstvermittlung die »Konstante« unter allen Variablen ist.

Der ganze Streit um die Gültigkeit der formalen Logik und des gesunden Menschenverstandes gegenüber derjenigen der spekulativen Philosophie kann auf folgende Frage reduziert werden: Glauben Sie, daß es irgendwelche endliche oder abhängige Seiende gibt? Mit anderen Worten: Sind Sie ein Nominalist oder ein Realist?

Dies ist der Kern alles Philosophierens: Wenn man die Ansicht vertritt, daß Dinge nicht voneinander abhängig sind, sondern daß jedes für sich selbst existiert, wird man annehmen, daß allgemeine Termini keinem Objekt entsprechen, und kann mit formaler Logik auskommen; und wenn man behauptet, daß man Dinge unmittelbar in ihrem Wesen erkennt, braucht man keine Philosophie – gesunder Menschenverstand reicht aus.

Aber wenn jemand der Ansicht ist, daß jedes einzelne Ding von dem abhängig ist, das jenseits seiner unmittelbaren Grenzen liegt, so ist er im Grunde genommen der Ansicht, daß sein wahres Sein jenseits von ihm liegt oder – genauer – daß sein unmittelbares Sein nicht identisch ist mit seinem ganzen Sein und daß es daher im Widerspruch mit sich selbst steht und daher *veränderlich, vorübergehend* und vergänglich ist, wenn man es vom *unmittelbaren* Standpunkt aus betrachtet. Aber wenn wir das ungeteilte oder ganze Sein (das Generische) betrachten, können wir es nicht veränderlich oder widersprüchlich nennen, denn das bleibt ewig. Es ist die »Form der Ewigkeit«.

Was mit »bestimmt« gemeint ist

[Harris:] (Die folgende Diskussion – eine Fortsetzung derjenigen über »Nominalismus und Realismus« in einer früheren Ausgabe –

möge dem guten Zweck dienen, jede vielleicht hinsichtlich einiger der benutzten wichtigen Fachausdrücke bestehende Unstimmigkeit zu beheben.)

[Peirce:] An den Herausgeber des Journal of Speculative Philosophy.

Sehr geehrter Herr: – Ihre Bemerkungen zu meinen Fragen bezüglich Sein und Nichts sind sehr freundlich und höflich. Als Antworten betrachtet, sind sie weniger zufriedenstellend als sie hätten sein können, wenn es mir besser gelungen wäre, meine Schwierigkeiten verständlich zu machen.

Ich habe den Verdacht, daß es irgendein Mißverständnis zwischen uns gibt über die Bedeutung der verschiedenen Termini, die mit »bestimmt« verwandt sind. Deswegen werde ich vielleicht gut daran tun, ausführlicher als zuvor zu erklären, in welcher Weise Hegel sie nach meiner (und aller anderen Logiker) Auffassung verwendet. Möglicherweise war die ursprüngliche Bedeutung von *bestimmt* [dt. im Original]: »durch Abstimmung entschieden«, oder vielleicht: »auf eine Tonart abgestimmt«. Demgemäß war sein Ursprung von demjenigen von »bestimmt <determined>« ganz verschieden; aber ich glaube immer noch, daß beide als philosophische Termini genau äquivalent sind. Im allgemeinen bedeuten sie: »festgelegt, *dies* (oder *so*) zu sein« in Kontradistinktion zu »dies, jenes oder sonstwas (oder irgendwie) sein«.

[Harris:] Was soll dieses »in Kontradistinktion zu«, das unser Korrespondent hier gebraucht? *Bestimmtheit* – wie wir den Hegelschen Gebrauch dieses Terminus verstehen – enthält allen Unterschied, alles an Eigenschaften, Kennzeichen, Qualität, Attribut – oder kurz: jedes wie auch immer geartete Unterscheidungsmerkmal, das als zu einem Subjekt gehörig betrachtet wird. Dies würde dessen »dies, jenes oder sonstwas sein« mit einschließen. Demnach sind »Tonhöhe« und »Lautstärke im allgemeinen« durch ihr Bestimmtsein unterschieden.

[Peirce:] Wenn von einem Begriff oder Terminus der Art, wie er durch ein konkretes Haupt- oder Eigenschaftswort ausgedrückt ist, gesagt wird, er sei bestimmter als ein anderer, so bedeutet dies manchmal, daß der logische Umfang des ersten Begriffs oder Terminus ein Teil und nur ein Teil des Umfangs des zweiten ist; aber die gängigere Bedeutung ist die, daß der logische Inhalt des zweiten ein Teil und nur ein Teil des Inhalts des ersten ist.

In meinem vorigen Brief (s. S. 184f.) brachte ich zur Genüge zum Ausdruck, was ich unter »bestimmt« verstehe, wenn angewendet auf einen Begriff oder Terminus der Art, wie er durch ein abstraktes Hauptwort ausgedrückt ist. *Bestimmt* <determinate> wird auch entweder in ausdrücklicher Anwendung oder unter stillschweigender Bezugnahme auf eine zweite Intention oder einen Terminus von zweiter Denomination gebraucht. In diesem Sinn können wir entweder ein Einzelnes als unbestimmt oder einen Begriff von Sein im allgemeinen als bestimmt bezeichnen. Jedes Einzelne ist in gewisser Weise vollkommen bestimmt, da es kein Paar sich widersprechender Merkmale gibt, von denen es nicht eins besitzt. Wird jedoch der Umfang des Terminus begrenzt – nicht durch Erweiterungen seines Inhalts, sondern *durch eine Reflexion auf den Terminus selbst,* nämlich darauf, daß er nur eines bezeichnen soll –, dann wird es ein unbestimmtes Einzelnes genannt. In diesem Sinn ist »irgendein Pferd« ein unbestimmtes Einzelding <individual>, während »Dexter« ein bestimmtes Einzelding ist. Auf eine etwas ähnliche Weise ist jeder universale Begriff des Seins in dem Sinn ganz unbestimmt, daß er nicht irgendein besonderes Merkmal kennzeichnet. Ist aber die Reflexion ausdrücklich vollzogen (*gesetzt* [dt. im Original]), daß jedes Ding, auf das er sich anwenden läßt, seine besonderen Merkmale hat, dann wird er von Hegel *bestimmtes Sein* genannt. Hegel lehrt, daß die ganze Reihe von Kategorien oder universalen Begriffen aus einem – aus dem *Seyn* [dt. im Original] – *entwickelt* werden kann durch einen bestimmten Prozeß, welcher bewirken soll, daß das zum wirklichen Gedanken gemacht wird, was virtualiter im Denken angelegt war; daß also diese Reflexion, die *Daseyn* [dt. im Original] konstituiert, implizit schon im *Seyn* [dt. im Original] angelegt ist und daß *Daseyn* [dt. im Original] dadurch aus *Seyn* [dt. im Original] entwickelt wird, daß es *explizit* aus *Seyn* [dt. im Original] entwickelt wird. (Hegels Werke, Bd. 3, S. 107/5, 116f.). Der Terminus »Was ist« bezieht sich nur auf reines *Seyn* [dt. im Original]; der Ausdruck »Was irgendwie ist« bezieht sich auf *Daseyn* [dt. im Original].

Dies ist mein Verständnis des Terminus »bestimmt <determinate>«. Es muß sich von dem Ihrigen unterscheiden, sonst würden Sie nicht sagen, daß Tierheit *im allgemeinen* in Beziehung auf

Menschheit bestimmt ist. Wenn Sie also sagen, daß Tierheit und Menschheit im allgemeinen identisch wären, wenn sie in Beziehung aufeinander unbestimmt sind, so halte ich es mit dem Beispiel von »Tonhöhe im allgemeinen« und »Lautstärke im allgemeinen« und folgere wiederum, daß wir das Wort »bestimmen« verschieden auffassen. Darf ich Sie bitten, meine 4. Frage (S. 184f.) noch einmal sorgfältig durchzulesen.

Sie haben mich offenbar so verstanden, als wendete ich den Terminus »abstrakt« auf jeden aus Abstraktion resultierenden Begriff an. Wie ich jedoch zu verstehen gab (S. 179), mache ich mir den Sinn zu eigen, demzufolge »Weiße« abstrakt und »weiß« konkret genannt wird. Für diesen Gebrauch der Termini beziehe ich mich auf folgende Autoritäten: Andrews und Stoddards Lateinische Grammatik, § 26,5; Scotus *Super Praedicamenta, qu. 8;* Durandus à Sancto Porciano, *In Sentent., lib. 1, dist. 34, qu. 1;* Ockham, *Summa Logices, pars 1, cap. 5;* Chauvin, *Lexicon Rationale, sub. V. Abstractum;* Mill, *Logic, Bk. 1, cap. 2, § 4;* Trendelenburg, *Elementa Logices Arist., 6th ed., p. 117, Anm.;* Überweg, *Logik, § 51* (wo auch Wolff zitiert wird); Hoppe, *Logik, §§ 256, 257.* – Diese Fehlauffassung beeinträchtigt die Einschlägigkeit der meisten Ihrer Äußerungen.

Ich bin nicht, wie Sie, der Meinung, daß ich den Sinn, in dem Hegelianer den Terminus Reines Sein gebrauchen, vollständig mißverstanden habe. Zumindest scheint meine Definition mit den Erläuterungen fast aller, wenn nicht aller Kommentatoren und Ausleger Hegels übereinzustimmen. Ich möchte höflich zu bedenken geben, daß Ihre eigenen Äußerungen auf Seite 117 von Band 1 dieses Journals fast ausdrücklich dem widersprechen, was Sie (S. 179ff.) in Beantwortung meiner Ausführungen sagen.

[Harris:] Die Textstelle, auf die hier Bezug genommen wird, steht in Kapitel III der »Einführung in die Philosophie« und enthält überhaupt keinen Hinweis auf den Hegelschen Gebrauch des Terminus. Es handelt sich um eine psychologische Untersuchung über die Bedeutung des ersten Prädikats, das ein bestimmtes Irgendwas ist; und »Sein« wird in dem populären Sinn von »irgendetwas« (d.h. *einem* Seienden) angewandt und sein Ursprung auf die substantivierende Aktivität des Ego zurückverfolgt, das bei seiner ersten Regung sich selbst als die fundamentale Basis von allem begreift. Gerade so wie, Kant zufolge, Zeit und

Raum, die Formen des Bewußtseins, zur Basis dessen gemacht werden, was das Bewußtsein wahrnimmt, so ist auch Sein als ein universales Prädikat die reine objektivierte Aktivität. Aber das Es-zum-Substantiv-machen bestimmt es zugleich.

[Peirce:] Ein oder zweimal gebrauchen Sie Wendungen wie »Wir geben nicht vor, für Hegelianer zu reden«, »Hegelianer mögen dies auffassen, wie es Ihnen beliebt«, usw. Habe ich mich also geirrt in der Annahme, daß die Textstelle, auf die meine Fragen sich bezogen, eine ausgesprochene Verteidigung der Hegelschen Lehre sei?

[Harris:] Selbstverständlich würde unser Korrespondent »eine Verteidigung Hegels« nicht für identisch mit einem Eintreten für die Hegelianer halten. Nur gegen das Letztere haben wir etwas einzuwenden, und zwar aus dem in dem Artikel über Janet erwähnten Grunde, daß nämlich dieser Terminus so vage gebraucht wird, daß er diejenigen einschließt, die wesentlich von Hegel abweichen.

[Peirce:] Es tut mir leid zu hören, daß ich Ihnen Unrecht getan habe, indem ich sagte, Sie gäben zu, widerspruchsvoll zu sein. Aber ich kann nicht sehen, inwiefern Sie etwas gegen diese Bemerkung einzuwenden haben. Wenn man sagt, ein *Mensch* sei widerspruchsvoll, so ist das natürlich nur eine Weise um auszudrücken, daß das, was er glaubt, widersprüchlich ist. Sie glauben, daß »endliche Dinge sich selbst widersprechen«; das bedeutet nach meiner Auffassung, daß Widersprüche existieren. Demnach scheint das, woran Sie glauben, widersprüchlich zu sein. Ich kann auch nicht verstehen, wieso eine Person »dem Selbstwiderspruch dadurch entgeht, daß sie nicht versucht, Widerspruchslosigkeit als das oberste Prinzip der Dinge aufzustellen«, das heißt dadurch, daß sie sich nicht dazu bekennt, anders als selbstwidersprüchlich zu sein.

[Harris:] Wir eilen, unserem Korrespondenten zu versichern, daß wir nicht »an das Selbstwidersprüchliche glauben«. Es tut uns leid, daß wir unsere Ausdrucksweise so unglücklich gewählt haben, daß sie eine solche Auslegung zuläßt. Das *Dauernde* oder der Totale Prozeß ist nicht selbstwidersprüchlich, noch ist es eine abstrakte Identität, sondern es ist (wie wir es anderswo beschrieben haben) »durch Selbstunterscheidung mit sich selbst identisch«. Das Selbstbestimmende ist es, an das wir glauben, und es allein existiert, während der verfließende Schein, dessen Wirklichkeit auf Widerspruch beruht (und dies nicht nur nach Hegel, sondern schon vorplatonischer Auffassung zufolge), eine Mischung von Sein und Nicht-Sein ist. Wer das Prinzip des Widerspruchs aufstellt, ignoriert eine Seite des Prozesses und verstrickt sich somit selbst in das, was er zu vermeiden sucht.

[Peirce:] Ich kann nicht feststellen, daß Sie Frage 3 behandeln.

[Harris:] Wenn in der dritten Frage irgendein Punkt enthalten ist, der bei der Diskussion der anderen Fragen nicht beantwortet worden ist, so gelingt es uns nicht, ihn zu fassen.

Wolfgang Wieland
Bemerkungen zum Anfang von Hegels Logik

Wer von den traditionellen Argumentationsformen herkommt und sich zum erstenmal mit der Dialektik der ersten Kategorien in Hegels »Wissenschaft der Logik« befaßt, gewinnt leicht den Eindruck, daß hier nicht alles mit rechten Dingen zugehe. Wie aus dem reinen Sein, mit dem die Logik beginnt, das Nichts hervorgehen soll und weiterhin Werden und Dasein, scheint sich zunächst einer einsehbaren Rekonstruktion zu entziehen. Es hat denn auch nicht an Versuchen gefehlt, diese Dialektik ad absurdum zu führen; ganz im Gegensatz zu allen übrigen Abschnitten von Hegels Logik stand die Behandlung der ersten Kategorien schon frühzeitig im Mittelpunkt einer gezielten Kritik. Auch dort aber, wo man Hegel gegen solche Kritik zu verteidigen versucht, entsteht nur selten eine Situation, in der der Anfang dieser Logik verständlich erscheint. Dies liegt zu einem guten Teil daran, daß die Hegelinterpretation von jeher Schwierigkeiten hatte, der Alternative von nur äußerlicher Kritik oder nur versichernder Paraphrase zu entgehen. Nun hat Hegel bekanntlich selbst die Einfachheit, um nicht zu sagen die Trivialität dieses Anfangs betont. Diese angebliche Einfachheit steht zwar in seltsamem Kontrast zu den Schwierigkeiten, die dieses Lehrstück bisher dem Verständnis geboten hat. Doch man darf nicht aus dem Auge verlieren, daß es sich hier um Schwierigkeiten handelt, die nicht etwa daraus resultieren, daß man die ersten Kategorien noch nicht differenziert genug denkt, sondern im Gegenteil daraus, daß man illegitimerweise ein zu hohes Maß an begrifflicher Differenzierung unterstellt. Denn die Denkmittel, die wir gewöhnlich vor aller Reflexion schon mitbringen, sind zu kompliziert und zu voraussetzungsvoll, um ein adäquates Verständnis der ersten Kategorien zu ermöglichen, wenn man keine sachgerechten Vorsichtsmaßregeln trifft. Die eigentliche Gefahr liegt für den Interpreten immer darin, zuviel hinter dem Begriff des Seins zu suchen. Und gerade hier gilt doch: »Es ist nichts in ihm anzuschauen . . . Es ist eben so wenig etwas in ihm zu denken . . ..« (L 22).[1] Es kommt also darauf an, das zu denken, von dem gleichsam kraft Definition schon gilt, daß in ihm nichts zu denken sei.

Es ist bezeichnend, daß Hegel die Logik denn auch mit einer bloßen Erwähnung dieser ersten Kategorie beginnt. Der berühmte erste »Satz« der Logik ist gar kein Satz im vollen Sinne, sondern ein Anakoluth: »Seyn, reines Seyn, – ohne alle weitere Bestimmung« (L 22). Die darauf folgenden Ausführungen versuchen, diese Bestimmungslosigkeit des Seins näher zu beleuchten. Diese Bestimmungslosigkeit verbietet es, im Begriff des Seins noch irgendeinen Inhalt zu suchen; sie verbietet es aber auch, das Sein in irgendein Beziehungsgefüge zu setzen. Von möglichen Inhalten und möglichen Relationen her betrachtet, ist das Sein »in der That Nichts, und nicht mehr noch weniger als Nichts« (L 22). Was ist hier geschehen?

Hegel unternimmt den Versuch, über das Sein, das er zunächst nur erwähnt hatte, eine Aussage zu formulieren, das heißt, dem Sein ein echtes Prädikat zuzusprechen. Dieser Versuch gelingt nicht; Hegel versucht daher, eben diese Tatsache auf verschiedene Arten zu umschreiben. Bei dem Versuch, dafür auch die äußere Gestalt eines gewöhnlichen Satzes über das Sein zu benutzen, kommt er zu der Formulierung »das Sein ist . . . Nichts«. Dabei ist freilich »Nichts« nur scheinbar ein gewöhnliches Prädikatsnomen. Es markiert vielmehr nur eine Leerstelle und weist damit gleichzeitig auf die Tatsache hin, daß ein echtes Prädikat oder ein echtes Prädikatsnomen nicht gefunden werden kann. Dadurch ist man aber zur zweiten Kategorie gekommen, nämlich eben zur Kategorie des Nichts. Diese Kategorie entspringt nicht auf irgendeine geheimnisvolle Weise aus dem Sein, sondern sie ist der Ausdruck eines fehlgeschlagenen Versuchs der Reflexion, das Sein als echtes Aussagesubjekt zu behandeln. In dieser Weise kommt also bereits hier die Reflexion ins Spiel. In der Unbestimmtheit, die dem Sein nach dem Fehlschlag aller anderen Prädikationen schließlich zugesprochen werden muß, ist das Nichts bereits enthalten (vgl. VI, 169/8, 186). Um aber überhaupt bis hierher zu kommen, ist es nötig, daß der Versuch, Aussagen zu bilden, wirklich unternommen wird. Eben dies ist aber Sache der Reflexion. Insofern kommt also der Anstoß, der dazu führt, über das reine Sein hinauszugehen, gleichsam von außen.

Hegel hat eine differenzierte Darstellung des Sachverhalts, daß das Sein kein Subjekt möglicher echter Aussagen ist, vorgelegt: Es handelt sich um einen Abschnitt aus der ersten Auflage der »Wissenschaft der Logik«, der in die Fassung der zweiten Auflage weder wörtlich noch dem Sinn nach übernommen worden ist. Er findet sich in der zweiten Anmerkung zum Kapitel über das Sein, die wie alle Anmerkungen nicht in den systematischen Zusammenhang des von der »Wissenschaft der Logik« behandelten Gegenstandes gehört, sondern Reflexionen über diesen Zusammenhang vorträgt. Es geht in diesem Abschnitt (L 35–37) darum, den Sinn jener Erwähnung des reinen Seins verständlich zu machen, mit der die Logik beginnt. Hegel wählt ein Vorgehen, das einer Exhaustionsmethode ähnelt: in mehreren sukzessiven und aufeinander bezogenen Schritten gelangt er zu immer ärmeren Gestalten des Ausgangssatzes, nachdem sich bei den reicheren Formen Inkonsistenzen ergeben haben. »Nehmen wir die Behauptung des reinen Seyns α) in der Form auf, wie sie am weitesten aus dem Meynen herausgetreten ist, als den Satz: *Das Seyn ist das Absolute;* so wird vom Seyn etwas ausgesagt, das von ihm unterschieden ist. Das von ihm Unterschiedene ist ein Anderes als es; das Andre aber enthält das Nichts dessen, dessen Andres es ist. Was somit in diesem Satze vorhanden ist, ist nicht das reine Seyn, sondern das Seyn eben so sehr in Beziehung auf sein Nichts. – Das Absolute wird von ihm unterschieden; indem aber gesagt wird, es sey das Absolute, so wird auch gesagt, sie seyen nicht unterschieden. Es ist also nicht das reine Seyn, sondern die Bewegung vorhanden, welche das Werden ist« (L 35 f.).

Dieser Text erweckt den Anschein, als werde ein Widerspruch aufgezeigt oder gar abgeleitet. Es ist in der Tat Hegels Lehre, daß ein Satz wie »Das Seyn ist das Absolute« bereits einen Widerspruch in sich enthält. Nur hat man Hegel mißverstanden, wenn man unter seinem »Widerspruch« genau die Beziehung versteht, die zwischen Elementen von Satzpaaren von der Form »p« und »– p« besteht. Eine derartige Beziehung ist in der Tat niemals gemeint, wenn Hegel in spekulativen Zusammenhängen von »Widerspruch« redet, so vielfältig die Strukturen im übrigen auch sein mögen, die mit diesem Ausdruck bezeichnet werden. An unserer Stelle ist eine Diskrepanz besonderer Art gemeint. Sie besteht zwischen dem, was der Satz behauptet, und dem, was dieser Satz selbst ist bzw. was er tut, indem er etwas behauptet. So spricht unser Textstück davon, daß der fragliche Satz etwas Bestimmtes »aussagt«, andererseits aber auch, daß in diesem Satz etwas Bestimmtes »vorhanden ist« und daß in ihm etwas »unterschieden wird«. Inhaltlich behauptet der Satz die Ununterschiedenheit von Sein und Absolutem; in seiner äußeren Gestalt enthält der Satz jedoch eine Unterscheidung beider Terme. Sein und Absolutes werden also in jenem Satz sowohl unterschieden als auch nicht unterschieden. Wer darauf hinweist, daß Unterscheidung und Nichtunterscheidung doch eben nicht in derselben Hinsicht erfolgen, erhebt damit keinen Einwand gegen Hegel, der ja die Verschiedenheit der Hinsichten in derartigen Fällen niemals in Frage stellt. Darum handelt es sich hier auch nicht um einen formallogischen Widerspruch, sondern allenfalls um eine metalogische Pseudoparadoxie.

Was Hegel hier zeigen will, ist relativ einfach: Materie und intentionales Korrelat jenes Satzes kongruieren nicht. Dies läßt sich unabhängig von der Entscheidung der Frage feststellen, ob Entsprechendes von allen Sätzen im Umkreis spekulativer Wahrheiten gilt. Denn es ist offenkundig, daß der fragliche Satz etwas anderes ist als das, was er bezeichnet. Er wird also das eine Mal gegenständlich pragmatisch betrachtet, das andere Mal im Hinblick auf den von ihm ausgesagten Sachverhalt. Das zeigt sich auch in der Ausdrucksweise, deren sich Hegel bedient: Wenn es heißt, es werde vom Sein etwas ausgesagt, »das von ihm unterschieden ist«, so bezieht sich dies auf die gegenständliche Aussage, nicht aber auf ihren Sinn. Daher kann Hegel hier von dem sprechen, was »in diesem Satze vorhanden ist«. Und wenn er in pragmatischer Betrachtungsweise feststellt, »das Absolute wird von ihm unterschieden« (nämlich vom »Seyn«), so soll damit gerade nicht gesagt sein, daß diese gegenständlich-pragmatische Unterschiedenheit von jenem Satz auch behauptet werde. Denn behauptet wird ja, daß eine Unterschiedenheit gerade nicht vorliege.[2]

Man kann an dieser Stelle die Fragen, die sich aus der Urteilstheorie Hegels, insbesondere aus seiner Auffassung von der identifizierenden Funktion der Kopula ergeben, auf sich beruhen lassen. Denn hier sind nicht Sätze überhaupt das Thema, sondern solche Sätze, in denen das reine Sein die Stelle des Satzsubjekts einnimmt. Hegel will hier zeigen, daß diesem reinen Sein strenggenommen kein Prädikat zugesprochen werden kann, weil es allein schon dadurch, daß ihm ein von ihm unterschiedenes Prädikat zugesprochen wird, de facto entgegen der Voraussetzung zu einem Bestimmten wird – gleichgültig, ob dies dem Prädizierenden klar ist oder nicht.

Hat man einmal diese Überlegungen akzeptiert, so bieten die weiteren Stufen in Hegels Exhaustionsverfahren kaum mehr Schwierigkeiten, da dort nur jeweils analoge Reflexionen vollzogen werden. Die zweite Stufe wird nun dadurch erreicht, daß man die die Reinheit des Seins beeinträchtigende Verschiedenheit zwischen Subjekt und Prädikatsnomen aufgibt. Wenn nämlich mit dem Satz »Das Seyn ist das Absolute« eine Identifikation intendiert ist, dann soll dies nunmehr auch in der äußeren Gestalt des Satzes zum Ausdruck kommen. So gilt für diesen Fall die Forderung, daß »die Verschiedenheit als bloß des Wortes oder als Verbindung mit einem unnützen Theile verschwindet« (L 36). Die zweite Stufe wird demnach durch die Tautologie »Das Seyn ist das Seyn« repräsentiert. Auch hier jedoch besteht noch eine Diskrepanz zwischen Materie und intentionalem Korrelat des Satzes. Was hier »vorhanden« ist, wie es Hegel ausdrückt, ist ein Sagen. Während aber gewöhnlich jedes Sagen einen Inhalt, ein intentionales Korrelat hat, so ist dies bei einer manifesten Tautologie, wie sie hier vorliegt, in Wahrheit nicht der Fall. Dadurch, daß überhaupt ein Satz formuliert wird, wird der Anspruch erhoben, es werde etwas gesagt. Ist der Satz aber bereits in seiner äußeren Gestalt tautologisch, so kann dieser Anspruch nicht eingelöst werden.

Daher wird auf der dritten Stufe auf das zur Tautologie führende Prädikatsnomen verzichtet. Dadurch entsteht der Satz »Das Seyn ist«. Aber auch hier ist immer noch das Sein als Subjekt vom Sein als Prädikat unterschieden. Es bleibt also in der gegenständlichen Form des Satzes immer noch eine Differenz bestehen, deren Nichtexistenz gerade ausgesagt werden soll. Daher muß auch noch auf das Prädikat und damit auf die Form des Satzes überhaupt verzichtet werden. Man kommt damit zur vierten Stufe: »Reines Seyn, oder vielmehr nur Seyn; satzlos ohne Behauptung oder Prädikat. Oder die Behauptung ist in das Meynen zurückgegangen« (L 36). Diese Stufe ist dadurch gekennzeichnet, daß das Sein nur noch erwähnt wird.[3]

Damit ist der Anfang der Logik nun freilich nicht auf strenge Weise hergeleitet – weder im Sinne der formalen Logik, noch im Sinne des spekulativen »Beweises«. Wohl aber ist dieser Anfang als solcher plausibel gemacht. So ist es nach diesen Reflexionen verständlich, daß der systematische Zusammenhang der Darstellung in Hegels Logik in der Tat nicht mit einem Satz oder einer

Behauptung, überhaupt nicht mit einer inhaltlichen Bestimmtheit, sondern allein mit der satzlosen Erwähnung der ersten Kategorie, nämlich eben des reinen bestimmungslosen Seins, beginnen kann. Die Reflexion zeigt, daß man mit jedem Satz, den man etwa über dieses Sein bilden kann, seinen Gegenstand nicht nur aus inhaltlichen Gründen, sondern schon deshalb verfehlt, weil es sich überhaupt um einen Satz handelt. Wir haben es also, wenn man eine heute gebräuchliche Unterscheidung hier anwenden darf, methodisch mit einem Gegensatz von semantischer Betrachtung einerseits und pragmatischer Betrachtung andererseits zu tun. Es hat sich gezeigt, daß jeder hier untersuchte Ausdruck selbst etwas anderes ist, als er meint und intendiert; indem man Sätze der angegebenen Art formuliert, tut man etwas anderes, als man zu tun intendiert:[4] Man will die Bestimmungslosigkeit des reinen Seins ausdrücken und kann es doch nicht verhindern, dieses Sein mittels eben dieses Versuchs zu bestimmen.

Damit ist noch nicht verständlich gemacht, warum bei dieser Sachlage Schwierigkeiten auftauchen können. Warum läßt man jene Diskrepanzen, die man leicht auch mit Hilfe einer Stufenunterscheidung zwischen objektsprachlicher und metasprachlicher Betrachtungsweise entschärfen könnte, nicht einfach auf sich beruhen? Denn wir sind heute doch aus guten Gründen anzunehmen gewohnt, daß gerade eine präzise Unterscheidung der verschiedenen Sprachstufen noch am ehesten geeignet ist, Inkonsistenzen zu verhüten und Scheinwidersprüche als solche kenntlich zu machen. Warum aber gesteht Hegel solchen Differenzierungen nur ein relatives Recht zu, und warum muß er in seinem System darauf Wert legen, daß das reine Sein kein Subjekt möglicher Prädikate ist? Warum soll das, was ein Satz aussagt – entgegen allem, was sonst im Sprachgebrauch üblich ist – mit dem kongruieren, was in ihm »vorhanden« ist?

Hegel ist in seiner Logik auf der Suche nach dem Begriff, der das selbst ist, was er intendiert. Es handelt sich hier also um einen Begriff, zu dessen Definition es gehört, daß jene Differenzierungen im Hinblick auf ihn irrelevant werden, oder genauer: daß die Inhalte, die sich unter Voraussetzung solcher Differenzierungen ergeben, konvergieren. Dieser Begriff wird bekanntlich erst am Ende der Logik, nämlich in der Kategorie der »absoluten Idee«, erreicht. Erst hier haben wir den Begriff vor uns, der in seinem intentionalen Korrelat nicht mehr unterschieden werden kann, weil er mit ihm zusammenfällt. Nur im Hinblick hierauf spricht Hegel ja auch von »dem« Begriff. Im Gegensatz dazu sind die Kategorien in den Sphären des Seins und des Wesens Begriffe höchstens im Sinne der traditionellen Verstandeslogik; in diesen Bestimmungen liegt »der« Begriff nur in einer noch der Entwicklung bedürftigen Form vor.[5]

Hat man damit nicht das Ende der »Wissenschaft der Logik« illegitimerweise für die Deutung alles dessen, was ihm in der Ordnung des Werkes vorhergeht, vorausgesetzt? Es wäre zweifellos unzulässig, wollte man versuchen, für die Deutung von einzelnen Kategorien der Hegelschen Logik andere Kategorien, die in der Ordnung des Systems noch nicht entwickelt sind, explizit heranzuziehen. Die systematische Ordnung des Gedankens würde auf diese Weise unterlaufen und zu der Unverbindlichkeit einer rein didaktischen Ordnung degradiert. Doch in Wahrheit soll von solchen systematisch jeweils »späteren« Kategorien gar nicht explizit Gebrauch gemacht werden. Das schließt freilich nicht aus, daß diese Kategorien auch dort, wo sie noch nicht ausdrücklich vorausgesetzt werden können, als Implikate immer schon im Spiel sein können. Die Reflexion kann von ihnen auch dort Gebrauch machen, wo sie noch nicht thematisch sind. Auch bei Hegel erfolgt durch den bloßen Gebrauch der diese Kategorien bereits enthaltenden Sprache noch kein systematischer Vorgriff. Wenn indes die Reflexion von diesen Kategorien immer schon Gebrauch macht, so hält sie gleichsam damit das Material stets präsent, aus dem das begriffliche System konstruiert wird.

Auf den Anfang der Logik angewendet bedeutet dies, daß Hegel hier keineswegs einen späteren Begriff voraussetzt, um an ihm als Richtschnur die Bestimmungen des Anfangs zu messen. Nähme man die Existenz einer derartigen Voraussetzung an, würde der Fortgang des Gedankens vollends unverständlich. Für das Verständnis dieses Fortgangs ist es nun aber wesentlich, daß der Mangel der systematisch früheren Kategorien zwar auch durch äußere Reflexion, also etwa durch einen Vergleich mit dem Begriff der absoluten Idee aufgezeigt werden kann, daß sich aber doch der Fortgang des Gedankens allein dann erzwingen läßt, wenn sich dieser Mangel auch ohne derartige Voraussetzungen an der jeweiligen Kategorie selbst zeigt.

Unser Exhaustionsverfahren ist nun ein schönes Beispiel für diesen Weg: Nichts wird ausdrücklich von dem antizipiert, was die Lehre vom Begriff bringen wird, wohl aber wird aufgezeigt, daß die Kategorie des Seins etwas anderes ist, als sie bezeichnet – und etwas anderes, als sie meint, wenn man von ihr Gebrauch macht oder sie gar thematisiert. Man meint etwas Unbestimmtes und Ununterschiedenes; aber man bestimmt und unterscheidet es allein schon dadurch, daß man darüber Aussagen macht, gleichgültig ob man diesen Erfolg will oder nicht. Der Aufweis einer derartigen Diskrepanz reicht also hin, den Fortgang zu erzwingen. Dagegen ist es nicht erforderlich – und in unserem Fall auch gar nicht möglich –, daß mit den auf der jeweiligen Stufe bereits entwickelten Kategorien die Diskrepanz als solche und die Notwendigkeit ihrer Aufhebung erklärt werden kann. Daß das Sein nicht der Begriff ist, der sich auf sich selbst bezieht, läßt sich einsehen, ohne daß man entsprechende explizite Voraussetzungen zu Hilfe nimmt. Daß aber die Seinskategorie überhaupt einer derartigen Prüfung unterworfen wird, läßt sich nicht verständlich machen, wenn man nicht das Ziel der Logik in Rechnung stellt. Das Sein ist unbestimmt, und die zweite Kategorie, die des Nichts, signalisiert zunächst nur die Abwesenheit aller Bestimmung. Hier ist keine Kategorie in einem systemimmanenten Sinn vorausgesetzt. Wohl aber ist in pragmatischer Hinsicht vorausgesetzt, daß man den Versuch einer Bestimmung des reinen Seins unternommen hat. Erst aus dem Resultat dieses Versuches bietet sich dem systematischen Fortgang die Kategorie des Nichts an.

Man muß also die Gedanken in den späteren Teilen der Logik denn auch nicht rekonstruiert haben, wenn man die Bewegungen der Seinslogik verstehen will. Welcher Art sind aber nun die Voraussetzungen der Hegelschen Logik, die ich hier als pragmatische Voraussetzungen bezeichnet habe? Was Hegel – in diesem Sinne bei dem, der die Logik studiert – voraussetzt, ist eine hinreichende, auf der Höhe seiner Zeit stehende philosophische Bildung, und zwar sowohl im systematischen als auch im historischen Bereich. Eine derartige Bildung muß auch bereits gelernt haben, mit allen Mitteln philosophischer Reflexion mühelos umzugehen. Diese Reflexionsfähigkeit wird sich zunächst in den streng vom Haupttext abgetrennten Anmerkungen zu bewähren haben, die ja nicht in den Zusammenhang des Systems selbst gehören, sondern das Geschäft der Reflexion eingestandenermaßen und ausdrücklich betreiben. Man muß aber sehen, daß auch die Darstellung des Systems im Haupttext niemals auf die Reflexion ganz verzichten kann – schon deswegen nicht, weil ja ständig von im System noch nicht eingeführten Begriffen zumindest in einem vorläufigen Sinn Gebrauch gemacht wird.[6]

Daher können bei Konzeption und Darstellung eines derartigen Gedankengangs Absichten und Ziele im Hintergrund stehen, die sich in der Darstellung selbst allenfalls zeigen können, die aber doch in ihr nicht thematisch zur Sprache kommen. Das besagt für unseren Fall: daß eine Kategorie wie das reine unbestimmte Sein daraufhin angesprochen und befragt wird, ob sie und die über sie formulierten Sätze, das, was sie meinen, selbst auch sind, ist vom systematischen Endziel der Logik her motiviert. Man muß indes dieses Endziel nicht antizipiert haben, wenn man den Inhalt des Gedankenganges angemessen verstehen will, der zeigen soll, daß es sich beim reinen Sein jedenfalls nicht um den Begriff handelt, der selbst das ist, was er meint, und der sich selbst zum Gegenstand hat. Das in der Konstruktion eines derartigen Begriffs bestehende Ziel wird also im Gang der Logik nirgends ausdrücklich vorausgesetzt; es geht in keine der begrifflichen Operationen als Element ein. Dem steht jedoch nicht entgegen, daß sich die Auswahl dieser Operationen an jenem Ziel orientiert und sich von dort her nur motivieren läßt. Es ist aber etwas ganz Verschiedenes, ob man einen Gedankengang als solchen aus seinen immanent logischen Beziehungen nachvollziehen oder ob man – in ganz anderer Blickrichtung – seine Motivation verstehen will.

Auch hieraus folgt nicht, daß man den äußeren Gang und den Aufbau der »Wissenschaft der Logik« nur als Resultat einer nachträglichen didaktischen Reflexion betrachten dürfte. Denn hier handelt es sich ja nicht darum, daß man zu einem Ergebnis hinführen wollte, über das grundsätzlich auch unabhängig von dem Weg, der zu ihm führt, zu reden sinnvoll wäre. Auf diesem Weg werden nacheinander in systematischer Ordnung die Kategorien rekonstruiert, die den Inhalt der logischen Wissenschaft ausmachen. Man kann hier in der Tat strenggenommen nur von einer Rekonstruktion sprechen, denn im Wortlaut des Textes wird prinzipiell von allen Kategorien von Anfang an Gebrauch gemacht. Aber gerade deshalb macht es den entscheidenden Unterschied aus, ob die jeweiligen Kategorien an einer bestimmten Stelle bereits explizit entwickelt worden sind oder ob sie noch in jenes Umfeld von Sprache und Reflexion gehören, aus dem der

Aufbau des logischen Systems sein Material gewinnt. Aus ihm stammen auch die Verständnishilfen, deren auch das philosophierende endliche Bewußtsein immer bedarf. Denn dieses endliche Bewußtsein kann niemals den »Standpunkt« der Logik beziehen. Das Logische bleibt vielmehr immer sein Gegenstand; das reine Denken ist keine Möglichkeit, die vom endlichen Geist verwirklicht werden könnte. So stellt sich der endliche Geist, wenn er die Wissenschaft der Logik entwickelt, keineswegs auf den Standpunkt Gottes; gerade wenn man sich an Hegels bekannter Metapher orientiert, gilt es zu bedenken, daß die Logik nur die *Darstellung* Gottes geben kann, »wie er in seinem ewigen Wesen, vor der Erschaffung der Natur und eines endlichen Geistes ist« (L XIII). Die Darstellung bewegt sich jedoch ganz im Bereich des Endlichen und seiner Kontingenz.

Hegels Logik will eine Logik des Absoluten sein. Dies zeigt sich darin, daß sie zwar nicht den Begriff des Absoluten an den systematischen Anfang der Begriffsbildung stellt, wohl aber von dort her das Kriterium gewinnt, das die Einsicht in das Ungenügen der einzelnen Kategorien vermittelt. Der Fortgang wird durch die auf jeder Stufe in anderer Weise entwickelte Einsicht erzwungen, daß die jeweilige Kategorie noch nicht die adäquate Darstellung des Absoluten gibt. Eine Feststellung wie diese läßt sich in ihrer abstrakten Allgemeinheit natürlich nur vor der Reflexion treffen, die sich nicht streng an den jeweiligen Stand der Begriffsentwicklung gebunden weiß. Die Konkretisierung des Nachweises der Nichtabsolutheit der einzelnen Kategorien nimmt auf jeder Stufe eine jeweils andere Gestalt an. In unserem Fall, nämlich im Hinblick auf die Kategorie des reinen, unbestimmten Seins, geschah dies bekanntlich in Gestalt des Nachweises, daß diese Kategorie etwas anderes ist, als sie meint. Die Unbestimmtheit des Seins ist gerade als solche eine Bestimmung besonderer Art.[7]

Die Hegelsche Logik hat zwar das Absolute zum Gegenstand, aber sie ist keine Spekulation, die den Anspruch erheben könnte, auf dem Standpunkt des Absoluten zu stehen. Es handelt sich vielmehr um das Unternehmen des endlichen Geistes, die Kategorien zu entwickeln und zu erfassen, die für eine angemessene Auslegung des Absoluten notwendig sind. Auf dieser Ebene des endlichen Geistes bewegt sich die Darstellung der Logik. Diese Ebene wird innerhalb dieser Darstellung niemals thematisch; gerade deswegen braucht sie aber auch nicht verlassen zu werden.

Die Probleme der Logik Hegels werden nicht verständlich, wenn man diese Tatsache außer acht läßt. Denn für die »Wissenschaft der Logik« gilt, wie für alle Philosophie, daß sie nur auf Grund dessen, daß wir endliche Wesen sind, möglich und notwendig wird (vgl. XVI, 483/11, 251).

Das zeigt sich schon an einigen simplen Tatsachen, über die man allzu leicht hinwegsieht: Hegels »Wissenschaft der Logik« ist ein Buch, das in einer bestimmten Sprache einer bestimmten Zeit geschrieben worden ist. Vor allem aber ist es ein Buch, in dem mit Hilfe von in eben jener Sprache formulierten Sätzen bestimmte Behauptungen mit dem Anspruch auf Wahrheit aufgestellt werden. Mag der Inhalt dieser Behauptungen auch weit von dem der gewöhnlichen Sprache üblicherweise zugeordneten Bereich entfernt sein, mögen ferner die logischen Beziehungen, wie sie zwischen den Sätzen dieses Buches herrschen, oft nur in mühevoller Arbeit zu präzisieren sein, die Tatsache bleibt bestehen, daß auch für Hegel das Material der gewöhnlichen Sprache nicht zu unscheinbar sein kann, wenn es darum geht, eine begriffliche Bestimmung des Absoluten auszuarbeiten.

Nun hat bekanntlich Hegel selbst gegen die Form des gewöhnlichen Satzes ins Feld geführt, sie sei unfähig, die eigentliche, nämlich die spekulative Wahrheit auszudrücken. Dieser Grundsatz Hegels gehört bekanntlich zu den am häufigsten zitierten Lehrstücken von Hegels Denken. Doch was soll an die Stelle des Satzes treten? Hegel macht nie einen Ansatz, eine neue Kunstsprache einzuführen oder gar ein neues, außersprachliches Organon der Philosophie zu entwickeln. Es gibt keinen Weg, der hinter die in der Gestalt des Satzes erreichte Vergegenständlichung zurückführen könnte. Daraus folgt nun freilich nicht, daß seine Kritik des Satzes nicht ernst zu nehmen wäre. Mindestens das gleiche Gewicht hat aber die Tatsache, daß sich Hegel nach wie vor, und zwar auch in der Logik, stets der Form des Satzes bedient, dessen Sphäre er weder verlassen kann noch will – von der einzigen Ausnahme des Anfangs der Logik abgesehen. Auch der spekulative Satz zeigt die äußere Gestalt eines gewöhnlichen Satzes. Es gelten lediglich besondere Regeln für den Umgang mit ihm, insofern nämlich, als er der ständigen Korrektur bedarf. Aber auch hier wird der Bereich der üblichen sprachlichen Ausdrucksmittel niemals verlassen. In diesem Sinne formuliert die »Wissenschaft der Logik« mit Hilfe von Sätzen der gewöhnlichen

Sprache Aussagen über das Absolute, die fortwährend der Revision unterzogen werden. Auch in dieser Hinsicht betrachtet, handelt es sich um einen gerade vom endlichen Geist unternommenen Versuch, das Absolute in der Sphäre des sich in der Sprache ausdrückenden abstrakten Begriffs bestimmbar zu machen. Ein in sich ruhendes und sich selbst genügendes Absolutes bedürfte keiner Logik.[8]

Die Hegelsche Logik ist dennoch keine Theorie über den sich auf das Absolute richtenden endlichen Geist; sie bleibt eine vom endlichen, sich seiner Endlichkeit bewußten Geist betriebene Wissenschaft, die das Absolute zum Inhalt hat. Diese Differenz wird erst auf der letzten Stufe der logischen Entwicklung, nämlich auf der Stufe der absoluten Idee, vermittelt: »Bisher haben *wir* die Idee in der Entwickelung durch ihre verschiedenen Stufen hindurch zu unserm Gegenstand gehabt; nunmehr aber ist die Idee sich selbst gegenständlich« (VI, 408/8, 388).

Hegel versucht, auf verschiedenen Wegen dem Verständnis der logischen Kategorien zu Hilfe zu kommen. Einer dieser Wege ergibt sich aus der Möglichkeit, die jeweilige Kategorie als Definition des Absoluten zu betrachten (z. B. VI, 163/8, 181; III, 69/5, 78).

Man muß in diesen Fällen beachten, daß es sich hier lediglich um eine Verständnishilfe handelt. Dies geht einmal schon daraus hervor, daß sich derartige Hinweise nur in Abschnitten finden, die korollarienartigen Charakter haben. Außerdem sagt Hegel in solchen Zusammenhängen nicht, daß man die Kategorien als Definitionen des Absoluten behandeln müsse, sondern nur, daß man dies tun könne. Vor allem aber gilt es zu berücksichtigen, daß nach Hegels eigener, im dritten Buch der »Wissenschaft der Logik« entwickelten Lehre eine Definition niemals die endgültige Form des Wissens darstellt. Denn in jeder Definition ist das Definiendum ein Element, das in der Sphäre der Vorstellung verbleibt und nicht zum Begriff erhoben wird. Hegel setzt also gerade nicht voraus, daß das Absolute in einer Definition zu erfassen wäre, und daß es demzufolge eine »richtige« Definition des Absoluten geben müßte. Eben deshalb läßt sich die Form der Definition dann gefahrlos benutzen, wenn sie nur als Verständnishilfe fungiert; denn hier kommt es darauf an, jene Grenzen der jeweiligen kategorialen Bestimmung anzugeben, die sich dann zeigen, wenn von ihr verlangt wird, das Absolute adäquat auszudrücken. So bleibt durch die Wahl einer Verständnishilfe vom Typus ». . . ist Definition des Absoluten« die Beziehung aller logischen Kategorien auf das Absolute gewahrt; daneben ist aber durch die Orientierung an der Form der Definition sichergestellt, daß keine derartige Bestimmung endgültig ist, sondern eine Position markiert, die der Kritik sowohl fähig als auch bedürftig ist und somit einen Fortgang erzwingt. – Jeder einschlägige Begriff wird unter der Voraussetzung betrachtet, adäquater Ausdruck des Absoluten zu sein. Doch es scheint, als würde diese Voraussetzung einzig zum Zwecke ihrer Falsifikation eingeführt. So wird auf diese Weise immer nur gezeigt, daß es sich bei den in Betracht gezogenen Kategorien um endliche Kategorien handelt. Die Absolutheitshypothese hat hier die Funktion, die Endlichkeit des Endlichen aufzuweisen.

Eine andere Verständnishilfe, die Hegel anbietet, geht von den Beziehungen aus, die zum gewöhnlichen Sprachgebrauch bestehen. Die Kategorien der Logik, die mit dem Anspruch auftreten, Prädikate oder Definitionen des Absoluten zu sein, sind zugleich Denkbestimmungen, »von denen wir allenthalben Gebrauch machen, die uns in jedem Satze, den wir sprechen, zum Munde herausgehen« (III, 13/5, 22). Es handelt sich mithin bei den von der Logik behandelten Kategorien nicht um Fernabliegendes, sondern um Gegenstände, mit denen wir schon immer in gewisser Weise vertraut sind. Schon bevor wir mit der logischen Reflexion einsetzen, haben wir pragmatische Kenntnis von ihnen. In diesem Sinne hat es die Logik mit einem Allbekannten zu tun.[9] Daraus folgt aber, wenn die Logik sämtliche Kategorien zugleich als Bestimmungen des Absoluten betrachtet, daß das Absolute uns von Anfang an nur scheinbar gegenübersteht, in Wahrheit aber immer schon vertraut ist. »Man meint gewöhnlich, das Absolute müsse weit jenseits liegen, aber es ist gerade das ganz Gegenwärtige, das wir als Denkendes, wenn auch ohne ausdrückliches Bewußtseyn darum, immer mit uns führen und gebrauchen« (VI, 50/8, 85).

So erweist sich jede Deutung der logischen Kategorien als unzulässig, die diesen Kategorien einen »höheren«, von dem gewöhnlichen abweichenden Sinn unterstellt. Trotzdem begnügt sich Hegel nicht damit, eine bloße Analyse von bestimmten Funktionalausdrücken der gegenständlich vorliegenden kontingenten Sprache zu liefern, die als solche dann unbefragt hingenommen werden müßte. Ihrem Wahrheitsanspruch nach ist die Logik von der Positivität einer faktischen Sprache unabhängig; so ist es auch kein Abstraktionsprozeß auf der Basis der natürlichen Sprache, der die formale Genese bezeichnet, durch den die logischen Kategorien als solche entstünden. Sondern es gilt gerade umgekehrt: daß die Logik, wenngleich sie sich auch immer in einer faktischen Sprache manifestieren muß, deswegen doch keine bloße Funktion dieser Sprache ist. Sosehr die Sprache als Verständnishilfe dienen kann und sosehr sich bei der Entwicklung und Erörterung der logischen Kategorien bestimmte Ausdrücke der Sprache gleichsam von selbst anbieten – eine Analyse der Sprache als Sprache allein könnte die Logik niemals ersetzen. Die Sprache rein als solche bleibt steril, wenn kein Standpunkt gegeben ist, von dem aus sie befragt und analysiert wird. Sucht und findet man in der Sprache logische Bestimmungen, so ist es die Idee der Logik, die die Voraussetzung bildet. Ob daher ein Ausdruck geeignet ist, das Substrat einer logischen Kategorie abzugeben, läßt sich niemals an Hand der Sprache allein entscheiden.

Wie sich die Bezeichnungen für die logischen Kategorien inmitten der Sprache gleichsam von selbst anbieten, wenn die logische Struktur erst einmal aufgeklärt ist, dafür gibt ein Zusatz zur Erörterung der Kategorie des Seins in der enzyklopädischen Logik ein gutes Beispiel:

»Wir haben, wenn angefangen wird zu denken, nichts als den Gedanken in seiner reinen Bestimmungslosigkeit, denn zur Bestimmung gehört schon Eines und ein Anderes; im Anfang aber haben wir noch kein Anderes. Das Bestimmungslose, wie wir es hier haben, ist das Unmittelbare, nicht die vermittelte Bestimmungslosigkeit, nicht die Aufhebung aller Bestimmtheit, sondern die Unmittelbarkeit der Bestimmungslosigkeit, die Bestimmungslosigkeit vor aller Bestimmtheit, das Bestimmungslose als Allererstes. Dieß aber nennen wir das Seyn« (VI, 166/8, 184).

Hier wird also zunächst der Sinn der ersten Kategorie erörtert. Dazu gehört, daß der Anfang der Wissenschaft notwendigerweise durch Unmittelbarkeit und Bestimmungslosigkeit gekennzeichnet ist. Für dieses amorphe, aller systematischen Ordnung vorhergehende Gebilde bietet sich der Name »Sein« an. Es handelt sich hier also nicht um eine im übrigen willkürliche terminologische Fixierung; es wird vielmehr nach einem Ausdruck der natürlichen Sprache gesucht, dessen Semantik die von der logischen Analyse erarbeiteten Merkmale schon von Hause aus enthält. Von ähnlicher Struktur ist der Gedankengang des Anfangskapitels (»Womit muß der Anfang der Wissenschaft gemacht werden?«), das der Erörterung der ersten Kategorien vorausgeht. In diesem Kapitel geht es darum, den Anfang der Logik allein aus dem Begriff des Anfangs zu gewinnen. Hegel unternimmt es hier zu zeigen, wie sich der Anfang der Logik bei der unbestimmten Unmittelbarkeit des Seins durch eine Reflexion auf den Sinn von »Anfang« von selbst ergibt.

Die philosophiegeschichtlichen Bezüge – eine weitere von Hegel angebotene Verständnishilfe – haben eine ähnliche Funktion. Es ist bekannt, daß Hegel im Gang der Philosophiegeschichte den Gang der Logik gleichsam als ihr Skelett wiederzufinden glaubte. Damit ist aber keine Historisierung der Logik impliziert. Denn der Begründungszusammenhang ist hier – ähnlich wie beim Beispiel der Sprache – eindeutig und unumkehrbar: die Logik entsteht nicht über einen Abstraktionsprozeß, dem das historische Material unterworfen würde; vielmehr gibt umgekehrt die Logik den Maßstab dafür ab, ob und wieweit es in der Geschichte vernünftig zugegangen ist. In diesem Sinne ist es Parmenides, dessen Position der des reinen Seins am Anfang der Logik entspricht. Doch neben dieser Zuordnung gibt es eine noch wichtigere Beziehung zwischen Seinslogik und Philosophiegeschichte. Die Logik des Seins enthält nämlich der Sache nach eine Kritik an allen Ursprungsphilosophien, d. h. an allen Philosophien, die ihre Aufgabe darin sehen, ein Prinzip alles Wissens sowie aller Dinge zu suchen und inhaltlich zu bestimmen. Hegel versucht zu zeigen, daß zwischen Anspruch und Leistung solcher Philosophien eine Diskrepanz besteht: Solange sie nämlich nur versuchen, mit ihrem Prinzip irgendeine inhaltliche Vorstellung zu verknüpfen, ist nichts eigentlich erklärt, da jene inhaltliche Vorstellung doch äußerlich bleibt. Auf das System bezogen, ist man in diesen Fällen noch nicht über die Stufe des reinen Seins hinausgekommen, nämlich dann nicht, wenn man das Prinzip selbst nur nennen, aber nicht entwickeln kann. Man kommt also in Wahrheit über die Stufe des reinen Seins hinaus, wenn man nur versucht, ein reicheres und höher differenziertes Prinzip an die Stelle des abstrakten und bestimmungslosen Seins zu setzen. Was immer man auch an den Anfang setzt: die logische Funktion eines jeden derartigen Prinzips kann, insofern es sich um den Anfang handelt, immer nur die des bloß nennbaren Seins sein.

Lehrreich ist in diesem Zusammenhang besonders die Kritik, die Hegel an den Prinzipien der Frühphilosophie Fichtes und Schellings übt: »Wenn Ich = Ich, oder auch die intellektuelle Anschauung wahrhaft als nur das Erste genommen wird, so ist es in dieser reinen Unmittelbarkeit nichts anderes als *Seyn*, so wie das reine Seyn umgekehrt als nicht mehr dieses abstrakte, sondern in sich die Vermittlung enthaltende Seyn, reines Denken oder Anschauen ist« (VI, 165/8, 183). Damit ist nichts anderes gesagt als dies: der logische Gehalt dieser Prinzipien, also das, was in ihnen über die Vorstellung hinaus gedacht wird, ist allemal nur der des reinen unmittelbaren Seins. Von der anderen Seite betrachtet: das Ich, wenn es als Prinzip verwendet werden soll, kann gar kein wirkliches Prinzip sein, denn in ihm ist immer noch die logische Bestimmung des Seins vorausgesetzt.[10] Was diese Prinzipien sonst noch zu enthalten scheinen, gehört bereits in den Bereich der Vorstellung, aber nicht in den des Logischen. Als Anfang und Prinzip enthält die intellektuelle Anschauung nichts weiter als das reine Sein; was darüber hinaus in ihr zu liegen scheint, betrifft jedenfalls nicht mehr ihre Anfangsfunktion.

Nimmt man solche Gedankengänge ernst, so wird man jeden Streit um die inhaltliche Bestimmung von Prinzipien für überflüssig ansehen. Denn *was* Anfang ist, bestimmt sich aufgrund der Überlegung Hegels ausschließlich aus der Voraussetzung, *daß* es sich um den Anfang handelt. »Was somit über das Seyn ausgesprochen oder enthalten seyn soll, in den reichern Formen von Absolutem oder Gott, diß ist im Anfange nur leeres Wort, und nur Seyn; diß Einfache, das sonst keine weitere Bedeutung hat, diß Leere ist also der absolute Anfang der Philosophie« (L 18). Wer versucht, irgendeine Bestimmung als Anfang oder Prinzip herauszustellen, hat in Wahrheit implizit doch schon den Sinn von Anfang überhaupt vorausgesetzt. Er muß sich die fundamentalen logischen Bestimmungen vorgeben lassen, wenn er seine Theorie vortragen will. Daher können alle Ursprungsphilosophien zwar Beispiele abgeben für die Strukturen, von denen der Anfang der Logik handelt. Doch es bedarf in diesen Fällen einer besonderen Reflexion. Durch sie muß klar werden, daß es im strengen Sinne für das reine Sein ein Beispiel gar nicht geben kann; von allem, was ein Beispiel an sachhaltigen Bestimmungen aufweist, muß man ja gerade absehen, wenn man die Funktion des absoluten Anfangs verstehen will: er kann immer nur genannt werden, doch läßt er sich, *insofern* er absoluter Anfang ist, niemals bestimmen.

Von dieser Art also sind die Verständnishilfen, die Hegel anbietet, um den Gehalt der logischen Kategorien deutlich zu machen. Ihre Funktion erfüllen diese Verständnishilfen jedoch nur unter der Bedingung, daß man ihr prinzipielles Ungenügen einsieht. So wird man – wie gerade bei der Kategorie des reinen Seins – dort keine Erklärung mehr anstreben, wo es nichts zu erklären gibt als eben diese Unerklärbarkeit.

Man hat immer wieder geglaubt, Hegels Logik aus dem Gegensatz zur traditionellen Logik als gleichsam höhere Logik verstehen zu können, die bestimmte Grundgesetze der traditionellen Logik nicht mehr übernimmt. Doch in Wahrheit besteht zwischen Hegels Logik und der traditionellen Logik kein Konkurrenzverhältnis. Hegels Unternehmen, den Begriff zu konstruieren, der das selbst ist, was er meint, hat kein Pendant im Bereich der klassischen Logik, zu deren Theorie Hegel wichtige und auch heute noch erwägenswerte Beiträge geleistet hat. So braucht es auch nicht zu überraschen, daß in der Darstellung, die Hegel von seiner Logik gibt, also in dem Buch mit dem Titel »Wissenschaft der Logik«, keine Lehre der klassischen Logik revoziert wird. Daher wird jede Interpretation dieses Buches gut beraten sein, wenn sie von der hermeneutischen Hypothese ausgeht, daß *in* Hegels Logik die klassische Logik weiter gilt.

Anmerkungen

1 Hegel wird nach der Ausgabe von 1832ff. *(Georg Wilhelm Friedrich Hegel's Werke.* Vollständige Ausgabe durch einen Verein von Freunden des Verewigten . . . Bd. 1–18. Berlin 1832–1845.) zitiert; die erste Auflage der »Wissenschaft der Logik« nach der Originalausgabe (Georg Wilhelm Friedrich Hegel, *Wissenschaft der Logik,* Erster Band, erstes Buch. Das Sein. Faksimiledruck nach der Erstausgabe von 1812. Göttingen 1966.), zitiert L.

2 Als Beispiel für die von Hegel als »Widerspruch« bezeichnete Diskrepanz, die sich zwischen dem gegenständlichen und dem intentionalen

Aspekt ergibt, vgl. auch L 30: »Insofern der Satz: Seyn und Nichts ist dasselbe, die Identität dieser Bestimmungen ausspricht, aber in der That sie eben so als unterschieden enthält, widerspricht er sich in sich selbst, und löst sich auf.«

3 Gerade auf dieser Stufe, auf der ein inhaltlich bestimmbares intentionales Korrelat nicht mehr existiert, tritt der gegenständlich-pragmatische Aspekt in den Vordergrund: »Diß Seyn ohne Beziehung auf Bedeutung, wie es unmittelbar ist und unmittelbar genommen werden soll, gehört es einem Subjecte an, es ist ein ausgesprochenes, hat ein empirisches Daseyn überhaupt« (L 37).

4 Vgl. III, 60 (5, 66): »Wenn das früher abstrakte Denken zunächst nur für das Princip als Inhalt sich interessirt, aber im Fortgange der Bildung auf die andere Seite, auf das Benehmen des Erkennens zu achten getrieben ist, so wird auch das subjektive Thun als wesentliches Moment der objektiven Wahrheit erfaßt.«

5 Entsprechendes gilt für den von Hegel verwendeten spekulativen Wahrheitsbegriff. Bekanntlich verwendet Hegel den Wahrheitsbegriff auch in einer von der herkömmlichen Bestimmung abweichenden Gestalt, wenn er der »Übereinstimmung eines Gegenstandes mit unserer Vorstellung« die »Übereinstimmung eines Inhalts mit sich selbst« gegenüberstellt (z. B. VI, 51 f./18, 86). Dem entspricht, daß Hegel nicht nur von der Wahrheit von Sätzen, sondern auch – und zwar gerade in der Logik – von der Wahrheit von Begriffen handelt. Man kann diesen Stellen gerecht werden, wenn man realisiert, daß auch der dort zugrunde liegende Wahrheitsbegriff an der traditionellen Adäquationsvorstellung orientiert bleibt: in solchen Fällen geht es um die Übereinstimmung zwischen dem, was ein Begriff ist, und dem, was er meint. Die ständige Diskrepanz zwischen beiden in den Kategorien motiviert den Fortgang der Logik. In diesem Sinn findet jede Stufe der Begriffsentwicklung ihre im angezeigten Sinn verstandene Wahrheit in der jeweilig nächsten Stufe.

6 Daß sich Hegel dieser Tatsache auch im Hinblick auf den Haupttext bewußt war, lehrt vor allem die Vorrede zur zweiten Auflage (vgl. bes. III, 21/5, 31 f). Hier findet sich das merkwürdige Programm einer voraussetzungslosen Darstellung des Systems der Logik, die der Voraussetzungslosigkeit des Systems selbst kongruieren soll; es ist die Konzeption einer reflexionsfreien, quasimathematischen Darstellung des Systems logischer Begriffe. »Allein auf solche abstrakte Vollkommenheit der Darstellung muß freilich im Allgemeinen Verzicht gethan werden« (a. a. O.). Es besteht kein Grund zu der Annahme, daß Hegel dieses Programm überhaupt für realisierbar gehalten hätte. Nicht zufällig weist Hegel gerade auch in diesem Zusammenhang auf die Probleme des Anfangs hin: versuchte man das Programm der quasimathematischen Darstellung des Systems zu realisieren, käme man

über die bloße Nennung der »ganz einfachen Ausdrücke des Einfachen« nicht hinaus. Die Mathematik ist für Hegel in der Philosophie immer noch ein unvollkommeneres Darstellungsmittel als die Sprache (vgl. V, 59/6, 295).

7 Es ist bemerkenswert, daß auf diese Weise ein unmittelbarer Übergang vom Sein zum Dasein möglich wird (vgl. L 21; ferner V, 347f./6, 573).

8 So stellt Hegel gerade gegen Schelling heraus, es könne nur in Betracht kommen, »wie solches Absolute in das denkende Wissen und in das Aussprechen dieses Wissens eintritt« (III, 73/5, 78). Die »Wissenschaft der Logik« hat das Absolute vor seiner Entäußerung zur Natur – von Hegel »das Logische«, gelegentlich auch »das Dialektische« genannt – zum Gegenstand; ihr Ziel ist die Entwicklung und Begründung der Formen möglicher *Rede vom Absoluten*. Die »Wissenschaft der Logik« darf aber mit jenem Absoluten in der Gestalt des »Logischen«, das ihr Gegenstand ist, nicht verwechselt werden. Es besteht hier eine Differenz, die etwa der Differenz zwischen Natur und Naturphilosophie entspricht. Den hier sich ergebenden Schwierigkeiten wird man nicht dadurch begegnen können, daß man den Entwurf einer der Hegelschen Logik zuzuordnenden Metalogik fordert. Die Konstruktion von Metastufen ist zwar möglich und zulässig, wird aber, als Ergebnis einer einfachen formalen Reflexion, das Verständnis der Sache nur wenig fördern. Wenn man schon mit diesen Reflexionsformen arbeitet, dann ergeben sich die Schwierigkeiten mit dem Text Hegels nicht deswegen, weil eine gegebene Objektstufe bislang noch nicht durch eine Metastufe ergänzt worden wäre, sondern umgekehrt gerade dadurch, daß in diesem Text bereits eine Metastufe greifbar ist, zu der die entsprechende Objektstufe erst noch gefunden werden muß.

9 »Es ist aber das Eigenthümliche der Philosophie, das zu untersuchen, was man sonst für bekannt hält« (XIII, 33/18, 39). »Das Geschäft der Philosophie besteht nur darin, dasjenige, was rücksichtlich des Denkens den Menschen von Alters her gegolten, ausdrücklich zum Bewußtseyn zu bringen« (VI, 43/8, 79). »Die Denkbestimmungen der Logik sind . . . das Innerste, aber zugleich sind sie es, die wir immer im Munde führen und die deshalb etwas durchaus Bekanntes zu seyn scheinen. Aber solch Bekanntes ist gewöhnlich das Unbekannteste« (VI, 50/8, 85). Dem entspricht, daß die allgemeinen Kategorien, insbesondere auch der Begriff des Seins, der Bildung der Zeit entnommen sind (XIII, 73/18, 78).

10 Vgl. dazu Hegels Descartes-Darstellung in den *Vorlesungen zur Geschichte der Philosophie* (bes. XV, 339ff. u. 366/20, 130ff. u. 156).

Dieter Henrich
Formen der Negation in Hegels Logik

Einleitung

»Das Negative, dieser abstrakte Ausdruck, hat sehr viele Bestimmungen«.[1] Dieser Satz wird aus Hegels Interpretation der ägyptischen Religion berichtet. Nimmt man ihn wörtlich im Sinne seiner eigenen Theorie, so sagt er, daß das Wort ›das Negative‹ einen Zusammenhang bezeichnet, in dem verschiedene, auch einander entgegengesetzte Bedeutungen von ›negativ‹ aufzuweisen sind, aber so, daß sie allesamt dafür unentbehrlich sind, daß sich die Einheit eines solchen Zusammenhanges ergibt.

So könnte Hegels Satz ein Bewußtsein von der Vielfältigkeit des Sinnes von ›negativ‹ anzeigen und darüber hinaus, daß diese Vielfalt nicht nur zufällig eintritt, sondern daß sie sich aus Gründen ergibt, die angegeben werden können. In Hegels Wissenschaft der Logik hat solches Bewußtsein aber keine auffälligen Spuren hinterlassen. Vergeblich sucht man in ihr nach ausdrücklichen Überlegungen über die Mannigfaltigkeit der Bedeutung der Rede vom ›Negativen‹ und von ›der Negation‹. Hegel ist kaum irgendwo über die elementarste Form der Erläuterung eines Sinnes von Negation hinausgekommen, die ihn dadurch interpretiert, daß sie ihn auf signifikante Weise erwähnt. Seinen Lesern bleibt also die Aufgabe überlassen, die Interpretation mit Argumenten zu entfalten.

›Negation‹ ist unstreitig eine der bedeutendsten methodischen Grundoperationen der Logik Hegels. Ohne Bezug auf den Sinn von Negation läßt sich nicht verdeutlichen, was ihr Verfahren von allen anderen unterscheidet. Hegel erklärt sogar, daß die »Negation das wahrhaft Reale und Ansichsein«, »die abstrakte Grundlage aller philosophischer Ideen« sei, »von der man sagen kann, daß sie erst die neuere Zeit in ihrer Wahrheit aufzufassen begonnen hat« (A 77/8).[2]

So ist also jener abstrakte Ausdruck, der viele Bestimmungen hat, die einzige Basis für die Entfaltung einer philosophischen Theorie und jener Begriffsstruktur, der Hegel den Namen ›Idee‹ gegeben hat und die seiner Meinung nach allein geeignet ist,

Wirkliches in dem ihm eigenen Zusammenhang vollständig zu begreifen.

Daraus folgt, daß eine Verständigung über die Weise, in der in Hegels Logik von der Negation Gebrauch gemacht wird, die Bedingung dafür ist – sei es in Nachfolge oder Kritik – in ein freies Verhältnis zu dieser Theorie zu kommen. Solche Verständigung steht noch aus. Denn die Theorien der Gegenwart, in deren Vorgeschichte Hegels philosophische Konzeption gehört, arbeiten immer noch nur mit einem abstrakten Ausdruck von Negation in irgendeinem von Hegel gedeckten Sinn. Sie gebrauchen nicht die Vielfalt der Bestimmungen, die von Hegel in Beziehung auf ihn teils abgeleitet, teils eingeführt worden sind. Auf der anderen Seite war es eines der wichtigsten und wirksamsten Argumente der Kritik an Hegel und an allen, die einem dialektischen Verfahren in seinem Sinne anhingen, daß sie mit einer vagen Vorstellung von Negation operieren, in der verschiedene Bedeutungen von ›negativ‹ durcheinander gebracht sind, – sei es absichtlich, weil sie nur so dem dialektischen Fortschritt den Schein argumentativer Kraft geben konnten, sei es wider Willen, weil ihnen die begriffliche Kraft zur Unterscheidung verschiedener Negationssinne abging.

Den Befund, von dem diese Kritik ausgeht, sollte man nicht bestreiten. Es wird sich zeigen, daß Hegels Logik wirklich verschiedene Weisen des Negationsgebrauchs kennt. Es spricht alles dafür, daß es nicht möglich ist, sie auf einen einzigen Negationssinn zu reduzieren. Dann ist es notwendig, Gründe zu erwägen, die Hegel dazu zwingen könnten, die Mannigfaltigkeit des Sinnes von Negation in der für seine logische Theorie charakteristischen Weise zu nutzen, aber auch verschiedene elementare Negationsformen zu neuen Formen der Negation zu konfundieren. Dies soll im Folgenden geschehen.

I. Die substantivierte Aussageform

Hegels Logik ist, wie bekannt, in Wahrheit eine ontologische Theorie. Das zeigt sich auch daran, daß sie aus den Lehrbüchern zur Logik und Metaphysik, an denen sie sich beinahe ebenso sehr wie an Spinoza, Kant und Fichte orientiert, gerade aus der Ontologie der Metaphysik einige wichtige Begriffszuordnungen übernommen hat. Der erste Abschnitt der Logik des Seins hat den Titel ›Bestimmtheit‹ (determinatio). Er behandelt das ›Etwas‹ überhaupt und faßt es als Realität und Negation in einem. Darin folgt er Vorlagen der Wolff-Schule, welche die gleiche Zuordnung stereotyp aufweisen. Hegel hat aber die Bedeutung dieser Terme auf signifikante Weise verschoben.

In den Vorlagen ist ›Etwas‹ als ein Einzelding aufgefaßt, über das Aussagen gemacht werden, und zwar so, daß ihm kraft solcher Aussagen Eigenschaften zukommen oder abgehen. Dabei bleibt es ganz unausgemacht, wie es denn verstanden werden kann, daß das Einzelding einerseits in dem, was es rein für sich ist, betrachtet werden soll, daß es aber andererseits von vornherein als dasjenige erscheint, auf das nur in Aussagen Bezug zu nehmen ist.

Hegel dagegen kann – zufolge seiner strikteren Kriterien für die Einfachheit von Prinzipien einer ontologischen Theorie – weder das Einzelding als Referent einer unbestimmten Anzahl von Prädikationen noch auch die Form der Aussage qua Medium der Erkenntnis als vorgängige Evidenz in Anspruch nehmen. Man könnte deshalb auch mutmaßen, daß Hegel gar nicht umhin könne, von einem anderen Negationssinn als dem der negativen Aussageform auszugehen. Als Alternativen zu ihr hätten das Verhältnis der Unvereinbarkeit zwischen Prädikaten oder auch das ontologische Prinzip zur Verfügung gestanden, demzufolge jedes Seiende kraft dessen, daß und was es ist, anderes Seiendes aus seinem Dasein ausschließt.

Nun läßt es sich aber leicht zeigen, daß diese beiden Gedanken kaum weniger voraussetzungsreich sind als die Bezugnahme auf Einzelnes in Aussagen. Der wirkliche Gedanke Hegels beruht deshalb auch auf einer ganz anderen Überlegung – in der von der Form der negativen Aussage gerade nicht abgesehen ist: Ist es so, daß alles Dasein nur als Realität und Negation in einem zu begreifen ist, und kann man den Begriff dieser Einheit nicht dadurch gewinnen, daß man das Seiende von vornherein als Thema einer Aussage, also der Erkenntnis ins Auge faßt, so muß man ihm, dem Seienden an ihm selbst, als ein Prinzip seiner Konstitution, die Eigenschaft zusprechen, Negation zu *sein*. Es muß eine Eigenschaft aufweisen, die den Eigenschaften der Absprechung in der Aussage vollständig entspricht, und die zugleich in gar keinem Sinne Aussage oder vom Urteilen des erkennenden Subjekts als deren Gegenstand abhängig ist. Dasein ist somit in ihm selbst eine ›Verneinung‹.[3]

Mit dieser Überlegung stellt sich Hegel allen Evidenzen des normalen philosophischen Bewußtseins entgegen. Die Paradoxie seines Raisonnements wird noch augenfälliger, wenn man erwägt, daß sie nicht etwa darauf abzweckt, den Begriff des Geistes zu fassen, – ein Unternehmen, bei dem man spekulative Gedankenbildungen ohnehin erwartet, sondern daß sie zunächst nur den einfachsten Gedanken von Irgendetwas elementar definieren will. Um ihn zu denken, muß die Operation der Negation in der Aussage verselbständigt und aller Beziehung auf irgend etwas, das sich negieren ließe, voran zu einem Konstituens von allem gemacht werden, was ›Dasein‹ hat.

Diese Auffassung der Grundoperation allen Diskurses, und zwar so, daß sie in Gedanken von Etwas transformiert wird, das gerade nicht als Diskursoperation oder als Thema eines Diskurses aufgefaßt wird, ist nur Hegels Theorie eigen. Unser Urteil über diese Theorie muß vor allem davon abhängen, ob man diese Auffassung als natürlich oder als unvermeidlich oder zumindest als die Folge einer wohlmotivierten theoretischen Anstrengung auffaßt oder ob man sie für illegitim und willkürlich hält.

Auch schon der erste Gedanke in Hegels Logik, der offenkundig in die Klasse der negativen Ausdrücke gehört und der der »Bestimmtheit« noch vorangeht, – die Kategorie des »Nichts«, die sich sprachlich aus der Substantivierung des Adverbs herleitet, ist von Hegel so gefaßt worden, daß er sich vielmehr als rudimentäre Form der von der Aussage und zugleich von irgendeinem bestimmten negierten Prädikat abgelösten Form der Verneinung verstehen läßt. Im ›Nichts‹ ist es zu tun um »die abstrakte, unmittelbare Negation«, um die »beziehungslose Verneinung, – was man, wenn man will, auch durch das bloße Nicht ausdrücken kann« (I, 68/5, 84). Solche Passagen des Textes der Logik gerade in der zweiten Auflage zwingen also zu der Schlußfolgerung, daß Hegel mit einigermaßen ausdrücklichem Bewußtsein verlangt, die einfachsten Gedanken der Ontologie als strukturelle Korrelate der negativen Aussageform zu denken, – als Aussageform allen Sätzen und allem denkbaren Aussagegebrauch sozusagen voraus.

Ist Bestimmtheit erst einmal als Verneinung gedacht, so ergibt sich daraus sogleich auch grundsätzlich die Rechtfertigung, alle weiteren Eigenschaften, die der Bestimmtheit zugesprochen werden mögen, mit jenem Negationssinn in Beziehung zu setzen, der sich aus der Transposition der abstrakten Verneinung zum ontologischen Prinzip ergeben hatte. ›Bestimmtheit‹ ist zunächst nur der Gedanke von ›Etwas überhaupt‹, ohne daß schon die Voraussetzung von irgendeiner Mannigfaltigkeit gemacht wäre. Ist dann aber einmal eine Pluralität des ›Etwas‹, von mehreren Etwas oder von einer inneren Differenz des Etwas, eingeführt, dann ergibt sich aus der ursprünglichen Definition des Etwas als noch unbezogener Verneinung, daß nunmehr diese Verneinung in eine Beziehung gebracht werden kann. Das heißt aber, daß das Etwas nun wirklich damit beginnt, Anderes ›auszuschließen‹, ›aufzuheben‹ und ähnliche, den Leistungen von Sätzen analoge Prozesse zu generieren. Solche Gedanken sind bekanntlich für Hegels philosophische Sprache geradezu stilbildend. Auch weitere Eigenschaften, die der Negation in der Aussage durch ihre Beziehung zu anderen wahrheitsfunktionalen Operationen zugesprochen werden können, lassen sich so nun im Prinzip in den ontologischen Grundsachverhalt der ›Bestimmtheit‹ hineindenken.

Diese Konsequenz gewinnt dann grundsätzliche Bedeutung, wenn man bedenkt, daß Hegels Negationstheorie gar nicht in dem theoretischen Vorgang kulminiert, in dem die Form der negativen Aussage substantiviert und in ein ontologisches Prinzip verwandelt wird. Hegels Theorie kommt zu ihren eigentlichen Thesen durch die Art und Weise, in der er von dem Gedanken der *doppelten* Negation Gebrauch macht. Die »negative Beziehung auf sich« ist »der innerste Quell aller Tätigkeit, lebendiger und geistiger Selbstbewegung, die dialektische Seele, die alles Wahre an ihm selbst hat, durch die es allein Wahres ist« (II, 496/6, 563).

Man kann viele Bedeutungen von ›Negation‹ auf vielerlei Weise voneinander unterscheiden. Daß aber die Möglichkeit, die Negation selber zu negieren, so daß die erste Negation dem gleichen Typ wie die zweite zugehört, ausschließlich der Form der negativen Aussage eigentümlich ist, kann als allgemein zugestanden gelten. Man wird also vermuten dürfen, daß auch Hegel die Form der negierten Negation im Satz vor Augen hatte, als er die doppelte Negation in die Ontologie einführte. Das wird entscheidend dadurch bestätigt, daß er die Gleichung, derzufolge die doppelte Negation mit der Affirmation identisch sei, auch für die ontologisierte doppelte Negation in Anspruch nimmt. »Affirmation« ist sicherlich ein Ausdruck, dessen Bedeutung sich überhaupt nur durch die Beziehung auf die Form der positiven Aussage verständlich machen läßt. Hegel erwähnt selber seine Quelle, wenn er das Prinzip, demzufolge »duplex negatio affirmatio« sei, eine »bekannte grammatische Regel« nennt.[4]

Soll die Affirmation, die das Resultat der verdoppelten Negation ist, als ein Gedanke in der Domäne der Ontologie fungieren können, so wie es Hegels Erklärung über die Quelle aller Tätigkeit und Selbstbewegung verlangt, so setzt das doch wohl voraus, daß die Negation, aus deren Verdoppelung die Affirmation folgt, selber zuvor schon als ontologisches Prinzip etabliert worden ist. Daß dies bereits am Anfang von Hegels ›Wissenschaft der Logik‹ geschah, ist mit Beziehung auf seine Definition von Nichts und von Bestimmtheit gezeigt worden.

II. Anderssein und das Andere seiner selbst

Aus solchen Überlegungen muß sich nun die Vermutung entwikkeln, die Zahl der Bedeutungen von Negation in Hegels Logik reduziere sich schließlich doch auf eins. Sind die elementarsten Thesen der Logik, die über Nichts und über Bestimmtheit, ebenso wie ihre entwickeltsten, über geistige Selbstbewegung, aus der Substantivierung der negativen Aussageform zu deuten, so ist man geneigt, durch sie und nur durch sie auch die Bedeutung der ›dialektischen‹ Negation zu definieren.

Doch diese Vermutung kommt in der Interpretation von Hegels Logik zu schnell zur abschließenden Konklusion. Denn die Entwicklungen dieser Theorie sind weithin von einem anderen Negationssinn beherrscht. Er ergibt sich dort, wo die Bestimmtheit des Etwas als *Anderssein* gefaßt wird. Der Begriff des Andersseins ist wiederum nicht als Unvereinbarkeit von Prädikaten verstanden, da er ja ein Gedanke vom daseienden Etwas sein soll. Auch ist ›Anderssein‹ nicht der Ausschluß von jeglichem, was nicht dieses Daseiende ist, durch seine Position oder Realität. Denn dieser Ausschluß betrifft Beliebiges, während Anderssein mit der Inkompatibilität und übrigens auch mit der Form der negativen Aussage die Zweistelligkeit gemeinsam hat: Etwas kann nur das Andere von *je einem* Anderen sein, wie oft sich auch jedes Etwas von anderem Etwas unter irgendwelchen Gesichtspunkten unterscheiden läßt.

Von der negativen Aussageform ist der Gedanke der Andersheit[5] bekanntlich dadurch unterschieden, daß in ihm nicht nur das Setzen und Aufheben von je einem, sondern diejenige negative Beziehung gedacht ist, in der zwei oder mindestens zwei zueinander stehen. Hegel hat – übrigens erst in der zweiten Auflage der Logik[6] – den Gedanken der Bestimmtheit als das Zusammen von bloßem Setzen und bloßem Aufheben eingeführt. Da ›Bestimmtheit‹ in dieser Fassung von der Voraussetzung der Denkbarkeit einer Mannigfaltigkeit von Bestimmtem noch ganz unabhängig gehalten ist, ergibt sich für Hegel die Notwendigkeit, von dem Gedanken der ontologisierten Aussageform zu dem des Andersseins *überzuleiten.* Er tut das mit Argumenten, wie sie sich schwächer kaum irgendwo in der Logik finden.[7] Es mag hier offenbleiben, ob sich bessere geben lassen ober ob Hegel eingestehen müßte, daß Andersheit gegenüber der aus der substantivierten Aussageform verstandenen Bestimmtheit eine neue, nicht reduzierbare Bedeutungskomponente aufweist. In jedem Falle wird durch Andersheit die aus der negativen Aussageform interpretierte Bestimmtheit allererst in eine Korrelation mit anderer Bestimmtheit, mit ›ihrem‹ Anderen gebracht.

Es ist bekannt, daß Hegel den wichtigsten Anstoß zur Formulierung des elementaren Gedankens der Andersheit von Platons Sophistes erhalten hat. Hegel hat aber auf diesen Gedanken alsbald die Regel der möglichen Verdoppelung angewendet, deren Paradigma aus der Aussagenlogik kommt: Die Negation kann in Beziehung auf die Negation selber gesetzt werden. Dementsprechend kann also das Andere, da es doch auch ein Gedanke vom Negativen ist, nicht nur in Beziehung auf Etwas gedacht werden, sondern in Beziehung auf das, was in ihm selbst gedacht ist: Das andere ist dann das Andere dessen, was es ist, das »Andere seiner selbst«. Dieser Gedanke hat Platon gänzlich ferngelegen. Man sieht das daran, daß Platon dort, wo seine eigene Lehre es geradezu verlangt, den Gedanken einer Teilhabe der Andersheit an sich selbst zu vollziehen, dieser Konsequenz ausweicht.

In Hegels Lehre hat aber die Verdoppelung der Andersheit aufgrund des Vorbilds der doppelten Aussagenegation bedeutende Konsequenzen. Zunächst muß man beachten, daß sie in einem Gedanken von Negation zum ersten Male *Selbstbezüglichkeit* herstellt. Die Negation der Negation in der Aussage darf nämlich keineswegs als Selbstbeziehung der ersten Negation gedeutet werden. Im Urteilen ist die Negation eine Operation, die wiederholt auf denselben atomaren Satz angewendet werden kann, die also vom zweiten Fall an auf eine Negation anzuwenden ist. In jedem Anwendungsfall ist aber etwas anderes negiert; im ersten irgendeine Aussage, im zweiten deren Negation usw. Man kann die Negationen durch ihre Stellen in einer Reihe als verschiedene eindeutig voneinander unterscheiden. Wenn aber ›Andersheit‹ nicht als Beziehung zwischen Daseienden, sondern als Beziehung von Andersheit auf den Gedanken des Anderen selber verstanden wird, so ergibt sich daraus, daß Andersheit nunmehr *zu sich selber* in Beziehung steht.

Diesen strikten Selbstbezug von Negation im Sinne eines Anderen seiner selbst hat Hegel zum wichtigsten Operationsmittel seiner Logik gemacht. Unter verschiedenen Namen – als ›Gleichgültigkeit gegen sich‹ (z.B. I, 397/5, 456), als ›Abstoßen von sich‹ (z.B. II, 240/6, 274), als ›bestimmte Bestimmtheit‹ (II, 252/6, 288), als ›Unverträglichkeit mit sich‹ (z.B. I, 397/5, 456) oder als ›Gegenteil seiner selbst‹ (z.B. II, 238/6, 272) ergeben sich aus dieser Operation entscheidende Übergänge im gesamten Verlauf dieser Wissenschaft. Erst durch sie gewinnt die Logik ihre charakteristische Form spekulativer Erkenntnis. Denn die Ununterscheidbarkeit von Sein und Nichts, die an ihrem Anfang behauptet wurde, stellt sich auf eine Weise her, die in den folgenden Deduktionen nirgends wiederkehrt. Die Einheit von Sein und substantivierter Negation, welche den folgenden Gedanken der Bestimmtheit ausmacht, ist für sich noch kein spekulativ-dialektischer Gedanke, wie sehr er sich auch daraus ergibt, daß von natürlichen Vorstellungsweisen abgewichen wird. Erst der Gedanke der Andersheit an sich nennt das Konstitutionsprinzip aller Grundbegriffe der folgenden Teildisziplinen der Logik.

Es sind nun Implikationen des Gedankens des an ihm selbst Anderen zu betrachten. Sein spekulatives Potential ergibt sich daraus, daß in ihm Selbstbeziehung und negative Beziehung in einem gedacht sind, nicht nur als Aspekte an einer Sache, sondern als ein und derselbe Sachverhalt. Daraus ergibt sich dann auch zwingend, daß jenes Andere, indem es nur zu sich selbst sich verhält, zu einem solchen in ein Verhältnis tritt, das als ein von ihm unterschiedenes erscheint. Denn es ist das Anderssein, und so kann es sich zu sich selber auch nur als ein Anderes verhalten. Das heißt aber, daß es überhaupt nur für sich selber sein kann, indem es erstens gegenüber dem, zu dem es sich verhält, ein Anderes ist, und damit auch zweitens zu dem, zu dem es sich verhält, als zu einem Anderen Bezug hat. In diesem Sinne macht es sich also selber durch seine Selbstbeziehung zu einem Anderen von einem Anderen. Und so ist es sinnvoll zu sagen, daß es sich ›entzweit‹. Das Selbstverhältnis der Andersheit ist nur als externes Verhältnis, ist nur als Fremdverhältnis denkbar.

Diese Entzweiung ließe sich als reiner Selbstverlust deuten, so daß die Selbstbeziehung der Andersheit alsbald in reine Äußerlichkeit zurückfiele. Dabei bliebe außer acht, daß die Beziehung der beiden Anderen, die aus der Selbstbeziehung hervorgehen, überhaupt nur *kraft* dieser Selbstbeziehung Bestand hat. Die eine Andersheit ist zweimal Anderes gerade dadurch und darum, weil sie sich auf sich selber bezieht. So ist zu fragen, wie sich Selbstbezüglichkeit, welche eines mit der Andersheit war, auch noch in der Doppelung festgehalten und festgestellt werden kann, die sich instantan aus ihr ergab.

Der Fortschritt in der Folge der Versuche, diese Frage zu beantworten, macht den Fortschritt von Hegels Logik insgesamt aus.[8] Es ist wichtig, sich über die Mittel Klarheit zu verschaffen, die Hegel dabei aufbietet, und ebenso wichtig zu erwägen, inwieweit sie hergeleitet oder inwieweit sie nur in Gebrauch genommen worden sind. Im gegenwärtigen Zusammenhang kann aber sogleich zu einer Beobachtung über die Mannigfaltigkeit des Negationssinnes in Hegels Logik übergegangen werden.

III. Anderssein und Aussageform

Die Negation als Andersheit war auf die von ihr verschiedene Form der negativen Aussage gefolgt, die zuvor substantiviert und zu einem Moment von Dasein als ontologisches Prinzip etabliert worden war. Man kann also davon ausgehen, daß die Bestimmtheit, die sodann als Andersheit gefaßt wird, das Moment der negativen Aussageform schon in ihrem elementaren Begriff einschließt. Danach war die Andersheit aber auch noch zu sich selber in Beziehung gesetzt worden; und diese Beziehung mußte notwendig eine Exklusionsbeziehung sein. Nach dieser Entwicklung kann Hegel nicht umhin, noch einen weiteren Schritt zu tun: Er muß innerhalb des Gedankens selbstbezüglicher Andersheit auch die andere Negationsform der Aussage geltend machen. Er muß, anders gesagt, den Bestimmtheit definierenden Negationssinn in Beziehung auf die Ausschlußbeziehung der Andersheit an sich in Operation setzen. Das geschieht, indem auch der Andersheit die Fähigkeit zugesprochen wird, Prozesse zu initiieren, welche nicht dem ursprünglichen Negationssinn der Andersheit, sondern dem der negativen Aussageform entsprechen. In anderen Worten: Hegel hat den Negationsbegriff der Andersheit mit dem der negativen Aussage konfundiert. Der Zwang dazu ergibt sich aus der Selbstbezüglichkeit der Andersheit, die Möglichkeit aus der vorgängigen Definition von Bestimmtheit.

Daß diese Konfundierung unausweichlich ist, zeigt die folgende Überlegung: Die Selbstbeziehung der Andersheit war der Grund dafür, daß sie aus und in sich selbst eine Differenz gegen sich produzierte, in der die Selbstbeziehung gerade entfiel. Nun muß aber diese Differenz selber noch als Folge der Selbstbeziehung dargestellt werden, und zwar so, daß das Entfallen der Selbstbeziehung durchaus davon abhängig bleibt, daß die Selbstbeziehung besteht. Die Anderen in der Andersheit, die in Beziehung auf sich steht, haben überhaupt nur durch das Bestehen der Selbstbeziehung Bestand. Somit muß die Differenz in der Andersheit so gedacht werden, daß sie die Selbstbeziehung nicht definitiv zerstört. Das kann nur dadurch geschehen, daß die beiden Anderen in der Differenz noch als dieselben, als das Eine Andere in der Andersheit an sich gedacht werden. In diesem Sinne muß also ihre Differenz, die sich aus dem Gedanken der Andersheit an sich zwangsläufig ergibt, zugleich auch *›aufgehoben‹* werden – sie ist zu ›negieren‹.

Dieser Negationsakt ist zweifellos von der Struktur der negativen Aussage. Der Gedanke der Andersheit meint Differenz, schließt aber nicht den Vollzug von solchen Akten wie Absprechen oder Eliminieren ein. Es hat sich zwar gezeigt, daß Andersheit, wenn sie erst einmal als Andersheit an sich gefaßt wurde, den Vollzug eines solchen Aktes verlangt. Aber daß er als Postulat aus ihr folgt, heißt noch gar nicht, daß ein solcher Akt durch sie erbracht werden kann. Daß die Andersheit ihre Selbstdifferenzierung zugleich aufhebt und sich somit in ihrem eigenen Anderen affirmativ zu sich verhält, kann nur angenommen werden, wenn zuvor Andersheit an sich, und zwar kraft dessen, daß sie Bestimmtheit ist, mit dem Moment aussagenlogischer Negation zu einem neuen Negationssinn zusammengenommen wurde. Sieht man auf die Unterscheidungen, die für den natürlichen Negationsgebrauch unerläßlich sind, so kann man den neuen Negationssinn nur als ein Konglomerat ansehen. Sieht man aber auf die Gründe, aus denen dieses Konglomerat zustandekam, so stellt sich der neue Negationssinn wirklich als Resultat einer spekulativen Gedankenentwicklung dar.

IV. Formen der doppelten Negation

Daraus, daß Akte des Absprechens und Eliminierens in den Gedanken der Andersheit an sich aufgenommen werden, ergibt sich eine Erweiterung des Sinnes dieser eigentümlich Hegelischen Form der doppelten Negation. In Hegels Logik findet sich aber auch noch eine andere Form der doppelten Negation. Sie dient zur Definition dessen, was ursprünglich ›Insichsein‹, dann ›Fürsichsein‹ und schließlich ›Subjektivität‹ genannt wird.

In diesen Begriffen ist ein relationaler Sachverhalt gedacht, in dem zunächst einmal eine Beziehung von Einem zu einem Anderen vorausgesetzt ist, die nicht vom Typ der ›Andersheit an sich‹, sondern die einfache Beziehung verschiedener Relata ist. Weiter aber bedeutet Insichsein, daß das Eine in einer Beziehung von der Art des Aufhebens zu seiner Beziehung auf das Andere steht: In ihm ist zugleich seine Relation zu von ihm Verschiedenen negiert. Durch diese Negation etabliert sich die Beziehung des Einen nur auf sich.

Dieser Gedanke der doppelten Negation unterscheidet sich ersichtlich von der ›Andersheit an sich‹ dadurch, daß in ihm keine Selbstbezüglichkeit der Negation als solcher konstatiert werden kann. Die negierte Negation ist die Beziehung einfacher Andersheit. Die zweite Negation, die auf diese Negation geht, ist ganz der Form der negativen Aussage nachgebildet: Sie eliminiert die Beziehung auf Anderes. So bleibt das Eine, kraft dieses Ausschlusses der Andersheit, allein mit sich zurück. Im Insichsein ergibt sich also die Selbstbeziehung des Einen aus der Negation der Andersheit. Die Negation selber ist dabei aber ganz ohne Selbstbeziehung. Die Beziehung des Einen auf Anderes wird nur ausgeschlossen, ohne daß gesagt werden könnte, der Ausschluß sei ein Ausschluß durch sich. Er ist Ausschluß vom Einen.

So wenig wie Hegel irgendwo Anstrengungen machte, verschiedene Negationstypen ausdrücklich voneinander zu unterscheiden, so wenig hat er dafür gesorgt, daß diese beiden Typen der doppelten Negation auseinander gehalten werden. Überall spricht er so, daß es so nahe wie nur möglich liegt, sie als ein und dieselbe Negationsform anzusehen.

Den Grund dafür hat man aber nicht nur in Sorglosigkeit und mangelnder Kunst in der analytischen Behandlung von Begriffen zu suchen. Hegel ist nämlich darauf aus, den Gedanken, der sein System abschließt, aus einer Kombination beider Typen der doppelten Negation miteinander zu gewinnen.[9]

Dieser Gedanke des Abschlusses ist formal so zu beschreiben: Es ist der Gedanke von Einem, das in sich oder das für sich ist ($N-N_2$), das aber ebenso wohl ursprünglich sich von sich selber unterscheidet und sich ein Anderes wird ($N-N_1$), darum aber auch nur in der Identifikation seiner selber mit seinem Andern in Wahrheit für sich sein kann ($N-N_2$ über $N-N_1$).

Erst diese Sequenz ergibt den vollen Sinn der für Hegel charakteristischen Rede von der absoluten Negativität. Sie ist die Weise der Selbstbeziehung, die zunächst Andersheit an sich ist, dadurch absolute Differenz wird, in dieser Differenz aber die Selbigkeit der Anderen festhält und dadurch schließlich alle Andersheit von sich ausschließt, ein Fürsichsein ohne Grenzen, unendliches Fürsichsein wird.

Hier kann nicht dargelegt werden, auf welche Weise Hegel dieses Resultat zu gewinnen und zu sichern sucht. Um aber seinen Versuch von bloß metaphorischem Sprechen überzeugend zu unterscheiden, ist es zumindest notwendig, differente Bedeutungen der Negation und auch der doppelten Negation festzustellen und die Bedingungen zu erwägen, unter denen sie zusammengebracht, sei es kombiniert oder sogar konfundiert werden können. Ziel dieser Untersuchung war es, auf diese Aufgabe dadurch hinzuweisen, daß die Grundzüge solcher Unterscheidungen angegeben wurden.

Folgerungen

1. Es wurde gezeigt, daß sich Hegels Logik, obwohl sie eine Theorie von Kategorien der Ontologie ist, an der Form der nega-

tiven Aussage orientiert. Das heißt nicht, daß man ihren Negationsbegriff einzig aus der Aussagenegation interpretieren kann. ›Andersheit‹ ist vielmehr die Grundlage der meisten ihrer Definitionen. Aber der Gedanke der Andersheit ist doch so gefaßt, daß er nur dadurch verständlich zu machen ist, daß Bedeutungsmomente der negativen Aussage in seine Entwicklung einbezogen werden. Auch seine selbstbezügliche Verdoppelung kommt in Analogie zur doppelten Negation zustande. Sie erzwingt dann weiter, daß in der Andersheit zugleich auch ein Absprechen zu denken ist.

2. Hegels Logik benutzt verschiedene Typen von Negation. Sie hat die Zahl der Bedeutungen von Negation im natürlichen Denken noch dadurch vergrößert, daß sie die Aussageform als solche ontologisierte und daß sie eine eigentümliche Form selbstbezüglicher Negation ausbildete und in ihr schließlich zwei Bedeutungen von Negation konfundierte. Mit diesem Arsenal von Negationsbegriffen arbeitet die Logik, ohne sie ausreichend analysiert zu haben und vor allem ohne anders als rudimentär das Problem zu erörtern, unter welchen Bedingungen und in welcher Folge diese Negationsbegriffe zu gebrauchen sind. Daraus erklärt sich zum guten Teil das, was an dieser Logik als die ›Flexibilität ihrer Methode‹ und die ›Flüssigkeit ihrer Begriffe‹ hervorgehoben worden ist. Es kann wohl kaum bestritten werden, daß Hegels Theorie in keinem Falle eine deduktive Form im strikten Sinne hätte annehmen können. Immer müßte sie auch auf eine Folgeordnung von Grundbegriffen Bezug nehmen, die sich faktisch einstellen und die sich auf die Weise semiotischer Prozesse fortbestimmen. Eine entwickelte Negationstheorie, die in sich selbst der Verfassung einer deduktiven Theorie näher kommen muß, würde aber eine ziemlich weitgehend spezifizierte Anweisung dafür enthalten, welche Sequenzen von Gedankenbestimmungen erwartet werden können. Sie würde den Aufbau der Logik sehr viel weitergehend determinieren, als es Hegels allgemeines Programm der Ineinssetzung von Selbstbeziehung und Negativität ohnehin tut.

3. Der Gedanke der Selbstbezüglichkeit ist formal die Voraussetzung dafür, Andersheit an sich, also selbstbezügliche doppelte Negation zu denken. Beziehung nur auf sich, also reine Selbstbeziehung, definiert aber nach Hegel das, was das Wort ›Sein‹ und was ganz im allgemeinen ›Unmittelbarkeit‹ heißt. So scheint Selbstbeziehung der erste und ursprüngliche Gedanke der Logik

zu sein. Wirklich erklärt Hegel oft und ausnahmslos, daß die Negativität nur ein Moment am Absoluten sei. Das könnte bedeuten, daß es der eigentlich grundlegende Gedanke der Logik Hegels zwar verlangt, mit dem Gedanken der Negativität zusammengebracht zu werden, daß er aber zunächst unabhängig von ihr zu denken ist und daß dies auch die Voraussetzung dafür ist, daß der Gedanke einer Negativität überhaupt eingeführt werden kann, die absolut und das heißt selbstbezüglich ist. Doch dem ist entgegenzuhalten, daß der einfachste Gedanke ›Sein‹ eben deswegen als bloße Beziehung auf sich gefaßt sein könnte, weil er nur in dieser Fassung sich dazu eignet, mit Strukturen der selbstbezüglichen Negation identifiziert zu werden. Der Gedanke vom Sein, der dem von der beziehungslosen Negation vorausgeht, wäre dann schon mit Rücksicht auf eine Negation gebildet, die verdoppelte und die selbstbezüglich verdoppelte werden kann. So sehr also die Verdoppelung des Negativen in der Andersheit aufgrund des Gedankens von Selbstbezüglichkeit erfolgt, der vorab schon zur Verfügung steht, so sehr ist auch der Aufstieg dieses Gedankens zur einzigen Bedeutung der Rede von ›Sein‹ auch schon im Blick auf die Identifikation des Seins mit der Negativität erfolgt. Versteht man Hegels bekannten Satz über die Selbigkeit von Sein und Nichts aus der Perspektive der Theorie der Negation, so antizipiert er in ganz unentwickelter Form die These, daß vollständige Selbstbeziehung und negative Selbstbeziehung ein und dieselbe Sache sind.

4. Hat man erkannt, in wie hohem Maße in Hegels Logik Rücksicht genommen ist auf die Form der negativen Aussage, aber so, daß sie zugleich als ein Gedanke vom Dasein aufgefaßt ist, und übersieht man die vielfältigen Konsequenzen dieses Grundzuges seiner Theorie, so wird man die Selbstinterpretation, die Hegel ihr gegeben hat, nicht mehr ohne weiteres übernehmen können. Was sich aus übersehbaren Gründen durch die Verschiebung der Bedeutung natürlicher Operationen und Begriffe gewinnen läßt, das hat seinen Ursprung offenbar in dem konstruktiven Willen eines Theoretikers. Es kann nicht geradezu als Selbstdarstellung einer objektiven Vernunft gelten.

5. Darum ist es ebenso legitim wie dringlich, danach zu fragen, welche Erkenntnisabsichten dazu geführt haben, gerade diese Theorie zu entwickeln. Im Rahmen einer universalen Theorie lassen sich Erkenntnisabsichten allerdings nur dann verwirkli-

chen, wenn sich Evidenzen aufweisen lassen, und wenn sie zahlreich sind, die dieser Theorie ganz unabhängig von dem, was sie zu ihren grundlegenden Konstruktionen veranlaßt hat, Überzeugungskraft geben. Auch auf diese Evidenzen muß man also zurückkommen, wenn man das philosophische Recht von Hegels spekulativ-dialektischer Methode beurteilt. Man darf aber nicht aus dem Auge verlieren, daß alle ihre Grundbegriffe ihre Bedeutung ganz allein aus dem konstruktiven Zugriff der Theorie gewinnen. Vorzüglich gilt das für den Gebrauch, den sie von Typen der Negation und der verdoppelten Negation macht.

Ein bekanntes, häufig geübtes Verfahren bleibt somit notwendigerweise unergiebig, das aus Hegels Logik irgendwelche Gesetze der Dialektik herleiten will, in denen doch zugleich das Spezifikum von Hegels Theorieprogramm und logischem Konstruktionsverfahren außer acht gelassen werden soll. Verfährt man so, so hat man am Ende bestenfalls solche Sätze gewonnen, in Beziehung auf die sich Hegels Theorieprogramm auf irgendeine Weise bestätigt fand, ohne daß sie noch spezifisch zu diesem Programm und seiner Durchführung gehören. Ein solcher Satz ist zum Beispiel der vom Übergang der Quantität in die Qualität durch Umschlag. Aber nicht dadurch schon, daß es erlaubt, auf solche Sätze zu kommen, kam Hegels Theorieprogramm zu seiner Bedeutung und zu seiner Stellung in der Theoriegeschichte unseres Zeitalters. Man kann viele dieser Sätze aufstellen und man kann die Prozesse analysieren, auf die sie sich beziehen, ohne sich dadurch zum eigentlichen Hegel in irgendeine theoretische Beziehung zu bringen. Dieser Zusammenhang erklärt dann auch, warum die meisten der sogenannten dialektischen Gesetze gegenüber dem wirklichen Gebrauch der von Hegel entwickelten Begriffe der Dialektik als extreme Verdünnungen erscheinen müssen.

Anmerkungen

1 *Vorlesungen über die Philosophie der Religion*, Theorie Werkausgabe 16, 419.
2 Die Wissenschaft der Logik wird zitiert nach Lasson I, II und Seiten-

zahl, die erste Auflage des ersten Bandes in der Originalpaginierung mit vorangestelltem ›A‹.

3 Der Gedanke, daß ›Bestimmtheit‹ ›Sein‹ (Beziehung auf sich) und ›Verneinung‹ *sei*, verlangt, daß ›Bestimmtheit‹ ohne jeden Bezug auf Erkennen als ein reiner Sachverhalt ebenso zu denken sei, wie sie als Gegenstand der Erkenntnis ohnehin gedacht wird, bevor es noch zu wirklicher Erkenntnis der Eigenschaften irgendeines Bestimmten gekommen ist, – nämlich als eines, dessen Gegebenheit festgestellt und dem auch Prädikate abgesprochen werden *können*. Noch ist nichts vorzustellen, das diese Gegebenheit charakterisiert oder das ihr abgeht. Bestimmtheit meint somit nicht das, was in jeder Hinsicht ein schon vollständig Unterschiedenes ist, sondern das, in Beziehung auf das Absprechungen möglich und unabweisbar begründet sind. Abstrahiert man davon, daß in dieser Erläuterung die Fähigkeit zum verständigen Diskurs vorausgesetzt ist und definiert man seine Implikationen bewußt als ontologische Prinzipien, so kommt man schnell in die Nähe von Hegels Kategorie ›Bestimmtheit‹. Deren Leere und noch ganz abstrakter Charakter erklärt sich auf diese Weise.
Eine solche Erklärung – das ist wichtig zu sehen – läuft nicht notwendig auf eine Destruktion dieser Kategorie und eine Widerlegung der ›Logik‹ durch den Nachweis der Sinnlosigkeit hinaus. Es bleibt möglich zu sagen, daß solche Abstraktion (1.) notwendigerweise erfolgt oder daß (2.) das Bewußtsein vom verständigen Diskurs selber stets schon eine solche ontologische Voraussetzung gemacht hat oder schließlich (3.) daß der konstruktive Schritt, der zur Verlagerung der Bedeutung von ›Verneinung‹ führt, wohl begründet ist. Welche dieser Positionen man bezieht, entscheidet über das theoretische Verhältnis zu Hegels Logik, indem so deren Status als Theorie definiert wird.

4 W. W. hrsg. v. Glockner XIX, 383 (Theorie Werkausgabe Suhrkamp Verlag: 20, 171). Zu vergleichen ist auch die Jenenser Logik (*Gesammelte Werke VII*, 34). Hier erwähnt Hegel das Theorem der doppelten Negation in lateinisch und spielt damit zumindest auf logisch-grammatische Literatur im allgemeinen, vielleicht aber auch auf eine noch nicht identifizierte Vorlage an.

5 ›Andersheit‹ wird hier in derselben Bedeutung wie ›Anderssein‹ gebraucht.

6 Die erste Auflage der Logik und (wenn auch weniger auffällig) die drei Auflagen der Enzyklopädie machen nicht den Unterschied zwischen Bestimmtheit und Anderssein. Hegel hat also nach 1830 vorher unbeachtete Differenzierungen in seinen Negationsgebrauch eingebracht.

7 I, 103 (5, 124), 3. Abschnitt. Der Rückgriff auf ›Werden‹ und die willkürliche Verschiebung in der Bedeutung dieser Kategorie indizieren ebenso Hegels gewachsenes Unterscheidungsvermögen wie seine

Nachlässigkeit bei der Suche nach einem Übergang, der wenigstens zwingend erscheinen könnte.

8 In diesen Zusammenhang gehört auch Hegels These, daß nur in der Beziehung zweier Fälle von verdoppelter Negation aufeinander der Selbstbezug im Anderssein aufrechterhalten werden kann. Auf sie gehe ich ein in ›Autonomous Negation‹, *Review of Metaphysics XXVII*, December 1974.

9 Im Folgenden wird die doppelte Negation, die sich aus der Selbstbeziehung der Andersheit ergibt, ›$N-N_1$‹ und die zweifache Negation, die nur den Ausschluß von einer Andersheit zur Folge hat, die selber ohne Selbstbeziehung ist, ›$N-N_2$‹ genannt.

Paul Guyer

Hegel, Leibniz und der Widerspruch im Endlichen

Man hat in jüngster Zeit eine Reihe von Versuchen unternommen, die Dialektik der Hegelschen *Wissenschaft der Logik* semantisch zu interpretieren. Diesen Interpretationen zufolge wird die dialektische Bewegung von Problemen in Gang gesetzt, die sich aus unseren Versuchen ergeben, uns mit den uns zu jedem gegebenen Zeitpunkt zur Verfügung stehenden Begriffen auf die Gegenstände der Welt zu beziehen und sie zu beschreiben. Man betrachtet vor allem das Phänomen des Widerspruchs, wie er Hegels dialektischem Fortschritt zugrundeliegen soll, als ein wesentlich semantisches: dialektischer Widerspruch wird interpretiert als jene Art von Widerspruch, die sich ergibt, wenn aufgrund von semantischen Schwierigkeiten wie Unbestimmtheit und Mehrdeutigkeit der gleiche Terminus in widersprüchlichen Behauptungen über einen gegebenen Gegenstand erscheinen kann. Die interessanteste der Interpretationen in dieser Richtung ist wohl die von H. F. Fulda, der in seinem Aufsatz »Unzulängliche Bemerkungen zur Dialektik« die These entwickelt, daß die grundlegende Form des dialektischen Widerspruchs jene sei, die sich aus der Unbestimmtheit von referentiellen Termini ergibt.[1] Fuldas Aufsatz ist so gehaltvoll und anregend, daß er der Hegelforschung noch für einige Zeit Anregungen liefern sollte; er ist jedoch auch sehr abstrakt, – damit meine ich, daß er seine sehr allgemeinen Überlegungen großenteils ohne den Rückgriff auf jene Form textnaher Analyse entwickelt, die sich zur Erhärtung von Interpretation oder Rekonstruktion des Hegelschen Textes schließlich als nötig erweisen wird.

Im Hinblick auf die *Wissenschaft der Logik* scheint mir die Lage im Grunde die, daß uns noch nicht genügend gute Einzelanalysen zur Verfügung stehen, um eine derart allgemeine Behauptung, wie die von Fulda aufgestellte, ernsthaft beurteilen zu können. Zum gegebenen Zeitpunkt möchte ich noch nicht einmal eine Vermutung darüber wagen, wie sich die Fuldasche Hypothese als Modell für Hegels methodologischen Gebrauch des Widerspruchs in der *Wissenschaft der Logik* als Ganzem bewähren mag.

Wenn wir jedoch die Betrachtung des Widerspruchs als generelles methodologisches Verfahren einmal außer acht lassen und uns stattdessen einer Textstelle in der *Wissenschaft der Logik* zuwenden, an der der Widerspruch selbst zum Gegenstand gemacht wird, scheint mir Fuldas Betonung der Semantik von referentiellen Termini durchaus fruchtbar. Ich meine jenen Abschnitt in der Entwicklung der Dialektik des Daseins innerhalb der *Lehre vom Sein*, in dem der Widerspruch zur definierenden Bestimmung endlicher Dinge wird oder wir das Endliche, mit Hegels Worten, definiert finden als »Etwas mit seiner immanenten Grenze gesetzt als der Widerspruch seiner selbst, durch den es über sich hinausgewiesen und getrieben wird«.[2] Die Argumentation, mittels derer Hegel zu diesem Widerspruch gelangt, dreht sich, wie ich erläutern möchte, in der Tat um einen Widerspruch im Zusammenhang mit unserem referentiellen Gebrauch von Termini oder unseren Bemühungen, uns auf Einzeldinge als auf die Gegenstände unserer Prädikationen zu beziehen. Insoweit sie uns in diese Richtung lenkt, ist Fuldas Darlegung außerordentlich wertvoll.

Hegels Gedankengang in den Abschnitten über »Das Dasein«, die zur Erörterung der »Endlichkeit« überleiten, dreht sich nun aber nicht um die Unbestimmtheit von referentiellen Termini. Ich möchte vielmehr aufzeigen, daß der von Hegel dem Endlichen zugeschriebene Widerspruch abgeleitet ist aus dem grundsätzlichen Beziehungscharakter, den er für alle Begriffe (oder Termini) annimmt, also sowohl für referentielle als auch für deskriptive Begriffe, von deren Anwendung unser Gebrauch von referentiellen Begriffen abhängt. Genau gesagt möchte ich darauf abheben, daß Hegel das Wesen des Endlichen mittels eines Widerspruches definiert, den er ansetzt zwischen der wahren Natur aller Begriffe, sowohl der referentiellen als auch der prädikativen oder deskriptiven, und der als Voraussetzung unserem referentiellen Gebrauch von Begriffen zugrundeliegenden Erwartung, daß wir, indem wir uns auf ein bestimmtes Einzelnes wie einen Tisch oder eine Schreibmaschine beziehen und ihm eine Eigenschaft zuerkennen, etwas über eines unter vielen Einzelnen, und genau über dieses eine, aussagen. Meine Ansicht ließe sich auch so darlegen: Wenn wir die *Lehre vom Sein* zumindest teilweise als kritische Unterminierung der Logik des gesunden Menschenverstandes ansehen, stellen wir fest, daß der Widerspruch, mit dem Hegel sich auseinandersetzt, bereits in dem jener Logik entsprechenden Verständnis von Behauptungen über bestimmte Einzelne angelegt ist. »Das Dasein« umspielt zwei gleich natürliche Ansichten über Prädikation: daß viele Begriffe letzten Endes Beziehungsbegriffe sind, oder daß sie, um verstanden und angewandt zu werden, des Bezuges auf Sachverhalte bedürfen, die jenseits ihres rein grammatischen Rahmens liegen; und daß die Gegenstände unserer prädikativen Aussagen ursprünglich unterschiedene, endliche Einzelne sind. Der von Hegel in der Natur des Endlichen gesetzte Widerspruch besteht, wie ich darlegen will, in der Unvereinbarkeit dieser beiden Überzeugungen, wenn die mit ihnen verbundenen Annahmen als gegeben zu betrachten sind.

Ich möchte dies direkt mit Hilfe eines Kommentars zu einzelnen Abschnitten des Kapitels »Das Dasein« aufzeigen; zuvor aber möchte ich den Weg dorthin durch eine Erörterung der Hegelschen Leibniz-Interpretation ebnen. Hegels Beziehung zu Leibniz ist von den Kommentatoren zwar wenig Aufmerksamkeit geschenkt worden; ich halte sie jedoch in der Tat für entscheidend. Hegel gibt zu verstehen, daß die *Wissenschaft der Logik* u. a. zeigen wird, daß »*ein* Begriff sogleich erstens *der* Begriff an ihm selbst [ist], und dieser ist nur *einer* und ist die substantielle Grundlage«.[3] Die Unterscheidung zwischen *einem* Begriff und *dem* Begriff ist, wie ich meine, zumindest teilweise als die zwischen einem begrenzten oder unvollständigen Begriff eines Gegenstandes und dessen wirklich vollständigem Begriff zu verstehen. Wenn dem so ist, dann läuft diese Hegelsche Bemerkung darauf hinaus, daß, treibt man die Begriffe von Gegenständen in echte Vollständigkeit, es schließlich nur *einen* Begriff geben wird, und somit für einen Idealisten wie Hegel auch nur *einen* Gegenstand. Die Unterscheidung von unvollständigen und vollständigen Begriffen ist eine offensichtliche Erinnerung an Leibniz, und deshalb glaube ich, daß Hegels Leibniz-Interpretation der angemessene Ansatzpunkt für eine Untersuchung seiner Vorstellung vom Widerspruch im Endlichen ist.

I

Hegel faßt seine Auslegung der Leibnizschen Philosophie in einem kurzen Abschnitt zusammen, der sich in der Abhandlung der »Lehre vom Begriff« in der *Enzyklopädie* findet. Diese Lokalisierung ist deshalb wichtig, weil aus ihr deutlich wird, daß Leibniz' Ansichten einen eindeutigen Fortschritt auf das hin darstellen, was Hegel selbst als adäquates Modell für das Wesen des begrifflichen Rahmens der Erkenntnis betrachtet. Dieser Fortschritt ist allerdings, wie wir sehen werden, nur ein partieller. Wir wollen diesen Abschnitt zunächst genauer betrachten und ihn dann mithilfe der weiteren Belege für Hegels Leibniz-Auslegung in seinen *Vorlesungen über die Geschichte der Philosophie* interpretieren.

Der Abschnitt in der *Enzyklopädie* lautet folgendermaßen:

> »Die Definition *»das Absolute ist das Objekt«* ist am bestimmtesten in der *Leibnizischen Monade* enthalten, welche ein Objekt, aber *an sich* vorstellend, und zwar die Totalität der Weltvorstellung sein soll; in ihrer einfachen Einheit ist aller Unterschied nur als ein ideeller, unselbständiger. Es kommt nichts von außen in die Monade, sie ist in sich der ganze Begriff, nur unterschieden durch dessen eigene größere oder geringere Entwicklung. Ebenso zerfällt diese einfache Totalität in die absolute Vielheit der Unterschiede so, daß sie selbständige Monaden sind. In der Monade der Monaden und der prästabilierten Harmonie ihrer inneren Entwicklungen sind diese Substanzen ebenso wieder zur Unselbständigkeit und Idealität reduziert. Die Leibnizische Philosophie ist so der vollständig entwickelte *Widerspruch.*«[4]

Die immense Bedeutung dieses Abschnittes ist offenkundig aufgrund von Hegels Feststellung, daß sich in der beschriebenen und Leibniz zugeschriebenen Auffassung der »vollständig entwikkelte« Widerspruch finde: hier erhalten wir zunächst eine klare Darlegung von zumindest einem der Hegelschen Begriffe vom Widerspruch, mit dessen Hilfe wir versuchen können, andere Auseinandersetzungen mit diesem Gegenstand bei ihm zu interpretieren.

Worin besteht nun der vollständig entwickelte Widerspruch? Es scheint immerhin klar, daß er in dem Konflikt zweier Annahmen über Monaden, also über ursprüngliche Substanzen oder Einzeldinge, besteht. Auf der einen Seite ist jede Monade ein Objekt mit derart extensiven Eigenschaften, daß sie eine vollständige (wenn auch nicht notwendig explizite) Weltvorstellung bereitstellen, wobei sie allein auf sein eigenes Wesen zurückzuführen sind. Mit Hegels Worten ist jede Monade die »Totalität der Weltvorstellung«, und »Es kommt nichts von außen in die Monade«; »sie ist in sich der ganze Begriff«. Auf der anderen Seite gibt es eine »absolute Vielheit der Unterschiede so, daß sie selbständige Monaden sind«; d. h. eine grundsätzliche Vielheit von Monaden, oder eine Anzahl von genuin selbständigen Substanzen, die auf jeden Fall größer ist als eins. In der gemeinschaftlichen Behauptung dieser drei Thesen bringt die Leibnizsche Philosophie den vollständig entwickelten Widerspruch zum Ausdruck. Der Widerspruch besteht zwischen der Leibnizschen Darstellung des Wesens eines Einzelnen, und damit hier implizit des vollständigen Begriffes eines solchen Einzelnen auf der einen Seite, und der Überzeugung auf der anderen, daß es tatsächlich mehr als ein solches Einzelnes geben könne.

Untersuchen wir diese Ansicht einmal näher mit Bezug auf die Leibniz-Diskussion in den *Vorlesungen über die Geschichte der Philosophie.* Der erste bemerkenswerte Punkt ist Hegels Einschätzung des Status der Leibnizschen Thesen. Er leitet die inhaltliche Diskussion von Leibniz' Philosophie mit der Bemerkung ein, diese erscheine

> »weniger als ein philosophisches System denn als eine Hypothese, nämlich als Gedanken über das Wesen der Welt, wie dasselbe zu bestimmen sei, nach den als gültig angenommenen metaphysischen Bestimmungen, Daten und Voraussetzungen der Vorstellung.«[5]

Mich interessiert hier nicht der erste, sondern der zweite Teil dieses Satzes, in dem Hegel behauptet, daß Leibniz' Philosophie auf der Annahme der Gültigkeit gewisser Erwartungen und Überzeugungen »der Vorstellung«, das heißt meiner Meinung nach: des gesunden Menschenverstandes, basiere. Das mag wie eine spektakuläre Behauptung seinerseits anmuten, wenn man bedenkt, wie weit Leibniz' seltsam-barocke Ontologie einer unendlichen Anzahl von verstandesähnlichen Entelechien, die sich jeweils nach ihren eigenen, aber untereinander wunderbar harmonischen inneren Imperativen entwickeln, vom gesunden Menschenverstand entfernt zu sein scheint; aber seine Absicht reicht tief. Er gibt zu verstehen, daß Leibniz zu dieser außerordentlichen Metaphysik einfach dadurch gelangt, daß er einige recht gewöhnliche Überzeugungen vom Wesen und der Anzahl von Substanzen an ihre Grenzen treibt. Daß nach Hegels Ansicht das Wesen der Leibnizschen Metaphysik bestimmt ist dadurch, daß sie einigen sehr gewöhnlichen, dem gesunden Menschenverstand zuzurechnenden Überzeugungen anhängt, bestätigt sich auch gegen Ende des Abschnittes über Leibniz in den *Vorlesungen über die Geschichte der Philosophie.* Dort behauptet Hegel, daß Leibniz' Philosophie »eine Metaphysik [sei], die von einer beschränkten Verstandesbestimmung ausgeht; dies ist die absolute Vielheit«, und daß sie »ein künstliches System [sei], das auf den Verstandeskategorien des Absolutseins der Vielheit, der abstrakten Einzelheit begründet ist.«[6] Diese Bemerkungen weisen nur zwei von den drei Thesen, deren Behauptung die Leibnizsche Philosophie den Widerspruch vollständig entwickeln läßt, ausdrücklich eine Quelle zu; für uns ist jedoch im Augenblick vor allem der so beigemessene Status von Wichtigkeit. Hegel eröffnet seine Erörterung der Leibnizschen Prinzipien mit der Behauptung, daß es sich bei diesen um »als gültig angenommene« Prinzipien »der Vorstellung« handele; er schließt sie mit der Behauptung, zumindest zwei von ihnen seien auf Verstandeskategorien gegründet. Es scheint vernünftig anzunehmen, daß Hegel die Prinzipien der gewöhnlichen Vorstellung, oder des gesunden Menschenverstandes, mit der Verstandeslogik identifiziert, und daraus den Schluß zu ziehen, daß der Widerspruch, den die Philosophie Leibniz' aus der gewöhnlichen Vorstellung entwickelt, der gleiche wie jener sei, der die Verstandeslogik kennzeichnet.

Hegel definiert den Verstand als das, was für die »abstrakte« Seite der drei »Momente jedes Logisch-Reellen«[7] verantwortlich sei. Als Verstand, so heißt es weiter, bleibt das Denken »bei der festen Bestimmtheit und der Unterschiedenheit derselben gegen andere stehen; ein solches beschränktes Abstraktes gilt ihm als für sich bestehend und seiend.«[8] Eine Dialektik, die Begriffe wie »Dasein«, »Etwas und ein Anderes«, und schließlich sogar »Endlichkeit« untersucht, sie als Kategorien betrachtet, mit deren Hilfe der Bezug auf eine Vielheit selbständiger Einzelner versucht wird, und dann nachweist, daß es einen Widerspruch zwischen den Voraussetzungen solchen Bezuges – oder, im Sinne Hegels inhaltlich bestimmt, in den Gegenständen des Bezuges selbst – gibt, kann somit als eine dialektische Entwicklung des Widerspruches in den Verstandesprinzipien angesehen werden. Da Hegel letzteres in der Philosophie Leibniz' zu finden beansprucht, wenn wir »Vorstellung« dort durch »Verstand« ersetzen, und da uns Hegel ersteres tatsächlich in der Dialektik des »Daseins« vorführt, die in die Behauptung mündet, daß ein Widerspruch im Endlichen enthalten sei, scheint es vernünftig, einmal anzunehmen, daß der Widerspruch, für dessen vollständige Entwicklung Hegel die Leibnizsche Philosophie gilt, der gleiche sei wie jener, der Gegenstand dieses entscheidenden Teiles der *Lehre vom Sein* ist. Wenn dies zutrifft, dann muß es sich auch lohnen, das Wesen des Leibniz zugeschriebenen Widerspruches näher zu untersuchen.

Zuerst einmal glaubt Hegel, wie wir gesehen haben, der Widerspruch bestehe in der gleichzeitigen Behauptung der beiden Thesen, daß jede Monade selbständig und eine vollständige Weltvorstellung sei, und daß es eine ursprüngliche Vielheit solcher Monaden gebe. Hegel erklärt die genaue Bedeutung der letzteren Behauptung, bei der es sich, wie gerade erwähnt, um eine »Verstandesbestimmung« handelt, nicht näher; sie ist jedoch unschwer festzustellen. Unter Voraussetzung der seit Descartes üblichen Definition von »Substanz« bedeutet diese Behauptung, daß das Universum aus mehr als einem (ja aus unendlich vielen) Gegenständen besteht, deren Existenz und jeweilige Bestimmtheit völlig unabhängig von allen anderen ist. Jede Monade existiert auf ihre Weise, unabhängig von der Existenz aller anderen, und jede Monade würde genau so weiterexistieren – vorbehaltlich des *deus ex machina* der prästabilierten Harmonie[9] –, selbst wenn eine oder alle anderen nicht existierten. Wie Hegel sagt:

> »Von ihnen ist jede ein gegen das Andere Gleichgültiges, Selbständiges; sonst wäre es keine Entelechie. Jede ist so für sich, daß alle ihre Bestimmungen und Modifikationen ganz in ihnen allein vorgehen und kein Bestimmtwerden von außen stattfindet.«[10]

Hegels Gebrauch der Termini »Bestimmungen« und »Modifikationen« (Beschaffenheiten) an dieser Stelle ist als wichtig festzuhalten, denn diesen Termini wird in dem Abschnitt »Bestimmung, Beschaffenheit und Grenze«[11] des Kapitels über das »Dasein« ausführliche Erörterung zuteil, in dem Abschnitt also, der mit der Behauptung endet, daß ein Widerspruch im Wesen des Endlichen gesetzt sei, und der der Hauptgegenstand der vorliegenden Interpretation ist.

Die These von der Vielheit der Substanzen scheint demnach aus zwei Teilen zu bestehen: zum einen der Überzeugung, daß es eine Anzahl von Substanzen gebe, und zum anderen der Überzeugung oder Definition, daß jede Substanz ihre Existenz aus sich selbst habe. Am deutlichsten macht Hegel den zweiten Teil der These: er setzt seine soeben zitierte Leibniz-Darstellung mit der Bemerkung fort, daß für Leibniz »jedes an ihm selbst ein Bestimmtes, sich von Anderem an ihm selbst Unterscheidendes sei.«[12] Letzteres, so fügt er hinzu, bedeute, daß der Unterschied zwischen Substanzen oder Einzeldingen nach dieser Auffassung nicht auf die Erkenntnisleistung irgendeines Beobachters, sondern allein auf das Wesen der Substanz zurückzuführen sei. Er sagt mit Hinblick auf zwei beliebige Dinge, die wir etwa als gleich oder ungleich ansehen:

> »Der Unterschied muß Unterschied an ihm selbst sein, nicht für unsere Vergleichung, sondern das Subjekt muß an ihm selbst diese eigene Bestimmung haben; die Bestimmung muß dem Individuum immanent sein.«[13]

Daß Hegel Leibniz den Glauben an eine »absolute Vielheit« beimißt, scheint mithin zwei Thesen in sich zu schließen, die tatsächlich als Leibnizsche erkenntlich sind. Als erstes schreibt er Leibniz die Ansicht zu, daß es eine Vielheit echter Individuen gebe. Diese Überzeugung ist für Leibniz so grundlegend, daß er es kaum für notwendig erachtet, sie explizit zu machen, obwohl er dies gelegentlich doch tut. Ein Beispiel ist § 66 der *Monadologie*, wo er behauptet, daß »es in dem geringsten Teil der Materie eine Welt von Geschöpfen, von Lebewesen, von Tieren, von Entelechien, von Seelen gibt.«[14] Offensichtlich ist diese Überzeugung auch grundlegend für die »gewöhnliche Vorstellung« oder den gesunden Menschenverstand, obwohl dieser kaum die Leibnizschen Monaden als Substanzen identifizieren, sondern stattdessen Objekte wie Tische und Personen vorziehen würde. Wir sollten jedoch festhalten, daß auch Leibniz selbst seine Ansichten über das Wesen von Einzeldingen nicht immer als Ansichten über Monaden formuliert: in der *Metaphysischen Abhandlung* etwa legt er sie anhand des Beispiels solch vertrauterer Entitäten wie des Vorvaters Adam und Alexanders des Großen dar. Es scheint auf jeden Fall klar, daß Leibniz und der gesunde Menschenverstand sich in die Überzeugung teilen, es gebe eine Vielheit von Substanzen.

Zum zweiten schreibt Hegel Leibniz in seiner Interpretation von dessen Glauben an die absolute Vielheit die These zu, daß jede Substanz gänzlich aus sich heraus ist, was sie ist, oder wie wir auch sagen können, daß das, was von irgendeiner Substanz gilt, aufgrund der Natur gerade dieser Substanz selbst gilt. Eine solche Zuschreibung erfolgt natürlich ganz zu Recht, da diese These dem oft als »Prinzip des im Subjekt enthaltenen Prädikats« bezeichneten Leibnizschen Prinzip äquivalent ist. Dieses Prinzip ist nicht identisch mit jenem, das als das der Analytizität bezeichnet werden kann – und das Leibniz ebenfalls vertritt –, nach welchem die *Begriffe* aller Eigenschaften eines Dinges im vollständigen *Begriff* dieses Dinges enthalten sind; es ist vielmehr die entsprechende These auf der ontologischen Ebene. Folgen wir G. H. R. Parkinson und verstehen unter »Subjekt« nicht die begriffliche oder sprachliche Einheit, durch die wir uns auf ein Ding beziehen, sondern dieses Ding selbst, und unter »Prädikat« nicht den Begriff oder Terminus für die Eigenschaft eines Dinges, sondern diese Eigenschaft selbst, dann können wir das »Prinzip des im Subjekt enthaltenen Prädikats« so verstehen, daß jede wahre Aussage über ein Ding wahr ist aufgrund eines Prädikates, oder einer Eigenschaft, die dem Subjekt, oder dem Ding, tatsächlich innewohnt.[15] Dieses Prinzip dient Leibniz zur Grundlage seiner Ablehnung »äußerlicher Benennungen«, wie zum Beispiel in seiner Schrift *Über die ersten Wahrheiten,* wo das ontologische Prinzip deutlich von der These der Analytizität oder der These über Substanzbegriffe unterschieden ist:

> »Es folgt weiterhin, daß es *keine rein äußerlichen Benennungen gibt,* die keinerlei Grundlage im benannten Ding selbst besitzen. Denn der Begriff des benannten Subjektes beinhaltet notwendig den Begriff des Prädikats. *Ebenso* [meine Hervorhebung] muß bei jeder Veränderung in der Benennung eines Dinges irgendein Wandel im Ding selbst vor sich gehen.«[16]

Die Behauptung, daß Änderungen in dem, was von einem Ding wahr ist, Änderungen in dem Ding selbst nach sich zögen, hängt offensichtlich von der These ab, daß das, was von einem Ding wahr ist, von den Eigenschaften dieses Dinges abhinge. Diese These findet auch in Leibniz' berühmter Theorie der »Spuren« Ausdruck:

> »Wenn man daher die Verknüpfung der Dinge recht betrachtet, so kann man sagen, daß in der Seele Alexanders jederzeit Nachwirkungen von allem, was ihm zugestoßen ist, und ebenso Anzeichen von dem, was er noch erleben wird, vorhanden sind, ja sogar Spuren von allem, was im

Universum vor sich geht, wenngleich es allein Gott zukommt, sie sämtlich zu erkennen.«[17]

Alle Wahrheiten über Alexander sind wahr aufgrund tatsächlicher Eigenschaften – Spuren –, die in Alexander selbst angelegt sind. Obwohl dieses spezielle Beispiel und das voraufgegangene Zitat aus Leibniz-Texten stammen, die zur Zeit Hegels noch nicht veröffentlicht waren, scheint Hegel den Inhalt des Prinzips vom im Subjekt enthaltenen Prädikat völlig richtig aus solchen stärker metaphorischen Redeweisen erraten zu haben, wie den Behauptungen der *Monadologie,* daß »die Monaden . . . keine Fenster [haben], durch die etwas hinein- oder heraustreten könnte«[18], und daß »die natürlichen Veränderungen der Monaden aus einem *inneren Prinzip* erfolgen«.[19]

Die »gewöhnliche Vorstellung« von der Vielheit der Dinge, die Leibniz übernommen haben soll, scheint somit zwei trennbare Bestandteile zu haben; und der zweite von beiden, daß, was von einem Ding wahr ist, dies aufgrund dessen eigener Natur sei, – eine Überzeugung, die der Annahme gleichkommt, daß Dinge tatsächlich Substanzen sind, – scheint geradesosehr eine Annahme des gesunden Menschenverstandes wie der erste, die Überzeugung nämlich, daß es eine Vielheit von Dingen gebe. Auch Philosophen vor Hegel neigten dazu, jene Vorstellung in Frage zu stellen, und zwar mit Mitteln, die von der Unterscheidung zwischen primären und sekundären Eigenschaften und Betrachtungen über die Relativität der Wahrnehmung bis zu Berkeleys Angriff auf den Begriff der »materiellen Substanz« selbst reichten, und das so häufig wahrzunehmende Bedürfnis nach dergleichen Erörterungen mag zum Beweis der Natürlichkeit des Prinzips vom im Subjekt enthaltenen Prädikat bereits völlig hinreichen. Bis hierher erscheint Hegels Beurteilung, daß die Prinzipien der Leibnizschen Philosophie auf den engen Bestimmungen des Verstandes oder auf dem gesunden Menschenverstand beruhen, jedenfalls nicht als unzutreffend.

Bislang ist jedoch noch nicht aufgezeigt worden, worin Leibniz' vollständige Entwicklung des Widerspruches nun tatsächlich besteht. Es besteht nämlich kein offensichtlicher Widerspruch zwischen dem Glauben an eine Vielheit voneinander unabhängiger Dinge und dem Prinzip des im Subjekt enthaltenen Prädikats. Dennoch ergibt sich der Widerspruch schnell; denn diese beiden Prinzipien sind vereinbar nur in Abwesenheit der typisch Leibnizschen Bestimmungen des Umfanges der Eigenschaften, die diesen vielfältigen Einzeldingen tatsächlich zukommen. Leibniz' Meinung hierzu ist im vorletzten Teil des Satzes über Alexanders Seele angedeutet, wo bemerkt wurde, daß sie »Spuren von allem, was im Universum vor sich geht«, enthalte. Hier wird nur auf eine andere Weise die Ansicht ausgedrückt, daß jede Substanz das ganze Universum repräsentiere, oder wie Hegel sagt: »Aus *einem* Sandkörnchen könnte das ganze Universum in seiner ganzen Entwicklung begriffen werden, wenn wir das Sandkörnchen ganz erkennten.« Das Sandkorn, ein gedankenloses Materieteilchen, muß natürlich durch eine denkende Substanz ersetzt werden, um diese Behauptung auch nur im geringsten plausibel erscheinen zu lassen; Hegel bemerkt dies, und erklärt: »So hat oder ist also jede Monade die Vorstellung des ganzen Universums«.[20]

Hier ist nicht der Ort, um auf den Ursprung dieser Leibnizschen Ansicht ausführlich einzugehen, aber ein kurzer Abriß dessen ist für meine Zwecke doch vonnöten. Die in § 8 der *Metaphysischen Abhandlung* gegebene Darstellung eignet sich dafür recht gut. Leibniz setzt dort ein mit der Behauptung seines Prinzips der Analytizität, nach dem »derjenige, der vollkommene Einsicht in den Begriff des Subjekts besäße, sogleich das Urteil fällen müßte, daß das betreffende Prädikat ihm zugehört.«[21] (Oder wie er in *Über die ersten Wahrheiten* sagt: »Jede Wahrheit, die keine absolut erste ist, kann aus einer absolut ersten bewiesen werden.«[22]) Da dies für jeden »universellen bejahenden wahren Satz«[23] gilt, gelangen wir alsbald zur Idee des *vollständigen Begriffes* eines Subjektes:

> »Unter der Natur einer individuellen Substanz oder eines in sich vollständigen Seins wird daher ein Begriff zu verstehen sein, der so vollendet ist, daß alle Prädikate des Subjekts, dem er beigelegt wird, aus ihm hinlänglich begriffen und deduktiv abgeleitet werden können.«[24]

Aber da wir – und dies ist die allerdings nicht ausformulierte Schlüsselannahme – eine »bejahende Wahrheit« mit der Beschreibung der Beziehung zweier beliebiger Substanzen des Universums aussagen können, muß der vollständige Begriff jeder Substanz deren Beziehungen zu jeder anderen Substanz des Universums beinhalten. Da nun irgendein besonderer Begriff im allgemeinen Begriff einer Substanz nur enthalten sein kann, wenn es tatsächlich der Begriff einer Eigenschaft dieser Substanz ist, verlangt diese Schlüsselannahme, daß die Beziehungen jeder Substanz zu allen anderen im Universum unter ihre Eigenschaften zu rechnen seien. Dies ist das unausweichliche Resultat gleichzeitiger Behauptung des Prinzips der Analytizität und des Prinzips des im Subjekt enthaltenen Prädikates bei Annahme eines Universums vielfältiger Gegenstände, deren Eigenschaften untereinander in Beziehung stehen, und führt zu dem Schlusse Leibniz', daß »jede Substanz [das] gesamte Universum . . . nach ihrer Weise und Eigentümlichkeit ausdrückt«.

Was Hegel als den Widerspruch betrachtet, dessen »vollständige Entwicklung« die Leibnizsche Philosophie sei, läßt sich nun leicht darlegen. Es ist ganz einfach der Widerspruch, der zwischen der Überzeugung, daß es eine Anzahl wirklich selbständiger Substanzen gibt, von deren eigener Natur allein die Wahrheiten über sie abhängen, und derjenigen besteht, daß jede Substanz mit jeder anderen in Beziehung steht, so daß, was wahr über sie sei, nicht allein von ihr, sondern auch von jeder anderen Substanz des Universums abhängt. Das läßt sich auch ausdrücken als Widerspruch innerhalb der »Natur« eines einzelnen Dinges: diese seine Natur soll es auf der einen Seite ganz für sich allein haben, andererseits hat es sie wiederum nicht allein, sondern in Abhängigkeit von anderen Dingen. Nach Hegels Ansicht versucht Leibniz, diesem Widerspruch mithilfe der prästabilierten Harmonie zu entkommen – wie er es ausdrückt:

> »Jede Monade ist in sich geschlossen, wirkt nicht auf den Körper [als Beispiel einer selbständigen Substanz]; jedes ist unendliche Menge von Atomen, und doch ist ein Entsprechen der Atome . . . diese Harmonie legt Leibniz in Gott.«[25]

Es ist deutlich, daß Hegel diese Lösung als unangemessen betrachtet. Gerade auf die Inadäquatheit dieser Lösung bezieht er sich, wenn er Leibniz' Philosophie ein »künstliches« System nennt, das auf dem »Absolutsein der Vielheit, der abstrakten Einzelheit«[26] gegründet ist. Für ihn hat Leibniz tapfer, aber vergebens versucht, die »Intellektualität« des »Vorstellens« – ein Gedanke, der seiner Meinung nach die zu seiner eigenen Lehre vom Begriff hinführende Idee der Vollständigkeit von Begriffen vorwegnimmt – zu versöhnen mit »unendliche[r] Vielheit. Diese ist absolut, die Monade ist selbständig«[27] – zwei Überzeugungen, die trotz Leibniz' Versuch, sie mittels der Theorie der prästabilierten Harmonie zusammenzuhalten, »auseinanderfallen«. In seiner einfachsten Form ist der Widerspruch, den Leibniz' Philosophie zum Ausdruck bringt, jener zwischen dem Anspruch auf Vollständigkeit von Begriffen individueller Substanzen, sowie dem damit verbundenen ontologischen Prinzip, daß jede wahre Prädikation eine Eigenschaft enthülle, die einer Substanz zukommt, und der Überzeugung, daß individuelle Substanzen eine Vielheit bilden, oder wirklich voneinander unabhängig sind.

Dies ist der Widerspruch, den Hegel, wie ich meine, eigentlich ausnutzt, wenn er in der *Lehre vom Sein* zu der Behauptung gelangt, daß im Wesen des Endlichen ein Widerspruch »gesetzt« sei. Ich wende mich nun den Erörterungen zu, die zu dieser Behauptung hinführen, und beschließe den vorliegenden Abschnitt mit der Anmerkung, daß Hegels Einschätzung dessen, was bei Leibniz »wichtig« sei, uns erwarten läßt, daß die endgültige Auflösung dieses Widerspruches in der *Logik* im Ausschluß des Glaubens an die ursprüngliche Vielheit selbständiger individueller Substanzen aus der Dreiheit der widersprüchlichen Thesen – oder, nach Hegels materialer Vorgehensweise, in deren Überwindung – bestehen wird. Die Leibnizsche These von der Vollständigkeit der Begriffe und das ihr korrespondierende ontologische Prinzip sind andererseits Setzungen, auf denen Hegels eigene Position deutlich basiert.

II

Wir können Hegel also so verstehen, daß er Leibniz drei Sätze zuschreibt, die er für miteinander unvereinbar und nur von der Theorie der prästabilierten Harmonie zusammengehalten hält: (1) die Überzeugung, daß es eine Vielheit ursprünglich selbständiger Substanzen oder Einzeldinge gibt; (2) das Prinzip, daß jeder wahre Satz über eine Substanz, einschließlich jedes relationalen, von ihr einen Teil ihres vollständigen Begriffes aussagt; und (3) das Prinzip, daß jeder Bestandteil des vollständigen Begriffes einer Substanz zu diesem Begriff aufgrund einer Eigenschaft gehört, die gerade *diese* Substanz besitzt. Die Lösung dieser Unvereinbarkeit, auf die Hegels *Logik* meiner Meinung nach hinweist, ist die Ablehnung von (1), dem Glauben an die ursprüngliche Vielheit individueller Substanzen. Wenn dem so ist, dann können wir wohl die Dialektik des Abschnitts »Die Endlichkeit« in dem Kapitel »Das Dasein« als Versuch interpretieren, einen Widerspruch im Begriff endlicher Einzeldinge – oder, um es formal zu fassen, die Unhaltbarkeit von (1) – mithilfe der Annahme und Anwendung von (2) und (3) aufzuweisen. Hegels Charakterisierung des »Endlichen« als »Etwas mit seiner immanenten Grenze gesetzt als der Widerspruch seiner selbst, durch den es über sich hinausgewiesen und getrieben wird«,[28] und die schließliche Zurückweisung oder Überwindung dieses Begriffes, die der Begriff des Absoluten mit sich bringt, muß demnach als Hegels Lösung des in der Leibnizschen Philosophie entwickelten Widerspruches, oder als Übernahme von Leibniz' Logik der Begriffe und seiner Theorie der Wahrheit unter Ablehnung seiner Ontologie individueller und endlicher Substanzen angesehen werden. Wie ich zeigen möchte, ist es auf jeden Fall klar, daß die in den auf die Erörterung von Endlichkeit hinführenden Abschnitten vorliegende Argumentation überhaupt nur verständlich wird, wenn wir annehmen, daß Hegel tatsächlich die Prinzipien (2) und (3) anwendet, und daß sie am besten als *reductio* der Überzeugung (1) mit deren Hilfe anzusehen ist.

Bevor ich diese Interpretation anhand des Textes über »Endlichkeit« belege, ist es vielleicht von Interesse, auf eine Vorwegnahme hinzuweisen, die Hegel in den voraufgehenden Abschnitt über »Dasein als solches« einfügt. Er kommentiert hier Spinozas Diktum *»omnis determinatio est negatio«* und behauptet, daß

> »die Substantialität der Individuen nicht gegen jenen Satz bestehen [kann]. Das Individuum ist Beziehung auf sich dadurch, daß es allem anderen Grenzen setzt; aber diese Grenzen sind damit auch Grenzen seiner selbst, Beziehungen auf anderes, es hat sein Dasein nicht in ihm selbst. . . . daß das Endliche als solches an und für sich sei, dagegen macht sich die Bestimmtheit wesentlich als Negation geltend und reißt es in dieselbe negative Bewegung des Verstandes, welche alles in der abstrakten Einheit, der Substanz, verschwinden läßt.«[29]

Diese Bemerkung über die Implikationen des Spinozaischen Diktums stellt das Programm für die dialektische Kritik auf, die im folgenden Abschnitt in Leibnizschen Termini durchgeführt wird. Es ist Hegels Strategie, zuerst einmal die Termini »Etwas« und »Anderes«, die er als paradigmatisch für Termini individuierender Bezugnahme anzusehen scheint, und sodann Kategorien der Beschreibung wie die Begriffe »Bestimmung« und »Beschaffenheit«, auf deren Gebrauch wir wohl individuierende Bezugnahme zu begründen erwarten, herzunehmen und dialektisch auf den Widerspruch hin zu argumentieren, der in den ontologischen Voraussetzungen solcher Bezugnahme lauert. Es bedarf dieser Argumentation seiner Meinung nach deshalb, weil sowohl bei referentiellen Termini, für die er als vielleicht abartige Beispiele »Etwas« und »Anderes« wählt, als auch bei vielen deskriptiven Termini die ihnen eigene relationale Natur nicht von vornherein offensichtlich ist; »ihr Sinn erscheint als vollendet auch ohne ihr Anderes.« Dem ist, wie er anmerkt, nicht so für Paare offensichtlich relationaler deskriptiver Termini wie »das Positive« und »das Negative« oder »Ursache« und »Wirkung«, die, »sosehr sie auch als isoliert seiend genommen werden, . . . zugleich keinen Sinn ohne einander [haben].«[30] In diesen Termini und in den Gegenständen, auf die durch sie in konkreten Zusammenhängen bezuggenommen wird, ist ihre wechselseitige Beziehung »vorhanden«. Während Hegel solche Termini später, in der *Lehre vom Wesen*, genauer erörtern wird, bedürfen sie in diesem Zusammenhang noch keiner dialektischen Abhandlung. Im Fall von »Etwas« und »Anderes« – oder im Falle des Glaubens an die ursprüngliche Unabhängigkeit individueller Substanzen, den unser Gebrauch dieser vorgeblichen referentiellen Termini widerspiegeln soll – ist die vollständige Interdependenz der Gegenstände der Bezugnahme, oder ihre »Identität« gegenüber ihrer Vielheit, jedoch nicht selbstverständlich. Ebensowenig ist im Falle von Beschreibungen, die nicht wie »positiv« und »negativ« offensichtlich interdependent sind, die Interdependenz der Gegenstände der Beschreibung selbstverständlich. Somit läßt sich die Dialektik, die zur Setzung von Widerspruch im Begriff des Endlichen oder der einzelnen Substanz führt, als Argument zum Beweis dieser Tatsache ansehen. Mit anderen Worten: Hegel versucht durch eine *reductio* der Leibnizschen Überzeugung (1) auf der Grundlage der Leibnizschen Prinzipien (2) und (3) zu zeigen, daß die vorgeblich getrennten endlichen Individuen, auf die man mit »Etwas« und »ein Anderes« bezugnimmt und die man mit solchen Kategorien wie »Bestimmung« und »Beschaffenheit« beschreiben könnte, in Wirklichkeit in enger wechselseitiger Beziehung zueinander stehen und durchaus nicht wirklich vielfältig und unabhängig sind.

Selbst eine so schematische Darstellung der Hegelschen Argumentation, wie ich sie gegeben habe, läßt bereits zwei ernsthafte Schwierigkeiten für diesen Angriff auf die Vielheit der Substanz deutlich werden. Zuerst einmal impliziert sie, daß Hegel Prinzipien, die ihre wie immer bemessene Plausibilität allein in der Anwendung auf generelle Termini oder auf deskriptive Prädikate besitzen, im Grunde auf singuläre referentielle Termini anwendet. Zum andern legt sie nahe, daß Hegels Schlußfolgerung den uneingeschränkten Schluß von den Eigenschaften von Begriffen auf die Eigenschaften der Gegenstände, die wir unter diese Begriffe subsumieren, beinhaltet und dabei die anzusetzende Intensionalität von Aussagen über erstere außeracht läßt. Beide Tendenzen bereiten Hegel in dem Kapitel »Das Dasein« und anderswo in der *Wissenschaft der Logik* meiner Meinung nach tatsächlich ernste Schwierigkeiten. Da mein primäres Anliegen in diesem Aufsatz jedoch eher die Interpretation als die Kritik von Hegels Theorie des Widerspruchs ist, werde ich mich im folgenden diesen Problemen nur noch gelegentlich zuwenden. Zum Zwecke der Darlegung präsentiere ich Hegels Beweisführung so, als ob sie tatsächlich bestehen könnte.

Wenden wir uns nun den Abschnitten von »Die Endlichkeit« zu, in denen Hegels Anwendung Leibnizscher Prinzipien zum Beweise des Widerspruchs im Begriff des Endlichen wirklich statthat. Der erste Teilabschnitt von »Die Endlichkeit« ist der über »Etwas und ein Anderes«, der sich wiederum aufteilt in Erörterungen von (1) Etwas und Anderes, (2) Ansichsein und Sein-für-Anderes und (3) eine nähere Erörterung des Ausdrucks »Ansich« als Übergang zum Begriff der »Bestimmung«, mit dem der nächste Teilabschnitt von »Die Endlichkeit« anfängt.

Teil (1) von »Etwas und ein Anderes« beinhaltet dreierlei. Als erstes bemerkt Hegel: »Etwas und ein Anderes sind beide . . . Daseiende oder Etwas«[31], wodurch er uns offensichtlich mitteilt, daß es sich dabei um Termini handelt, die wir typischerweise gebrauchen, um auf Daseiendes oder endliche Einzeldinge der gewöhnlichen Erfahrung – auf Bücher, Tische oder ähnliches – Bezug zu nehmen. Mit anderen Worten kommt hier die Annahme zum Ausdruck, von der die Dialektik ausgeht: daß es eine Vielheit selbständiger Gegenstände gebe, auf die wir bezugnehmen können. Hegels zweiter Punkt ist ein grammatikalischer, den wir als Ansatz der dialektischen Aufgabe auf relativ oberflächlicher Ebene betrachten können: er bemerkt, daß die Termini »Etwas« und »Anderes« im referentiellen Gebrauch austauschbar sind. »Es ist gleichgültig,« sagt er, »welches zuerst und bloß darum *Etwas* genannt wird«. Zwei Dinge »Etwas« und »Anderes« zu »nennen«, unterscheidet sich nicht davon, sie beliebig mit bedeutungslosen Zeichen, zum Beispiel »A« und »B«, zu bezeichnen.

Der »A« genannte Gegenstand hätte genausogut »B« genannt werden können, und der »Etwas« genannte geradesogut das »Andere«. Aber aus dieser Tatsache läßt sich, außer dem Nachweis einer gewissen Austauschbarkeit der Termini, nichts besonders Interessantes ablesen; wie Hegel selbst feststellt, beruht sie hauptsächlich darauf, daß diese Termini an sich bedeutungslos sind, da ihr Bezug von einem »äußerlichen Monstrieren« abhängt, oder wie wir heute sagen würden, irgendeinen kontextuellen Indikator benötigt. Hierdurch wird eine gewisse »Dieselbigkeit« belegt, eine jedoch, die »nur in die äußere Reflexion, in die *Vergleichung* beider« fällt.[32] Bis hierher hat Hegel noch nichts eigentlich Widersprüchliches in den Annahmen aufgezeigt, von denen der Gebrauch von »Etwas« und »Anderes« abhängt, wenn er auch gezeigt hat, daß die Termini selbst unvollständige Mittel der Bezugnahme sind.

Mit Hegels drittem Punkt beginnt die Dialektik jedoch, tiefer zu greifen, wenn er über die rein sprachliche Ebene hinaus fortschreitet zur Anwendung der Leibnizschen Prinzipien auf den Begriff des »Anderen« selbst. So ist, wie er darlegt, »das *Andere* zu nehmen als isoliert, in Beziehung auf sich selbst; *abstrakt* als das Andere«, wie Plato (nach Hegel) es mit seinem Begriff *to heteron* auffaßte, mittels dessen er dem Anderen »eine eigene *Natur*« zuschrieb. Allein als solches, so Hegel, ist das Andere »nicht das Andere von Etwas, sondern das Andere an ihm selbst, d. i. das Andere seiner selbst.« Und darin – indem es das Andere für sich wird – wird das endliche Objekt, auf das man sich als auf »das Andere« bezieht, allererst widersprüchlich. Es wird das »sich Negierende, das sich *Verändernde*«, das dabei dennoch »identisch mit sich« bleibt.[33] Zumindest behauptet Hegel also, daß ein vorgeblich eigenständiges Ding den Bezug auf andere Dinge in sich berge; stärker ausgedrückt scheint er zu behaupten, daß ein solches Ding wohl es selbst, aber dabei noch etwas anderes als es selbst sei; während es seine eigene Identität behält, wird es doch identisch mit dem, was man von ihm als sein »Anderes«

zu unterscheiden versucht hatte. In beiden Fällen scheint das Prinzip (1), als Voraussetzung individuierender Bezugnahme, gefährdet.

Wie dunkel diese Behauptungen also auch sein mögen, so stellen sie doch einen deutlichen Angriff auf die gewöhnliche und Leibnizsche Annahme dar, daß die Arten von Gegenständen, auf die wir mit Termini wie »Etwas« und »Anderes« bezugnehmen, ursprünglich unabhängig seien. Aber wie gelangt Hegel zu dieser Ansicht – warum ist das »Andere« auch noch isoliert als »Anderes« zu verstehen? Warum ist das Anderssein Teil der *Natur* von etwas, das ursprünglich das »Andere« in einer Situation rein äußerlichen Vergleichens, einer erst von einem Beobachter hergestellten Beziehung genannt wurde? Die Antwort auf diese Frage kann nur in Hegels Anwendung der Leibnizschen Prinzipien (2) und (3) auf einen besonders heiklen referentiellen Terminus, den er als relationales Prädikat behandelt, zu finden sein. Vorannahme der Argumentation ist das zum vorherigen Punkt Ausgesagte, nämlich das jedes beliebige vermeintlich unabhängige Einzelding »Anderes« genannt werden kann – denn jedes der beiden Teile eines Paares von »Etwas« und einem »Anderen« kann das »Andere« genannt werden, und es ist anzunehmen, daß je zwei beliebige Objekte ein solches Paar werden können. Hegel meint, dies bedeute, daß der Terminus »Anderes« wahrheitsgemäß von jedem Objekt prädiziert werden könne. Wenn dem so ist, dann ist nach Prinzip (2) Andersheit Teil des vollständigen Begriffes eines jeden Objektes und nach Prinzip (3) eine Eigenschaft, die jedem Objekt tatsächlich zukommt. Für ein ursprünglich unabhängiges Objekt bedeutet nun aber, eine Eigenschaft zu haben, diese Eigenschaft unabhängig von Existenz oder Natur irgendeines anderen Objektes zu besitzen. Wenn ein Ding »Anderes« sein kann, muß ihm Andersheit also ganz von ihm aus zukommen. Aber da »Anderes« sein auch heißt, eine Beziehung zu etwas haben, folgt paradoxerweise, daß ein Ding, das »Anderes« und dazu »Anderes« an ihm selbst ist, – wie es das unter der Annahme von (2) und (3) und bei Behandlung des Terminus »Anderes« als eines typischen Prädikates sein muß, – sein eigenes Anderes oder Anderes zu sich selbst sein muß. Somit wäre ein solches Ding sowohl identisch als auch nicht identisch mit sich selbst; mit anderen Worten, unsere Erwartungen über die Identität vermeintlich unabhängiger Objekte beginnen einzustürzen.

Man könnte hier einwenden, Hegel habe ein Paradox dadurch erzeugt, daß er die Leibnizschen Prinzipien, die für monadische Prädikate immerhin plausibel waren, auf einen Terminus anwendet, der, wenn überhaupt ein Prädikat, offensichtlich dyadisch und damit relational ist. Aber Leibniz meinte selbst, das ursprünglich relationale Prädikate nicht Endresultat der Analyse sein könnten und durch monadische Prädikate für jedes der Relata ersetzt werden müßten. Wie er es ausdrückte:

> »Man kann nicht sagen, daß alle beide, L und M zusammengenommen, das Subjekt für ein solches Accidens bilden, denn wir hätten dann *ein* Accidens in zwei Subjekten, das also gleichsam mit einem Fuße im einen, mit dem anderen im andern Subjekt stände, was mit dem Begriff des Accidens unvereinbar ist.«[34]

Soweit scheint es, als ob Hegels dialektische Anwendung dieser Prinzipien zumindest als *argumentum ad hominem* gerechtfertigt ist. Das Vorliegen einer Unvereinbarkeit unter mehreren zusammenhängenden Sätzen entscheidet selbstverständlich noch keineswegs darüber, welcher der Sätze zurückzuweisen sei, und man könnte vielleicht so argumentieren, daß es vernünftiger sei, die Leibnizsche Behandlung von Prädikatbegriffen und deren substantielle Grundlage entweder ganz oder teilweise zurückzuweisen als den Leibnizschen Glauben an eine Vielheit von Substanzen. Es scheint jedoch klar, daß Hegels dialektisches Fortschreiten zum »Begriff« auf der Übernahme des Leibnizschen Desiderats des vollständigen Begriffes einer Substanz basiert, und er sich somit offensichtlich auf die eine oder andere Art für die Ablehnung des Glaubens an die Existenz einer Vielheit endlicher Einzeldinge entscheiden wird. Die Unterminierung unserer Erwartung getrennter Identitäten der beiden Dinge, auf die man als »Etwas« und »Anderes« bezugnimmt, bildet den Einleitungszug in dieser Strategie.

Erkennt man auch die Anwendung der Leibnizschen Prinzipien (2) und (3) auf relationale Prädikate als legitim an, so sagt das jedoch noch nichts über die Legitimität der Hegelschen Wahl von »Anderes« als Prädikat für seine Argumentation. Man könnte immer noch Einwände gegen die Verfahrensweisen haben, mittels derer er die durch die unterschiedlichen Identitäten einzelner Objekte errichteten Grenzen einzureißen versucht. Indem er »Anderes« als Prädikat behandelt, versucht Hegel anhand der

Prinzipien (2) und (3) zu etablieren, daß alles, was Anderes ist, das Andere seiner selbst sein muß. Er argumentiert demzufolge, daß dieses »das in sich schlechthin Ungleiche« und »das sich *Verändernde*« sei. Aber, so fährt er fort:

> »ebenso bleibt es identisch mit sich, denn dasjenige, in welches es sich veränderte, ist das *Andere*, das sonst weiter keine Bestimmung hat; aber das sich Verändernde ist auf keine verschiedene Weise, sondern auf dieselbe, ein Anderes zu sein, bestimmt; es *geht* daher in demselben *nur mit sich zusammen.*«[35]

Es mag hier so scheinen, als ob Hegel trotz seines Hinweises, daß Termini wie »Etwas« und »Anderes« als Mittel der Bezugnahme betrachtet unvollständig seien, »Anderes« dennoch wie ein voll zuureichendes Mittel der Bezugnahme, ähnlich einer vollständigen Beschreibung, behandele und somit annehme, daß, wenn zwei offensichtlich verschiedene Dinge zutreffend als »Anderes« bezeichnet werden, es in Wirklichkeit nur ein Objekt der Bezugnahme gibt.

Dieser Schluß folgt natürlich nur, wenn ein und derselbe singuläre referentielle Terminus mit zwei grammatisch verschiedenen Subjekten verbunden wird. Es mag so, unter der Voraussetzung der üblichen Annahmen über Autorenschaft, aus der Wahrheit von sowohl »Sir Walter Scott war der Autor von *Waverley*« als auch von »Ein am 15. August 1771 geborener Schotte war der Autor von *Waverley*« immerhin folgen, daß Sir Walter Scott der 1771 geborene Schotte war; aber es folgte kaum aus der gemeinsamen Wahrheit von »der Stift auf meinem Tisch ist rot« und »die Feder auf meinem Tisch ist rot«, daß mein Stift und meine Feder derselbe Gegenstand sind. In dieser, aber auch nur in dieser Hinsicht scheint »Anderes« so etwas wie ein Prädikat zu sein, und jeder Schluß auf die Identität zweier »Anderes« genannter Objekte scheint verwehrt zu sein. Ein Indikator wie »Anderes« ist dabei jedoch trotz allem kein Prädikat, und jeder Angriff auf die Identität von Individuen durch einen Schluß vom »Prädikat« auf die Eigenschaft »Andersheit« wäre wohl ebenfalls versagt. Ein Terminus wie »Anderes« ist weder ein gewöhnlicher singulärer referentieller Terminus, noch ein gewöhnliches deskriptives Prädikat, und es ist vorhersehbar, daß es nur zu Verwirrungen führen wird, ihn wie eins von beiden zu behandeln. Ich deutete bereits an, daß dies zweifellos eine ernste Schwierigkeit für

Hegels Argumentation ist. Mit »Anderes« hat Hegel einen Terminus gewählt, der weder ein Name noch ein Prädikat und damit Anwärter auf Einbeziehung in einen Leibnizschen vollständigen Begriff ist, und sein Unterfangen nachzuweisen, daß die Prädikation ihrem wahren Wesen nach mit dem Glauben an die ursprünglich eigenständige Identität individueller Substanzen unvereinbar ist, erweist sich als gezwungen und ungültig.

Im Laufe des Fortschreitens von den Termini »Etwas« und »Anderes« zu anderen Kategorien, die enger mit den Tätigkeiten von Definition und Deskription verbunden sind, gewinnt Hegels dialektischer Aufweis der Implikationen der sowohl vom gesunden Menschenverstand als auch von Leibniz vertretenen Logik individueller Substanzen an Interesse. Im zweiten Teil des Abschnittes über »Etwas und ein Anderes« wendet Hegel sich von der Betrachtung der Termini »Etwas« und »Anderes«, die er sowohl als Prädikate als auch als Mittel der Bezugnahme auf Objekte behandelt hat, der der Begriffe »Sein-für-Anderes« und »Ansichsein« zu. Diese Termini »fallen« nicht »auseinander« oder bringen uns dazu, an verschiedene Gegenstände zu denken, sondern sind »als *Momente* eines und desselben gesetzt, als Bestimmungen, welche Beziehungen sind und in ihrer Einheit, in der Einheit des Daseins bleiben.«[36] Als »Bestimmungen« oder »Momente« sind diese Termini dazu bestimmt, die zweifache Natur einer Qualität oder Eigenschaft einer individuellen Substanz aufzuweisen. Hegels Argumentation läßt sich so verstehen, daß eine Qualität, oder die Prädikation einer Qualität, ein Objekt als von anderen verschieden ausweist; daß durch sie die Einzigartigkeit des Objektes gegenüber allen anderen behauptet, seine »Beziehung auf sich« oder seine »Gleichheit mit sich« gekennzeichnet wird. Mit ihr wird gesetzt, daß das Wesen eines Objektes auf ihm selbst beruhe – somit sein »Ansichsein«. Gleichzeitig aber ist jede Qualität eine »Negation«, sie beschließt »Nichtsein« in sich und hat »das Nichtsein auch selbst an [sich]« – somit ist eine Qualität ein »Sein-für-Anderes« wie auch ein »Ansichsein«.[37]

Was heißt das genau? Es scheint, daß Hegel hier fortfährt, die Leibnizschen Prinzipien auszuschlachten, daß jede wahre Behauptung über einen Gegenstand auch eine Prädikation über ebendiesen Gegenstand sei, und daß jede Prädikation auf einer Eigenschaft ebendieses Gegenstandes beruhe. Anscheinend meint er nun aber nicht nur, daß ein Gegenstand sich von anderen auf Grund einer Eigenschaft, die er besitzt, unterscheide, sondern auch, daß dieser Unterschied selbst eine Eigenschaft sei – oder anders ausgedrückt, daß jede gegebene Qualität eines Objektes sowohl eine Eigenschaft desselben als auch ein Unterschied zu anderen sei. Man kann sagen, daß für Hegel ein Ding nicht nur zufällig aufgrund dessen, was es wesentlich ist, von andern unterschieden ist, sondern daß sein eigenes Wesen und sein Unterschied zu anderen Dingen gleich grundlegende Aspekte seiner selbst sind. Somit verweist das Ansichsein eines Objektes auf sein Sein-für-Anderes, und sein Sein-für-Anderes auf sein Ansichsein; Ansichsein, oder die Eigenschaften eines Dinges in nichtrelationaler Beschreibung, d.h. beschrieben ohne Bezug auf irgendetwas anderes, ist »zugleich *Beziehung* auf sein Nichtdasein, Sein-für-Anderes.«[38] Ein Ding ist nicht nur aufgrund einiger Eigenschaften, die es besitzt, der Zahl nach vom anderen verschieden, sondern ist dies grundsätzlich, oder anders gesagt, der Unterschied vom anderen ist eine seiner Eigenschaften. Wenn dem nun aber so ist, dann sind die Dinge nicht so verschieden voneinander, wie wir vielleicht dachten, denn sie können sich nur dadurch voneinander unterscheiden, daß sie notwendig miteinander verbunden sind. Die ursprüngliche Annahme der Unabhängigkeit, daß nämlich jedes Ding seine Existenz unabhängig von der Natur oder Existenz anderer habe, erscheint nicht mehr als sinnvoll, und somit steht die Überzeugung (1) von der Vielfalt selbständiger Dinge erneut in Frage.

Hegels Argumentation hängt hier offensichtlich daran, daß er die Verschiedenheit eines Objektes (A) von einem anderen (B) eine *Eigenschaft* von (A) sein läßt, ja eine dem Status nach allen anderen Eigenschaften von (A) gleichkommende Eigenschaft (wobei natürlich diese Verschiedenheit auch eine von (B)s Eigenschaften ist). Dieser Zug ist offensichtlich nur dann durch die Prinzipien (2) und (3) abgedeckt, wenn man voraussetzt, daß »verschieden von . . .« wie andere deskriptive Prädikate behandelt werden darf. Dieser Zug und die Zurückweisung von (1), auf die er hinausläuft, ließen sich dadurch umgehen, daß man die Menge der Prädikate, auf die die Leibnizschen Prinzipien Anwendung finden sollen, begrenzt; etwa so, daß man zwischen grundlegenden deskriptiven Prädikaten und den von diesen abhängigen Vergleichsausdrücken unterscheidet. Hegel scheint jedoch der Ansicht zu sein, daß weder der gesunde Menschenverstand noch Leibniz in dieser Weise zwischen Prädikaten zu unterscheiden vermögen. Auch scheint er selbst, wie wir sogleich sehen werden, an einer solchen Differenzierung nicht interessiert zu sein; wiederum scheint die Dialektik eher auf die Zurückweisung von (1), oder auf die Setzung eines Widerspruchs im Endlichen, hinauszulaufen, denn auf eine Unterscheidung verschiedener Prädikatsorten.

Hegel beschließt den Abschnitt über »Etwas und ein Anderes« mit einer Erörterung dessen, was etwas »an sich« habe, die, soweit ich sehen kann, die vorherige Argumentation nur so weit vorantreibt, daß gezeigt wird, wie die gleiche Art von Problemen, die sich aus unseren Erwartungen darüber, was an sich zu einem Ding gehöre und was nicht, ergaben, auch für die Erwartungen darüber entstehen, was »in« einem Ding sei.[39] Damit ist wohl nur dieselbe These – die der Falschheit der Individuation des gesunden Menschenverstandes – in Hinsicht auf einen anderen Fall aufgestellt. Das inhaltlich einzig Neue in dieser Erörterung ist eine Kritik des Begriffes des »Dings-an-sich«, wie er offensichtlich bei Kant und, wie mir scheint, auch bei Locke gebraucht wird – obwohl Hegel sich nicht die Mühe macht, die vollständig unterschiedlichen Gründe zu differenzieren, die Locke und Kant zur Annahme der Existenz eines unbekannten Substrats der Erscheinungen bewegen. Diesen Abschnitt werde ich daher nicht diskutieren, sondern direkt zum zweiten großen Unterabschnitt von »Die Endlichkeit«, zu dem über »Bestimmung, Beschaffenheit und Grenze« übergehen.

Zu den Kategorien Bestimmung und Beschaffenheit gelangt Hegel durch die Setzung – in diesem Zusammenhang ist das die Umwandlung von »Momenten« in ausdrückliche Eigenschaften – von Ansichsein und Sein-für-Anderes. In Anbetracht der Tatsache, daß die voraufgegangene Argumentation in der Tat von der Behandlung dieser »Momente« als Eigenschaften abhing, läßt sich annehmen, daß der nun wiederzugebende Gedankengang dem gerade betrachteten ähnlich sein wird. Ein Teil der Argumentation verläuft wirklich ähnlich, ein anderer jedoch verschieden, denn dieser Abschnitt unternimmt ausdrücklicher, als das bisher erfolgte, die Unterminierung des Glaubens an eine Vielheit von Individuen, von denen jedem alle seine Eigenschaften von sich aus zukommen. Hegel beginnt mit der Definition von »Bestimmung« und »Beschaffenheit« als zweier unterschiedlicher Arten von Qualitäten oder Bestimmtheiten, und man versteht ihn hier wohl am besten so, daß er einer Unterscheidung Ausdruck verleiht, mit Hilfe derer der gesunde Menschenverstand sich wahrscheinlich den Manövern des vorhergehenden Abschnittes entgegenstellen würde. »Bestimmung« wird definiert als »affirmative Bestimmtheit«, als »das Ansichsein, dem das Etwas in seinem Dasein gegen seine Verwicklung mit Anderem, wovon es bestimmt würde, gemäß bleibt, sich in seiner Gleichheit mit sich erhält«.[40] »Beschaffenheit« wird definiert als »äußerliches Dasein des Etwas«, oder als dessen Sosein, unter der Voraussetzung, daß es »in äußerem Einfluß und Verhältnissen begriffen« ist.[41] Diese beiden Termini scheinen somit der intuitiven Einstellung Ausdruck zu verleihen, daß die Eigenschaften eines Dinges sich in zwei Gruppen einteilen lassen, jene nämlich, die ihm von sich aus zukommen, die Teil seiner Natur sind, und jene, die auf äußeren Einflüssen beruhen, die ihm anscheinend kontingent und in Abhängigkeit von anderen zukommen. Mit Hilfe dieser Unterscheidung zwischen Eigenschaften (oder analog, zwischen Prädikaten für Eigenschaften) könnte der gesunde Menschenverstand die Implikationen zu umgehen vermeinen, die sich daraus ergeben, daß man alles über ein Ding Sagbare als Enthüllung einer seiner Eigenschaften ansieht. Er könnte die Prinzipien (2) und (3) auf Eigenschaften der einen, aber nicht der anderen Art anwenden, und hoffen, daß dadurch die unbequemen Konsequenzen dieser Prinzipien ausgeschlossen seien.

Ich sage »gesunder Menschenverstand«, weil es eindeutig klar geworden sein sollte, daß diese Unterscheidung eine Bedrohung des Leibnizschen Prinzips (3) darstellt, nach welchem alle Prädikate Ausdruck von Eigenschaften eines Dinges sind, und daß sie damit keineswegs dazu geeignet gewesen wäre, von Leibniz der Hegelschen Argumentation entgegengehalten zu werden. Die Dialektik, in der Hegel diese Unterscheidung nun aufhebt, läßt sich in der Tat eher als Verteidigung der Universalität dieses Leibnizschen Prinzips ansehen denn als reine Anwendung der These. Hegel unternimmt es nämlich durchaus, diesen natürlichen Weg zur Erhaltung der Vielheit von Gegenständen zu untergraben: »die Bestimmung geht für sich selbst in Beschaffenheit und diese in jene über«, kontert er.[42] Seine Argumentation ist im wesentlichen diese: die Bestimmung von etwas bestimmt nicht nur dessen

Wesen, sondern auch seine Beziehung zu anderen Dingen, und so wird Bestimmung – wenn man noch einmal annimmt, daß alle Beziehungen eines Dinges zu seinen Eigenschaften gehörten (Hegels Argumentationsgang ist nicht frei von Zirkularität) – dadurch, daß sie zur Bestimmung anderer Dinge in Beziehung steht, zur Beschaffenheit. Da nun aber die Beschaffenheit eines Dinges von dem abhängt, was es an sich ist, erweist sich andererseits, daß Beschaffenheit auch eine Beziehung zu, und damit Identität mit, Bestimmung impliziert.

Bis hierher zeigt sich die Argumentation recht schwach; denn es könnte scheinen, als ob Hegel eine *petitio principii* begeht. Er scheint bei seinem Vorgehen die Frage außeracht zu lassen, in *welchen* Gegenstand sich die Bestimmung oder Beschaffenheit instantiiert, und dabei so zu argumentieren, als ob die Beschaffenheit, auf die eine bestimmte Bestimmung bezogen ist, die Beschaffenheit desselben Objektes wäre, in dem sich die Bestimmung instantiiert, und ähnlich im umgekehrten Falle. Im Folgenden bringt er seine These jedoch durchaus weniger einseitig vor; er legt nicht nur dar, daß Beschaffenheit, als Bestimmung durch eine »Äußerlichkeit«, von der Bestimmung oder der Natur jenes Anderen abhängt – wodurch die Schranken individueller Identität kaum gesprengt würden –, sondern auch, daß die Wirkung, die Etwas auf ein Anderes haben kann, zum Teil von der Natur dieses letzteren abhängt: »das fremde Bestimmen ist durch die eigene, immanente [*sc.* Bestimmung] des Etwas zugleich bestimmt.«[43] Er behauptet hier, daß keine Eigenschaft eines Dinges, unangesehen ihrer Erscheinung, ohne Bezug auf die Natur anderer Dinge erfaßt werden kann. Das Wesen aller ist im Wesen jedes einzelnen enthalten.

So gelangt Hegel zu der Stelle, die ich für den Ursprung der Lehre von der internen Relationen halte:

> »Etwas verhält sich so *aus sich selbst* zum Anderen, weil das Anderssein als sein eigenes Moment in ihm gesetzt ist; sein Insichsein befaßt die Negation in sich, vermittels derer überhaupt es nun sein affirmatives Dasein hat.«[44]

Der gesunde Menschenverstand oder die Verstandeslogik könnten immer noch bestrebt sein, die Unterscheidung solcherart aufeinander bezogener Dinge aufrecht zu erhalten, und offensichtlich wollte auch Leibniz das; aber für Hegel ist diese Position sinnlos geworden, nachdem die Begriffe der angeblich separaten Individuen einmal dergestalt miteinander verflochten sind:

> »indem sie in der Tat schlechthin, d. i. ihrem Begriffe nach zusammenhängen, ist ihr Zusammenhang dieser, daß das Dasein in Anderssein, Etwas in Anderes *übergegangen*, Etwas sosehr als das Andere ein Anderes ist.«[45]

Die Annahme ihrer je separaten Identität mit sich selbst ist nun nach Hegels Ansicht völlig bedeutungslos geworden, da sie offensichtlich ausgehöhlt wird von einem seiner Meinung nach beachtlichen Katalog von Mitteln der Bezugnahme und der Beschreibung, die von Bezugnahme vorausgesetzt wird. Dies hängt offensichtlich alles an der eingangs vollzogenen Annahme der Prinzipien (2) und (3): wenn jede Beziehung eine Eigenschaft eines Individuums prädiziert, werden die Eigenschaften der Dinge – und damit deren Wesen, und damit sie selbst – unentwirrbar miteinander »verwickelt«, wie Hegel sich elegant ausdrückt.

Diese Verwicklung individueller Gegenstände – und damit der im Endlichen oder im Begriff endlicher individueller Substanzen gesetzte Widerspruch, wie er schließlich am Ende dieses Abschnittes behauptet wird, – enthüllt sich ihrem Wesen nach im Fortschreiten der Dialektik von den Kategorien der Bestimmung und der Beschaffenheit zu der der Grenze. Die beiden ersteren Begriffe ließen das relationale Wesen aller der Beschreibung zur Verfügung stehenden Kategorien und damit der einzig möglichen Basis der Individuation nicht erkennen; – nach unserer Interpretation wären sie sogar durchaus als Teil des Versuches anzusehen, die Anerkennung dieser Tatsache zu verhindern. Der Begriff der Grenze läßt dagegen das grundsätzlich relationale Wesen aller deskriptiven Begriffe und des individuierenden Bezuges, der auf ebensolchen Begriffen basieren muß, deutlich werden. Er macht dabei auch den Widerspruch deutlich, der zwischen der Logik individuierender Begriffe und der Überzeugung besteht, daß es tatsächlich eine Vielheit individueller Substanzen gebe, die von solchen Begriffen aufgezeigt würden. Wie Hegel es ausdrückt:

> »Dieser [*sc.* Widerspruch] ist sogleich darin vorhanden, daß die Grenze als in sich reflektierte Negation des Etwas die Momente des Etwas und des Anderen in ihr *ideell* enthält, und diese als unterschiedene Momente zugleich in der Sphäre des Daseins als *reell, qualitativ unterschieden* gesetzt sind.«[46]

Wenn Hegel wirklich Idealist ist, dann steht zu vermuten, daß die Lösung dieses Widerspruches schließlich auf der Seite dessen, was hier das »Ideelle« ist, liegen wird: Die Logik des Daseins – Leibniz' Logik und die des gesunden Menschenverstandes – setzt, oder nimmt an, die tatsächliche Verschiedenheit individueller Objekte und die Unabhängigkeit ihrer Naturen, also die qualitative Unterschiedenheit. Aber ideellerweise – in ihren wahren Begriffen, also in *dem* Begriff – enthalten alle Objekte ihr Anderes in sich. Das heißt, aus dieser Sicht gibt es so etwas wie die gesetzte Unabhängigkeit individueller Substanzen nicht.

Hegel legt dies mit Hilfe der Annahme dar, daß der Begriff der Grenze eine bessere Kategorie als irgendeine voraufgegangene zur Charakterisierung des Wesens von Objekten bereitstelle; er behauptet nämlich, daß das wahre Wesen eines Individuums nur deutlich werde, wenn wir seine Grenze wahrnehmen, und zeigt sodann, daß die Charakterisierung einer Grenze die Annahme ursprünglicher Individualität transzendiert. »*Dieses* [*sc.* das Etwas] *ist durch sie* [*sc.* die Grenze] *das, was es ist*, hat *in ihr seine Qualität*«, schreibt er mit Nachdruck[47] – eine Behauptung, die nur jemand aufstellen kann, der die Beziehungen eines Objektes dessen Wesen zurechnet – und wendet sich dann dem selbständigen Wesen des so bestimmten Objektes zu. Er legt dabei dar, daß die Grenze eines Dinges gegen ein anderes auch die Grenze des letzteren gegen das erstere sei; wie er es ausdrückt,

> »begrenzt [*sc.* das Etwas] in ihr sein Anderes. – Aber das Andere ist selbst ein Etwas überhaupt; die Grenze also, welche das Etwas gegen das Andere hat, ist auch Grenze des Anderen als Etwas, Grenze desselben, wodurch es das erste Etwas als *sein* Anderes von sich abhält, oder ist ein *Nichtsein jenes Etwas* . . .«[48]

Im letzten Teil des Satzes zeigt sich der entscheidende Zug in Hegels Argumentationsgang. Ein Ding wird begrenzt und damit als es selbst definiert durch ein anderes Ding. Der Begriff, der Etwas angemessen, mit Anspruch auf Vollständigkeit definiert, enthält seine Verschiedenheit vom anderen. Dieses Andere wird Teil seines Begriffes. Nach den ursprünglichen Leibnizschen Prinzipien ist nun aber, was Teil des Begriffes von Etwas ist, eine seiner Eigenschaften. Diese Eigenschaft ist zwar ein »Nichtsein«, das heißt, eine negative Bestimmung – aber ein *Nichtsein jenes Etwas.* Indem sie sich gegenseitig begrenzen, müssen als »Etwas«

und »Anderes« bezeichnete Objekte nach dieser Argumentation ihre Selbständigkeit verlieren. Die Grenze zwischen zwei Dingen definiert beide, aber sie ist »ebenso ihre *gemeinschaftliche* Unterschiedenheit, die Einheit und Unterschiedenheit derselben«[49] – was heißt, daß das Erkennen des Unterschiedes zwischen Objekten für Hegel schließlich die Einsicht in ihre gegenseitige Abhängigkeit, ihren Mangel an ursprünglicher Individualität bedeutet.

Hegel beschließt diesen Abschnitt mit einer fast physikalischen Umschreibung des so erlangten Resultates, indem er den Widerspruch zu einer Eigenschaft der Objekte unseres ursprünglichen Interesses, der endlichen Einzeldinge der These (1) werden läßt. Er beschreibt die relationale Natur der Einzeldinge als *Unruhe*: »die Unruhe des Etwas in seiner Grenze, in der es immanent ist, der *Widerspruch* . . ., der es über sich selbst hinausschickt.«[50] Diese Unruhe wird sodann als Quelle der *Bewegung* bezeichnet, als »Anfänge . . ., welche selbst sich von sich abstoßen«, und ähnliches mehr. Die Ergebnisse der Dialektik werden temporal interpretiert. Hegel sagt nicht, daß unsere ursprüngliche Annahme, es gebe eine Vielheit selbständiger Substanzen, in Anbetracht der grundlegenden Relationalität der Begriffe, mittels derer wir die Beschreibung und Individuierung solcher Dinge unternehmen, einfach aufgegeben werden müsse. Im vorliegenden Abschnitt zumindest drückt er sich eher so aus, als ob es solche Dinge gebe, die aber im Laufe der Zeit dazu tendierten, die Grenzen ihrer Individualität zu durchbrechen. Solch ein Schluß mag ungerechtfertigt erscheinen; aber es ist festzuhalten, daß es sich dabei nur um eine besonders extreme Anwendung jenes typisch idealistischen Prinzips handelt, das Hegel durchgehend in der von uns untersuchten Dialektik zur Anwendung brachte. Die meisten von uns würden meinen, daß sich der von mir beleuchtete Gedankengang eher um die Struktur von Begriffen als um in der Welt gegebene Tatsachen drehte, aber es war Hegels beharrliche Neigung, Feststellungen über Begriffe so auszulegen, als hätten sie ontologische Implikationen. Die meisten von uns würden sicher solche Schlüsse mit dem Gegenargument zurückweisen, daß Aussagen über das Wesen von Begriffen oft intensional sind, das heißt, daß wir *salva veritate* in Aussagen über die Struktur von Begriffen »Begriffe« nicht durch »Objekte« ersetzen können. Für uns beschränken sich die Ergebnisse der Hegelschen Dialektik auf erstere. Natürlich ist die Nichtübereinstimmung mit dieser

Voraussetzung Basis des Hegelschen Idealismus. Selbst wenn Hegel bereit wäre, die temporale Interpretation des Widerspruches, mit der er den Abschnitt über »Die Endlichkeit« beschließt, aufzugeben, würde er sicherlich nicht seine Überzeugung aufgeben, daß es keine wirklich selbständigen Substanzen geben könne (Prinzip (1)), wenn es keine wirklich selbständigen Beschreibungen von und Bezugnahmen auf Substanzen geben kann (sein Schluß aus den Leibnizschen Prinzipien (2) und (3)).

Die Identität von Objekt und Begriff, auf der Hegels Idealismus beruht, ist ein zu umfangreicher Gegenstand, um hier erörtert zu werden.[51] Für die gegebenen Zwecke wäre ich damit zufrieden, aufgezeigt zu haben, daß, welche anderen Funktionen oder Bedeutungen »Widerspruch« für Hegel auch immer noch haben mag, er mit dem in der Natur des Endlichen gesetzten Widerspruch jenen meint, der zwischen einer bestimmten Anschauungsweise vom Wesen der Begriffe – einer Anschauungsweise, die schon Leibniz vertrat, und die Hegel deutlich unterstützt – und der Überzeugung besteht, daß es eine Vielheit ursprünglich selbständiger Objekte gebe – dies eine Anschauung, die Leibniz zwar noch vertrat, die Hegel aber offensichtlich anzufechten bemüht ist. Deutlich ist, daß Hegel diesen Widerspruch in Leibniz' Philosophie vorfand, und dieser Widerspruch ist auch unschwer als derjenige zu erkennen, auf den Hegel sich in seiner abschließenden Definition des Endlichen bezieht:

> »Etwas mit seiner immanenten Grenze gesetzt als der Widerspruch seiner selbst, durch den es über sich hinausgewiesen und getrieben wird, ist das *Endliche*.«[52]

Um von der mehr material-inhaltlichen Betrachtungsweise der Hegelschen Darstellung zur mehr formal-begrifflichen überzugehen, die wir ihm mit größerer Wahrscheinlichkeit zubilligen werden, können wir dies so verstehen, daß uns gerade der Begriff irgendeines »Etwas« mit seiner immanenten Grenze über dieses Etwas hinaustreibt und so der Annahme wirklicher Unabhängigkeit dieses Gegenstandes von anderen, der »absoluten Vielheit« von Substanzen also widerspricht.

Diese Darstellung kann schwerlich als vollständige Interpretation der Funktion des Widerspruches in Hegels *Wissenschaft der Logik* dienen, da sie kaum mehr als zehn Seiten dieses umfangreichen Werkes berührt. Aber ich meine, daß diese Darlegung des

Widerspruches in der Natur des Endlichen, zumal gestützt von dem in Hegels Leibniz-Interpretation aufzufindenden Beweismaterial, doch wenigstens zur Erstellung des Rahmens einer vollständigeren Interpretation ihren Teil beitragen kann.

Anmerkungen

1 In: *Hegel-Bilanz. Zur Aktualität und Inaktualität der Philosophie Hegels,* hrsg. von Reinhard Heede und Joachim Ritter, Frankfurt 1973, in diesem Band S. 33ff. Ein weiteres wichtiges Beispiel für diese Interpretationsrichtung ist Dieter Henrich, Hegels Logik der Reflexion, in dessen Buch *Hegel im Kontext,* Frankfurt 1971.
2 Georg Wilhelm Friedrich Hegel, *Wissenschaft der Logik I* (Theorie Werkausgabe Suhrkamp Verlag, Band 5), Frankfurt 1969, S. 139. Im Folgenden zitiert als *Logik I.*
3 *Logik I,* S. 29f.
4 Georg Wilhelm Friedrich Hegel, *Enzyklopädie der philosophischen Wissenschaften im Grundrisse,* Erster Teil: Die Wissenschaft der Logik (Theorie Werkausgabe, Band 8), Frankfurt 1970, § 194, S. 350. Im Folgenden zitiert als *Enzyklopädie I.*
5 Georg Wilhelm Friedrich Hegel, *Vorlesungen über die Geschichte der Philosophie III* (Theorie Werkausgabe, Band 20), S. 238. Im Folgenden zitiert als *Geschichte der Philosophie III.*
6 *Geschichte der Philosophie III,* S. 255.
7 *Enzyklopädie I,* § 79, S. 168.
8 Ebd., § 80, S. 169.
9 Vgl. *Geschichte der Philosophie III,* S. 254f.
10 Ebd., S. 240.
11 *Logik I,* S. 131–139.
12 *Geschichte der Philosophie III,* S. 241.
13 Ebd.,
14 Gottfried Wilhelm Leibniz, *Die Monadologie,* in ders., *Hauptschriften zur Grundlegung der Philosophie,* hrsg. von Ernst Cassirer, Hamburg [3]1966, Band II, S. 451. Im Folgenden zitiert als *Hauptschriften.*
15 Vgl. G. H. R. Parkinson, *Logic and Reality in Leibniz's Metaphysics,* Oxford 1965, S. 28–31.
16 Gottfried Wilhelm Leibniz, *De veritatibus primis/Über die ersten Wahrheiten,* in ders., *Opuscules métaphysiques/Kleine Schriften zur Metaphysik* (Philosophische Schriften, Band I), hrsg. von Hans Heinz Holz, Darmstadt 1965, S. 177–179. Im Folgenden zitiert als *Kleine Schriften.*

17 *Metaphysische Abhandlung*, in *Hauptschriften II*, S. 144.
18 *Die »Monadologie«*, ebd., S. 436.
19 Ebd., S. 437.
20 *Geschichte der Philosophie III*, S. 252.
21 *Metaphysische Abhandlung*, in *Hauptschriften II*, S. 143.
22 *Über die ersten Wahrheiten*, in *Kleine Schriften*, S. 179.
23 *De contingentia/Über die Kontingenz*, ebd., S. 185.
24 *Metaphysische Abhandlung*, in *Hauptschriften II*, S. 143.
25 *Geschichte der Philosophie III*, S. 251.
26 Ebd., S. 255.
27 Ebd., S. 253.
28 *Logik I*, S. 139.
29 Ebd., S. 121.
30 Ebd., S. 131.
31 Ebd., S. 125.
32 Ebd., S. 126.
33 Ebd., S. 127.
34 Leibniz' fünftes Schreiben, in *Streitschriften zwischen Leibniz und Clarke*, in *Hauptschriften I*, S. 185.
35 *Logik I*, S. 127.
36 Ebd., S. 128.
37 Ebd.
38 Ebd.
39 Ebd., S. 129.
40 Ebd., S. 132.
41 Ebd., S. 133.
42. Ebd., S. 133f.
43 Ebd., S. 134.
44 Ebd., S. 135.
45 Ebd.
46 Ebd., S. 136.
47 Ebd.
48 Ebd.
49 Ebd., S. 137.
50 Ebd., S. 138.
51 Für eine interessante Diskussion einiger der sich hierzu ergebenden Probleme vgl. Michael Theunissen, *Begriff und Realität: Hegels Aufhebung des metaphysischen Wahrheitsbegriffs*, in: *Denken im Schatten des Nihilismus: Festschrift für Wilhelm Weischedel*, hrsg. von Alexander Schwan, Darmstadt 1975.
52 *Logik I*, S. 139.

Martial Gueroult
Hegels Urteil über die Antithetik der Reinen Vernunft

I

Die äußeren Einflüsse auf den Fortgang der Hegelschen Systemkonzeption sind nur unter Schwierigkeiten genau zu bestimmen. Im Entwicklungsgang seines eigenen Denkens verändert sich bei Hegel der Begriff der anderen Lehren. Dieser umgeformte Begriff der anderen Lehren bleibt dennoch weiter wirksam und bildet sich in Funktion des Fortschrittes, den die anderen Lehren mitbestimmen, von neuem um, dies alles bis zu dem Augenblick, in dem diese anderen Lehren als einfache Momente vollständig in das System integriert sind und ihre Wirksamkeit endet, zumindest in der Form des fremden Elementes. So verwirklicht Hegel den Standpunkt der Phänomenologie, indem er bloß logische Affinitäten zwischen Begriffen in eine historische Genese und die Folge der historischen Ereignisse in eine logische Dialektik umbildet. Einige Hegelinterpreten haben sich von diesem Spiel verführen lassen und guten Glaubens angenommen, die Dialektik der Synthese von Gegensätzen zum Beispiel sei wirklich aus Überlegungen hervorgegangen, die die Heraklitische Theorie der Gegensätze mit den Kantischen Antinomien der Vernunft verbunden haben.

Gleichwohl leitet diese Untersuchung nicht nur ein kritisches und historisches Interesse. Es gibt noch einen weiteren Grund, die äußeren Einflüsse genau zu bestimmen und die Wirklichkeit der Systeme mit dem Werden zu vergleichen, in das sie im Hegelschen Denken geraten, bis hin zu ihrer Einschmelzung in dieses Denken. Eine genaue Bestimmung dieser Einflüsse interessiert den Philosophen, der den Wert des gewagten Unternehmens einschätzen will, das Hegel als erster versucht hat: des Unternehmens, die Wirklichkeit der Philosophie, die in der Geschichte lebt, *in einer* Philosophie zu begründen. Die spekulative Schwierigkeit eines solchen Unterfangens ist augenfällig. Wenn es irgendeiner besonderen Philosophie gelingt, die Wirklichkeit der Geschichte zu begründen, dann findet sich diese Wirklichkeit sofort in dieser Philosophie aufgehoben. Sie selbst hält also die Geschichte, die sie begründet, zugleich an, und dies bedeutet, daß ihr in der Folge jeder Grund und jede Wirklichkeit genommen ist. So zerstört der Erfolg einer solchen Philosophie ihren Gegenstand und diese Philosophie selbst. Wenn das historische Werden eine Wirklichkeit ist, dann können wir ihr keinen Grund zuschreiben, und wenn ihr kein Grund zugeschrieben wird, dann verlangt diese problematisch gewordene Wirklichkeit nach der Philosophie. Dieser ins Unendliche fortlaufende Prozeß einer unvollkommenen Vernunft kennzeichnet den Moment, in dem die objektive Totalität unangemessenerweise der unbewußten Subjektivität eines individuellen Denkens untergeordnet wird. Man könnte diesem Prozeß ein Ende setzen, indem man einen Zustand herstellt, der diese individuelle Subjektivität der objektiven Totalität wieder unterwirft. Die Wirklichkeit der Geschichte scheint philosophisch nur dann restaurierbar, d. h. aus sich selbst begründbar, wenn die Philosophie im Offenbaren eines solchen Grundes sich selbst wahrnehmen würde als in dieser historischen Wirklichkeit gründend und ihr ganzes Sein aus diesem Werden zöge, das sie unendlich übersteigt. Wie aber kann eine solche Realität, die das individuelle Denken eines Systems unendlich übersteigt, diesem Denken offenbaren, was sowohl es selbst wie auch diese Realität gründet? Wie ist dies möglich, ohne daß diese Wirklichkeit die Autonomie ihres Grundes zugunsten jenes Denkens einbüßt? Hier stellt sich ein spekulativer Konflikt heraus, den Hegel zwar nicht ganz und gar verkannt, jedoch nicht zu einem Hauptgegenstand seiner Reflexion gemacht hat. Die »Borniertheit des Idealismus«, wie Fichte gesagt hätte, raubt diesem Idealismus zuletzt jene historische Wirklichkeit, deren Sinn er faßt. So bleibt das Problem ohne Lösung als Wahl zwischen dem Licht des Idealismus, das seinen Gegenstand zerstört, und der Wirklichkeit des Gegenstandes, der von *uns* in intelligibler Weise nicht mehr wahrgenommen werden kann, weil er das Licht zerstört. Diese Borniertheit des Idealismus mit ihren Konsequenzen erklärt auch, warum der Hegelianismus schließlich jede positive historische Methodologie aufgegeben hat, obwohl und weil er sich darum bemüht hat, die Wirklichkeit und die Geltung der Geschichte philosophisch zu begründen. Der Hegelianismus selbst nimmt den Platz der konkreten Wirklichkeit ein; den Systemen wird Stück für Stück ihre eigene Substanz genommen;

was von jedem System an Schale stehenbleibt, wird jeweils in Proportion zur »Potenz« des Systems mit einer einzigen und immer gleichen »spekulativen Philosophie« aufgefüllt.

Die folgende Arbeit hat sich jedoch nicht das Ziel gesetzt, das genannte Problem allgemein zu behandeln, denn dazu wäre eine umfangreichere Arbeit erforderlich. Ihr Ziel besteht vielmehr darin, an Hand eines Beispiels, und zwar des Beispiels der Kantischen Philosophie, dem doppelten – historischen wie philosophischen – Interesse an einer solchen Untersuchung der Einflüsse nachzugehen. Hat der Kantianismus eine unmittelbare Wirkung auf die Methodenausbildung bezüglich der Synthese von Gegensätzen ausgeübt? Ist dieser angenommene Einfluß nicht eher der nachträgliche trügerische Reflex einer dialektischen Rekonstruktion, der Einverleibung eines im Rahmen der Hegelschen Lehre neu gedachten Kantianismus? Ist vielleicht der Unterschied zwischen dem wirklichen Kantianismus und der Hegelschen Idee davon genau dort am größten, wo Hegel im vollen Besitz seiner philosophischen Perspektiven das Wesen der Kantischen Philosophie zu entdecken und die Wirklichkeit dieser Philosophie auf die lebendige Vernunft zu gründen meint?

II

Zunächst kann der Eindruck entstehen, Kant sei von allen Vorläufern Hegels derjenige, der den größten Einfluß auf Hegel ausgeübt hat. Man sagt, Hegel zitiere Jacobi nur, weil Jacobi sich der »Kritik« entgegenstelle; Reinhold, Fichte und Schelling nur, weil sie irgendeinen Mangel der Transzendentalphilosophie aufgedeckt haben, den sie beheben wollten. Kant indessen habe der Hegelschen Lehre das Beste geliefert, was sie an Gehalt hat. Hat nicht Kant die Entdeckung gemacht, daß unsere sinnliche Welt insgesamt von der theoretischen Vernunft bedingt ist? Hat nicht Kant den Ursprung und die Objektivität der reinen Begriffe sowie die Synthese der Anschauung und des Begriffs auf die transzendentale Einheit der Apperzeption gegründet? Hat nicht Kant bemerkt, daß die sinnliche Welt, die vor unserer Reflexion existiert, das unbewußte Produkt des Ichs ist? Hat schließlich nicht Kant erfolgreich zwischen dem Prinzip und der Ursache unterschieden? Wie dem auch sei, jedenfalls scheint der Kantianismus für Hegel den Anbruch eines neuen Zeitalters zu bedeuten: »Ich erinnere,« sagt er in der *Logik*, »daß ich auf die kantische Philosophie in diesem Werke darum häufig Rücksicht nehme . . . weil sie – ihre nähere Bestimmtheit sowie die besonderen Teile der Ausführung mögen sonst und auch in diesem Werke betrachtet werden wie sie wollen – die Grundlage und den Ausgangspunkt der neueren deutschen Philosophie ausmacht und dies ihr Verdienst durch das, was an ihr ausgesetzt werden möge, ihr ungeschmälert bleibt.«[1] Wenn wir aber die eigentlichen philosophischen Arbeiten Hegels durchsehen, von den ersten wie »Glauben und Wissen«, 1802, bis zu den letzten wie den »Vorlesungen über die Geschichte der Philosophie«, 1822–1831, dann finden wir die härtesten Urteile über Kant. Er habe eine »bornierte« Verstandesphilosophie geschaffen; wie Mendelssohn[2] mache er sich von der Existenz die barbarischste Vorstellung;[3] er mache sich eines schwerwiegenden Widerspruchs schuldig, wenn er sich in seiner »Kritik« am ontologischen Gottesbeweis weigere, die Identität der Existenz und der Idee anzuerkennen, die er ihnen in seiner praktischen Philosophie zugesteht, indem er den Gegenständen des Glaubens eine Realität zuerkennt;[4] er verfolge das flache Ideal des gesunden Menschenverstandes und der Aufklärung, wenn er den Ort des höchsten Gutes in die Harmonie von Glückseligkeit und Moralität verlege.[5] Schließlich gehe Kant ohne Genie und ohne wahre Methode vor: »Das Dritte bei Kant ist nun die *Vernunft*. Das Zweite war der Verstand, das denkende Bestimmen. Kant geht von dem Verstande nun ebenso psychologisch zur Vernunft fort; sie wird eben auch angetroffen. Es wird im Seelensack herumgesucht, was darin für Vermögen sich befinden; es findet sich zufälligerweise noch Vernunft, – es wäre ebenso gut, wenn auch keine . . .«.[6]

Überhaupt lassen uns demnach Hegels Texte im Ungewissen über die wirkliche Tragweite des kantischen Einflusses. Tatsächlich scheint der eigentliche und eigenste Gehalt seiner Lehre Kant fast nichts zu verdanken,[7] auch wenn unbestreitbar bleibt, daß Hegel, wie alle seine Zeitgenossen des 19. Jahrhunderts, dem Kantianismus als Begründer der neuen deutschen Philosophie Tribut schuldet. Haym[8] hat sehr gut gesehen, daß für Hegels Denken eine religiöse und ästhetische Auffassung des Universums grundlegend ist, die ihrerseits einer vertieften Betrachtung der Bibeltexte und der direkten Begegnung mit den Meisterwerken des antiken Griechenlands entspringt.[9] Wie Goethe und Schiller schöpft Hegel aus den Quellen selbst, während Schelling, darin Tieck und Novalis ähnlich, von einer romantischen Begeisterung für die Kunst der Alten erfüllt, um vieles künstlicher und weiter von ihnen entfernt ist. Nicht das Subjektive, sondern das Objektive der Kunst erregt Hegels Interesse. Übrigens bringt diese künstlerische und religiöse Fülle Hegel zu Beginn trotz aller Meinungsverschiedenheiten und Unterschiede in die Nähe Schellings und in die Gegnerschaft zum Kritizismus und Formalismus der *Wissenschaftslehre*. In der Tat war es wichtig, gemeinsame Sache zu machen, um oberhalb oder jenseits der Entzweiung von Objektivem und Subjektivem dieses wirkliche Absolute in Ansatz zu bringen, das Schelling von 1795 an in seinen »Briefen über den Dogmatismus und Kritizismus« dargestellt hat.

Obwohl der Kantianismus und die aus ihm hervorgegangene *Wissenschaftslehre* für den reichen affektiven und spekulativen Gehalt der Hegelschen Lehre kaum von Belang sind, gilt Gleiches nicht für die Form dieses Denkens. Gewiß kann man jede scharfe Unterscheidung zwischen Form und Gehalt einer Philosophie bestreiten, in der diese beiden Elemente so sehr ineinander verwoben sind, daß sie eines werden. Von Anfang an sind wohl die mystischen Ideen vom Tode Gottes, von der Menschwerdung, vom unglücklichen Bewußtsein eng mit den phänomenologischen und logischen Begriffen der Entzweiung, der Negativität, der Vermittlung, des Schlusses verbunden.[10] Der Gehalt scheint, ursprünglich von Form durchdrungen bzw. von einer immanenten Kraft beseelt, sich von neuem gewissermaßen in die traditionellen Formen der Logik einzubilden, um sie zu beleben und in ihnen eine Fruchtbarkeit zu offenbaren, die bis dahin unbekannt war. Gerade der Entwicklungsgang dieses Gedankens erlaubt aber eine Unterscheidung, welche die beiden Elemente bestimmbar macht, denn dieser Entwicklungsgang gibt jener Unauflösbarkeit zwei entgegengesetzte Aspekte. Am Anfang kann sich der mystische und affektive Gehalt von der Form nicht lösen, weil dieser Gehalt die Form einzuhüllen scheint, am Ende hingegen kann die Form sich vom Gehalt nicht lösen, weil nun sie ihrerseits den Gehalt einhüllt, ihn gänzlich bestimmt. Die dialektische Logik des Geistes scheint zu diesem Zeitpunkt das Ganze des Systems zu sein, seine Wahrheit. Dies ist der Augenblick, in dem das Hegelsche Denken ganz unmittelbar dem Einfluß des Kantianismus unterliegt. Es handelt sich um einen Einfluß auf die Form des Hegelschen Denkens, was auch heißt, auf die zweite Phase seiner Denkentwicklung. Dieser Einfluß wird von dem Zeitraum an spürbar, in dem Hegel in der Ablösung von der Philosophie Schellings *seine eigene Originalität glaubt behaupten und vertreten zu können* – aber nur, wenn er das Bedürfnis der *Wissenschaft* befriedigt, und zwar jener strengen Wissenschaft, die Schelling verraten hatte: ». . . scheint die Zeit der Gärung, mit der eine neue Schöpfung beginnt, vorbei zu sein. In ihrer ersten Erscheinung pflegt eine solche sich mit fanatischer Feindseligkeit gegen die ausgebreitete Systematisierung des früheren Prinzips zu verhalten, teils auch furchtsam zu sein, sich in der Ausdehnung des Besondern zu verlieren, teils aber die Arbeit, die zur wissenschaftlichen Ausbildung erfordert wird, zu scheuen, und im Bedürfnisse einer solchen zuerst zu einem leeren Formalismus zu greifen. Die Anforderung der Verarbeitung und Ausbildung des Stoffes wird nun um so dringender. Es ist eine Periode in der Bildung einer Zeit, wie in der Bildung des Individuums, wo es vornehmlich um Erwerbung und Behauptung des Prinzips in seiner unentwickelten Intensität zu tun ist. Aber die höhere Forderung geht darauf, daß es zur *Wissenschaft* werde.«[11] Gemeint ist die Periode, die sich von Ende 1802 bis 1806 erstreckt; in ihr denkt Hegel über die kantischen Antinomien nach, gewinnt ein Bewußtsein von der Eigentümlichkeit seiner Methode, zeigt in seinem Artikel über das »Verhältnis des Skeptizismus zur Philosophie« die Notwendigkeit des Skeptizismus als Moment der wahren Philosophie auf. Die Erkenntnis des Absoluten enthält einen negativen Aspekt: die begrenzten und beschränkten Begriffe in ihrer Entgegensetzung kämpfen miteinander, ein Kampf, der in einer Folge von Antinomien ausgetragen wird und mit der Ausbildung der vollständigen Erkenntnis endet, die den positiven Aspekt hat, Erkenntnis des Absoluten zu sein. Die Idee der Dialektik wird zu eben jener Zeit formuliert, in der das Bedürfnis nach einer strengen Methode fühlbar wird, das Bedürfnis nach einer Systematik, die aus der Philosophie ein vollständig durchgebildetes Corpus der Wissenschaft macht. Die *Phänomenologie* wird der erste Teil dieser Wissenschaft sein. Das Wahre ist nur als System wirklich. Das Absolute ist nicht nur Substanz, es ist Subjekt.[12] Die romantische Genialität, die ästhetische Anschauung eines Schelling müssen sich mit der strengen Methode der Reflexionsphilosophien, d.h. der von Kant und Fichte, versöhnen.[13]

Die Bestimmung der Stelle, an der die kantische Lehre gewissermaßen in den Fluß des Hegelschen Denkens einmündet, sollte es möglich machen, die genaue Tragweite dieses Einflusses unmittelbar zu ermessen. Wenn dieser Einfluß in einer Zeit deutlich wird, in der Hegel sich von der Schellingschen Philosophie befreit, um vor aller Augen seine eigene Originalität zu vertreten; wenn Hegel mit Kants Hilfe den notwendigen Antrieb gewinnt, um seine eigene Lehre zur vollen Entfaltung zu bringen, – dann muß man schließen, daß dieser Einfluß zwar spät, aber entscheidend ist, daß er förderlich ist, vergleichbar dem entscheidenden Sonnenstrahl, der eine Blume aufblühen läßt. Andererseits kann man aber auch der Meinung sein, daß die virtuelle Originalität, in der der Hegelianismus vor seiner Abspaltung von Schelling noch verharrte, wirklicher und feiner war als die explizite Originalität, die Hegel sich in der Folge geben *wollte*. Für viele ist diese vorgebliche Ausfaltung nichts weiter als das Vordringen einer logischen Sklerose. Nachdem der Stand der *Phänomenologie* erreicht ist – mit ihrem tiefen Gleichgewicht, ihrer Fülle unauslotbarer mystischer, affektiver, psychologischer, historischer, dialektischer und spekulativer Schätze –, nach diesem Höhepunkt verarmt die Lehre, »erstarrt« in ihren Begriffen. Dieser klassische »plane« Hegelianismus, dessen Bild uns zum Beispiel McTaggart gezeichnet hat, ist höchstens ein Teilhegelianismus, vielleicht eine Totgeburt, sicher eine Enttäuschung. Man kann dann nicht anders, als dem Kantischen Einfluß eine sterilisierende Wirkung auf das Hegelsche Denken zuschreiben. Unter diesem Aspekt drückt die instinktive Abneigung gewisser philosophischer Seelen gegen die zweite Form des Hegelianismus nur deren ursprüngliche und gleichfalls instinktive Ferne zu dem philosophischen Geist vom Typ eines Kant aus.

Gewiß ist unbestreitbar, daß die neue Form des Hegelianismus einen kargen und monotonen Aspekt aufweist, der im Kontrast zur dichten, affektiven und freien Vielfalt des Anfangs steht, daß sie eine tyrannische Logizität ausstrahlt, bar jeder manifesten Affektivität, – ein Aspekt, der den Künstler abweist, den Mystiker enttäuscht. Die Affektivität ist nur bewahrt, weil sie in der Heiterkeit des Geistes aufgehoben ist, der sich selbst wiedergefunden hat. Dort übersteigt das göttliche Glück die phänomenologischen Entgegensetzungen von Glück und Unglück des Bewußtseins – schon Spinoza zufolge ohne Bezug auf unsere Affekte. Es mag sein, daß diese, jetzt von Hegel mit Nachdruck vorangetriebene, *Wissenschaft* ohne Schönheit ist. Aber nun werden eher andere, wenn man so sagen darf: transhumane, transaffektive Schönheiten gesucht. Das Bedürfnis der Wissenschaft hat sich dem bloß affektiven Bedürfnis immer entgegengesetzt, obwohl es seinen Ursprung in ihm hat; bei Kant hat das wissenschaftliche Bedürfnis dem affektiven sogar nur den verächtlichen Rang einer »pathologischen« Tendenz eingeräumt. Hat Hegel nicht am 2. November 1800 an Schelling geschrieben: »In meiner wissenschaftlichen Bildung, die von untergeordnetern Bedürfnissen der Menschen anfing, mußte ich zur Wissenschaft vorgetrieben werden, und das Ideal des Jünglingsalters mußte sich zur Reflexionsform, in ein System zugleich verwandeln«?[14] Also erscheinen auch Hegel selbst, und zwar früher als man hätte glauben können, die religiösen und politischen Antriebe nur als *untergeordnete Bedürfnisse* im Verhältnis zu dem nach Wissenschaft. Hegels Gefühl seinem eigenen Mystizismus gegenüber ist also ganz und gar dem Reinholds und besonders demjenigen Fichtes vergleichbar; seine Reaktion ist in dieser Hinsicht grundlegend von derjenigen eines Jacobi unterschieden. Bei Fichte wie bei Hegel liegt der wahre Ursprung des philosophischen Systems in dem Willen, eine Wissenschaft zu schaffen, die das Affektive überwindet. Bei beiden geht das System aus der Anstrengung hervor, einen Mystizismus zu überwinden, der sie dennoch nährt. Das philosophische Leben beider wird von einer Entscheidung geprägt: der Zurückweisung einer Wahrheit, die mystisch oder ästhetisch *erfaßt* und *gefühlt* wird; dem nicht hingenommenen, sondern gewollten Vorzug für eine andere *tätige* und *helle* Wahrheit – eine Wahrheit, die in ihrem Verständnis nicht partiell ist, denn sie nimmt die andere Wahrheit in sich auf und übersteigt sie unendlich. Sie heißt »wissenschaftliche« Wahrheit. Deshalb zitiert Hegel St. Anselmus: »Es scheint mir Nachlässigkeit, wenn wir, nachdem wir im Glauben gefestigt sind, uns nicht zu verstehen bemühen, was wir glauben.«[15]

Vielleicht ist es Hegel endgültiger als Fichte gelungen, den Konflikt zwischen dem Mystizismus und der Wissenschaft, zwischen dem Gefühlten und dem Gewollten zu lösen, wenn nicht überhaupt, dann doch für sich selbst. Es ist unangemessen, die Totalität einer totalen Philosophie, wie des Hegelianismus, zu zerbrechen, indem man in ihm Teilwahlen geltend macht, die von subjektiven Vorlieben diktiert werden, und ihn jenem dogmatischen Entweder-Oder unterwirft, das er selbst immer wieder zu bannen versucht hat. Das Verkennen des frühen Hegel im klassischen Hegelianismus darf nicht zu einem entsprechenden Verkennen jenes letzteren führen. In der Ausbildung jener zweiten Phase behauptet sich zum erstenmal souverän eine Originalität, in philosophischen Meisterwerken ausgedrückt, die Hegel endgültig über den Rang eines Schellingschülers erhebt. Man kann in dieser zweiten Phase daher nicht ohne Ungerechtigkeit nur den Anfang einer zunehmenden Unfruchtbarkeit sehen. Ohne diese Verwirklichung seiner wesentlichen Entfaltungsmöglichkeiten wäre das philosophische Blut Hegels vor der Zeit geronnen und hätte sich in sicher tiefe, aber unvollendete und verworrene mystische Visionen verloren. Wenn das Leben die Bewegung ist, in der das Absolute sich beweist, wenn der Schluß das Absolute ist,[16] dann ist die Entfaltung der Form kein sekundäres Moment, auch wenn sie in der zeitlichen Ordnung das Zweite ist, sondern ist als Resultat wesentlich, d. h. als erstes wahres Beginnen. Sieht man in ihr nur ein unnützes und unwichtiges Addendum, dann unterscheidet man willkürlich zwischen Form und Gehalt, fällt in die Entzweiung des Verstandes zurück, täuscht sich über den wahren Ursprung und widerspricht schmerzlich der ursprünglichen mystischen Erfahrung. Tatsächlich hat sich das Gefühl für das Vorrecht des Geistes schon früh gemeldet, als die Form sich noch nicht im Glück des sich selbst wiedergefundenen Geistes entfaltet hatte. Dieses Gefühl hat sich schon in den ersten Frankfurter Systementwürfen in dem Bedürfnis geäußert, die Extreme zu versöhnen und im Begriff des Geistes den Spinozistischen Gott mit dem Prozeß der Selbstoffenbarung gemäß dem Gesetz einer religiösen Weltentwicklung zu verbinden. Dieser Grundzug tritt bereits in der *Jenenser Logik* deutlich hervor, ebenso wie in der folgenden Formel des Jahres 1802, welche die *Phänomenologie* im Keim enthält: »die Erkenntnis des Geistes durch den Geist«.[17] Nur wer den wahren Sinn dieser Formel verkannt hat, konnte glauben, dieses Problem habe von den theologischen und mystischen Jugendinteressen an[18] bis hin zu der spekulativen und systematischen Anstrengung der Jenenser Epoche eine kontinuierliche Lösung erfahren.

Im Jahre 1795 hat Hegel an Schelling geschrieben, er habe »das Studium der kantischen Philosophie wieder hervorgenommen, um seine wichtigen Resultate auf manche uns noch gang und gäbe Idee anwenden zu lernen oder diese nach jenen zu bearbeiten.«[19] Wenn Hegel zu dieser Zeit »noch nicht in die Tiefen der Philosophien von Fichte und Reinhold eingedrungen ist«, dann deshalb, weil er der Meinung ist, sie hätten außerhalb der praktischen Vernunft kaum Bedeutung. Doch später, in der *Differenzschrift*, gilt das Gleiche nicht mehr, denn dort macht sich das systematische Bedürfnis jedesmal bemerkbar, wo sich an irgendeiner Stelle eine Tendenz zugunsten von Fichte zeigt. Dies ist zum Beispiel der Fall, wo Hegel – im Vorgriff auf die *Phänomenologie*, wo das Schellingsche Absolute als die Nacht abgetan wird, »in der alle Kühe schwarz sind«[20] – das Absolute auch schon als Nacht, aber das Licht, das aus dieser Nacht heraustritt, wie auch den Unterschied beider als absolute Differenz versteht. Wenn das Sein aus dem Nicht-Sein hervortritt, dann wird die Aufgabe der Philosophie darin bestehen, diese beiden in einem Werden zu vereinen, in dem ihre Entzweiung ins Absolute als dessen Erscheinung und das Endliche ins Unendliche als das Leben des Absoluten gesetzt wird.[21] So nimmt Hegel also von diesem Augenblick an die Notwendigkeit wahr, jene totale Indifferenz von Subjektivem und Objektivem zu überwinden, die Schellings platten Uniformismus erzeugt hat.

Aber Hegels Idee des Kantianismus hat sich schon in dem Augenblick von Grund auf verändert, in dem ihm das Bedürfnis der Wissenschaft zum ersten Male Gelegenheit verschafft, unmittelbaren Einfluß auf die Ausbildung des Systems zu gewinnen; diese Idee ist schon in Funktion des Systems umgedacht, das entsteht: Der Prozeß des Hegelschen Denkens hat seine Arbeit bereits verrichtet. Diese Idee des Kantianismus, nun zur Befriedigung des Bedürfnisses nach Form herangezogen, – diese Idee erscheint in der Perspektive der Fichteschen *Wissenschaftslehre*. Es handelt sich also nicht mehr um den Kantianismus Kants, den von *Glauben und Wissen* oder den der *Differenzschrift*; auch noch nicht um den endgültigen Kantianismus Hegels, der restlos zu einem »Moment« des Werdens des Geistes geworden ist, wie in den *Vorlesungen zur Geschichte der Philosophie*; vielmehr handelt es sich um einen Kantianismus, dessen formales Element hervorgehoben wird. Hegel kommt oft auf Kant zurück, weil er, wie uns an einer schon zitierten Stelle gesagt wird, der Gründer der deutschen Philosophie ist, aber besonders deshalb, weil er »sich auf wichtige *bestimmtere* Seiten des Logischen näher einläßt, spätere Darstellungen von Philosophie hingegen dasselbe wenig beachtet, zum Teil oft nur eine rohe – aber nicht ungerechte – Verachtung dagegen bewiesen haben.«[22] Diese logischen Interessen äußern sich in der Deduktion der Kategorien. Zwar hatte Hegel schon 1801 erklärt, daß die Idee einer Deduktion der Kategorien, die durch Fichte ihre reine und strenge Form erhalten hatte, das Prinzip der Spekulation enthielte, d. h. die Identität des Subjekt-Objekt, und daß »die Vernunft selbst diese kantische Theorie des Verstandes über das Taufbecken gehalten hatte.« Jetzt aber interessiert Hegel weniger das *Prinzip*, das die Deduktion einhüllt, als ihre *Konsequenzen* für die *Wissenschaft*. Nun wird also der Versuch wichtig, die Zahl der Kategorien zu bestimmen. Dieses Unternehmen wird unumgänglich, wenn der vollständige Plan des Ganzen der Wissenschaft zu entwerfen ist, insofern diese Wissenschaft auf Prinzipien *a priori* beruht und nach bestimmten Prinzipien mathematisch deduzierbar sein muß; wichtig wird also die Dichotomie zwischen den mathematischen und den dynamischen Kategorien, die Triplizität jeder Kategorienklasse, die Bestimmung der dritten durch die Synthese der beiden äußeren Kategorien; wichtig wird der besondere Akt, den der Verstand für diese Synthese benötigt – ein Akt, der von demjenigen unterschieden ist, der die Bildung der beiden anderen Kategorien regiert. Hegel ist überzeugt, es sei der Reflexion auf alle diese Elemente zu verdanken, daß er das System einer Wissenschaft nach Prinzipien a priori hat errichten können. Er meint, die Lösung dieser Aufgabe sei ihm gelungen, weil er die dialektische Natur dieser besonderen Verstandeshandlung zu fassen vermocht hat. Die Dichotomie zwischen dem Mathematischen und dem Dynamischen liefert ihm die Entzweiung von Sein und Wesen; ein besonderer Akt des Verstandes, der auf die Qualität und auf die Quantität ausgeübt wird, läßt aus der Synthese dieser beiden die Kategorie des Maßes hervorgehen;[23] was die transzendentale Einheit angeht, die das Bewußtsein des Prinzips ist, welches der Synthese von Mathematischem und Dynamischem, von Sein und Wesen zugrundeliegt, so ist sie nichts anderes als der Begriff des Begriffs, d.h. der Begriff im spekulativen Sinne, Gegenstand des dritten Buchs der Logik. »Es gehört zu den tiefsten und richtigsten Einsichten, die sich in der *Kritik der Vernunft* finden, daß die *Einheit*, die das *Wesen des Begriffs* ausmacht, als die *ursprünglich-synthetische* Einheit *der Apperzeption*, als Einheit des *›Ich denke‹* oder des Selbstbewußtseins erkannt wird. Dieser Satz macht die sogenannte *transzendentale* Deduktion der Kategorie aus; sie hat aber von jeher für eines der schwersten Stücke der Kantischen Philosophie gegolten, – wohl aus keinem anderen Grunde, als weil sie fordert, daß über die bloße *Vorstellung* des Verhältnisses, in welchem *Ich und der Verstand* oder die *Begriffe* zu einem Ding und seinen Eigenschaften und Akzidentien stehen, zum *Gedanken* hinausgegangen werden soll.«[24] Der Kulminationspunkt dieser positiven Einschätzung des Kantianismus wird in den Urteilen erreicht, die Hegel über die Antinomie der reinen Vernunft fällt. Das darf nicht überraschen, denn Hegel hatte sie während der Vorarbeiten zur *Phänomenologie* besonders gründlich studiert. In ihr soll Kant das wahre Wesen der Vernunft entdeckt, der Dialektik – entgegen einer gängigen Vorstellung ihrer – den Anschein von Willkür genommen und in ihr ein notwendiges Handeln der Vernunft erkannt haben. Kants Lösungen mögen ungenügend sein. Gleichwohl hat er den wahren Wert und die fundamentale Bedeutung einer Idee der Objektivität der (transzendentalen) Erscheinung ebenso erkannt wie die Notwendigkeit des Widerspruchs, die zur Natur der Denkbestimmungen gehört.[25]

Es genügt, diese Urteile mit den Analysen von *Glauben und Wissen* zu vergleichen, um zu sehen, daß Hegels Bild des Kantianismus sich gründlich verändert hat. Seinerzeit ist Hegel die außerordentliche Wichtigkeit der Antithetik völlig entgangen, die er ihr nun einräumt. Er hatte zuvor nur bemerkt, daß die Vernunft in den mathematischen Antinomien unter ihrem negativen Aspekt erscheint, nicht hingegen ihre positive Natur; weiter hatte er nur gesehen, daß die absolute Trennung von Sinnlichem und Intelligiblem in den dynamischen Antinomien angenommen sei, aber die Ähnlichkeit ihrer Heterogenität nicht genutzt werde, die beiden absolut zu identifizieren. Die Antithetik erschien also damals als etwas an sich völlig Unfruchtbares.[26]

Also wird nicht Kant selbst, sondern ein auf zweiter Stufe hegelianisierter Kant für das Hegelsche Denken fruchtbar. Welche Dosis spezifisch Kantischer Elemente ist in dieser Wirkung enthalten? Berühren sich die beiden Lehrgebäude wirklich an der

Stelle, an der Hegel es sich vorstellt, und so, wie er es sich vorstellt? Auf diese Fragen kann nur eine genauere Analyse der Hegelschen Kritik der Antinomien antworten.

III

Wie Rosenkranz angemerkt hat,[27] war die *Logik* bereits im Jahre 1808 vollendet, obwohl sie erst im Jahre 1812 unter dem Titel *Wissenschaft der Logik* (Nürnberg 1812)[28] erschienen ist. Wir besitzen den Nachweis dafür in den Heften, die Hegel zwischen 1808 und 1811 für seinen Unterricht am Gymnasium in Nürnberg geführt hat, sowie in anderen Schriften der gleichen Zeit, die mit diesem Unterricht zusammenhängen, – Schriften, die später unter dem Titel *Philosophische Propädeutik* veröffentlicht worden sind.[29] Diese Schriften enthalten etwa zehn Seiten, die der Erörterung der Antinomien gewidmet sind.[30] Aber erst die *Wissenschaft der Logik* (1812) und die kleine Schrift über »Die Stellung des Gedankens gegenüber der Objektivität«, die im Jahre 1827 der Ausgabe der *Enzyklopädie der philosophischen Wissenschaften im Grundrisse* hinzugefügt worden ist, geben Hegels Urteil voll wieder. Die Antinomien kennzeichnen den kritischen Punkt der Kantischen Philosophie. Die wahre Natur der Vernunft erscheint und macht sich im Herzen eines Denkens geltend, das im Begreifen eines abstrakt Allgemeinen steckenbleibt. So wird verständlich, daß die Rolle der Vernunft sich ändern muß: sie darf nicht mehr bloß Magd des Verstandes sein, sondern wird das Vermögen, das einzig imstande ist, die Widersprüche zu lösen, die in ihr durch das Tun jenes Verstandes entstehen. Kantische und Hegelsche Vernunft sind nicht mehr ihrer Natur nach, sondern nur noch dem Grade nach verschieden. Es genügt, das Kantische System zu pressen, um wie von selbst die Hegelsche Dialektik aus ihm hervortreten zu lassen. Der Verstand ist dann nur noch ein untergeordnetes Moment der Vernunft, die als wahre Quelle aller Wirklichkeit und alles Wissens erscheint. War dieser Perspektivenwechsel nicht schon in der Kritik an den Systemen der Verstandesmetaphysik implizit enthalten? War eine solche Kritik nicht der negative Aspekt einer Vernunft, deren Antinomien ihren positiven Aspekt sichtbar werden lassen?

Vor der Entdeckung der Antinomien wurde der Inhalt des Denkens vernachlässigt. Man begnügte sich mit der rein äußerlichen Entgegensetzung des Objektiven und des Subjektiven. Mit den Antinomien wird der Inhalt selbst problematisch; die Entgegensetzung ist nicht mehr äußerlich, sondern innerlich; denn es sind die Kategorien selbst, die den Widerspruch herbeiführen.[31] Der Widerspruch zwischen dem Subjektiven und dem Objektiven war eine Tatsache, die an sich kontingent war; der Widerspruch der Antinomie, den die innere Natur der Kategorien erzeugt, ist notwendig. So erscheinen Rationalität, Innerlichkeit und Notwendigkeit zur gleichen Zeit. Wird hier nicht das erste Bild einer konkreten Vernunft entworfen, die sich verwirklicht, indem sie die Gegensätze versöhnt, die aus ihrer inneren Entzweiung entstanden sind? Hegel sagt, Kant habe das Resultat seiner positiven Seite nach aufgefaßt, »als die innere *Negativität* [der Vernunft], als ihre sich selbst bewegende Seele, das Prinzip aller natürlichen und geistigen Lebendigkeit überhaupt.«[32] Diese Entdeckung »ist für einen der wichtigsten und tiefsten Fortschritte der Philosophie neuerer Zeit zu achten«.[33] So weit reicht der positive Anteil in Kants Theorie der Antinomien.

So tief jedoch dieser Gesichtspunkt ist, so banal und oberflächlich ist die Lösung: »Trivial ist die Auflösung.« Hegel zufolge bleibt Kant zu sehr dem Standpunkt des Verstandes verhaftet, um seine Entdeckung nützen zu können. Höchstes Prinzip des Denkens bleibt für ihn ein Verstandesprinzip: das Prinzip der Identität – ein Prinzip, das sicher nicht als positives Element der Erkenntnis ausreicht, aber, negativ aufgefaßt, absolute Notwendigkeit beansprucht.[34] Sein Richterspruch erstreckt sich auf alle intellektuellen Operationen und verurteilt das Prinzip einer konkreten Vernunft, die das Allgemeine in der Identität der Widersprüche synthetisch verwirklichen will, unwiderruflich wegen Unvereinbarkeit. Die eben entdeckte konkrete Vernunft wird mit Gewalt in das Gerüst des abstrakten Verstandes gesperrt und verliert dabei ihre Besonderheit, das heißt: jenen anstößigen Widerspruch. Mehr noch: Das Stigma jenes Makels wird der Vernunft selbst auferlegt und nicht der Welt der Phänomene, die Gegenstand einer wahrhaften Zärtlichkeit ist. Wenn der Widerspruch hat geboren werden können, dann deshalb, weil die Vernunft sich das Recht angemaßt hat, den Verstand zu übersteigen. So verkehrt der Aberglaube des Verstandesstandpunktes die wahre Ordnung der Beziehungen: Die Welt, welche durch die

Vernunft – dank des durch das Selbst dem Selbst gegenübergestellten Anderen – erst realisiert wird, erscheint der Vernunft als fremde und als in sich selbst frei von jedem Widerspruch; der Verstand ordnet sich die Vernunft unter. Weil man den Widerspruch nicht gebrauchen kann, leugnet man ihn. Der Verstand ist unfähig, uns ein absolutes Wissen zu geben. Daher ist es nicht verwunderlich, daß die Vernunft durch diese Unterordnung darauf eingeschränkt wird, diese Unfähigkeit festzustellen bzw. als kluge und bescheidene Gehilfin die Leerstelle zu füllen. Die Erkenntnis des Absoluten wird endgültig für unmöglich erklärt, weil sie auf endliche Kategorien nicht zurückgeführt werden kann. So wird das Wesen der Vernunft verfehlt: Wohl entdeckt man in der Vernunft vier Antinomien entsprechend der Zahl der Kategorien, die man empirisch aufgesammelt hat; wenn man sie aber in ihrer Ganzheit um Rat fragt, dann enthüllt sie eine Vielheit von Antinomien: Jeder Begriff verbirgt seinen Gegensatz, das Sein, das Werden, . . . etc.[35]

So weit der negative Anteil in der Kantischen Theorie der Antinomien. Diese Theorie endet mit dem absonderlichsten aller Resultate, denn sie ergibt, daß die Vernunft das Unendliche nicht erkennen kann, während es doch dem Reich der Vernunft angehört.[36]

Man tut der Vernunft jedoch vergeblich Gewalt an, wenn man versucht, diesen Widerspruch, der ihr Leben selbst ist, als täuschenden Schein abzutun, der von der Verwechslung des Subjektiven und des Objektiven erzeugt ist. Man ist nämlich zugleich gezwungen, die Notwendigkeit dieses Widerspruchs zu bekennen: Die Vernunft lebt unzerstörbar weiter, gerade dann, wenn sie verkannt worden ist. Erkennen ist das Ideal des Denkens. Erkennen heißt, einen bestimmenden und bestimmten Gedanken haben. Daher kann die Vernunft sich nicht weigern, ihre Kategorien spielen zu lassen, die Welt zu denken und die Welt, in diesem Denken, in den Rang des Absoluten zu erheben. Zwar nimmt man ihr jede Möglichkeit von Bestimmtheit, wenn man ihr die Welt nimmt. So sieht man, daß der Widerspruch sich auflöst. Dann hat man jedoch einen Gedanken, der nichts bzw. sich selbst als leeren denkt – einen Gedanken, dessen Ideal von der Identität beherrscht wird. Ohne Inhalt findet dort der Widerspruch keine Nahrung mehr.[37]

Es scheint also, als fände die Notwendigkeit der Antinomien

wie von selbst ihre wahre Natur wieder, wenn man die Einschränkung aufhebt, die Kant der Vernunft willkürlich auferlegt hat. Kant müht sich ab, das Wesen dieser Notwendigkeit zu verfälschen. Er zieht die Notwendigkeit von dem Widerspruch selbst ab, um sie in eine angeblich vorgängige Täuschung zu versetzen, als deren bloße Folge bzw. sekundäres Symptom der Widerspruch dann auftritt; so daß am Ende nicht der Verstand das Problem der Vernunft stellt, sondern die Vernunft sich selbst widerspricht, wenn sie sich »in der Folge dialektischer Schlüsse selbst verwirrt«. Man wird freilich gezwungen sein, die Vernunft und ihre Unternehmungen anders zu begreifen, wenn man einsieht, daß diese dialektischen Schlüsse keinerlei Einfluß auf den Widerspruch selbst haben. Man wird dann herausfinden, daß der Widerspruch sich von selbst zwischen zwei Bestimmungen schiebt, von denen jede die andere verlangt. Die scheinbare Unauflösbarkeit des Widerspruchs ist das Ergebnis ihrer isolierten Behauptung außerhalb des Begriffs, in dem die zwei Bestimmungen sich aufheben würden. Statt Ursprung des Widerspruchs sind in diesem Fall »die dialektischen Schlüsse« nur das logische Gerüst, das den isolierten Charakter einer einfachen Vernunftbehauptung verbirgt.[38] Die Analyse jeder Antinomie zeigt dies, zum Beispiel die der zweiten.

Die zweite Antinomie behandelt die endliche oder unendliche Teilbarkeit der Materie; im Grunde heißt das: die Kontinuität oder Diskontinuität. Kant untersucht die Denkbestimmungen in ihrer Anwendung und Vermischung mit der Vorstellung der Welt, anstatt sie in ihrer abstrakten Reinheit zu betrachten; er hat sich dadurch unnötigerweise mit den Begriffen des Zusammengesetzten, der Welt, der Substanz belastet, verschafft sich im übrigen zugleich den Vorteil, mit Hilfe dieser Verwechslung den Schein eines Beweises hervorzubringen. Die These beginnt mit einer Reihe tautologischer Behauptungen, nämlich daß das Zusammengesetzte nicht aus sich selbst, sondern aus Teilen bestehe, die anders seien als es selbst; daß nichts übrigbleibt, weder Einfaches noch Zusammengesetztes, wenn man in Gedanken jede Zusammensetzung aufhebt, falls man davon ausgeht, daß die zusammengesetzten Substanzen nicht aus einfachen Teilen zusammengesetzt sind. Diese Tautologien nützen nichts, obwohl wir bemerken, daß auf dem Wege unvermerkt die Zusammensetzung an die Stelle der Kontinuität getreten ist. Diese Tautologien führen uns jedoch an den Punkt, den man als das Hauptargument anzusehen hat: »Entweder läßt sich unmöglich alle Zusammensetzung in Gedanken aufheben, oder es muß nach deren Aufhebung etwas ohne Zusammensetzung Bestehendes, das Einfache, übrig bleiben.« Dies kann durch das folgende Dilemma ausgedrückt werden: Entweder ist das Zusammengesetzte das Bleibende, dann aber ist das Bleibende nicht die Substanz *(in der Tat, die Zusammensetzung ist nur eine zufällige Relation der Substanzen)*, oder die Substanz ist das Bleibende, also ist das, was bleibt, das Einfache. Worin besteht der Angelpunkt dieses Beweises? Darin, daß die Zusammensetzung eine zufällige Relation der Substanzen ist, anders ausgedrückt: ein Zustand, der den Dingen der Welt äußerlich ist, die einfache Substanzen sind. Aber es ging doch gerade darum, zu beweisen, daß diese Art von Beziehung für die Substanzen der Welt gilt. Die petitio principii hat sich in die Parenthese als etwas Selbstverständliches eingeschlichen. Gewiß versteht es sich von selbst, daß die Zusammensetzung eine zufällige und äußerliche Beziehung ist. Aber es ging um Kontinuität, nicht um Zusammensetzung, und die Zusammensetzung gibt zu keiner Antinomie Anlaß, denn die Behauptung von der Einfachheit der Teile ist in diesem Falle tautologisch. Alle Tautologien des Begriffs der Zusammensetzung haben deshalb nur den Schein eines Beweises hervorgebracht, der *die einfache Behauptung der Diskretion verbirgt*. Die vorgängige Behauptung, die Zusammensetzung sei eine Weise der Beziehung zwischen Substanzen, impliziert die *assertorische* Behauptung von der Zufälligkeit jener Beziehungen, folglich die Behauptung, die Substanzen seien absolut eins und einfach; die Notwendigkeit der Thesis ist also nicht *indirekt* und auf »dialektische Schlüsse« gegründet, wie Kant uns glauben machen möchte, sondern *direkt* und *unmittelbar*.[39]

Der Gedankengang der Antithese ist ebenso tadelhaft. Man entdeckt in ihr ein »Nest« von fehlerhaften Verfahren. Da jede Zusammensetzung von Substanzen ein äußeres Verhältnis ist, ist sie nur im Raume möglich, der Raum jedoch hat keine einfachen Teile; mithin muß alles Reale, was einen Raum einnimmt, zusammengesetzt sein. Dies ist die Argumentation, die Hegel zufolge auf der Vertauschung von Zusammensetzung und Kontinuität beruht; hier wird jedoch die Kontinuität an die Stelle der Zusammensetzung untergeschoben. Diesem zentralen Paralogismus sind noch weitere Schwierigkeiten hinzuzufügen. Weil das Verhältnis der Zusammensetzung bzw., was dasselbe ist, die Räumlichkeit ein äußeres Verhältnis ist und die Natur der Substanz nicht berührt, scheint man schließen zu müssen, daß die Substanzen nicht in den Raum gesetzt worden sind; da es sich aber um Phänomene handelt, so versetzt man die Substanzen selbst in den Raum. Ferner ist vorausgesetzt, daß dieser Raum nicht aus einfachen Teilen besteht, weil er eine Anschauung und kein diskursiver Begriff ist; muß aber der Raum nicht wie jede Anschauung begriffen werden, geht es hier nicht um den Raum nach seinem Begriffe? Ist der Raum nicht als Anschauung Kontinuität und nach seinem Begriffe aus einfachen Teilen zusammengesetzt? Der Raum tritt also in diese Antinomie ein, wo man nur von der Substanz handeln sollte,– eine Schwierigkeit, die man hätte vermeiden können, wenn man die Antinomie abstrakt als Quantität überhaupt gefaßt hätte (ohne Rückgriff auf die Substanz und das Zusammengesetzte), die Zeit und Raum erst später betrifft. Gleichwohl muß man vorschreiben, daß das Einfache nicht fälschlicherweise in das Element des Raums versetzt wird, das mit ihm unverträglich ist, hat man doch von Anfang an vorausgesetzt, daß der Raum sich nicht aus einfachen Teilen zusammensetzt. Dies hat eine »Kollision« der Kontinuität des Raums mit der Zusammensetzung zur Folge. Die Kontinuität wird jedoch der Zusammensetzung untergeschoben. Wir wissen, daß der Raum nicht aus der Zusammensetzung seiner Teile hervorgeht, sondern seine Teile nur auf einer Einschränkung beruhen. Die Teile bedürfen also eines vorgängigen Ganzen; die Argumentation der Antinomie versetzt die Substanz in den Raum, führt also für die Substanz eine Mannigfaltigkeit von Teilen mit sich, die sich außerhalb einander befinden, und folglich eine Zusammensetzung (ad infinitum), weil die Zusammensetzung, vorgängig so definiert, zugleich mit der Kontinuität identifiziert wird. Der apagogische Umweg, den die Kantische Argumentation benutzt, führt also zum Schein eines Beweises ohne Grund, denn das Prinzip des Beweises besteht in der vorausgesetzten Identifikation der Zusammensetzung und des Verhältnisses der Äußerlichkeit, der Versetzung der Substanzen in den Raum, kurz, in der Behauptung, daß alles Substantielle räumlich sei und der Raum sich nicht aus einfachen Teilen zusammensetze. Ebenso viele Behauptungen, die nichts beweisen, sondern ihrerseits zu beweisen wären.

Überließe man den rationalen Beweis sich selbst, so käme er niemals bei der Thesis der Antinomie an; nur die Identifikation von Substanz und Phänomen, d. h. die Verpflichtung der Vernunft, die Grenzen unserer Sinne als ihre eigenen anzunehmen, hat sie erlaubt.[40]

Die Antinomie ist also überhaupt nicht auf dialektisches Schließen gegründet; dialektisches Schließen ist nicht Antezedens dessen, was es zu beweisen vorgibt, sondern das Ergebnis der Behauptung widersprüchlicher Bestimmungen – eine Behauptung, die diese Schlüsse nur wiederholt. Der Widerspruch wird also nicht von einem *Unvermögen der Vernunft* erzeugt, er ist weder *Folge* eines Irrtums noch eine Täuschung – der Widerspruch hat im Gegenteil *normale* und *unmittelbare* Notwendigkeit. Der Widerspruch ist inhaltlich und kann von nirgendwo anders her abgeleitet werden: diese Notwendigkeit erscheint dem Verstand, der den synthetischen Begriff nicht kennt, welcher den Widerspruch begreifbar macht, als nur durch die Tatsache seiner Existenz rechtfertigbar. Wenn andererseits dieser Begriff fehlt, der zwar die Bestimmungen in ihrer gegenseitigen Opposition setzt, sie aber auch versöhnt, indem er sie vereinigt, dann bedeutet der Versuch, jede Bestimmung isoliert zu beweisen, daß die Bestimmungen zu einem unauflösbaren Konflikt verdammt werden. Dies endet damit, daß sie sich gegenseitig ausschließen, während doch der Widerspruch, als reiner Widerspruch genommen, ihre Verbindung schafft, so, als ob eine Bestimmung mit Notwendigkeit die andere erforderte, um mit ihr zusammen ein Ganzes zu bilden, das keiner der Bestimmungen fehlen kann, soll sie sein können, was sie ist. Die ganze Antinomie reduziert sich also auf die direkte Behauptung der beiden Momente der Quantität, Kontinuität und Diskretion, als schlechthin getrennter. Aber keine dieser beiden Bestimmungen kann ohne die andere gedacht werden, jede enthält an ihr selbst ihr Gegenteil. Die kontinuierliche Quantität ist zugleich diskrete Quantität, weil sie nur die Kontinuität Vieler ist, und die diskrete Quantität ist zugleich kontinuierlich, weil die Einen, die die Diskretion bilden, gleich sind und folglich eine Einheit bilden. Es gibt hier keine zwei Stücke, die ihrer Größe nach verschieden wären, sondern die Wahrheit eines jeden liegt in ihrer Einheit. So enthält der Begriff der Quantität in sich die Einheit der Repulsion (Diskretion) und der Attraktion (Einheit Vieler). Gleiches gilt für alle anderen

Antinomien: Die Entgegensetzung des Endlichen und des Unendlichen löst sich in der wahren Unendlichkeit, die sich in der gegenseitigen Negation des Endlichen und des Unendlichen verwirklicht, auf; das Unendliche schließt das Endliche nicht aus, sondern nimmt es in sich auf, um aus ihm ein Moment seiner Verwirklichung zu machen. Ebenso sind Freiheit und Notwendigkeit im Begriff der konkreten Freiheit vereint. Nur der Verstand begreift die Freiheit als der Notwendigkeit entgegengesetzt.

Sind die künstlichen Hindernisse erst beseitigt, dann hat die Kantische Vernunft als etwas erscheinen können, das wie von selbst die in ihr angelegten Möglichkeiten verwirklicht und natürlicherweise die Gestalt der Hegelschen Vernunft annimmt. Die *Macht* der Vernunft löst das Problem des Verstandes, indem sie die Extreme versöhnt; die Erkenntnis ist nicht mehr auf endliche Kategorien eingeschränkt; die Vernunft wird zur höchsten Erkenntnis; sie ist nicht mehr die absolute Form des Verstandes, und dieser erscheint nur noch als eine der Gestalten, die die Vernunft annimmt, um sich zu verwirklichen, und zwar in einem noch unvollkommenen Augenblick ihrer Offenbarung; so wird die wahre Ordnung der Vermögen wieder hergestellt, die Kant im Grunde mißverstanden hat. Es war eine Anmaßung des Verstandes, Bestimmung für Bestimmung den Widerspruch beweisen zu wollen, den die Vernunft setzte. Der Beweis ist nicht rückwärts gerichtet auf das schon Verwirklichte, sondern nach vorne gerichtet auf das, was sich zur Verwirklichung setzt. Die Synthese rechtfertigt die Entgegensetzungen, die sie versöhnt, denn sie setzt die Notwendigkeit ihrer Gegensätze. Folglich bleibt diese Notwendigkeit im Dunkeln, solange die Synthese sich dem philosophischen Bewußtsein noch nicht offenbart hat, solange die Idee, die totale Synthese, nicht behauptet wird. Die Idee ist so Vernunft im philosophischen Sinne, »Subjekt-Objekt, die Einheit des Ideellen und Reellen, des Endlichen und Unendlichen, der Seele und des Leibs, die Möglichkeit, die ihre Wirklichkeit an ihr selbst hat, das, dessen Natur nur als existierend begriffen werden kann, und so fort; weil in ihr alle Verhältnisse des Verstandes, aber in ihrer unendlichen Rückkehr und Identität in sich enthalten sind. . . . Wenn der Verstand zeigt, daß die Idee sich selbst widerspreche, weil zum Beispiel das Subjektive nur subjektiv und das Objektive demselben vielmehr entgegengesetzt, das Sein etwas ganz anderes als der Begriff sei und daher nicht aus demselben herausgeklaubt werden könne, ebenso das Endliche nur endlich und gerade das Gegenteil vom Unendlichen, also nicht mit demselben identisch sei, und so fort durch alle Bestimmungen hindurch, so zeigt vielmehr die Logik das Entgegengesetzte auf, daß nämlich das Subjektive, das nur subjektiv, das Endliche, das nur endlich, das Unendliche, das nur unendlich sein soll und so ferner, keine Wahrheit hat, sich widerspricht und in sein Gegenteil übergeht, womit dies Übergehen und die Einheit, in welcher die Extreme als aufgehobene, als ein Scheinen oder Momente sind, sich als ihre Wahrheit offenbart.« Der Verstand betrachtet die Extreme in ihrer Abstraktheit außerhalb ihrer Einheit, ». . . vors andere hält der Verstand seine Reflexion, daß die mit sich identische Idee das *Negative* ihrer selbst, den Widerspruch, enthalte, für eine *äußerliche* Reflexion, die nicht in die Idee selbst falle. In der Tat ist dies aber nicht *eine dem Verstande eigene Weisheit,* sondern die Idee ist selbst die Dialektik, welche ewig das mit sich Identische von dem Differenten, das Subjektive von dem Objektiven, das Endliche von dem Unendlichen, die Seele von dem Leibe ab- und unterscheidet und nur insofern ewige Schöpfung, ewige Lebendigkeit und ewiger Geist ist.« Sie ist auch die absolute Vernunft, die – nachdem sie sich als abstrakter Verstand setzt – sich durch ihre Dialektik über die Differenzen, die relativen Produkte und die Natur des Verstandes erhebt, diesen Bestimmungen eine neue Bedeutung gibt und sie in die Einheit zurückführt.[41]

Offenbar geht Hegel bei der Entwicklung seiner Lehre im Ausgang von der Kantischen einen Weg, der keinerlei Unvereinbarkeit der beiden kennt. Die Hegelsche Kritik schließt demnach ein positives Urteil ein, das sich auf die Natur der Antinomien bezieht, so wie Kant sie entdeckt hat, und zwar in Bezug auf die innere Negativität, die sie aufzeigen, – ein negatives Urteil in Bezug auf die Darstellung und die Lösung, die die »Kritik« glaubte machen zu müssen. Diese Lösung hat das philosophische Ergebnis zerstört, das in der richtigen Problemstellung enthalten war. Kurz: Es gibt nach Hegels Meinung eine Unvereinbarkeit, nicht zwar von Kant und Hegel, wohl aber bei Kant selbst. Sie besteht zwischen der Natur der Antinomien und der Lösung, die sie erfahren. In diesem Falle müßte man aber nachweisen können, daß diese Lösung mit der gesamten Kantischen Kritik der reinen Vernunft unverträglich ist; wenn hingegen das Gegenteil nachweisbar ist, wird man schließen müssen, daß die Natur der Antinomien ganz anders ist, als Hegel sie sich vorstellte. Mit anderen Worten: Es ist möglich, daß Hegel falsch beurteilt hat, was er positiv eingeschätzt hat; dann hätten ihm scheinbare Analogien die grundsätzlichen Unterschiede verborgen. Auf der anderen Seite ist es möglich, daß Hegel richtig hat beurteilen können, was er negativ eingeschätzt hat, obwohl er es falsch interpretiert hat; weil ihn dort die Gegnerschaft zu seiner eigenen Lehre das wahre Wesen der bekämpften Philosophie deutlicher hat sehen lassen. Insoweit hätte man die Unvereinbarkeit der Standpunkte der Antinomien und der Hegelschen Dialektik festzustellen. Hegel hat dies früher vielleicht deutlicher gesehen, als er dem Kantischen Denken den Rahmen seines eigenen noch nicht so stark aufgeprägt hatte.

Die Lösung des Antinomieproblems in der »Kritik« ist nicht einer unerklärlichen Zärtlichkeit gegenüber der sinnlichen Welt zuzuschreiben, wie Hegel meint. Sie ergibt sich aus inneren Erfordernissen der Kantischen Lehre. Wären wir reine Spontaneität und wäre uns das Wirkliche in intellektueller Anschauung gegeben, dann hätte sich die Vernunft nur auf sich selbst oder auf jene Anschauung zu beziehen, um ihre Behauptungen und sogar alle Behauptungen überhaupt zu überprüfen. Da es aber der »Kritik« zufolge keine andere Weise der Erkenntnis des Wirklichen als die des Schematismus gibt, d. h. des Verstandes, muß die Vernunft sich diesem letzteren Vermögen unterwerfen; ihre Synthese muß immer mit der des Verstandes übereinstimmen. Da der Widerspruch von diesem Standpunkt aus unauflösbar ist, muß er als ein bloßer Irrtum ausgeschieden werden. Diese Folge der Kantischen Methode ist unvermeidbar. Ebenso wird die Natur des Widerspruches genau bestimmt. Der Widerspruch hat seinen Sitz weder in der Welt noch im Innern der Vernunft, sondern geht aus der Beziehung zwischen beiden als Folge der Anwendung der letzteren auf die erste hervor. Als Ausdruck einer arbiträren Beziehung wird der Widerspruch eine Art Nicht-Sein, eine reine »Erscheinung«. Er hat keinen Innenaspekt mehr wie die Hegelsche Negativität; er ist nur noch die andere Seite einer Entgegensetzung, die dem Denken ganz äußerlich ist: der Entgegensetzung von Subjektivem und Objektivem (als Ding an sich). Kant sagt: »Es gibt eigentlich gar keine Antithetik der reinen Vernunft«, . . . »es zeigte sich nämlich, daß sie auf einem Mißverständnisse beruhte.« »Denn der einzige Kampfplatz für sie würde auf dem Felde der reinen Theologie und Psychologie zu suchen sein«, wo die Vernunft nur mit sich und mit nichts Fremdem zu tun hat. Man kann dann zwar die dogmatischen Thesen leugnen, ihnen aber nichts entgegensetzen, was den Charakter einer entgegengesetzten Behauptung hat. Somit entsteht die Antinomie nicht. Das ist übrigens gut so, denn für Kant ist die Antinomie nicht das höchste Leben der Vernunft. Es ist vielmehr »etwas Bekümmerndes und Niederschlagendes, daß es überhaupt eine Antithetik der reinen Vernunft geben . . . soll.«[42] Hegel hat sich also entscheidend geirrt, wenn er in den Kantischen Antinomien innere Entgegensetzungen der Vernunft gesehen hat, deren wahre Natur durch einen Apparat von nicht stichhaltigen Beweisen mehr oder weniger verfälscht war. Im übrigen widerspricht er sich in seinen Einwänden gegen die Lösung der »Kritik«. Nach Kant endet die Antinomie, wenn die durch die »Kritik« aufgeklärte Vernunft nicht mehr versucht, die Totalität, die ihr Ideal ist, in den Phänomenen zu verwirklichen, die ihr äußerlich sind und die sie als an sich existierend begreift. Vergeblicher Kunstgriff, wendet Hegel ein, denn dadurch wird der Widerspruch zerstört, indem man der Vernunft mit den Phänomenen auch jeden Inhalt wegnimmt und ihren Kategorien jede Bestimmtheit versagt. Liegt hier nicht eher der Beweis, daß die Antinomien und die Hegelsche Verwirklichung der Vernunft niemals irgend etwas gemein hatten? Müßte der Gegenstand der kategorialen Bestimmungen ihnen nicht ursprünglich innerlich zugehören und ihren Inhalt *a priori* bilden, damit die Antinomie eine innere sein könnte, wie Hegel behauptet? Mit anderen Worten: Müßte man nicht das Ding an sich aufgeben, das für Kant die eigentliche Grundlage der Möglichkeit einer Antithetik ist? Der kleinste Schritt in diese Richtung führt uns aber vom Kantianismus weg. Fichte zum Beispiel hat die Antithetik nur zur innerlichen machen können, indem er das Nicht-Ich als vom Ich hervorgebracht gedacht hat; und er ist nicht imstande, die Antinomie zu rechtfertigen, denn sein Ideal bleibt ihre Auflösung durch Ausschluß einer der beiden Bestimmungen.

Die Illusion, der er in Bezug auf die wahre Natur der Antinomien erliegt, führt Hegel dazu, die Geltung der Beweise mißzuverstehen, welche die »Kritik« führt, obwohl er hier und da den Finger auf ernsthafte Schwierigkeiten legt. Er tadelt Kant, daß er sich mit der konkreten Form der empirischen Bestimmungen, den *spezielleren* Substraten der Vorstellung, belastet habe. Aber dieser Einwand setzt den inneren Charakter der Antinomie voraus; er ist für Kant ohne Bedeutung, der im Gegenteil der Ansicht ist, das äußerliche und konkrete Element der Vorstellung sei die *conditio sine qua non* der Möglichkeit einer Antithetik der Vernunft. Die Thesis entsteht Kant zufolge aus einer *Intellektualisierung* des Phänomens; aber worin besteht jene Intellektualisierung, wenn nicht in der arbiträren Anwendung von Begriffen des reinen Verstandes (*Substanz* und *Zusammensetzung*) durch die Vernunft auf Daten der sinnlichen Anschauung *(Teile des Ausgedehnten, Kontinuität)?* Wenn man mit Hegel diese Unterschiebung von Bestimmungen des Intellekts für Bestimmungen der Anschauung eliminiert, dann hört die Intellektualisierung auf, die Thesis löst sich auf, und die Antinomie verschwindet. Diese Substitution ist also nicht Ergebnis einer Nachlässigkeit des Kantischen Denkens, sondern geschieht mit Notwendigkeit in jeder Vernunft, die durch die »Kritik« nicht aufgeklärt ist und naiv zum Handeln übergeht, zu dem sie ein bestimmtes praktisches und spekulatives Interesse treibt. Diese Substitution ist auch nicht überflüssig, denn ohne sie entfällt die ganze Antinomie, weil die Thesis sich nicht mehr bilden kann.

Die gleiche Überlegung gilt für die Antithesis. Wer einwendet, die Kontinuität trete an die Stelle der Zusammensetzung, der wendet sich gegen die Sensualisierung der intellektuellen Elemente, die dort geschieht. Aber diese Sensualisierung ist nicht Kants Werk, sondern wird von Kant als zweiter notwendiger Irrtum einer menschlichen Vernunft aufgedeckt, die vom Empirismus beherrscht wird und sich der »Kritik« nicht unterzogen hat. Entfällt die Sensualisierung des Dinges an sich, wie es der Intellekt denkt, dann löst sich die Antithese auf und die Antinomie mit ihr. Die »Versetzung« der Substanz in den Raum ist also notwendig (unter der Bedingung eines vom Empirismus beherrschten Denkens) und nicht arbiträr oder überflüssig, auch deshalb, weil die Vernunft hier eine Synthese über homogenem Material bildet. Es gibt also keine »Kollision« zwischen dem Zusammengesetzten und der Kontinuität, denn das Zusammengesetzte wird mit Notwendigkeit nach dem Schema der Kontinuität gedacht, letzteres wieder unter der Voraussetzung einer unkritischen, vom Empirismus blind gemachten Vernunft. Überdies bleibt die Anschauung das beherrschende Element dieser begrifflichen Synthese, obwohl es sich um den unter seinem Begriff gedachten Raum handelt; diese Anschauung muß dem anderen Element ihr Gesetz vorschreiben, – dies alles kraft der gleichen Voraussetzung eines Denkens, das den Forderungen des Empirischen uneingeschränkt ausgesetzt ist. So ist es denn zwar richtig, daß ich die Linie als ein Ganzes von Teilen denken muß, bevor ich sie ziehe (was es mir gestattet, sie zu ziehen, indem ich in meinem Denken von den Teilen zum Ganzen gehe), – doch füge ich in der Handlung des Ziehens dieser Linie nicht wirklich Teile an Teile, sondern verschiebe nur eine Grenze von einem Punkt zu einem anderen in einem Raum, in dem das Ganze vorher existiert.

Demnach sind die Begriffe »Substanz«, »Zusammengesetztes« und »Welt« die einzig wesentlichen, nicht nachträglich hinzugefügten. Der Beweis der Thesis besteht darin, die Konsequenzen einer Intellektualisierung des Phänomens zu entwickeln; der Beweis der Antithesis darin, die Konsequenzen der Sensualisierung des Dinges an sich zu entwickeln. Dann und nur dann folgt der notwendige Widerspruch. Er folgt aus der reziproken Vertauschung der Ordnungen des Rationalen und des Phänomenalen, aus der Verwechslung des Subjektiven (Phänomen) und des Objektiven (Ding an sich). Die Antinomien rechtfertigen also für jede ihrer Bestimmungen Beweise, die nichts von ihrer Beweiskraft verlieren, auch wenn sie apagogisch sind.

Stellt sich damit aber für uns die *Antithetik der reinen Vernunft* des wirklichen historischen Kantianismus nicht als ein Pol der Abstoßung heraus, während sie Hegel selbst in dem von ihm neu gedachten Kantianismus als ausgezeichneter Berührungspunkt zwischen der »Kritik« und seinem eigenen System erschien? Vielleicht hat die Kantische Vernunft an keiner anderen Stelle das Stigma des Verstandes deutlicher vorgezeigt, nirgendwo anders ist sie unmittelbarer unter dem Druck ihrer Bedürfnisse dem unterworfen, was Hegel leere Identität nennt. Dieser Konflikt bricht vollends in der »skeptischen Lösung« des Problems auf – einer Lösung, die Hegel verurteilt, die sich aber als mit den Kantischen Prämissen voll vereinbar herausstellt.

Die *Synthese* der Vernunft muß offenbar durch eine Disjunktion zum Verschwinden gebracht werden, damit der Friede wieder hergestellt wird, denn sie ist in jedem Fall als *Verfälschung* einer der beiden Bestimmungen durch die andere gedacht, die den Konflikt *entstehen* läßt, statt ihn *aufzulösen*. Allein die Trennung der Bestimmungen: »Endliches – Unendliches«, »Diskontinuität – Kontinuität«, »Freiheit – Notwendigkeit«, »unendliche Relativität – Absolutes« kann sie vor dem Widerspruch retten. Man wird einwenden, daß diese Disjunktion nicht überall gleich radikal ist. Am radikalsten scheint sie bei den mathematischen Antinomien zu sein, wo Thesis und Antithesis (trotz einer kleinen Prämie zugunsten der Antithese) völlig falsch sind. Tatsächlich findet dort die Synthese zwischen der intellektuellen Totalität und einer einfachen Form der Anschauung statt; diese zweite Bestimmung enthält nur das Gesetz der Anschauung in sich, in Absehung von einer Materie, die sich durch ihre eigene Natur von dieser Form unterschiede, obwohl diese Materie jene Form erhält. Folglich ist es unmöglich, die zwei Bestimmungen der Antinomie zu bewahren, indem man im Gegenstand der Vernunft eine Aspektunterscheidung trifft. Bei den dynamischen Antinomien hingegen ist die Disjunktion nur partiell, denn dort ist die Bestimmung, auf die die Totalität angewandt wird, nicht mehr einfach, sondern doppelt: die in der *Anschauung* gegebenen *Existenzen*. Die deterministische Antithese ist nicht falsch, insoweit diese Existenzen *anschaulich gegeben* sein müssen; die These von der Freiheit ist nicht falsch, insoweit wir die Existenzen als *von der Anschauung unterschieden denken* können. Die radikale Disjunktion zwischen den widerstreitenden Bestimmungen wird durch die Trennung des An-sich und des Phänomens vermieden, nicht nur für die Vermögen des Subjektes als reiner Verstand und sinnliche Erkenntnis, sondern auch innerhalb des Gegenstandes selbst, auf den diese Vermögen angewandt werden. Dennoch ist auch darin keine Spur einer wahren Synthesis zu entdecken; jede Bestimmung bewahrt ihre Geltung nur unter der Bedingung, daß sie sich isoliert. Das hat eine völlige Unbestimmtheit des Gegenstandes zur Folge. Das Endliche ist nicht Äquivalent des Nicht-Unendlichen, es fügt ihm eine neue Bestimmung hinzu. So erklärt sich, daß der Beweis der Endlichkeit nicht zugleich die Nicht-Unendlichkeit beweist. Es ist ein Irrtum zu meinen, das Endliche und das Unendliche seien kontradiktorisch, denn sie sind nur konträr. Das Konträre wird aber zum Kontradiktorischen, wenn man die Welt nicht als etwas an sich Gegebenes ansieht, sondern die Phänomene wieder in ihre wirkliche Beziehung zum Objekt bringt.

Streng genommen, schließen sie einander in diesem Falle nicht mehr aus. Man kann dann vom Standpunkt der regressiven Synthese aus behaupten, die Welt sei *zugleich* nicht-endlich und nicht-unendlich. Aber diese bloß negative Synthese bedeutet nur den gleichzeitigen Ausschluß der Bestimmungen, und die weder endliche noch unendliche Welt bleibt letzten Endes unbestimmt. Statt nach vorne durch konkrete Auffüllung wird die Einheit nach rückwärts durch totale Entleerung hergestellt.

Hegels Urteil über die Antithetik der reinen Vernunft ist also Punkt für Punkt fehlerhaft. Kants Entdeckung der Antinomien ist überhaupt nicht die der konkreten Vernunft. Es sieht also so aus, als hätte der Versuch, den Anteil des spezifisch Kantischen Einflusses auf Hegel genau zu bestimmen, mit einem Ergebnis geendet, das ihn gegen Null gehen läßt. Die Kantische Dialektik liefert Hegel keine Stütze, auch wenn Hegel ihr großzügigerweise zuschreibt, was er von ihr empfangen zu haben meint. Heißt das, daß die sogenannte Rückwendung Hegels auf Kant bloße Illusion der zweiten Phase der Hegelschen Philosophie ist? Keineswegs. Erstens ist die Kantische Theorie der Vernunft weit mehr vom Verstand geprägt als die Theorie des Verstandes selbst; zweitens hat die Lehre von den synthetischen Urteilen a priori, die Lehre von der transzendentalen Apperzeption, Hegel brauchbares Material liefern können. Gleichwohl hat die Synthese bei Kant nicht den versöhnenden und organisierenden Charakter, der ihr später zugeschrieben wird; Kant hat wohl die Einheit des Wissens undeutlich gesehen, aber er hat ihr Modell nicht geliefert. Das Schema der Triplizität hat Hegel bei Fichte und Schelling aufgenommen, bzw. ihr Einfluß hat zu seiner vollen Entfaltung beigetragen. Hegel verdankt Schelling die Idee einer konkreten Synthese, die dem inhaltsleeren Verfahren der frühen »Wissenschaftslehre« entgegengesetzt ist. Also bleibt nur weniges, was Hegel von Kant unmittelbar übernommen hat, sogar was die Form angeht. Dennoch hat es den Einfluß Kants auf die Form gegeben. Aber die »Kritik« hat Hegel weniger Mittel für Lösungen oder Instrumente der Dialektik geliefert als einen bestimmten Geist. Die Philosophie Kants bleibt für Hegel der Prototyp einer deduktiven Philosophie, deren Ziele und Mittel »wissenschaftlich« sind. Gewiß ist die Fichtesche Ausführung der Idee einer vollständigen deduktiven Wissenschaft ungleich näher gekommen als Kant. Trotzdem bleibt Kant derjenige, der als erster eine

Philosophie des Subjekts geschaffen hat, die in ihrer Art ebenso streng ist wie die Mathematik. Er hat seine »strenge Methode« gegen die Popularphilosophie und die mystische Philosophie gesetzt und ist darin dem »berühmten Wolff« gefolgt, »dem Urheber des bisher noch nicht erloschenen Geistes der Gründlichkeit in Deutschland«. Kant hat dieses Werk vollbracht, indem er in der Verfassung des menschlichen Geistes jenes Beweisverfahren entdeckt hat, das für die transzendentalen Fragestellungen angemessen ist. So hat Kant seinen Untersuchungen einen besonderen logischen Status verleihen können, der von der allgemeinen Logik ebenso verschieden ist wie von der Mathematik. Dieser Geist des Kantianismus war dem Schellingschen ganz und gar entgegengesetzt. Hegel ist daher der Meinung, der wahre Schüler Kants dürfe sich nicht einfach auf die Resultate der »Kritik« beziehen, um sich auf ihnen wie auf einem Polster auszuruhen, indem er davon ausgeht, es gebe nichts mehr zu beweisen.[43] Im Gegenteil muß er sich von dem wissenschaftlichen Geist selbst anregen lassen, der der Philosophie erlaubt, in Kants Worten, dem Spiel, der Meinung, der Philodoxie zu entgehen.[44]

»Wir unterscheiden also zweierlei Geist« im Kantianismus, schrieb Hegel im Jahre 1802, ». . . einen der Philosophie, der das System immer ruiniert, und einen des Systems, der auf das Töten der Vernunftidee geht.« Einige folgen diesem »geistlosen Geist« – dem des Systems – buchstabengetreu; was Hegel angeht, so folgt er jenem philosophischen Geiste, der sich zum Bewußtsein der Vernunftidee erhebt und seinen »Kulminationspunkt« in den Synthesen der *Kritik der Urteilskraft* erreicht.[45] Der Entwicklung des Hegelschen Denkens hat eine Entwicklung seines Begriffs des Kantischen »Geistes« entsprochen. Zunächst hat sich dieser Geist für Hegel in den Synthesen der *Kritik der Urteilskraft* ausgedrückt, deren Fülle in der Schellingschen Philosophie verwirklicht schien. Jetzt drückt sich dieser Geist vor allem in der Idee der *Wissenschaft* aus. Deshalb entnimmt die »große Idee der Vernunft« ihren Gehalt weniger dem Inhalt als der Dialektik, die sie einschließt. Der Kulminationspunkt wird von da an von der *Kritik der Urteilskraft* in die »Antithetik der reinen Vernunft« verlegt.

Anmerkungen

1 G. W. F. Hegel, *Wissenschaft der Logik* (1812), I. Teil, Theorie Werkausgabe Suhrkamp Verlag Bd. 5, S. 59, Fußnote.

2 G. W. F. Hegel, *Glauben und Wissen* . . . Theorie Werkausgabe Bd. 2, S. 321.

3 G. W. F. Hegel, *Enzyclopädie der philosophischen Wissenschaften im Grundrisse*, § 51, Theorie Werkausgabe Bd. 7, S. 136.

4 G. W. F. Hegel, *Glauben und Wissen*, a. a. O., S. 331.

5 a. a. O., S. 331–332.

6 G. W. F. Hegel, *Vorlesungen über die Geschichte der Philosophie*, Theorie Werkausgabe Bd. 20, S. 351.

7 Trotz gewisser Passagen im »Leben Jesu«; Nohl, *Hegels theologische Jugendschriften*, S. 73.

8 Haym, *Hegel und seine Zeit*, Berlin 1857, siebente Vorlesung, S. 143 ff.

9 Die Buchhändlerrechnungen Hegels aus der Frankfurter Zeit lassen erkennen, daß seine Käufe außer den Werken Schellings hauptsächlich ausgezeichnete Ausgaben der griechischen Klassiker betrafen. (Rosenkranz, *Hegels Leben*, S. 100).

10 J. Wahl, *Le malheur de la conscience dans la philosophie de Hegel* (Paris 1929, S. 128 ff.).

11 G. W. F. Hegel, *Wissenschaft der Logik* (1812), I. Teil, Vorrede, Theorie Werkausgabe Bd. 5, S. 15 und 16.

12 G. W. F. Hegel, *Phänomenologie des Geistes*, Vorrede, Theorie Werkausgabe Bd. 3, S. 14 und 23; mit diesen beiden Formeln »übersetzt man in Vorstellungsbegriffe, was das Absolute als Geist ausdrückt«.

13 Haym, a. a. O., S. 219–221.

14 *Briefe von und an Hegel* (hrsg. von J. Hoffmeister, Hamburg 1952), Bd. I, S. 59.

15 G. W. F. Hegel, *Enzyclopädie der philosophischen Wissenschaften im Grundrisse*, § 77, Fußnote, a. a. O., S. 167.

16 a. a. O., § 181, S. 332.

17 Nohl, *Hegels theologische Jugendschriften*, S. 289.

18 Ehrenberg, *Hegels erstes System*, S. V–XXIV.

19 *Briefe von und an Hegel*, a. a. O., S. 16.

20 G. W. F. Hegel, *Phänomenologie des Geistes*, Vorrede, a. a. O., S. 22.

21 G. W. F. Hegel, *Differenz des Fichteschen und Schellingschen Systems der Philosophie* (1801), Theorie Werkausgabe Bd. 2, S. 25.

22 G. W. F. Hegel, *Wissenschaft der Logik*, I. Teil, a. a. O., S. 59.

23 ebd., S. 80.

24 G. W. F. Hegel, *Wissenschaft der Logik*, II. Teil, Theorie Werkausgabe Bd. 6, S. 254.

25 G. W. F. Hegel, *Wissenschaft der Logik*, I. Teil, a. a. O., S. 52.

26 G. W. F. Hegel, *Glauben und Wissen,* a. a. O., S. 320.

27 So Rosenkranz im Vorwort zu Bd. XVIII der Gesamtausgabe (1840), S. XV.

28 Die Jenenser Logik folgt wohl Fichteschen und besonders Maimonschen Analysen und enthält trotz der interessanten Erörterungen der Quantität, der Teilbarkeit, des Differentials . . . etc. nicht die geringste Anspielung auf die Kantischen Antinomien (*Jenenser Logik, Metaphysik und Naturphilosophie,* Leipzig 1923, S. 5–34).

29 Bd. XVIII der Gesamtausgabe (1840).

30 S. 107–116 des vorzitierten Bandes XVIII der Gesamtausgabe.

31 G. W. F. Hegel, *Enzyclopädie der philosophischen Wissenschaften im Grundrisse,* Einleitung, § 48, a. a. O., S. 126.

32 G. W. F. Hegel, *Wissenschaft der Logik* (1812), I. Teil, Einleitung, a. a. O., S. 52.

33 G. W. F. Hegel, *Enzyclopädie der philosophischen Wissenschaften im Grundrisse,* § 48, a. a. O., S. 126.

34 Immanuel Kant: *Kritik der reinen Vernunft,* B 191: »Denn daß ihm gar keine Erkenntnis zuwider sein könne, ohne sich selbst zu vernichten, das macht diesen Satz wohl zur conditio sine qua non . . . unserer Erkenntnis.«

35 G. W. F. Hegel, *Wissenschaft der Logik,* I. Teil, Quantität, Anmerkung 2, a. a. O., S. 217 und *Enzyclopädie,* § 48, a. a. O., S. 128.

36 G. W. F. Hegel, *Wissenschaft der Logik,* I. Teil, a. a. O., S. 52.

37 G. W. F. Hegel, *Enzyclopädie der philosophischen Wissenschaften im Grundrisse,* § 48, a. a. O., S. 127.

38 G. W. F. Hegel, *Wissenschaft der Logik,* I. Teil, Die Quantität, Anmerkung 2, a. a. O., S. 218.

39 G. W. F. Hegel, *Wissenschaft der Logik,* I. Teil, a. a. O., S. 218–222.

40 a. a. O., S. 222–227.

41 G. W. F. Hegel, *Enzyclopädie der philosophischen Wissenschaften im Grundrisse,* §§ 214 und 215, a. a. O., S. 370ff.

42 Immanuel Kant, *Kritik der reinen Vernunft,* B 768–771.

43 G. W. F. Hegel, *Wissenschaft der Logik,* I. Teil, a. a. O., S. 59.

44 Immanuel Kant, *Kritik der reinen Vernunft,* B XXXVII. – B. Croce *(Lebendiges und Totes in Hegels Philosophie)* zieht in seinem zweiten Kapitel eine Entwicklungslinie von Kant zu Hegel. Kant habe ein dialektisches Denken, Hegel den Gedanken der logischen Theorie der Dialektik gehabt. Man könnte freilich von Fichte das Gleiche behaupten. Andererseits hat die Bearbeitung, die Kant seinem Denken gegeben hat, zur Folge gehabt, daß das dialektische Element nicht verstärkt, sondern zurückgedrängt worden ist (im »spekulativen« Sinn des Begriffs). Die Antinomie erscheint als die Stelle, an der diese Bemühung am kenntlichsten wird, denn dort wird das dialektische Denken eliminiert. Croce würde dem gewiß zustimmen,

denn er stellt fest, daß der Dualismus durch Kant nicht verstärkt worden ist.

45 G. W. F. Hegel, *Verhältnis des Skeptizismus zur Philosophie*, in: Theorie Werkausgabe Bd. 2, S. 268, 269.

Dritter Teil
Zu den materialen Aspekten Hegelscher Dialektik

Bernhard Lypp

Über die Wurzeln dialektischer Begriffsbildung in Hegels Kritik an Kants Ethik

Wie differenziert analytisch orientierte Kommentare zu Kants »Kritik der reinen Vernunft« auch sein mögen, so wenig wissen sie der Stelle in ihr einen Sinn zu geben, an der die Möglichkeit praktischer Vernunft zunächst nur offengehalten werden soll. Sofern sie den dialektischen Schein nachzeichnen, in den sich die reine Vernunft »unhintertreiblich« verstrickt, wird diese Stelle in einem Atemzug mit dem Vernunftpostulat genannt, durch das Kant der Rede über das »Wesen aller Wesen« einen sinnvollen Charakter geben wollte.[1] Mit dieser Stelle ist das Kantische Postulat der Freiheit gemeint. Aus der Kontraposition der Argumente, die für die beiden Seiten der dritten Antinomie der reinen Vernunft, jener zwischen Kausalität der Natur und Kausalität aus Freiheit, entwickelt werden können, hat Kant seine Konzeption praktischer Vernunft entfaltet. Weil der Leitfaden der Natur nicht unterbrochen werden kann, wenn man den Gedanken einer Handlung nicht faßt, die selbst verursachende Kraft hat, führt Kant mit Hinsicht auf die gegebene Ordnung der Dinge und den ihr korrespondierenden theoretischen Diskurs die umgekehrte Ordnung der Begriffe praktischer Vernunft ein. Die Ordnung ihrer Begriffe und die andere Ordnung der Dinge, die ihr korrespondieren mag, beruht auf dem Faktum, daß die reine Vernunft *für sich selbst* praktisch ist. Die Umkehrung der Ordnung der Begriffe für sich selbst praktischer Vernunft hat Kant dann mit dem Verzicht auf die Deduktion moralischer Gewißheit verbunden, indem er seine Lehre von ihr als dem einzigen Faktum der Vernunft entwarf.[2] Vermöge dieses Faktums ist es möglich, eine ganz andere Ordnung der Dinge zu imaginieren, in der wir gleichwohl sind.

Das Zentrum dieser Lehre, in der Ontologie und Ethik ineinandergreifen, kann als ein Versuch gesehen werden, unter Verzicht auf teleologische Deutungsmuster eine Handlung zu charakterisieren, die nicht einfach vollzogen werden muß, sei es nun nach Maßgabe ihr vorgegebener Prinzipien oder unter dem Druck angeborener und erlernter Fähigkeiten oder Bedürfnisse des Handelnden. Die Handlung, die den Leitfaden der Natur unterbricht, muß vollzogen werden können, weil sie vollzogen werden soll, wenn anders ihr in Umkehrung zur gegebenen Ordnung der Dinge kontrafaktischer Gehalt zugerechnet werden darf. In der Verbindung des Bedeutungsgehaltes von Sollen, Können und Müssen einer Handlung besteht der Kantische Begriff von Freiheit. Es ist diese Verbindung im Begriff der Freiheit, zu der sich die analytischen Kommentare der Kantischen Dialektik in kein Verhältnis setzen können.

Hegel dagegen hat die Verbindung des Bedeutungsgehaltes von Sollen, Können und Müssen, durch die Freiheit charakterisiert werden kann, in seinen »Theologischen Jugendschriften« übernommen und auf die Darstellung geschichtlicher Lebensverhältnisse übertragen. Dies geschah vornehmlich im Blick auf solche historischen Situationen, in denen die für sich selbst praktische Vernunft mit einer Umkehr der allgemeinen Denkungsart einhergeht, in denen verkörperte und individualisierte Freiheit in das Verhältnis des Gegensatzes zu gegebenen Lebensformen tritt. In der Folge dieser Übernahme hat er den Kantischen Begriff moralischen Handelns aufgelöst und schließlich hart kritisiert. Aber diese Auflösung und Kritik erfolgte nicht nach dem Muster der Entlarvung ideologischer Scheinwahrheiten, denn solche Entlarvung verliert für gewöhnlich das eigene Gesicht, da es ihr von der Instanz gegeben wird, die sie zerstört. Hegels Auflösung des Kantischen Freiheitsbegriffs war mit einem affirmativen und systematischen Argument verbunden, ja sie wurde sogar aus ihm abgeleitet. Es ist auch nicht die »Rekonstruktion« der Macht der Geschichte gewesen,[3] die Hegel gegen den Kantischen Freiheitsbegriff gekehrt hat, obgleich er der faktischen Genese und dem Zerfall von Normensystemen ein Interesse entgegengebracht hat, das systematisch aus dem Kantischen Freiheitsbegriff nicht gewonnen werden kann. Aber so wie eine freie Handlung den Leitfaden der Natur unterbrechen und sich von ihm losreißen muß, so muß sie auch jenen der Geschichte zerreißen können, wenn sie die Abkehr von gegebenen Lebensverhältnissen und die Umkehr in der Denkungsart in Gang bringen soll.

Meine These zur Aufnahme und Auflösung des Freiheitsbegriffs, die Hegel in seiner frühsten Kantkritik vollzieht, ist folgende: In ihr werden, noch bevor er zur Grundlegung seiner theoretischen Philosphie fortgeschritten ist, die ersten dialektischen Begriffsbildungen entwickelt. Anhand ihrer soll ein Lebensverhältnis verstehbar werden, das durch die analytische Vernunft nicht erreicht und die bloß historische Rekonstruktion nicht interpretiert werden kann. Man kann es das Verhältnis der *Gegenseitigkeit* nennen. Hegel hat es zum Ausgangspunkt seiner Kritik an Kants Konzeption für sich selbst praktischer Vernunft genommen. Er hat es als dynamische Relation zum Basisprinzip nicht moralischen Handelns, sondern nun sittlichen Zusammenhandelns gemacht. Die Frage, wie dieses als freies wirklich sein könne, kennzeichnet das entscheidende Interesse des jungen Hegel. Darum sind die ersten dialektischen Begriffsbildungen an das Programm einer Ethik gebunden. In ihm ist die umgekehrte Ordnung der Begriffe für sich selbst praktischer Vernunft im Hinblick auf die gegebene Ordnung der Dinge aufrechterhalten, mittels des Prinzips der Gegenseitigkeit aber ihre *einseitige* Ausführung in Bewegung überführt und aufgehoben.

Diese These läßt sich an zwei Schritten der frühsten Kantkritik Hegels erproben (I, II). Mit Rücksicht auf das Faktum der Gegenseitigkeit lassen sich dann einige Konsequenzen benennen, die unabhängig von Hegel Bedeutung haben (III).

I

Die Erfahrung von *Positivität* markiert den Ausgangspunkt von Hegels frühster Ethik, die er im Rahmen einer Kritik an Kants Konzeption praktischer Vernunft entwickelt. Lebensverhältnisse können mit Hinsicht auf ihre rechtliche Organisation positiv sein; dann trifft sie die gleiche Charakterisierung, die ihnen Kant zukommen ließ, wenn er von bloßer Legalität handelte, die an die Gesinnung der Freiheit nicht zurückgebunden ist. Positiv aber können die Formen solcher Gesinnung selbst werden, sofern sie in ihren erweiterten Formen wie etwa in der Religion die Freiheit unter eine Autorität subsumieren, die sich prinzipiell nicht individualisieren läßt – mit der man sich nicht *vereinen* kann. Das ist das entscheidende Merkmal für Positivität. Sie herrscht dort, wo »Unvereinbares vereinigt« ist.[4] Daraus allein ergibt sich bereits der Gedankengang, daß Zwang und Erstarrung, worin die Vereinigung unvereinbarer Strukturen der Erfahrung besteht, Positivität als eine kennzeichnen, die bloß Beraubung der Freiheit und mit Hinsicht auf den Erfahrenden *Negativität* und Mangel ist, mit denen man sich in der Handlung nicht identifizieren kann. Gleichwohl muß die Vereinigung mit der Wirklichkeit vollzogen werden, auch mit einer solchen, mit der man sich im Grunde nicht vereinigen kann. Diese Notwendigkeit – Hegel nennt sie ›Schicksal‹ – erzeugt die Nötigung des Menschen, sich nicht nur zu irgendeiner, sondern zu seiner Zeit in ein Verhältnis zu setzen. Hegel hat sie von Beginn an mit einer Intensität betont, die seine Theorie der Sittlichkeit von Kants praktischer Philosophie unterscheidet.

Die Vereinigung der Zeit[5] ist eines der zentralen Stichworte, die Hegels Systemfragment von 1800 bestimmen. Es besteht im Versuch, die Umrisse seines eigenen Systems unter der Voraussetzung anzugeben, die Verwirklichung der Freiheit könne nur unter dieser Perspektive geschehen. Sie hat seinen Blick dafür geschärft, daß es historische Epochen ganz unterschiedlichen Charakters gibt, daß die Entwicklung gesellschaftlicher Lebensverhältnisse in der Entfaltung *und* im Zusammenbruch von Organisationsformen und Weltbildern besteht, daß es schließlich Völker gibt, die man als glückliche bezeichnen darf, und solche, deren Vereinigung mit der Zeit nur aus Zwang und Fanatismus, eben aus Positivität und dem unglücklichen Widerstand gegen sie besteht.[6] Widerstand gegen Positivität aber ist, wie Hegel im Anschluß an Kant formuliert, in *moralischer Gesinnung* verkörpert.

Hegel hat den ersten Schritt seiner Kantkritik ausschließlich aus dem Gegensatz gewonnen, in den die nach moralischen Grundsätzen handelnde Gesinnung zu positiven Lebensformen tritt. Das hat er unter Bezug auf seine eigene Zeit und die Formen ihrer Legitimation wie in Rücksicht auf historische Epochen und Weltbilder betont. Darum unterscheiden sich seine Interpretationen von Christentum und Judentum von bloß historisch-philologischer Exegese und Quellenkritik. Der Ausgangspunkt dieser Interpretationen der eigenen Zeit und vergangener Lebensformen ist in dem Faktum gegeben, daß sich Positivität, in welcher Gestalt auch immer sie auftritt, und Gesinnung der Freiheit in einem Gegensatzverhältnis bewegen. Es ist dieser Gegensatz, der die Erfahrung des Mangels und der Negativität in gegebenen Lebensformen ausmacht. Hegel bezeichnet sie als Gefühl der *Trennung* der Sphären der Erfahrung, die, wenn sie nicht nach

Prinzipien praktischer Vernunft vereinigt werden kann, von sich aus zu ihrer unkontrollierten *Aufhebung* durch Gewalt treibt.[7]

So ist der Ausgangspunkt für Hegels Programm einer Ethik, mit dessen Bestimmung die Entfaltung der ersten dialektischen Begriffsbildungen einhergeht, in der Erfahrung mangelhafter Vereinigung in gegenwärtigen und vergangenen Lebensformen gegeben. In den frühsten Studien Hegels repräsentiert eine Religion, die bloß »objektiv« ist, mangelhafte Vereinigung der Erfahrung, in den späteren tut es eine solche, die zu einem erstarrten System von positiven Gesetzen geworden ist. Im zweiten Schritt seiner Auseinandersetzung mit Kants Konzeption praktischer Vernunft hat Hegel dann vermöge der Einsicht, daß Positivität nicht einfach gegeben sein kann, sondern sich entwickelt haben muß, die Gleichsetzung solcher Religionsformen mit den objektiven Grundsätzen der Kantischen Moralphilosophie vollzogen. Weil diese unabhängig von jeder geschichtlichen Modifikation gelten und die Neigung, nach ihnen zu handeln, nur als pathologisches Motiv des Handelns gewertet werden darf, repräsentieren sie wie jene eine Autorität positiver Sätze, an die man glauben muß. Beide sind darum nur als Negativität und Mangel erfahrbar.

Das bedeutet nicht, man könne Hegels frühstes Programm einer Ethik als bloße Kritik am Kantischen Sollensbegriff verstehen. In dem Fragment »Glauben und Sein« ist der Rahmen für die zwei Schritte seiner Kantkritik angegeben: Mit Hinsicht auf die Erfahrung einer positiven Wirklichkeit, die sich als negativ erweist, heißt es dort am Beispiel der Beziehung, in der Glauben zum Sein steht: ». . . ein positiver Glaube . . . ist ein solcher, der statt der einzig möglichen Vereinigung eine andere aufstellt; an die Stelle des einzig möglichen Seins ein anderes Sein setzt; der also die Entgegengesetzten auf eine Art vereinigt, wodurch sie zwar vereinigt, aber unvollständig d.h. nicht in der Rücksicht vereinigt sind, in der sie vereinigt sein sollen.«[8] Die Aufgabe einer wirklichen freien Handlung ist es demnach, *vollständige* Vereinigung herzustellen, d.h. eine Aufhebung von Gegensätzen aufgrund von Prinzipien zu erreichen, nach denen gehandelt werden soll.

Der erste Schritt der Hegelschen Kantkritik besteht darin, die Grundsätze für sich selbst praktischer Vernunft in Kontexte ihrer Anwendung zu setzen. In ihm, so könnte man sagen, werden die Situationen gesucht, in denen Geltung und Reichweite moralischer Grundsätze des Handelns erprobt werden können.

Zunächst besteht dieses Verfahren in nichts anderem als der Naturalisierung des Kantischen Kategorischen Imperativs in geschichtlichen Situationen und den psychischen Motivationen des Handelnden. Die Fragen, die Hegel an die Gebote der für sich selbst praktischen Vernunft stellt, sind demnach solche nach der Möglichkeit ihrer Verwirklichung. Daraus kann man erschließen, daß die Geltung dessen, was verwirklicht werden soll, nicht angetastet ist. Nur soll eben eine Verwirklichung geschehen – in ihr erst haben Normen guten Handelns ihre Vollständigkeit erreicht.

Die Voraussetzung aber der Verwirklichung allgemeingültiger Gebote des Handelns ist eine Gesinnung, die das Interesse spürt, nach ihnen zu handeln. Daß dieses Interesse im Rahmen der Kantischen Konzeption praktischer Vernunft nur als Einsicht in die Notwendigkeit eines objektiven Gebotes, in Pflichtbewußtsein und Achtung seiner Geltung bestehen kann, hat Hegel als eine Zumutung an den Handelnden empfunden. Wer soll es denn sein, der sich objektive Gebote in der Handlung zu eigen macht; welches Zeitalter kann sich in den Besitz eines Grundgesetzes setzen, das ihm nicht nur gegeben ist, nach dem es vielmehr selbsttätig handeln will? Die entscheidende Frage, die Hegel im ersten Schritt seiner Kantkritik stellt, lautet deshalb: Wie können die objektiven Gebote der für sich selbst praktischen Vernunft *subjektiv* werden? Der Versuch, die Reichweite des Kategorischen Imperativs in geschichtlichen Situationen zu erproben, die Möglichkeiten seiner organisatorischen Verkörperung zu testen und die psychischen Fähigkeiten zu finden und aufzuklären, die von sich aus nach ihrer Objektivierung in allgemeinen Grundsätzen des Handelns verlangen, ist in der einen Frage enthalten, wie denn ein schlechthin geltendes Gebot des Handelns subjektiv werden könne. Sie durchzieht sämtliche Texte der Hegelschen Jugendschriften.[9]

Der erste Schritt von Hegels Kantkritik besteht darin, mit Hinsicht auf die Grundlegung einer Handlung, die allgemein verbindlich ist, Kants zweiten zu tun. Denn das Problem der Motivation für sich selbst praktischer Vernunft und die Frage nach den Bedingungen der Verwirklichung allgemeiner Grundsätze des Handelns sind für Kant von sekundärer Bedeutung. Für ihn ist dies die Frage nach der Exekution moralischer Prinzipien, und sie kann, dem allgemeinen Rahmen der Transzendentalphilosophie entsprechend, erst gestellt werden, wenn die Möglichkeit dessen, was exekutiert werden soll, gerechtfertigt ist. Empirische Anthropologie, Pädagogik und didaktische Kasuistik sollen dann die Erziehung leiten und in moralische Gesinnung *einführen*. Wenn man dieses Geschäft solchen Disziplinen überläßt und den Blick auf die Exekution der Handlung nicht in ihre Prinzipien selbst hineinnehmen kann, dann ist die Frage der Bestimmung des Handelns nur auf eine andere Instanz verschoben, denn auch die Erzieher müssen erzogen werden. Da dieser Regreß aber unendlich ist, werden sie nach Maßgabe von Klugheit und Geschicklichkeit handeln, d. h. sie werden die Gebote der für sich selbst praktischen Vernunft *theoretisieren*.[10] Da Hegels Frage, wie die Gebote für sich selbst praktischer Vernunft subjektiv werden können, aber in deren Zentrum trifft, kann sie nicht durch den Vorschlag eines Verfahrens theoretischer Implementierung beantwortet werden; denn dann bliebe sie aus der praktischen Philosophie ausgeschlossen. Das ist der Sinn der Bemerkung, die Hegel zu Kants Vorstellung für sich selbst praktischer Vernunft macht: ». . . das Ausgeschlossene ist nicht ein Aufgehobenes.«[11]

Auch Kant hat sich die Frage vorgelegt, wie die »objektiv-praktischen Gesetze der reinen Vernunft . . . subjektiv-praktisch zu machen«[12] sind, um nicht nur Legalität der Handlungen, sondern Moralität der Gesinnung zu erzeugen. Er hat es aber nur innerhalb der methodischen Anhänge zur Konzeption für sich selbst praktischer Vernunft getan. In ihnen hat er dem Begriff der Gesinnung den Sinn gegeben, den Hegel übernommen hat. Moralische Gesinnung ist die Einsicht in die Notwendigkeit, daß es kein anderes Prinzip einer guten Handlung geben kann als ein solches, das in asketischem Pflichtbewußtsein seine Wurzel hat. In Dialogsituationen,[13] so meinte Kant, wird das Bewußtsein asketischer Ideale verstärkt und gesteigert. Vor der Annahme, sie seien die hinreichende Bedingung zur Einführung in die Moralität der Gesinnungen, bewahrte ihn seine Lehre von der sittlichen Einsicht als einem Faktum der Vernunft.

Hegel charakterisiert Gesinnung, in der sich moralische Gebote subjektivieren, von Beginn an als eine Bestimmung, die in sich selbst gegründet ist; ihre eigene Bestimmung darf ihr nicht von einer äußeren Instanz gegeben werden. Gesinnung ist die »Geneigtheit«,[14] so und nicht anders zu handeln. In ihr werden Gebote vollziehbar, ohne ihr von einer fremden Instanz auferlegt zu sein. Hegels Erweiterung des Begriffs moralischer Gesinnung ist also nicht in einem ideologiekritischen Verfahren gewonnen. Er macht Kant nicht den Vorwurf, sie wiederhole als innere Bestimmung des Handelns nur dessen äußere Verpflichtungen, wie sie in Rechtsverhältnissen vorliegen. Es ist vielmehr sein Vorwurf, daß die ihr eigene Dynamik von Kant nicht berücksichtigt wird. Diese der Gesinnung immanente Dynamik hat er dann erst im zweiten Schritt seiner Kantkritik entfaltet. »Subjektiv« bedeutet eben für Kant nur »nicht allgemein verbindlich und verpflichtend«. Daher haben Maximen des Handelns, wenn sie nicht unter die allgemeine Geltung eines Gesetzes gestellt werden, subjektiven Charakter, ganz unabhängig davon, ob sie die Anwendung einer Theorie leiten oder die für sich selbst praktische Vernunft verwirklichen.

Da sich nach Hegel in moralischer Gesinnung eine selbsttätige Geneigtheit als Grund einer Handlung verkörpert, ist es klar, in welches Verhältnis sie zur Positivität, dem ihr schlechthin Fremden, treten muß. Subjektiv können ihr Gebote des Handelns nur werden in einem Akt der *Negation* von Positivität. Diesen Gedanken hat Hegel noch festgehalten, als er in seinem »Systemfragment« die erste Grundformel der dialektischen Logik in Kantischer Begrifflichkeit konzipierte. Wahre Vereinigung von Lebensverhältnissen, die sich immer in Wechsel und Wandel vollziehen, kann nach ihr nur als »Verbindung der Verbindung und der Nichtverbindung«[15] geschehen. Wenn diese Vereinigung aber nicht möglich ist, heißt es dort, dann ist es das einzig Mögliche für den Menschen, die Vereinigung zu verweigern, ihr in der Negation zu widerstehen – ein Programm, das aus der Gegenwart bekannt ist. Und das ist auch der Sinn, den Hegel im ersten Schritt seiner Kantkritik der Vokabel des *Aufhebens* gegeben hat: »Gesinnung hebt die Positivität, Objektivität der Gebote auf«;[16] das heißt nicht nur, sie macht sie einsichtig, sondern in der Negation erfahrbar.

Die Kraft der Negation von Positivität macht den kontrafaktischen Gehalt der Gesinnung aus. Nach Hegel ist er nicht vertragsfähig zu machen. Ein Vertrag über Gesinnungen ist ein Widerspruch in sich.[17] Man kann sie nicht vorschreiben, denn dann wäre etwas Subjektives wie ein Objektives behandelt. Das ist einer der Gründe, warum Kant zwischen Legalität der Handlungen und Moralität der Gesinnung unterschieden hat. In dieser Unterscheidung ist mit Nachdruck betont, daß niemand, der legal handelt, nach der Handlung noch gefragt werden darf, ob er es denn mit der rechten Gesinnung getan habe. Diese Frage läßt sich jedoch auch jener Gesinnung vorlegen, die nicht nur in legalen Handlungen verkörpert, sondern deren immanente Dynamik freigesetzt ist. Wollte man den Mangel, daß sie sich nur in der Negation artikulieren kann, aufheben, dann müßte man ihr auch die Fähigkeit zuschreiben, *sich selbst* zu negieren. Denn wenn das der Fall sein könnte, würde sich die Frage nach der rechten Gesinnung einer Handlung auflösen. Hegel hat diesen Versuch im zweiten Schritt seiner Kantkritik unternommen. Gesinnung bekommt in ihm den Sinn nicht nur geneigter Tätigkeit, die sich gleichwohl in der Negation verwirklicht; sie muß »reflektierte Tätigkeit«[18] sein, eine Tätigkeit, die in ihr eigenes Tun zurückgeht und sich modifiziert. In diesem Schritt verändert sich die Bedeutung der Erfahrung praktischer Vereinigung des Lebens. Sie besteht dem ersten Schritt der Kantkritik zufolge im »Subjektivwerden« von Positivität nach Maßgabe ihrer Negation. Diese negierende Verwirklichung kann sich aber selbst in einen Widerspruch verwickeln. Sie kann aus bloßer Rechtschaffenheit und Ehrlichkeit bestehen, wie sie umgekehrt der reine Fanatismus und bloße Zerstörungswut sein kann. Hegel hat den Mechanismus dieser *Verkehrung* schon im ersten Schritt seiner Kantkritik am Leben Jesu demonstriert. Jesus verkörpert Kantische Gesinnung; er insistiert auf Grundsätzen von Tugend und Freundschaft, die wirklich hätten werden sollen, es gleichwohl nicht geworden sind. Das ist aber nicht aus unerfindlichen Gründen und Zufällen geschehen. Das Schicksal Jesu ist es, daß sich der Mechanismus der Verkehrung an der Gesinnung, die er repräsentiert, auch wenn sie in der Freundschaft erweitert ist, vollziehen mußte, weil sie sich nur in der Negation verwirklichen kann.[19]

II

Der zweite Schritt der Kantkritik des jungen Hegel hat seinen Ausgangspunkt in dem Faktum, daß in dem genannten Mechanismus der Verkehrung die Schranken und Widersprüche der moralischen Gesinnung hervortreten. Obgleich sie die Bedingung der Verwirklichung moralischer Grundsätze ist, erreicht sie diese nur in der Negation. Eine Handlung muß jedoch eine *affirmative*

Verkörperung finden, wenn sie eine solche der Vereinigung sein will. Auch Positivität wohnt der Charakter der Affirmation inne, aber einer Affirmation gegebener und unterdrückender Autorität. Der erste Schritt zur Freiheit ist darum in der Negation getan. Die Affirmation einer Vereinigung hat darin jedoch keinen Bestand. Freiheit kann sich nicht in der Dauer der Negation halten, ohne in die Abhängigkeit und unter die *Knechtschaft* dessen zu geraten, was sie negiert. Hegel hat darum im zweiten Schritt seiner Kantkritik ein Grundverhältnis zur Voraussetzung von Handlungen gemacht, in denen Positivität negiert wird. Es muß die Kraft der Affirmation *und* der Negation in sich selbst haben. Das ist das Grundverhältnis der *Gegenseitigkeit.* Es ist in dem Satz illustriert: ». . . Liebe (hebt) die Schranken der Gesinnung (auf) . . .«.[20]

In der Gegenseitigkeit der Liebe liegt ein Verhältnis vor, in dem sich jene, die in es gestellt sind, selbsttätig vervollständigen und nach Maßgabe der Vereinigung handeln können. Es ist nicht die *einseitige* Geneigtheit der Gesinnung, die verpflichtende Grundsätze vollzieht und in der Negation verwirklicht. Einseitigkeit bedeutet in diesem Falle, daß die Gesinnung zur Freiheit nicht aus sich heraustreten kann. Wäre ihr der Gegensatz in Gestalt der Positivität nicht gegeben, würde sie die Kraft der Handlung verlieren. Aufgrund einsichtiger Beharrung in ihr selbst hat sie den Adressaten ihrer Handlung immer außer ihr selbst; und ist er ihr nicht mehr gegeben, bleibt ihr nur die Selbstzerstörung – darum kann sie wahre, d. h. versöhnende Vereinigung nicht leisten, denn diese besteht in der *Erweiterung* des Umfangs des Lebendigen gegenüber erstarrter Positivität. Auch das Verhältnis der Gegenseitigkeit hat an dieser seinen Gegensatz, aber sie kann nicht nach dem Muster *abstrakter* Negation aufgehoben werden. Als abstrakt ist der Typus dieser Negation erst vom Standpunkt der Gegenseitigkeit her bestimmbar. Ohne dieses Verhältnis zu affirmieren, ist es nicht möglich, von abstrakten Negationshandlungen zu sprechen. Und erst aufgrund der Affirmation eines gegenseitigen Verhältnisses sind Erfahrungen des Mangels und der Negativität wirklich bestimmbar. Der kontrafaktische Gehalt der Negationshandlungen, die auf moralischer Gesinnung beruhen, geht also auch in jene ein, die von dem Faktum der Gegenseitigkeit ihren Ausgang nehmen.

Nun erst, im zweiten Schritt seiner Kantkritik, hat Hegel die

Gleichsetzung einer Autorität, die positiven Charakter hat und darum nur negativ erfahren werden kann, mit den Grundsätzen der Moralität vollzogen, die nach Kant objektive Geltung haben. Beide treten nämlich als Negativität in die Erfahrung des Menschen, freilich nur, wenn man sie von dem affirmativen Grundverhältnis der Gegenseitigkeit aus beurteilt. Hegel hat das lapidar ausgedrückt: ». . . kant. Philosophie – positive Religion . . . Mensch absolute Negation . . .«[21] Das heißt zunächst dieses: Aus der Kantischen Philosophie und der positiven Religion ist der Mensch ausgeschlossen. Beide schließen die Erfahrung des »Subjektiv-werdens« aus. Dann heißt es aber auch, daß er, ins zutreffende Verhältnis zu ihnen gesetzt, nicht nur deren abstrakte Negation, sondern ihre Aufhebung ist. Im zweiten Schritt der Hegelschen Kantkritik erhält der Terminus des Aufhebens nicht nur die Bedeutung abstrakter, sondern *absoluter* Negation.

Die Gleichsetzung objektiver Grundsätze der Kantischen Tugendlehre mit den Gesetzen positiver Religion und bloßen Rechtsverhältnissen demonstriert Hegel am Beispiel der Beziehung von Recht, Gesetz und Strafe. Deren verschiedene Domänen der Erfahrung schneiden sich in einem Punkt. Sie gelten als Gesetz. Wird es verletzt oder übertreten, dann ist ein kausaler Mechanismus in Gang gesetzt, gleichgültig ob in legalen Prozeduren oder in Schuldbewußtsein und schlechtem Gewissen. Durch Schuldgefühl und Strafe ist es aber nicht möglich, Täter und Gesetz zu versöhnen; beide sind mit kausaler Notwendigkeit aneinander gebunden. Täter und Gesetz subsumieren einander gegenseitig, und die Auflösung dieser gegenseitigen Subsumtion ist eine Frage von Macht und Gewalt. Das ist auch eine gegenseitige Beziehung, aber die gegenseitigen Herrschens und Beherrschtwerdens. Hegel hat auf diesem phänomenalen Hintergrund seine ersten Bestimmungen des Verhältnisses von *Herrschaft* und *Knechtschaft*[22] skizziert. Er hat es nicht unter der Voraussetzung getan, Gesetze der Tugend, des Rechts und der Religion würden sich gegenseitig nur abbilden. Die Struktur ihrer Wirkungen vielmehr und die Konsequenzen, die sie hervortreiben, können miteinander verglichen werden – das ist ein anderer Gedankengang.

Mit Hinsicht auf Kants Konzeption praktischer Vernunft hat Hegel in diesem Gedanken wirklich einen Mangel getroffen, der nicht durch die Suche nach besseren Bedingungen der Exekution moralischer Prinzipien behoben werden kann. Er zwingt vielmehr, den ganzen Rahmen, in dem die Prinzipien der Exekution von Moralität festgelegt sind, zu verlassen und ein Basisprinzip *sittlichen* Handelns in Geltung zu setzen. Das ist im zweiten Schritt seiner Kantkritik geschehen. Nicht nur, daß die Reflexion auf die Motive einer Handlung nach dem moralischen Gesetz für Kant von sekundärer Bedeutung ist, auch der Adressat der Handlung ist in ihren Ausgangspunkt nicht wirklich hineingenommen.[23] Im Grunde ist er das moralische Gesetz in Gestalt des Imperativs selbst. Kant hat Einsicht und Gesinnung, die nach ihm handeln, als ein positives Faktum eingeführt und auf ihre Deduktion verzichtet. Aber die Wirklichkeit der Freiheit hat er nur als negative festhalten können. Wenn man die Einsicht in die Notwendigkeit dieser Negativität hat, dann handelt man frei. Der erste Begriff von Freiheit ist negativ; das moralische Gesetz tritt als strafende Instanz in das Bewußtsein dessen, der nach ihm handelt. Kant beschreibt diesen Tatbestand als die »nötigende« Kraft des Gesetzes der Freiheit. Die Not des Menschen, d. i. sein Mangel an Freiheit, läßt sich aber nicht durch eine Nötigung aufheben, die ein Gesetz auf ihn ausübt. Das ist die Bedeutung des Diktums von Hegel: »Solange Gesetze das Höchste sind«,[24] kann es keine wahre, sondern *nur* die Gerechtigkeit der »Pflichtlinge« geben. In einem positiven Begriff von Gerechtigkeit und Freiheit muß das Gesetz als strafende Instanz aufgehoben sein. Es geht nicht an, daß es im Akt der Übertretung erfüllt ist, wie es nicht zugelassen werden darf, daß seine Erfüllung die Erfahrung des Mangels ist. Das ist die Subsumtion von Täter und Gesetz, in der sie sich wechselweise verkehren und in der gegenseitigen Verletzung des Lebens verharren. In der Vernichtung dieses Subsumtionsmechanismus besteht eine entscheidende Bedeutungsvariante der Vokabel des »Aufhebens«; ihre bestimmteste Ausführung hat sie in jener des *Versöhnens* erhalten.[25]

Das Verhältnis, in dem die Verletzung des Lebens aufgehoben ist, die Gesetz und Täter sich in abstrakter Negation wechselweise zufügen, ist die Gegenseitigkeit der Liebe. Da es die Kraft *selbsttätiger* Negation in sich enthält, hat Hegel es als Basisprinzip seiner frühsten Ethik eingesetzt. Der Grund seiner Selbsttätigkeit liegt in dem Faktum, daß es zugleich seine eigene Verkörperung sein kann. Und das ist der Fall, weil der Adressat der Handlung in den Umfang der Bestimmung, für die gehandelt wird, hineingenommen ist. Es ist nicht nur in imperativischer Rede auf sie gezeigt. Gegenseitigkeit des Handelns läßt sich nicht durch Befehl und Dekret einer äußeren Instanz herstellen, sondern muß aus der ihr selbst immanenten Dynamik heraus verwirklicht werden können.

Wenn Bewegung und Adressat der Handlung nicht in das Prinzip hineingenommen sind, nach dem sich die Handlung vollzieht, dann ist die Möglichkeit abstrakter Negationshandlungen gegeben. Sie sind dadurch gekennzeichnet, daß sie keine entäußernde Kraft haben, die Negation nicht anders auf sich anwenden können als in der Selbstzerstörung. Das ist nun der Gesichtspunkt, den Hegel auf die moralische Gesinnung und das Prinzip anwendet, nach dem sie handelt. Hat er im ersten Schritt seiner Kantkritik die Frage gestellt, *wer* es denn sein soll, der sich in den Besitz des kategorischen Imperativs setzt, ist nun die Frage leitend, *für wen* das wohl geschehen kann. Eine in sich beharrende Gesinnung kann dieser Adressat nicht sein. Die Weisen und Formen ihrer Organisation können ihn nicht repräsentieren. Für ein Gesetz um seiner selbst willen kann man nicht handeln, und eine in sich beharrende Gesinnung setzt seine negative Wirkung nicht außer Kraft, weil sie sich nicht entäußern kann. Für wen sollte sie es auch tun?

Das *Verhältnis* der Gegenseitigkeit verkörpert die Aufhebung des Gleichgewichts von Gesetz und in sich beharrender Gesinnung. Es ist nur denkbar als Einheit von Selbsterhaltung und Selbstentäußerung. Darum ist ihm von Beginn an Bewegung und Gegensatz immanent. Seine Verwirklichung kann nur im Bezug und im Gegensatz des Einen zum Anderen bestehen. Seine Bewegung ist nicht die wechselweise Subsumtion, aber auch nicht die Bewegungslosigkeit wechselweisen Desinteresses oder die Festigkeit einseitiger Rechthaberei. Das ist die der Liebe immanente *Dialektik*. Hegel versucht sie so zu bestimmen: Liebe ist die Einheit des Wesens in der Differenz der Erscheinungen des Einen und des Anderen. Sie impliziert auch die Möglichkeit der Vernichtung der Differenz des Einen und des Anderen, aber im Hinblick auf die Einheit eines Wesens, in dem beide absolut negiert sind.[26] Darum bemerkt Hegel, in der Liebe als verkörperter Gegenseitigkeit seien Tätigkeit und Leiden[27] zusammengenommen; sie sei »reflektierte Tätigkeit«, die im Gegensatz noch im Blick auf den »Spiegel unseres Wesens«[28] stattfindet. Sie ist ein

Verhältnis Unterschiedener, die »an Macht gleich«[29] sind, ein verwirklichter »reflexiver Mechanismus«.[30]

Nun ist klar, worin sittliches Zusammenhandeln besteht: Verletze ich meine Pflicht gegenüber dem anderen, dann habe ich mich selbst verletzt, die imperativische Nötigung zu ihr ist mir nicht von außen auferlegt. Umgekehrt ist es so: Wenn ich mich selbst negiere, habe ich mich nicht selbst zerstört, sondern den Umfang meiner Lebendigkeit im andern erweitert. Bestimmt man diese Erweiterung der Erfahrung als Glück, dann ist die Unterscheidung von Moral- und Glückseligkeitsprinzip, auf die Kant seine Konzeption für sich selbst praktischer Vernunft aufbaute, um Freiheit zu retten, in sich zusammengefallen. Hegel charakterisiert späterhin alle Formen der Vermeidung solcher Erweiterung der Erfahrung als »Unglück«. In den Jugendschriften demonstriert er es am Beispiel von Widerstand und Zusammenbruch der schönen Seele.

Die Reziprozität sittlichen Handelns, die Hegel am Beispiel der Liebe erläutert, kann wie die moralische Gesinnung nicht als ein Verhältnis des Vertrags gedeutet werden. Die Erfahrungen des Entäußerns, welche sie repräsentiert, sind gegenüber denen des Gebens und Nehmens und ihrer Regelung im Vertrag von weiterer Geltung. Allen Formen äußerer Verpflichtungen gegenüber muß das Entäußern nicht in abstrakter Negation, in der wechselweisen Zerstörung und Verletzung des Lebens verharren, weil es die Bewegung der Negation in sich selbst hat. Man kann diese Weise des Zusammenhandelns im Unterschied zur Einseitigkeit der Moralität des Handelns auch *Solidarität* nennen. Den Transformationsprozeß, in dem Erfahrung nach Maßgabe ihrer Geltung erweitert und bestimmt wird, nennt Hegel die »Modifikation« des Lebens.

III

Als empirisches Faktum ist das Verhältnis der Gegenseitigkeit aus psychologischen und soziologischen Untersuchungen bekannt. Mit Hinsicht auf die Fähigkeiten psychischer Systeme kann ein Typus ihres Gebrauchs ausgezeichnet werden, der im Unterschied zu senso-motorischem Hantieren und egozentrischem Projektieren unter dem Bewußtsein der Gegenseitigkeit vollzogen wird. Das Objekt solchen Regelbewußtseins ist nicht ein Gegenstand, der nach Maßgabe von Neugierde oder Gewohnheit manipulierbar erscheint; es ist auch nicht die Bestätigung oder Enttäuschung eigener Projektionen, durch welche das opake Medium der Erfahrung erschlossen wird. Ob in Anpassung an konventionelle Muster der Erfahrung oder in Opposition zu ihnen – ein Regelgebrauch, der im Bewußtsein der Gegenseitigkeit vollzogen wird, geschieht im Hinblick auf einen Adressaten, von dem angenommen wird, er handle selbst unter dem Bewußtsein der Gegenseitigkeit. Der phänomenale Gehalt der Gegenseitigkeit besteht in einer Dezentrierung eigener Erfahrung, die erst im Hinblick auf den anderen verbunden und zentriert ist. Die Praxis gegenseitigen Regelgebrauchs kann nur vollzogen werden, wenn eine verpflichtende Entäußerung in ihr mitvollzogen wird.[31]

Das Verhältnis der Gegenseitigkeit ist auch aus sozialanthropologischen Forschungen bekannt.[32] In seine Charakterisierung sind Erfahrungen eingegangen, die seit dem Entstehen frühbürgerlicher Anthropologie benannt wurden. Durch sie wurden diese Erfahrungen mit der Staatstheorie verbunden und auf die Konstruktion des Übergangs vom Zustand der Natur in jenen der Kultur bezogen, der sich im Gesellschaftsvertrag vollzieht. Dennoch haben sie vorkontraktuellen, vielleicht auch gar nicht vertragsfähigen Charakter. Es sind die Erfahrungen des Selbst und des Anderen. Als leidenschaftliche Unruhe und bedrängende Fremdheit sind sie im Verhältnis der Gegenseitigkeit zusammengenommen. Handlungen nach Maßgabe dieses Verhältnisses haben vorkontraktuellen Charakter und repräsentieren die tiefsten Schichten sozialer Wirklichkeit.

Man kann das Verhältnis der Gegenseitigkeit unter kontroversen Perspektiven beurteilen. Wenn man davon ausgeht, es sei als Grund sozialen Handelns zu labil und stelle eine permanente Bedrohung einer auf Dauer gestellten, nach institutionellen Regeln verlaufenden Lebensform dar, dann muß man für ein Ethos der Institutionen plädieren.[33] Hat man einmal die obsessive Vorstellung gefaßt, Lebensverhältnisse könnten sich nur in konventionellen und habituellen Formen gesichert vollziehen, dann steht die Beurteilung vorinstitutionellen Zusammenhandelns nicht nur unter dem Gesichtspunkt, es sei in ihm eine prinzipielle Bedrohung des Ethos der Institutionen verkörpert, sondern es ziele aufgrund der Tendenzen, sich selbst zu universalisieren, auf dessen Vernichtung.

Aus der Erfahrung des unruhigen Selbst und der Fremdheit des Anderen läßt sich aber auch die Konsequenz ziehen, die Weise, wie sie in gegenseitigem Handeln zusammengenommen sind, ließe sich in institutionelle Systeme überhaupt nicht transformieren – außer im Modus ihrer Beschädigung und Korrumpierung. Nicht gegenseitiges Handeln ist es, das in dieser Perspektive als Bedrohung gesicherter Lebensverhältnisse erscheint, sondern diese selbst sind als Verhältnisse des Lebens ohne das Vertrauen und die Spontaneität vorregulierten, gleichwohl aber nicht willkürlichen Handelns gar nicht denkbar. Welche Handlungsträger man dann als Organisationen solcher Spontaneität einsetzt, ist eine sekundäre Frage.

Wie immer es sich mit der genetischen oder anthropologischen Beschreibung gegenseitigen Handelns verhalten mag – aus der Fassung, die ihm Hegel anhand seiner ersten dialektischen Begriffsbildungen gegeben hat, ergeben sich Konsequenzen, die man unabhängig formulieren kann. Es macht die Breite von Hegels später Theorie der Sittlichkeit aus, daß sie allesamt in sie eingegangen sind.

Man kann dem Prinzip der Gegenseitigkeit keine *institutionalistische* Interpretation geben; man kann es nicht durch ein Handeln ersetzen, das sich nach organisatorischen und politischen Imperativen vollzieht. In diesem Prinzip ist die Unterscheidung aufbewahrt, die Kant zwischen Handlungen nach dem kategorischen Imperativ und solchen, die hypothetische Imperative durchsetzen, getroffen hat. Diese verlaufen nach Maximen technischer Geschicklichkeit oder pragmatischer Klugheit. Solidarisches Handeln kann sich aber nicht nach dem Muster taktischen Manipulierens[34] vollziehen, wie es nicht aus der Anwendung technischer Maximen auf gegebene Lebensverhältnisse zum Zwecke ihrer institutionellen Regulierung und der Erweiterung ihrer Funktionsfähigkeit bestehen kann.

Man kann das Prinzip der Gegenseitigkeit nicht ausschließlich als *anarchistische* Gegenhandlung interpretieren und solidarisches Zusammenhandeln einem natürlichen Widerstandsrecht gegen gegebene Lebensverhältnisse gleichsetzen.[35] Solchem Begriff gegenseitigen Handelns wohnt keine Kraft der Selbstnegation inne, außer in der Weise der Selbstzerstörung. Reine Negationshandlungen bleiben von den Verhältnissen abhängig, gegen die sie sich wenden, und modifizieren sie nicht.

Auch die milden Formen anarchistischer Ethik, in denen der Grund des Handelns in der Steigerung des Selbstgefühls oder im Mitleid für den anderen gesucht wird, haben diese Kraft der Selbstnegation nicht.[36] Das Selbst und der Andere sind in Handlungen, die nach solchen Motiven vollzogen werden, als feste Punkte gedacht, die sich in der Gegenseitigkeit nicht aufheben.

Es ist nicht richtig, das Verhältnis der Gegenseitigkeit als einen Zustand einzuführen, in dem sich Handelnde in einer Position des Gleichgewichts und des Desinteresses gegenüberstehen.[37] Versteht man es so, dann läßt sich nicht sehen, warum sie das Equilibrium verlassen sollten, es sei denn zur gegenseitigen Übervorteilung und wechselweisen Machtausübung. So gedeutet, kann Gegenseitigkeit nur die ideale Situation eines Kontraktverhältnisses verdeutlichen und das Heraustreten aus dem Zustand wechselweisen Desinteresses ist nur die mehr oder weniger starke Abweichung vom kontraktuellen Equilibrium. Gegenseitigkeit im hier gemeinten Sinne ist kein Kontraktverhältnis, auch nicht ein solches, das in einer idealen Situation wechselweisen Desinteresses der Parteien plaziert ist. Darum ist es auch ein Verhältnis des Gegensatzes und nicht ein solches bewegungsloser Übereinstimmung. Im übrigen kann es deshalb auch nicht durch eine ideale Dialogsituation kommentiert werden, die, wenn sie verwirklicht wird, nur in lerntheoretischer Indoktrination und psychologischer Beratung besteht.

Und noch eine Konsequenz ganz anderer Art kann man daraus ableiten, daß Hegel seine ersten dialektischen Begriffsbestimmungen anhand eines Programms sittlichen Handelns entfaltet hat. Ist es auch nur in irgendeiner signifikanten Weise in die ausgeführte Methode der Dialektik eingegangen, dann ist der Versuch ihrer Transformation in eine sogenannte »wissenschaftliche Dialektik« ein irreführendes Unternehmen.[38]

Anmerkungen

Für freundschaftlichen Zuspruch und sachkundige Hinweise danke ich R. P. Horstmann.

1 Vgl. P. F. Strawson, *The Bounds of Sense. An Essay on Kant's Critique*

of Pure Reason, London 1966, S. 207ff. Die Dialektik der reinen Vernunft hat Jonathan Bennett in seinem zweiten Kantbuch genauer untersucht. Aber auch zu seinem Kommentar ist zu bemerken, daß Kants Begriff der Dialektik nicht ohne Bezug auf die »Kritik der praktischen Vernunft« interpretiert werden kann. Insgesamt besteht er in dem Verhältnis – Kant nennt es die ›Proportion‹ –, in dem theoretische Einschränkung und praktische Erweiterung der Erfahrung zueinander stehen. Versteht man Kants Begriff der Dialektik als asymmetrische Proportion, dann kann man ihn nicht allein aus dem Gegensatz zur Analytik bestimmen. Kant verweist gelegentlich auf Erfahrungsstrukturen, die sich mit Hinsicht auf die analytischen Hypothesen des Verstandes als »zu groß« oder »zu klein« erweisen. Diese Bemerkungen sind, als Problem der Proportion von theoretischer und praktischer Vernunft betrachtet, nicht nur lakonische Metaphern, wie Bennett meint. Vgl. Jonathan Bennett, *Kant's Dialectic*, Cambridge 1974, S. 186.

2 Vgl. D. Henrich, Der Begriff der sittlichen Einsicht und Kants Lehre vom Faktum der Vernunft. Jetzt in: G. Prauss (Hrsg.), *Kant. Zur Deutung seiner Theorie von Erkennen und Handeln*, Köln 1973, S. 223ff.

3 In dieser Art Rekonstruktion soll nach Blasche/Schwemmer Hegels Begriff der Dialektik bestehen. Vgl. Methode und Dialektik. Vorschläge zu einer methodischen Rekonstruktion Hegelscher Dialektik. In: M. Riedel (Hrsg.), *Rehabilitierung der praktischen Philosophie*, Bd. 1, Freiburg 1972, S. 457ff.

4 G. W. F. Hegel, Theorie Werkausgabe Suhrkamp Verlag, Bd. I (*Frühe Schriften*), Frankfurt 1970, S. 244 (Fernerhin zitiert als I).

5 I, S. 427. Hegel bestimmt den Gegensatz der Vereinigung, die Trennung, als Not. In der Entwicklung und Ausdifferenzierung von Kulturen steigert sie sich nur dann, wenn sie in deren Zentrum trifft. Dann allerdings macht sie »die Menschen umso schrecklicher«. (G. W. F. Hegel, *Theologische Jugendschriften*, hrsg. v. H. Nohl, Tübingen 1907, S. 373. Diese Stelle ist in Entwürfen Hegels zu finden, die in der Werkausgabe seiner Schriften unverständlicherweise nicht abgedruckt wurden.)

6 So hat Hegel die mosaische Religion eine »Religion aus Unglück fürs Unglück« (I, S. 373) genannt. Im Hinblick auf seine Zeit beschreibt er in der frühen Einleitung in die Verfassungsschrift solches Unglück am Beispiel des gesellschaftlichen Zustandes Deutschlands: »Der Stand des Menschen, den die Zeit in eine innere Welt vertrieben hat, kann entweder, wenn er sich in dieser erhalten will, nur ein immerwährender Tod, oder, wenn die Natur ihn zum Leben treibt, nur ein Bestreben sein, das Negative der bestehenden Welt aufzuheben, um sich in ihr finden und genießen, um leben zu können.« – G. W. F. Hegel,

Politische Schriften, Nachwort von Jürgen Habermas, Frankfurt 1966, S. 16.

7 Vgl. I, S. 243.

8 I, S. 252.

9 Vgl. I, S. 16. Wenn eine Religion subjektiv geworden ist, dann ist sie, wie es dort heißt, eine Sache des Herzens und des Gefühls. Die unmittelbare und vollkommen undistanzierte Übernahme Kantischer Begriffe der Moralphilosophie ist in den frühsten Manuskripten der Jugendschriften am deutlichsten. Zugleich ist in ihnen die stärkste Wirkung Rousseaus auf Hegel enthalten. In einem Entwurf von 1797 erscheint das Stichwort des »Subjektiv-werdens« bereits in den Terminus des »Begriffen-werdens« übersetzbar. Man kann diese Stelle als einen Schlüssel zu Hegels Theorie des Begriffs nehmen. Vgl. I, S. 239ff.

10 Hegel nennt das die Verkehrung eines Objektiven in ein Subjektives. Sie kennzeichnet die Positivität der christlichen Religion. Vgl. I, S. 185ff.

11 I, S. 301.

12 I. Kant, *Kritik der praktischen Vernunft,* in: *Werke, Bd. IV,* hrsg. v. Wilhelm Weischedel, Darmstadt 1956, S. 289 (A 272).

13 ebd. (A 273).

14 I, S. 301.

15 I, S. 422. Hegel wendet diese Formel auf die Form der Entwicklung von Verhältnissen des *Lebens* an.

16 I, S. 302.

17 Vgl. I, S. 160ff.

18 I, S. 240.

19 Vgl. I, S. 350. Hegel interpretiert die Gestalt Jesu nach Maßgabe des zweiten Schritts seiner Kantkritik als schöne Seele. Sie repräsentiert zunächst, dem ersten Schritt entsprechend, den Kantischen Tugendlehrer, der auf der Verwirklichung moralischer Gesinnung insistiert. Erst auf Jesus als schöne Seele trifft folgende Bemerkung zu: »Die höchste Freiheit ist das negative Attribut der Schönheit der Seele, d. h. die Möglichkeit, auf alles Verzicht zu tun, um sich zu erhalten. Wer aber sein Leben retten will, der wird es verlieren.«

20 I, S. 302.

21 I, S. 254.

22 Vgl. z.B. G.W.F. Hegel, *Theologische Jugendschriften,* a.a.O., S. 374. Die Aufhebung von Herrschaft und Knechtschaft ist in *freier Vereinigung* erreicht.

23 Das ist auch nicht in der Subformel des Kategorischen Imperativs geschehen, die dem hier skizzierten Sachverhalt noch am nächsten kommt: »Handle so, daß du die Menschheit, sowohl in deiner Person, als in der Person eines jeden andern, jederzeit zugleich als Zweck,

niemals bloß als Mittel brauchest.« – I. Kant, *Werke Bd. IV*, a. a. O., S. 61 (AB 66f.). – Im Grunde soll durch sie mit dem Hinweis auf die Menschheit als Zweck in ihr selbst nur die Möglichkeit der Selbstzerstörung ausgeschlossen werden; diese ist nach Hegel aber die Folge einer nach abstrakten Prinzipien handelnden Gesinnung.

24 I, S. 339.

25 Vgl. I, S. 350, wo Aufheben, Verzeihen, Vernichten und Versöhnen synonym gebraucht werden.

26 Darum besteht die Dialektik der Liebe nicht im Mitleid des Einen mit dem Anderen. Im Mitleid stehen beide in einem abstrakten Verhältnis zueinander. Hegel hat die Struktur des Mitleidens in die Geschichte projiziert und sie als *Pathos* tragischer Lebensformen bestimmt. Es kann nicht als Grund eines Handelns betrachtet werden, dessen historische Voraussetzung das Auftauchen der Leidenschaft als Weise der Selbstbeziehung und der Beziehung zum Andern ist. Die Dialektik der Liebe muß aber auch vom »Pathos der Distanz« unterschieden werden, das Nietzsche gegen jenes des Mitleidens gesetzt hat.

27 Vgl. I, S. 243.

28 ebd.

29 ebd.

30 So würde es Luhmann nennen.

31 Vgl. J. Piaget, *Das moralische Urteil beim Kinde*, aus dem Französischen von Lucien Goldmann, Frankfurt 1973.

32 Vgl. dazu die ausgezeichnete begriffsgeschichtliche Studie von H. H. Ritter zum Stichwort Gegenseitigkeit in: J. Ritter (Hrsg.), *Historisches Wörterbuch der Philosophie*, Bd. 3, Basel/Stuttgart 1973, S. 119ff.

33 Das ist die Position Gehlens *und* die jeder Gesellschaftstheorie, in der Ethik mit Taktik gleichgesetzt wird.

34 Darum ist die Unterscheidung von Ethik und Taktik nicht mit jener zwischen Theorie und Praxis identisch.

35 Das hat H. Marcuse getan.

36 In einem schönen Essay wird dieser Mangel von J. Starobinski am Beispiel Rousseaus gezeigt. Vgl. J. Starobinski, *Rousseaus Anklage der Gesellschaft*, Konstanzer Universitätsreden, Konstanz 1977, bes. S. 29.

37 In dieser Weise macht J. Rawls das Verhältnis der Gegenseitigkeit zur Bedingung der Gerechtigkeit als fairer Distribution von Gütern. Vgl. J. Rawls, *A Theory of Justice*, Cambridge/Mass. 1971, Chapter I (deutsch: *Eine Theorie der Gerechtigkeit*, Frankfurt 1975).

38 Das gilt besonders für die Transformation und Positivierung der Dialektik, deren exemplarische Bewährung die »Logik des Kapitals« sein soll. Die neueren Versuche dieser Transformation gehen zum großen Teil auf die dürftige Unterscheidung Althussers zwischen Ideologie

und Wissenschaft im Werke von Marx zurück, um sie als Mittel der Interpretation klassischer Texte zu nehmen. Da diese dann beweisen muß, was vor dem Unternehmen des Beweises feststeht, führen ihre Resultate auf dem Umweg der Verstärkung von Dogmatismus und ästhetisch-philologischer Spielerei zur Dürftigkeit der Ausgangsthese zurück.

László Erdei
Die Hegelsche Grundform der Erkenntnisarbeit

Die größte Tat der Hegelschen Philosophie, besteht – als *erster* Abschluß der Ergebnisse der mit Kant beginnenden historischen Periode – in der Erkenntnis und wissenschaftlichen Beschreibung der *echten* Natur der menschlichen Arbeit. Zwar faßte Hegel die Natur der menschlichen Arbeit noch auf idealistische Weise, d. h. als »absolute Idee«, als »absoluten Geist«, auf; jedoch ändert diese Tatsache nichts an dem Umstand, daß er – wie es Marx sagt – »das Wesen der *Arbeit* faßt«,[1] und zwar als erster in der Geschichte der Philosophie, der menschlichen Wissenschaft überhaupt.

Es ist jedoch auch bekannt, daß dieses von Hegel entdeckte Ergebnis in noch einer anderen Hinsicht einseitig ist. Wie es Marx formulierte: »Die Arbeit, welche Hegel allein kennt und anerkennt, ist die *abstrakt geistige*.«[2] Mit anderen Worten ausgedrückt, Hegel erschließt zwar das Wesen der menschlichen Arbeit, legt jedoch hierzu die Arbeit des *Bewußtseins*, des Erkennens zugrunde. Dieses letztere legt er aber *tatsächlich* zugrunde, und das ist u. a. der Grund dafür, daß er das Wesen – wenigstens, was die Erkenntnisarbeit anbelangt –, d. h. die abstrakte dialektisch-logische Struktur *jeder* Erkenntnisarbeit, wirklich erschließt.

Ich möchte den Versuch unternehmen, das *Wesentliche* der Hegelschen Vorstellungen in Erinnerung zu rufen und es, wie man es üblich sagt, »auf die Beine gestellt« interpretieren – selbstverständlich nach meinen eigenen Vorstellungen.

1. Nach der Auffassung von Hegel geht die Erkenntnisarbeit – ganz gleich, von welchem Erkenntnisobjekt die Rede ist – stets von dem sozusagen *fertig vorgefundenen* Unmittelbaren des Objektes aus: von der durch die Natur des Objekts bereits bestimmten und in diesem Sinn gegebenen Gesamtheit der Fakten. Die *erste* Tätigkeitsphase der Erkenntnisarbeit besteht nunmehr – ebenfalls nach Hegel – in der *Abstraktion* von diesem fertig vorgefundenen Tatsachenmaterial: in der Erkenntnis der *objektiven Allgemeinheit, der inneren Natur* des Objekts, auf eine definitive Art und Weise, die auch durch die Natur des ent-

sprechenden Denkmittels, das dieses Erkennen vornimmt, bestimmt wird.

Ganz gleich, ob der Abstraktion das Tatsachenmaterial von nur einem Objekt oder auch von mehreren Objekten zugrunde liegt, formuliert sie das Ergebnis immer *in ihrer Allgemeinheit.* Sie hat so vorzugehen, und das ganz einfach deshalb, weil das, was sie setzt, *objektiv* das Allgemeine ist und daher der von ihm gebildete und ihn getreu ausdrückende Gedanke auch nichts anderes als das Allgemeine sein kann.

Und weiter: Da die Ausgangsgrundlage in der Bildung des Ergebnisses im allgemeinen das Individuelle ist, enthält es zahlreiche Momente, die es scheinbar notwendigerweise zu tragen hat, obgleich sie Zufälligkeiten der Einzelheiten sind.

Das Wesentlichste jedoch ist, daß das Ergebnis die Natur des Objekts nicht als *konkrete* Totalität setzt. Da dieses Ergebnis auf dem Weg der Abstraktion des konkreten Tatsachenmaterials zustande kommt, verkörpert es aus der Natur des Objekts nur dessen *bloßes Innere,* seine sogenannte *Form.* Gleichzeitig ist diese Abstraktion nicht von absolutem Maß, da dieses konkrete Tatsachenmaterial aufgehoben im Ergebnis dennoch zugegen ist. Daher stellt das Ergebnis *nach seiner Unmittelbarkeit* die sogenannte abstrakte Totalität dar.

Die auf Grund der Tatsachen geschaffene Abstraktion ist eine *Wahrheit,* wenn auch eine einseitige Wahrheit, setzt sie doch nur die Form der Natur des Objekts, und daher befindet sich eben das, an dem seine Wahrheit überhaupt gemessen werden könnte – nämlich der *konkrete* Inhalt – sozusagen außerhalb. Dabei erscheint sie infolge ihrer Einseitigkeit nicht nur als einfach *die* Wahrheit, sondern geradezu als die *absolut* gültige Wahrheit. Auf der einen Seite wird daher die Abstraktion – falls hierzu alle übrigen Bedingungen ebenfalls gegeben sind – zum *Dogma,* während sie auf der anderen Seite früher oder später unvermeidlich mit der *Wirklichkeit zusammenstößt,* da objektiv nur solche Fälle vorhanden sind, die in irgendeinem Maß von dieser Abstraktion abweichen und dieser Abstraktion gegenüberstehen.

Die Anwendung dieser Abstraktion geht daher an einem bestimmten Punkt in eine Konfrontation, in eine bewußte Gegenüberstellung mit der Praxis, mit der objektiven Wirklichkeit über. Dieses ist nach Hegel *notwendig* und *notwendigerweise* die zweite Phase der Erkenntnisarbeit: Das Reflektieren der

Abstraktion auf das objektive Tatsachenmaterial, dessen Wirklichkeit sie zumindest formell zum Ausdruck bringt.

2. Das Reflektieren ist eine *Beziehung* zum Tatsachenmaterial; in dieser Hinsicht bedeutet das zugleich die Einbeziehung des Materiellen, des Praktischen in die Tätigkeit, die bislang ausschließlich als eine Bewußtseinstätigkeit, als eine nur theoretische Tätigkeit erschien. Noch mehr gilt diese Beziehung auf die *Besonderheit* des Objekts und darüber hinaus letztlich auf die Allgemeinheit des Objekts, auf den *Inhalt* seiner inneren Natur. Auf diese Weise sättigt sich die Abstraktion mit konkretem Material, wodurch sie sogleich zu etwas näher Bestimmbarem wird.

Die Reflexion einer Abstraktion kann aber im Zusammenhang mit jeder Einzelheit vorgenommen werden, deren Abstraktion sie prinzipiell ist, d. h. deren Natur sie verkörpert, und da die Zahl der konkreten Einzelheiten praktisch unendlich groß ist, wäre das Ergebnis der Reflexion – wenn wir auf der Grundlage der Einzelheit verbleiben – die Fixierung einer unendlich großen Zahl voneinander unterschiedlicher konkreter Fälle. Die Einzelheit hat aber eine besondere Natur, die auch objektiv ist. Infolgedessen geht das Reflektieren ebenfalls in eine Verallgemeinerung über: Die unendlich große Zahl der konkreten Einzelfälle wird in *Gruppen von besonderen Typen* zusammengefaßt und in *diesem* Sinn verallgemeinert.

Man kann das Reflektieren selbstverständlich auch formell vornehmen, wobei die Abstraktion als allgemeine Form auf irgendeine besondere Form bezogen wird. Das Endergebnis wird eine Differenzierung der bisher abstrakten *Form* sein, ein Überblick über die konkreten und nur *nebeneinander* gestellten *Formen*typen. Die Reflexion, von der hier jedoch die Rede ist, bedeutet nie Beziehung der Abstraktion auf irgendeinen *Inhalts*typ, d. h. also die Weiterentwicklung der sogenannten Form zu einer *inhaltlichen* Form.

Und weiter: Auch diese letztere kann verzerrt werden, besonders, wenn man es dem zum Dogma zugespitzten Allgemeinen gegenüberstellt. Da sich nämlich die subjektiv vorausgesetzte *absolute* Gültigkeit eines Dogmas früher oder später als falsch erweist, wird dessen Allgemeinheit von Einzelnen endgültig einer *Revision* unterzogen; für diese bleibt aus der Natur des Objekts außer seinen spezifischen Besonderheiten nichts übrig. Das ist aber nichts anderes als die vorige Abstraktion nur mit einem zweifellos *entgegengesetzten* Vorzeichen, die aber dennoch ein Dogma ist.

3. Das bedeutet jedoch, daß das echte Problem nicht so sehr das Reflektieren selbst, sondern vielmehr die – nach Hegel *notwendige* und *notwendigerweise* – dritte Phase der Erkenntnisarbeit ist: Die Setzung des *konkreten* Allgemeinen, das in den als Ergebnis des Reflektierens erhaltenen Besonderheiten verborgen ist.

Wir sahen, daß eine Abstraktion, da sie allgemein ist, praktisch auf eine unendlich große Zahl von Einzelfällen bezogen werden kann. Das Einzelne jedoch, eben weil es etwas *Einzelnes* ist, ist in sich etwas Zufälliges – und diese Zufälligkeit wird durch die ebenfalls scheinbare Zufälligkeit der Umstände noch verstärkt. Und obzwar das Ergebnis der Reflexion letztlich nicht als eine Reihe des Einzelnen, sondern als die der entsprechenden unterschiedlichen Typen vor uns auftritt, scheint diese Reihe der Besonderheiten die angeblich nur zufällige Natur des Einzelnen und seiner Umstände zu bewahren. Folglich scheint es, daß die Natur der im Verlauf der Reflexion überhaupt auftretenden Inhalte vom ebenfalls zufälligen Verlauf zufälliger Umstände abhängig ist, nichts *innerlich* Notwendiges, nichts Festes und Ständiges zum Inhalt hat.

Ist es aber tatsächlich so? Kann es nicht sein, daß das Reflektieren gerade im Gegenteil das Fixieren der innerlich notwendigen Reihe von allgemein innerlich notwendigen Typen darstellt? Besteht außer der nur *äußeren* Notwendigkeit, außer der Zufälligkeit eine *innere* Notwendigkeit?

Bekanntlich hat Hegel diese Fragen bejaht. Ein Objekt *entwikkelt* sich nach Hegel. Seine Entwicklung ist jedoch nicht beliebig, sondern verfolgt vor allem eine durch die eigene Natur bestimmte Richtung, Tendenz. Oder, was dem gleichkommt: Ein Objekt kann nur unter *bestimmten* Umständen existieren, d.h. sein Bestehen und seine Entwicklung besitzen eigene Bedingungen. In diesem Fall aber kann es sich nicht zu allem und jedem entwikkeln, sondern nur und ausschließlich zu dem, wozu es zu werden überhaupt in der Lage ist. Und umgekehrt: Auch die Umstände sind nicht allein von zufälliger Natur. Auch der sogenannte Umstand ist ein *Objekt,* das Lebensbedingungen und Entwicklungsmöglichkeiten bestimmter Tendenzen besitzt. Folglich können sich in der Reflexion *solche* und *nur* solche Einzelheiten ergeben, die die *notwendigen* Typen des eben in Frage kommenden Objektes verkörpern; Einzelheiten, deren Qualität und Quantität durch die dialektische Wechselwirkung der gemeinsamen Natur des Objekts und der Umstände *notwendigerweise bestimmt werden.* Da aber die Natur sowohl des Objekts als auch der Umstände in ihrer dialektischen Einheit *von Anfang an gegeben ist,* kann ihr Prinzip nicht nur von Anfang an bestimmt werden, sondern man kann auch das Prinzip bestimmen, auf dessen Grundlage die konkreten Typen der weiteren möglichen Fälle und ihre notwendigen Entwicklungsphasen sozusagen *im voraus berechenbar* sind.

Im einzelnen geht also der Prozeß so vor sich, daß die als Ergebnis der Reflexion gefundenen verschiedenen Abstraktionstypen eben infolge der Bestimmung *unmittelbar* werden. Wir finden uns also erneut vor einem Tatsachenmaterial, genauso wie in der Anfangsphase, nur daß dieses Tatsachenmaterial in diesem Fall nicht eine *bloße* Unmittelbarkeit ist, die wir im Ausgangspunkt angetroffen haben, sondern ein durch die Reflektierung *vermitteltes* Tatsachenmaterial.

Weiterhin – da es sich um Tatsachenmaterial handelt – ist das damit im Zusammenhang zu verfolgende Verfahren das gleiche wie in der ersten Phase. Mit anderen Worten: Man *abstrahiert* erneut vom Tatsachenmaterial, deckt das *objektiv* Allgemeine auf und bestimmt es – die innere Natur –, das sich in der Reihe der verschiedenen Typen verkörpert.. Am Ausgangspunkt stehen wir jedoch der unendlich vielfältigen Konkretheit des Inhalts gegenüber. Und da deren nähere Bestimmung ohne eine Reflexion nicht möglich ist und ein Reflektieren überhaupt im Besitz einer entsprechenden Abstraktion vorgenommen werden kann, ist das Ergebnis der Abstrahierung ohne jegliche Konkretheit, dieses letzte *formelle* Prinzip der Natur des Objekts. In diesem Fall aber bildet das Tatsachenmaterial eine bestimmte Reihe von Inhaltstypen, die durch die Reflexion vermittelt und bestimmt wird. Deshalb ist auch das Ergebnis dieser Abstraktion nicht einfach die anfängliche Abstraktion, sondern eine mit der konkreten und näheren Bestimmtheit identisch gewordene Abstraktion, auf der der *Inhalt* der Natur des Objekts fundiert. Im anfänglichen Allgemeinen ist das Tatsachenmaterial, das den Inhalt näher verkörpert, nur *aufgehoben* zugegen. Das als Endergebnis auftretende Allgemeine enthält dagegen das Tatsachenmaterial infolge der

Reflektierung bereits *gesetzt*. Deshalb ist das Endergebnis das *Konkret*-Allgemeine.

Man soll sich daher vor den Vorstellungen hüten, daß das Konkret-Allgemeine einfach nur eine Anführung der verschiedenen Typen *nebeneinander*, eine Summierung in diesem Sinn darstellt; in Wirklichkeit sind wir damit noch nicht über die Phase des Reflektierens hinweggekommen. Das konkret Allgemeine ist der *geformte* Inhalt: Einerseits also das Innere der Natur des Objekts, wie es die Abstraktion war, bereinigt inzwischen natürlich von den Verzerrungen, die vor allem infolge der Zufälligkeit der Einzelheit hineinkamen, und andererseits die Weiterbestimmtheit, die jetzt bereits seinen konkreten Inhalt bildet, und aus der der Umstand, daß es sich in *diesen* und *nur* in diesen Typen verkörpert, mit einer *inneren* Notwendigkeit folgt.

Das also ist die Grundform, die von Hegel in der Beschreibung der Erkenntnisarbeit und in jeder Phase dieser Tätigkeit angewendet wird und die nach meiner Auffassung – in der von seiner Mystifikation befreiten Form – die Formulierung eines wirklich allgemeingültigen Gesetzes darstellt. An dieser Stelle besteht keine Möglichkeit, diese Grundform oder *dialektisch-logische Methode* über die Reflektierung ihrer notwendigen Typen in ihrer konkreten Allgemeinheit vorzuführen, und es ist auch nicht möglich, daß ich dadurch die Allgemeingültigkeit in den notwendigerweise zustande gekommenen Sphären der objektiven Wirklichkeit beweise. Daher untersuche ich mit ihrer Hilfe nur eine einzige und auch bereits von anderen hier an dieser Stelle bereits angeschnittene Frage. Es handelt sich hierbei um die allgemeine Gültigkeit der bekannten Gesetze der Dialektik.

Diese Gesetze der Dialektik treten im allgemeinen als abstrakte Gesetze, als Abstraktionen vor uns auf – wenigstens zu Beginn. Und anstelle ihrer Reflexion ist es üblich, eine Vielzahl von Beispielen anzuführen, wobei diese Beispiele verständlicherweise auf der Ebene der bloßen Einzelheit verbleiben und auf diese Weise eigentlich garnichts beweisen. Sie versuchen also vergeblich, das Innere der entsprechenden objektiven Gesetzmäßigkeit auszudrücken; wenn diese Gesetze wie Abstraktionen von absoluter Gültigkeit behandelt werden, so ist die Möglichkeit ihrer Verzerrung zu Dogmen bereits gegeben. Und wo die sonstigen Bedingungen ebenfalls zustande kommen, dort wandeln sie sich auch zu Dogmen. Und umgekehrt: Falls wir uns nur die bloß zufällig erscheinenden Fälle ihrer Anwendung vor Augen halten, ohne die in ihnen zum Ausdruck kommende Notwendigkeit zu formulieren, scheint es, daß diese Gesetze der Dialektik selbst auch zu solchen von zufälliger Gültigkeit degradiert werden. Damit ist dann auch die Möglichkeit gegeben, die Gültigkeit dieser Gesetze selbst zu bezweifeln; und wo die sonstigen Bedingungen hierzu gleichfalls vorhanden sind, wird das auch geschehen.

Nebenbei gesagt: Auf Grund der bisherigen Erfahrungen kann bereits ein bestimmter Ablauf dieses letzteren Prozesses festgelegt werden. Denn die Gültigkeit der Dialektik wird im allgemeinen zuerst – offen oder verhüllt – auf dem Gebiet der *Logik* bezweifelt. Der Zweifel verbreitet sich von hier aus weiter, bis es zu einer vollständigen Verneinung der Dialektik kommt. Eine grundlegende Ursache dieser eigentümlichen Rolle der Logik ist wohl darin zu suchen, daß das mit der Dialektik konfrontierte Denken im allgemeinen das abstrakte Denken ist, d.h. also die Denkweise, deren Logik verkörpert wird.

Offensichtlich wird nicht eines dieser beiden Extreme die echte Lösung des Problems sein. Den echten Fortschritt bildet das Reflektieren und damit das Setzen der konkreten Allgemeinheit – so, wie es bereits gesagt wurde. Es ist daher nicht ausreichend, vom Umschlagen *der* Quantität in die Qualität, von *der* gegenseitigen Durchdringung *der* Gegensätze und von *der* Negation der Negation zu reden – diese sind auf solche Weise nur Abstraktionen. Untersucht werden muß, in welchen notwendigen Typen und in welcher notwendigen Reihe dieser Typen sie überhaupt zur Geltung kommen – in der Natur, in der Gesellschaft und auf dem Gebiet des Denkens. Nur auf dieser Grundlage können wir die eigene, konkret-allgemeine Form eines jeden bestimmen, wobei die abstrakte Form nur den einen, rein theoretischen *Grenzfall* bedeutet. Zweifellos besitzen diese Gesetze der Dialektik eine allgemeine Gültigkeit, jedoch nicht als absolute Abstraktionen; eine erfolgreiche Verteidigung dieser Vorstellung ist einfach unmöglich. Ihre Allgemeinheit ist eine konkrete Allgemeinheit, deren detaillierte Wesenszüge nur mit Hilfe der hier angeführten Art und Weise erschlossen werden können.

Über diesen konkreten Fall hinaus soll gesagt werden, daß das *Stehenbleiben* bei den Abstraktionen das falsche Verhalten darstellt, wogegen heutzutage auf der Ebene der Dialektik vor allem der Kampf geführt werden sollte. Das lehrt uns Hegel – und es ist auch heute noch aktuell, *weil die* Dialektik stets aktuell ist. Das auf dem Kongreß Gehörte zeugt davon, daß der Marxismus-Leninismus mit dieser philosophischen Quelle sehr viele ungenützte Schätze besitzt. Hegel kann nicht besser gefeiert werden, als daß wir lernen, die von ihm entdeckten Ergebnisse noch besser zu verstehen und noch besser zu nutzen.

Anmerkungen

1 K. Marx/F. Engels, *Werke. Ergänzungsband*, Erster Teil, Berlin 1968, S. 574.
2 Ebd.

Michael Theunissen
Begriff und Realität

Hegels Aufhebung des metaphysischen Wahrheitsbegriffs

Die höchste Reife und Stufe, die irgend Etwas erreichen kann, ist diejenige, in welcher sein Untergang beginnt.
Hegel, ›Wissenschaft der Logik‹

Daß die von den Griechen überlieferte Metaphysik in der Philosophie Hegels ihre »höchste Reife« erreiche, pflegt man in der Regel einzuräumen. Mindestens nimmt man zur Kenntnis, daß ihre »Vollendung« Hegels *Absicht* war. Aber der Vollendung mußte, so meint man, die »Überwindung« erst folgen. Wohl gilt als zweifelhaft, ob Nietzsche die Metaphysik schon überwunden oder auch nur vollendet habe, aber gewiß scheint zu sein, daß Hegel, als der jedenfalls erste Vollender, mit ihrer Überwindung nichts zu tun hatte.

Allein, wenn anders Hegel wirklich beabsichtigt, die Metaphysik zu vollenden, dann will er auch ihren »Untergang« einleiten. Es gibt nach seiner Auffassung nichts, was nicht vollendet würde durch seine *Aufhebung*. Wäre ihm also an einer Vollendung der Metaphysik gelegen, die von Überwindung zu trennen ist, so müßte er seinen eigenen Vollendungsbegriff vergessen. Das wird ihm beim schlechtesten Willen niemand zumuten. Freilich folgt die von ihm betriebene Aufhebung der Metaphysik dem Gesetz, das er allen Aufhebungsprozessen vorschreibt: Sie ist keine Destruktion, sondern Rückführung auf den Grund. Der Bewegung, die Heidegger in der nachträglichen Einleitung zu seiner Freiburger Antrittsvorlesung als »Rückgang in den Grund der Metaphysik« beschreibt, ist sie darin gar nicht so unähnlich. Heidegger allerdings versteht Rückgang, wie seine Lehre von der Wahrheit zeigt, als Umlegung auf ein schlechthin anderes Fundament. Die Wahrheit, in der Metaphysik als Übereinstimmung gedeutet, soll zurückgeführt werden auf eine »Unverborgenheit«, die von Übereinstimmung qualitativ unterschieden ist. Hegel hingegen hebt die metaphysisch als adaequatio rei et intellectus gefaßte Wahrheit auf, indem er sie zunächst in einer ursprünglicheren Übereinstimmung begründet, um sie schließlich jedoch entschiedener zu unterlaufen, als dies ein Denken vermag, das sich das ganz Andere durch den »Schritt zurück« in die Frühe des philosophischen Griechentums erhofft.[1] Am Beispiel seiner Wahrheitstheorie ist abzulesen, wie Metaphysik auf ihrer höchsten Stufe in das Stadium ihres Untergangs eintritt.

I

Im Anschluß an ihre Kritik einer Kritik, die nach Art der Kantischen, wie Hegel meint, die Wahrheit der Erkenntnis im Absehen von Wirklichkeit aufdecken will, führt die Einleitung in die *Phänomenologie des Geistes* unter dem Titel »Prüfung« vor, was eine kritische Aufklärung des Wahrheitsproblems noch bedeuten kann, wenn Philosophie im Abschied vom Subjektivismus und seiner instrumentalistischen Erkenntnisauffassung beim Absoluten als umgreifender Wirklichkeit ansetzt.

> »Nennen wir (heißt es da) das *Wissen* den *Begriff*, das Wesen oder das *Wahre* aber das Seiende oder den *Gegenstand*, so besteht die Prüfung darin, zuzusehen, ob der Begriff dem Gegenstande entspricht. Nennen wir aber *das Wesen* oder das Ansich *des Gegenstandes den Begriff* und verstehen dagegen unter dem *Gegenstande* ihn als *Gegenstand*, nämlich wie er *für ein anderes* ist, so besteht die Prüfung darin, daß wir zusehen, ob der Gegenstand seinem Begriff entspricht« (71,27/3,77).[2]

Die zwiefache Formulierung des Problems bildet die Ausfächerung der metaphysischen Definition in zwei gegenläufige Bestimmungen nach; sie spielt darauf an, daß die adaequatio rei et intellectus einmal als adaequatio intellectus ad rem, zum andern als adaequatio rei ad intellectum galt. Der Sinn dieser Anspielung liegt in ihrer Ironie. Die Ironie kommt zum Vorschein, sobald der Schein einer schlichten Reproduktion zerfällt. Mag auch darin, daß der Begriff dem Gegenstande entspricht, die adaequatio intellectus ad rem anklingen,[3] so läuft doch das andere, daß der Gegenstand seinem Begriff entspricht, keineswegs auf eine adaequatio rei ad intellectum hinaus. Vielmehr verwandelt Hegel das Kantisch gedachte Übereinstimmungspostulat, demgemäß Gegenstände sich nach unserer Erkenntnis zu richten haben, in ein Adäquationsideal, das den Subjektivismus dieser Forderung noch radikaler unterwandert als den »dogmatischen« Gedanken einer adaequatio intellectus ad rem. Indem Hegel alsdann die Übereinstimmung des Begriffs mit seinem Gegenstand auf die des Gegenstands mit seinem Begriff zurückführt, dient ihm die Täuschung, als betriebe er eine Reduktion auf den Kantischen Standpunkt, einzig zu dem Zweck, dessen Nichtigkeit durch Enttäuschung zu demonstrieren.

In dieser Absicht macht er sich den Doppelsinn zunutze, den sowohl sein Begriff vom Begriff wie auch sein Gegenstandsbegriff hat. Der Begriff ist im subjektiven und im objektiven Sinne zu nehmen, als Wissen und als Wesen; das Objekt aber, zu dem er als Wesen selber gehört, ist einerseits Gegenstand als Gegenstand, reines Korrelat des Bewußtseins und sonst nichts, andererseits an sich seiender Gegenstand, Seiendes in seinem vorgegebenen Sein und Wesen. Die Art dieser Unterscheidung wird erst deutlich, wenn man sich vergegenwärtigt, was hier »Ansich« heißt. Im Kontext seiner Kritik Kantischer Kritik, in welchem er deren unaufgebbares Motiv für eine Philosophie des Absoluten zu retten versucht, gebraucht Hegel einen von Kant herkommenden und zugleich gegen Kant gewendeten Begriff vom Ansich, der dieses – im Ausgang, aber auch im Absprung vom Gegensatz zwischen Ding an sich und Erscheinung – dem *für uns* Seienden zwar noch nicht geradezu gleichsetzt (wie er es unter den Bedingungen des prozessierenden Systems tun wird), wohl aber bereits mit einem Für-uns-sein vermittelt, welches genauso wie die Kantische auch jede vorkantisch-objektivistische Deutung verbietet.

Eben dies, daß nicht nur der Gegenstand als Gegenstand, sondern durchaus auch der Gegenstand als an sich Seiendes für das Bewußtsein ist, befreit die Phänomenologie nach Hegel aus ihrer anfänglichen Schwierigkeit, einen »Maßstab« für ihre Prüfung des Bewußtseins zu benötigen und als noch unausgewiesene Wissenschaft gleichwohl keinen mitbringen zu dürfen. Indem das Bewußtsein sich auch auf das Ansich oder das Wahre bezieht, das allein Maßstab zu sein vermag, bringt es ihn von sich aus mit. Ja, es prüft sogar sich selbst, derart, daß die Wissenschaft seiner Erfahrung sich aufs Zuschauen beschränken kann. Ermöglicht ihm doch die Einsicht in die seinem Gegenstand einwohnende Differenz, immer wieder zu prüfen, »ob sein Wissen von dem Gegenstande diesem entspricht oder nicht« (72,16/3,78), und da aufgrund des Abstands zwischen ihm und seinem eigenen Begriff sich notwendig eine Nichtentsprechung ergibt, muß es »sein Wissen ändern (. . .), um es dem Gegenstande gemäß zu machen« (72,29/3,78), nämlich dem Gegenstand als der Wahrheit des Seienden.

Das mit dem an sich seienden Gegenstand unlösbar verknüpfte Sein für das Bewußtsein hebt sich jedoch auffällig vom Bewußt-Sein desjenigen Gegenstands ab, der als solcher erscheint. Seinen eigentümlichen Charakter deutet Hegel an, indem er dem Bewußtsein gegenüberstellt, »was ihm das Wahre ist« (72,14/3,77; vgl. 71,22/3,77). *Für* das Bewußtsein ist das Wahre nur so, daß es *ihm* das Wahre ist oder als solches gilt. Dieses unscheinbare »ihm« drückt nichts Geringeres aus als die Leitfunktion des Maßstabs. Nach beiden von der Doppelung des Gegenstandsbegriffes angezeigten Richtungen zeichnet Bewußtsein sich, wie Husserl sagen würde, durch Intentionalität aus: »Das Bewußtsein weiß *etwas*« (73,11/3,78), in der einen wie in der anderen Hinsicht. Das Wahre aber ist intentionaler Gegenstand in der bestimmten Bedeutung, daß das Bewußtsein sich daran orientiert; das Bewußtsein läßt sich von der Wahrheit leiten. Im Unterschied zu dem dergestalt für es Seienden, dem *ihm* Seienden, ist der Gegenstand als Gegenstand *bloß* für es; er ist unmittelbar vergegenständlicht, in direkter Abhängigkeit vom Bewußtsein Objekt seiner Verfügung.

An Anschaulichkeit gewinnt die Differenz durch die – über den Wortlaut des Textes, nicht über seinen Gehalt hinausgehende – Unterscheidung von Thema und Horizont: Das Bewußtsein kann einen Gegenstand allein dadurch *als* Gegenstand vor sich bringen, d. h. thematisch machen, daß es ihn in den Horizont dessen stellt, was ihm, dem Bewußtsein, das Wahre ist. Die ganze »dialektische Bewegung«, von der Hegel sagt, sie sei »eigentlich dasjenige, was *Erfahrung* genannt wird« (73,3/3,78),[4] ist ein Geschehen der ständigen Horizonterweiterung, welche dadurch zustande kommt, daß das Bewußtsein seine Horizonte stets aufs neue thematisiert. In der »Veränderung des Wissens« ändert sich dem Bewußtsein, so lesen wir im Text, »auch der Gegenstand selbst« (72,30/3,78). Die Veränderung des Wissens bezieht sich auf das Gewußte als solches, auf den Gegenstand als Gegenstand, den Hegel wegen seiner ganz und gar bewußtseinsabhängigen Stellung dem Wissen subsumiert; die Veränderung des Gegenstands aber ist gleichwohl so zwiefältig wie der Gegenstand selber. Sie reproduziert nämlich *im* an sich Seienden den Unterschied der beiden Objekte. Mit der Veränderung des Wissens geht sie notwendig einher, weil das Ansich aufgrund seines eigenen Seins für das Bewußtsein mit in die Intentionalität fällt; von einer Korrektur des Gewußten als solchen kann das Ansich infolgedessen nicht unberührt bleiben. Die Korrektur wirkt sich auf die Rolle, die es in der Erfahrung spielt, zunächst so aus, daß es sich relativiert und auf die Stufe eines bloß für das Bewußtsein Seienden herabsinkt: »Es wird hiemit dem Bewußtsein, das dasjenige, was ihm vorher das *Ansich* war, (. . .) nur *für es an sich* war« (72,35/3,78). Nach dieser negativen Seite büßt es seine Führungskraft ein, es verliert seine leitende Stellung. Aber damit kommt ja nur die Wahrheit über das »Wahre« an den Tag; und ihrer wird das Bewußtsein ansichtig, indem es im *»Für-es-sein dieses Ansich«* (73,16 und 23/3,79) seinen ehemals maßgeblichen und maßstäblichen Horizont thematisch macht. Die dialektische Bewegung, »welche das Bewußtsein an ihm selbst, sowohl an seinem Wissen als an seinem Gegenstande ausübt«, heißt Erfahrung, *»insofern ihm der neue wahre Gegenstand* daraus *entspringt«* (73,3/3,79). Jenes »*Für*-das-Bewußtsein des ersten Ansich«, der zum Thema gewordene Horizont, ist nach Hegels mehrmaliger Versicherung dieser »zweite Gegenstand« (73,34/3,79), der »neue« (73,25/3,79), der »durch eine *Umkehrung des Bewußtseins*«, durch Reflexion, entstanden ist (74,1/3,79). Als Resultat der Bewegung hält Hegel fest, »daß, indem das, was zuerst als der Gegenstand erschien, dem Bewußtsein zu einem Wissen von ihm herabsinkt und das *Ansich* zu einem Für-das-*Bewußtsein-Sein des Ansich wird,* dies der neue Gegenstand ist« (74,15/3,80).

Hegel nivelliert hier freilich die Differenz der beiden Gegenstandsbegriffe; und er verleitet dadurch zu dem Mißverständnis, als sei mit »Gegenstand« an der zweiten Stelle dasselbe gemeint wie an der ersten: das wahrhaft Seiende. Schauen wir genauer hin, so zeigt sich, daß das Für-das-Bewußtsein des ehemaligen Ansich als solches noch nicht sein kann, was aus der Erfahrungsbewegung letztlich entspringen soll: der neue *wahre* Gegenstand, der Gegenstand als die jetzt aufgehende Wahrheit. Wohl aber ist das neue Wahre im Reflexionsgegenstand mitgegeben. Denn nichts kann zum Thema werden, ohne einen Horizont mit sich zu führen. Mit einem neuen Thema bricht also auch ein neuer Horizont auf. Deshalb setzt Hegel den soeben nur unvollständig angeführten Satz mit den Worten fort: ». . . womit auch eine neue Gestalt des Bewußtseins auftritt, welcher etwas anderes das Wesen ist als der vorhergehenden« (74,19/3,80). Die beiden Satzteile sind durch den sachlichen Zusammenhang verknüpft, der die Horizont*thematisierung* an eine Horizont*erweiterung* bindet: Jede Reflexion auf einen »alten« Horizont, der als reflektierter keiner mehr ist, vollzieht sich bereits in einem »neuen«. Die Horizonterweiterung ist es, durch welche das Bewußtsein über die Einsicht in geltende Unwahrheiten hinaus in seiner Erkenntnis der Wahrheit fortschreitet.[5]

Allerdings hat, solange es überhaupt Bewußtsein gibt, auch jede neue Wahrheit nur die Bedeutung dessen, »was *ihm* das Wahre ist«. Der »Weg der Verzweiflung« (67,17/3,72), dieser »sich vollbringende Skeptizismus« (67,26/3,72), entlarvt folglich an jeder neuen Wahrheit ihre Unwahrheit. Zugleich damit wird die Wahrheit über das Bewußtsein offenbar, d.h. *seine* Unwahrheit, die ihm das Schicksal auferlegt, »nur Begriff des Wissens oder nicht reales Wissen zu sein« (67,10/3,72); und zwar enthüllt das Bewußtsein selbst sie, durch sein eigenes Tun: »Diese *Unangemessenheit* des Begriffs und der Realität, die in seinem Wesen liegt, erfährt das Bewußtsein in seinem Werke« (292,27/3,302). Die Nichtentsprechung, die das Verhältnis seiner Realität zu seinem Begriff kennzeichnet, begegnet ihm *in* der ständigen Wiederkehr der Nichtentsprechung seiner beiden Gegenstände; und diese Diskrepanz kann es, wie sich nun zeigt, überhaupt erst ermessen dank seiner Ahnung des Abstands zwischen dem, was ihm das Wahre ist, und der wirklichen Wahrheit.

Nur in geheimer Rücksicht auf eine derartige Ahnung kann Hegel darauf vertrauen, daß das Für-uns-sein des Ansich uns Zugang zu der von Kant resigniert preisgegebenen Wahrheit gewähre und nicht vielmehr in unser Bewußtsein einschließe. Über die Problemtiefe der hiermit auftretenden »Zweideutigkeit« (73,13/3,79) ist er sich kaum genügend im klaren. Rhetorisch zwar konstruiert er aus der relativistischen Deutung des Sachverhalts einen möglichen Einwand gegen seine Theorie der Selbstprüfung des Bewußtseins:

»Der Gegenstand scheint (. . .) für dasselbe nur so zu sein, wie es ihn weiß; es scheint gleichsam nicht dahinter kommen zu können, wie er, *nicht für dasselbe,* sondern wie er *an sich* ist, und also auch sein Wissen nicht an ihm prüfen zu können« (72,18/3,78).

Aber indem Hegel diesem Einwand die ursprüngliche Doppelheit des Objekts entgegenhält, gibt er das Problem selber, das Für-uns-sein auch des Ansich, für die Lösung aus. Rechtfertigen läßt sich seine Vorentscheidung allein unter der Bedingung, daß das, was dem Bewußtsein das Wahre ist, sowenig es mit der wirklichen Wahrheit zusammenfällt, doch die Tendenz dazu in sich enthält. Der reale Wahrheitsgehalt des für wahr Geltenden kommt, scheinbar paradox, gerade mit der Entlarvung seiner Unwahrheit ans Licht. Damit seine eingehüllte Objektivität hervorscheinen kann, muß Bewußtseinsreflexion alles bloß Subjektive an ihm durch Thematisierung zunehmend mehr entfernen. Selbstverständlich darf man in der Tat nur von einer *Ahnung* wirklicher Wahrheit sprechen. Wohl wäre der Weg des Bewußtseins richtungslos, zeigte sich ihm am Horizont nicht auch wirkliche Wahrheit. Doch tauscht das Bewußtsein für das ihm bislang Wahre nie so etwas wie den schlechthin wahren Gegenstand ein; es gelangt lediglich zu einem neuen Gegenstand, den es wiederum bloß »*innerhalb seiner* für das Ansich oder das Wahre erklärt« (71,25/3,77 – Hervorhebung M. T.), mag es dies auch aufgrund seiner Erfahrung von Unwahrheit mit mehr Aussicht auf Wahrheit tun.

II

Der Abstand zwischen der dem Bewußtsein geltenden und der wirklichen Wahrheit würde erst verschwinden, wenn die Differenz im Gegenstand sich aufhöbe. An ein Ende käme der Prozeß der Thematisierung und Erweiterung von Horizonten nur da, wo der Unterschied von Thema und Horizont dahinfiele. Nun ist jeder Gegenstand notwendig etwas, das als etwas im Horizont von etwas erscheint; seine Verdopplung gehört wesentlich zu ihm. Mithin hängt der Durchbruch des Bewußtseins zur wirklichen Wahrheit von einer Überwindung des Gegenstands ab, die ihrerseits eine Selbstüberwindung des Bewußtseins voraussetzt. Überwunden aber wird der Gegenstand dadurch, daß er sich vollendet. Sobald er sich vollständig manifestiert und zum Ganzen der Wirklichkeit ausweitet, läßt er die Differenz von Thema und

Horizont tatsächlich hinter sich. Weil die Totalität jeden Horizont ausfüllt, kann es keinen geben, der sie umfinge. Durch die Anschauung des Ganzen überwindet sich auch das Bewußtsein, indem es sich seinerseits vollendet, nämlich im »absoluten Wissen«, das über die Phänomenologie, die Wissenschaft von der Erfahrung des Bewußtseins, hinausführt in die Logik als reine Gestalt einer »Intellektualansicht des Universums«.[6]

Mit der Aufhebung des Bewußtseins in Totalitätserkenntnis, systematisch vollzogen im Übergang von der Phänomenologie zur Logik, wird offenbar, daß die Enthüllung des Gegenstands auf einer Selbstenthüllung des Seins beruht. In diesen ihren Grund kann die Einleitung nicht mehr vordringen, und zwar deshalb nicht, weil sie den Standpunkt der Wissenschaft, die sie exponiert, selber schon einnimmt; sie ist damit auch in die Grenzen der Betrachtungsweise gebannt, die der phänomenologischen Bewußtseinswissenschaft eigentümlich ist. Anders verhält es sich mit der Vorrede. *Sie* möchte dem Konzept der Phänomenologie im – wie auch immer noch vage anvisierten – Ganzen des Systems allererst einen Ort zuweisen und vermag infolgedessen vergleichsweise direkt auch die Einschränkungen zu formulieren, die dieses Konzept von der Verwirklichung des Logikprogramms zu erwarten hat. So ist es denn auch die Vorrede, die den Gedanken einer Selbstenthüllung des Seins wenigstens bruchstückhaft zur Sprache bringt.[7]

In der Einleitung deutet Hegel die Sache, um die es hier zu tun ist, lediglich an, und zwar dadurch, daß er die sich leicht einschleichende Vorstellung, als sei die »Umkehrung« des Ansich in ein Sein für das Bewußtsein »nur die Reflexion des Bewußtseins in sich selbst«, einer Täuschung überführt (73,16/3,79), und damit unausgesprochen in den Begriff einer Selbstreflexion des Seienden verwandelt. Indessen braucht er bei seinem in der Einleitung unternommenen Versuch, den »Widerspruch« der »auftretenden Wissenschaft« (66,10/3,72) wegzuräumen, an die »abstrakten Bestimmungen des Wissens und der Wahrheit« nur zu erinnern (70,26/3,76), weil er sie in der Vorrede bereits erläutert hat (32/33/3,38f.). Wie die gesamte Vorrede den grundlegenden Gegensatz von Entsprechung und Nichtentsprechung als einen solchen von Gleichheit und Ungleichheit darstellt, so begegnet auch die Nichtentsprechung von Wissen und Wahrheit im Zusammenhang jener Erläuterung unter dem Titel einer

»Ungleichheit, die im Bewußtsein zwischen dem Ich und der Substanz, die sein Gegenstand ist, stattfindet«; in einer solchen Ungleichheit erblickt Hegel »das *Negative* überhaupt«, das, wiewohl ein Mangel, als vorwärtstreibende Kraft doch die »Seele oder das Bewegende« des Prozesses ist, in den beide – der subjektive Begriff und sein Gegenstand – verwickelt sind (32,22/3,39).

Wenn die Ungleichheit »zwischen« dem Ich und der ihm gegenüberstehenden Substanz »stattfindet«, dann müssen an dem Geschehen, das mit ihrer allmählichen Überwindung Wahrheit zutage fördert, beide – das Ich *und* die Substanz – beteiligt sein. Ja, weit davon entfernt, nur im Ich vorzukommen, verlagert sich die zwischen ihm und seinem Gegenstand prozessierende Ungleichheit in die Substanz selber. »Wenn nun dies Negative zunächst als Ungleichheit des Ichs zum Gegenstande erscheint, so ist es ebensosehr die Ungleichheit der Substanz zu sich selbst« (32,29/3,39). Offenbar soll das »erscheint« einen Schein kenntlich machen, der verdeckt, daß die Wahrheitsfindung im Ursprung gar Sache des objektiven Seins ist. Mit Bezug auf die Substanz fährt Hegel darum fort: »Was außer ihr vorzugehen, eine Tätigkeit gegen sie zu sein scheint, ist ihr eigenes Tun und sie zeigt sich wesentlich Subjekt zu sein« (32,32/3,39).

Diese Sätze decken den Grund auf, der die in der Einleitung beschriebene Bewegung der Erfahrung von Anfang bis Ende trägt. Davon können wir uns überzeugen, wenn wir auf den Einleitungstext zurückkommen, der die dialektische Erfahrungstheorie mit dem metaphysischen Wahrheitsbegriff verknüpft. Wir sagten: Die Übereinstimmung des Begriffs mit seinem Gegenstand führt Hegel auf die des Gegenstands mit seinem Begriff zurück. Indem jene sich in diese auflöst, laufen die beiden Entsprechungen auf eine einzige hinaus. Hegel selber bemerkt, daß »beides dasselbe« sei (71,35/3,77). Aber darf er hier wirklich, so ist zunächst zu fragen, eine Identität annehmen? Die Richtungsdifferenz, die den wesentlichen Unterschied der beiden Definitionen von Wahrheit im metaphysischen Sinne ausmacht, bleibt doch wohl, wenn auch ohne die Schärfe eines Gegensatzes, in der Sicht Hegels erhalten. Zu ihr kommt im übrigen noch diejenige Verschiedenheit hinzu, die Hegel von sich aus ins Spiel bringt, sofern weder »Begriff« noch »Gegenstand« in der ersten und zweiten Wendung »dasselbe« meint. Nun, wir erinnern uns, daß Hegel den Gegenstand als Gegenstand dem Wissen und damit dem Begriff im subjektiven Verstande subsumiert. Ja, die Subsumtion bis zur Gleichsetzung steigernd, kann Hegel sogar sagen, die Seite des »*Seins* von etwas *für ein Bewußtsein*«, die er hier gewollt abstrahierend der Seite des »Ansichseins« entgegensetzt, *sei* »das *Wissen«* (70,33/3,76). Demgemäß behandelt er die »abstrakten Bestimmungen des Wissens und der Wahrheit« durchgehend als gleichbedeutend mit den beiden Momenten des Gegenstandes, mit dem bloß für uns und dem für uns an sich Seienden.[8] Hierüber zur Rechenschaft gezogen, würde er sich auf die unmittelbare Zugehörigkeit des bloß für uns Seienden zu unserem Bewußtsein berufen. In der Tat: das Gewußte als solches, reduziert auf seine Gewußtheit, ist Wissen; und tatsächlich ist es dasselbe, ob der Begriff qua Wissen dem Gegenstand qua Ansich entspricht oder der Gegenstand qua Gewußtes dem Begriff qua Ansich.

Wenn sich aber die Identität durch die Subsumtion des Gegenstands als Gegenstand unter das Wissen ergibt – geht dann nicht die zweite Bestimmung in der ersten auf statt, wie angenommen, die erste in der zweiten? Muß man dann nicht umgekehrt die Übereinstimmung des Gegenstands mit seinem Begriff auf die des Begriffs mit seinem Gegenstand zurückführen? So mag es scheinen. Aber der Schein löst sich auf, sobald hinter den beliebig anmutenden Festsetzungen von Termen die Sache hervortritt, welche die keineswegs selbstverständliche Behauptung einer (faktisch nicht erreichten) Übereinstimmung des Gegenstands mit seinem Begriff treffen möchte. Diese Übereinstimmung ist ebensosehr als Handlung aufzufassen, ist ebensosehr ein aktives Entsprechen wie die adaequatio, in welcher der intellectus sich der res anzupassen versucht; und zwar ist sie ein wirkliches Geschehen, nicht bloß eine Projektion des subjektiven Tuns auf das Objekt. Daß die Anpassung des begreifenden Denkens an seinen Gegenstand sich auflöse in dessen Anmessung an seinen Begriff, darf man und muß man vielmehr voraussetzen, weil Hegel das Wesentliche der Beziehung, die man seit dem Mittelalter »intentional« nennt, in eine interne Relation des Gegenstands verlegt. Die Verlegung erhebt die zweite Entsprechung in den Rang einer Möglichkeitsbedingung der ersten. Wie der Fundierungszusammenhang seinerseits begründet ist, zeigt die Vorrede an, indem sie die Ungleichheit zwischen dem Ich und der Substanz auf die »Ungleichheit der Substanz zu sich selbst« zurückführt.

Um die Basis freizulegen, von der dieser letzte erkenntnistheoretisch motivierte Schritt Hegels abspringt, scheint es angebracht, endlich die in alledem ja längst spürbare Nähe der Hegelschen Phänomenologie zu derjenigen Husserls eigens zu beachten. Denn an dem erreichten Punkt treten dialektische und transzendentale Phänomenologie in einen Kontakt, der so eng ist, daß er sich notwendig in eine neue Distanz umsetzt, und an dieser Distanz läßt sich beispielhaft abschätzen, wie weit Hegel sich von der als Transzendentalphilosophie betriebenen Metaphysik entfernt. Das allgemeine Einverständnis, das zwischen seiner und der Husserlschen Phänomenologie in bezug auf die ganze Wahrheitstheorie der Einleitung herrscht, verrät eine noch bedeutsamere Gemeinsamkeit als die immerhin für sich schon bemerkenswerten Methodenähnlichkeiten, die sich zur Erklärung der Namensgleichheit anbieten. Daß die Phänomenologie Hegels eine Wissenschaft von der Erfahrung des Bewußtseins sein will, daß sie dabei auf die »Sache selbst« abzielt, daß sie, um subjektive Einfälle fernzuhalten, sich aufs Zuschauen beschränkt – all dies verleiht ihr gewiß einen phänomenologischen Zug auch Husserlscher Prägung. Aber darüber hinaus berührt sich der ausgelegte Text mit der transzendentalen Phänomenologie vor allem inhaltlich. Sein Thema fällt, was die hier gegebene Interpretation ja schon hervorgehoben hat, mit dem Generalthema der Husserlschen Phänomenologie zusammen: mit dem der Intentionalität. Für sich allein würde der Hinweis auf Intentionalität über die inhaltliche Beziehung allerdings noch kaum etwas aussagen. Konkrete Bedeutung bekommt er erst dadurch, daß Hegel Intentionalität grundsätzlich in eben der Hinsicht beschreibt, die nach Husserl die spezifisch transzendentalphänomenologische ist.

Die beobachtete Doppelung des Gegenstandsbegriffs nimmt nämlich die Differenzierung vorweg, durch die Husserl – andeutungsweise schon in der fünften Logischen Untersuchung[9] und mit aller Ausdrücklichkeit im ersten Buch der ›Ideen‹[10] – dem Begriff des intentionalen Gegenstands sein scheinbar eigentümliches Gepräge gibt.[11] Mutatis mutandis taucht Hegels »Gegenstand als Gegenstand« in den ›Ideen‹ unter dem Titel des »vollen Noema« auf, das die ganze Mannigfaltigkeit umfaßt, in der dem Bewußtsein etwas je im Augenblick erscheint. Das volle Noema – das ist nicht bloß der »Gegenstand, *welcher* intendiert ist«, sondern der »Gegenstand, *so wie* er intendiert ist« (LU II/1 400), und zwar in der ganzen Fülle seines Gegebenseins (z. B. durch die Wahrnehmung oder die Erinnerung) und seiner Erscheinungsweisen, zu denen vornehmlich die jeweils räumliche Orientierung, die perspektivische Abschattung und der mehr oder weniger hohe Grad an Klarheit gehören. Von der Erscheinungsoberfläche des vollen Noema hebt Husserl – auf einem Wege, dessen Zwischenstationen wir hier übergehen können – den noematischen »Gegenstand schlechthin« ab, als dasjenige Substrat, dem ich alle Prädikate zuspreche, wenn ich sagen soll, *was* ich denn etwa im Wahrnehmen objektiv betrachtet, abgesehen von jenen subjektiven Modi des bloßen Seins für mich, wahrnehme, *als* was ich das Wahrgenommene – in einem je bestimmten »Sinn« – verstehe. Im Aufriß der transzendentalen Phänomenologie nimmt aber der noematische »Gegenstand schlechthin« ungefähr die Stelle ein, die im Entwurf Hegels der mit dem Seienden im Sinne des wahrhaft Seienden austauschbare Gegenstand innehat. Beide ragen aus dem uneingeschränkt subjektabhängigen Bewußtseinskorrelat als das objektiv Vermeinte heraus, doch so, daß sie durch ihre Zugehörigkeit zur intentionalen Gegenständlichkeit sich zugleich abgrenzen gegen das reale Objekt, das »Ding da draußen« (Husserl). Indem der dialektisch dargestellte Gegenstand auseinandertritt in das *bloß für* das Bewußtsein und das *ihm* Seiende oder Geltende, zeichnet sich schon in der Sicht Hegels auf dem Hintergrund dessen, was je ich je vor mir habe, der nach den *Ideen* eigentümlich intentionale Gegenstand oder der eigentliche Gegenstand der Intention ab, auf den ich, etwas als etwas auffassend, immer nur aus bin, ohne ihn unmittelbar vor mich bringen zu können. Durch die Unterscheidung zwischen dem Gegenstand als Gegenstand und dem Gegenstand als Seiendem gelingt also schon dem Verfasser unseres Textes, worauf Husserl abzielt: im Überstieg über die »reelle Immanenz« der dem Noema zugeordneten Noesen und der darin verarbeiteten Empfindungen Platz zu schaffen für die »Transzendenz« des an sich Seienden, ohne dem Objektivismus anheimzufallen, dem die Annahme eines unvermittelten Ansichseins huldigt.

Nun setzt eine derart immanente Transzendenz, die »ideelle«, dem Ansatz der transzendentalen Phänomenologie zufolge die besondere Art von Intentionalität voraus, durch die allein das volle Noema sich zum noematischen »Gegenstand schlechthin« verhalten kann. Diese besondere Intentionalität entdeckt zu haben, rechnet Husserl sich als sein eigenstes Verdienst an. Schon in den Zeitvorlesungen bemerkt er, der Intentionalitätsbegriff sei »doppelsinnig«, sofern er einmal die Beziehung des *Bewußtseins* auf das Erscheinende, zum andern die »Beziehung der *Erscheinung* auf das Erscheinende« meint,[12] und in den *Ideen* läßt er keinen Zweifel daran, daß mit einer Philosophie, die als intentional lediglich das »Bewußtsein von etwas« begreift, noch »so gut wie nichts getan« sei (Id. I 216). Die demgegenüber wahrhaft intentionale Beziehung, in der fünften Logischen Untersuchung bereits anvisiert als eine solche zwischen der »Dingerscheinung« und dem »erscheinenden Ding« (LU II/1 350), ist diejenige, in der die unmittelbar und in konkreter Fülle gegebene Erscheinungsmannigfaltigkeit ihren gegenständlichen Sinn anzeigt, textnäher ausgedrückt: in der sie durch den ihr immanenten, den »noematischen« und letztlich »gegenständlichen« Sinn zu erkennen gibt, als was und in welchem Horizont sie zu verstehen sei (Id. I 316, 318). Sie vermittelt also genau die Momente, die den beiden Seiten des dialektisch gedachten Gegenstandes systemanalog sind: das volle Noema und den noematischen »Gegenstand schlechthin«. Ein Hegelsches Vorbild haben aber nicht nur ihre Glieder; auch sie selber ist in der Wahrheitstheorie unseres Textes vorgezeichnet. Mit ihr zieht Husserl, freilich ohne jede historische Beeinflussung, nur die sachliche Konsequenz aus Hegels unausgearbeiteter These über das Geschehen, in welchem der Gegenstand als Gegenstand dem Begriff als seinem Ansich entspricht. Indem Husserl die Gegenstandsbeziehung des *Bewußtseins* abhängig macht von dieser im Gegenstand selbst liegenden Beziehung, expliziert er lediglich, was es bedeutet, daß die Möglichkeit einer Annäherung des subjektiven Begriffs an seinen Gegenstand bedingt sein soll durch dessen eigenes Verhalten zum objektiven Begriff.

Mit dem Übergang von der Phänomenologie zur Logik geht Hegel jedoch auch und erst recht über die *transzendentale* Phänomenologie hinaus. Husserl weit hinter sich lassend, führt er die unter den Bedingungen des Bewußtseins notwendig ausbleibende Entsprechung von Gegenstand und selber gegenständlichem Begriff auf die Tatsache zurück, daß im Sein selbst die *Realität*, auch die Realität jenes Gegenstandes, ihrem Begriff unangemessen ist. Die »Ungleichheit der Substanz zu sich selbst« meint am Ende diesen Sachverhalt. Ihren Zusammenhang mit der

»Ungleichheit des Ichs zum Gegenstande« denkt Hegel so, daß das – wie auch immer geartete – Verhältnis der Realität zu ihrem Begriff als Grund der Beziehung, die der Gegenstand zu seinem Begriff unterhält, zugleich mitbegründet, wie diese Beziehung ihrerseits Grund der gewöhnlich als intentional bezeichneten Bewußtseinsrelation sein kann. Wenn der subjektive Begriff seinem Gegenstand inadäquat ist, so nach Hegel letztlich deshalb, weil die Realität, die als sein Gegenstand fungiert, ihrem eigenen Begriff nicht entspricht. Umgekehrt soll die mit der Aufhebung des Bewußtseins in Totalitätserkenntnis eintretende adaequatio rei et intellectus an die Bedingung geknüpft sein, daß die realitas der res den Zustand einer vollkommenen Übereinstimmung mit sich selbst erlangt hat. Daß das Bewußtsein wirkliches Wissen wird und »der Begriff dem Gegenstande, der Gegenstand dem Begriffe entspricht« (69,9/3,74), ist nur möglich durch die »Realisierung des Begriffs« (67,15/3,72). Der im Kontext der Einleitung rätselhafte Begriff eines Begriffs, in dessen Selbstrealisierung die Enthüllung der Wahrheit durch das Bewußtsein in Wirklichkeit geschieht, weist auf das Ziel voraus, dem Hegel zustrebt, sobald er den Boden der Transzendentalphilosophie verläßt und sich der »vormaligen Metaphysik« zuwendet. Um den Metaphysikbezug seiner Wahrheitstheorie vollends aufdecken zu können, müssen wir ihm auf diesem Wege folgen.[13]

III

Nach dem ersten Satz der Einleitung in die ›Phänomenologie‹ ist die »Sache selbst«, um die es der Philosophie gehen muß, »das wirkliche Erkennen dessen, was in Wahrheit ist«. Was in Wahrheit ist – das ist das ὄντως ὄν der platonischen Metaphysik, das wahrhaft Seiende.[14] Hegel nennt es das Absolute. Für ihn ist einsichtig, »daß das Absolute allein wahr, oder das Wahre allein absolut ist« (65,12/3,70). Weil das Absolute alle Wahrheit für sich beanspruchen darf, ist es als »das reine Entsprechen des Begriffs und seiner Realität« aufzufassen (L II 486,13/6,551). In ihm vollendet sich, was Wahrheit überhaupt kennzeichnet: eben das Entsprechen von Begriff und Realität. »Wahrheit in der Philosophie heißt das, daß der Begriff der Realität entspreche.«[15] Auf ein solches Entsprechen zielt auch das nicht zuletzt wegen seiner

Unbestimmtheit »so zu sagen unglückliche Wort: *Einheit*« (L I 77,6/5,94),[16] das Hegel ungeachtet seiner Unbestimmtheit immer wieder zur Definition der »Idee« verwendet: »*Sein* hat die Bedeutung der *Wahrheit* erreicht, indem die Idee die Einheit des Begriffs und der Realität ist« (L II 409,35/6,465). Die Gleichsetzung von Idee und Wahrheit – »die Idee ist die Wahrheit« (›Enzyklopädie‹, § 213/8,368) – bringt zum Ausdruck, daß etwas Wahrheit nur haben kann, sofern es Idee ist (L II 407,3/6,462); und Idee ist es nur aufgrund der Entsprechung seines Begriffs und seiner Realität. Nachdem Hegel das erkenntnistheoretische Problem der Übereinstimmung auf den wirklichkeitstheoretischen Entsprechungsgedanken zurückgeführt hat, hält er die metaphysische Herkunft dieses Gedankens fest, indem er die Entsprechung von objektiver Realität und objektivem Begriff umgekehrt als Übereinstimmung auslegt. »Die Wahrheit ist«, heißt es in § 13 der ›Philosophischen Propädeutik‹ (4,142f.), »Übereinstimmung des Begriffs mit seiner Gegenständlichkeit« – das bedeutet, sofern »die Wahrheit im tiefern Sinne« und nicht »die Wahrheit nur in Beziehung auf das Bewußtsein, oder die formelle Wahrheit« gemeint ist: sie ist »Übereinstimmung eines Inhalts mit sich selbst«.[17]

Auch in dem angeführten, für das Thema maßgeblichen Text aus der Logik der Idee besagt »Wahrheit«, wie in der Phänomenologie: was in Wahrheit ist; als »Einheit von Begriff und Realität« zeigt sich der Sinn des »*wahrhaften Seins*« (L II 410,31/6,466). Ihm stellt Hegel in der Gefolgschaft Platons Unwahrheit als den Grundzug dessen gegenüber, was in Wahrheit nicht ist: das der Vergänglichkeit preisgegebene Seiende ὄν γιγνόμενον, welches vor der Wahrheit zu einem Nichtseienden μὴ ὄν zusammensinkt. Es ist das Andere des Absoluten, das Endliche. Anknüpfend an den platonischen Gegensatz, deutet Hegel Endlichkeit als Nichtentsprechung von Begriff und Realität: »Daß die wirklichen Dinge mit der Idee nicht kongruieren, ist die Seite ihrer *Endlichkeit*, *Unwahrheit*« (L II 410,3/6,465). Ja, Hegel treibt Platon auf die Spitze, indem er – hier wie auch sonst in der Logik – die Trennung, die in der Nichtentsprechung liegt, nach dem Vorbild der im ›Phaidon‹ vorgetragenen Lehre vom Sterben als Scheidung der Seele und des Leibes beschreibt und so indirekt für das Vergehen der Dinge verantwortlich macht: »Es ist die *Definition der endlichen Dinge*, daß in ihnen Begriff und Sein verschieden, Begriff und Realität, Seele und Leib, trennbar, sie damit vergänglich und sterblich sind« (L I 75,12/5,92; vgl. L II 409,22/6,464).[18]

Indessen knüpft Hegel an den metaphysischen Dualismus Platons nur an, um sich davon abzustoßen. Er hebt auch den *ontologischen* Wahrheitsbegriff der Metaphysik auf, und zwar zunächst dadurch, daß er den *Gegensatz* von Wahrheit und Unwahrheit hinterfragt. Näher besehen soll die endliche Realität nämlich ihrem Begriff im Nichtentsprechen doch auch entsprechen; und erst dies, daß sie ihrem Begriff zugleich entspricht und nicht entspricht, definiert Endlichkeit. Dadurch ist nach Hegel *alle* Endlichkeit definiert, nicht nur die der »Dinge«, die als in jeder Hinsicht – von ihrem Begriff, vom Bewußtsein und voneinander – getrennte ihrer Seinsart nach endlich sind, sondern auch die des subjektiven Geistes, der sich noch nicht zum Absoluten erhoben hat.

»Das mechanische und chemische Objekt wie das geistlose Subjekt und der nur dem Endlichen, nicht seines Wesens bewußte Geist haben zwar, nach ihrer verschiedenen Natur, ihren Begriff nicht *in seiner eigenen freien Form* an ihnen existierend. Aber sie können überhaupt nur insofern etwas Wahres sein, als sie die Vereinigung ihres Begriffs und der Realität, ihrer Seele und ihres Leibes, sind« (L II 409,16/6, 464).

Daß sie eine solche Vereinigung *sind,* muß wörtlich verstanden werden. Mit der faktischen Nichtentsprechung kontrastiert nicht bloß ein Ideal von Entsprechung, das nie oder bestenfalls in ferner Zukunft zu verwirklichen wäre; vielmehr ist die Entsprechung genauso wie die Nichtentsprechung gegenwärtig bestehende Wirklichkeit: »die objektive und subjektive Welt überhaupt *sollen* mit der Idee nicht bloß *kongruieren*, sondern sie sind selbst die Kongruenz des Begriffs und der Realität« (L II 409,4/6,464).

Nach der aristotelischen Metaphysik würde sich ein Widerspruch ergeben, wenn dasselbe demselben in derselben Hinsicht »gleichzeitig« ἅμα zukäme und auch nicht zukäme (1005 b 19). Da dies unmöglich ist, kann ein Widerspruch, meint Aristoteles, nicht existieren. Für Hegel hingegen ist er mindestens in dem Maße wirklich, als dem Endlichen Wirklichkeit zuzubilligen ist. Aber der Widerspruch des Endlichen beruht nicht, wie die Hegel-Literatur seit fast hundert Jahren behauptet,[19] darauf, daß die endliche Realität ihrem Begriff unangemessen wäre; »Widerspruch« ist bei Hegel kein Synonym für »Nichtentsprechung«. Soweit Hegels eigene Äußerungen in diese Richtung weisen, sind sie durch die These zu berichtigen: Widersprüchlich ist das Endliche, weil seine Realität dem Begriff entspricht und zugleich nicht entspricht.

Auf dieses Zugleich bezieht sich das Logikkapitel, das die Widerspruchskategorie entfaltet, mit der Bemerkung, daß alles, was ist, »in seiner Gleichheit mit sich ungleich und widersprechend« sei (L II 27,8/6,40). In der reichen Morphologie des »dialektischen« Widerspruchs nimmt die damit gegebene Widersprüchlichkeit freilich bloß den Platz einer besonderen Gestalt unter anderen ein. Ihre relativ beiläufige Behandlung im Haupttext jenes Kapitels[20] hat denselben Grund wie der Umstand, daß sie in die berühmte 3. Anmerkung zum »gesetzten« Widerspruch, die wie alle Anmerkungen in der ›Logik‹ einen im Vergleich mit dem Haupttext exoterischen Charakter besitzt, abgedrängt wird: eine Theorie, die den Widerspruch als »Reflexionsbestimmung« nimmt, sucht ihn vornehmlich in Verhältnissen, in denen das Eine – was auch immer es sei – sich zu »seinem Andern« verhält; die dem Endlichen gleicherweise zu- und abzusprechende Entsprechung von Begriff und Realität hingegen konstituiert, als »Übereinstimmung des Inhalts mit sich selbst«, das *Selbst*verhältnis des Seienden und sein Verhältnis zum Andern nur, sofern es darin eben sein Selbst findet.

Da hier nicht die ganze Gestaltenfülle des dialektischen Widerspruchs auszubreiten ist, muß dahingestellt bleiben, wie er nach allen seinen Formen mit dem aristotelischen principium contradictionis zusammenhängt. An dieser Stelle läßt sich auch noch nicht entscheiden, ob der bestimmte Widerspruch des Endlichen die von Aristoteles für unerfüllbar erklärten Bedingungen durchweg erfüllt und damit den Satz vom ausgeschlossenen Widerspruch dementiert. Aus dem Vorherigen folgt nur, daß er der Forderung nach Gleichzeitigkeit gerecht wird: Wenn das Endliche die Kongruenz, die ihm mangelt, zugleich *ist* und nicht bloß sein soll, dann hat das Zugleich die Bedeutung, in welcher der Satz aus dem vierten Buch der ›Metaphysik‹ das Wörtchen ἅμα gebraucht: Es meint Gleichzeitigkeit. Nun betreibt die Revision des Kontradiktionsprinzips selbst schon eine Aufhebung der überlieferten Metaphysik, und zwar die radikalste, die sämtlichen speziellen Aufhebungsversuchen Hegels zugrunde liegt. Den ontologischen Wahrheitsbegriff hebt Hegel jedoch genauso auf wie den gnoseologischen: Er führt ihn auf seinen Grund zurück. In der ›Logik‹ hieß es, das Endliche könne nur insofern »etwas Wahres« sein, als seine Realität dem Begriff trotz Nichtentsprechung doch auch entspricht; die Entsprechung ist die Bedingung der Möglichkeit dafür, daß das Endliche, das letztlich unwahr ist, immerhin an der Wahrheit teilnimmt. Mit demselben Recht darf man sagen: Der Widerspruch, daß die Realität des Endlichen ihrem Begriff im Nichtentsprechen entspricht, ermöglicht allererst die eigentümliche Art von *Un*wahrheit, die Platon im Blick hat. Das Unwahre in diesem Sinne ist das, was in Wahrheit nicht ist. Es ist nicht das wahrhafte Sein, aber auch nicht schlechterdings nichts. Es sinkt in den Schein zusammen, zu dem das Wesen nach dem zweiten Buch der Hegelschen Logik das »Sein«, das Dasein der endlichen Welt, herabsetzt. Die Nichtigkeit dieses Scheins enthüllt das abschließende Buch der ›Logik‹ als Nichtentsprechung von Begriff und Realität. Würde im endlichen Dasein aber die Realität ihrem Begriff *überhaupt nicht* entsprechen, so fiele sie ins reine Nichts; sie hätte dann kein Sein, das im Grunde Schein ist, sie hätte gar kein Sein. Oder wie Hegel sich ausdrückt: »Wenn aber ein Gegenstand, z. B. der Staat, seiner Idee *gar nicht* angemessen (. . .) wäre, wenn seine Realität (. . .) dem Begriffe ganz nicht entspräche, so hätten seine Seele und sein Leib sich getrennt« (L II 410,15/6,465); es wäre die völlige Scheidung eingetreten, die auf seinen Tod, d. h. auf den Verlust seiner weltlichen Existenz, hinausliefe. Die mittlere Lage des Endlichen, das zwischen dem wahrhaften Sein und dem Nichts schwebt, trifft also nur, wer in eins mit der Einsicht in die Nichtentsprechung seines Begriffs und seiner Realität anerkennt, daß diese sich gleichzeitig entsprechen. Die Nichtentsprechung setzt ihr eigenes Gegenteil voraus.

IV

Was es mit dem Widerspruch, der nach Hegel das Endliche durchherrscht, auf sich hat: wie er innerlich beschaffen ist und wie er von außen, aus dem Blickwinkel der klassischen These über seine Unmöglichkeit, aussieht – das ist hinreichend nur durch eine Reflexion auf den Sinn von Entsprechung aufzuklären. Hegel selber hat eine Analyse der Bedeutung des von ihm gebrauchten Entsprechungsbegriffs nicht eigentlich geleistet. Entlastet hat er sich insbesondere von der Aufgabe, Rechenschaft abzulegen über die *Vielfalt* der Bedeutungen, in denen der für sein Wahrheitsverständnis unentbehrliche Begriff bei ihm und auch in der gewöhnlichen Sprache auftritt.

Unmittelbar auf der Hand liegt die Doppeldeutigkeit, die darin besteht, daß das Entsprechen als abgeschlossenes Resultat oder als unabgeschlossener Prozeß verstanden werden kann, als bereits erzielte Übereinkunft oder als der Weg eines Übereinkommens. Sofern der metaphysische Wahrheitsbegriff Übereinstimmung meint, fällt auf ihn dieses Zwielicht nicht: in Übereinstimmung *befindet* sich etwas mit etwas; sie ist Frucht eines Strebens, nicht das Streben selber. Zweifellos blickt auch Hegel ausschließlich auf die perfektivische Bedeutung, wann immer er den Entsprechungsbegriff zur Definition des Absoluten verwendet. Aber daß die Realität ihrem Begriff entspreche, kann grundsätzlich beides besagen: daß sie ihm konform ist oder daß sie sich ihm allererst annähert. Den prozessualen Sinn bringt Hegel deutlicher zur Sprache, indem er die zur Diskussion stehende Wendung gelegentlich in Worte übersetzt, die uns noch in anderen Zusammenhängen interessieren werden: Die Realität, so drückt er sich auch aus, macht sich ihrem Begriff angemessen.

Zwischen Prozeß und Resultat schwankt jede denkbare Rede von Entsprechen, nicht nur der Hegelsche Terminus. Mit dem Hinweis auf diese Ambivalenz haben wir also noch nichts über die spezifische Bedeutung »dialektischen« Entsprechens ausgesagt. Die eigentümlich dialektische Entsprechung ist aber schon dadurch gekennzeichnet, daß sich in ihr Begriff und Realität aufeinander beziehen; dialektisch ist die Entsprechung als eine solche von Begriff und Realität. Was da »dialektisch« heißt, bestimmt sich aus der Tradition derjenigen Dialektik, welche die geschriebene Lehre Platons praktiziert. Zur Entsprechung von Begriff und Realität gehört unabdingbar ein dialogisches Moment.[21] Die Realität entspricht ihrem Begriff, weil sie ihm *zu entsprechen hat*; und sie hat ihm zu entsprechen, weil sie unter dem *Anspruch* des Begriffs steht. Dialektische Entsprechung ist insofern eine dialogische, als es in ihr gilt, einem Anspruch zu entsprechen. Ihr dialogischer Zug prägt auch den Begriff des in sie involvierten Begriffs. Der bedeutet immer soviel wie »Bestimmung« in dem Verstande, in dem die gleichnamige Schrift Fichtes von der Bestimmung des Menschen handelt. Ihrem Begriff zu entsprechen, ist der Realität aufgetragen, weil sie ihre Bestimmung erfüllen soll.

Durch den jeweiligen Bezug zum Dialogischen läßt sich dialektische Entsprechung von nichtdialektischer unterscheiden. Es gibt eine nichtdialektische Entsprechung, der alles Dialogische abgeht: die bloß faktische Kongruenz, in der sich das eine mit dem andern deckt, ohne damit einer Forderung des anderen zu genügen. Sogenannte kongruente Dreiecke entsprechen sich, sofern sie deckungsgleich sind, aber ihre Deckungsgleichheit folgt nicht aus der Stellung, die das eine gegenüber dem andern innehat. Nimmt man das Dialogische zum Maßstab, so darf man sagen, eine solche Kongruenz liege *unterhalb* des Niveaus dialektischer Entsprechung. Nach dem gewählten Kriterium müßte man nichtdialektische Entsprechung allerdings auch *oberhalb* ihrer Ebene ansiedeln. Hinsichtlich ihrer dialogischen Anlage vollendet sich Entsprechung offenbar in der Gegenseitigkeit. Ihre Dialogstruktur entfaltet sie vollkommen erst, sobald das eine dem Anspruch des andern dergestalt entspricht, daß beide *einander* entsprechen. Wenn aber richtig ist, daß dialektische Entsprechung immer die von Begriff und Realität ist, dann schließt sie denselben Dialog, der sie zur dialektischen macht, nach der Seite seiner Vollendung aus sich aus. Gegenüber der voll dialogischen Entsprechung, die sich durch Gegenseitigkeit auszeichnet, ist sie auf die Stufe einer bloß eingeschränkt dialogischen herabzusetzen. Und zwar gründet die Einschränkung in der Wesensgesetzlichkeit des zwischen Begriff und Realität allein möglichen Entsprechens.

Obschon Hegel es, im Absehen von den konkreten Modalitäten des Vollzugs, bisweilen auch anders sagt, ist nämlich mit Rücksicht auf den wirklich stattfindenden Prozeß zu beachten, daß zwar die Realität dem Begriff entspricht, aber nicht umgekehrt der Begriff der Realität, jedenfalls nicht in derselben Weise. Während die sich gegenseitig entsprechenden Partner einander *entgegen*kommen, kann die Realität ihrem Begriff nur *nach*kommen. Im Gedanken des Nachkommens ist mitgedacht, daß der Begriff bei aller Bewegtheit, ohne die er kaum »dialektisch« zu nennen wäre, seinerseits in eigentümlicher Ruhe verharrt. Auch dies tritt unverhüllter an den Stellen hervor, an denen Hegel statt von Entsprechung davon redet, daß die Realität sich ihrem Begriffe angemessen mache. Eine solche Anpassung scheint prinzipiell einseitig sein zu müssen. Denn auf ihren Begriff zubewegen kann sich die Realität allein unter der Bedingung, daß sie ein festes Ziel hat. Freilich bilden diese Ruhe und Festigkeit durchaus kein außerdialogisches Element; sie entspringen gerade dem Anspruchscharakter des Begriffs, in welchem das spezifisch Dialogische in der Dialektik oder die eigentümlich dialektische Dialogizität besteht. Wo das dem Entsprechen korrelative Ansprechen auf Anspruch eingeschränkt ist, da etabliert die gleichsam statuarische Vorbildlichkeit seines Trägers für dasjenige, das dem Anspruch entspricht, insofern Ungleichheit, als das Ansprechende dem Entsprechenden voraus hat, was dieses sich erst dadurch aneignen soll, daß es sich nach ihm richtet.

Das Zugeständnis einer »Bewegtheit« des Begriffs tut übrigens der Einsicht in die Unvereinbarkeit von dialektischer Entsprechung und dialogischer Gegenseitigkeit keinen Abbruch. Als Momente eines Ganzen, der Wahrheit, sind Begriff und Realität, was sie sind, natürlich durcheinander. Aber die Wechselseitigkeit des Sichbestimmens darf mit dialogischer Gegenseitigkeit nicht verwechselt werden. Noch weiter davon entfernt ist der typisch dialektische »Gegenstoß«. Indem die Realität sich dem Begriff angleicht, gleicht sie sicherlich auch den Begriff sich selbst an. Sie gehorcht damit einem Gesetz, das man als das Gesetz des Umschlags mimetischer Abhängigkeitsbeziehungen bezeichnen könnte: Alles Sichangleichende verändert durch seine Angleichung das, dem es sich angleicht. Doch ist nicht zu übersehen, daß eine derartige Rückwirkung die Freiheit ausschließt, aus der in dialogischer Gegenseitigkeit Aktion und Reaktion erwachsen. Denn der Begriff, auf den die Anpassungsbewegung der Realität zurückschlägt, kann ja den Gegenstoß nur erleiden; er wird in die Bewegung der Realität gewissermaßen ohne sein Zutun hineingezogen.

Vergegenwärtigt man sich nun, *warum* dialektische Entsprechung das Dialogische bloß in reduziertem Ausmaß in sich aufnimmt, so fällt auf das Wahrheitsverständnis Hegels ein überraschendes Licht. Der Ausschluß der voll dialogischen Entsprechung aus der dialektischen ist darin begründet, daß diese ihren Ort im Selbstverhältnis hat. Je nach ihrer Intimität läßt sich jede

Entsprechung von Begriff und Realität, wie wir sehen werden, als mehr oder weniger intimes Selbstverhältnis darstellen. Zwar ist nicht umgekehrt jedes Selbstverhältnis eine solche Entsprechung, wohl aber das ausgezeichnete, das in der nachhegelschen Philosophie unter dem Titel »Selbstsein« begegnet. Dessen Auszeichnung bleibt im Dunkeln, solange man von ihm – wie Kierkegaard am Anfang der ›Krankheit zum Tode‹ – nur die Reflexivität aussagt, die in Wirklichkeit nur das Selbstverhältnis überhaupt definiert. Die spezifische Differenz des Selbstseins gegenüber dem Selbstverhältnis im allgemeinen liegt eben in der Entsprechung von Begriff und Realität. Was habe ich denn im Sinn, wenn ich behaupte: »Ich bin ich selbst«? Offensichtlich drückt der Satz eine Identität aus, die den Charakter einer Übereinstimmung besitzt. Der Ausdruck der Übereinstimmung kann tautologisch sein. Nicht tautologisch ist er aber nur, soweit er das Bewußtsein einer Übereinstimmung meines faktischen Daseins mit meiner »Bestimmung« artikuliert. Daß ich »bin«, verweist auf meine Realität; daß ich aber »ich selbst« bin, gibt zu verstehen, daß meine Realität ihrem Begriff entspricht. Wahrheit läuft, dialektisch betrachtet, also letztlich auf Selbstsein hinaus.[22]

Allerdings ist das ausgezeichnete Selbstverhältnis von der Art des Selbstseins auch eine ausgezeichnete Entsprechung, und dies nicht bloß insofern, als es, der perfektivischen Bedeutung des Entsprechungsbegriffs gemäß, gelungene Übereinstimmung meint. Daß Selbstsein mehr meint als Annäherung der Realität an ihren Begriff, als Selbst*werden*, wird man annehmen müssen, weil sonst das eigentümliche Glücksgefühl unerklärlich bliebe, das sich in der nichttautologischen Meinung jenes Satzes bekundet. Das merkwürdige Gefühl, ich selbst zu sein, wird denn auch selten genug sein, abgesehen einmal davon, daß es mannigfachen Täuschungen unterliegt. In der ihrerseits glücklichen Erfahrung geglückten Selbstseins scheint dessen Seltenheit selber noch miterfahren zu sein. Sie wäre nicht Glück, bräche sie nicht hervor aus dem Leiden an einem lebenslangen Zustand, in dem ich *nicht* ich selbst bin. Die – wie immer trügerische – Gewißheit vollbrachter Entsprechung führt die Erinnerung an ihr Gegenteil mit sich: an die Selbstentfremdung, aus der sie aufgestiegen ist und in die sie auch wieder absinkt. Sie gewährt Befriedigung nicht zuletzt durch die zeitweilige Entlastung von dem Schmerz, in den das Mißverhältnis von Begriff und Realität das alltägliche Leben taucht.

Inwiefern die ausgezeichnete Entsprechung des Selbstseins hierüber noch hinausgeht, können wir nicht aufklären, ohne die dialektische Entsprechung, die wir gegen die nichtdialektische abgehoben haben, in sich zu differenzieren. Ihre Differenzierung wird uns zugleich die gesuchte Antwort auf die Frage geben, welcher Status dem Widerspruch des Endlichen zukomme.

Daß etwas in seiner Realität seinem Begriff entspreche, bedeutet zweierlei: Nach der einen Bedeutung meint die Aussage lediglich, ein real Gegebenes lasse sich unter einen bestimmten Begriff subsumieren. Dieses Befaßtsein unter einem Begriff stellt eine bloß *formelle* Entsprechung dar. Charakteristisch für sie ist eine gewisse Fremdheit im Verhältnis der Wahrheitsmomente. Die Realität hat ihren Begriff nicht *an* sich, sondern gleichsam *über* sich, als die selber nur nominelle Instanz, deren Regelungen sie folgen muß. Nach der anderen Bedeutung heißt Entsprechen: Die Realität bildet sich, mit einer Hegelschen Metapher ausgedrückt (Enz. § 552/10,353), zum reinen »Gefäß« ihres Begriffs, derart, daß sie schließlich *dessen* eigene Realität wird. Weil sich in dieser Entsprechung die Momente zu einer lebendigen Einheit vermitteln, wollen wir sie die *konkrete* nennen, die als solche auch die eigentlich dialektische ist.

Wie sehr sich die beiden Formen voneinander unterscheiden, zeigt die Selbsterfahrung des Menschen. Einerseits erscheint ganz evident, daß jeder Mensch in seiner Realität seinem Begriff entspreche; andererseits wird man bezweifeln müssen, ob dies auch nur einem einzigen möglich sei. Zur Entsprechung ist jeder fähig, sofern jeder sich als Exemplar der besonderen Art von Lebewesen, die den Namen »Mensch« trägt, identifizieren läßt. Auch ein in seinem faktischen Lebensvollzug von seiner wesentlichen Bestimmung abgefallenes Individuum, das in tieferem Sinne alle Menschlichkeit verloren hat, besitzt noch ein Recht, als Mensch zu gelten und so angesprochen zu werden. Gleichwohl mag schlechterdings niemand imstande sein, das, was ihn zum Menschen macht, vollkommen zu verwirklichen.[23]

Das Ausmaß des Versagens erklärt sich aus der Größe der Aufgabe, die dem Menschen gestellt ist. Der Mensch soll nämlich nicht nur *seinem*, er soll *dem* Begriff entsprechen; er soll nicht nur dem Menschsein Realität verschaffen, sondern die Vernunft schlechthin verwirklichen. Während die bloße Empfindsamkeit, die vor dieser Aufgabe zurückschreckt, »alles in *seiner Art gut* zu finden versichert«, muß man von der Vernunft sagen, daß sie »gerade darum etwas nicht gut findet, insofern es eine Art ist« (69,29/3,75), und sei es auch die – in der Zeit nach Hegel zur Menschen*gattung* aufgeplusterte – Art menschlicher Lebewesen. Um die Möglichkeit des Menschenwesens auf vernünftige Weise aktualisieren zu können, muß der einzelne bereits auf die Forderung eingegangen sein, die selber nicht mehr art- oder gattungsspezifische Vernunft schlechthin zu realisieren. Hegels Rede vom »subjektiven Begriff«, genausowenig selbstverständlich wie die vom »objektiven«, setzt diese Forderung voraus: Der Mensch wird zum subjektiven Begriff, soweit er die Realität des objektiven wird oder der »objektive Begriff, der als Person undurchdringliche, atome Subjektivität ist« (L II 484,13/6,549). Ist aber schon kaum vorstellbar, daß ein Individuum seinen Gattungsbegriff zur Existenz bringt, so scheint vollends ausgeschlossen, daß es sein kontingentes Dasein zur Realität *des* Begriffs emporzuläutern vermag.

Und doch rückt von hier aus der Ort ins Blickfeld, den Selbstsein im Zusammenhang dialektischer Entsprechungen einnimmt. Unter »Selbstsein« ist offensichtlich keine bloß formelle Entsprechung zu verstehen. Damit Reales in der Form der Subsumtion unter einen Begriff falle, bedarf es nicht der Anstrengung, die Sein in Selbstsein verwandelt. Die Zuordnung zur formellen Entsprechung würde diesen Unterschied von Selbstsein und schlichtem Sein einebnen. Mithin bleibt nur übrig, Selbstsein als konkrete Entsprechung aufzufassen. Aber zu seiner Definition bieten sich beide soeben beschriebenen Gestalten konkreter Entsprechung an. Wie es sinnvoll ist zu sagen, er selbst sei, wer die Vernunft verwirkliche, so gibt es sicherlich auch gute Gründe für die Behauptung, Selbstsein gelinge bereits dem Menschen, der das Potential der »Menschengattung« ausschöpfe. Ja, eine »Übereinstimmung mit sich selbst« scheint der Mensch sogar schon zu erreichen, sobald er nur seinem individuellen »Wesen«, seiner persönlichen Eigenart gemäß lebt. Eine an Hegel anknüpfende Theorie des Selbstseins hätte sich allerdings für den höchsten Anspruch zu entscheiden. Sie müßte darauf bestehen, daß allein die Realisierung des Begriffs die Bedingungen erfüllt, unter denen auch die Vollendung des Menschseins und die harmonische Entfaltung der Persönlichkeit als Konkretionen des Selbstseins gelten könnten. Die aus unserer Einschätzung der condition humaine folgende Feststellung, daß ein dermaßen hoch angesetztes Selbstsein das Vermögen des endlichen Geistes übersteige, wäre nur scheinbar ein Einwand gegen eine solche Theorie. Denn gerade dies ist es, was Hegel zeigen möchte. Das geht uns auf, wenn wir nun seine These über den Widerspruch des Endlichen mit den erarbeiteten Mitteln analysieren.

Das Endliche ist mit einem Widerspruch behaftet, weil in ihm die Realität ihrem Begriff entspricht und auch nicht entspricht. Sein Widerspruch unterscheidet sich von dem, den Aristoteles für unmöglich erklärt, im wesentlichsten Punkt: Was dem Endlichen zukommt und was ihm nicht zukommt, ist keineswegs »dasselbe«. Die Entsprechung, die ihm zuzusprechen ist, hat einen anderen Sinn als die, welche ihm abgesprochen werden muß. Diese ist eine konkrete, jene eine formelle Entsprechung: Endliche Realität entspricht ihrem Begriff, sofern sie sich darunter subsumieren läßt, und sie entspricht ihm nicht, sofern es ihr verwehrt ist, in seine eigene Realität überzugehen. Ihre Entsprechung ist *als* formelle zugleich Nichtentsprechung, nämlich nicht konkrete Entsprechung.

Daß diejenige Entsprechung, die wir dem Endlichen trotz aller Nichtentsprechung zubilligen dürfen, auch nach dem Selbstverständnis Hegels bloß formeller Natur ist, bezeugt in ihrer etwas simplen Manier die ›Philosophische Propädeutik‹ (§ 168/4,54f.). Sie fragt nach dem Grunde eben der »Dialektik, daß das Schlechte, seinem Begriff nicht Entsprechende *zugleich auch* ihm angemessen ist«; und ihre Antwort lautet: »Ein *schlechtes* Haus hat ein Dasein, das seinem Begriff nicht angemessen ist. Wäre es ihm aber nur nicht angemessen, so wäre es gar kein *Haus.*« Daß Hegel im didaktisch motivierten Verzicht aufs Spekulative ausschließlich dem »schlechten« Haus anlastet, was natürlich jedes reale als solches kennzeichnet, braucht uns hier nicht zu kümmern. Wichtig ist nur, daß er ganz klar zu erkennen gibt: Die in der veranschaulichten Sphäre allein mögliche Entsprechung ist die formelle – das seinem Begriff unangemessene Haus muß ihm, dem Zitat zufolge, ja nur deshalb auch angemessen sein, weil es sich sonst nicht darunter subsumieren ließe. Demgemäß beschreibt der einschlägige Logiktext die im Endlichen gleichzeitig bestehende Nichtentsprechung als Mangel konkreter Entsprechung. Sie beruht darauf, daß der Begriff für die Realität lediglich »eine äußerliche Bestimmung« ist. Negativ ausgedrückt: »Die endlichen Dinge sind darum endlich, insofern sie die Realität ihres Begriffs nicht vollständig an ihnen selbst haben«; sie heben sich hierdurch ab gegen die Möglichkeit des Geistes oder gegen den »Begriff, der den Begriff selbst zu seiner Realität hätte« (L II 409/10/6,464f.).

Seinem Begriff *konkret* zu entsprechen, also die Realität seines Begriffs zu sein, vermag – das muß man aus dieser Gegenüberstellung schließen – nur das Seiende, das darin nicht bloß seinem, sondern *dem* Begriff entspricht. Auf der anderen Seite bewegt sich alles, was höchstens *seinem bestimmten* Begriff angemessen ist, in den Grenzen *formeller* Entsprechung. Es sind nach Hegel die »endlichen Dinge«, die nur je in ihrer Art »gut«, d. h. durch die Übereinstimmung mit ihrem besonderen Begriff gelungen sein können. Sie sind also auf formelle Entsprechung festgelegt und dem Anspruch der konkreten verschlossen. Zu ihnen gehört aber, wie wir bereits gehört haben, gewissermaßen auch »der nur des Endlichen, nicht seines Wesens bewußte Geist«. Folglich vermag der Mensch, der sich in der Endlichkeit einrichtet, ebensowenig ein wirkliches Selbst zu sein wie die Dinge im engen und strengen Sinne des Wortes. Die einzige Chance seines Selbstseins besteht darin, daß er sein Dasein zur Realität des Begriffs bildet. Dann aber nimmt er als Gestalt des absoluten Geistes selber am Absoluten teil, erhoben über die Endlichkeit der Dinge und des von ihnen bestimmten Menschenlebens.[24]

V

Im Ansatz Hegelscher Dialektik herrscht eine tiefgreifende Spannung. Denn mit dem Modell einer *Entsprechung* von Begriff und Realität konkurriert das maßgebliche Verständnis des Begriffs als *Übergreifen* über die Realität. Operiert Hegel mit dem Entsprechungsmodell, um Wahrheit aufzuklären, so zieht er es vor, von Übergreifen zu reden, wenn es ihm um Wirklichkeit geht. Auch Wirklichkeit deutet er als Einheit von Begriff und Realität, nur eben als eine solche, die durch das Übergreifen des ersteren über die letztere zustande kommt. Indessen ist diese Einheit ihrerseits eins mit jener, die als Wahrheit gilt. Denn Wahrheit und Wirklichkeit sind Aspekte ein und derselben Sache: dessen, »was in Wahrheit ist«. Deshalb glaubt Hegel die Gedankenfiguren des

Entsprechens und des Übergreifens ineinanderbilden zu dürfen. Nach dem Schlußabschnitt der ›Logik‹ ist die »absolute Negativität«, als Beziehung des Negativen auf sich selbst oder als Subjektivität,

> »der innerste Quell aller Tätigkeit, lebendiger und geistiger Selbstbewegung, die dialektische Seele, die alles Wahre an ihm selbst hat, durch die es allein Wahres ist; denn auf dieser Subjektivität allein ruht das Aufheben des Gegensatzes zwischen Begriff und Realität und die Einheit, welche die Wahrheit ist« (L II 496,34/6,563).

Die hier gemeinte Einheit hat Hegel vorher als Entsprechen bestimmt (L II 486,13/6,551). Kurz darauf aber bemerkt er, die absolute Negativität sei »der Begriff, der sich durch das Anderssein realisiert und durch Aufheben dieser Realität mit sich zusammengegangen [ist] und seine absolute Realität, seine *einfache* Beziehung auf sich hergestellt hat« (L II 498/99/6,565 f.). Der an dieser Stelle entwickelte Begriff des Begriffs zeichnet, wie wir sogleich noch genauer sehen werden, das Leitbild des Übergreifens nach. So ist die Spannung unausbleiblich. Obwohl nämlich das Entsprechen als wirkliche Wahrheit und das Übergreifen als wahre Wirklichkeit auf dasselbe hinauslaufen sollen, sind sie dermaßen unterschiedlich strukturiert, daß sie sich teilweise sogar ausschließen.

Vor allem läßt das Übergreifen die Selbständigkeit nicht zu, die eine ihrem Begriff entsprechende Realität besitzen muß. Diese Selbständigkeit bildet die Voraussetzung der Tätigkeit, als die das Entsprechen zu verstehen ist. Denkt man aber Realität als Gegenstand eines Übergreifens, so ist weder eine derartige noch eine andere Tätigkeit in ihr mitzudenken. Denn handeln kann im Übergreifen letztlich nur der übergreifende Begriff selber. Realisierung des Begriffs meint darin notwendig dessen *Selbst*realisierung, eine Bewegung, die von ihm ausgeht und auch bei ihm bleibt. Sie bedeutet, daß »der *Begriff alles* und seine Bewegung die *allgemeine absolute Tätigkeit,* die selbst bestimmende und selbst realisierende Bewegung ist« (L II 486,19/6,551).[25]

In der Orientierung am Übergreifen sagt Hegel denn ja auch, daß der Begriff »*sich* durch das Anderssein realisiert«. Wie schlecht es unter den Bedingungen, die das Übergreifen vorschreibt, um die Selbständigkeit des Realen steht, wird im Nachvollzug des Weges einsichtig, den das vollständige Zitat beschreibt. Darin kommt eine Differenz zum Vorschein, welche die bei Hegel übliche Wendung »übergreifen über . . .« verdeckt: der Unterschied zwischen Über*greifen* und *Über*greifen, zwischen einem Über*greifen der* Realität und einem *Über*greifen *auf* Realität. Die Selbstrealisierung des Begriffs »durch das Anderssein« meint sein *Über*greifen *auf* eine ihm gegenüber wirklich andere Realität. Sie treibt aber zur Herstellung der »absoluten Realität« des Begriffs, auf die dieser sich deshalb in einer »einfachen Beziehung auf sich« bezieht, weil er sie nicht mehr als wirklich andere vor sich hat. Die absolute Realität ist gerade dadurch, daß sie nichts anderes ist als der Begriff, eine andere als die mit dem Anderssein schlechthin gleichgesetzte und damit für wesentlich relativ erklärte Realität. Und zwar ist dies so sehr der Fall, daß sie nur im »Aufheben« der relativen Realität hervorbrechen kann. Durch deren Aufhebung wird das *Über*greifen *auf* sie zu einem Über*greifen,* in welchem der Begriff absolut bei sich ist.

Zweifellos eignet derjenigen Realität, auf die der Begriff erst nur übergreift, noch eine gewisse Selbständigkeit. Sie ist selbständig im Sinne der Widerständigkeit eines Materials, das die – auch objektiv zu verstehende – »Anstrengung des Begriffs« durchdringen muß. Freilich darf man diese Selbständigkeit, als eine solche der Substanz, mit der wesentlich subjekthaften, die für das Entsprechen conditio sine qua non ist, nicht verwechseln. Aber auch sie verschwindet, sobald der Begriff sich der Realität als seiner eigenen versichert; die am Ende total übergriffene Realität hat jegliche Selbständigkeit eingebüßt. Im übrigen ist der Begriff nach Hegel nur deshalb imstande, auf Realität überzugreifen und sie schließlich zu übergreifen, weil er sie *seit je* übergreift. Das Hegelsche System beruht auf *drei* Hypothesen: erstens, daß der Begriff auf Realität überzugreifen vermöge, zweitens, daß sein Übergriff sich im vollständigen Übergreifen vollende, und drittens, daß beide Bewegungen durch ein »ewiges«, schlechthin anfängliches Übergreifen ermöglicht würden. »Idealistisch« ist das System erst aufgrund der dritten Prämisse. Denn erst sie negiert die Annahme einer dem Begriff vorgegebenen, ihm zuvorkommenden Realität. Eben auf das ursprüngliche Über*greifen,* das im Zielpunkt des ganzen Prozesses gefestigt wiederkehrt, scheint aber Hegels Wendung »übergreifen über . . .« vornehmlich ausgerichtet zu sein.

Indem sie im Schutze der Dunkelheit, die sie über die Differenz breitet, das *Über*greifen unter das Gesetz des Über*greifens* zwingt, verschleiert sie letztlich die innere Problematik des Idealismus. Die hängt schon der Entsprechungstheorie an und nicht erst der Lehre vom Übergreifen. Sie steckt in der scheinbaren Selbstverständlichkeit, mit der Hegel hier wie dort das Andere des Begriffs, die »Realität«, mit einem Namen belegt, der nach der philosophischen Überlieferung nur soviel wie Sachhaltigkeit bezeichnet; und sie verrät sich dadurch, daß als Einheit von Begriff und Realität nicht nur die Wirklichkeit gilt, sondern – wie wir wissen – auch die Idee. Die Realität, die in die Definition der Idee eingeht, unterscheidet sich deutlich von der, welche Wirklichkeit mitbestimmt. Sie macht lediglich die eigene »Bestimmtheit« des Begriffs (L II 505,27/6,573) aus, d.h. die Fülle der Bestimmungen, die er im Gange der Logik durch seine zunehmende Ausbreitung in die »bestimmten Begriffe« erwirbt. Was ihr fehlt, um Material für Wirklichkeit im nachhegelisch emphatischen Sinne des Wortes sein zu können, ist das tatsächliche Dasein in der »Äußerlichkeit des Raumes und der Zeit« (L II 505,38/6,573). Aus der Perspektive der Binneninterpretation heraustretend, könnte man den Unterschied der beiden Realitäten, die der Text gegeneinander abhebt, als diese Differenz von Weltdasein und Begriffsbestimmtheit entziffern. Nur sind die zwei Realitäten, wie Marx sagen würde, »mystifiziert«. Die Mystifikation beruht auf der Vorstellung, als könne der Begriff die faktische Existenz jedenfalls am Ende genauso übergreifen, wie er von Anfang an seine eigene Bestimmtheit übergreift.

Der »idealistische« Zug in Hegels Deutung der Wirklichkeit zeigt das keineswegs idealismusspezifische Motiv an, das ihn veranlaßt, die als Entsprechen aufgefaßte Einheit von Begriff und Realität zugleich auf die Formel vom Übergreifen zu vereidigen. Was auch immer »Idealismus« in bezug auf Hegel des näheren sagen mag, seinen Niederschlag hat er jedenfalls nach der vorherrschenden Meinung in der These über die Austauschbarkeit von Wirklichkeit und Vernunft gefunden. Der »einfache Gedanke der *Vernunft*« ist nach Hegel der einzige, den Philosophie »mitbringt«, als eine Voraussetzung, die sie im Prozeß ihrer Entfaltung allerdings einholt. Dieser Gedanke ist aber gleichbedeutend mit der Hypothese, »daß die Vernunft die Welt beherrscht«. Die Herrschaft kommt zur Vernunft nicht äußerlich hinzu; sie fließt aus ihrem innersten Wesen. Denn Vernunft *ist* die »*unendliche Macht*«; und diese Macht wirkt in der Weise des Übergreifens. Vernunft fällt mit Macht zusammen, weil sie »nicht so unmächtig ist, um es nur bis zum Ideal, bis zum Sollen zu bringen«.[26] Die »höchste *Kraft* oder vielmehr die *einzige* und absolute *Kraft* der Vernunft« (L II 486,39/6,551) besteht darin, daß diese in sich selbst das Vermögen hat oder vielmehr ist, sich zu realisieren, auf Realität überzugreifen. Als das »Mächtigste« stellt sich das »Übergreifendste« dar (vgl. L II 502,33/6,570). Schlechthin alles zu übergreifen, gelingt aber allein dem »machthabenden Begriffe« (L II 410,28/6,465) – auch hier möchte das Attribut Erläuterung des Sinnes sein, der analytisch im Subjekt liegt. Daß Hegel Vernunft als Begriff interpretiert, ist in ihrer vorgängigen Gleichsetzung mit Macht begründet; der Begriff des Begriffs bringt die eigentümliche Verfassung der Vernunftmacht zum Ausdruck: eben das Übergreifen. Als Macht enthüllt sich so auch die Substanz der Wirklichkeit, die aus dem Begriff als Zugriff und Übergriff auf »sein Anderes« hervorgeht; unter »Wirklichkeit« versteht Hegel das Ergebnis eines Wirkens, das ihr selber den Charakter mächtiger Wirksamkeit mitteilt. Er zeichnet damit den Rahmen vor, in den noch Marx sein Bild von der Wirklichkeit einhängt. Wenn die Wendung »übergreifen über . . .« bei Marx auch primär das Übergreifen auf . . . abdecken soll, so bleibt sie als solche doch in merkwürdig unbefragter Geltung. Darin wird aktenkundig, daß die Rückführung der Wirklichkeit auf Macht den Umschlag des dialektischen »Idealismus« in »Materialismus« überlebt: Obwohl als Träger der Macht nicht mehr der Geist fungiert, erhält sich die Struktur, die Hegel am Geist abgelesen hat.[27]

Aus dem konsequent festgehaltenen Ansatz bei der Macht folgt die Unterordnung der Wahrheit unter die Wirklichkeit. Zwar sind Wahrheit und Wirklichkeit in der Tat nur die beiden Seiten, in die sich auseinanderlegt, »was in Wahrheit ist«, aber an dem einheitlichen Sachverhalt betont Hegel das, was ist, genauer: was je heute ist, das Sein als konkret, d. h. geschichtlich, wirkende Wirklichkeit. Demgemäß muß er versuchen, das Entsprechungsmodell in das Konzept des Übergreifens einzufügen; das Übergreifen soll, mit anderen Worten, auch noch das Entsprechen übergreifen. Wie seine Überlegenheit zu denken ist, zeigt sich beispielhaft in einer erneuten Reflexion auf die sprachlichen Mittel, mit denen Hegel Wahrheit expliziert. Daß die Realität ihrem und schließlich dem Begriff entspreche, lautet, wie gesagt, andernorts: Sie macht sich ihm angemessen. Statt dessen kann Hegel aber auch sagen: Der Begriff selber macht sich die Realität angemessen. Den Zusammenhang der beiden Sätze haben wir offensichtlich so vorzustellen, daß der erste bloß die Erscheinungsoberfläche einer Bewegung faßt, die im Grunde vom Begriff ausgeht; im Grunde beruht, so behauptet Hegel, das Sich-dem-Begriff-Angleichen der Realität auf einem Sich-die-Realität-Angleichen des Begriffs. Nur weil der Begriff die Realität derart zu sich emporhebt, soll diese überhaupt fähig sein, von sich aus zu ihm aufzusteigen. Damit ist alle Tätigkeit, die der Realität anzugehören schien, dem Begriffe vindiziert, und die »entsprechende« Selbständigkeit des Realen sinkt zum Schein herab. Das Entsprechen ist auf die Bedingungen der Selbstrealisation des Begriffs verpflichtet. Es ist umgedeutet in einen bestimmten Modus des Übergreifens, nämlich in das Übergreifen des Begriffs auf Realität. In dieser seiner Subsumtion liegt der tiefste Grund dafür, daß Dialektik sich auf eine Entsprechung beschränkt, aus der die Möglichkeit voller dialogischer Gegenseitigkeit ausgeschlossen ist. Die dialogischen Potenzen des Entsprechungsmodells kann Dialektik nur insoweit in ihren Dienst nehmen, als sie sich der Macht des Übergreifens fügen. Weil dialektische Entsprechung selbst schon unter der Botmäßigkeit übergreifender Macht steht, findet sie ihre Grenze an jener Freiheit, in der das eine Verhältnisglied dem andern, statt es zu unterwerfen, ebenbürtig begegnet. Die Freiheit des Realen reduziert sich auf das Vermögen, die Macht, mit welcher der Begriff auf es einwirkt, als vernünftig anzuerkennen und diese Vernunft auf dem Wege bloßer Nachfolge zu verwirklichen.

Mit der Aufhebung des Entsprechens in das Übergreifen vollendet sich Hegels Aufhebung des metaphysischen Wahrheitsbegriffs im ganzen. Sie, die mit der Rückführung der adaequatio rei et intellectus auf eine in der wahren Wirklichkeit geschehende Entsprechung von Begriff und Realität begann, erreicht jetzt insofern ihren Höhepunkt, als die Aufhebung des Entsprechens in das Übergreifen die zunächst nur ins Sein verlegte Grundfigur des metaphysischen Wahrheitsbegriffs selber noch transzendiert. Hegels Vertrauen auf die Macht der Vernunft gründet aber offensichtlich in der Art und Weise, wie er an das Christentum anknüpft. Christlicher Glaube – das ist nach seiner Auffassung vor allem die Gewißheit der βασιλεία τοῦ θεοῦ, der Herrschaft Gottes. Größe, aber auch Grenze seiner Religionsphilosophie besteht darin, daß sie mit folgerichtiger Ausschließlichkeit Herrschaftstheologie ist und sein will. Sogar die Liebe Gottes begreift sie aus den Voraussetzungen seiner Macht. Das Allgemeine, als *der* Begriff (L II 246,17/6.281), ist »die *freie* Macht; es ist es selbst und greift über sein Anderes über; aber nicht als ein *Gewaltsames*, sondern das vielmehr in demselben ruhig und *bei sich selbst* ist« (L II 242,36/6,277). Diese Freiheit der ursprünglichen Macht, ihr Bei-sich-selbst-sein im Anderen, nennt Hegel im folgenden Satz »Liebe« (L II 242,40/6,277). Eine solche Liebe setzt den Kampf voraus, in welchem das Allgemeine, als das schlechthin Eine, sich das Andere als *sein* Anderes aneignet, und ist auch in sich nur die »schrankenlose Seligkeit« (L II 242/43/6,276f.) des Sieges, mit dem dieser Kampf durch die vollständige Unterwerfung des Anderen endet.

Die Aufhebung des Entsprechens in das Übergreifen will Hegel demnach so verstanden wissen, daß sie das Griechentum in das Christentum aufhebt. Sie läuft darauf hinaus, daß die aufsteigende Bewegung des platonischen Eros, der die Realität zur Annäherung an den Begriff treibt, in der niederfahrenden Bewegung der Agape, in welcher das übergreifende Allgemeine zur Einzelheit »heruntersteigt« (L II 260,17/6,296), die Bedingung ihrer eigenen Möglichkeit entdeckt. Wie jede Aufhebung von spekulativer Relevanz ist aber auch sie Selbstaufhebung. Sie ereignet sich bereits im Entsprechen selber. Denn die vollendete, die konkrete Entsprechung: dies, daß die Realität sich zur Realität des Begriffs bildet, ist ebensowohl *keine* Entsprechung; der Zusammenhang von Begriff und Realität läßt sich in ihr nicht mehr als Korrelation fassen. Sobald Realität zur Realität des Begriffs gerät, verwandelt sie ihre Gegenüberstellung, um das »unglückliche« Wort noch einmal zu gebrauchen, in eine »Einheit«, die, wie immer sie strukturiert sein mag, jedenfalls intimer ist als jedes denkbare Entsprechungsverhältnis. Die formelle Entsprechung aber hebt sich selber auf, sofern sie in der Macht des Übergreifens ihre eigene Wahrheit findet. Bedeutet sie doch für sich bereits soviel wie Subsumtion, also Unterordnung des Realen unter seinen bestimmten Begriff. Die auf Subsumtion beruhende Herrschaft ist aber, solange sie auf sich fixiert bleibt, unwahr, weil die aus ihr entstehende Fremdheit im Verhältnis der Realität zu ihrem Begriff ihrerseits Entfremdung bewirkt. Sie ist es, die sich in die wahre Herrschaft, in die des Begriffes selber, aufhebt. Ihre Aufhebung wird gegenwärtige Wirklichkeit, wo die Entsprechung als konkrete über sich hinauslangt. Eine Realität, die sich in die des Begriffs vertieft, überwindet mit der Gegenüberstellung auch alle Unterordnung. Daß Hegel den subjektiven Begriff für die Realität des objektiven erklärt, war in der kritischen Rezeption seiner Religionsphilosophie nicht von ungefähr seit je gleich groben Mißverständnissen entgegengesetzter Art ausgeliefert: Warf man ihm hier vor, den Menschen mystisch in Gott aufzulösen, so bezichtigt man ihn dort, den Menschen an die Stelle Gottes setzen zu wollen. Beides zusammen zeigt an, daß er weder das eine noch das andere im Sinn hat, sondern einen neuen Bund, der von der Vergottung des Menschen ebensoweit entfernt ist wie von seiner Vernichtung. An die Realität, die der Begriff zu seiner eigenen emporläutert, geht nämlich seine »freie Macht« gewissermaßen über. Zwischen ihm und ihr entspinnt sich ein Dialog, der frei ist von den Schranken dialektischer Entsprechung. Im Äußersten eröffnet Dialektik eine Perspektive, in der sich auch wahre Herrschaft aufhebt. Die Utopie der Aufhebung aller Herrschaftsverhältnisse könnte Dialektik, als Theorie der Macht, allerdings kaum ausmalen, ohne zugleich sich selbst aufzuheben.

Anmerkungen

1 Zur Wahrheit als adaequatio rei et intellectus vgl. Thomas von Aquin, *Quaestiones disputatae de veritate*, q. 1, a. 1. Der Begriff der adaequatio soll zweierlei treffen: einmal die im aktuellen Auffassen von etwas als etwas sich herstellende Identität von essentia und intellectus quidditates rerum formans, zum andern die in actu intellectus componentis et dividentis bestehende Übereinkunft von Existenz und Existenzurteil. Da es sich hierbei um sehr unterschiedlich strukturierte Verhältnisse handelt, kann der Adäquationsbegriff seine Klammerfunktion nur um den Preis relativer Leere ausüben.

2 Soweit nichts anderes vermerkt, beziehen sich die Seitenzahlen in den Abschnitten I und II auf die von J. Hoffmeister besorgte Ausgabe der *Phänomenologie des Geistes*; die tiefstehende Ziffer verweist auf die

(durchweg von oben gezählte) Zeile, in der das Zitat auf der angegebenen Seite beginnt.

3 Indem Hegel adaequatio als Entsprechung faßt, führt er sie auf den Grund zurück, aus dem Thomas sie entwickelt. Dessen Untersuchungen über die Wahrheit verwenden zur Definition ihres Gegenstands neben den Ausdrücken »assimilatio«, »convenientia«, »conformitas« vornehmlich den Terminus »correspondentia«. Die prima comparatio entis ad intellectum soll sein, »ut ens intellectui correspondeat: quae quidem correspondentia, adaequatio rei et intellectus dicitur« (q. 1, a. 1). Mit Recht also nennt Habermas die metaphysische Wahrheitslehre eine »Korrespondenztheorie«. Vgl. Jürgen Habermas, Wahrheitstheorien, in: *Wirklichkeit und Reflexion. Walter Schulz zum 60. Geburtstag,* Pfullingen 1973, S. 211–265.

4 Vgl. dazu Martin Heidegger, Hegels Begriff der Erfahrung, in: *Holzwege,* Frankfurt/M. 1950, S. 105–192, bes. 165 ff.

5 Die oben vorgeschlagene Interpretation, die den Unterschied zwischen dem »neuen« Gegenstand und der reflektierten Gestalt seines Vorgängers stärker betont, als die Darstellung Hegels es tut, versteht sich – im Kierkegaardschen Sinne des Wortes – als »Korrektiv« gegen die vorherrschende Neigung der Literatur, *gar* keinen Unterschied zu machen. Dieser Tendenz folgt gelegentlich auch Werner Marx, dessen Schrift *Hegels Phänomenologie des Geistes* (Frankfurt/M. 1971, S. 81–93) eine Exegese des Einleitungsabschnittes über die Methode enthält (vgl. auch a. a. O., S. 95 f.). (Daß übrigens desgleichen das teilweise heftig angegriffene Buch *Hegels Lehre vom absoluten Geist als theologisch-politischer Traktat* [Berlin 1970] am scheinbar Ausgemachten, mit Kierkegaard zu reden, »ein Korrektiv anbringen« will und in dieser oppositionellen Stellung wahr nur zusammen mit der korrigierten Position sein kann, ohne deren Selbstverständlichkeiten wiederholen zu müssen, ist den meisten seiner Kritiker entgangen.) Was den oben verhandelten Passus betrifft, so ist der nach dem Verständnis des Phänomenologen »neue« Gegenstand natürlich ebensowohl von dem »*andern*« zu unterscheiden, den das im Erfahrungsprozeß befindliche Bewußtsein selber »zufälliger Weise und äußerlich« gefunden zu haben glaubt (73/74/3,79).

6 *Wissenschaft der Logik,* hrsg. v. G. Lasson (im folg. zit.: L), Bd. I, S. 31,21. (5,44)

7 Die folgende Explikation dieses Gedankens setzt voraus, »daß die Vorrede weitgehend eine Ergänzung zur Einleitung darstellt« (W. Marx, *Hegels Phänomenologie des Geistes,* a. a. O., S. 11).

8 Vgl. Heidegger, Hegels Begriff der Erfahrung, a. a. O., S. 152f. Die Bemerkung Hegels, wonach die Frage, ob der Begriff dem Gegenstande oder umgekehrt dieser jenem entspreche, auf »dasselbe« hinausläuft, erläutert Heidegger mit dem Hinweis darauf, daß »das Selbe

(. . .) keineswegs das Gleiche« ist. Nach seiner Deutung bezieht sich der Terminus »Gegenstand«, sofern er das Wahre bezeichnet, auf den Gegenstand »für es«, nämlich für das natürliche Bewußtsein, wohingegen der mit dem Wissen (?) identifizierte Gegenstand der »für uns« seiende sein soll, d. h. das Wissen als erscheinendes, das Thema der Wissenschaft vom erscheinenden Wissen (a. a. O., 157f.). Wie diese Lesart sich am Text ausweisen läßt, sehe ich nicht.

9 Edmund Husserl, *Logische Untersuchungen* (im folg. zit.: LU), Bd. II/1, Halle [4]1928, S. 343–508.

10 Ders., *Ideen zu einer reinen Phänomenologie und phänomenologischen Philosophie,* 1. Buch (im folg. zit.: Id. I), Den Haag 1950 (Husserliana Bd. III), bes. S. 203–252.

11 Vgl. zu ihr des näheren vom Vf.: *Der Andere,* Berlin 1965, § 4 »Die transzendentale Differenzierung der Welt«, S. 46–54; ferner: Intentionaler Gegenstand und ontologische Differenz, in: *Philosophisches Jahrbuch 70/2* (1963), bes. S. 348f. Dieser Aufsatz deutet den von Husserl herausgearbeiteten Unterschied als Vorform der Heideggerschen Differenz von Sein und Seiendem. Der Kreis des philosophiegeschichtlichen Zusammenhangs, den er anspricht, schließt sich, indem Heidegger seinerseits die von Hegel im Bewußtsein aufgedeckte Differenz als eine solche zwischen dem »ontischen« und dem »ontologischen«, genauer gesagt: dem »vorontologischen« Bewußtsein auslegt (Hegels Begriff der Erfahrung, a. a. O., S. 161 ff.). Die Art und Weise, wie der Aufsatz die ontologische Differenz im intentionalen Gegenstand lokalisiert, wäre allerdings im Lichte der Ergebnisse, zu denen Ernst Tugendhat (*Der Wahrheitsbegriff bei Husserl und Heidegger,* Berlin 1967) gelangt ist, kritisch zu überprüfen.

12 Edmund Husserls *Vorlesungen zur Phänomenologie des inneren Zeitbewußtseins,* hrsg. v. M. Heidegger, Halle 1928, S. 22 (Hervorh. M. T.).

13 Mit der Rückführung der adaequatio rei et intellectus auf eine im Sein selbst geschehende Angleichung der Realität an ihren objektiven Begriff folgt Hegel in gewissem Sinne Hinweisen, die Thomas im theologischen Kontext seiner Ausgangsthese gibt, daß die comparatio rei ad intellectum divinum ursprünglicher (prior) sei als die Hinordnung auf den menschlichen Geist. Die res naturalis wird secundum adaequationem ad intellectum divinum wahr genannt, »in quantum implet hoc ad quod est ordinata per intellectum divinum« (*Quaestiones disputatae de veritate,* q. 1, a. 2, corp.); seine ursprüngliche Wahrheit besteht also darin, daß es in einer Bewegung, die als Entsprechung gedeutet werden kann, seine göttlich verordnete Wesensaufgabe erfüllt. »Res autem existens extra animam, per formam suam imitatur artem divini intellectus, et per eandem nata est facere de se veram apprehensionem in intellectu humano« (q. 1, a. 8, corp.).

14 Als »Erkennen dessen, was in Wahrheit ist«, bezeichnet Hegel in den

Vorlesungen über die Geschichte der Philosophie auch die Wissenschaft, die Platon gegen das Meinen abhebt (*Sämtliche Werke*, hrsg. v. H. Glockner – im folg. zit.: SW –, Bd. XVIII, S. 201/19,42).

15 *Grundlinien der Philosophie des Rechts*, § 21 Zusatz (SW VII 73/7,73); vgl. SW VIII 372, 424 (8,323,369).

16 Vgl. SW XVIII 230f. (19,70): ». . . die Zweideutigkeit, die darin liegt, wenn wir von der Einheit des Seyns und Nichts u. s. f. sprechen«.

17 *Enzyklopädie*, § 24 Zusatz 2 (SW VIII 90/8,86), § 213 Zusatz (SW 424/8,369).

18 Daß Hegel hiermit auf Platon anspielt, bestätigt SW XVIII 210 (19,50). Ausdrücklich identifiziert er in seiner Platon-Interpretation auch das, was in Wahrheit nicht ist, mit dem Endlichen (SW XVIII 225/19,64).

19 So schon Anton Bullinger, der *Hegels Lehre vom Widerspruch* Mißverständnissen gegenüber verteidigt (Dillingen 1884), S. 37–42; und so noch Andries Sarlemijn, *Hegelsche Dialektik* (Berlin 1971), S. 97.

20 Daß und wie sie darin gleichwohl, vornehmlich unter dem Titel des »Negativen«, thematisch ist, hoffe ich demnächst in einer Studie über Hegels Theorie der Reflexionsbestimmungen zeigen zu können.

21 Vgl. zum Dialogcharakter der Dialektik auch Reiner Wiehl, Dialog und philosophische Reflexion, in: *Neue Hefte für Philosophie 2/3* (1972), S. 41–94.

22 Vgl. Ernst Tugendhat, Zum Verhältnis von Wissenschaft und Wahrheit, in: *Collegium Philosophicum* (Studien Joachim Ritter zum 60. Geburtstag), Basel/Stuttgart 1965, S. 389–402.

23 Daraus läßt sich die religionsphilosophische These ableiten, daß ganz Mensch nur sein könnte, wer mehr als Mensch wäre.

24 Mit Recht entwickelt Wilhelm Weischedel (*Der Gott der Philosophen. Grundlegung einer Philosophischen Theologie im Zeitalter des Nihilismus*, Bd. I, Darmstadt 1971, S. 283–377) Hegels ganze Religionsphilosophie aus dem Gedanken der »Erhebung«.

25 Das Sein des Begriffs bedeutet wesentlich ein Im-Begriffe-sein: Der Begriff befindet sich gleichsam immer schon auf dem Sprung in die Realität, er ist als seine eigene Realisierung stets auch die Beziehung zu »seinem Andern« und so für Hegel dieses selbst.

26 *Vorlesungen über die Philosophie der Weltgeschichte*, hrsg. v. Hoffmeister, Bd. I, S. 28.

27 Daß bei Marx auch der Gedanke der *Entsprechung* von Begriff und Realität eine systematisch und methodisch bedeutsame Rolle spielt, sollte ursprünglich in einem zweiten Teil der vorliegenden Untersuchung, auf den ich aus Raumgründen verzichten muß, gezeigt werden. Zur Figur des Übergreifens in der Kritik der politischen Ökonomie vgl. vom Vf.: Krise der Macht. Thesen zur Theorie des dialektischen Widerspruchs, in: *Hegel-Jahrbuch 1975*.

Konrad Cramer
Bemerkungen zu Hegels Begriff vom Bewußtsein in der Einleitung zur Phänomenologie des Geistes

Die Abschnitte IX und XVI der Einleitung in die Phänomenologie des Geistes sind als ein Traktat von der Methode der Wissenschaft der Erfahrung des Bewußtseins zu lesen. Die Wissenschaft der Erfahrung des Bewußtseins hat die systematische Funktion, Positionen des Wissens, die nach Hegels Überzeugung nicht wahrhaft Wissen genannt werden können, auf den Standpunkt ›der Wissenschaft‹ einzuleiten, – einer Wissenschaft, die als der logische Ort des philosophischen Wissens nicht mit der Wissenschaft der Erfahrung des Bewußtseins identisch ist. Die Absicht, dem Inbegriff vorhandener Positionen des in Wahrheit sich bloß so nennenden Wissens den Standpunkt der Wissenschaft auf wissenschaftliche Weise als einen solchen vor Augen zu führen, der kein Standpunkt unter anderen ist, muß aber in Rechnung stellen, daß eben diese Positionen entweder auch den Anspruch erheben, das philosophische Wissen zu sein oder doch aus sich erzeugen zu können, oder aber einen solchen Anspruch überhaupt als unsinnig abweisen. Es ist daher erfordert, diesen Positionen in einer Weise entgegenzukommen, die es ihnen ermöglicht, sich auf eine solche Absicht überhaupt einzulassen. Hierfür ist jedes Verfahren, das diesen Positionen gegenüber mit irgendwelchen wie aus der Pistole geschossenen Konstruktionen von ›Wissen‹ und ›Wahrheit‹ auftritt, selbstredend ganz ungeeignet. Hegel erklärt:

> »Die Wissenschaft . . . kann ein Wissen, welches nicht wahrhaft ist, weder als eine gemeine Ansicht der Dinge nur verwerfen und versichern, daß sie eine ganz andere Erkenntnis und jenes Wissen für sie gar nichts ist, noch sich auf die Ahndung eines bessern in ihm selbst berufen. Durch jene *Versicherung* erklärt sie ihr *Sein* für ihre Kraft; aber das unwahre Wissen beruft sich eben so darauf, daß es *ist*, und *versichert*, daß ihm die Wissenschaft nichts ist; *ein* trockenes Versichern gilt aber gerade soviel als ein anderes.« (*Phänomenologie des Geistes*, hrsg. v. Hoffmeister, S. 66 / Theorie Werkausgabe Suhrkamp Verlag: 3,71)

Was vielmehr zu geschehen hat, ist zunächst, diesen Positionen gegenüber den Nachweis zu erbringen, daß eine *Prüfung* ihrer Ansprüche möglich ist, auf die sie sich aufgrund ihres *eigenen* Selbstverständnisses einlassen können und auch müssen. Aber wie soll ein derartiger Nachweis erbracht werden können? Eine Prüfung bedarf eines Maßstabes, was aber als Maßstab genommen wird, ist den zu prüfenden Positionen gegenüber nicht gerechtfertigt, solange diese einen solchen Maßstab nicht aus Gründen ihrer eigenen internen Verfassung anzuerkennen genötigt werden können. Es scheint jedoch eben nicht so, daß dies gelingt. Die zu prüfenden Positionen werden vielmehr gegenüber jedem in Vorschlag gebrachten Maßstab der Prüfung spröde tun und schlichtweg behaupten, daß alle in Vorschlag gebrachten Maßstäbe externe sind, die an ihre eigene interne Verfassung nur um den Preis unangemessener und über sie hinwegredender Thematisierung angelegt werden können.

Hegel sucht diese grundsätzliche Schwierigkeit mit den allbekannten Überlegungen zur Methode der Wissenschaft der Erfahrung des Bewußtseins auszuräumen, an deren Anfang folgende Behauptung steht:

»Dieser Widerspruch und seine Wegräumung wird sich bestimmter ergeben, wenn zuerst an die abstrakten Bestimmungen des Wissens und der Wahrheit erinnert wird, wie sie an dem Bewußtsein vorkommen. Dieses *unterscheidet* nämlich etwas von sich, worauf es sich zugleich *bezieht*; oder wie dies ausgedrückt wird: es ist etwas *für dasselbe*; und die bestimmte Seite dieses *Beziehens* oder des *Seins* von etwas *für ein Bewußtsein* ist das *Wissen*. Von diesem Sein für ein anderes unterscheiden wir aber das *Ansichsein*; das auf das Wissen Bezogene wird ebenso von ihm unterschieden und gesetzt als *seiend* auch außer dieser Beziehung; die Seite dieses Ansich heißt *Wahrheit*. Was eigentlich an diesen Bestimmungen sei, geht uns weiter hier nichts an; denn indem das erscheinende Wissen unser Gegenstand ist, so werden auch zunächst seine Bestimmungen aufgenommen, wie sie sich unmittelbar darbieten; und so, wie sie gefaßt worden sind, ist es wohl, daß sie sich darbieten.« (Phän. S. 70f./3,75f.)

Trotz der spekulativen und rekonstruktiven Interpretation der Einleitung in die Phänomenologie des Geistes[1] scheint mir immer noch nicht hinreichend aufgeklärt, was Hegel mit dieser ›Erinnerung‹ eigentlich behauptet und welche methodische Funktion sie für das Unternehmen einer Wissenschaft der Erfahrung des Bewußtseins besitzt. Die folgenden Bemerkungen beabsichtigen, einige wenige Schritte in Richtung auf ein genaueres Verständnis in diesen beiden Hinsichten zu tun.

I

Hegel erinnert, seinen eigenen Worten zufolge, daran, wie die Bestimmungen des Wissens und der Wahrheit an dem Bewußtsein in der Weise ihres unmittelbaren Sichdarbietens vorkommen. Dies könnte den Anschein erwecken, als wollte Hegel angeben, was das natürliche Bewußtsein unter den Bestimmungen ›Wissen‹ und ›Wahrheit‹ versteht. Nimmt man dabei – wie es auch ratsam erscheint – den Ausdruck ›natürliches Bewußtsein‹ ganz unspezifisch und übersetzt ihn in den Ausdruck ›natürliches Verständnis von‹, so könnte es scheinen, Hegel wolle mit seiner Angabe eben das natürliche Verständnis von ›Wissen‹ und ›Wahrheit‹ aufgreifen, um so einen ersten Ansatzpunkt für die Ausarbeitung eines Maßstabs der Prüfung zu gewinnen, auf den sich eine Wissensposition, die zudem formal durchaus ausgezeichnet ist, – nämlich eben das natürliche Verständnis von ›Wissen‹ und ›Wahrheit‹ selbst – einzulassen imstande ist. Wäre dies Hegels Absicht, so müßte eben dies Verständnis, darauf befragt, ob es Hegels Auskunft als eine angemessene Beschreibung seiner selbst akzeptieren kann, dieser Beschreibung zustimmen können. Das angesprochene Verständnis ist aber gewiß weit entfernt davon, dies tun zu können. Es wird die ihm angebotene Beschreibung vielmehr völlig unverständlich finden und sich daher erst gar nicht weiter auf sie einlassen. Denn in keinem für es akzeptierbaren Kontext einer natürlichen Verwendung des Ausdrucks ›Wissen‹ gilt, daß eine Relation mit dem Namen ›Sein von etwas für ein Bewußtsein‹ Wissen ›heißt‹. Gegenüber einer solchen, ebenso unverständlichen wie willkürlichen Festlegung des Ausdrucks ›Wissen‹ wird das natürliche Verständnis dieses Ausdrucks vielmehr fordern, daß seine Interpretation in einer sprachanalytischen oder semantischen Perspektive erfolgen müsse, in der die logische Struktur solcher in einer natürlichen Sprache wirklich vorkommender Äußerungen wie ›Ich weiß, das p‹ oder ›Er weiß, das p‹ untersucht werden. Wenn sich in einer solchen Untersuchung etwa zeigt, daß meine Äußerung ›Ich weiß, daß p‹ das Stellen eines Anspruchs ist, dessen Rechtfertigung in der Angabe von Gründen für die Wahrheit von ›p‹ besteht,[2] so zeigt sich schon daran – und freilich nicht nur daran – daß Hegels Aufgriff der Bestimmung ›Wahrheit‹ für ein natürliches Verständnis von Wahrheit ebenso abwegig ist. Dieses faßt Wahrheit exklusiv auf als Eigenschaft von *Sätzen.* Allein *Sätze,* die aussagen, daß etwas der Fall bzw. nicht der Fall ist, können wahr sein; und sie sind es dann, wenn das der Fall ist, was sie behaupten, bzw. das nicht, was sie verneinen. Und wenn die Begründung der Wahrheit von Sätzen etwa auf solche Sätze rekurriert, in denen ›mentale‹ Prädikate vorkommen, so steht ganz entsprechend die Semantik solcher Prädikate zur Untersuchung an. In ihr ist zu zeigen, wie und unter welchen Bedingungen solche Prädikate intersubjektiv verstehbar verwendet werden können.

Gerade das natürliche Verständnis von ›Wissen‹ und ›Wahrheit‹ wird sich also in seiner Hegelschen Darstellung nicht wiedererkennen können und mit guten Gründen behaupten, daß Hegel an es einen Maßstab anlegt, an dem es seinem eigenen Selbstverständnis zufolge gar nicht gemessen werden kann.

In Wahrheit ist es aber auch gar nicht die Absicht der zitierten Textstelle, das natürliche Verständnis von ›Wissen‹ und ›Wahrheit‹ aufzunehmen und an dieses einen aus ihm selbst gewonnenen Maßstab anzulegen. Hegel erinnert nicht daran, was man unter ›Wissen‹ und ›Wahrheit‹ natürlicherweise versteht, sondern genau nur daran, »wie die abstrakten Bestimmungen des Wissens und der Wahrheit . . . *an dem Bewußtsein* vorkommen.« Seine Auskunft antwortet auf die Frage: Wie bieten sich ›Wissen‹ und ›Wahrheit‹ als *Bestimmungen* des *Sachverhalts* dar, der ›Bewußtsein‹ genannt wird? Wie nehmen sich ›Wissen‹ und ›Wahrheit‹ aus, *wenn* man sie in die Perspektive des Sachverhalts Bewußtsein rückt und einfach aufnimmt, was über beide Bestimmungen als solche des Bewußtseins zu sagen bleibt? Die Antwort auf eine solche Frage kann gar nicht so ausfallen wie diejenige, welche das natürliche Verständnis von ›Wissen‹ und ›Wahrheit‹ zu geben weiß, wenn es befragt wird. Eine Auskunft über Bestimmungen, die an dem Sachverhalt Bewußtsein vorkommen, ist von der Auskunft des natürlichen Verständnisses von ›Wissen‹ und ›Wahrheit‹ über die Funktion dieser Ausdrücke deswegen verschieden, weil letzteres seine Auskünfte gar nicht in der Perspektive des Sachverhalts Bewußtsein, sondern in einer von diesem Sachverhalt gerade absehenden semantischen Perspektive gibt.

Diese Präzisierung des Hegelschen Verfahrens gegenüber einem naheliegenden Mißverständnis enthält natürlich noch kein einziges Argument für seine Rechtmäßigkeit. Es ist sogar zuzugeben, daß seine *Bestimmung* des Vorkommens der Bestimmungen des Wissens und der Wahrheit an dem Sachverhalt Bewußtsein eigene Probleme mit sich bringt. Selbst wenn akzeptiert wird, daß ›Wissen‹ und ›Wahrheit‹ in der Perspektive des Sachverhalts Bewußtsein interpretiert werden können, gesellt sich dem natürlichen Verständnis von ›Wissen‹ und ›Wahrheit‹ ein natürliches Verständnis des Sachverhalts Bewußtsein bei, das Hegels Auskunft ähnlich unverständlich finden muß. Denn seit wann ›heißt‹ denn die Relation ›Sein von etwas für ein Bewußtsein‹ schon ›Wissen‹? Soll ›Wissen‹ in der Perspektive des Bewußtseins interpretiert werden, scheint ›die bestimmte Seite dieses Beziehens‹ ganz ungeeignet, ›Wissen‹ zu definieren. Denn die formale Struktur gerade dieser ›Seite‹ am Bewußtsein erfüllen ebenso gut unsinnige Annahmen, leere oder bloße Meinungen, Glauben, Irrtum und Wahn. Werden diese Positionen, die nicht Wissen sind, in der Perspektive des Bewußtseins interpretiert, so sind auch sie Fälle des ›Seins von etwas für ein Bewußtsein‹. Und wenn dagegen behauptet werden sollte, daß Bewußtsein nur *dasjenige* Beziehen genannt werden kann, in dem ein ›Sein‹ *so* bezogen wird, wie es ›an sich‹ ist, scheinen ganze Felder mentaler Ereignisse, die man Bewußtsein nennen möchte, aus dem Feld des Bewußtseins herauszufallen. Ebensowenig ›heißt‹ für ein natürliches Verständnis von Bewußtsein *das* Relat der Relation ›Sein von etwas für ein Bewußtsein‹, das in dieser Relation als von ihr unterschieden gesetzt wird – die ›Seite dieses Ansich‹ – selber ›Wahrheit‹. Ein ›Ansich‹, auf welches das Bewußtsein in dieser Weise Bezug nimmt, ist weder ›Wahrheit‹, noch ›wahr‹, denn ein vom Bewußtsein als unabhängig von ihm bezogener Gegenstand ist als solcher weder wahr noch falsch, sondern er ist oder ist nicht, ist so oder nicht so, wie er bezogen wird.

Die Frage muß daher sein, wie Hegel seine *Bestimmung* des Auftritts der Bestimmungen des Wissens und der Wahrheit an dem Sachverhalt Bewußtsein gegenüber einem auf diesen Sachverhalt selbst Bezug nehmenden natürlichen Verständnis rechtfertigen kann. Diese Frage kann nicht direkt – und in diesen Bemerkungen überhaupt nur höchst unvollkommen – beantwortet werden. Ihr müssen einige noch grundsätzlichere Fragen vorgeschaltet werden, ohne deren Beantwortung die genannte Frage nicht angemessen behandelt werden kann.

II

Hegel behauptet nicht, daß das natürliche Verständnis von ›Wissen‹ und ›Wahrheit‹ die Perspektive zu übernehmen hat, in welche die Bestimmungen von Wissen und Wahrheit zum Zweck der Ausarbeitung der Methode der Phänomenologie des Geistes gestellt werden. Er behauptet ferner nicht, daß die Aufnahme dieser Bestimmungen als am Bewußtsein vorkommender deren einzig legitime Interpretation ist. Was an den Bestimmungen des Wissens und der Wahrheit eigentlich ist, bleibt ausdrücklich dahingestellt. Er kann ebenfalls nicht gut behaupten, daß ein natürliches Verständnis von Bewußtsein der von ihm vorgeschlagenen Bestimmung des Auftritts von Wissen und Wahrheit am Bewußtsein ohne weiteres folgen muß. Insbesondere die beiden erstgenannten Einschränkungen geben nun aber Anlaß zu der Frage, weshalb Hegel die Bestimmungen des Wissens und der Wahrheit überhaupt in die Perspektive des Sachverhalts Bewußtsein rückt.

Die Antwort auf diese Frage ist einfach. Hegels Verfahren ergibt sich aus der Notwendigkeit, den eingangs bezeichneten Widerspruch auszuräumen. Es muß eine Möglichkeit bereitgestellt werden, den in Konkurrenz zum Standpunkt der philosophischen Wissenschaft stehenden Positionen vorgeblichen Wissens einen Prüfungsmechanismus anzubieten, von dem sie nicht mehr behaupten können, er sei ihnen gegenüber extern. Diese Möglichkeit aber besteht nur dann, wenn diesen Positionen eine ebenso rudimentäre wie fundamentale Charakterisierung offeriert wird, die sie ohne weiteres als auf sie selbst zutreffend übernehmen können. Hegel offeriert eine solche Charakterisierung, indem er dem Inbegriff der konkurrierenden Positionen die Eigentümlichkeit zuweist, als Positionen von *Bewußtsein* gelten zu müssen, – und dies eben offenbar auch ihrem eigenen Selbstverständnis zufolge. Das ist zunächst die minimale, aber auch unerläßliche *theoretische* Voraussetzung der Hegelschen Idee von einer Wissenschaft der Erfahrung des Bewußtseins als einer Wissenschaft, die konkurrierende Wissensansprüche auf den Standpunkt der Wissenschaft einleitet.

Hegel rechtfertigt das Machen dieser Voraussetzung nicht mehr mit eigenen Argumenten. Solche Argumente wären auch nicht leicht zu rekonstruieren, es sei denn als triviale und eben deshalb auch trivial zu widerlegende. Denn selbst wenn zugegeben wird, daß jedwedem Wissensanspruch eine bestimmte Position des Bewußtseins entspricht, und jedweder Wissensanspruch sogar in einer solchen fundiert ist, folgt noch nicht, daß die Überprüfung solcher Ansprüche in der Form einer Analyse dieser korrespondierenden oder fundierenden Positionen von Bewußtsein erfolgen muß. Es wäre vielmehr gerade erst zu fragen, wie eine solche Überprüfung überhaupt in einer solchen Form, das heißt in einer bewußtseinstheoretischen Perspektive, erfolgen kann. Ist nicht – so könnte man mit dem Hegel der Logik durchaus fragen – eine sich radikal verstehende Semantik der weitaus geeignetere, weil voraussetzungslosere Weg?

Hegels keineswegs selbstverständliche Voraussetzung, daß alle Positionen des sich so nennenden Wissens als Bewußtseinspositionen und damit als Fälle eines Grundsachverhalts thematisiert werden können, in dessen interner Bestimmtheit ›Wissen‹ selber als konstitutives formales Moment auftritt, kann an diesem Ort nicht grundsätzlich befragt werden. Aber selbst wenn *dies* nicht geschieht, bleibt immer noch eine Frage zu stellen, die für den *Theorie*status der Phänomenologie des Geistes entscheidend ist und auch nicht umgangen werden kann. Diese Frage lautet: Wie eigentlich bestimmt Hegel den Sachverhalt *Bewußtsein* selbst und was berechtigt ihn zu einer derartigen Bestimmung?

Diese Frage ist entgegen erstem Anschein *nicht* identisch mit der Frage, mit welchem Recht Hegel dem Bewußtsein die Bestimmungen des ›Wissens‹ und der ›Wahrheit‹ so zuspricht, wie er es faktisch tut. Wissen und Wahrheit ›heißen‹ nämlich gewisse Strukturmomente des Sachverhalts Bewußtsein, die von Hegel zunächst ganz *unabhängig* davon exponiert werden, daß sie diese Namen empfangen. Es sind diese Strukturmomente, an denen der Auftritt von Wissen und Wahrheit am Bewußtsein festgemacht wird, und diese Operation erlaubt keine Umkehrung. Diese Strukturmomente müssen daher auch eine von der nachfolgenden Benennung unabhängige Interpretation erfahren können. Hegel erklärt nämlich zunächst: »Dieses (scil. ›Das Bewußtsein‹ d. V.) *unterscheidet* nämlich etwas von sich, worauf es sich zugleich *bezieht* . . .« (ebd.)

Diese Auskunft soll im Folgenden Hegels Satz des Bewußtseins genannt werden.

III

Um sich mehr Klarheit darüber zu verschaffen, in welcher Weise dieser Satz über den Sachverhalt Bewußtsein redet, empfiehlt es sich, eine einfache Vorfrage zu stellen: Um was für einen Typus von *Aussage* handelt es sich bei diesem Satz?

Eine solche Frage muß *extern gestellt* und auch *extern*, das heißt gerade nicht im Rekurs auf Theoreme der Hegelschen Philosophie *beantwortet* werden. Insbesondere sind Hegels systematisch entwickelte Ansichten von der logischen Struktur des Satzes und des Urteils sowie seine Theorie des spekulativen Satzes gänzlich aus dem Spiel zu halten. Die Frage muß so gestellt werden, wie sie eine auf den Standpunkt der Wissenschaft allererst einzuleitende Position – in unserem Falle diejenige Position, die auf eine außerhalb der Dialektik akzeptierte Typologie der Aussagen bezugnimmt – allein stellen kann, so nämlich, daß sie von dem Standpunkt der Wissenschaft nicht mehr weiß als die trockene Versicherung, daß es diese geben soll. Fragen, die extern zu stellen sind, weil sie Fragen einer einzuleitenden Position sind, müssen aus eben diesem Grunde auch extern beantwortet werden. Der Standpunkt der Wissenschaft kann nicht – und auch nach Hegels eigener Überzeugung nicht – der Horizont sein, innerhalb dessen Antworten gegeben werden können, die von solchen Fragen verstanden werden sollen.

Das heißt allerdings nicht, daß die Frage nach dem propositionalen Status von Hegels Satz des Bewußtseins auch *kontextunabhängig* beantwortet werden muß. Vielmehr werden sich Antworten auf zu stellende Fragen gerade mit Rücksicht darauf ergeben, *daß* sie von einem auf den Standpunkt der Wissenschaft allererst einzuleitenden Bewußtsein gestellt werden. Dies Bewußtsein wird gegenüber vorgeschlagenen Antworten jeweils geltend machen können, daß sie wenigstens der *Zumutung* entsprechen müssen, die Hegel an ein solches Bewußtsein ergehen läßt, insofern er es als ein auf den Standpunkt der Wissenschaft allererst einzuleitendes ansieht. Eben daran hat das einzuleitende Bewußtsein ein Kriterium für die Zulässigkeit oder Unzulässigkeit der Antworten auf seine Fragen.

Die erste Frage ist, ob es sich in Hegels Satz des Bewußtseins um eine *singuläre* Aussage handelt, die von einem bestimmten einzelnen Fall von Bewußtsein und nur von diesem aussagt, daß ihm gewisse Eigenschaften zukommen, die also eine *Beschreibung* eines Einzelfalls anbietet. Nun läßt es der Auftritt des bestimmten Artikels ›das‹ in dem Subjekt-Ausdruck ›das Bewußtsein‹ (der ohne weiteres für den Ausdruck ›es‹ substituiert werden darf) durchaus zu, daß dieser Ausdruck im Sinne eines ›uniquely referring use‹[3] gebraucht wird und daher einen einzelnen Fall von Bewußtsein namhaft macht. Der Kontext ergibt jedoch sogleich, daß eine solche Auffassung abwegig ist. Unzweifelhaft wird der Ausdruck ›das Bewußtsein‹ von Hegel *nicht* in der Weise einer ›definite description‹ im Sinne Russells gebraucht; und der Satz mit dem Subjekt-Ausdruck ›das Bewußtsein‹ ist nicht ein Satz vom Typus »Der Wal greift das Boot an«, sondern ein Satz des Typus »Der Wal ist ein Säugetier«. Dies ist nicht nur ›intuitiv‹ klar, sondern auch leicht zu begründen. Wäre Hegels Satz des Bewußtseins die Beschreibung eines einzelnen Falles von Bewußtsein, so bliebe unausgemacht, ob sich über andere Individuen, die auch unter den Begriff ›Bewußtsein‹ fallen, jemals dasselbe aussagen läßt, was in dem Prädikat-Ausdruck ›*unterscheidet* etwas von sich, worauf es sich zugleich *bezieht*‹ von diesem einzelnen Fall ausgesagt wird. Nun müssen aber Positionen des sich so nennenden Wissens – von welcher Art sie auch immer sein mögen – dann, wenn sie durch die Wissenschaft der Erfahrung des Bewußtseins auf den Standpunkt der Wissenschaft eingeleitet werden *können* sollen, folgende *zwei* Bedingungen erfüllen: Sie müssen anerkennen, daß sie *überhaupt* als Bewußtseinspositionen charakterisierbar sind, und sie müssen *ferner* anerkennen, daß sie *als* Bewußtseinspositionen diejenigen Charaktere aufweisen, die im Prädikat-Ausdruck ›*unterscheidet* etwas von sich, worauf es sich zugleich *bezieht*‹ angegeben sind. Denn – und dies ist das Entscheidende und in der Folge noch Darzulegende – die in diesem Prädikat angegebene Bestimmung von Bewußtsein fungiert in der Phänomenologie des Geistes durchgängig als der *formale Operator,* mit dessen Hilfe den zur Wissenschaft in faktischer oder möglicher Konkurrenz stehenden Positionen die Beschränktheit ihres Standpunktes allein einsichtig gemacht werden kann. Dies besagt: Anerkennt irgendeine Wissensposition zwar, daß sie ein Fall von Bewußtsein ist, anerkennt sie aber gleichzeitig nicht, daß sie *als ein solcher* etwas von sich unterscheidet, worauf sie sich zugleich bezieht, dann *kann* sie nicht auf den Standpunkt der Wissenschaft gebracht werden, weil sie von dem methodischen Vorgehen der Phänomenologie des Geistes gar nicht zu erreichen ist.[4]

Hieraus ist sofort zu ersehen, daß Hegels Satz des Bewußtseins auch kein ›numerisch-allgemeiner‹ Satz (im Sinne Poppers) sein kann, ein solcher also, der sich auf eine endliche Klasse von Individuen innerhalb eines bestimmten Bereichs bezieht, der durch eine individualisierende Bestimmung von anderen Bereichen eindeutig abgegrenzt ist.[5] Wäre der Satz ein numerisch-allgemeiner, so wäre genau nur von denjenigen Fällen von Bewußtsein, die in diesen Bereich fallen, gezeigt, daß sie auf den Standpunkt der Wissenschaft eingeleitet werden *können*. Von allen anderen Fällen außerhalb des Bereichs wäre dies nicht gezeigt und vielleicht auch nicht zeigbar – ein für Hegels Absicht unannehmbares Ergebnis.

Hegels Satz des Bewußtseins ist demnach als eine All-Aussage im strikten Sinn zu lesen. (»Für alle x gilt, wenn x Bewußtsein ist, dann unterscheidet x etwas von sich, worauf es sich zugleich bezieht.«) Es ist daher zu fragen, um welchen Typus von All-Aussage es sich in ihm handelt.

Ist der Satz im Kontrast zu einer numerisch-allgemeinen (das heißt in Wahrheit partikulären) Aussage ein ›spezifisch-allgemeiner‹ Satz, ein ›All-Satz‹ im Sinne Poppers,[6] ein solcher also, der etwas über unbegrenzt viele Elemente der Klasse ›Bewußtsein‹ synthetisch, und dies mit Bezug auf Beobachtungsdaten, aussagt? Dann könnte er grundsätzlich nicht in eine endliche Konjunktion singulärer Sätze übersetzt werden und besäße eben deshalb den Status einer grundsätzlich nicht verifizierbaren wissenschaftlichen Hypothese, den einer gesetzesartigen Aussage. Wäre dies der Fall, müßte in die Formulierung des Satzes ein möglichst hohes Maß an potentiellen Falsifikatoren eingebaut sein, um seine wissenschaftliche Brauchbarkeit zu sichern, das heißt: der Satz müßte möglichst riskant sein. Außerdem müßte die *Bedeutung* des Subjekt-Ausdrucks ›Bewußtsein‹ unabhängig davon angegeben werden, daß das Prädikat ›*unterscheidet* etwas von sich, worauf es sich zugleich *bezieht*‹ in einem Satz dieser Art auftritt. Denn anderenfalls wäre der Satz kein synthetischer Satz.

Nun scheint es ohnehin schon ›intuitiv‹ klar, daß Hegels Satz des Bewußtseins nicht als eine wissenschaftliche Hypothese aufzufassen ist. Aber auch diese Überzeugung läßt sich noch begründen. Hätte der Satz den Status einer wissenschaftlichen Hypothese, so müßte er ausdrücklich das Risiko eingehen, daß einmal oder mehrmals Fälle von Bewußtsein auftreten, auf die das synthetische Prädikat ›*unterscheidet* etwas von sich, worauf es sich zugleich *bezieht*‹ *nicht* zutrifft. Während es in den Wissenschaften im allgemeinen eine Frage der Theorieökonomie ist, ab wann Beobachtungen, die mit einer Hypothese nicht übereinstimmen, als Falsifikatoren dieser Hypothese anzusehen sind, kann Hegel offenbar nicht einmal die *Möglichkeit* zulassen, daß einmal ein Fall von Bewußtsein auftritt, auf den das Prädikat seines Satzes über Bewußtsein nicht zutrifft. Denn ein solcher Fall wäre wiederum nicht einleitungsfähig. Es kann zudem nicht ausgeschlossen werden, daß gerade dieser Fall behauptet, selbst der Standpunkt der Wissenschaft zu sein. Es widerspricht aber dem Standpunkt der Wissenschaft, mögliche, obzwar bislang unbekannte Konkurrenten zuzulassen. Hegels Einleitungsabsicht kann nicht unter die für wissenschaftliche Forschung konstitutiven Kontingenzbedingungen gestellt werden, ohne den Standpunkt, auf den einzuleiten ist, selbst aufzugeben.

Das eben vorgeschlagene Argument hat sicher etwas Forciertes an sich. Ihm läßt sich jedoch ein weit einleuchtenderes zur Seite stellen. In der Einleitung in die Phänomenologie liegt nämlich gar keine von Hegels Satz des Bewußtseins unterschiedene Auskunft über Bewußtsein vor, welche die Bedeutung des Terminus ›Bewußtsein‹ *systemextern* und *so* angibt, daß man Hegels Satz des Bewußtseins in der Folge dieser Auskunft als einen *synthetischen* verstehen könnte. Als ein synthetischer Satz aber *muß* der Satz verstanden werden können, wenn er als eine wissenschaftliche Hypothese soll gelten können. Es *könnte* zwar der Fall sein, daß Hegel eine allgemein, das heißt *extern* akzeptierte Bedeutung des Terminus ›Bewußtsein‹ seinem Satz stillschweigend zu Grunde legt und in diesem Satz nun behauptet, daß von jedem Fall von Bewußtsein nach Maßgabe dieser akzeptierten Bedeutung des Terminus faktisch *auch* gilt, durch das synthetische Prädikat ›*unterscheidet* etwas von sich, worauf es sich zugleich *bezieht*‹ bestimmt zu sein. Aber eine derartige, dem Satz des Bewußtseins vorgängige Explikation der Bedeutung von ›Bewußtsein‹ findet sich nicht.[7] Daraus folgt zumindest, daß es keinen *angebbaren* Sinn macht, Hegels Satz des Bewußtseins den Status einer wissenschaftlichen Hypothese anzusinnen.

Die Konsequenz der bisherigen Überlegungen ist, daß man Hegels Satz des Bewußtseins als einen solchen aufzufassen hat, der den Anspruch erhebt, *a priori* wahr zu sein. Es bleibt jetzt nur noch zu entscheiden, ob der Satz den Anspruch erhebt, ein *analytischer* oder ein *synthetischer* Satz *a priori* zu sein.

Gegen die Möglichkeit, den Satz als einen synthetischen Satz a priori aufzufassen, entscheidet schon eine verschärfte Fassung des gerade vorgetragenen Arguments. Es ist *logisch* sinnlos zu behaupten, ein Satz sei synthetisch und a priori, wenn nicht zugleich in aller Strenge *nachgewiesen* wird, daß der Prädikat-Ausdruck *kein* Teil der Bedeutung des Subjekt-Ausdrucks des in Frage stehenden Satzes ist. Ein solcher Nachweis ist sogar zunächst das *experimentum crucis* einer jeden Behauptung synthetischer Apriorität von Sätzen. Dieser Nachweis impliziert aber, daß man eine *Definition* des Subjekt-Ausdrucks eines solchen Satzes anbietet, in der gesichert wird, *daß* der Prädikat-Ausdruck nicht Teil der Bedeutung des Subjekt-Ausdrucks ist. Solange dies nicht geschehen ist, bleibt die Behauptung, ein Satz sei synthetisch und a priori, eine bloße Versicherung, der gegenüber jederzeit ebenso gut behauptet werden kann, der Satz sei analytisch.[8] Nun sucht man in der Einleitung in die Phänomenologie gewiß vergeblich nach einer solchen Definition von ›Bewußtsein‹, mit Rücksicht auf welche allein in logisch sinnvoller Weise behauptet werden könnte, der Satz des Bewußtseins sei ein synthetischer Satz a priori. Wenn die Einleitung überhaupt eine Definition von ›Bewußtsein‹ vorlegt, so scheint dies vielmehr gerade in Hegels Satz des Bewußtseins selbst zu geschehen.

Ein weiteres Argument gegen diese Auffassung ist folgendes: Es kann von einer als Wissen auftretenden Position schlichtweg geleugnet werden, daß es überhaupt synthetische Sätze a priori gibt. Da die Annahme unumgänglich ist, daß Hegel auch den hartgesottenen Empiristen auf den Standpunkt der Wissenschaft zu erheben gedenkt, muß ausgeschlossen werden, daß dieser nur unter der Bedingung einleitungsfähig ist, wenn ihm eine Charakterisierung angeboten wird, die er *ex definitione* seines eigenen Standpunktes als unzutreffend abweist. Wäre Hegels Satz ein synthetischer Satz a priori, so wäre der Empirismus des Wissens nur dann einleitungsfähig, wenn er eine Charakterisierung als auf sich zutreffend übernähme, die für ihn *logisch* nicht akzeptabel sein kann. Der Empirismus des Wissens kann seinem eigenen Selbstverständnis nach nicht unter eine Charakterisierung fallen, deren logischer Status hinreicht, um für ihn als die leere Klasse zu gelten. Das ist das stärkste Kontext-Argument gegen die Annahme, es handele sich in Hegels Satz um einen synthetischen Satz a priori.

Hegels Satz des Bewußtseins muß daher als ein Satz verstanden werden, der den Anspruch erhebt, *analytisch* wahr zu sein.

Mit dieser Feststellung ist der Katalog der Fragen nach dem logischen Status des Satzes freilich noch nicht erschöpft. Denn nun wäre zu fragen, um was für einen *Typus* von analytischem Satz es sich hier handeln soll. Eine angemessene Beantwortung dieser Frage sähe sich vor erhebliche, bisher nicht aufgetretene Schwierigkeiten gestellt. Sie ergeben sich daraus, daß schon die Auflistung dieser Frage in alle relevanten Teilfragen mit den notorischen Schwierigkeiten verknüpft ist, die sich mit der Formulierung von Analytizitätspostulaten verbinden. Solche Teilfragen sind ihrerseits schon theoriegesättigt, und es ist gar nicht möglich, sie angemessen zu stellen, ohne die ihnen korrespondierenden Theorien der Analytizität von Sätzen mit in Bereitschaft zu halten.

Bei dieser Sachlage scheint es wenigstens für die Zwecke dieser Bemerkungen erlaubt, den Fragenkatalog auf unsystematische Weise zu schließen und nur noch diejenigen Entscheidungen anzudeuten, die man akzeptieren muß, um die systematische Absicht der Phänomenologie des Geistes nicht von vornherein unverständlich zu finden.[9]

Hegels Satz des Bewußtseins ist keine ›Worterklärung‹ des sprachlichen Ausdrucks ›Bewußtsein‹. In ihm wird nicht festgelegt, wie Hegel in der Folge den Ausdruck ›Bewußtsein‹ zu verwenden wünscht. Auch ist es nicht seine Absicht, eine aparte linguistische Konvention zu innovieren, die in Konkurrenz zu schon etablierten treten soll. Es ist vielmehr gewiß so, daß sich Hegels Satz auf einen wenn schon nicht umgangssprachlich, dann doch in Theoriebildungen etablierten Gebrauch des Ausdrucks bezieht. Aber diese Bezugnahme erfolgt nicht *thematisch*, das heißt nicht in der Absicht, einen solchen *Gebrauch* zu analysieren. Der Satz ist weder eine Nominaldefinition noch Teil einer Analyse, welche die Weise und die Bedingungen des tatsächlichen

Funktionierens eines Ausdrucks der natürlichen oder theoretischen Sprache thematisiert. Dies ergibt sich durch Wiederholung des in diesem Abschnitt öfters bemühten Kontext-Arguments: eine konventionalistische oder sprachanalytisch reduzierte Interpretation der Analytizität des Satzes ist mit der systematischen Absicht unverträglich, um derentwillen er eingeführt wird.

Wenn es sich in Hegels Satz des Bewußtseins um eine *Definition* handelt, so müßte sie daher als eine ›Realdefinition‹ im Sinne der traditionellen Definitionentheorie aufgefaßt werden – als die vollständige Angabe *aller* konstitutiv-invarianten formalen Bestimmungen, die etwas der *Sache* nach aufweisen muß, um als dasjenige angesprochen werden zu können, als was es angesprochen wird, wenn es ›Bewußtsein‹ genannt wird. Wenn es sich *nicht* um eine Definition handelt, so müßte der Satz wenigstens *einige* konstitutiv-invarianten formalen Bestimmungen angeben, die jedem einzelnen Fall von Bewußtsein *qua tale* zukommen. Nur als Explikation des *Begriffs* von einem Sachverhalt, der nicht von Sprachregelungen dependiert, kann Hegels Satz des Bewußtseins analytisch wahr sein.

Vieles spricht dafür, daß Hegel selbst derjenigen externen Interpretation zugestimmt hätte, die in seinem Satz des Bewußtseins eine Realdefinition dieses Begriffs vermutet. Es liegt jedoch nicht viel an der Entscheidung der Frage, ob es sich in Hegels Satz des Bewußtseins um eine solche Definition oder nur um eine partiale ›Sacherklärung‹ handelt.[10] Denn die alles entscheidende Frage, welche die bisherigen Vorfragen nun abzulösen hat, ist doch die: *Ist* dieser Satz überhaupt ein analytischer Satz? Mit dieser Frage beginnen erst die eigentlichen Schwierigkeiten der Interpretation. Denn mit welchem Recht kann Hegel behaupten, daß es keinen Fall von Bewußtsein geben kann, von dem nicht gilt, daß er ›etwas von sich unterscheidet, worauf er sich zugleich bezieht‹?

IV

In einer nicht-reduktivistischen bewußtseinstheoretischen Perspektive ist jede Aussage *über* Bewußtsein als eine solche aufzufassen, die nur unter der Bedingung gemacht werden kann, daß es *Bewußtsein von Bewußtsein* gibt. So wie in dieser Perspektive eine Aussage ›über etwas‹ das *Bewußtsein von etwas* voraussetzt, so setzt jede Aussage ›über Bewußtsein‹ das Bewußtsein von etwas voraus, das Bewußtsein ist. Unter dieser Bedingung steht auch eine Aussage, welche gewisse formal-invariante Strukturmomente anzugeben wünscht, die an jedem einzelnen Fall von Bewußtsein auftreten. So wie ein einzelner Fall von Bewußtsein nur beschrieben werden kann, wenn Bewußtsein von diesem Fall vorliegt, so kann auch der Sachverhalt Bewußtsein nur allgemein charakterisiert werden, wenn dessen invariante Züge einem Bewußtsein auffällig geworden sind.

Dies scheint zu bedeuten, daß eine Charakterisierung von Bewußtsein nur unter der Bedingung des Stattfindens von *Selbst*bewußtsein möglich ist. Unter Selbstbewußtsein ist dabei zu verstehen das Bewußtsein davon, daß *eigenes* Bewußtsein vorliegt. Der Anschein, daß Selbstbewußtsein (in dem hier bestimmten Sinne) die Voraussetzung für jede Charakterisierung des Sachverhalts Bewußtsein ist, ergibt sich aus der traditionsmächtigen Überlegung, daß jeweils nur in Bezug auf *eigenes* Bewußtsein überhaupt Sicherheit besteht, *daß* Bewußtsein vorliegt. Wenn dies so ist, kann die Einsicht in gewisse Invarianzen des Sachverhalts Bewußtsein von einem Bewußtsein nur so geleistet werden, daß es diese Invarianzen an ›sich‹ abliest.

Diese Voraussetzung eines ›logisch privilegierten Zugangs‹ des Bewußtseins zu dem jeweils eigenen Bewußtsein ist jedoch unnötig stark und auf analytischer Seite auch von denjenigen starker Kritik ausgesetzt worden, die nicht geneigt sind, den Sachverhalt Bewußtsein als einen Grundsachverhalt preiszugeben.[11] Aber selbst dann, wenn man annimmt, daß eine Charakterisierung des Sachverhalts Bewußtsein von der Art, wie Hegel sie vorlegt (oder von einer anderen Art), nur aufgrund des Zugangs zu *eigenem* Bewußtsein erfolgen kann, bleibt es logisch möglich, daß eine solche Charakterisierung etwas über Bewußtsein allgemein aussagt, von dem das Bewußtsein als ›schlicht dahinlebendes‹ gar keine Kenntnis hat. Obgleich ohne ›Bewußtsein von Bewußtsein‹ keine Charakterisierung von Bewußtsein gegeben werden kann, so ist doch diese *Bedingung* der *Charakterisierung* nicht auch schon notwendigerweise ein *Charakter* des *Charakterisierten.* Auch ein Vertreter des ›logisch privilegierten Zugangs‹ ist nicht schon deshalb, weil er diese These vertritt, zu der Annahme gezwungen, daß das ›eigene‹ Bewußtsein, zu dem privilegierter Zugang besteht, seinerseits schon Selbstbewußtsein (im angegebenen Sinne) ist. Und derjenige, der ›Bewußtsein von Bewußtsein‹ in einer dieser These gegenüber neutraleren Bedeutung auffaßt, ist ebenfalls noch nicht gezwungen, dem Bewußtsein, *von* dem Bewußtsein vorliegt, schon die Struktur ›Bewußtsein von Bewußtsein‹ in *dem* relevanten Sinn zuzusprechen, daß dies Bewußtsein eine *interne Beziehung auf sich* impliziert, die ihrerseits von der Art des Bewußtseins ist.

Aus dem Umstand, daß Aussagen über Bewußtsein nur unter der Bedingung der Bekanntschaft mit Bewußtsein möglich sind, folgt also noch nicht, daß alles Bewußtsein auch mit sich selbst bekannt sein muß. Es scheint vielmehr sogar zu genügen, dem Sachverhalt Bewußtsein nur die formal-invariante Struktur der *Intentionalität* zuzuschreiben. Wird dem nur durch Bewußtsein von Bewußtsein charakterisierbaren Bewußtsein die formal-invariante Struktur ›Bewußtsein ist Bewußtsein von etwas‹ zugeschrieben, so kann es zugleich als ein Sachverhalt charakterisiert werden, dem die es definierende Struktur des ›Wovon-Seins‹ gerade völlig unbekannt ist, und zwar deswegen, *weil* es als Bewußtsein von *etwas* ganz in das versunken ist, *wovon* es Bewußtsein ist. In dieser Versunkenheit ist es gerade *nicht* bewußte Beziehung auf *sich*. Die Intentionalitätstheorie des Bewußtseins läßt sich radikal so fassen: Kein Fall von Bewußtsein, der ex definitione Bewußtsein von etwas ist, ist auch Bewußtsein davon, daß er ein solcher Fall ist.[12] ›Bewußt‹ ist exklusiv ein Prädikat, das dem zukommt, wovon Bewußtsein vorliegt. Es ist jedoch kein Prädikat, welches von dem Bewußtsein selbst als zu seiner internen Struktur gehörig ausgesagt wird. Zwar muß auch das Bewußtsein selbst zu Bewußtsein gebracht werden können. Dies geschieht jedoch durch besonders strukturierte Fälle von Bewußtsein, deren ›Wovon‹ eben selbst Fälle von Bewußtsein sind. In keinem dieser Fälle tritt so etwas wie eine bewußte Beziehung eines Falles von Bewußtsein auf sich selbst auf. Denn das im Falle eines ›Bewußtseins von Bewußtsein‹ bezogene ›Wovon‹ dieses Bewußtseins ist nicht identisch mit diesem Beziehen, sondern liegt unabhängig von diesem schon vor und wird nur in kontingenter Weise zu Bewußtsein gebracht. Ebensowenig weist ein solches ›Bewußtsein von Bewußtsein‹ an ihm selbst eine bewußte Beziehung auf *sich* auf.[13]

Die radikale Fassung der Intentionalitätstheorie des Bewußtseins impliziert die radikale Zurückweisung der These von der prinzipiellen *Selbst-Referenzialität* des Bewußtseins oder der *logischen Selbstvertrautheit* des Bewußtseins mit sich.[14] Nach ihr ist kein Fall von Bewußtsein außer auf seinen intentionalen ›Gegenstand‹ oder ›Inhalt‹ auch noch auf sich selbst intentional, das heißt in der Weise eines Bewußtseins von sich, bezogen. Jeder Fall von Bewußtsein ist vielmehr *qua* Bewußtsein sich selbst prinzipiell *anonym.* Aus ihrer Anonymität können Fälle von Bewußtsein nur durch besondere ›Akte‹ der freilich immer möglichen ›Reflexion‹ gezogen werden, die dann ihrerseits wiederum sich selbst anonym sind.

Es scheint nun sinnvoll, wenigstens den Versuch zu machen, Hegels Satz des Bewußtseins als eine Variante der radikalen Intentionalitätsthese zu lesen. Er enthielte dann eine Charakterisierung des Bewußtseins, die zwar nur unter der Bedingung des Bewußtseins von Bewußtsein erfolgen kann, die jedoch den Sachverhalt Bewußtsein nicht schon als selbst-referentiell und auch nicht als Selbstbewußtsein (im angegebenen Sinne) kennzeichnet. Unter Verwendung Hegelscher Termini könnte dies so ausgedrückt werden: Das Bewußtsein ist zwar *an sich* eine Struktur, die etwas von sich unterscheidet, worauf sie sich zugleich bezieht. Aber dies, was das Bewußtsein *an sich* ist, ist gerade *nicht* ›für es‹, solange es in seiner Sphäre verharrt. Dies, *was* es an sich ist, wird *für* es allererst durch einen ›obliquen‹ Akt der ›Reflexion‹, einer ausgezeichneten Gestalt des Bewußtseins, die in der Lage ist, das Bewußtsein selbst so zu thematisieren, daß dessen interne, ihm aber verborgene Struktur enthüllt wird.

Dieser Interpretationsversuch läßt sich jedoch nicht durchhalten.

Zunächst ist darauf aufmerksam zu machen, daß Hegels Satz des Bewußtseins von mehr Gebrauch macht als von dem logischen Minimalbestand der Kennzeichnung des Bewußtseins durch ein zweistelliges Prädikat. Denn es heißt: »Das Bewußtsein unterscheidet etwas von *sich,* worauf es sich zugleich bezieht.«

In dieser Formulierung tritt ein Reflexionsausdruck, nämlich ›sich‹ auf. *Wenn* die Semantik dieses Reflexionsausdrucks so zu interpretieren ist, daß mit seiner Verwendung eine *deskriptive* Bezugnahme auf den Sachverhalt Bewußtsein erfolgt, so hätte dies zur Konsequenz, daß Hegels Satz des Bewußtseins zur radikalen Intentionalitätsthese geradewegs *konträr* steht. Ist nämlich ›Unterscheiden von *sich*‹ deskriptives Bestandstück jedes Falles von Bewußtsein, so ist Bewußtsein nicht nur als ›Bewußtsein von etwas‹ gekennzeichnet, sondern gerade als eine Struktur, die, indem sie Bewußtsein von etwas ist, auch Bewußtsein davon ist, daß sie Bewußtsein von etwas ist.

Es ist daher zu fragen, ob der Auftritt des Reflexionsausdrucks ›sich‹ in einer Weise interpretiert werden kann, die nicht zu dieser Konsequenz führt. Dies wäre nur dann der Fall, wenn man den Auftritt des Reflexionsausdrucks als dadurch motiviert ansieht, daß die theoretische *Charakterisierung* des Sachverhalts Bewußtsein auf einer semantischen Ebene erfolgt, die im Vergleich zu *der* semantischen Ebene, auf der das Bewußtsein selbst Auskünfte erteilt, eine Meta-Ebene ist. Es bereitet keine grundsätzlichen Schwierigkeiten, einen Ausdruck, dessen Verwendung den Anschein erweckt, Bewußtsein als selbstbezügliche Struktur zu kennzeichnen, als einen solchen zu interpretieren, der erst in der von Bewußtsein von Bewußtsein bereitgestellten *Meta*sprache einer *Theorie* vom Bewußtsein auftritt. In dieser Metasprache kann aber ohne weiteres festgelegt werden, daß in ihr vorkommende Reflexionsausdrücke *keine* deskriptiv zu interpretierende Bezugnahme auf das implizieren, was Thema der Theorie ist – etwa durch ›synkategorematische‹ Interpretation solcher Ausdrücke.

Eine solche Möglichkeit ergreift Hegel jedoch erklärtermaßen nicht. Es *ist* vielmehr seine erklärte Absicht, Selbstbezüglichkeit als eine konstitutiv-invariante Formalstruktur des Sachverhalts Bewußtsein *qua talis* einzuführen. Der Nachweis der Richtigkeit dieser Behauptung ist in zwei Schritten zu führen.

Erstens charakterisiert Hegel Bewußtsein als *Bewußtsein von einem Gegenstand in sensu stricto.* Das Bewußtsein setzt *in* der Beziehung auf das, wovon es Bewußtsein ist, das, wovon es Bewußtsein ist, *als* ein vom Bewußtsein *Unterschiedenes,* das heißt *als* ein solches, das *unabhängig* davon Bestand hat, daß oder ob Bewußtsein von ihm vorliegt oder nicht. Bewußtsein ist nach Hegel ein Transzendieren zu solchem, das in diesem Transzendieren »gesetzt« wird »*als seiend* auch *außer* dieser Beziehung«. In *dieser* setzenden Funktion ist das Bewußtsein in der Tat ›analytischer Weise‹ ein Unterscheiden zwischen *sich, als* dieser setzenden Funktion, und *dem,* was es *in* dieser setzenden Funktion *als* von ihr *unabhängig* setzt. Im Transzendieren zum »Ansichsein« *als* einem solchen ist das Bewußtsein notwendigerweise

Bewußtsein von *sich,* das heißt ›selbstreferenziell‹ im Sinne des Terminus. Trotz aller Einreden gegen die Selbstreferenzialität des Bewußtseins ist es immer noch sinnlos, behaupten zu wollen, ein Bewußtsein, das seinen Gegenstand als unabhängig davon weiß, daß er bewußt ist, sei nicht auf sich selbst in der Weise des Bewußtseins bezogen. Wäre es nicht (in wie immer unausdrücklicher oder ›latenter‹ Weise) auf sich selbst bezogen, wäre mit der Behauptung, es bezöge sich auf etwas von ihm Unabhängiges *als* ein von ihm Unabhängiges, gar kein Sinn zu verbinden. Zwar schließt es keinen Widerspruch ein, sich ein Bewußtsein zu denken, das zwar faktisch auf einen von ihm unabhängigen Gegenstand bezogen ist, in dieser Beziehung aber nicht auf sich in der Weise des Bewußtseins bezogen ist. Ein derartiges Bewußtsein könnte aber den Gegenstand gerade nicht *als* einen von ihm unabhängigen beziehen. (Und ein derartiges Bewußtsein wäre nach Hegel *kein* Bewußtsein, wie noch zu zeigen sein wird.)

Gegen diese Überlegung wird häufig eingewandt, daß sich doch kein Bewußtsein auf etwas von ihm Unabhängiges *als* ein Unabhängiges beziehen kann, ohne sich auf es zu *beziehen.* Dieser Einwand weiß nicht, was er sagt. Eben *in* dieser freilich immer vorauszusetzenden Beziehung ist das Bewußtsein notwendigerweise das Machen eines Unterschieds zwischen sich, dem Beziehen des Gegenstandes, und dem, was als Unabhängiges bezogen wird. Daß dies Machen des Unterschieds *in* das Bewußtsein fällt, ist kein Einwand, sondern genau der Sachverhalt, *daß* das Bewußtsein von sich ist. Es ist auch klar, daß man sich dieser Konsequenz nicht durch die Annahme entschlagen kann, das Bewußtsein sei dabei zwar das *Machen* dieses Unterschieds, das *Bewußtsein* davon, dies Machen des Unterschieds zu sein, fiele jedoch nicht in es, sondern in eine dritte Instanz. Abgesehen davon, daß eine solche Annahme in theoretische Aporien führt, die nicht aufzulösen sind, ist sie auch mit dem Sachverhalt unverträglich, für dessen Interpretation sie eingesetzt wird.[15]

Der in Hegels Satz des Bewußtseins auftretende Reflexionsausdruck ›sich‹ kann also nicht als ein Ausdruck der Metasprache interpretiert werden. Er besitzt deskriptiven Gehalt und ist der Ausdruck dafür, daß Hegel jedem Fall von Bewußtsein die formal-invariante Struktur einer bewußten Beziehung auf sich zuweist. Aber dies geschieht doch mit einem ganz besonderen *Argument.* Bewußtsein ist zugleich »Bewußtsein seiner selbst«

genau *nur insofern* es »Bewußtsein des Gegenstandes« (Phän. S. 72/3,77) *als* eines solchen ist. Diese Einschränkung aber ist entscheidend. Sie besagt, daß die Selbstbezüglichkeit des Bewußtseins Definitionsstück des Bewußtseins eben und nur deshalb ist, weil Bewußtsein definiert ist als Bewußtsein von Gegenständen, die vom Bewußtsein als von ihm unabhängige bezogen werden.

Für denjenigen, der dieses Interpretationsergebnis nicht akzeptieren will, besteht nun eine extreme Verpflichtung. Er müßte zeigen, daß die beschriebene *gegenständliche* Beziehung des Bewußtseins gar kein Strukturmoment des Bewußtseins ist, sondern ihrerseits nur innerhalb einer Theorie des Bewußtseins als ein nicht deskriptiv zu interpretierendes Moment der Metasprache auftritt. Er müßte ferner zeigen, daß eben dies zu zeigen auch Hegels Absicht war.

Abgesehen davon, daß die Durchführung einer solchen Interpretationsstrategie vermutlich in theoretische Abstrusitäten führt, entscheidet gegen sie, daß unter ihrer Voraussetzung die Wissenschaft der Erfahrung des Bewußtseins gar nicht in Gang gebracht werden könnte. Wäre die von Hegel als Bewußtsein reklamierte Struktur *nicht* selbstreferenziell, *gäbe* es nämlich keine solche ›Erfahrung des Bewußtseins‹ und folglich keine solche ›Wissenschaft‹ von dieser Erfahrung, wie sie die Phänomenologie des Geistes vorschlägt. Die Unterscheidung zwischen dem Beziehen des Gegenstandes und dem Gegenstand als gesetzt auch außer dieser Beziehung kann nicht in eine *außer* das Bewußtsein fallende theoretische Beschreibung des Bewußtseins fallen, sie *muß* in das Bewußtsein selbst fallen. Zwar sieht nur das die Wissenschaft der Erfahrung des Bewußtseins durchführende Subjekt, das ›Wir‹, das mit dem in dieser Wissenschaft jeweils thematischen Bewußtsein nicht identisch ist, die Notwendigkeit des Fortganges ein, dem das Bewußtsein im Laufe seiner Erfahrungen unterworfen ist. Aber diese Erfahrungen selbst macht das Bewußtsein als solches, nicht das Subjekt der Wissenschaft. Das Bewußtsein macht diese Erfahrungen, die prinzipiell Selbsterfahrungen sind, indem es die Seiten eines in es fallenden Unterschieds thematisiert. Es kann diese Erfahrungen machen, weil es das *Machen* dieses Unterschieds *ist.* Als das Machen dieses Unterschieds ist Bewußtsein bewußte Beziehung auf sich. Wäre das Bewußtsein nicht selbstreferenziell, entfiele Hegels Anspruch, daß ihm ein Maßstab der Prüfung seiner jeweiligen Ansprüche angeboten werden kann, dem gegenüber es nicht mehr behaupten kann, er sei ein externer. »Das Bewußtsein prüft sich selbst« eben und nur aufgrund seiner Selbstbezüglichkeit. Wäre es nicht in jedem Fall seines Auftretens bewußte Beziehung auf sich, kollabierte das Programm der Phänomenologie des Geistes immediater Weise. Denn dann wäre der Begriff von der Methode der Wissenschaft der Erfahrung des Bewußtseins in sich widersprüchlich. Dieser Widerspruch ergäbe sich daraus, daß nun nicht mehr gesagt werden könnte, was gesagt werden muß, damit das Verfahren der Phänomenologie des Geistes überhaupt in Gang gebracht werden kann, nämlich:

> »Allein gerade darin, daß es (scil. Das Bewußtsein) überhaupt von einem Gegenstande weiß, ist schon der Unterschied vorhanden, daß *ihm* etwas das *Ansich*, ein anderes Moment aber das Wissen oder das Sein des Gegenstandes *für das* Bewußtsein ist. Auf dieser Unterscheidung, welche vorhanden ist, beruht die Prüfung.« (Phän. S. 72/3,77)

Prüft etwa die sinnliche Gewißheit ihr Gewißheitsmoment auf Veranlassung einer Frage, die ihr von einer anderen Bewußtseinsposition gestellt wird,[16] so erhebt sich die sinnliche Gewißheit in der Beantwortung der ihr vorgelegten Frage nicht zu einem ihr fremden Akt der ›Reflexion‹ auf sich. Wäre dies nämlich der Fall, so müßte die *Möglichkeit* einer solchen Erhebung der sinnlichen Gewißheit über ihre eigene Sphäre eine mit dem Prüfungskonzept der Phänomenologie verträgliche Begründung erfahren haben. Diese Überhebung müßte als ein Modus von Erfahrung gekennzeichnet werden, dessen die sinnliche Gewißheit fähig geworden ist, indem sie sich ihrer eigenen Sphäre entschlagen hat. Darin wäre die sinnliche Gewißheit ein anderes Bewußtsein geworden. Wäre ein solches Anderes-Gewordensein die formale *Bedingung* dafür, daß das Gewißheitsmoment der sinnlichen Gewißheit überhaupt *thematisiert* werden kann, wäre das Prüfungskonzept der Phänomenologie des Geistes schlichtweg widersprüchlich. Es ist nur dann nicht widersprüchlich, wenn eine jede Bewußtseinsposition *aufgrund* ihrer Selbstthematisierung die Erfahrung macht, daß sie ihren Anspruch auf Totalität des Wissens nicht durchhalten kann. Nur auf diese Weise kann eine Position des Bewußtseins in eine andere überführt werden. – Die gemachte Erfahrung kann nicht die Bedingung des Machens der Erfahrung sein.

V

Hegel ist nicht der Meinung, daß nur *gewisse* Fälle von Bewußtsein die Struktur bewußter Beziehung auf sich aufweisen, nämlich all diejenigen, die Bewußtsein von bewußtseinsunabhängigen Gegenständen als solchen sind. Es ist vielmehr seine grundsätzliche Behauptung, daß nur *diejenigen* ›mentalen Ereignisse‹ als Bewußtsein anzusprechen sind, in denen auf ein von diesem Ereignis Unabhängiges *als* ein Unabhängiges Bezug genommen wird. Bewußtsein ist demnach ein mentales Ereignis oder ein mentaler Zustand, in dem der *kognitive Anspruch* erhoben wird, auf ein *Objekt* Bezug zu nehmen, das mit dem subjektiven mentalen Ereignis oder Zustand, in dem und vermöge dessen auf es Bezug genommen wird, nicht identisch ist. Insofern jeder Fall von Bewußtsein als ein solcher kognitiver Anspruch auftritt, muß er auch in der Lage sein, diesen Anspruch in einer *Aussage* zu formulieren. Bewußtsein ist, *weil* dem Anspruch nach kognitiv, auch *propositional.* Wenn es ein *Definiens* des Sachverhalts Bewußtsein ist, kognitiv und propositional zu sein, dann ist Bewußtsein in allen Fällen und Weisen seines Auftritts beherrscht vom Prinzip der *Rationalität.*

Damit eröffnen sich der Interpretation der Hegelschen Bestimmung des Auftritts von ›Wissen‹ und ›Wahrheit‹ am Bewußtsein günstigere Perspektiven als bisher. Allein *weil* Bewußtsein vom Prinzip der Rationalität beherrscht ist, kann Hegel sagen, daß die Bestimmungen des ›Wissens‹ und der ›Wahrheit‹ an ihm ›vorkommen‹. Hegels Bestimmung dieses ›Vorkommens‹ erweist sich als eine etwas verwahrloste Metapher für einen Gedanken, der dann diskutabel wird, wenn man ihn als die Exposition des kognitiven und propositionalen Charakteres des Sachverhalts Bewußtsein auffaßt. Indem das Bewußtsein eben dies *ist*: einen kognitiven *Anspruch* in der Form einer auf ein Objekt *als* Objekt bezogenen Aussage ergehen zu lassen, hält es sich in dem *Gedanken* der Wahrheit und sein Anspruch ist ein *Anspruch* auf Wissen. Nicht das ›Ansich‹ außerhalb der Beziehung ist ›wahr‹ oder ›Wahrheit‹, sondern der Anspruch des Bewußtseins, sich auf ein von ihm unabhängiges Objekt zu beziehen, wird in einer Aussage formuliert, deren Wahrheit beansprucht wird (»Dem ist so, ob ich diesen Anspruch nun erhebe oder nicht«). Die von Hegel als ›Wahrheit‹ beanspruchte ›*Seite* dieses Ansich‹ ist das *Setzen* des

Ansich außer der Beziehung in der Form einer Aussage, die auf *objektive Gültigkeit Anspruch* macht. Selbstverständlich ist ein in dieser Form ergehender Anspruch nicht schon dadurch gerechtfertigt, *daß* er ergeht. Ebensowenig ist das Ergehenlassen eines solchen Anspruchs schon das *Wissen,* daß es sich so verhält, wie in der Aussage behauptet wird. Reduziert man jedoch das ›Vorkommen‹ der Bestimmungen von ›Wissen‹ und ›Wahrheit‹ auf die diesen Bestimmungen korrespondierenden *Ansprüche* des Bewußtseins, die es nach Hegel aufgrund seines *Begriffs* erhebt, so hat Hegels Metaphorik einen rationalen Kern: nämlich die den Sachverhalt Bewußtsein definierende Rationalität selbst. Wird dies berücksichtigt, mögen sich Chancen ergeben, die Einwände des natürlichen Verständnisses von ›Wissen‹ und ›Wahrheit‹ und die eines ›natürlichen‹ Bewußtseins von der Struktur des Bewußtseins neu zu beleuchten. Wenngleich es nicht Hegels Absicht ist, das natürliche Verständnis von ›Wissen‹ und ›Wahrheit‹ zu reproduzieren, kann sein Aufgriff dieser Bestimmungen, so wie sie am Bewußtsein vorkommen, in der Perspektive der hier vorgeschlagenen Interpretation dem natürlichen Verständnis näher gebracht werden, als dies zunächst möglich schien. Und das sich dem natürlichen Verständnis von ›Wissen‹ und ›Wahrheit‹ beigesellende natürliche Verständnis des Sachverhalts Bewußtsein erweist sich als ein solches, das die in Hegels Satz des Bewußtseins eingebauten Restriktionen nicht angemessen ins Auge gefaßt hat.

Gerade diese Restriktionen schaffen aber auch Raum für die Befriedigung wenigstens gewisser Forderungen, die von Seiten der analytischen ›philosophy of mind‹ an die Theorie des Geistes ergehen. Was das Bewußtsein selbst anbetrifft, so ist es zwar ›logically self-intimate‹.[17] Aber es ist nicht ›logically infallible‹[18] – weder, was die Seite seines Anspruchs angeht, sich auf ein Objekt zu beziehen, noch hinsichtlich seiner jeweiligen Selbstinterpretation, das heißt hinsichtlich der von ihm jeweils vorgeschlagenen Deutung der Weise seiner Bezugnahme auf ein Objekt, aufgrund deren dieser Anspruch formuliert wird. Schließlich impliziert sein Begriff auch keinen ›logically privileged access‹.[19] Was ferner eine vollständige Artikulation der Typen ›mentaler Ereignisse‹ oder ›Zustände‹ anbetrifft, so kann es Hegels Meinung nicht sein, daß *alle* diese Ereignisse oder Zustände Bewußtsein sind. Es wäre abwegig, *allen* mentalen Ereignissen oder Zuständen die Struktur kognitiver Ansprüche und ihrer propositionalen Fassung anzusinnen. Da nur diese Struktur dazu zwingt, Selbst-Referenzialität einzuführen, ist Hegels Satz des Bewußtseins nicht nur verträglich mit der Annahme, daß es mentale Ereignisse oder Zustände gibt, die weder ›self-intimate‹, noch ›infallible‹, noch durch ›privileged access‹ gekennzeichnet sind, er fordert zu einer solchen Annahme geradezu auf. Bewußtsein ist ein hochkomplexes Phänomen des Geistes, nicht das Definiens mentaler Ereignisse oder Zustände. Innerhalb der Theorie des Geistes muß ihm ein eigener Ort zugewiesen werden können, und seiner Rekonstruktion hat die Rekonstruktion derjenigen mentalen Ereignisse oder Zustände voranzugehen, in denen so etwas wie die Bezugnahme auf ein Objekt gar nicht vorliegt. Insofern läßt sich schon Hegels Bewußtseins*begriff* entnehmen, daß die ›Mediatisierung‹ der Phänomenologie im System der Philosophie des subjektiven Geistes ein zwingender Gedanke war. Die Notwendigkeit dieser Mediatisierung folgt aus der von Hegel vorgeschlagenen Charakterisierung des Sachverhalts Bewußtsein selbst.

VI

Aber ist diese Charakterisierung gerechtfertigt? Immer noch ist die Frage nicht entschieden, *ob* Hegels Satz des Bewußtseins als ein analytisch wahrer Satz akzeptiert werden kann. Bisher war mit Gründen nur entschieden, daß jeder Fall von Bewußtsein von *Objekten als solchen* die Struktur aufweisen muß, etwas von sich zu unterscheiden, worauf es sich zugleich bezieht. Dieser innerhalb der Perspektive einer Bewußtseinstheorie in der Tat analytisch wahre Satz impliziert jedoch noch nicht, daß *jeder* Fall von Bewußtsein ›Bewußtsein von einem Objekt als einem solchen‹ und daher kognitiv, propositional und selbstreferenziell sein muß.

Hegel bietet in der Einleitung zur Phänomenologie des Geistes und in der Durchführung der Wissenschaft der Erfahrung des Bewußtseins keinerlei *Argument* dafür an, daß sein Satz des Bewußtseins ein analytisch wahrer Satz ist. Zwar steht ihm noch das von ihm selbst nicht benutzte – und in diesen Bemerkungen auch nicht rekonstruierte – Argument zur Verfügung, daß jeder Fall von Bewußtsein, der *behauptet*, auf ihn träfe die im Satz des

Bewußtseins festgelegte Kennzeichnung nicht zu, entgegen seiner Behauptung aufgrund des bloßen Umstandes, *daß* er dies behauptet, ein Fall ist, auf den diese Kennzeichnung notwendigerweise zutrifft. Aber weshalb soll als ›Bewußtsein‹ nur dasjenige ›mentale Ereignis‹ gelten, das kognitiv, propositional und darin selbstreferenziell ist?

Es scheint, daß sich diese Frage mit rein analytischen Argumenten nicht mehr entscheiden läßt. Denn was hier auch als Argument aufgeboten wird, kann seinen in Wahrheit arbiträren Charakter nur noch notdürftig kaschieren. Was dagegen noch geschehen kann, ist die Erinnerung an den philosophischen Kontext, in dem Hegels Satz des Bewußtseins steht und der ihn zu diesem und keinem anderen Satz des Bewußtseins motiviert hat. Diese Erinnerung wird zugleich den Punkt bezeichnen, in dem sich die Wissenschaft von der Erfahrung des Bewußtseins von allen theoretischen Versuchen unterscheidet, welche diesen Kontext definieren.

Im § 415 der Berliner Encyclopädie der Philosophischen Wissenschaften findet sich folgende Bemerkung Hegels:

> »Die Kantische Philosophie kann am bestimmtesten so betrachtet werden, daß sie den Geist als *Bewußtsein* aufgefaßt hat und ganz nur Bestimmungen der *Phänomenologie,* nicht der Philosophie desselben enthält.« (Hervorhebungen d. Vf.)

Diese Bemerkung findet sich innerhalb der als Mittelstück der Philosophie des subjektiven Geistes im System mediatisierten »Phänomenologie des Geistes«, und zwar an einer Stelle, an der Hegel eine Vorzeichnung der begrifflichen Struktur des Sachverhalts Bewußtsein gibt, von dem schon feststeht, daß er systematisch aus der Schlußbestimmung der ›Anthropologie‹ – der ›wirklichen Seele‹ – hervorgegangen ist. Von den besonderen Interpretationsproblemen, welche diese Bemerkung bietet, kann hier abgesehen werden. So viel nämlich steht fest: diese Bemerkung ist nicht nur als eine Kant-Kritik, sondern auch als eine Kant-Interpretation zu lesen, in der Hegel zugleich auf seine eigene Bestimmung des Begriffs ›Bewußtsein‹ in der Phänomenologie des Geistes in ihrer nicht-mediatisierten Gestalt reflektiert.

Tatsächlich reproduziert Hegel nämlich mit seiner These, daß es Bewußtsein *definiert,* kognitiv und propositional und daher selbstreferenziell zu sein, gar nichts anderes als das Ergebnis der transzendentalen Deduktion der Kategorien in der Kritik der reinen Vernunft. Diese hatte darzutun versucht, daß Bezugnahme auf *Objekte* (in wahren oder falschen Sätzen) nur dadurch möglich ist, daß eine *Selbst*zuschreibung subjektiver mentaler Zustände aufseiten eines Subjekts, das solche Zustände durchläuft, erfolgt. Diese Selbstzuschreibung fand Kant in der grundsätzlich bestehenden *Möglichkeit* garantiert, alle subjektiven mentalen Zustände (Vorstellungen) mit dem spontan erzeugten Gedanken ›Ich denke‹ zu begleiten. Dieser Gedanke ist zugleich das Prinzip derjenigen Synthesis, die *Urteil* heißt. Zugleich hatte Kant darzutun versucht, daß diese Selbstzuschreibung nur unter der Bedingung erfolgen kann, daß es Objekte (in Raum und Zeit) gibt, deren Bestand nicht von dem Bestehen subjektiver mentaler Zustände und deren Selbstzuschreibung abhängt. Indem Hegel Bewußtsein als kognitiv, propositional und selbstreferenziell bestimmt, nimmt er die logischen Leistungen der transzendentalen Apperzeption Kants ganz in dessen Sinn in die Definition von Bewußtsein auf.[20]

Dies geschieht jedoch wiederum auf eine eigentümliche und zunächst ganz befremdliche Weise. »Das Bewußtsein unterscheidet etwas von sich, worauf es sich zugleich bezieht« ist zwar eine prägnante *Formel* für die Leistung der transzendentalen Apperzeption, aber eben auch *nur* eine Formel. In ihr wird nur das *Ergebnis* einer Theorie reproduziert, nicht aber die *Theorie* selbst, die zu ihm führt. Zwar kann man die Weise, in der Hegel den Sachverhalt Bewußtsein definiert, auf dem Hintergrund der Kantischen Theorie der Erfahrung mühelos verstehen. Viel schwieriger aber ist es zu verstehen, daß Hegel in eine Definition setzt, was für Kant das Ergebnis einer mühevollen, ihm selbst nicht voll durchsichtigen und vielleicht nicht einmal geglückten philosophischen Analysis war. Die Kantische *Frage*, wie der ›Bewußtsein‹ definierende Anspruch, auf von ihm unterschiedene Objekte erkennend Bezug zu nehmen, *überhaupt* gerechtfertigt werden kann – die Frage also, wie *Bewußtsein* gerechtfertigt werden kann – ist in dieser Formel nicht mehr gegenwärtig.

Noch unverständlicher aber muß dann erscheinen, daß Hegel in eine Definition setzt, was in den Theorievorschlägen, die unmittelbar an die Kantische Theorie der Erfahrung anknüpften, *das* universale Problem geworden war. Kant hatte sich – allerdings mit wohlerwogenen Gründen – außerstande gesehen, die *Selbst-*

Referenz des Bewußtseins noch theoretisch zu begreifen.[21] Für seine unmittelbaren Nachfolger – die Reinhold, Maimon, Beck, Schulze-Aenesidem, Fichte und Schelling – hatte sich das Problem der transzendentalen Deduktion der Kategorien verschärft: Der *Objekt-Bezug* des Bewußtseins muß seine Legitimation in eins mit der begrifflichen Aufklärung der Möglichkeit des *Selbst*bezugs des Bewußtseins erfahren. Wird gesagt, daß Bewußtsein derjenige mentale Sachverhalt ist, in dem auf ein Objekt *als* Objekt Bezug genommen, und in dem *daher* auf diesen Bezug selbst Bezug genommen wird, so mag dies ein ›analytisch wahrer‹ Satz sein, insofern er auf einem bestimmten, wohldefinierten Stand der Theorie des Bewußtseins nirgends kontrovers ist. Aber das entbindet denjenigen, der dies behauptet, nicht von der Verpflichtung, eine theoretische Rekonstruktion dieses Sachverhalts anzubieten, durch welche allererst klar wird, was man da eigentlich behauptet.

Eine solche Verpflichtung geht Hegel in der ursprünglichen Phänomenologie des Geistes nicht ein. Ja, er lehnt die Übernahme einer solchen Verpflichtung in der Wissenschaft der Erfahrung des Bewußtseins geradezu ab. Das äußere Zeichen dafür ist, daß sich sein *Satz* des Bewußtseins gänzlich unbekümmert zeigt über die Sachmotive für die bewußtseinstheoretischen Bemühungen derer, die ausgezogen waren, das Rätsel der transzendentalen Deduktion zu lösen. Die Einleitung zur Phänomenologie des Geistes *verwendet*, so kann man ruhig sagen, Reinholds ›Satz des Bewußtseins‹ in einer trivialisierten, weil dekomplizierten Form. Aber sie lehnt es ab, selbst eine ›Neue Theorie des Vorstellungsvermögens‹ anzubieten; und sie leitet auch nicht in eine solche Theorie ein. Daher muß, so scheint es, Hegels Satz des Bewußtseins auf dem Hintergrund der Theoriebildungen, die von Kant ihren Ausgang genommen hatten, nachgerade skandalös naiv wirken. Eine *Wissenschaft* von der Erfahrung des Bewußtseins, welche die bewußtseinstheoretische *Problemlage* ihrer Zeit in ihrer *Definition* von Bewußtsein gerade *nicht* mehr perzipiert, scheint schwerlich in der Lage zu sein, die Theorien, die diese Problemlage entfaltet haben, auf den Standpunkt der Wissenschaft einzuleiten.

In Wahrheit aber ist Hegels nachgerade problemunbewußt wirkende Kennzeichnung der formalen Struktur des Sachverhalts Bewußtsein von subtiler Reflektiertheit. Hegel stellt die Wissenschaft der Erfahrung des Bewußtseins *mit voller Absicht nicht* in ein *Konkurrenz*verhältnis zu den theoretischen Bemühungen derjenigen, deren systematische Ansprüche er in seinen frühen Jenenser Veröffentlichungen schon kritisiert hatte. Dies soll abschließend noch angedeutet werden.

VII

In Abschnitt III war behauptet worden, daß die Bestimmung ›Das Bewußtsein unterscheidet etwas von sich, worauf es sich zugleich bezieht‹ als der *formale Operator* des in der Phänomenologie des Geistes eingeschlagenen Verfahrens fungiert. Es muß nun noch deutlich werden, in welcher Weise dies der Fall ist. Es gilt erstens, daß *nur* solches Thema der Phänomenologie sein kann, was die in Hegels Satz des Bewußtseins reklamierten Strukturmomente an sich aufweist. Denn etwaige Positionen, die nicht durch diese Struktur gekennzeichnet sind, sind auch nicht erfahrungs*fähig* im Sinne des für die Phänomenologie als Wissenschaft der Erfahrung des Bewußseins relevanten Begriffs von Erfahrung. Es gilt zweitens, das *alles,* was Thema der Phänomenologie ist, diese Struktur an sich aufweisen muß. Denn nur unter der Bedingung, daß das zu Thematisierende von dieser Struktur ist, besteht überhaupt ein theoretischer Spielraum für seine *phänomenologische* Rekonstruktion.[22]

Der formale Operator der Wissenschaft der Wissenschaft der Erfahrung des Bewußtseins ist eben aufgrund seiner logischen Bestimmtheit, formaler Operator zu sein, nicht seinerseits auch etwas, *über* das in dieser Wissenschaft eine thematische Erfahrung gemacht werden kann. Die letzte vermöge der Funktion dieses Operators machbare Erfahrung besteht vielmehr nach Hegel gerade und nur darin, daß der Operator nicht mehr weiterfunktioniert. Dies geschieht dort, wo der ›Gegensatz des Bewußtseins‹ endgültig – und nicht nur dem Anschein nach – aufgehoben ist: im ›absoluten Wissen‹. Aber auch in seinem Verschwinden wird der Gegensatz des Bewußtseins nicht *Thema* – Thema ist vielmehr sein Verschwundensein.

Aus diesem Sachverhalt muß man eine für den *Theoriestatus* der Phänomenologie entscheidende Folgerung ziehen. Es geht Hegel in der Phänomenologie gar nicht um eine *begriffliche Rekon-*

struktion der in seinem Satz des Bewußtseins gesetzten formal-invarianten Bestimmungen dieses Sachverhalts. Näher *kann* es ihm in der Wissenschaft der Erfahrung des Bewußtseins um eine solche Rekonstruktion auch gar nicht gehen. Um was es ihm allein gehen kann, ist die Rekonstruktion des vollständigen Systems der Erfahrungen, die das Bewußtsein unter der *Voraussetzung* einer minimalen, aber unstrittigen Kennzeichnung seiner formal-invarianten Struktur macht. Diese Voraussetzung kann weder, noch muß sie in *der* Wissenschaft wissenschaftlich gerechtfertigt werden, die nur unter ihrer Bedingung in Gang gebracht werden kann. Es kann Hegel daher genügen, wenn ihm von denjenigen, die seiner *definitorischen* Einführung des Begriffs Bewußtsein in der Einleitung zur Phänomenologie aus Gründen ihrer eigenen systematischen Bemühungen um die Aufklärung dieses Sachverhalts völlig verständnislos gegenüberstehen müssen, zugegeben wird, *daß* Bewußtsein von der Struktur ist, die sein Satz des Bewußtseins für es reklamiert. Denn die Entwicklung einer *Theorie*, die das in dieser Struktur bloß in Anspruch genommene Begriffspotential analysiert und seine Inanspruchnahme rechtfertigt, ist überhaupt nicht Aufgabe einer Wissenschaft von der Erfahrung des Bewußtseins. – Eine solche Wissenschaft steht *nicht* im Wettbewerb mit einer ›Neuen Theorie des Vorstellungsvermögens‹ und ihren Folgen. Diese Wissenschaft stellt sich vielmehr die Aufgabe, auf den Standpunkt ›der Wissenschaft‹ allererst einzuleiten. Wenn sie diese ihre Aufgabe erfüllt, so leitet sie auch auf *den* Standpunkt ein, auf dem allererst so etwas wie eine *Theorie* des Bewußtseins – darunter verstanden die systematische Rekonstruktion der ›Bewußtsein‹ charakterisierenden Begrifflichkeit von Objekt-Bezug und Selbst-Referenz – mit Aussicht auf wirklichen Erfolg in Angriff genommen werden kann.[23] Eine solche Theorie – das war Hegels schon früh entwikkelte Überzeugung – muß vor allem anderen in der Lage sein, die insistent auftretenden Aporien der ›Reflexionstheorie‹ von Bewußtsein und Selbstbewußtsein zu vermeiden. Dies kann nur dann gelingen, wenn man das Problem der nachkantischen Bewußtseinstheorie in derjenigen Perspektive neu formuliert, die durch das Verschwinden der ›Bewußtsein‹ kennzeichnenden Struktur im Gange seiner Erfahrungen definiert ist. Es gibt daher keine befriedigende Aufklärung der Frage nach der Begriffsstruktur von Objekt-Bezug und Selbst-Referenz des Bewußtseins ohne die spekulative Logik. Was an diesem Hegelschen Versprechen ist, muß eine nicht-historisierende Logik-Interpretation entscheiden.

Anmerkungen

1 Das bedeutendste Beispiel einer Interpretation der ersten Art ist immer noch Martin Heidegger, Hegels Begriff der Erfahrung, in: *Holzwege,* 4. Aufl. Frankfurt 1963, S. 105ff. Eine werkimmanente Interpretation hat unlängst vorgelegt Werner Marx, *Hegels Phänomenologie des Geistes. Die Bestimmung ihrer Idee in ›Vorrede und Einleitung‹*, Frankfurt 1971. Diese Schrift erfüllt nicht nur in ausgezeichneter Weise den Zweck, demjenigen das Verständnis des Werks zu erleichtern, der sich mit ihm zu beschäftigen beginnt, sie kommt auch zu wichtigen, bisher nicht erzielten Ergebnissen in der Aufklärung begrifflicher Zusammenhänge (so insbesondere bezüglich des Verhältnisses von ›natürlichem Bewußtsein‹ und ›erscheinendem Wissen‹, S. 26ff.). Vgl. auch Anm. 23.

2 Vgl. hierzu die scharfsinnigen, im Anschluß an die Austin-Debatte angestellten Überlegungen von Wolfgang Carl und Rolf P. Horstmann, Wissen und Beanspruchen. Eine modifizierte performative Deutung des Ausdrucks »Ich weiß, daß p«, in: *Ratio XIV,* 2.

3 Vgl. P.F. Strawson, On Referring (1950), in: *Logico-Linguistic Papers,* London 1971, S. 1.

4 Genauer müßte gesagt werden, daß eine solche Position zumindest nicht durch die Wissenschaft der Erfahrung des Bewußtseins auf den Standpunkt der Wissenschaft eingeleitet werden kann. Diese Wissenschaft ist jedoch nicht das einzige von Hegel erwogene Einleitungsverfahren. Vgl. hierzu die grundlegende Arbeit von Hans Friedrich Fulda, *Das Problem einer Einleitung in Hegels Wissenschaft der Logik,* Frankfurt 1965.

5 Vgl. Karl Popper, *Logik der Forschung,* 3. Aufl. Tübingen 1969, Abschnitt 13, S. 34.

6 a.a.O. S. 34f.

7 Es versteht sich, daß Auskünfte wie »das Bewußtsein ist der erscheinende Geist« u.ä. der Forderung system*externer* Explikation der Bedeutung des Ausdrucks »Bewußtsein« nicht genügen können. Genannte Auskunft kann wegen der im Ausdruck vorkommenden Variante des spekulativen Erscheinungsbegriffs nur system*intern* verstanden werden. Sie wäre als eine nicht-analytische und nicht-kontin-

gente Identitätsaussage zu bezeichnen und repräsentiert einen Aussagetyp, der sich innerhalb der dialektischen Wissenschaft beständig findet. Sie wird aber erst dann verständlich, wenn über den Sachverhalt Bewußtsein mehr ›Informationen‹ an die Hand gegeben werden, als durch seinen Aufgriff vermittelbar sind.

8 Natürlich wird durch ein solches begriffsanalytisches Verfahren noch nicht *nachgewiesen,* daß ein Satz synthetisch und a priori ist. Dies Verfahren ist nur die notwendige Bedingung dafür, daß die Behauptung zur *Diskussion* gestellt werden kann, ein Satz *sei* synthetisch und a priori. Vgl. hierzu Konrad Cramer, Kant's Definition of the Concept of Change and the First Analogy, in: *Procceedings of the Ottawa Congress on Kant 1974* (zum Druck vorgelegt).

9 Dem Interpreten gehen an diesem Punkt zunächst einmal alle Argumente außer *solchen* kontext-spezifischen aus, die nicht mehr durch unabhängige Überlegungen gestützt sind und daher den Verdacht des Dogmatismus auf sich ziehen müssen. Das ist unvermeidlich.

10 Weil an der Entscheidung dieser Frage nicht viel gelegen ist, werden die Ausdrücke ›Definition‹ und ›definiert‹ in der Folge bisweilen auch untechnisch so verwendet, daß sie bereits die Angabe von Definitions*stücken* abdecken. – In der Perspektive einer system*internen* Interpretation ist Hegels Satz des Bewußtseins *keine* Definition. Denn systemintern kann dieser Satz natürlich nicht als ein bikonditionaler Ausdruck aufgefaßt werden: Nicht *alles,* was innerhalb der Dialektik die formale Struktur ›unterscheidet etwas von sich, worauf es sich zugleich bezieht‹ aufweist, ist *Bewußtsein.* Wäre dem so, so gäbe es Dialektik überhaupt nur als Bewußtseinswissenschaft. ›Bewußtsein‹ und ›Unterscheiden von sich in der Beziehung auf . . .‹ sind wesentlich *nicht* koextensiv. ›Unterscheiden von sich in der Beziehung auf . . .‹ ist auch operativer und inhaltlicher Begriff der Hegelschen Logik. Diese Logik aber ist keine Bewußtseinswissenschaft.

11 Vgl. etwa David Armstrong, *A Materialist Theory of the Mind,* London 1968, S. 59, 67, 102f., 107f. Logisch privilegierter Zugang (»logically privileged access«): Ist p ein Satz über einen gegenwärtigen Bewußtseinszustand einer Person A, dann gilt: *ob* p, kann mit Sicherheit nur von A entschieden werden.

12 Genau dies war die Position, die Edmund Husserl in den *Logischen Untersuchungen* bezogen hatte. Über die Probleme, die sich mit ihr verbinden, vgl. Konrad Cramer, ›Erlebnis‹ – Thesen zu Hegels Theorie des Selbstbewußtseins mit Rücksicht auf Aporien eines Grundbegriffs nachhegelscher Philosophie, in: Hans-Georg Gadamer (Hrsg.), *Stuttgarter Hegel-Tage 1970, Hegelstudien, Beiheft 11,* Bonn 1974, S. 537ff., bes. die Abschnitte I, IV, V, VI und VII.

13 Diese Entscheidung liegt Husserls Kritik an Brentanos Lehre vom ›inneren Bewußtsein‹ und seiner eigenen Theorie der Selbsthabe des

Bewußtseins durch ›innere Wahrnehmung‹ zu Grunde. Vgl. meine in Anm. 12 erwähnte Arbeit, bes. Abschnitte IV, V, VI und VII.

14 Logische Selbstvertrautheit (»logical self-intimacy«): Ist p ein Satz über den gegenwärtigen Bewußtseinszustand einer Person A, dann gilt: (p) impliziert logisch (A hat Bewußtsein von dem in p formulierten Sachverhalt).

15 Vgl. meine Analyse der Aporien von Husserls Theorie der ›inneren Wahrnehmung‹ in der oben genannten Arbeit, bes. S. 577f.

16 Vgl. hierzu Wolfgang Wieland, Hegels Dialektik der sinnlichen Gewißheit, in: *Orbis Scriptus, D. Tschizewskij zum 70. Geburtstag,* D. Gerhardt u. a. (Hrsg.), München 1966; wiederabgedruckt in: Hans Friedrich Fulda und Dieter Henrich (Hrsg.), *Materialien zu Hegels »Phänomenologie des Geistes«,* Frankfurt 1973, dort bes. S. 71f. Wielands subtile Konstruktion des Dialogverhältnisses zwischen ›uns‹ und der ›sinnlichen Gewißheit‹ beantwortet m. E. jedoch nicht alle Fragen, die man an dies Verhältnis unter der Voraussetzung stellen muß, daß das Bewußtsein sich selbst prüft. Für die ›sinnliche Gewißheit‹ geht es zunächst gar nicht darum, gewisse Fragen in gewisser Weise zu *beantworten,* sondern solche Fragen zu *verstehen* zu können.

17 Vgl. oben Anm. 14.

18 Logische Infallibilität (»Logical infallibility«): Ist p ein Satz über den gegenwärtigen Bewußtseinszustand einer Person A, dann gilt: (A *meint,* daß p) impliziert logisch (p).

19 Vgl. oben Anm. 11.

20 Hegels Satz des Bewußtseins beweist so noch die Wirkungsmächtigkeit des Leibnizschen Apperzeptionsbegriffs. Bekanntlich fällt die Prägung des Begriffs ›Bewußtsein‹ selbst in die Geschichte dieses Begriffs, die noch nicht vollständig aufgeklärt ist. Christian Wolff hat den Terminus ›Bewußtsein‹ genau für *den* Sachverhalt erfunden, der in Hegels Satz des Bewußtseins angesprochen wird: »Das erste, so wir von unserer Seele wahrnehmen, wenn wir auf sie *acht* haben, ist, daß wir uns vieler Dinge *als außer uns bewußt sind*; indem dieses geschieht, sagen wir, daß wir *gedenken* und nennen demnach die *Gedanken* Veränderungen der Seele, *deren sie sich bewußt ist* . . .« (*Vernünftige Gedanken von Gott, der Welt und der Seele des Menschen, auch allen Dingen überhaupt,* 1719, § 194, Hvh. v. V.). Vgl. hierzu die immer noch unentbehrliche begriffsgeschichtliche Analyse von Johannes Rehmke, *Das Bewußtsein,* Heidelberg 1910, S. 1–25.

21 Vgl. hierzu Ulrich Pothast, *Über einige Fragen der Selbstbeziehung,* Frankfurt 1971, S. 9ff., Dieter Henrich, Fichtes ursprüngliche Einsicht, in: Dieter Henrich und Hans Wagner (Hrsg.), *Subjektivität und Metaphysik, Festschrift für Wolfgang Cramer,* Frankfurt 1966,

S. 191ff. sowie meine Thesen 1–5 zu Hegels Theorie des Selbstbewußtseins in der in Anm. 12 erwähnten Arbeit, S. 594ff.

22 Die hier vertretene Auffassung impliziert, daß Bewußtsein vermöge der ihm zugesprochenen formal-invarianten Struktur auch noch der formale Operator der Entwicklung der Kapitel ›Geist‹ und ›Religion‹ ist. Eine Belegung dieser Auffassung sehe ich in Fuldas Rekonstruktion des Sinnes der verschiedenen Einteilungen der Phänomenologie des Geistes (a.a.O. S. 124ff.). Tatsächlich wird der ›Geist‹ in der Einleitungswissenschaft so betrachtet, wie er ins Bewußtsein fällt. Auf dem Standpunkt der ›Religion‹ drängt sich ebenfalls das Moment der Vorstellung als Konstituens der Erfahrung hervor, die auf ihrem Standpunkt gemacht wird. In der hier nicht gebbaren Begründung dieser Auffassung wäre folgende Beobachtung eines der Hauptargumente: Stets dann, wenn der ›Gegensatz des Bewußtseins‹ auf Grund der logischen Struktur der Exposition einer Gestalt des Bewußtseins *eingezogen* zu sein scheint, droht dem weiteren Verfahren der *Kollaps,* und zwar deswegen, weil die so exponierte Gestalt Gefahr läuft, in der totalen Bestimmungslosigkeit *bloßer* Selbstreferenzialität unterzugehen. Es entsteht daher die *Aufgabe,* die exponierte Gestalt vor dem Untergang in die bewegungslose Tautologie bloßer Selbstbezüglichkeit zu retten. Dies aber heißt jeweils, an dieser Gestalt den ›Gegensatz des Bewußtseins‹ mit Gründen erneut zu *etablieren.* Das Paradigma hierfür ist Hegels Exposition des ›Selbstbewußtseins‹. Vgl. hierzu Konrad Cramer, *Bewußtsein und Selbstbewußtsein. Vorschläge zur Rekonstruktion der systematischen Bedeutung einer Behauptung Hegels im § 424 der Berliner Encyclopädie der philosophischen Wissenschaften* (demnächst in einem Beiheft der Hegel-Studien, welches die Vorträge der Arbeitstagung der Internationalen Hegel-Vereinigung über Hegels Theorie des subjektiven Geistes in Santa Margherita/Ligure, Mai 1973, vereinigt). Mit dieser Auffassung ist auch nicht behauptet, daß alle Gestalten, die in der Phänomenologie Thema sind, die formal-invariante Grundstruktur des Bewußtseins in der einfachen Form an sich aufweisen, die der Satz des Bewußtseins ausspricht. Die Phänomenologie konstruiert vielmehr ihre ›Fälle‹ von Bewußtsein gerade so, daß diese das *Machen* der Unterscheidung, das sie mit Bezug auf den Gegenstand *sind,* nach den *Seiten* dieser Unterscheidung auf sich selbst beziehen, das heißt: sie wenden die in dieser Unterscheidung gesetzten *Momente* in differenzierter Weise auf sich selbst so an, daß die jeweilige Anwendung ihren Gestaltcharakter definiert. Gäbe es keine komplexen Reflexionsverhältnisse der Momente der Grundstruktur des Bewußtseins an dieser Grundstruktur selbst, gäbe es keine Wissenschaft der Erfahrung des Bewußtseins.

23 Es ergibt sich hier der bisher kaum beachtete und zunächst paradox erscheinende Sachverhalt, daß die Phänomenologie des Geistes keine

Theorie des *Bewußtseins,* wohl aber eine Theorie des *Selbst*bewußtseins anbietet. Natürlich liefert die Phänomenologie des Geistes *dann* keine Theorie des Selbstbewußtseins, wenn man von einer solchen die logische Rekonstruktion der formalen Implikationen von *Selbstbezüglichkeit* fordert. (Vgl. meine Thesen 11–12 in der in Anm. 12 erwähnten Arbeit, S. 601ff.) Die Phänomenologie liefert aber eine Theorie des Selbstbewußtseins, insofern sie eine *Gestalt* des Bewußtseins als die *Wahrheit* der *Gewißheit* seiner *selbst* mit Hilfe ihres formalen Operators auszeichnet. Man muß daher Hegel die Auffassung zuschreiben, daß ›Selbstbewußtsein‹ als eine *Erfahrungs*weise des Bewußtseins konsistent exponiert werden kann, *ohne* daß diese Exposition schon der Forderung genügen muß, auch die logische Struktur von *Selbstbeziehung* mitaufzuklären. Eben dies ist eine der interessantesten systematischen Pointen der phänomenologischen Selbstbewußtseinstheorie. Die Interpretationen des Kapitels ›Selbstbewußtsein‹ haben im allgemeinen dies Mangelhafte, daß sie diesen Umstand übersehen oder doch nicht wirklich in ihre Interpretationsperspektive einbringen. Entweder sind sie der irrigen Meinung, Hegel böte in diesem Kapitel eine *Theorie* der *Selbstbezüglichkeit* des Bewußtseins, oder sie stellen sich nicht die Frage, wie Hegel im Gegensatz zu seinen Vorgängern dazu kommt, eine Theorie des Selbstbewußtseins vorzuschlagen, welche bereits mit dem *Operator* der Selbst-Referenz operiert. Hier liegen noch ungeklärte Fragen und Probleme. Sie angemessen zu stellen hieße vermutlich, besser als bisher zu verstehen, was es mit Hegels ›praktischer‹ Interpretation des Phänomens des Selbstbewußtseins auf sich hat. Eine der Voraussetzungen hierfür ist allerdings, daß man den Unterschied zwischen Hegels Bewußtseinsbegriff und seiner auf diesem Begriff beruhenden Interpretation von Selbstbewußtsein nicht ›cartesianisch‹ verschleift. In diesem Punkte ist auch Werner Marx nicht zur völligen Klarheit gekommen (vgl. a.a.O. S. 22, 41, 54f., 58, 61, 65, 69, 74, 82, 87, 90, 92, 97, 111, 113).

Lucio Colletti
Hegel und die »Dialektik der Materie«

Die Identität von Idealismus und Philosophie ist das Hauptthema des Hegelschen Denkens. So heißt es in der *Logik:* »Jede Philosophie ist wesentlich Idealismus oder hat denselben wenigstens zu ihrem Prinzip, und die Frage ist dann nur, inwiefern dasselbe wirklich durchgeführt ist.«[1] Hegel erklärt sehr deutlich, was genau unter *Idealismus* zu verstehen ist, nämlich der Standpunkt, der den Dingen und der endlichen Welt wahre Realität abspricht. »Der Idealismus der Philosophie besteht in nichts anderem als darin, das Endliche nicht als ein wahrhaft Seiendes anzuerkennen.«[2] Es ist das Unendliche, der Geist, Gott, denen der Idealismus Sein zuschreibt. Die anschließende Erläuterung, in der Hegel die Identität von Philosophie und Idealismus auf die Identität von Idealismus und Religion, *Idealismus* und *Christentum*, erweitert, ergibt sich logisch daraus und kommt keineswegs überraschend. »Die Philosophie ist es so sehr als die Religion; denn die Religion anerkennt die Endlichkeit ebensowenig als ein wahrhaftes Sein, als ein Letztes, Absolutes, oder als ein Nicht-Gesetztes, Unerschaffenes, Ewiges. Der Gegensatz von idealistischer und realistischer Philosophie ist daher ohne Bedeutung. Eine Philosophie, welche dem endlichen Dasein als solchem wahrhaftes, letztes, absolutes Sein zuschriebe, verdiente den Namen Philosophie nicht.«[3]

Die diesen Aussagen zugrundeliegende intuitive Weltanschauung stimmt mit der des Christentums überein. Das Endliche ist das Begrenzte, Vergängliche und Ephemere; es »scheint« zu sein und *ist nicht*. Es ist dem Endlichen beschieden, zu einem Ende zu gelangen; es ist das Flüchtige und Wertlose. »Wenn wir von den Dingen sagen, *sie sind endlich,* so wird darunter verstanden, daß . . . das Nichtsein ihre Natur, ihr Sein, ausmacht. Die endlichen Dinge *sind,* . . . aber die Wahrheit dieses Seins ist ihr *Ende.* Das Endliche verändert sich nicht nur, wie Etwas überhaupt, sondern es *vergeht*; und es ist nicht bloß möglich, daß es vergeht, so daß es sein könnte, ohne zu vergehen. Sondern das Sein der endlichen Dinge als solches ist, den Keim des Vergehens als ihr Insichsein zu haben: die Stunde ihrer Geburt ist die Stunde ihres Todes.«[4]

Unter diesen Voraussetzungen stellt sich der Philosophie die Aufgabe, das »Prinzip des Idealismus«, die Idee des Christentums, zusammenhängend und umfassend zu begreifen. Alle »wahrhaften« Philosophien haben zwar dasselbe Prinzip, doch es bleibt die Frage, zu erkennen, »inwiefern dieses Prinzip wirklich durchgeführt ist«. »In einer vorhergehenden Anmerkung ist das Prinzip des Idealismus angegeben und gesagt worden, daß es bei einer Philosophie alsdann näher darauf ankomme, inwiefern das Prinzip durchgeführt ist. Über die Art dieser Durchführung kann . . . noch eine weitere Bemerkung gemacht werden. Diese Durchführung hängt zunächst davon ab, ob neben dem Fürsichsein nicht noch das endliche Dasein selbständig bestehen bleibt.«[5]

Das Problem besteht also darin, den Idealismus logisch kohärent zu begreifen. Man muß aber bedenken, daß diese Aufgabe nicht einfach als logisch kohärente Entwicklung durchzuführen ist, sondern vielmehr als Entwicklung, die gleichzeitig die *Verwirklichung* des Prinzips impliziert, mit anderen Worten, die Übersetzung des Idealismus in die *Realität*. Besteht des Prinzip der Philosophie tatsächlich darin, daß das Endliche *Nichtsein* ist und nur das Unendliche *ist,* so kann die Philosophie nur unter einer Bedingung logische Kohärenz bei ihrem Vorgehen beanspruchen, nämlich unter der Bedingung, daß sie mit dem Endlichen Schluß macht und nur das Unendliche für gültig erklärt, wodurch sie die Welt vernichtet und durch »wahre« Wirklichkeit ersetzt.

In dieser Hinsicht besagt Hegels These, daß es bisher keiner Philosophie gelungen ist, dieses Problem zu lösen und die Idee des Christentums zu verwirklichen. Überall hat man dem Prinzip des Idealismus in seiner praktischen Ausführung bislang widersprochen und es negiert – die Philosophie ist stets mit sich selbst im Widerspruch gewesen. Hegel führt dies im wesentlichen auf eine Frage der *Methode* zurück. Die Philosophie hat, wie Hegel meint, den Standpunkt des »Verstandes« angenommen, das Prinzip des zu vermeidenden Widerspruchs oder der wechselseitigen Ausschließung des Entgegengesetzten. In dem Glauben, das Problem ihrer »Verwirklichung« könnte einfach auf eines der »logischen« Kohärenz zurückgeführt werden, hat die Philosophie sich die »Ansicht« zu eigen gemacht, wonach »das Endliche mit dem Unendlichen unverträglich und unvereinbar sei, das Endliche dem Unendlichen schlechthin entgegengesetzt sei«.[6] Diese

Ansicht scheint auf den ersten Blick die natürlichste zu sein. Sie gestattet »das Unendliche vom Endlichen rein und entfernt« zu halten.[7] Sie erscheint deshalb als geeignetste Methode zur Bestätigung des Prinzips des Idealismus in seiner ganzen Reinheit. In Wirklichkeit ist im Falle der Philosophie gerade diese *Widerspruchslosigkeit,* die als das Prinzip absoluter logischer Kohärenz gilt, die Wurzel der am tiefsten verwurzelten Inkonsistenz.

Der »Verstand« trennt und zerteilt, hält Gegensätze auseinander und stellt das Endliche auf die eine Seite, das Unendliche auf die andere. Er führt ihre Trennung strikt durch, als wolle er unterstreichen, daß das erstere nur wertlos und nichtig, »Sein, absolutes Sein« lediglich dem Unendlichen vorbehalten ist. Durch »die ausdrückliche Behauptung« jedoch, »daß das Endliche mit dem Unendlichen . . . unvereinbar sei«, fährt Hegel fort, »bleibt es [das Endliche] absolut auf seiner eigenen Seite«. Die Möglichkeit des »Übergehens« in das »andere« ist ausgeschlossen; es gibt kein Entkommen aus seiner Vergänglichkeit. Da das *Nichtsein* des Endlichen hier als »*an sich fixierte*« Negation aufgefaßt wird, die »seinem Affirmativen schroff gegenüber« steht, erkennt der Verstand nicht, daß er das Endliche als »*unvergänglich* und *absolut*« betrachtet. Da die Vergänglichkeit der Dinge nicht aufhören kann zu existieren, wird sie »ihre unveränderliche, d. i. nicht in ihr Anderes, d. i. nicht in ihr Affirmatives übergehende Qualität«. Da die Endlichkeit niemals aufhört zu vergehen, »*so ist sie ewig*«.[8]

Die Folge ist gerade das Gegenteil des philosophischen Vorhabens. Das Endliche, das hätte verschwinden sollen, lebt weiter. Das Unendliche, das das Absolute oder die Totalität hätte sein sollen, findet sich im Gegenteil nur als »eines der beiden«. »Aber als *nur* eines der beiden ist es selbst endlich, es ist nicht das Ganze, sondern nur die eine Seite; es hat an dem Gegenüberstehenden seine Grenze; es ist so das *endliche Unendliche.* Es sind nur *zwei Endliche* vorhanden.«[9]

Die Methode des »Verstandes«, der sich durch Bewahrung des Prinzips des zu vermeidenden Widerspruchs völliger Kohärenz zu versichern schien, stellt sich in Wirklichkeit als unfähig heraus, »den grundlegenden Begriff der Philosophie, das wahrhaft Unendliche«, den christlichen *Logos,* auszudrücken. Der Verstand verdinglicht alles, was er berührt, und bildet, was kein Ding ist, in das *Endliche* um. Er ist nicht das Prinzip der Philosophie oder des Idealismus, sondern der Unphilosophie. Er ist der Standpunkt des Materialismus.

Nachdem die Philosophie von der Voraussetzung ausgegangen ist, daß das Endliche das Ephemere und Wertlose ist, wird sie durch den »Verstand« gezwungen, das Gegenteil ihrer früheren Meinung zu verkünden. Ihre logische Inkonsistenz könnte nicht deutlicher werden. »Das eine Mal wird zugegeben, daß das Endliche *nicht an und für sich sei*, daß ihm *nicht* selbständige Wirklichkeit, nicht *absolutes* Sein zukomme, daß es nur ein Vorübergehendes ist; das *andere Mal* wird dies sogleich vergessen und das Endliche dem Unendlichen nur gegenüber, schlechthin getrennt von demselben und der Vernichtung entnommen, als selbständig, für sich beharrend vorgestellt. – Indem das Denken auf solche Weise sich zum Unendlichen zu erheben meint, so widerfährt ihm das Gegenteil, – zu einem Unendlichen zu kommen, das nur ein Endliches ist, und das Endliche, welches von ihm verlassen worden, vielmehr immer beizubehalten, zu einem Absoluten zu machen.«[10]

Der Verstand ist, kurzum, »von der Schwierigkeit befangen, den Übergang vom *Endlichen* zum *Unendlichen* zu machen«.[11] Er erzeugt einen dualistischen Gegensatz, in dem das Unendliche selbst auf die Ebene des Endlichen niedersinkt. Da der Verstand außerdem den Übergang von einem Pol zum anderen als Prozeß auffaßt, in dessen Verlauf das Endliche – obzwar es subsistieren darf – abstrahiert oder außer acht gelassen wird, gelingt es dem Unendlichen nur, »als das Negative . . . der Bestimmtheit überhaupt, als das leere Jenseits« Gestalt anzunehmen. Dies wird insoweit möglich, als sein Gegensatz zum Endlichen so aufgefaßt wird, daß dieses dem *Realen*, das Unendliche andererseits dem *Ideellen* entspricht, »und zwar als ein *nur* Ideelles«.[12] Das Endliche gehört dem *Diesseits* an, das Unendliche dem Jenseits, das eine tief unten, das andere hoch oben. Beide werden, wie Hegel feststellt, »an einen *verschiedenen Platz gestellt*, – das Endliche als das hiesige Dasein, das Unendliche aber . . . als ein Jenseits in die trübe, unerreichbare Ferne, *außerhalb* welcher jenes sich befinde und dableibe«.[13] Die Folge ist, daß das Endliche, das das Ephemere und Vergängliche hätte sein sollen, *bleibt*, also zu einer unauflösbaren, festen Realität wird, während das Unendliche, das sich als »absolutes Sein« hätte herausstellen sollen, nur als etwas Abstraktes oder geistig Begriffenes erscheint. Das Endliche, das als »*nicht* wahrhaftes Sein« bezeichnet wurde, wird zum Realen oder *Positiven*; das Unendliche, welches das »abstrakt Notwendige«, also das Positive par excellence hätte werden sollen, wird anstatt dessen zum *Nicht*-Endlichen, Negativen, zum bloß Ideellen.

Hier liegen also gleichzeitig zwei Irrtümer vor: das Unendliche als Endliches, d.h. Gott als *Objekt*; und außerdem Gott von der Welt getrennt, auf das »Jenseits« eingeschränkt, in unerreichbarer Entfernung voneinander geschieden. Die Bedingungen des Problems, das der Idealismus zu lösen hat, sind alle vorhanden. Seine Verwirklichung impliziert die Beseitigung dieser Irrtümer. Um das Unendliche im Zusammenhang zu erfassen, muß das Endliche zerstört und die Welt vernichtet werden; tatsächlich kann das Unendliche nicht noch eine andere Realität neben sich haben, die es begrenzt. Andererseits, ist das Endliche erst einmal ausgelöscht und das, was das Unendliche ins Jenseits gestoßen und zum »leeren Ideal«, das keine reale Existenz hat, gemacht hat, unterdrückt, so kann das Unendliche vom Jenseits zum *Diesseits* übergehen, also Fleisch werden und irdische Kleider anlegen. Der Unterschied zwischen der alten und der neuen Philosophie ist der Unterschied zwischen Verstandestheologie und spekulativer Theologie, zwischen Theismus und Philosophie, zwischen vorkritischer Metaphysik und absolutem Idealismus. Dies hat Feuerbach klar erkannt, und am Anfang seiner Schrift *Vorläufige Thesen zur Reform der Philosophie* spricht er von der »*spekulativen* Theologie, welche sich dadurch von der *gemeinen* unterscheidet, daß sie das von dieser . . . in das Jenseits entfernte göttliche Wesen ins Diesseits versetzt, d.h. *vergegenwärtigt, bestimmt, realisiert*«.[14] In *Grundsätze der Philosophie der Zukunft* fügt er hinzu, daß die Philosophie »den Gott, welcher im Theismus nur ein Wesen der Phantasie, ein ferngehaltenes, unbestimmtes, nebuloses Wesen ist, zu einem gegenwärtigen, bestimmten Wesen gemacht hat«.[15]

Der Unterschied zwischen diesen beiden Formen der Theologie ist nach Feuerbach der Schlüssel zum Verständnis des Unterschieds zwischen den beiden Formen der Metaphysik, das heißt zwischen Hegelscher Metaphysik und vorkantischer (vor allem cartesianischer und leibnizianischer) Metaphysik. »Der Theist stellt sich Gott als ein außer der Vernunft, außer dem Menschen überhaupt existierendes, persönliches Wesen vor – er denkt als

Subjekt über Gott als Objekt. Er denkt Gott als ein . . . geistiges, unsinnliches . . . Wesen.« Aber insoweit das »wesentliche Merkmal einer objektiven Existenz, einer Existenz außer dem Gedanken oder der Vorstellung die Sinnlichkeit ist, . . . unterscheidet der Theist Gott von sich in demselben Sinne, in welchem er die sinnlichen Dinge und Wesen als außer ihm existierende von sich unterscheidet; kurz, er denkt Gott vom Standpunkt der Sinnlichkeit aus. Der spekulative Theologe oder Philosoph dagegen denkt Gott vom Standpunkt des Denkens aus; er hat daher nicht zwischen sich und Gott in der Mitte die störende Vorstellung eines sinnlichen Wesens; er identifiziert somit ohne Hindernis das objektive, gedachte Wesen mit dem subjektiven, denkenden Wesen.«[16]

Diese Betrachtungsweise der Dinge, die für den Theismus und die »gemeine Theologie« kennzeichnend ist und bei Spinoza – dem »eigentliche[n] Urheber der modernen spekulativen Philosophie«, deren »Wiederhersteller« Schelling und deren »Vollender« Hegel ist[17] – merklich weniger ins Auge fällt, tritt bei Descartes und Leibniz besonders deutlich hervor. »Der Anfang der Cartesischen Philosophie ist die Abstraktion von der Sinnlichkeit, von der Materie.« »Aber Cartesius und Leibniz betrachteten diese Abstraktion nur als eine subjektive Bedingung, das immaterielle göttliche Wesen zu erkennen, sie stellten sich die Immaterialität Gottes als eine von der Abstraktion, vom Denken unabhängige, objektive Eigenschaft vor; sie standen noch auf dem Standpunkt des Theismus, machten das immaterielle Wesen nur zum Objekt, aber nicht zum Subjekt, zum aktiven Prinzip . . . Allerdings ist ja auch bei C[artesius] und L[eibniz] Gott Prinzip der Philosophie, aber nur . . . im allgemeinen, nur in der Vorstellung, nicht in der Tat und Wahrheit. Gott ist nur die erste und allgemeine Ursache der Materie, der Bewegung und Tätigkeit; aber die besonderen Bewegungen und Tätigkeiten, die bestimmten wirklichen materiellen Dinge werden unabhängig von Gott betrachtet und erkannt. L[eibniz] und C[artesius] sind nur im allgemeinen Idealisten, im besonderen bloße Materialisten.«[18]

Dies ist genau die logische Inkonsistenz, auf die Hegel, wie wir gesehen haben, hinwies. Die alte Philosophie ist zur Hälfte Idealismus, zur Hälfte Materialismus. Sie ist Idealismus in ihrer Substanz bzw. in ihrem *Inhalt*: das Unendliche, der Geist, Gott. Sie ist Materialismus in ihrer *Form* bzw. Methode. Das Prinzip der

Identität und Widerspruchsfreiheit – das Prinzip des Common sense und des »alltäglichen Menschenverstandes« – hindert sie daran, mit dem Endlichen Schluß zu machen und die Welt zu zerstören. Deshalb kann sie das Unendliche nicht auf kohärente Weise als »Ganzes« oder »Totalität« erfassen, und deshalb fehlt es ihr an der Kraft, sich selbst zu verwirklichen, d. h. Gott als eine und einzig wahrhafte Realität herrschen zu lassen.

Ist das Problem erst einmal erkannt, so stellt sich die Frage nach der Überprüfung einer Lösung. Die Lösung läßt sich genau bezeichnen: das Mittel, durch das Hegel die »Philosophie« kohärent macht und den absoluten Idealismus *verwirklicht*, ist die *Dialektik der Materie* – Dialektik der Materie in genau dem Sinne, in dem sie später vom dialektischen Materialismus eines Engels, Plechanow und Lenin akzeptiert wurde.

Nehmen wir das Problem noch einmal vom Anfang her auf: das Endliche hat keine wahrhafte Realität. »Der Idealismus der Philosophie besteht in nichts anderem als darin, das Endliche nicht als ein wahrhaft Seiendes anzuerkennen.«[19] Hegel gehört der platonisch-christlichen Tradition an; er steht in dieser Tradition, entwickelt sie aber weiter. Er macht nicht bei der bloßen Negation des Endlichen Halt, sondern verbindet diese Negation mit einer affirmativen Aussage. Mit anderen Worten, er vervollständigt den Satz, daß »das Endliche kein wahrhaft Seiendes« ist, durch die Aussage, daß »das Endliche *ideell* ist«. Die Bestimmung des Idealismus in der *Logik beginnt*: »Der Satz, daß das *Endliche ideell ist,* macht den *Idealismus* aus.«[20] Diese Bestimmung wird in der *Enzyklopädie* noch einmal wiederholt: »Aber die Wahrheit des Endlichen ist vielmehr seine *Idealität* . . . Diese Idealität des Endlichen ist der Hauptsatz der Philosophie.«[21]

Praktisch ausgedrückt bedeutet diese Innovation, daß man nicht mehr nur sagt, das Endliche habe keine wahrhafte Realität und kein unabhängiges Sein, sondern daß man hinzufügt, daß das Endliche als »sein« Wesen und seine Grundlage hat, was »anders« als es selbst ist, also das Unendliche, das Immaterielle, das Denken. Die Folge, die sich daraus ergibt, ist entscheidend. Hat das Endliche tatsächlich das als sein *Wesen,* was »anders« ist als es selbst, so ist klar, daß es, um wahrhaft oder »wesentlich« es selbst sein zu können, nicht mehr es selbst – das heißt, das Selbst, das es »in der Erscheinung« ist: das *Endliche* – sein darf, sondern zum »andern« werden muß. Das Endliche »ist nicht«, wenn es wirklich endlich *ist,* und umgekehrt »ist« es, wenn es »nicht ist«; es ist »es selbst«, wenn es das »andere« ist, und wird geboren, wenn es stirbt. Das Endliche ist dialektisch.

Noch einmal: »Wenn wir von den Dingen sagen, *sie sind endlich,* so wird darunter verstanden, daß . . . das Nichtsein ihre Natur, ihr Sein ausmacht.« Die Bedeutung dieses Satzes ist jetzt ebenfalls klar. Er bedeutet nämlich, daß sich die endlichen Dinge nur durch das »andere« auf sich selbst beziehen können, oder, wie Hegel erklärt: »Ihre Beziehung auf sich selbst ist, daß sie als *negativ* sich auf sich selbst beziehen, eben in dieser Beziehung auf sich selbst sich über sich, über ihr Sein, hinauszuschicken«[22] – sich *ins Denken* hinauszuschicken.

Der Mechanismus könnte natürlich einfacher sein. Hegel könnte sagen, daß er das Endliche *nicht* berücksichtigt, es beiseitestellt und transzendiert. In Wirklichkeit tut er auch genau dies, aber indem er sein Vorgehen anders kennzeichnet. Anstatt offen festzustellen, daß er das Endliche *nicht* berücksichtigt, behauptet er, es in bezug auf das zu betrachten, was das Endliche *nicht ist*; besser gesagt, er stellt fest, daß das Endliche sein *Gegenteil* zum »Wesen« hat. Der Vorteil, der sich daraus ergibt, ist offenkundig: Den Akt, durch den *er* vom Endlichen abstrahiert bzw. es herabsetzt, kann Hegel jetzt als *objektive* Bewegung darstellen, die das Endliche selbst vollzieht, um über sich hinauszugehen und so in sein Wesen *überzugehen.* »Es ist die Natur des Endlichen selbst, über sich hinauszugehen, seine Negation, d. h. seine wirkliche Endlichkeit bzw. den ›Schein‹ zu negieren und unendlich zu werden. Das Unendliche steht somit nicht als ein für sich Fertiges *über* dem Endlichen, so daß das Endliche *außer* oder *unter* jenem sein Bleiben hätte und behielte. Noch gehen *wir* nur als eine subjektive Vernunft über das Endliche ins Unendliche hinaus. Wie wenn man sagt, daß das Unendliche der Vernunftbegriff sei und wir uns durch die Vernunft über das Zeitliche erheben, so läßt man dies ganz unbeschadet des Endlichen geschehen, welches jene ihm äußerlich bleibende Erhebung nichts angeht. Insofern aber das Endliche selbst in die Unendlichkeit erhoben wird, ist es ebensowenig eine fremde Gewalt, welche ihm dies antut, sondern es ist dies seine Natur, sich auf sich als Schranke . . . zu beziehen und über dieselbe hinauszugehen, oder vielmehr als Beziehung-auf-sich sie negiert zu haben und über sie hinaus zu sein.«[23] Wenn sich das Endliche deshalb als »dialektisch« erweist, so daß es »mit sich selbst zusammengegangen«, »so der Widerspruch seiner in sich« ist und deshalb »sich auf[hebt], vergeht«,[24] dann geschieht all dies nicht durch das Wirken einer fremden Gewalt (wie etwa eine subjektive Abstraktion unsererseits), sondern weil das Endliche das »andere« als sein Wesen und seine Grundlage hat; sein »Ansichsein« ist deshalb ein *Übergehen* in dieses andere, ohne daß es dazu irgendeiner Vermittlung bedarf. Kurz, das Endliche ist einfach das, was aufgrund seiner eigenen Natur durch sich selbst unendlich werden muß. »Die Unendlichkeit ist seine *affirmative Bestimmung,* das, was es wahrhaft an sich ist. So ist das Endliche im Unendlichen verschwunden, und was *ist,* ist nur das *Unendliche.*«[25]

Das »wahrhaft« Endliche ist also nicht das Endliche *außerhalb* des Unendlichen, sondern das Endliche innerhalb des Unendlichen, das Endliche, wie es in der Idee ist. »Real« sind nicht die dem Denken äußerlichen Dinge, sondern die Dinge, die vom Denken durchdrungen sind, also diejenigen, die *nicht mehr Dinge,* sondern einfache »logische Objekte« oder ideale Momente sind. Die Negation, die »Vernichtung« der Materie, verläuft an dieser Stelle genau von »außen« nach »innen«. Geradeso wie zugegeben wird, daß das Endliche »als eins mit dem Unendlichen gesetzt, allerdings nicht bleiben könnte, was es außer dieser Einheit war, und wenigstens an seiner Bestimmung etwas litte«,[26] so »wird auch insgemein zugegeben, daß, indem das Denken einen gegebenen Gegenstand sich aneignet, dieser dadurch eine Veränderung erleidet und aus einem sinnlichen zu einem gedachten gemacht werde«. Das Wichtige ist aber, zu verstehen, daß »diese Veränderung nicht nur nichts an seiner Wesentlichkeit ändere, sondern daß es vielmehr erst in seinem Begriffe in seiner *Wirklichkeit,* in der Unmittelbarkeit, in welcher er gegeben ist, aber nur Erscheinung und *Zufälligkeit* [sei]«.[27] Weiterhin meint Hegel: »Das *Begreifen* eines Gegenstandes besteht in der Tat in nichts anderem, als daß Ich denselben sich zu *eigen* macht, ihn durchdringt und ihn in *seine eigene Form,* d. i. in die *Allgemeinheit* . . . bringt. Der Gegenstand in der Anschauung . . . ist noch ein *Äußerliches, Fremdes.* Durch das Begreifen wird das *Anundfürsichsein,* das er im Anschauen und Vorstellen hat, in ein *Gesetztsein* verwandelt; Ich durchdringt ihn *denkend.* Wie er aber im Denken ist, so ist er *erst an und für sich*; wie er in der Anschauung oder Vorstellung ist, ist er *Erscheinung.*«[28]

Kurz, dieser Satz besagt, »daß der empirische Stoff nicht, wie er *außer* und *vor* dem Begriffe erscheint, *Wahrheit* habe, sondern allein in seiner Idealität und Identität mit dem Begriffe«.[29] Hier wird das Endliche also ebenso wie in der alten Metaphysik ausgeschlossen und negiert, und dies eher noch in höherem Maße, wenngleich mit dem Unterschied, daß – wie bereits begründet wurde – Hegel jetzt der von ihm durchgeführten *Ausschließung* der Materie die Form einer *Einschließung* bzw. einer positiven Feststellung geben kann. Die Materie wird nicht negiert; sie wird vermöge dessen behauptet, was sie nicht ist. Hegel schließt sie also nicht aus, sondern ein. Aber da »in ihm (dem Geist) . . . der Inhalt nicht als sogenanntes *reales Dasein*« ist, sondern vielmehr »in der Einfachheit des Ich . . . solches äußerliches Sein nur aufgehoben (ist), es ist *für mich*, es ist *ideell* in mir«,[30] ist auch klar, daß diese Affirmation in Wirklichkeit eine Negation ist; das heißt, indem die Materie nur insoweit für »wesentlich« erklärt wird, als sie im Denken ist, wird ipso facto ausgeschlossen, daß sie Realität hat, insofern sie außerhalb und vor dem Begriff ist. Das Element der Kontinuität mit der platonisch-christlichen Tradition liegt in dieser *negativen* Auffassung der sinnlichen Welt. Andererseits wird das Element der Weiterentwicklung – und dies werden wir weiter unten deutlich erkennen – durch das Transzendieren des christlichen Eleatismus dargestellt, also dadurch, daß das Unendliche oder der Geist nicht mehr als »Seiendes« und deshalb als *Substanz*, die das Negative außerhalb ihrer selbst hat, sondern als *Vernunft* begriffen wird, d. h. als logische Einheit oder Koexistenz der Gegensätze (»Selbigkeit« und »Andersheit«, Unendliches und Endliches *im* Unendlichen) und so als Tautoheterologie oder Dialektik.

Das Wesen und die Grundlage des Endlichen ist das, was »anders« ist als es selbst. Das Endliche ist also gleichzeitig es selbst und das Negative (oder Gegensatz) seiner selbst; es ist in sich selbstwidersprüchlich, es hebt sich auf und vergeht. Dies bedeutet, daß das Endliche, um »wahrhaft« es selbst sein zu können, nicht es selbst sein darf, sondern das andere sein muß, daß es sich als das dem Unendlichen äußerliche Endliche negieren und in sein Gegenteil *übergehen*, d. h. zum »ideell Endlichen«, einem Moment innerhalb der Idee, werden muß. Sobald die »scheinhafte« Unabhängigkeit des Endlichen erst einmal negiert und erkannt worden ist, daß das Endliche an sich und von sich aus kein Sein hat, daß es nur »Schein« und »sein« Wesen jenseits von sich liegen hat, wird das Endliche zu genau dem Schein bzw. zu der *Erscheinung* dieses Wesens, zum *Jenseits* dieses Jenseits. Es wird mit anderen Worten das Positive, durch das es Fleisch wird und irdische Kleider anlegt.

Das Reale wird ideal und das Ideale real. Das Konkrete macht sich abstrakt und das Abstrakte konkret. Und genauso wie »die einzelnen sinnlichen Dinge als *ideell* im Prinzip, im Begriffe, noch mehr im Geiste, als aufgehoben sind«,[31] also nicht als wirkliche Bestimmungen, sondern als Bestimmungen der Idee, so zählt diese Selbstnegation der Welt und ihre Selbstidealisierung umgekehrt als Selbstverwirklichung der Idee oder des Unendlichen, von dem Hegel ausdrücklich feststellt, daß es »Dasein« ist: »Es *ist* und *ist da,* präsent, gegenwärtig«, und ist »die *Realität* in höherem Sinn als die früher *einfach* bestimmte«.[32]

Insofern das Endliche dialektisch ist, negiert es sich, hebt sich auf, verschwindet; das heißt, will man es betrachten, so darf man nicht das Endliche, sondern muß vielmehr das Unendliche berücksichtigen; um das Sein zu erfassen, muß man das Denken, die Idee begreifen. Es gibt keine Dinge, sondern nur *Vernunft.* Es gibt keine *ausschließende* Bestimmtheit – kein »Diesda« –, die ihr Gegenteil ausschließt, sondern vernünftiges Einbeziehen – das »Dies zusammen mit Jenem« –, also die Einheit von »Selbigkeit« und »Andersheit«, von »Sein« und »Nichtsein«, von Endlichem und Unendlichem *im* Unendlichen. Andererseits gilt, daß, geradeso wie das Sein *Denken* ist, ohne einer Vermittlung zu bedürfen, das Denken wiederum ohne jede Vermittlung *ist.* Ebenso wie die Dinge Vernunft sind, so ist die Vernunft *Dinge.* Genauso wie das Endliche ein Schein ist, der sein Wesen jenseits von sich hat, so manifestiert sich dieses Wesen, welches das Absolute ist, im Positiven oder Endlichen. Bei Hegel heißt es: »Der Schein ist nicht das *Nichts,* sondern er ist Reflexion, *Beziehung* auf das Absolute; oder er *ist* Schein, insofern *das Absolute in ihm scheint.* Diese positive Auslegung hält so noch das Endliche vor seinem Verschwinden auf und betrachtet es als einen Ausdruck und Abbild des Absoluten. Aber die Durchsichtigkeit des Endlichen, das nur das Absolute durch sich hindurchblicken läßt, endigt in gänzliches Verschwinden; denn es ist nichts am Endlichen, was ihm einen Unterschied gegen das Absolute erhalten könnte; es ist ein Medium, das von dem, was durch es scheint, absorbiert wird.« Und Hegel schließt: »Diese positive Auslegung des Absoluten ist daher selbst nur ein Scheinen; denn das wahrhaft Positive, was sie und der ausgelegte Inhalt enthält, ist das Absolute selbst.«[33]

Die Welt ist verschwunden. Was endlich *erschien*, ist in Wirklichkeit unendlich. Eine unabhängige materielle Welt besteht nicht mehr. Andererseits wird das Endliche, insoweit es noch im Prozeß des Verschwindens verweilt, als das »andere« seiner selbst wiederhergestellt. Es ist nicht das Endliche, sondern die positive Manifestation des Absoluten. Es ist nicht und *bezeichnet* nicht »diesen« bestimmten Gegenstand – etwa Brot und Wein –, sondern bezeichnet den Geist. »Hier werden . . . Wein und Brot mystische Objekte.«[34] »Der Geist Jesu, in dem seine Jünger *eins* sind, ist für das äußere Gefühl als Objekt gegenwärtig, ein Wirkliches geworden.«[35] Doch dieses Wirkliche ist nur »die objektiv gemachte Liebe, dies zur Sache gewordene Subjektive«. »Im Mahl der Liebe vergeht das Körperliche und nur lebendige Empfindung ist vorhanden.«[36]

In gewissem Sinne werden damit alle Dinge, wie Marx sagt, »gelassen . . ., wie sie sind, zugleich aber erhalten sie die Bedeutung einer Bestimmung der Idee, eines Resultats, eines Produkts der Idee«.[37] Vorher gab es eine Welt, und es gibt eine Welt nachher – nur daß die »Hostie« nicht mehr aus Wasser und Mehl besteht. Das »Prinzip« des Idealismus ist verwirklicht. An die Stelle der inzwischen vernichteten Welt ist die »wahrhafte« Wirklichkeit gesetzt worden. Das bedeutet jedoch nicht, daß die Revolution stattgefunden hat, sondern lediglich die Transsubstantiation. »Es wird also die empirische Wirklichkeit aufgenommen, wie sie ist; sie wird auch als vernünftig ausgesprochen, aber sie ist nicht vernünftig wegen ihrer eigenen Vernunft, sondern weil die empirische Tatsache in ihrer empirischen Existenz eine andere Bedeutung hat als sie selbst. Die Tatsache, von der ausgegangen wird, wird nicht als solche, sondern als mystisches Resultat gefaßt.«[38] Hier ist die gesamte Dialektik der Materie vorhanden. Das Endliche ist unendlich, das Wirkliche ist *vernünftig*. Mit anderen Worten, das bestimmte oder wirkliche Objekt, das ausschließende »Diesda«, existiert nicht mehr; was existiert, ist die *Vernunft*, die Idee, die logische *Einschließung* der Gegensätze, das »Dies zusammen mit Jenem«. Ist andererseits das Sein erst einmal aufs Denken reduziert, so *ist* wiederum das Denken, d. h.

die logische Einheit der Gegensätze entsteht und verkörpert sich in einem wirklichen Objekt. Alles ist es selbst und sein Gegenteil; »es ist« und »es ist nicht«. Dieser Widerspruch setzt es in Bewegung oder bewirkt, anders ausgedrückt, daß es als Ding stirbt, damit es als Denken oder Unendlichkeit wiedergeboren werden kann. Wie Hegel sagt: »Alles Endliche ist dies, sich selbst aufzuheben.«[39] »Hat man« andererseits, wie Marx meint, »in den logischen Kategorien das Wesen aller Dinge gefunden, so bildet man sich ein, in der logischen Formel der Bewegung die *absolute Methode* zu finden, die nicht nur alle Dinge erklärt, sondern die auch die Bewegung der Dinge umfaßt.« Mit anderen Worten, das wirkliche Objekt wird in seinen *logischen* Widerspruch aufgelöst – dies ist die erste Bewegung; mit dem zweiten Schritt wiederum wird der logische Widerspruch *objektiv* und *wirklich.* Der Philosoph ist inzwischen der vollkommene Christ. Der Unterschied zwischen beiden besteht, wie Marx sagt, nur hierin: »Der Christ kennt nur eine Fleischwerdung des *Logos,* trotz der Logik«, während »der Philosoph mit den Fleischwerdungen gar nicht zu Ende kommt«.[40]

Schlagen wir das zweite Buch von Hegels *Wissenschaft der Logik* auf, so finden wir die »Dialektik der Materie« dort in klaren Ausdrücken formuliert. Indem Hegel seine Kritik des Prinzips der Identität und Widerspruchsfreiheit abschließt, betont er, daß man im Gegensatz zu diesem Prinzip behaupten muß: »*Alle Dinge sind an sich selbst widersprechend,* und zwar in dem Sinne, daß dieser Satz gegen die übrigen vielmehr die Wahrheit und das Wesen der Dinge ausdrücke.« Es sei aber »eines der Grundvorurteile der bisherigen Logik und des gewöhnlichen Vorstellens, als ob der Widerspruch nicht eine so wesenhaft und immanente Bestimmung sei als die Identität«. Trotzdem, »wenn von Rangordnung die Rede und beide Bestimmungen als getrennte festzuhalten wären, so wäre der Widerspruch für das Tiefere und Wesenhaftere zu nehmen. Denn die Identität ihm gegenüber ist nur die Bestimmung des einfachen Unmittelbaren, des toten Seins; er aber ist die Wurzel aller Bewegung und Lebendigkeit; nur insofern etwas in sich selbst einen Widerspruch hat, bewegt es sich, hat Trieb und Tätigkeit.« Andererseits wiederum existiert der *logische* Widerspruch – genauso wie jedes Ding seinen Gegensatz hat – und ist wirklich. Hegel fährt fort: »Der Widerspruch wird gewöhnlich fürs erste von den Dingen, von dem Seienden und Wahren überhaupt, entfernt; es wird behauptet, *daß es nichts Widersprechendes gebe*«, als wären Widersprüche nur »eine Zufälligkeit, gleichsam . . . eine Abnormität und vorübergehende[r] Krankheitsparadoxismus«. Was aber »nun die Behauptung betrifft, daß es den Widerspruch nicht *gebe*, daß er nicht ein Vorhandenes sei, so brauchen wir uns um eine solche Versicherung nicht zu bekümmern; eine absolute Bestimmung des Wesens muß sich in aller Erfahrung finden, in allem Wirklichen wie in jedem Begriffe . . . Er [der Widerspruch] ist aber ferner nicht bloß als eine Abnormität zu nehmen, die nur hier und da vorkäme, sondern ist das Negative in seiner wesenhaften Bestimmung, das Prinzip aller Selbstbewegung, die in nichts weiter besteht, als in einer Darstellung desselben. Die äußerliche sinnliche Bewegung selbst ist sein unmittelbares Dasein. Es bewegt sich etwas nur, nicht indem es in diesem Jetzt hier ist und in einem anderen Jetzt dort, sondern indem es in einem und demselben Jetzt hier und nicht hier, indem es in diesem Hier zugleich ist und nicht ist. Man muß den alten Dialektikern die Widersprüche zugeben, die sie in der Bewegung aufzeigen, aber daraus folgt nicht, daß darum die Bewegung nicht ist, sondern vielmehr, daß die Bewegung der *daseiende* Widerspruch ist.«

Und Hegel schließt: »Ebenso ist die innere, die eigentliche Selbstbewegung, *der Trieb* überhaupt . . . nichts anderes, als daß Etwas *in sich selbst und* der Mangel, *das Negative seiner selbst*, in einer und derselben Rücksicht ist. Die abstrakte Identität mit sich ist noch keine Lebendigkeit, sondern daß das Positive an sich selbst die Negativität ist, dadurch geht es außer sich und setzt sich in Veränderung. Etwas ist also lebendig, nur insofern es den Widerspruch in sich enthält, und zwar diese Kraft ist, den Widerspruch in sich zu fassen und auszuhalten.«[41]

Dies alles findet man in der *Wissenschaft der Logik*. Wie immer man auch die beiden oben zitierten Seiten bewerten möchte, es ist eine Tatsache, daß hier der Geburtsort des *dialektischen Materialismus* zu finden ist. Selbst wenn man die Frage offen lassen möchte, was eine »Dialektik der Materie« möglicherweise bedeuten könnte, so bleibt es doch ein unbestreitbares Faktum, daß Hegel der erste »Dialektiker der Materie« war; er war der erste und – so möchten wir hinzusetzen – der einzige, denn was nach ihm kam, ist bloße mechanische Umsetzung.

Identität ist nur die Bestimmung des bloß Unmittelbaren, des *toten Seins,* während der Widerspruch die Wurzel der Bewegung und des Lebendigen ist. Dies ist Hegel und gleichzeitig *Anti-Dühring.* »Solange wir die Dinge als ruhende und leblose, jedes für sich, neben- und nacheinander, betrachten«, teilt Engels uns mit, »stoßen wir allerdings auf keine Widersprüche an ihnen . . . Aber ganz anders, sobald wir die Dinge in ihrer Bewegung, ihrer Veränderung, ihrem Leben, in ihrer wechselseitigen Einwirkung aufeinander betrachten. Da geraten wir sofort in Widersprüche. Die Bewegung selbst ist ein Widerspruch; sogar schon die einfache mechanische Ortsbewegung kann sich nur dadurch vollziehen, daß ein Körper in einem und demselben Zeitmoment an einem Ort und zugleich an einem anderen Ort, an einem und demselben Ort und nicht an ihm ist. Und die fortwährende Setzung und gleichzeitige Lösung dieses Widerspruchs ist eben die Bewegung.«[42]

Nach der *Wissenschaft der Logik* ist etwas nur insofern lebendig, als es Widersprüche in sich enthält, oder insofern, als es gleichzeitig es selbst und das Negative seiner selbst ist. Ebenso besteht laut *Anti-Dühring* »das Leben gerade vor allem darin . . ., daß ein Wesen in jedem Augenblick dasselbe und noch ein anderes ist. Das Leben ist also ebenfalls ein in den Dingen und Vorgängen selbst vorhandner, sich stets setzender und lösender Widerspruch; und sobald der Widerspruch aufhört, hört auch das Leben auf, der Tod tritt ein.«[43]

Zwei Konzeptionen, die anscheinend völlig voneinander verschieden sein sollten, zwei Autoren, von denen wir erwarten würden, daß sie einander ganz und gar entgegengesetzt sind – Hegel, der Idealist, und Engels, der Materialist –, definieren sowohl die Realität als auch das, was ihnen abstrakt oder wirklichkeitsleer erscheint, auf die gleiche Weise.

Der Leser möge mir die Anführung einer weiteren Textstelle gestatten: »Alles, was uns umgibt, kann als ein Beispiel des Dialektischen betrachtet werden. Wir wissen, daß alles Endliche, anstatt ein Festes und Letztes zu sein, vielmehr veränderlich und vergänglich ist, und dies ist nichts anderes als die Dialektik des Endlichen, wodurch dasselbe, als an sich das Andere seiner selbst, auch über das, was es unmittelbar ist, hinausgetrieben wird und in sein Entgegengesetztes umschlägt . . . Wir sagen, daß alle Dinge (d. h. alles Endliche als solches) zu Gericht gehen, und haben hiermit die Anschauung der Dialektik als der allgemeinen und unwiderstehlichen Macht, vor welcher nichts, wie sicher und fest dasselbe sich auch dünken möge, zu bestehen vermag. Mit dieser Bestimmung ist dann allerdings die Tiefe des göttlichen Wesens, der Begriff Gottes noch nicht erschöpft; wohl aber bildet dieselbe ein wesentliches Moment in allem religiösen Bewußtsein. – Weiter macht sich nun auch die Dialektik in allen besonderen Gebieten und Gestaltungen der natürlichen und geistigen Welt geltend. So z. B. in der Bewegung der Himmelskörper. Ein Planet steht jetzt an diesem Ort, ist aber an sich, dies auch an einem anderen Ort zu sein, und bringt dies sein Anderssein zur Existenz dadurch, daß er sich bewegt. Ebenso erweisen sich die physikalischen Elemente als dialektisch, und der metereologische Prozeß ist die Erscheinung ihrer Dialektik. Dasselbe Prinzip ist es, welches die Grundlage aller übrigen Naturprozesse bildet und wodurch zugleich die Natur über sich selbst hinausgetrieben wird.«[44]

Diese Stelle findet sich im Paragraphen 81 der *Enzyklopädie*, oder vielmehr im ersten Zusatz zu diesem Paragraphen. Tatsächlich weiß Plechanow, wenn er in seinen *Beiträgen zur Geschichte des Materialismus* schließlich an die Stelle gelangt, wo er angeben muß, was »Dialektik« für Marx bedeutet, nichts Besseres zu tun, als erstens diesen Paragraphen zu zitieren und ausführlich zu paraphrasieren (wobei er natürlich den Hinweis auf Gott und Religion ausläßt) und seine wichtigste Folgerung dann folgendermaßen zusammenzufassen: »Alles Endliche ist dies, sich selbst aufzuheben, in sein Gegenteil überzugehen.«[45] Anders ausgedrückt, jedes Ding ist wiederum selbstwidersprüchlich, jedes Ding ist es selbst und in ein und derselben Hinsicht das Negative seiner selbst.

Wir beschließen die Darstellung der Texte, indem wir zu der oben angeführten Seite der *Logik* zurückkehren: ». . . Identität . . . ist nur die Bestimmung des einfachen Unmittelbaren, des toten Seins; er [der Widerspruch] aber ist die Wurzel aller Bewegung und Lebendigkeit; nur insofern etwas in sich selbst einen Widerspruch hat, bewegt es sich, hat Trieb und Tätigkeit.« Als Lenin bei seiner Lektüre der *Logik* an diese Stelle gelangte, machte er wie im Fieber und als habe ihn eine unwiderstehliche Sympathie für dieses Argument überwältigt folgende Notiz: »Bewegung und ›*Selbst*bewegung‹, ›Veränderung‹, ›Bewegung und Lebendigkeit‹, ›Prinzip jeder Selbstbewegung‹, ›Trieb‹ zur

›Bewegung‹ und zur ›Tätigkeit‹ – Gegensatz zum ›*toten Sein*‹ – wer würde glauben, daß das der Kern der ›Hegelei‹, der abstrakten und abstrusen Hegelei ist?? Diesen Kern mußte man entdekken, begreifen, hinüberretten, herausschälen, reinigen, und das eben haben Marx und Engels getan.«[46]

Wir werden Marx beiseite lassen. Lenin sieht tatsächlich ebenso wie Engels in dieser Seite der *Logik* den bewahrenswerten »Kern« der Hegelschen Philosophie, den Durchbruch eines echten Realismus, der zur »Schale« des Systems und zur »Mystik der Idee« im Widerspruch steht. Der feste Glaube, der ihn an dieser Stelle beherrscht, besteht in dem, was er zu einem Kriterium seiner gesamten Hegellektüre erhob: »Ich bemühe mich im allgemeinen, Hegel materialistisch zu lesen: Hegel ist auf den Kopf gestellter Materialismus (nach Engels) – d. h. ich lasse den lieben Gott, das Absolute, die reine Idee etc. größtenteils beiseite.«[47]

Die Seite aus Hegels Werk, die wir im Augenblick betrachten, ist der Anfang der 3. Anmerkung zum Abschnitt C des 2. Kapitels des 2. Buches der *Wissenschaft der Logik*. Bevor ich diese Stelle verlasse, möchte ich die Bemerkungen wiedergeben, mit denen Hegel diese Anmerkung beschließt und die Lenin in Einklang mit seinem »Kriterium« zu kopieren und zu kommentieren unterließ: »Die endlichen Dinge in ihrer gleichgültigen Mannigfaltigkeit sind daher überhaupt dies, widersprechend an sich selbst, *in sich gebrochen zu sein und in ihren Grund zurückzugehen.* – Wie weiterhin betrachtet werden wird, so besteht der wahre Schluß von einem Endlichen und Zufälligen auf ein absolutnotwendiges Wesen nicht darin, daß von dem Endlichen und Zufälligen als dem *zum Grunde liegenden* und *liegen bleibenden* Sein, sondern, daß, was auch unmittelbar in der *Zufälligkeit* liegt, von einem nur fallenden, *sich an sich selbst widersprechenden Sein* aus auf ein Absolut-Notwendiges geschlossen oder daß vielmehr aufgezeigt wird, das zufällige Sein gehe an sich selbst in seinen Grund zurück, worin es sich aufhebt, – ferner daß es durch dies Zurückgehen den Grund nur so setze, daß es sich selbst vielmehr zum Gesetzten macht. Im gewöhnlichen Schließen erscheint das *Sein* des Endlichen als Grund des Absoluten; darum weil Endliches *ist,* ist das Absolute. Die Wahrheit aber ist, daß darum, weil das Endliche der an sich selbst widersprechende Gegensatz, weil es *nicht ist,* das Absolute ist. In jenem Sinne lautet der Satz des Schlusses so: ›Das *Sein* des Endlichen ist das Sein des Absoluten‹;

in diesem Sinne aber so: ›Das *Nichtsein* des Endlichen ist das *Sein* des Absoluten‹.«[48]

Die »Deutung«, die Lenin von diesen Seiten gibt, beruht, wie man erkennen kann, auf einer grundlegenden Fehlinterpretation. Lenin »versucht«, Hegel genau dort »materialistisch« zu lesen, wo dieser – die Materie negiert. Von den berühmten Sätzen des *Anti-Dühring* verfolgt und durch ebendie Methode, die er sich selbst vorgeschrieben hatte und die ein Nachlassen der Aufmerksamkeit bedeutet, wo immer Hegel von Gott spricht, erkannte Lenin nicht, daß sich diese Anmerkung zum 2. Kapitel C, die mit der Feststellung »Alle Dinge sind an sich selbst widersprechend« beginnt und in der oben dargelegten Weise fortfährt, auf ein genau umrissenes Thema bezieht: auf das Problem, die Existenz Gottes zu beweisen.

Die von Hegel hier erörterte Frage ist ebendie, von der wir ausgehen: die logische Inkonsistenz, die durch das Prinzip der Widerspruchsfreiheit in die Philosophie eingeführt wird; die Unmöglichkeit, das »Prinzip« des Idealismus zu verwirklichen, während man sich der Methode des »Verstandes« oder des »gewöhnlichen Schließens«, wie es hier heißt, bedient. Dem Verstand, der das Endliche vom Unendlichen trennt, gelingt es nach Hegel nicht, mit dem Endlichen Schluß zu machen. Daraus ergibt sich der Widerspruch, in den die sogenannten kosmologischen Beweise der Existenz Gottes geraten. »Der Ausgangspunkt« dieser Beweise ist tatsächlich »die Weltanschauung«, nach der die Welt »auf irgendeine Weise als ein Aggregat von Zufälligkeiten« angesehen wird, also als eine Menge wertloser Dinge, außer insofern, als sie diese Ausgangspunkte als »feste Grundlage« auffassen, die »ganz so empirisch . . . bleiben und belassen . . . werden« muß, wie sie zuvor gewesen ist. »Die Beziehung des Ausgangspunktes auf den Endpunkt, zu welchem fortgegangen wird, wird so als nur *affirmativ* vorgestellt, als ein Schließen von *einem,* das *sei* und *bleibe,* auf ein *anderes,* das ebenso *auch sei.*«[49] Dies hat zur Konsequenz, daß die Welt, die das Erschaffene ist, im Syllogismus dieser Beweise zur »Hauptprämisse« wird, während Gott, der Schöpfer und deshalb erste, anstatt dessen zur Zusatzprämisse wird. Die Wirkung wird zur Ursache und die Ursache zur Wirkung. So konnte Jacobi, wie Hegel feststellt, »den gerechten Vorwurf« erheben, »daß damit *Bedingungen* (die Welt) für das *Unbedingte* aufgesucht werden, daß das *Unendliche* (Gott) auf solche Weise als *begründet* und *abhängig* vorgestellt werde«.[50]

Mit anderen Worten, der »Verstand« stützt das Endliche. Indem er es daran hindert, in sein Gegenteil überzugehen – »vom Unendlichen berührt«, sagt Hegel, »würde es vernichtigt«[51] –, macht er es zu einem »fixierten Wesen«, das fest gegründet ist und bleibt. Die *Dialektik der Materie* jedoch – d. h. die dialektische Auffassung des Endlichen, die es als »ideell« begreift und deshalb *Idealismus* ist (insofern als sie das Endliche sich selbst zerstören läßt und dadurch jede materialistische Grundlage ausmerzt) –, diese Dialektik der Materie also verwirklicht zum ersten Mal das »Prinzip« der Philosophie, d. h. Gott, indem sie es Ihm ermöglicht, sich auf kohärente Weise, als Unbedingtes und Absolutes zu behaupten. Im »gewöhnlichen Schließen« und Räsonieren wird das Sein des Endlichen »absolut« gemacht, d. h., das Endliche wird als Realität betrachtet, die unabhängig oder für sich besteht. Durch die Denkweise der Philosophie oder des Idealismus jedoch gestattet die dialektische Auffassung der Materie festzustellen, daß genau deshalb, »weil das Endliche der an sich selbst widersprechende Gegensatz, weil es *nicht* ist, das Absolute ist«. Der erste Fall, in dem das Endliche »bleibt« und ein »fixiertes Wesen« darstellt, ist das Reich des Todes: »fixiertes Sein« ist, wie Hegel meint, »*totes Sein*«; es ist Materie, die nicht in und als Geist umgewertet ist. Der zweite Fall, der »Übergang« oder die »Bewegung«, durch die das Endliche »sich selbst negiert« und in das »andere« übergeht, wird in genau demselben Sinne als *lebendiges Sein* bezeichnet, in dem der Tod für den Christen der Anfang des wahrhaften Lebens ist, das beginnt, wenn man vom Diesseits ins Jenseits übergeht.

Die Bedeutung und Funktion der »Dialektik der Materie« heißt in Hegels Denken (und in seinen eigenen Worten): »Wohl aber bildet dieselbe ein wesentliches Moment in allem religiösen Bewußtsein.« Die Bedeutung der Dialektik der Materie bei Engels und Lenin ist jedoch bekanntlich eine ganz andere; bei ihnen stellt sie die am weitesten fortgeschrittene und entwickelte Form des *Materialismus* dar. An dieser Stelle könnte man annehmen, daß sich unter dem gemeinsamen Namen *zwei* verschiedene Auffassungen verbergen müssen. Doch diese Hypothese muß man in Wirklichkeit verwerfen. Der ausführliche Textvergleich, dem wir uns gewidmet haben, erweist, wie uns scheint, zweierlei:

a) daß alle grundlegenden Aussagen der »Dialektik der Materie« ursprünglich von Hegel formuliert wurden; b) daß der dialektische Materialismus sich darauf beschränkt hat, diese Aussagen aus Hegels Texten heraus- und umzuschreiben. Da die Autoren des dialektischen Materialismus durch ihr Heraus- und Umschreiben deutlich gemacht haben, daß diese Aussagen ihrem Verständnis nach *bereits in Hegels Text* eine materialistische Einstellung implizieren, muß man, wie ich glaube, den Schluß ziehen, daß sie bei ihrer Interpretation einfach einen Irrtum begingen. Dabei handelt es sich um einen Irrtum, der inzwischen seit fast einem Jahrhundert mit zu den Grundlagen des theoretischen Marxismus gehört.

Anmerkungen

1 G.W.F. Hegel, *Wissenschaft der Logik*, zit. nach *Theorie Werkausgabe* Suhrkamp Verlag, Frankfurt 1969ff., Bd. 5, S. 172.
2 Ebd.
3 Ebd.
4 Ebd., S. 139f.
5 Ebd., S. 178f.
6 Ebd., S. 141.
7 Ebd., S. 149.
8 Ebd., S. 140f.
9 Ebd., S. 158f.
10 Hegel, *Enzyklopädie der philosophischen Wissenschaften*, *Werke*, Bd. 8, § 95, S. 201f.
11 Ebd., § 36, S. 103.
12 *Logik*, Bd. 5, S. 160 u. 165.
13 Ebd., S. 153.
14 Ludwig Feuerbach, *Vorläufige Thesen zur Reform der Philosophie*, in: *Kleine Schriften*, Frankfurt 1966, S. 124.
15 Feuerbach, *Grundsätze der Philosophie der Zukunft*, ebd., S. 152.
16 Ebd., S. 149.
17 Ebd., S. 124.
18 Ebd., S. 154.
19 Hegel, *Logik*, Bd. 5, S. 172.
20 Ebd., S. 172.
21 *Enzyklopädie*, § 95, S. 203.

22 *Logik*, Bd. 5, S. 139.
23 Ebd., S. 150.
24 Ebd., S. 148.
25 Ebd., S. 150.
26 *Enzyklopädie*, § 95, S. 202.
27 *Logik*, Bd. 6, S. 262f.
28 Ebd., S. 255.
29 Ebd., S. 264.
30 Bd. 5, S. 173.
31 Ebd., S. 172.
32 Ebd., S. 164.
33 Bd. 6, S. 190.
34 Hegel, *Frühe Schriften, Werke*, Bd. 1, S. 366.
35 Ebd., S. 367.
36 Ebd., S. 367f.
37 Marx, *Kritik des Hegelschen Staatsrechts*, MEW Bd. 1, Berlin 1964, S. 206.
38 Ebd., S. 207f.
39 Hegel, *Enzyklopädie*, § 81, S. 172f.
40 Marx, *Das Elend der Philosophie*, MEW Bd. 4, Berlin 1964, S. 127f.
41 Hegel, *Logik*, Bd. 6, S. 74ff.
42 Engels, *Herrn Eugen Dührings Umwälzung der Wissenschaft*, MEW Bd. 20, Berlin 1962, S. 112.
43 Ebd., S. 112f.
44 Hegel, *Enzyklopädie*, § 81, Zus. 1, S. 174f.
45 G. W. Plechanow, *Beiträge zur Geschichte des Materialismus*, Berlin 1946, S. 111.
46 Lenin, Werke, Bd. 38, Berlin 1964, S. 131.
47 Ebd., S. 94.
48 Hegel, *Logik*, Bd. 6, S. 79f.
49 *Enzyklopädie*, § 50, S. 131f.
50 Ebd., S. 133.
51 Ebd., § 95, S. 201.

Ausgewählte Bibliographie

Bei der immer größer werdenden Anzahl von selbständigen und unselbständigen Publikationen über die Hegelsche Philosophie hat es schlechterdings keinen Sinn, Vollständigkeit zum Leitfaden einer Bibliographie zu Hegel im Rahmen dieser Ausgabe zu machen. Verwiesen sei daher auf den Rezensionsteil der jährlich erscheinenden *Hegel-Studien,* der eine vollständige Dokumentation des gesamten zu Hegel erscheinenden Schrifttums anstrebt. Die hier vorgelegte Auswahl ist in zweierlei Hinsicht eingeschränkt: zum einen konzentriert sie sich auf Arbeiten zur methodologischen und logischen Verfassung des Hegelschen Systems, so daß Arbeiten zu Themen der Logik und zur Dialektik die Auswahl dominieren; zum anderen sind in ihr hauptsächlich neuere Arbeiten berücksichtigt worden in der Erwartung, daß die bewährte ältere Literatur auch über die neueren Forschungen erschlossen werden kann.

Monographien

Adorno, T. W.: *Negative Dialektik.* Frankfurt 1966.

Albrecht, W.: *Hegels Gottesbeweis. Eine Studie zur »Wissenschaft der Logik«.* Berlin 1958.

Angehrn, E.: *Freiheit und System bei Hegel.* Berlin 1977.

Becker, W.: *Hegels Begriff der Dialektik und das Prinzip des Idealismus. Zur systematischen Kritik der logischen und der phänomenologischen Dialektik.* Stuttgart 1969.

Beyer, W. R.: *Hegel-Bilder. Kritik der Hegel-Deutungen.* Berlin 1964.

Bloch, E.: *Subjekt-Objekt. Erläuterungen zu Hegel.* Frankfurt 1962.

Bodammer, T.: *Hegels Deutung der Sprache. Interpretationen zu Hegels Äußerungen über die Sprache.* Hamburg 1969.

Brockard, H.: *Subjekt. Versuch zur Ontologie bei Hegel.* München 1970.

Bruaire, C.: *Logique et religion chrétienne dans la philosophie de Hegel.* Paris 1964.

Clark, M.: *Logic and System. A study of the Transition from »Vorstellung« to Thought in the Philosophy of Hegel.* Den Haag 1971.

Dubarle, D. und Doz, A.: *Logique et Dialectique.* Paris 1972.

Düsing K.: *Das Problem der Subjektivität in Hegels Logik. Systematische und entwicklungsgeschichtliche Untersuchungen zum Prinzip des Idealismus und der Dialektik.* Bonn 1976.

Erdei, L.: *Der Anfang der Erkenntnis. Kritische Analyse des ersten Kapitels der Hegelschen Logik.* Budapest 1964.

Findlay, J. N.: *Hegel. A re-examination.* London 1964².

Flach, W.: *Negation und Andersheit. Ein Beitrag zur Problematik der Letztimplikation.* München 1959.
Fleischmann, E.: *La Science universelle ou la Logique de Hegel.* Paris 1968.
Fulda, H. F.: *Das Problem einer Einleitung in Hegels Wissenschaft der Logik.* Frankfurt 1975[2].
Garaudy, R.: *Gott ist tot. Das System und die Methode Hegels.* Frankfurt 1965.
Garaudy, R.: *La pensée de Hegel.* Paris 1966.
Günther, G.: *Grundzüge einer neuen Theorie des Denkens in Hegels Logik.* Leipzig 1933.
Günther, G.: *Idee und Grundriß einer nicht-aristotelischen Logik,* Bd. 1. Hamburg 1959.
Guzzoni, U.: *Werden zu sich. Eine Untersuchung zu Hegels »Wissenschaft der Logik«.* Freiburg 1963.
Haag, K. H.: *Philosophischer Idealismus. Untersuchungen zu Hegels Dialektik mit Beispielen aus der Wissenschaft der Logik,* Frankfurt 1967.
Hager, A.: *Subjektivität und Sein. Das Hegelsche System als ein geschichtliches Stadium der Durchsicht auf Sein.* Freiburg 1974.
Harlander, K.: *Absolute Subjektivität und kategoriale Anschauung. Eine Untersuchung der Systemstruktur bei Hegel.* Meisenheim 1969.
Harris, H. S.: *Hegel's Development. Towards the Sunlight. 1770–1801.* Oxford 1972.
Heede, R.: *Die göttliche Idee und ihre Erscheinung in der Philosophie. Untersuchungen zum Verhältnis von Logik und Religionsphilosophie bei Hegel,* Diss. Münster 1972.
Heinrichs, J.: *Die Logik der »Phänomenologie des Geistes«.* Bonn 1974.
d'Hondt, J.: *Hegel secret. Recherches sur les sources cachées de la pensée de Hegel.* Paris 1968.
Hyppolite, J.: *Logique et Existence. Essay sur la logique de Hegel.* Paris 1961.
Kawamura, E.: *Hegels Ontologie der absoluten Idee,* Hamburg 1973.
Kimmerle, H.: *Das Problem der Abgeschlossenheit des Denkens. Hegels »System der Philosophie« in den Jahren 1801–1804.* Bonn 1970.
Koch, T.: *Differenz und Versöhnung. Eine Interpretation der Theologie G. W. F. Hegels nach seiner »Wissenschaft der Logik«.* Gütersloh 1967.
Krohn, W.: *Die formale Logik in Hegels »Wissenschaft der Logik«. Untersuchungen zur Schlußlehre.* München 1972.
Kümmel, F.: *Platon und Hegel zur ontologischen Begründung des Zirkels in der Erkenntnis.* Tübingen 1968.
Kulenkampff, A.: *Antinomie und Dialektik. Zur Funktion des Widerspruchs in der Philosophie.* Stuttgart 1970.
Lebrun, G.: *La patience du Concept. Essay sur le Discours hégélien.* Paris 1972.

Lenk, H.: *Kritik der logischen Konstanten. Philosophische Begründungen der Urteilsformen vom Idealismus bis zur Gegenwart*, Berlin 1968.
Léonard, A.: *Commentaire littéral de la Logique de Hegel.* Paris 1974.
Liebrucks, B.: *Sprache und Bewußtsein. Sprachliche Genesis der Logik, logische Genesis der Sprache.* Bd. 6. Frankfurt 1974.
Litt, T.: *Hegel. Versuch einer kritischen Erneuerung.* Heidelberg 1953.
Lukács, G.: *Der junge Hegel. Über die Beziehungen von Dialektik und Ökonomie.* Berlin 1954, Frankfurt 1973.
Maluschke, G.: *Kritik und absolute Methode in Hegels Dialektik.* Bonn 1974.
Marx, W.: *Hegels Theorie logischer Vermittlung. Kritik der dialektischen Begriffskonstruktionen in der »Wissenschaft der Logik«.* Stuttgart 1972.
McTaggert, J.: *A Commentary on Hegel's Logic.* New York 1964².
McTaggert, J.: *Studies in the Hegelian Dialectic.* New York 1964².
Merker, N.: *Le origini della logica hegeliana (Hegel a Jena).* Mailand 1961.
v. d. Meulen, J.: *Hegel. Die gebrochene Mitte.* Hamburg 1958.
Mure, R. G.: *A Study of Hegel's Logic.* Oxford 1959.
Narski, I. S.: *Dialektischer Widerspruch und Erkenntnislogik.* Berlin 1973.
Navickas, J. L.: *Consciousness and Reality. Hegel's Philosophy of Subjectivity.* Den Haag 1976.
Palma, N.: *Moment et processus. Essay de compréhension de la dimension psychosocio-historico-existentielle de »La Logique« de »L'Encyclopédie« de Hegel*, Paris 1970.
Puntel, L. B.: *Darstellung, Methode und Struktur. Untersuchungen zur Einheit der systematischen Philosophie G. W. F. Hegels.* Bonn 1973.
Redlich, A.: *Die Hegelsche Logik als Selbsterfassung der Persönlichkeit*, Meisenheim 1971.
Röttges, H.: *Der Begriff der Methode in der Philosophie Hegels.* Meisenheim 1976.
Rohs, P.: *Form und Grund. Interpretation eines Kapitels der Hegelschen Wissenschaft der Logik.* Bonn 1972².
Rosen, S.: *G. W. F. Hegel. An Introduction to the Science of Wisdom.* New Haven 1974.
Rothenstreich, N.: *From Substance to Subject. Studies in Hegel.* Den Haag 1974.
Sarlemijn, A.: *Hegelsche Dialektik.* Berlin 1971.
Schmied-Kowarzik, W.: *Bruchstücke zur Dialektik der Philosophie. Studien zur Hegel-Kritik und zum Problem von Theorie und Praxis.* Ratingen 1974.
Schrader-Klebert, K.: *Das Problem des Anfangs in Hegels Philosophie.* Wien 1969.
Schwarz, J.: *Hegels philosophische Entwicklung.* Frankfurt 1938.
Simon-Schäfer, R.: *Dialektik. Kritik eines Wortgebrauchs.* Stuttgart 1973.

Stiehler, G.: *Der dialektische Widerspruch. Formen und Funktionen*, Berlin ²1967.
Taylor, C.: *Hegel*. Cambridge 1975 (dt.: Frankfurt 1978).
Theunissen, M.: *Hegels Lehre vom absoluten Geist als theologisch-politischer Traktat*. Berlin 1970.
Theunissen, M.: *Sein und Schein. Zur kritischen Funktion der Hegelschen Logik*. Frankfurt 1978.
Wahl, J.: *La logique de Hegel comme phénoménologie*. Paris 1959.
Wein, H.: *Realdialektik. Von Hegelscher Dialektik zu dialektischer Anthropologie*. München 1957.
Wetzel, M.: *Reflexion und Bestimmtheit in Hegels Wissenschaft der Logik*. Hamburg 1971.

Aufsatzsammlungen

Adorno, T. W.: *Drei Studien zu Hegel*. Frankfurt 1963.
Becker, W.: *Selbstbewußtsein und Spekulation. Zur Kritik der Transzendentalphilosophie*. Freiburg 1972.
Bloch, E.: *Über Methode und System bei Hegel*. Frankfurt 1970.
Bröcker, W.: *Auseinandersetzungen mit Hegel*. Frankfurt 1965.
Bubner, R.: *Dialektik und Wissenschaft*. Frankfurt 1973.
Bubner, R., Cramer, K., Wiehl, R. (Hg.): *Hermeneutik und Dialektik. H. G. Gadamer zum 70. Geburtstag;* 2 Bde. Tübingen 1970.
Colletti, L.: *Hegel und der Marxismus*. Frankfurt 1976.
Fetscher, I. (Hg.): *Hegel in der Sicht der neueren Forschung*. Darmstadt 1973.
Fulda, H. F. und Henrich, D. (Hg.): *Materialien zu Hegels »Phänomenologie des Geistes«*. Frankfurt 1973.
Gadamer, H. G.: *Hegels Dialektik. Fünf hermeneutische Studien*. Tübingen 1971.
Hartmann, K. (Hg.): *Die ontologische Option. Studien zu Hegels Propädeutik, Schellings Hegel-Kritik und Hegels Phänomenologie des Geistes*. Berlin 1976.
Heede, R. und Ritter, J. (Hg.): *Hegel-Bilanz. Zur Aktualität und Inaktualität der Philosophie Hegels*. Frankfurt 1973.
Heidegger, M.: *Identität und Differenz*. Pfullingen 1957.
Henrich, D.: *Hegel im Kontext*. Frankfurt 1971.
d'Hondt, J. (Hg).: *Hegel et la pensée moderne*. Paris 1970.
Kaltenbrunner, G.-K. (Hg.): *Hegel und die Folgen*. Freiburg 1970.
Lakebrink, B.: *Studien zur Metaphysik Hegels*. Freiburg 1969.
Landgrebe, L.: *Phänomenologie und Geschichte*. Gütersloh 1968.
Lange, E. (Hg.): *Hegel und wir*. Berlin 1970.
Ley, H. (Hg.): *Zum Hegelverständnis unserer Zeit. Beiträge marxistisch-leninistischer Hegelforschung*. Berlin 1972.

Liebrucks, B.: *Erkenntnis und Dialektik. Zur Einführung in eine Philosophie von der Sprache her.* Den Haag 1972.
MacIntyre, A. (Hg.): *Hegel. A Collection of Critical Essays.* New York 1972.
Negt, O. (Hg.): *Aktualität und Folgen der Philosophie Hegels.* Frankfurt 1970.
O'Malley, J. (Hg.): *Hegel and the History of Philosophy.* Den Haag 1974.
O'Malley, J. (Hg.): *The Legacy of Hegel.* Den Haag 1973.
Pöggeler, O.: *Hegels Idee einer Phänomenologie des Geistes.* Freiburg/München 1973.
Pöggeler, O. (Hg.): *Hegel. Einführung in seine Philosophie.* Freiburg/München 1977.
Riedel, M. (Hg.): *Materialien zu Hegels Rechtsphilosophie;* 2 Bde., Frankfurt 1975.
Schmitz, H.: *Hegel als Denker der Individualität.* Meisenheim 1957.
Steinkrauss, W. E. (Hg.): *New Studies in Hegel's Philosophy.* New York 1971.
Weiss, F. G. (Hg.): *Beyond Epistemology. New Studies in the Philosophy of Hegel.* Den Haag 1974.

Aufsätze

Apel, K. O.: Reflexion und materielle Praxis. Zur erkenntnisanthropologischen Begründung der Dialektik zwischen Hegel und Marx. *Hegel-Studien, Beiheft 1,* 1964. Wiederabgedruckt in: ders., *Transformation der Philosophie, Band 2,* Frankfurt 1976, S. 9ff.
Aquila, R. E.: Predication and Hegel's Metaphysics. *Kant-Studien 64,* 1973.
Bataille, G. und Queneau, R.: La critique des fondements de la dialectique hégélienne, in: *Études Hégéliennes. Hg.: J. Wahl.* Neuchatel 1955.
Baum, M.: Zur Vorgeschichte des Hegelschen Unendlichkeitsbegriffs. *Hegel-Studien 11,* 1976.
Belaval, Y.: La doctrine de l'essence chez Hegel et chez Leibniz. *Archives de Philosophie 33,* 1970.
Blasche, S. und Schwemmer, O.: Methode und Dialektik. Vorschläge zu einer methodischen Rekonstruktion Hegelscher Dialektik; in: *Rehabilitierung der praktischen Philosophie, Bd. 1. Hg.: M. Riedel.* Freiburg 1972.
Cekić, M.: Zur Rekonstruktion der Hegelschen Erkenntnistheorie. *Hegel-Jahrbuch 1971,* 1972.
Cramer, K.: »Erlebnis«. Thesen zu Hegels Theorie des Selbstbewußtseins mit Rücksicht auf die Aporien eines Grundbegriffs nachhegelscher Philosophie. *Hegel-Studien, Beiheft 11,* 1974.

Cramer, W.: Vom transzendentalen zum absoluten Idealismus. *Kant-Studien 52*, 1960/61.
Dubarle, D.: La Logique de la réflexion et la transition de la Logique de l'Être à celle de l'Essence. *Revue des Sciences Philosophiques et Théologiques 56*, 1972.
Düsing, K.: Spekulation und Reflexion. Zur Zusammenarbeit Schellings und Hegels in Jena. *Hegel-Studien 5*, 1969.
Düsing, K.: Hegels Begriff der Subjektivität in der Logik und in der Philosophie des subjektiven Geistes. *Hegel-Studien, Beiheft 18*, 1978.
Düsing, K.: Spekulative Logik und positive Philosophie. Thesen zur Auseinandersetzung des späten Schelling mit Hegel. *Hegel-Studien, Beiheft 20*, 1978.
Eley, L.: Zum Problem des Anfangs in Hegels Logik und Phänomenologie. *Hegel-Studien 6*, 1971.
Flach, W.: Hegels dialektische Methode. *Hegel-Studien, Beiheft 1*, 1964.
Fleischmann, E.: Die Wirklichkeit in Hegels Logik. Ideengeschichtliche Beziehungen zu Spinoza. *Zeitschrift für philosophische Forschung 18*, 1964.
Fleischmann, E.: Hegels Umgestaltung der Kantischen Logik. *Hegel-Studien 3*, 1965.
Fleischmann, E.: Objektive und subjektive Logik. *Hegel-Studien, Beiheft 1*, 1964.
Fulda, H. F.: Über den spekulativen Anfang. In: *Subjektivität und Metaphysik. Festschrift für W. Cramer.* Frankfurt 1966.
Garaudy, R.: Contradiction et totalité dans la Logique de Hegel. *Revue philosophique de la France et de l'étranger 89*, 1964.
di Giovanni, G.: Reflexion and Contradiction. A Commentary on some Passages of Hegel's Science of Logic. *Hegel-Studien 8*, 1973.
Greene, M.: Hegel's Triadic Doctrine of Cognitive Mind. *Idealistic Studies 2*, 1972.
Griffiss, J. E.: The kantian background of Hegels logic. In: *The New Scholasticism 43*. 1969.
Günther, G.: Das Problem der Formalisierung der transzendental-dialektischen Logik unter besonderer Berücksichtigung der Logik Hegels. *Hegel-Studien, Beiheft 1*, 1964.
Harris, E. E.: Dialectic and Scientific Method. *Idealistic Studies 3*, 1973.
Hartkopf, W.: Die Dialektik Fichtes als Vorstufe zu Hegels Dialektik. *Zeitschrift für philosophische Forschung 21*, 1967.
Heintel, E.: Einige Gedanken zur Logik der Dialektik. *Studium Generale 21*, 1968.
Holz, H.: Anfang, Identität und Widerspruch. Strukturen von Hegels Wissenschaft der Logik, gezeigt am Abschnitt »Womit der Anfang der Wissenschaft gemacht werden muß« sowie der »Logik des Seins«. *Tijdschrift voor Filosofie 36*, 1974.

Horstmann, R. P.: Probleme der Wandlung in Hegels Jenaer Systemkonzeption. *Philosophische Rundschau 19*, 1972.
Horstmann, R. P.: Über das Verhältnis von Metaphysik der Subjektivität und Philosophie der Subjektivität in Hegels Jenaer Schriften. *Hegel-Studien, Beiheft 20*, 1978.
Hyppolite, J.: La critique hégélienne de la réflexion kantienne. *Kant-Studien 45*, 1953/54.
Jünger, F. G.: Vermittlung und Grenze. Zur Geschichte der Hegelschen Dialektik. *Merkur 14*, 1960.
Kimmerle, H.: Ideologiekritik der systematischen Philosophie. Zur Diskussion über Hegels System in Jena. *Hegel-Jahrbuch 1973*, 1974.
Kimmerle, H.: Zur Genesis des Hegelschen Systembegriffs. *Neue Zeitschrift für systematische Theologie und Religionsphilosophie 14*, 1972.
Klaus, G.: Hegel und die Dialektik. *Deutsche Zeitschrift für Philosophie 11*, 1963.
Koncz, I.: Die Entwicklung der Hegelschen Urteilstheorie. In: *Aufsätze über Logik.* Budapest 1971.
Kopper, J.: Die Negativität des Denkens. *Kant-Studien 60*, 1969.
Kosok, M.: The Formalization of Hegel's Dialectical Logic. *International Philosophical Quarterly 6*, 1966.
Kracht, G. und Schneider, W.: Ideen zur Entwicklungsdialektik in Hegels »Wissenschaft der Logik«; in: *Veränderung und Entwicklung. Studium zur vormarxistischen Dialektik. Hg.: G. Stiehler.* Berlin 1974.
Kroner, R.: Zur Problematik der Hegelschen Dialektik. *Hegel-Studien 2*, 1963.
Löwith, K.: Hegels Aufhebung der christlichen Religion; in: *Löwith: Vorträge und Abhandlungen zur Kritik christlicher Überlieferung.* Stuttgart 1968.
Lugarini, L.: L'idea hegeliana del sapere assoluto. *Il Pensiero 7*, 1962.
Marx, W.: Die Logik des Freiheitsbegriffs. *Hegel-Studien 11*, 1976.
Marx, W.: Spekulative Wissenschaft und geschichtliche Kontinuität. Überlegungen zum Anfang der Hegelschen Logik. *Kant-Studien 58*, 1967.
McGilvary, J.: The dialectical Method. *Mind 5*, 1898.
Narski, J. S.: Hegel und die Logik unserer Zeit. *Deutsche Zeitschrift für Philosophie 19*, 1971.
Popper, K. R.: Was ist Dialektik? In: *Logik der Sozialwissenschaft.* Hrsg. v. E. Topitsch. Köln 1965.
Puntel, L. B.: Sinn und Aktualität von G. W. F. Hegels »Wissenschaft der Logik«. *Theologie und Philosophie 47*, 1972.
Rauch, H. C.: Die Entwicklung der Erkenntnis nach Hegels »Phänomenologie des Geistes«; in: *Veränderung und Entwicklung. Studien zur vormarxistischen Dialektik. Hg.: G. Stiehler.* Berlin 1974.
Reisinger, P.: Reflexion und Ichbegriff. *Hegel-Studien 6*, 1971.

Reisinger, P.: Über die Zirkelnatur des Verstehens in der traditionellen Hermeneutik. *Philosophisches Jahrbuch 81*, 1974.
Richli, U.: Wesen und Existenz in Hegels »Wissenschaft der Logik«. *Zeitschrift für philosophische Forschung 28*, 1974.
Richli, U.: Das Problem der Selbstkonstitution in Hegels »Wissenschaft der Logik«. *Philosophisches Jahrbuch 81*, 1974.
Rohs, P.: Das Problem der vermittelten Unmittelbarkeit in Hegels »Wissenschaft der Logik«. *Philosophisches Jahrbuch 81*, 1974.
Rossi, M.: Drei Momente der Hegelschen Dialektik: Ihre Entstehung, ihre Formulierung, ihre Auflösung. *Hegel-Jahrbuch 1961*, 1961.
Rothenstreich, N.: The Essential and the Epochal Aspects of Philosophy. *The Review of Metaphysics 23*, 1970.
Ruben, P.: Naturerkenntnis »aus dem Gedanken«. G. W. F. Hegel und die Naturforschung. *Wissenschaft und Fortschritt 20*, 1970.
Ruben, P.: Prädikationstheorie und Widerspruchsproblem. *Wissenschaftliche Zeitschrift der Humboldt-Universität zu Berlin. Ges.-Sprachw. Reihe 25*, 1976.
Sarlemijn, A.: Dialektik, moderne Logik, moderne Systemtheorie. *Hegel-Jahrbuch 1973*, 1974.
Schmidt, G.: Das Spiel der Modalitäten und die Macht der Notwendigkeit. *Zeitschrift für philosophische Forschung 17*, 1963.
Schulz-Seitz, R. E.: »Sein« in Hegels Logik: »Einfache Beziehung auf sich«; in: *Wirklichkeit und Reflexion. Walter Schulz zum 60. Geburtstag. Hg.: H. Fahrenbach.* Pfullingen 1973.
Schwarz, J.: Die Denkform der Hegelschen Logik. *Kant-Studien 50*, 1958/59.
Seebohm, T. M.: The Grammar of Hegel's Dialectic. *Hegel-Studien 11*, 1976.
Solomon, R. C.: Hegel's Epistemology. *American Philosophical Quarterly 11*, 1974.
Theunissen M.: Krise der Macht. Thesen zur Theorie des dialektischen Widerspruchs. *Hegel-Jahrbuch 1974*, 1975.
Trede, J. H.: Hegels frühe Logik (1801–1803/04). Versuch einer systematischen Rekonstruktion. *Hegel-Studien 7*, 1972.
Trede, J. H.: Phänomenologie und Logik. Zu den Grundlagen einer Diskussion. *Hegel-Studien 10*, 1975.
Wagner, H.: Hegels Lehre vom Anfang der Wissenschaft. *Zeitschrift für philosophische Forschung 23*, 1969.
Warnke, C.: Die Hegelsche Dialektik und die Anfänge der Integration der Wissenschaften. *Hegel-Jahrbuch 1971*, 1972.
Werner, H. J.: Spekulative und transzendentale Dialektik. Zur Entwicklung des dialektischen Denkens im Deutschen Idealismus (Kant-Hegel). *Philosophisches Jahrbuch 81*, 1974.

Wiehl, R.: Phänomenologie und Dialektik. *Hegel-Studien, Beiheft 11*, 1974.
Wiehl, R.: Platos Ontologie in Hegels Logik des Seins. *Hegel-Studien 3*, 1965.

Quellenverzeichnis

Hans Friedrich Fulda, *Unzulängliche Bemerkungen zur Dialektik.* Mit freundlicher Genehmigung des Autors aus: *Hegel-Bilanz,* hrsg. v. J. Ritter, R. Heede, Frankfurt 1973.

Peter Ruben, *Von der »Wissenschaft der Logik« und dem Verhältnis der Dialektik zur Logik.* Vom Autor gekürzte und stark überarbeitete Fassung des Artikels, der im Sammelband *Zum Hegelverständnis unserer Zeit* (hrsg. v. H. Ley, Berlin 1972) erschienen ist.

Rüdiger Bubner, *Die »Sache selbst« in Hegels System.* Originalbeitrag.

Hans Friedrich Fulda, *Hegels Dialektik als Begriffsbewegung und Darstellungsweise.* Originalbeitrag.

Charles Sanders Peirce/William Torrey Harris, *Nominalismus versus Realismus.* Aus: *The Journal of Speculative Philosophy 2* (1868), S. 57–61, 190–191. Übersetzt von Irmela Schmidts.

Wolfgang Wieland, *Bemerkungen zum Anfang von Hegels Logik.* Mit freundlicher Genehmigung des Autors aus: *Wirklichkeit und Reflexion. Walter Schulz zum 60. Geburtstag,* hrsg. v. H. Fahrenbach, Pfullingen 1973.

Dieter Henrich, *Formen der Negation in Hegels Logik.* Mit freundlicher Genehmigung des Autors aus: *Hegel-Jahrbuch 1974,* hrsg. v. W. R. Beyer, Köln 1975.

Paul Guyer, *Hegel, Leibniz und der Widerspruch im Endlichen.* Im Original: Hegel, Leibniz and the Contradiction in the Finite. Originalbeitrag. Übersetzt von Sibylle Kisro.

Martial Gueroult, *Hegels Urteil über die Antithetik der reinen Vernunft.* Im Original: Le Jugement de Hegel sur l'Antithétique de la Raison pure. Mit freundlicher Genehmigung des Autors aus: *Revue de Metaphysique et de Morale 38* (1931). Übersetzt von Martin Schwab.

Bernhard Lypp, *Über die Wurzeln dialektischer Begriffsbildung in Hegels Kritik an Kants Ethik.* Originalbeitrag.

László Erdei, *Die Hegelsche Grundform der Erkenntnisarbeit.* Mit freundlicher Genehmigung des Autors aus: *Hegel-Jahrbuch 1970,* hrsg. v. W. R. Beyer, Meisenheim am Glan 1971.

Michael Theunissen, *Begriff und Realität. Hegels Aufhebung des metaphysischen Wahrheitsbegriffes.* Mit freundlicher Genehmigung des Autors aus: *Denken im Schatten des Nihilismus. Festschrift für Wilhelm Weischedel,* hrsg. v. A. Schwan, Darmstadt 1975.

Konrad Cramer, *Bemerkungen zu Hegels Begriff vom Bewußtsein in der Einleitung zur Phänomenologie des Geistes.* Mit freundlicher Genehmigung des Autors aus: *Der Idealismus und seine Gegenwart. Fest-*

schrift Werner Marx, hrsg. v. U. Guzzoni, B. Rank, L. Siep, Hamburg 1976.

Lucio Colletti: *Hegel und die »Dialektik der Materie«.* Mit freundlicher Genehmigung des Autors aus: *Neue Hefte für Philosophie, Heft 10,* hrsg. v. R. Bubner, K. Cramer, R. Wiehl, Göttingen 1976. Übersetzt von J. Schulte.

Über die Autoren

Rüdiger Bubner ist hauptsächlich mit Arbeiten zur praktischen Philosophie, zur Philosophie Hegels und zur nachhegelschen Entwicklung der Philosophie hervorgetreten. Buchveröffentlichungen: *Dialektik und Wissenschaft*, Frankfurt 1973; *Handlung, Sprache und Vernunft*, Frankfurt 1976. Bubner lehrt Philosophie an der Universität Frankfurt.

Lucio Colletti ist in Deutschland durch seine Beiträge zu Hegel und dem Hegelianismus bekannt geworden. Seine Aufsatzsammlung *Hegel und der Marxismus* liegt in einer deutschen Übersetzung vor (Frankfurt 1975). Colletti lehrt Philosophie an der Universität Rom.

Konrad Cramer hat zahlreiche Arbeiten zu Kant und Hegel veröffentlicht. Er ist, zusammen mit Rüdiger Bubner und Reiner Wiehl, Herausgeber der Zeitschrift *Neue Hefte für Philosophie.* Cramer lehrt Philosophie in Münster.

László Erdei ist vor allem mit Untersuchungen von Problemen hervorgetreten, die mit dem Begriff und dem Konzept einer dialektischen Logik zusammenhängen. Neben zahlreichen Aufsätzen hat er eine Monographie über den Anfang der Hegelschen Logik veröffentlicht. Erdei lebt in Budapest.

Hans Friedrich Fulda ist der Verfasser mehrerer einflußreicher Arbeiten zur Philosophie Hegels. Besonders bekannt geworden ist seine Monographie über *Das Problem einer Einleitung in Hegels Wissenschaft der Logik*, Frankfurt ²1975. Fulda lehrt Philosophie an der Universität Bielefeld.

Martial Gueroult, gest. 1977, ist einer der bedeutendsten französischen Philosophiehistoriker gewesen. Von seinem umfangreichen Oeuvre haben seine Werke über Fichte und über Spinoza besondere Beachtung gefunden. Gueroult lehrte am Collège de France in Paris.

Paul Guyer promovierte an der Harvard-Universität (USA) mit einer Arbeit über Kants Kritik der Urteilskraft. Seine Hauptarbeits- und Publikationsgebiete sind Ästhetik und Philosophie des 18. Jahrhunderts. Guyer lehrt Philosophie an der Universität Pittsburgh (USA).

William Torrey Harris, gest. 1909, war einer der führenden amerikanischen Hegelianer und Gründer und Herausgeber des Journal of Speculative Philosophy. Von 1889 bis 1906 war er Erziehungsminister der Vereinigten Staaten. Er veröffentlichte 1890 ein Buch über Hegels Logik.

Dieter Henrich ist besonders durch seine Untersuchungen zur Theorie der Subjektivität und zur Philosophie Kants und des deutschen Idealismus bekannt geworden. Wichtige Veröffentlichungen: *Der ontologische Gottesbeweis,* Tübingen 1960; *Fichtes ursprüngliche Einsicht,* Frankfurt 1967; *Hegel im Kontext,* Frankfurt 1971; *Identität und Objektivität,* Heidelberg 1976. Henrich lehrt Philosophie an der Universität Heidelberg und an der Harvard-Universität.

Bernhard Lypp verfolgt Arbeitsprojekte, die vor allem in den Bereichen Ästhetik und Geschichtsphilosophie angesiedelt sind. Er veröffentlichte 1972 ein Buch unter dem Titel *Ästhetischer Absolutismus und politische Vernunft. Zum Widerstreit von Reflexion und Sittlichkeit im deutschen Idealismus.* Lypp lehrt Philosophie und Literaturwissenschaft an der FU Berlin und an der Universität Bielefeld.

Charles Sanders Peirce, gest. 1914, ist der Begründer des Pragmatismus. Seine Arbeiten zur Logik und Mathematik sowie seine sprachphilosophischen Untersuchungen haben entscheidenden Einfluß auf die Entwicklung fast aller Bereiche der Philosophie des 20. Jahrhunderts gehabt.

Peter Ruben hat zahlreiche Arbeiten zu wissenschaftshistorischen, wissenschaftstheoretischen und erkenntnistheoretischen Fragen sowie zu Problemen der Dialektik verfaßt. Er ist wissenschaftlicher Mitarbeiter am Zentralinstitut für Philosophie der Akademie der Wissenschaften der DDR in Berlin.

Michael Theunissen ist der Verfasser zahlreicher Arbeiten zur Hegelschen Philosophie, insbesondere zur theologischen Kritik am Idealismus, und zu sozialphilosophischen Themen im phänomenologischen Rahmen. Veröffentlichungen: *Der Begriff Ernst bei S. Kierkegaard,* Freiburg 1958; *Der Andere. Studien zur Sozialontologie der Gegenwart,* Berlin 1965; *Die Verwirklichung der Vernunft,* Tübingen 1970; *Hegels Lehre vom absoluten Geist als theologisch-politischer Traktat,* Berlin 1970. Theunissen lehrt Philosophie an der Universität Heidelberg.

Wolfgang Wieland hat vor allem Abhandlungen zur antiken Philosophie und zur Philosophie des deutschen Idealismus veröffentlicht. Buchpublikationen: *Schellings Lehre von der Zeit,* Heidelberg 1956; *Die Aristotelische Physik,* Göttingen ²1970. Wieland lehrt Philosophie an der Universität Göttingen.

stw 158 Norbert Elias
Über den Prozeß der Zivilisation
Soziogenetische und psychogenetische Untersuchungen
Erster Band: Wandlungen des Verhaltens in den weltlichen Oberschichten des Abendlandes
350 Seiten

stw 159 Norbert Elias
Über den Prozeß der Zivilisation
Soziogenetische und psychogenetische Untersuchungen
Zweiter Band: Wandlungen der Gesellschaft. Entwurf zu einer Theorie der Zivilisation
508 Seiten
Die Soziologie des 20. Jahrhunderts konzentriert sich vor allem auf Zustände. Die langfristigen Transformationen der Gesellschaft und Persönlichkeitsstrukturen hat sie weitgehend aus den Augen verloren. Im Werk von Norbert Elias bilden diese langfristigen Prozesse das zentrale Interesse: Wie ging eigentlich die »Zivilisation« im Abendlande vor sich? Worin bestand sie? Und welches waren ihre Antriebe, ihre Ursachen oder Motoren?
Bei Elias' Arbeit handelt es sich weder um eine Untersuchung über eine »Evolution« im Sinne des 19. Jahrhunderts noch um eine Untersuchung über einen unspezifischen »sozialen Wandel« im Sinne des 20.; seine Arbeit ist grundlegend für eine undogmatische, empirisch fundierte soziologische Theorie der sozialen Prozesse im allgemeinen und der sozialen Entwicklung im besonderen.

stw 160 Hans G. Furth
Intelligenz und Erkennen
Die Grundlagen der genetischen Erkenntnistheorie Piagets
Übersetzt von Friedhelm Herborth
384 Seiten
Hans G. Furth hat den ersten Versuch einer systematischen Darstellung der Theorie Piagets unternommen, und er hat,

wie Piaget selbst es formuliert, »diese Aufgabe außerordentlich erfolgreich gelöst«. Piaget zwingt zu einer Revolution unserer Anschauungen, wie es außer ihm in der Neuzeit nur Kopernikus, Darwin und Freud getan haben.

stw 164 Karl-Otto Apel
Transformation der Philosophie
Band 1: Sprachanalytik, Semiotik, Hermeneutik
384 Seiten

stw 165 Karl-Otto Apel
Transformation der Philosophie
Band 2: Das Apriori der Kommunikationsgemeinschaft
464 Seiten
Transformation der Philosophie meint die Transformation der Transzendentalphilosophie des Privat-Subjekts in eine Transzendentalphilosophie der Intersubjektivität.

stw 166 *Seminar: Theorien der künstlerischen Produktivität*
Entwürfe mit Beiträgen aus Literaturwissenschaft, Psychoanalyse und Marxismus
Herausgegeben von Mechthild Curtius unter Mitarbeit von Ursula Böhmer
464 Seiten
Die in diesem Band versammelten Beiträge aus westlichen und östlichen Ländern geben einen Überblick über den gegenwärtigen Stand der »Theorie« künstlerischer Produktivität und einen Ausblick auf mögliche Weiterentwicklungen dieser Theorie.

stw 176 Emile Durkheim
Soziologie und Philosophie
Mit einer Einleitung von Theodor W. Adorno
Übersetzt von Eva Moldenhauer
160 Seiten
Die Aufsätze und Diskussionsbeiträge, die unter dem Titel *Soziologie und Philosophie* zusammengestellt und zuerst 1924 veröffentlicht wurden, führen in ein für Durkheims Denken zentrales Gebiet: in die von ihm intendierte Wissenschaft der Moral, die sowohl individuelle als auch kollektive moralische – und das heißt zugleich anthropologische, psychologische und soziologische – Phänomene erfassen will.

Alphabetisches Verzeichnis der suhrkamp taschenbücher wissenschaft

Leclaire, Der psychoanalytische Prozeß 119
Lenneberg, Biologische Grundlagen der Sprache 217
Lenski, Macht und Privileg 183
Lepenies, Das Ende der Naturgeschichte 227
Lévi-Strauss, Das wilde Denken 14
– Mythologica I, Das Rohe und das Gekochte 167
– Mythologica II, Vom Honig zur Asche 168
– Mythologica III, Der Ursprung der Tischsitten 169
– Mythologica IV, Der nackte Mensch. 2 Bde. 170
– Strukturale Anthropologie I 226
Locke, Zwei Abhandlungen über die Regierung 213
Lorenzen, Methodisches Denken 73
– Konstruktive Wissenschaftstheorie 93
Lorenzer, Die Wahrheit der psychoanalytischen Erkenntnis 173
– Sprachzerstörung und Rekonstruktion 31
– Sprachspiel und Interaktionsformen 81
Lugowski, Die Form der Individualität im Roman 151
Luhmann, Zweckbegriff und Systemrationalität 12
Lukács, Der junge Hegel 33
Macpherson, Politische Theorie des Besitzindividualismus 41
Malinowski, Eine wissenschaftliche Theorie der Kultur 104
Marxismus und Ethik 75
Mead, Geist, Identität und Gesellschaft 28
Merleau-Ponty, Die Abenteuer der Dialektik 105
Miliband, Der Staat in der kapitalistischen Gesellschaft 112
Minder, Glaube, Skepsis und Rationalismus 43
Mittelstraß, Die Möglichkeit von Wissenschaft 62
Mommsen, Max Weber 53
Moore, Soziale Ursprünge von Diktatur und Demokratie 54
Morris, Pragmatische Semiotik und Handlungstheorie 179
O'Connor, Die Finanzkrise des Staates 83
Oppitz, Notwendige Beziehungen 101
Parsons, Gesellschaften 106
Parsons/Schütz, Briefwechsel 202
Peukert, Wissenschaftstheorie, Handlungstheorie, Fundamentale Theologie 231
Piaget, Das moralische Urteil beim Kinde 27
– Die Bildung des Zeitbegriffs beim Kinde 77
– Einführung in die genetische Erkenntnistheorie 6
Plessner, Die verspätete Nation 66
Pontalis, Nach Freud 108
Pontalis/Laplanche, Das Vokabular der Psychoanalyse 7
Propp, Morphologie des Märchens 131
Quine, Grundzüge der Logik 65
Redlich/Freedman, Theorie und Praxis der Psychiatrie. 2 Bde. 148
Ricœur, Die Interpretation 76
Ritter, Metaphysik und Politik 199
v. Savigny, Die Philosophie der normalen Sprache 29
Schelling, Über das Wesen der menschlichen Freiheit 138
– Philosophie der Offenbarung 181
Materialien zu S[illegible]gs p[illegible]ophischen Anfängen 139
Schleiermacher, Hermeneutik und Kritik 211
Scholem, Von der mystischen Gestalt der Gottheit 209
– Zur Kabbala und ihrer Symbolik 13
Schütz, Der sinnhafte Aufbau der sozialen Welt 92
Schumann, Der Handel mit Gerechtigkeit 214
Seminar: Abweichendes Verhalten I 84
– Abweichendes Verhalten II 85
– Abweichendes Verhalten III 86
– Angewandte Sozialforschung 153
– Der Regelbegriff in der praktischen Semantik 94
– Die Entstehung von Klassengesellschaften 30
– Die Entstehung der antiken Klassengesellschaft 130
– Familie und Familienrecht Bd. 1 102
– Familie und Familienrecht Bd. 2 103
– Geschichte und Theorie 98
– Gesellschaft und Homosexualität 200
– Kommunikation, Interaktion, Identität 156
– Medizin, Gesellschaft, Geschichte 67
– Philosophische Hermeneutik 144
– Politische Ökonomie 22
– Religion und gesellschaftliche Entwicklung 38
– Sprache und Ethik 91
– Theorien der künstlerischen Produktivität 166
Skirbekk, Wahrheitstheorien 210
Solla Price, Little Science – Big Science 48
Spinner, Pluralismus als Erkenntnismodell 32
Sprachanalyse und Soziologie 123
Sprache, Denken, Kultur 120
Strauss, Anselm, Spiegel und Masken 109
Strauss, Leo, Naturrecht und Geschichte 216
Szondi, Das lyrische Drama des Fin de siècle 90
– Die Theorie des bürgerlichen Trauerspiels 15
– Einführung in die literarische Hermeneutik 124
– Poetik und Geschichtsphilosophie I 40
– Poetik und Geschichtsphilosophie II 72
– Schriften 1 219
– Schriften 2 220
Témime/Broué, Revolution und Krieg in Spanien. 2 Bde. 118
Theorietechnik und Moral 206
Touraine, Was nützt die Soziologie 133
Tugendhat, Vorlesungen zur Einführung in die sprachanalytische Philosophie 45
Uexküll, Theoretische Biologie 20
Waldenfels, Phänomenologie und Marxismus I 195
– Phänomenologie und Marxismus II 196
– Phänomenologie und Marxismus III 232
Watt, Der bürgerliche Roman 78
Weimann, Literaturgeschichte und Mythologie 204
Weingart, Wissensproduktion und soziale Struktur 155
Weingarten u. a., Ethnomethodologie 71
Weizsäcker, Der Gestaltkreis 18
Winch, Die Idee der Sozialwissenschaft und ihr Verhältnis zur Philosophie 95
Wittgenstein, Philosophische Grammatik 5
– Philosophische Untersuchungen 203
Wunderlich, Studien zur Sprechakttheorie 172
Zilsel, Die sozialen Ursprünge der neuzeitlichen Wissenschaft 152
Zimmer, Philosophie und Religion Indiens 26